Eduardo Scarpetta

Tutto il teatro

Volume terzo

'Nu Turco napulitano
'Na Santarella
Pazzie di Carnevale
Lu Café chantant
'Nu Ministro mmiezo a li guaje
Tre cazune furtunate
'Na Bona guagliona
Li nipute de lu sinneco
Lu marito de Nannina
Tetillo 'nzurato
'Na società 'e marite

Salvatore Candido (1823- 1869)

'NU TURCO NAPULITANO
da *Le Parisien*, di A. N. Hennequin

Personaggi
D. Pasquale Catone
D. Ignazio
D. Felice
D. Peppino

Errico
Michele
Carluccio
Giulietta
Angelica
Lisetta
Clementina
Mariannina
Concettella
Luigi
Salvatore
Gennarino
Raffaele
Suonatore
Due Suonatori *che non parlano*

La scena è a Sorrento, epoca presente.

ATTO PRIMO

Magazzino di Pasquale — porta in fondo che dà alla strada — porte laterali. In fondo a destra contuar —. A sinistra scrittoio con moltissime carte e libri di conti, occorrente da scrivere molte canestre sparse per la scena ligate e suggellate e sacchi pieni — vi saranno pure delle canestre vuote — Sul contuar due piccole cestine con noci e fico secche. Al muro in fondo a destra vi sarà un grosso calendario da sfogliare, poi una lavagna dove sta scritto col gesso delle partite —. Al muro a sinistra in fondo due cartelli stampati, al primo sta scritto «Nuova mustarda, specialità della casa Catone, cent. 75, il vasetto» Al secondo sta scritto «Avviso, fico-secche e pacche secche di 1ª qualità —. Castagne molle» sullo scrittoio una bancale, note, ed un biglietto di visita —. Sedie rustiche sparse per la scena.

SCENA PRIMA

D. Peppino seduto al contuar, D. Michele seduto allo scrittoio che scrive Luigi, Salvatore e Gennarino mettono le ceste a posto — poi Giulietta.

PEPPINO *(a Gennarino che esce dalla prima a sinistra)*: Gennarino, il principale che sta facendo?
GENNARINO: Sta accuncianno cierti sacchi dinto a lo deposito.
PEPPINO: Benissimo! A noi dunque, sottovoce.
LUIGI: D. Peppì, io aggio che fà.
MICHELE: Io non pozzo perdere tiempo.
SALVATORE: Io aggio da j a stazione.

PEPPINO: È affare di un momento. Andiamo, cacciate le carte.
LUIGI: *(Vuje vedite che guajo che avimmo passato co chisto). (Tutti cacciano dei pezzetti di carte di musica. Peppino caccia dal petto una bacchetta ed una carta di musica.)* Avanti, sottovoce. *(Si situa in mezzo, tutti cantano egli porta la battuta.)*
TUTTI: Oh che giorno d'allegria. Che delizia, che goder. Per gli sposi, questo sia. Un principio di piacer.
PEPPINO *(con falsetto)* : Oh che piacere.
LUIGI: Ched'è?
PEPPINO: È il soprano che risponde, non ho potuto ancora trovare il soprano, che peccato. *(Canta:)* Oh! Che piacer! A voi.
TUTTI: Viva, viva la sposina pien di grazia e di beltà...
PEPPINO: Basta. Che fate?
PEPPINO *(con falsetto)*: È una stella mattutina.
TUTTI: È una rosa in verità
In ve...rità
In ve...rità...
MICHELE *(guarda a dritta)*: Zitto, la signora. *(Tutti vanno ai loro posti.)*
GIULIETTA: Ched'è stiveve cantanno?
MICHELE: Nonsignore, eccellenza, eccellenza, era na pazzia.
LUIGI: È stato D. Peppino che...
GIULIETTA: No, ma seguitate, seguitate pecché me facite piacere, io amo il canto, amo la musica, amo l'arte!...
PEPPINO: Oh, signora, che possiate essere benedetta, amate la musica, allora vuol dire che avete cuore, avete sangue nelle vene, il nostro principale invece, odia la musica, e nemico della poesia.
GIULIETTA: Ma caro D. Peppino, il vostro principale, disgraziatamente, mio marito, non è un uomo, e un animale qualunque!... Che stiveve cantanno?
PEPPINO: È un coro che ho composto io, da cantarlo in occasione del matrimonio della vostra figliastra, non voglia il Cielo che il principale sapesse che ho fatto questo, sarebbe capace di licenziarmi, mentre vi assicuro signora, che m'è riuscito un capolavoro.
GIULIETTA: Ma come! Voi sapete la musica? Siete capace di scrivere un coro?
PEPPINO: Capace di scrivere un coro, ma signora, voi che dite! Io ho scritto delle opere colossali!
GIULIETTA: E come va poi...
PEPPINO: Non sono stato compreso, o pure diciamo, non ho avuto fortuna!... Informatevi signora, informatevi a Napoli chi era il maestro Giuseppe Rosso, ho scritto molto e ho guadagnato poco, non ho avuto incoraggiamento. Per poter tirare avanti la vita, faccio da cassiere in questo negozio... io!... io che sognava la musica, l'arte... essere obbligato a star là, e segnare una partita di fichi secche, o una spedizione di aringhe ovate, oh, credetemi, è troppo dolore... ma quando tengo un poco di tempo, faccio dei versi, ci adatto la musica... che volete, è l'arte che me lo impone, faccio il cassiere per vivere, ma io sono nato artista, guardate la mia testa, guardate i miei capelli, o signora. *(Si leva il berretto e fa scendere i suoi lunghi capelli sulle spalle.)*
GIULIETTA: Uh! Vuje tenìveve tutte sti capille?

PEPPINO: Non li ho mai tagliati.
GIULIETTA: (Vì che bella cosa!).
PEPPINO: Non vi pare una testa artistica?
GIULIETTA: Sicuro!
PEPPINO: Sono stato disgraziato anche col cognome, se invece di Rosso, mi fossi chiamato Verde, sarei stato un secondo Giuseppe Verdi.
GIULIETTA: Differenza di colore.
PEPPINO: Perfettamente.
GIULIETTA: E quel coro lo cantate domani sera?
PEPPINO: Sissignore, ma ho bisogno ancora di concerti, c'è Luigi e Salvatore che stonano come due cani!
LUIGI: Vuje che bulite da nuje, quanno maje avimmo cantate, e pò si lo principale se n'addone, sapite che nce ncuitammo?
PEPPINO: Adesso non abbiamo più paura, siamo protetti della signora.
GIULIETTA: No, scusate D. Peppì, io non voglio mischiarmi in mezzo a queste cose, quello è un uomo terribile, non voglia maje lo Cielo e sentesse che li giuvene de lo magazzino so' protette da me, mamma mia, succedarrìa no chiasso! Figurateve che tanto de la gelosia, non me pozzo manco affaccià a la fenesta, quanno voglio ascì no poco aggio d'ascì co isso.
PEPPINO: Su questo poi hai ragione.
GIULIETTA: Ma che ragione, scusate questo si chiama rendere infelice una donna. Io capisco che uno pò essere geloso, ma arrivà a chillo punto poi no! Chillo l'autriere, arapette la gabbia e ne facette fuì lo canario.
PEPPINO: E pecché?
GIULIETTA: Pecché dicette che io lo voleva troppo bene, e isso non poteva soffrì sta cosa.
PEPPINO: Oh! oh! Questa è bella.
GIULIETTA: Che ne vulite sapé, chillo è n'affare serio. (Papà, pecché era ricco me lo volette fà spusà pe forza, e aggio passato chisto guajo). Mò si me trova ccà bascio, sapite che se fà afferrà?...
SALVATORE: Signò, sta venenno lo principale.
GIULIETTA: Non dicite che steva ccà. *(Via a destra, tutti si mettono al posto, Peppino si mette il berretto.)*

SCENA SECONDA

D. Pasquale, e detti.

PASQUALE *(dalla sinistra con sacchetto di mandorle e 65 lire in tasca)*: Gennarì, monna st'ammennole pulite pulite, e fà subeto, llà stanno li ficosecche che s'hanno da mbuttunà.
GENNARINO: Subito. *(Li prende e via seconda a sinistra.)*
PASQUALE: Tu Salvatò, và piglie lo carrettino pecché s'ha da fà sta spedizione pe Napole, fà subeto.

SALVATORE: Va bene. *(Via pel fondo.)*
PASQUALE: Peppì, cheste so' 65 lire, mettetele in cassa, e scasse lo debete de Carmeniello, haje capito?
PEPPINO: Va bene. (Essere parlato col tu, io?!).
PASQUALE: Michè, primme che me scordo, segna dinta all'ordinazione 60 vasette de conserva all'albergo della Sirena.
MICHELE: Va bene.
PASQUALE: Va trova, Giulietta mia, mò che sta facenno... A proposito, mò me scordava... mannaggia la capa, mannaggia! s'hanno da spedì a Napole duje sacche de noci e doje casce de ficosecche, a D. Vincenzo lo negoziante. Segnate. Luì, che faje lloco, và dinto, và arape chelli ficosecche.
LUIGI: Va bene. *(Via prima a sinistra.)*
PASQUALE: Assolutamente aggio bisogno de no segretario, de na persona de fiducia, che guardasse gl'interessi miei, primme steve in società co Ignazio, e se vedeva isso tutte cose, po' nce simme divise, e so' rimasto io sulo, io da che me so' nzurato n'ata vota, la capa non m'aiuta cchiù... aspettava no giovene che s'aveva da presentà stammatina. Neh, fosse venuto quaccheduno che ghieva trovanno a me? *(A Michele.)*
MICHELE: Sissignore, poco primme è venuto no giavinotto, ha ditto che torna cchiù tarde, m'ha rimasto sto biglietto de visita. *(Lo dà.)*
PASQUALE *(legge)*: «Felice Sciosciammocca» Sissignore chisto è isso, chisto è chillo che me raccommanaje lo Deputato. Ma pecché non l'haje fatto aspettà?
MICHELE: Chillo ha ditto che non v'avesse incomodato, che se faceva no giretto pe dinto Sorriento e po' tornava.
PASQUALE: Va bene. No giovene raccomandato da no Deputato ha da essere afforza buono. Va trova Giulietta mia che sta facenno... *(Fiuta.)* Neh, diciteme na cosa, che è stata moglierema ccà bascio?
MICHELE: Nonsignore.
PASQUALE: Comme nonsignore... io sento l'addore.
MICHELE: (Comme fosse no cane!). Io ve dico che la mogliera vosta ccà non è venuta.
PASQUALE: Peppì, me l'assicurate tu pure tu?
PEPPINO: Che cosa?
PASQUALE: Che moglierema non steva ccà poco primme?
PEPPINO: Nonsignore, ve l'assicuro io. *(Canta sottovoce.)*
Un principio di piacer...
Oh! che piacer!...
Quanto pagherei una voce di soprano.
PASQUALE: Quanto cchiù nce penso, cchiù veco che aggio fatto male a me nzurà n'auta vota, e pe ghionta po', me l'aggio pigliata giovene e bella, tengo no pensiero che non me fa durmì, pare che l'aria me l'arrubbasse, l'aggio mise ma cammarera vicino, la quale quanno io non nce stongo me fà sapè tutto chello che fa, ma non ne songo sicuro però, li cammarere so' sempre cammarere e me metto paura che non me dice na cosa pe n'auta, si potesse trova na persona di gran fiducia, mò che sta ancora figliema dinta a la casa, meno male, ma dimane a sera che chella se ne va, pecché se mmarita, resta sola addirittura!

SCENA TERZA

Concettella e detti.

CONCETTELLA *(dalla destra con premura)*: Signò, signò...
PASQUALE: Che è stato?
CONCETTELLA: Vuje m'avite ditto che vulite sapé tutto chello che fa la signora quanno vuje non nce state?
PASQUALE: Sì, pecché?
CONCETTELLA: Poco primme ha voluto essere lavato pulito pulito Sciurilbo lo cacciuttiello.
PASQUALE: E pecché?
CONCETTELLA: Mò sentite. Pò doppo l'ha pettinato tanto bello, nce ha mise la polvere, e lo sta mparanno a fà li gioche.
PASQUALE: Li gioche!
CONCETTELLA: Già, l'ha mise dinto a n'angolo de muro, e le dice: Ferma Sciurillo, non te movere! Credo che aggio fatto buono a dirvelo.
PASQUALE: Sicuro che haje fatto buono, va bene che non è na gran cosa... ma pecché tanta premura pe sto cacciuttiello?
CONCETTELLA: Avita vedé quante vase che l'ha date.
PASQUALE: L'ha vasato? L'ha vasato? stasera sparo lo cacciuttiello. Te raccomanno, statte attiente, famme sapé tutte cose. Tiene astipete sti ficosecche. *(Glie le dà.)*
CONCETTELLA: Grazie tanto. (Vì che bello complimento che m'ha fatto!). *(Via poi torna.)*
PASQUALE: Quanno è ogge, piglio lo cacciuttiello e lo regalo a Gnazio io non capisco pecché lo vò mparà a fà li gioche, me li mpare a me a fà li gioche... *(A Peppino che batte la musica.)* Peppì, che state facenno?
PEPPINO: Niente, sto assommando certe cifre.
PASQUALE: E p'assommà li ccifre puorte la battuta?
PEPPINO: Io porto la battuta? Nonsignore! Siccome non mi trovava col totale mi sentiva rabbia, e diceva dove sarà l'error, dove sarà l'error?
PASQUALE: (Io credo che sto Peppino adda essere miezo pazzo!).
MICHELE: A proposito, principà, ogge è scaduta la cambiale de D. Attanasio, che s'adda fà?
PASQUALE: Comme che s'adda fà, damme ccà. *(Prende la cambiale.)* Peppì, va incassa sta cambiale. *(La dà.)*
PEPPINO: Subito. *(Si leva il berretto si mette il cappello, e via cantando sottovoce.)* Un principio di piacer! Oh! Che piacer!... *(Via pel fondo.)*
PASQUALE: No, chillo Aversa lo portano.
MICHELE: E chesto fa, canta sempre. *(Ride.)*
CONCETTELLA *(con premura)*: Signò, signò...
PASQUALE: Che è stato?
CONCETTELLA: La signora ha avuta na visita.
PASQUALE: Na visita? E che visita?

CONCETTELLA: È venuta la commara nzieme co lo figlio.
PASQUALE: Lo figlio?... Va bene che chillo è no guaglione de 12 anne, ma a li vote no piccerille de chisto te combina quacche piattino... vattenne ncoppa che io mò vengo... tiene cheste so' quatte noce. *(Le dà.)*
CONCETTELLA: Signò, ma vuje me dicisteve che me diveve meza lira ogne mmasciata.
PASQUALE: No, te dicette mezza lire ogne mmasciata positiva, mmasciate serie. Quanno so' cose semplici, cose de poco momento, te dongo o noce o ficosecche, và, và ncoppa.
CONCETTELLA: Va bene. *(Via.)*
PASQUALE: Michè, si vene quaccheduno, fallo aspettà, io appena se ne va la commare scengo, chillo è venuto lo guaglione, capisce?
MICHELE: Va bene. *(Pasquale via.)* Poverommo, da che s'è nzurato non conchiude cchiù; ma have ragione però; chella mogliera è bona assaje, io quanno la veco, che saccio, me sento fà li carne pecune, pecune!

SCENA QUARTA

Errico, e detto.

ERRICO *(dal fondo)*: Neh, scusa e... Che veco, Michele!
MICHELE: D. Errico!... E come va da chesti parte?
ERRICO: So' venuto pe n'affare. E tu che faje ccà?
MICHELE: Vuje lo ssapite, io era giovene de Notaro, avette l'occasione de trovà sta piazza, e mò faccio lo scrivano.
ERRICO: E lo principale tujo se chiamma D. Pascale Catone?
MICHELE: Sissignore, ricco negoziante.
ERRICO: Benissimo! Michè, dimme na cosa. Poco primme ccà, fosse venuto no giovinotto, no certo D. Felice Sciosciammocca?
MICHELE: Sissignore, ha rimasto lo biglietto de visita sujo, dicenno che a n'auto poco tornava.
ERRICO *(ridendo)*: Ah! ah! Sangue de Bacco. te voglio fà fà l'arma de li rrise!
MICHELE: E pecché?
ERRICO: Pe no servizio che l'aggio combinato, o sia non è altro che na rivincita che m'aggio voluto piglià. Mò te lo dico tutto, ma Michè, te raccomanno?...
MICHELE: Oh, ve pare...
ERRICO: Sto D. Felice Sciosciammocca, è amico mio strettissimo, nce conoscimme da quinnice, sidece anne, jeveme a una scola, nce vulimmo bene comme a duje frate. Nce avimmo fatte sempe degli scherzi scambievoli, senza pigliarce maje collera, perché finalmente poi non erano gran cose. Quatte mise fa chisto andevina che me combina? Io m'aveva da spusà na figliola co 30 mila ducate di dote, la mamma e lo padre erano due bravissime persone. La sera io aveva da j a firmà lo contratto, siccome era di Carnevale, quest'assassino che pensa de fà? Me manna na lettera firmata dal padre della sposa, addò diceva: Carissimo Genero. Essendo carnevale, ho pensato di firmare il contratto di matrimonio con gl'invitati tutti vestiti in maschera, ve l'ho voluto avvisare, acciò scegliete un bel costume e fate una bella sorpresa. Vostro ec. ec. Io me lo credette

comme se l'avarria creduto chiunque, e la sera me presentaje mmiezo a tanta signori vestito da selvaggio. *(Michele ride.)* Figurate, co tutte li gamme da fore, tutto tignuto, succedette una risata generale! Lo padre e la mamma de la sposa se nfuriajene, dicettene che io l'aveva offesi, e non me volettene dà cchiù la figlia. La matina, appriesso, trovaje a chillo assassino e me dicette che era stato isso, appunto pe me fà scombinà lo matrimonio, pecché se io me sarría nzurato, sarebbe finita la nostra amicizia. Intanto pe no scherzo, me facette perdere 30 mila ducati!

MICHELE: Aggio capito, vuje mo pe ve levà la preta da dinta a la scarpa, l'avite combinato quacche cosarella?

ERRICO: Na cosa che non se la pò maje aspettà.

MICHELE: E che cosa?

ERRICO: Isso juorne fa se presentaje da ziemo lo Deputato per essere piazzato in qualche posto come segretario o contabile. Ziemo scrivette a sto D. Pascale Catone, proponendogli un giovine di gran fiducia. Questo accettò, e l'aspettava stammatina con la lettera di presentazione. Io aiere appuraje tutte cose, currette da ziemo e lo pregaje tanto e tanto fino a che lo persuadette a farle fà chello che diceva io.

MICHELE: E che le facisteve fà?

ERRICO: Nella lettera di presentazione, all'ultimo, l'aggio fatto mettere na cosa, che quanno lo principale tujo lo legge, nce facimmo no sacco de risate.

MICHELE: Ma che cosa? che cosa?

ERRICO: Mò non te pozzo dicere niente cchiù Michè, pò essere che vene e me trove ccà, io non me voglio fà vedé, quanno è dimane, torno e me saje a dicere che è succieso?... haje voglia de ridere. Statte buono.

MICHELE: Stateve bene. *(Errico via pel fondo.)* Và trova che diavolo l'ha fatto mettere dinto a chella lettera! Chesto significa quanno uno non have a che penzà, lo zio sta buono, tene sulo a isso e le fà passà qualunque golío.

SCENA QUINTA

Lisetta, Pasquale, e detto, poi Concettella (Lisetta esce avanti e Pasquale la segue).

PASQUALE: Io voglio sapé che significa sto risponnere accussì alterato. Io sono padre, e come padre intendo di essere rispettato, capisci?

LISETTA: Io vi rispetto, vi stimo, vi voglio bene, sò che mi siete padre, ma non avete il diritto di rendermi infelice per tutta la mia vita!

PASQUALE: Non parlà italiano che me tuocche li nierve!

LISETTA: Il dialetto non lo sò parlare.

PASQUALE *(a Michele)*: Chelli canchere de monache francese, me l'hanno mparata accussì superba! Io voglio sapé la ragione pecché non te vuò spusa a D. Carluccio lo nepote de Gnazio, è giovine, simpatico, coraggioso che non se tene na parola da nisciuno, tene ne gran premura pe te, che auto vaje trovanno?

LISETTA: Per voi tutte queste cose bastano, per me no, io non l'amo!

PASQUALE *(gridando)*: Ma pecché?

MICHELE *(fa un salto)*: (Puozze sculà! Vì che zumpo che m'ha fatto fà!).

LISETTA: Perché è un uomo rozzo, senza maniera, senza gentilezza, io mi voglio maritare con un giovine distinto, nobile, aristocratico...
PASQUALE: Te voglio chiavà no punio ccà ncoppa. Vì quanta cose s'è mparata sta muzzecutela, io aggio data la parola e a chillo t'haje da spusà. So' seje mise che facimme sempe chesto, primme dice che si, e po' quanno sta nganna nganna dice che no, dimane a sera s'adda firmà lo contratto assolutamente!
LISETTA: Ma io...
PASQUALE: Zitto! Vattenne ncoppa! March! *(Lisetta via.)*
MICHELE *(alzandosi)*: Ma pecché non lo vò a D. Carluccio?
PASQUALE: E io che ne saccio, quacche vermezzullo tenarrà ncapo. Chesta è la terza vota che lo fa, quanno vene lo notaro che tutto è pronto, essa piglie e dice che non lo vò cchiù. Io pò, Michele mio, francamente, me metto paura de Carluccio, chillo è malandrino, pò essere che me fà quacche cosa.
MICHELE: Oh, chesto è certo.
PASQUALE: Pe tutto Sorriento sà comme lo chiammano? L'ommo de fierro, tanto de la forza che tene.
MICHELE: (Io pe me lo faccio lo primmo sbruffone!).
CONCETTELLA *(con premura)*: Signò, signo...
PASQUALE: Che è stato?
CONCETTELLA: La signora se sta lavanno la faccia.
PASQUALE: E che aggia fà?
CONCETTELLA: Ve l'aggio voluto dicere, aggio fatto male?
PASQUALE: No, ma ne potive fà a meno, se tratta de na lavata de faccia, basta, vattenne ncoppe, e non te movere da vicino a essa.
CONCETTELLA: Li ficosecche me li bolite da?!
PASQUALE: Tiene. *(Le dà.)* Vattenne. *(Concettella via.)* Mannaggia quanno maje me so' nzurato, non bastano li pensiere de lo negozio, nce voleva pure chillo de moglierema, me volarria spartere pe mmità, miezo ccà bascio, e miezo ncoppa a la casa mia, e pe ghionta de ruotolo pò figliema se vò spusà no giovine distinto.
MICHELE: Principà, sta venenno chillo giovene che ha lasciato lo biglietto de visita.
PASQUALE: D. Felice Sciosciammocca?
MICHELE: Sissignore.
PASQUALE: Fallo trasì.
MICHELE: Favorite, favorite.

SCENA SESTA

Felice, e detti.

FELICE: Grazie tanto. *(Con lettera.)*
PASQUALE: Favorite, favorite. Vuje site D. Felice Sciosciammocca?
FELICE: A servirvi.
PASQUALE: Favorirmi sempre. Vi ha mandato il Deputato Cardi?
FELICE: Perfettamente il quale vi saluta tanto, dice che non vi dimenticate le ficosecche

mbuttunate.
PASQUALE: Sono pronte, domani sarà servito! Sempre che il Deputato mi dà ordine, io mi credo troppo onorato.
FELICE: Lui mi disse che voi avevate bisogno di un Segratario, e ha creduto di preferire me.
PASQUALE: Bravissimo. Che età avete?
FELICE: 32 anni e quattro mesi. Sono stato 10 anni con Ravel a Napoli...
MICHELE: Faciveve li sacicce? *(Lazzi.)*
FELICE: Dunque sono stato 10 anni con Ravel, poi me ne sono andato perché non mi voleva aumentare, da Ravel stesso, vi potete informare io chi sono.
PASQUALE: Non c'è bisogno d'informazioni, vi conosce il deputato e basta.
FELICE: Questa è la lettera di presentazione. *(La dà.)*
PASQUALE *(la prende)*: Accomodatevi. Michè va dà na mano a Luigi ad arapì chelli ficosecche, avite ntiso che lo deputato li bò, agge pacienza.
MICHELE: Sissignore. Eccomi qua. (Mò che steva a lo meglio, mò me n'aggia da j). *(Cerca scusa a Felice, lo saluta ed entra a sinistra prima porta.)*
FELICE: (Ma che è no brello chiuso!).
PASQUALE *(apre la lettera e legge)*: «Caro Pasquale. Il porgitore della presente è il giovine che ti proposi, egli fa per il tuo negozio, è di buonissimi costumi, educato, istruito, e senza pretenzioni, puoi benissimo affidargli tutti gli affari tuoi, perché è un giovine di sperimentata fiducia, e fedele come un cane. Debbo dirti però, che è molto disgraziato... *(Pasquale lo guarda da capo a piedi.)* A me però ha confessato tutto. Fino all'età di 15 anni, è stato guardiano di un Arem in Costantinopoli. Voglialo bene, perché se lo merita. Ti saluto, Tuo aff.mo Cardi». Bravissimo, la lettera parla molto bene di voi.
FELICE: Grazie, è bontà del Deputato.
PASQUALE: Io da questo momento vi prendo con me, co lo stipendio di 100 lire al mese, mangiare e dormire, siete contento?
FELICE: Tutto quello che fate voi, sta ben fatto.
PASQUALE: Io vi metterò a parte di tutti gli affari miei, di tutti i miei segreti, e voi pure dal canto vostro, vi dovete confidare con me.
FELICE: Oh, si capisce, sarete per me un secondo padre.
PASQUALE: Io credo che voi dovete essere molto disgraziato?
FELICE: Eh, così, così... (E pecché so' disgraziato?!).
PASQUALE: Ah! Povero infelice! Povero infelice!
FELICE: (Ma che m'aggio da j a mpennere a stu paese?!).
PASQUALE: Avite fatto marenna?
FELICE: Nossignore, non ancora.
PASQUALE: Aspettate, mò ve servo io. *(Alla porta a destra chiama.)* Concettella? Concettella?... Mò ve faccio fà na costata, co no bello bicchiere de vino, e ve mettite no poco in forza, n'avite piacere?
FELICE: (E che, so' debole dinte a li gamme!). Comme volete voi.
PASQUALE: Pò doppo calate, e incominciate a fà qualche cosa, ma cose leggiere sà, v'avisseve da credere che ve faccio faticà assai, io sò la vostra posizione quanto è critica, tenete la volontà, ma...

FELICE: (Chisto che dice!). Fate voi, io dipendo da voi.
PASQUALE *(chiama)*: Concettella?

SCENA SETTIMA

Concettella e detti, poi Ignazio, indi Carluccio.

CONCETTELLA: Comandate.
PASQUALE: Porta sto giovene ncoppa a la cammera de mangià, falle na costata, e dalle no bicchiere de vino buono.
CONCETTELLA: A sto giovene? *(Meravigliata.)*
PASQUALE: A sto giovene, sì!...
FELICE: Mò comincene l'invidie, lo principale ordene na cosa, e voi trovate difficoltà.
CONCETTELLA: A me? Nonsignore!
PASQUALE: Jate, jate co sta figliola.
FELICE *(a Concettella)*: Vuò vedé che me ne mangio doje costate?
CONCETTELLA: Mangatevenne pure tre! Favorite.
FELICE: Grazie. *(Entra.)*
CONCETTELLA: (Guè, chillo è tanto geluso, e po' fà saglì sto giovene ncoppa). *(Entra.)*
PASQUALE: Povero giovene, me fà na compassione che non se po credere.
IGNAZIO *(con chiave)*: Buongiorno Pascà.
PASQUALE: Salute Gnà.
IGNAZIO: Pascà, agge pacienza, chillo fore nce sta Carluccio nepoteme, ha ditto che non trase si tu non lo vai a ricevere.
PASQUALE: E ched'è stamme ancora co ste cerimonie, dimane a sera se sposa a figliema.
IGNAZIO: Agge pacienza, Pascà, facimmolo contento, tu sai chillo quanto è terribile, po' essere che se piglie collera... Aissera pigliaje a n'ommo e lo vuttaje pe ll'aria!
PASQUALE: Nientemeno!
IGNAZIO: Succedette no chiasso!
PASQUALE *(va in fondo)*: Favorite, favorite D. Carlù.
CARLUCCIO *(mattinè e calzone strettissimo, cappellino all'italiana con falde molto strette, e bastone)*: Io ve ringrazio tanto; ma sto D. Carlù, a la verità, non me piace, me potarrisseve chiammà de n'auta manera.
PASQUALE: E de che manera, scusate?
CARLUCCIO Comme, io dimane a sera m'aggio da spusà la figlia vosta, e vuje me chiammate co lo Don? Me pare che sia na caricatura che me vulita fà.
PASQUALE: Nonsignore, ho creduto...
IGNAZIO: (Pascà, non lo risponnere...).
PASQUALE: (Eh, uno ha da parlà. .).
CARLUCCIO: Da oggi in poi voglio essere parlato co lo tu... nce simme capite?
PASQUALE: Va bene.
IGNAZIO: Pascà, chillo sta no poco arraggiato pe no fatto che le seccedette aissera. Carlù, contele lu fatto d'aissera.

CARLUCCIO: Jh, che ghiate contanno, so' cose de niente.
PASQUALE: Ma che te succedette neh Carlù?
IGNAZIO: Contancello Carlù.
CARLUCCIO: Io steva assettato vicino a lo Cafè mmiezo a la piazza, e steva facenno quatte chiacchiere co n'amico, quando tutto nsieme vedimmo na folla vicino a la preta perciata, me sose e corro, appena vedettene a me, tutte quante se scustajene... che d'è, che è stato? Sta signora furastiera, dicette uno, sta chiagnenno, pecché l'è ghiuto l'aniello de brillante dinta a uno de sti pertose, comme se fà mò, comme se piglie? Se teneveno mente nfaccia e nisciuno se moveva. Luvateve, luvateve da nanze, m'acalaje nterra, e co sti doje dete aizaje la preta perciata.
PASQUALE: (Comme fosse stata na salera).
CARLUCCIO: Po' co no fiammifero, scennette, pigliaje l'aniello e nce lo dette a la signora. Mentre chella me ringraziava, piglie e vene Ntonio lo perucchiere nfaccia a me, è uno che se crede malamente, ma non è overo, e dice: Scusate D. Carlù, mò sta preta chi la mette n'auta vota a lo pizzo sujo, chella sta proprio vicino a la poteca mia... e che aggio da fà, chiamme nu pare de facchine e falla mettere. E chiammatele vuje. E tu nfaccia a me dice: chiammatele vuje... ppa, le dette nu schiaffo e le facette fà tre capriole. Se sose, arape l'uocchie e caccia lo revolvere, da dinto a la poteca ascettene n'auti quatte amice suoje ca li revolvere mmano mpustate nfaccia a me, io poverommo steva senza niente; ma co tutto chesto non me perdette de coraggio, me fermaje a no pizzo, e arreparava li palle... sparate, sparate... pp, ppò, ppù... li carugnune doppo saprate se mettettene a fuì, io li corrette appriesso, finalmente me ne venette uno mmano... io mò che t'avarria fà, t'avarria da strafucà? Non mporta, faje compassione, vattenne, lo pigliaje e lo vuttaie pell'aria!
PASQUALE: (Comme fosse stato no muscillo!). Che bella forza, che bello coraggio!
IGNAZIO: Pascà, chisto è no giovene che va denare assaje, figlieta fa la fortuna soja, mare chi le dice na parola quanno s'ha pigliato a chisto.
PASQUALE: (A proposito, Gnà, chillo quanno s'ha pigliato a figliema, l'avessa piglià e l'avesse vuttà pell'aria, io po' addò me la vaco a piglià ncoppa a no 3° o no 4° piano?).
IGNAZIO: (No, questo non lo fa, poi è un giovine educato).
CARLUCCIO: A proposito D. Pascà, io v'aveva dicere na cosa riguardo a sto matrimonio. La piccerella vosta pare che poco me potesse alleggerì, facite che dimane a sera, avesse da dicere n'auta vota che non me vò cchiù, io po' si non aggio fatto maje niente, e non me ne so' incaricato, dimane a sera facimmo no poco d'opera.
PASQUALE: Nonsignore, dimane a sera se fanno, tutte le cose in regola.
IGNAZIO: Non voglia maje lo Cielo, Pascà, chella dimane a sera, avesse da fà quacche tirata de mente, nuje addò nce jammo a mettere co chisto?
CARLUCCIO: No, pecché capite, io non nce veco cchiù, e a chi paleo, paleo!
PASQUALE: Nonsignore, non nce sarrà bisogno de palià a nisciuno.
IGNAZIO: Io aggio preparata già la gallaria, e restammo comme combinaieme. Io metto li cannele e penzo pe li sunature, e tu pienze pe li gelate, li dolce e lo rosolio.
PASQUALE: Perfettamente.
IGNAZIO: 12 mila ducati de dote, e quatt'anne de tavola franca.
PASQUALE: Nonsignore, rimmanetteme duje anne de tavola franca.

IGNAZIO: Uh! Pascà, non accommincià mò, io te dicette quatt'anne!
PASQUALE: E io che te risponnette? Quatt'anne non ve le pozzo dà.
IGNAZIO: E io te dicette, duje anne non me conviene.
CARLUCCIO: Psss, va buono... *(A Pasquale:)* Dateme quatt'anne.
PASQUALE: Ma io...
CARLUCCIO: Dateme quatt'anne...
PASQUALE: (Io te darria 15 anne de reclusione!).
IGNAZIO: (Mò pe duje anne de mangià te miette in urto co chisto?). *(A Pasquale.)*
PASQUALE: Va bene, non ne parlammo cchiù, siene quatt'anne.
IGNAZIO: Bravo, Pascale!
CARLUCCIO: Vulite che vaco a piglià zi zia?
IGNAZIO: Sì, Carlù, chella starrà aspettanno, non esce da tre ghiuorne, poverella. Tiene, chesta è la chiave, falle fà quatte passe pe la strada nova, che io mò ve vengo a ncuntrà.
CARLUCCIO: Va bene. D. Pascà, permettete? *(Saluti con lazzi e via.)*
PASQUALE: E tu mogliereta la tiene sempe nzerrata neh Gnà?
IGNAZIO: Eh, caro Pascale, non aggio saputo trovà auto mezzo che chisto pe sta sicuro, tu pazzie, chella tene 27 anne, e io ne tengo 56.
PASQUALE: La stessa posizione mia, anze, io ne tengo 59 e essa 26.
IGNAZIO: Tu mò me cride, Pascà, io co tutto che la tengo chiusa, pure quanno esco stongo co no pensiero... che brutta cosa che è la gelosia.
PASQUALE: Eh, dimmello a me. La gelosia te fà cadé malato e non te n'adduone.
IGNAZIO: Te ne fà scennere da dinta a li panne.
PASQUALE: Mò però aggio pigliato no giovene, che s'incarica di tutti gli affari miei, e accussì pozzo sta sempe vicino a essa.
IGNAZIO: Haje pigliato no giovene, e addò sta?
PASQUALE: Sta ncoppa, sta facenno marenna.
IGNAZIO: E tu lo faje stà ncoppa?
PASQUALE: E che me ne preme, chillo po' sta quanto vò isso.
IGNAZIO: E pecché?
PASQUALE: Pecché?... teh, liègge sta lettera. *(Gli dà la lettera Ignazio legge piano.)*
IGNAZIO: Oh, vedete che combinazione!... (Sangue de Bacco! chisto sarría buono pe guardà a moglierema...) Pascà, si te cerco no piacere, me lo faje?
PASQUALE: Che piacere?
IGNAZIO: Chiedammillo a me sto giovinotto, doppo che te n'aggia trovà io n'auto a te.
PASQUALE: E pecché?
IGNAZIO: Comme pecché, io me ne servo pe n'auta cosa!
PASQUALE: Che cosa?
IGNAZIO: Comme, tu non nce sì ghiuto all'idea? Le faccio fa la guardia a moglierema, e addò lo trovo meglio?
PASQUALE: Tu che dice!... Sicuro!... (Sangue de Bacco, io non nce aveva pensato!... e chesto lo faccio io!...)
IGNAZIO: Che dice, neh, Pascà?
PASQUALE: Gnazio mio, è impossibile, non te lo pozzo cedere.
IGNAZIO: E nieghe stu favore a n'amico come a me?

PASQUALE: Ma che amico, agge pacienza, tu m'haje apierto la mente, la guardia la faccio fà a moglierema!
IGNAZIO: Ah, neh? E bravo!

SCENA OTTAVA

Concettella, e detti.

CONCETTELLA *(con premura)*: Signò, signò...
PASQUALE: Che è stato?
CONCETTELLA: Eh! che è stato? mò certo m'avita dà la meza lira.
PASQUALE: Pecché?
CONCETTELLA: Primme de tutto, la signora se sta vestenno nzieme co la figlia vosta, e ve manna a dì che vò ascì no poco.
PASQUALE: Va bene, quanno so' pronte dincello che scennessero che io l'aspetto ccà bascio.
CONCETTELLA: Vulite che scennesere ccà?
PASQUALE: Sissignore.
CONCETTELLA: Va bene, io accussì le dico. Po' avita sapé, tanta la signora, quanto la figlia vosta, vedenno a chillo giovene che sta ncoppa, l'hanno addimmannate tanta cose, e po' all'urdemo l'hanno reduto nfaccia. Io appena aggio visto chesto, aggio ditto mò nce l'aggio j a dì a lo patrone.
PASQUALE *(freddamente)*: Già, haje ragione, haje fatto buono; ma da oggi in poi non te n'incarricà de chillo giovene, lassalo j.
CONCETTELLA: Comme! Chelle l'hanno reduto nfaccia?
PASQUALE: E che fa, non te n'incarricà.
CONCETTELLA: Eh, quanno lo dicite vuje li ficosecche me li vulite dà?
PASQUALE: Nonsignore, basta mò, te n'aggio date assaje, po' te fanno male.
CONCETTELLA: Comm'è, manco li ficosecche pozzo avé? Embè, nuje avimmo fatto lo patto?
PASQUALE: Che patto! Non me rompere la capa! Lasceme sta! Va munne quatte ammennole nzieme co Gennarino llà dinto. *(Mostra a sinistra)*
CONCETTELLA: Comme! Non aggio da j ncoppa?
PASQUALE: Ninsignore, va mmunne l'ammennole t'aggio ditto.
CONCETTELLA: Va bene. E la mmasciata a la signora chi nce la fa?
PASQUALE: Quà mmasciata?
CONCETTELLA: Che quanno so' pronte hanno da scennere ccà?
PASQUALE: Ah, già, allora và nce lo dice.
CONCETTELLA: Eccome ccà. (Io pe me non ne capisco niente cchiù.) *(Via.)*
PASQUALE: Gnazio mio, io te ringrazio, tu m'haje fatto riflettere na cosa che io comme a no ciuccio, non nce aveva pensato. *(Ignazio passeggia turbato e non gli bada.)* Chi meglio d'isso me po' sta attiento a moglierema, e io intanto pozzo fà li fatte mieje, pozzo sta sicuro de pensiero... Gnà, ched'è, che è stato?
IGNAZIO: Niente Pascà, me so' attaccato li nierve.

PASQUALE: Ma, caro Gnazio, tu ne potarrisse fà a meno de te piglià collera, te pare che io te poteva cedere a chillo giovene, era impossibile.
IGNAZIO: Io te l'aveva cercato come favore.
PASQUALE: Ma è no favore che io non te pozzo fà.
IGNAZIO: E va bene.
PASQUALE: Ah, eccolo ccà.

SCENA NONA

Felice, e detti.

FELICE: Io vi ringrazio, sapete, me so' proprio consolato, tenete no bicchiere de vino, che difficilmente se trova a n'auta parte.
PASQUALE: Quello è vino puro, è vino delle mie terre. Io credo che nemmeno in Costantinopoli se trova no bicchiere de vino accussì, è vero?
FELICE: Sicuro. (E io saccio chesto!) Ho avuto l'onore di conoscere vostra figlia, e la vostra brava signora.
PASQUALE: Benissimo! E comme ve parene?
FELICE: Sono due belle figliole!
PASQUALE: Veramente?
FELICE: Veramente!
PASQUALE: Guè, vuje n'avite viste che n'avite viste, mò non ve fanno cchiù impressione.
FELICE: (Io tengo la sventura de non capì a chisto, io sto viecchio non lo capisco!).
PASQUALE: Dunque, venimmo a nuje, io v'aggio ditto che ve voleva dà ciente lire a lo mese, invece ho pensato meglio, ve ne darò 120, va bene?
FELICE: Io ve ne ringrazio sempre.
IGNAZIO: Giovinò, io so' amico de Pascale, qui presente, primme steveme in società, po' nce simme divise, e ognuno se vede lo ssuio. Si vuje venite co me, io ve passo 150 lire a lo mese.
PASQUALE: Oh, Gnà, chesto po' non è da galantomo.
IGNAZIO: Ccà non c'entra lo galantomo, ognuno cerca de fà li fatte suoje.
PASQUALE: E io te dico che sto giovene non me lascia.
FELICE: Scusate, chillo m'ha mise 30 lire de cchiù.
PASQUALE: E io ve dò 170 lire al mese.
IGNAZIO: E io ve ne dà 200.
PASQUALE: E io 250.
IGNAZIO: E io 300.
PASQUALE: E io... già, queste non sono azioni che si fanno... ma non mporta 350.
IGNAZIO: 400 lire.
PASQUALE: 500.
FELICE: (Ncasate a mano!).
IGNAZIO: 501 lire.
PASQUALE: 550 è una... e due...
FELICE: (Mò se libera! Ma che so' addeventato na specchiera?).

IGNAZIO: 560.
PASQUALE: 600.
IGNAZIO: Ma addà volimmo arrivà? Neh Pascà? Cheste non so' azione che se fanno!
PASQUALE: Non te n'incarricà, tu haje da risponnere.
FELICE: Se capisce, voi o lasciate o mettete.
PASQUALE: Dunque, 600 è una... e due...
IGNAZIO: 610.
FELICE: Uh! Vuje jate troppo muscio.
PASQUALE: 700.
IGNAZIO *(dopo pausa)*: 720.
PASQUALE: 800, 900. Mille! Mille! Mille!
IGNAZIO: (E che so' pazzo! Che me l'aggio d'attaccà?).
PASQUALE: 1000, e una... 1000, e due... ched'è, non rispunne cchiù? E una... e due... e una e due... e tre!
FELICE: (S'è stutata la cannela!).
PASQUALE: Dunque voi starete con me.
FELICE: Va bene.
IGNAZIO: Io avarria potuto mettere de cchiù, ma aggio visto che nce tenive na gran premura, e me so' fermato. *(A Felice:)* (Se caso maje ve contrastate co 1550, venite da me, e io ve dongo sempe 700 lire a lo mese).
FELICE: Va bene. (Io aggio da essere na gran cosa, e non me ne so addunato!).
IGNAZIO: Pascà, statte buono, nce vedimmo dimane a sera.
PASQUALE: Statte buono.
IGNAZIO: Scuse, sà, so' affare, uno non s'ha da piglià collera.
PASQUALE: No, e che collera?... (Puozze sculà, da ciente lire m'ha fatto arrivà a 1000 lire!).
IGNAZIO *(a Felice)*: (Dunque avite capito? Sempe 700 lire!).
FELICE: (Va bene). *(Ignazio via.)*
PASQUALE: Vì che ciuccio, se voleva mettere co mmico.
FELICE: Ma scusate D. Pascà, pecché ha fatto chesto? Pecché teneva tanta premura pe me?
PASQUALE: Pecché?... pecché isso pure tene la mogliera giovene, capite, ve voleva tenere isso dinto a la casa, nonsignore avite da sta co me.
FELICE: (Neh, io addò so' capitato!). Ma vedite D. Pascà, io volarria fà no contrattiello.
PASQUALE: E che paura avite, io so' no negoziante conosciuto, del resto quanno è dimane ve firmo lo contratto.
FELICE: Va bene. Oh, mò vularria sapé che aggio da fà pecché so' 1000 lire a lo mese, io intendo di lavorare. Mò me metto ccà e vuje me dicite che aggia fà. *(Siede al contair.)*
PASQUALE: Nonsignore, luvateve a lloco chisto è lo posto de lo casciere!

SCENA DECIMA

Peppino, e detti, poi Michele, poi Salvatore, poi Luigi e Gennarino indi Concettella Giulietta e Lisetta.

PEPPINO: Eccome di ritorno, ho incassato la cambiale.
PASQUALE: Ecco, guardate, questo è il cassiere.
PEPPINO: Per servirvi. *(Va al contair.)*
FELICE: Favorirmi sempre. Allora me metto ccà. *(Va alla scrivania:)*
PASQUALE: Nonsignore, luvateve da lloco chisto e lo posto de lo scrivano.
MICHELE: Li ficosecche l'avimmo aperte.
PASQUALE: Ecco qua, questo è lo scrivano.
MICHELE: Sissignore, io so' lo scrivano.
FELICE: Tanto piacere.
PASQUALE: Michè, miettete llà.
SALVATORE *(dal fondo con carrettino)*: Ccà sta la carrettella, jammo co la spedizione.
PASQUALE: Sti cinche caneste pe Napole. *(Salvatore incomincia a prenderle.)*
FELICE: Mò l'aiuto io. *(Esegue.)*
PASQUALE: Luvateve da lloco... ma che site pazzo... chesto nce sta chi lo fà. *(Chiama:)* Luigi, Gennarino?
LUIGI: Commannate.
GENNARINO: Eccome ccà.
PASQUALE: Jammo, jammo, la spedizione pe Napole.
LUIGI: Subito. *(Insieme a Gennarino alzano le caneste e le mettono sul carrettino.)*
CONCETTELLA: Ecco ccà la signora.
GIULIETTA *(con cappello)*: Eccoci pronte. Pascà, agge pacienza, stammatina è proprio na bella giornata, e volimmo piglià no poco d'aria.
LISETTA *(con cappello)*: Nce facimmo na bella cammenata.
GIULIETTA: Credo che non te dispiace?
PASQUALE: A me me fà piacere.
GIULIETTA: E pigliete lo cappiello, fà priesto.
PASQUALE: Io aggio che fà, non ve pozzo accompagnà.
GIULIETTA: Uh! E che nce accompagna?
PASQUALE *(a Felice il quale ha preso una granata e spazza il magazzino)*: Posate sta scopa. *(Gliela leva.)* Chesto l'adda fà Concettella. *(Gridando.)*
FELICE: Scusate, chello l'adda fà lo cassiere, chello l'adda fà lo scrivano, chello l'adda fà Gennarino e Luigi, chello l'adda fà Concettella, e io che aggia fà?
PASQUALE: Che avite da fà? Giuliè, miettete sotto a lo vraccio de sto giovene. *(Giulietta esegue)* Tu Lisè da chell'auta parte. *(Lisetta esegue.)* Accompagnate mia moglie e mia figlia, questo è quello che dovete fare sempre, questo è il vostro impiego!
FELICE: Ah! Io questo debbo fare? E allora va bene! e allora va bene. *(Mentre sta per andare con le donne, con sorpresa di tutti.)*

(Cala la tela.)

Fine dell'atto primo

ATTO SECONDO

Camera semplice in casa d'Ignazio — porta in fondo, 3 porte laterali e finestra 1ª quinta a sinistra del pubblico — In fondo due conzole con orologi — lampiere nel mezzo, dove invece delle candele ci sono 24 lampioncini di tutti i colori — Un piccolo tavolino tondo con tappeto e 10 sedie di Vienna.

SCENA PRIMA

Ignazio e Raffaele.

IGNAZIO *(dal fondo a sinistra in calzone nero stretto e corto, gilè bianco e cravatta bianca)*: Jammo, jammo. Rafaè, non perdimmo tiempo, sti duje candelabri ncoppa a li conzole.
RAFFAELE *(calzone nero, ghetti langhé, e livrea rossa esce appresso a Ignazio con due candelabri accesi con candele da 2 soldi l'una)*: Subito. *(Situa i due candelabri su di una conzola.)*
IGNAZIO: Che hai fatto, animale! n'haje da mettere uno pe conzola, jammo, io non lo pozzo fà pecché po' essere, che me va no poco de cera ncuollo, e chesta non è na giacchetta qualunque, chesta è sciassa.
RAFFAELE *(esegue)*: Va bene accussì?
IGNAZIO: Va buono. Mò sà che haje da fà, vattenne fore a la sala, e quanno vene quaccheduno l'haje d'annunzià co na bella voce.
RAFFAELE: Signore mio, non ve pozzo servì, na vota teneva na bella voce, 35, 36 anne fa, aggio fatto pure lo corista a S. Carlo, mò me so' fatto viecchio.
IGNAZIO: Rafaè, dì la verità, tu p'annunzià a quaccheduno, te vulisse fà na cantata?
RAFFAELE: Vuje avite ditto co na bella voce.
IGNAZIO: Co na bella voce, voglio ntennere bella, forte!
RAFFAELE: Ah, non dubitate.
IGNAZIO: E quanno viene ad annunzià, statte attiento alle desinenze.
RAFFAELE: Hanno da venì pure ccà stasera?
IGNAZIO: Chi?
RAFFAELE: Le desinenze.
IGNAZIO: (Mò che auto ha capito? Comme m'è venuto ncapo de le fà fà lo servitore a chisto stasera). Li desinenze significano lettere de li parole capisce?
RAFFAELE: Signò, scusate, io non capisco.
IGNAZIO: Tu mò si lo guardaporta mio, e te chiamme Raffaele, andiamo, Raffaele comme fenesce?
RAFFAELE: Facenno lo guardaporta, comme aggio da fenì... la semmana passata pe punto e punto perdette lo terno, si asceva 37, lo guardaporta non lo faceva cchiù.
IGNAZIO: (Mò vide che paccaro le dongo e faccio ascì 38). Rafaè, tu saje scrivere?
RAFFAELE: Sissignore, no pocorillo.
IGNAZIO: Embè, dimme na cosa, si tu avisse da scrivere: È arrivato lo sposo, il signor Carlino, che sarría nepoteme?

RAFFAELE: Sissignore.
IGNAZIO: Lo Carlino, comme lo faje fernì?
RAFFAELE: E nce vò tanto: quatto rane de pane, cinco rane de casecavalle, e no rano rafanielle e sale.
IGNAZIO: (Puozzo sculà, chillo che ha capito!). Va buono Rafaè, vattenne fa chello che buò tu.
RAFFAELE *(guardando il lampiere ridendo)*: Ma signò, scusate, ccà stasera che nce sta la festa de Piedigrotta?
IGNAZIO: Pecché?
RAFFAELE: Aggio visto li lampiuncielle appise. *(Ride.)*
IGNAZIO: Tu non ne capisce niente, vattenne fore.
RAFFAELE: No, ma fanno belle, avite fatta na bona penzata, li lampiuncielle. Ah, ah, ah! *(Via ridendo.)*
IGNAZIO: Vì che piezzo d'animale, già chillo è no guardaporta, capisce chesto. Io aggio voluto fà na novità, oramai s'è resa na cosa usuale, tutte quante mettene cannele, e po', io me ne so' asciuto co 24 solde, no soldo d'uoglio ogne lampiunciello... Ah, ecco ccà moglierema... comme sta bella, e comme sta arraggiata neh?

SCENA SECONDA

Angelica, e detto, poi Raffaele e 3 suonatori.

ANGELICA *(in abito da festa, ma non di lusso, esce e va alla finestra)*.
IGNAZIO: Angelicuccia mia, ched'è, non saccio comme te veco?
ANGELICA: Sapite che ve dico D. Ignà, stasera, non me parlate, non me dicite niente, lasciateme stà!
IGNAZIO: Ma pecché? Che è stato? Co chi l'haje?
ANGELICA: E me l'addimmannate pure? l'aggio co buje proprio!
IGNAZIO: Co me? E pecché?
ANGELICA: Pecché non me fide cchiù de fà sta vita, si vuje m'avisseve ditto de fanne stà sempre chiusa dinta a la casa, io non me sarría mmaritata. Ajere ascette na mez'ora e me ritiraje, stammatina so' stata chiusa da dinto tutta la jornata, ma perché, domando io, perché?
IGNAZIO: Pecché?... pecché te voglio troppo bene, sciasciona mia me metto paura de tutto, voglio che non te guardassero nemmeno. So' geluso assaje, che aggio da fà.
ANGELICA: Ma che gelosia! Chesta non è gelosia, è oppressione!
IGNAZIO: Quanto staje bella stasera, me pare na palummella, na tortorella... E vuje me parite no scorpione!
IGNAZIO: Dimme chello che buò tu, io da te me soffro qualunque cosa.
ANGELICA: Io po' non capisco che avite combinato ccà, avite mise li bampiuncielle?
IGNAZIO: Pecché stanno malamente?
ANGELICA: Ma se capisce, comme v'è venuto de fà chesto, vedite che figura infelice avimmo da fà nuje.
IGNAZIO: Pecché figura infelice, quella è una novità.

ANGELICA: Bella novità, veramente degna de vuje.
RAFFAELE *(annunziando)*. I professori d'orchestra.
IGNAZIO: Ah bravo! Avanti.
RAFFAELE: Favorite. *(Escono 3 suonatori con trombone e violino, quello che suona il violino è cieco.)*
I SUONATORE: Felicesera.
ANGELICA: Vide lloco vì, uh! Mamma mia, io mò me vaco a spuglià!...
IGNAZIO: Che cos'è, Angè?
ANGELICA: Comme che cos'è, non vedite che chillo è cecato, vuje che avite fatto?!
IGNAZIO: Eh, ma io chesto non lo sapeva. Professò, scusate, vuje po me portate no cecato ccà?
I SUONATORE: Pe na lira che ghiate trovanno.
IGNAZIO: Pss, va bene ho capito. *(Ad Angelica:)* Ha ditto che è cecato, ma è una celebrità. Trasite llà. *(indica, a sinistra)* Mò vengo io e v'acconcio lo tavolino co li lume. *(I tre entrano.)*
ANGELICA: Pure è buono che nuje non conoscimmo a nisciuno, e nisciuno nce vene, si no sà che bella figura se faciarria!...
IGNAZIO: Ma pecché, agge pacienza, chillo ha da sunà co la vocca no co l'uocchie.
ANGELICA: Jatevenne, jatevenne, non ve voglio sentì cchiù, lasciateme sta! Ah, io co st'ommo certo me ne moro. *(Via seconda a destra.)*
IGNAZIO: Angelicuccia, Angelicuccia... comme me venette ncapo a me de me nzura... chella have ragione, è figliola, è friccecarella.

SCENA TERZA

Raffaele e detto poi Peppino, indi Raffaele, Michele, Luigi, Salvatore e Gennarino.

RAFFAELE: Il signor Giuseppe Giallo.
IGNAZIO: Giallo?
RAFFAELE: No... me pare Giuseppe Blù... no Bianco...
IGNAZIO: Se po' sapé che colore è?
RAFFAELE: Non me ricordo, aspettate. *(Via e torna subito.)*
IGNAZIO: Va trova che cancaro sarrà... chi è?
RAFFAELE: Il signor Giuseppe Rosso.
IGNAZIO: Avanti, favorisca.
PEPPINO *(soprabito nero, gilè bianco e calzone nera)*: Rispettabilissimo Signor D. Ignazio.
IGNAZIO: Oh, caro D. Peppino.
PEPPINO: Il mio principale con la moglie e la figlia, fra poco sarranno qua, egli ha invitato a tutti i giovani del suo negozio, credo che non vi dispiacerà?
IGNAZIO: Oh, per carità, anzi mi fà piacere. (Che me ne mporta a me, pe li gelate e li dolce nce ha da pensà isso.) E così D. Peppì, Pasquale come vi tratta, dopo la nostra divisione?
PEPPINO: Non ne parliamo, caro D. Ignazio, non ne parliamo, lavoriamo sempre, e dice che non facciamo mai niente, alle volte mi fa certe mortificazioni in pubblico che io non

merito. Io non era nato per essere maltrattato. Caro D. Ignazio, a me nisciuno mi conosce, ma io sono un genio.
IGNAZIO: (Vì che bello genio teh!).
PEPPINO: Poi da che è venuto un certo D. Felice, che sà, come suo confidente, ha perduta la testa, non c'è altro che D. Felice per lui. Da che era tanto geloso della moglie, nientemeno adesso la fa accompagnare da quello là, io non ho potuto capire perché, perché tanta affezione e tanta fiducia per quell'uomo.
IGNAZIO: Ma come voi non sapete niente? *(Ridendo.)*
PEPPINO: Di che?
IGNAZIO: Quello llà, quel tale D. Felice, a Costantinopoli...
RAFFAELE: (Annunziando). Quattro signori distinti!
IGNAZIO: Quattro signori distinti! E chi songo? Avanti.
RAFFAELE: Favorite. *(Escono i quattro giovani di Pasquale in calzone nero, gilè bianco, e sciasse molto larghe, cravatte bianche e guanti.)*
MICHELE: Buonasera.
LUIGI: Mille auguri felici.
SALVATORE: Pe cient'anne.
GENNARINO: E co bona salute.
IGNAZIO: Grazie tanto. (Vì che quatte signori distinti!). *(A Gennarino e Salvatore.)* Vuje pure site venute?
SALVATORE: Sissignore.
GENNARINO: Nce l'ha ditto lo principale.
IGNAZIO: (Ha pigliato li facchine e nce la mise li sciasse ncuollo).
LUIGI: Si ve fa dispiacere, nce ne jammo.
IGNAZIO: Nonsignore, quanno l'ha fatto Pascale, sta bene. (Si aveva da caccià io li gelate, stiveve frische!).
PEPPINO: Poi D. Ignà, questi qua stasera dovevano venire per forza, perché abbiamo preparata una sorpresa per gli sposi.
IGNAZIO: E che sorpresa?
PEPPINO: Eh, non si può dire, se no finisce il bello, sentirete, sentirete.
IGNAZIO: Va bene, fate voi. Permettete no momento, io vado ad accuncià l'orchestra.
PEPPINO: Fate pure. *(1 4 s'inchinano.)*
IGNAZIO: (Acquaiuò!...). *(Via a sinistra.)*
PEPPINO *(guarda intorno)*: Non c'è nessuno. A noi, facciamo la prova generale, cacciate le carte. *(1 4 cacciano le carte e cantano il coro della 1ª scena del 1° atto.)* Oh, che piacer! *(Cantando.)* E non tenere una voce di soprano... che peccato!... *(Cantano, mentre dicono.)* In verità, in verità...

SCENA QUARTA

Raffaele e detti, poi Carluccio.

RAFFAELE *(annunziando)*: D. Carlino, lo sposo. *(I 5 non gli badano, esce Carluccio in soprabito nero molto stretto, gilè e calzoni neri stretti e guanti neri, cravatta bianca e*

con cappello alto con falde strette, si ferma e guarda i 5.)
CARLUCCIO: Pss, guè... ched'è levateve da miezo, stateve zitte! Me parite cinche cane!
PEPPINO: Scusate, noi siamo degli invitati.
CARLUCCIO: E comme a mmitate, v'avita sta co tutta l'educazione e l'umiltà. Vuje venita dinta a na casa de uno, e ve mettite ad arraglià de chesta manera!...
PEPPINO: Ma vedete...
CARLUCCIO: Pss, statte zitto, vuje site invitate e assettateve llà.
PEPPINO: Ma io...
CARLUCCIO: Haje capito assettete llà? Ma quanno maje io dico na cosa doje vote! *(Peppino siede.)* Vuje pure site mmitate?
MICHELE: Sissignore. Noi siamo i giovani del negozio di D. Pasquale.
CARLUCCIO: Va bene, assettateve lloco e non ve movite. *(1 4 seggono.)* Vuje forse non sapite io chi songo? Io songo lo sposo! *(I 4 muovono il capo.)* Io songo lo sposo! *(I 4 fanno lo stesso.)* (Gue, io dico che songo lo sposo, e chille fanno co li cape accussì!). Ma vuje educazione ne sapite o no! Comme, io songo lo sposo, e vuje non me facite cerimonie?...
PEPPINO: Scusate, signore, noi non vi conoscevamo, e quando siete venuto, stavamo provando un coro, che ho composto io, da cantarlo questa sera, in occasione del vostro matrimonio.
CARLUCCIO: Ma che coro, e coro, e provà, lo coro non se prova, se vede co li fatte, se tene mpietto.
PEPPINO: No, avite capito una cosa per un'altra.
CARLUCCIO: Aggio capito na cosa pe n'auta?! Comme te chià, mò me faje fà na pazziella e bonasera, vuò vedé che te chiavo no caucio e te faccio avutà tuorno tuorno pe n'ora e mmeza?
PEPPINO: Nonsignore, non v'incomodate. *(Siede frettoloso.)*
CARLUCCIO *(passeggia)*: Io credo che vuje non sapite co chi avite che fà... nfaccia a me, avite capite na cosa pe n'auta! Ringraziate lo Cielo che v'è benuta bona, e sapite pecché? Pecché stasera aggio da spusà, e non voglio fà sentere lo nomme mio. Si sti parole l'avarrisseve ditto ajere, a chest'ora starrisseve a lo spitale *(I 4 ridono, Carlo li guarda e loro si fermano.)* Pecché io, capite, io ncapo non nce tengo doje cervelle, nce tengo doje spogne, nfose dinte all'acqua de raso. *(I 4 Ridono c.s.)* Io sango mio, non è sango è petrolio! *(I 4 come sopra.)* perciò comme me guardate io m'appiccio tutto quanto!... *(Dopo pausa ai 4:)* Guagliù, vuje pare che state redenno?
MICHELE: Nonsignore! E pecché avevene da ridere?
CARLUCCIO: No, me credeva.

SCENA QUINTA

Ignazio e detti, indi Raffaele Clementina e Mariannina.

IGNAZIO: Guè, Carlù, sì benuto?
CARLUCCIO: Sissignore, bacio la mano.
IGNAZIO: Comme staje bello, bravo Carluccio.

CARLUCCIO: La sposa non è venuta ancora?
IGNAZIO: No, ma chille mò li bide venì.
CARLUCCIO: Zì Gnà, io po'stasera primme de firmà lo contratto, volarria parlà co D. Pascale pe riguardo a li 4 anne de tavola franca.
IGNAZIO: E che le vuò dicere?
CARLUCCIO: Voglio sapé isso che ntenne de me dà a magnà, io aggio fatto na notarella de tutto chello che non me piace, e tale e quale se mette dinto a lo contratto. *(Caccia una noticina.)* Ecco ccà. *(Legge:)* «Cibi che non piacene a lo sposo; Menesta verde; Fasulille co l'occhietielle, ova cotte...».
MICHELE: E papere! *(Lazzi.)*
CARLUCCIO *(seguita)*: «Fecato fritto...».
MICHELE: E baccalà! *(Lazzi.)*
CARLUCCIO *(seguita)*: Moglignane a fungetielle, patane «co la nzogna, cucuzzielle case e ove, nzalata de cetrole, e lattuga romana».
IGNAZIO: Va bene mò vedimmo. Ma te pare che potimmo mettere sta notarella dinto a lo contratto, doppo spusate, amichevolmente se dice, vedite che sti piatte non me piacene.
CARLUCCIO: Nuje facimmo na quistione, io piglio a D. Pascale e lo mengo abbascio!
IGNAZIO: Nonsignore, non nce sarrà sto bisogno.
CARLUCCIO: Va bene, io ve l'aggio avvisato.
IGNAZIO: Piuttosto dinto a lo contratto, sa che mettimmo, che ogne matina a tavola t'hanno da dà...
RAFFAELE *(annunziando)*: Chelle che stanno sotto a buje.
IGNAZIO *(seguitando)*: Chelle che stanno... (st'animale mò me lo faceva dicere pure a me!). Avanti avanti... *(Escono Clementina, Mariannina, vestite da festa piuttosto caricate.)*
CLEMENTINA: D. Ignazio, buonasera. Signori...
IGNAZIO: Cara D. Clementina, cara D. Mariannina.
CLEMENTINA: Angelica stammattina ci ha invitate, e nuje avimmo accettato con gran piacere. *(Porta guanti bianchi un poco rotti con qualche punta delle dita fuori.)* Dovete scusare solamente che siamo venute un poco tardi, a causa che mia nipote qui presente, la quale quanno addà j a quacche parte, è capace che se sta vicino a la toletta doje ore.
MARIANNINA: Non è overo, dicite la verità, pecché vulite dà la colpa a me. Avememe date ad accunzià li stivalette a lo solachianiello, e mò nce l'ha portate li vedite, comme l'ha fatte belle. *(Mostra un piede.)* Ha voluto doje lire.
CLEMENTINA: Ma te staje zitto o no! Che stupida, pe se discolpà, trova na scusa accussì inconcludente. Nuje tenimmo tre pare de stivalette pedono.
IGNAZIO: (Non è overo, vanne scauze pe la casa). Io lo sò, lo sò, quella ragazza scherza.
MARIANNINA: Neh, D. Ignà, stasera s'abballa?
IGNAZIO: Se capisce, dentro sta l'orchestra preparata.
MARIANNINA *(battendo le mani)*: Che bella cosa, che bella cosa!
CLEMENTINA: Neh, ma Angelica addò sta?
IGNAZIO: Eccola ccà, sta venenno.

SCENA SESTA

Angelica, e detti.

ANGELICA: Oh, cara D.ª Clementina, cara Nannina.
MARIANNINA: Buonasera.
CLEMENTINA: Come staje, staje bona?
ANGELICA: Eh, non c'è male. Assettateve.
CLEMENTINA: Grazie tante. *(Seggono.)* Finalmente doppo tanto tiempo, avite data na festa de ballo! Che vulite, ogne tanto, uno s'ha da divertì no poco, e io credo che si non se fosse data l'occasione de sto matrimonio, manche niente avarrisseve fatto.
ANGELICA: Che nce vulita fà. D.ª Clementina mia, che nce vulita fà, io tengo no marito che a tutto penza, fuorché ai divertimenti.
CLEMENTINA: Ma D. Ignazio mio, scusa te, vuje facite malamente, chella è figliola, e ogne tanto, l'avita da fà spassà no poco.
IGNAZIO: Ma cara signora, io tengo gli affari miei.
CLEMENTINA: Ma che affari, che affari, aggiate pacienza, che la vulita fà nun a sta povera figliola. Io, so' io, e si non abballo almeno ogne otto juorne, cado malata.
IGNAZIO: E che vuol dire, a voi forse piace di ballare, a noi no.
ANGELICA: Cioè a voi non vi piace, ma a me si! Basta, non parlammo de chesto, si no songo certa che me ntosseche la serata. Una cosa ve dico però: non me chiudite cchiù da dinto, si no faccio cose de pazze.
CLEMENTINA: Comme, comme! Te chiude da dinto?
ANGELICA: Già, quanno esce, me chiude da dinto e se porta la chiave.
CLEMENTINA: Oh, D. Ignà, chesto è troppo, scusate.
IGNAZIO: Lo faccio per affezione.
ANGELICA: Io st'affezione non la voglio, vuje ve credite che facite buono, invece facite male assai, e quanno lo volite sapé, io vaco trovanno lo pilo dinta all'uovo pe nce spartere, pecché non me fide cchiù.
CLEMENTINA: E avite ragione, quanno avite da stà accussì, è meglio che ve spartite.
IGNAZIO: Sempe è buono no consiglio de na vicina... D.ª Clementi chiste so' affare che a buje non ve riguardano, perciò faciteme lo piacere de non ve n'incaricà.
CLEMENTINA: Uh! Scusate! Scusate, D. Ignà, io na parola aggio ditto.
IGNAZIO: E avite ditto na parola che non aviveva da dicere quanno avite da stà accussì, è meglio che ve spartite, chiste so' consiglie de femmenelle!
CLEMENTINA: D. Ignà, badate comme parlate, ca ccà nisciuno è femmenella.
IGNAZIO: Femmenella e mmeza! Quanno parlate accussì!
CLEMENTINA: Io pe regola vosta, D. Ignà, so' na signora, e tutto Sorriento me conosce, nisciuno ancora m'ha chiammato femmenella!
IGNAZIO: N'auta vota mparateve l'educazione.
CLEMENTINA: No, io l'educazione la saccio sà, e te ne pozzo dà pure lezione, capisce?
IGNAZIO: Vattenne leziò, tu sei na lazzarona qualunque!
ANGELICA: Non ve n'incaricate D.ª Clementi...
CARLUCCIO: Va buono zizì, quanno la vulite scamazzà me lo dicite!

CLEMENTINA: No, Angè, statte bona, me ne voglio j n'auta vota, jammoncenne Mariannì.
MARIANNINA: No, io non me ne voglio j, io voglio abballà. *(Piange.)*
CLEMENTINA *(forte)*: Jammoncenne te dico!...
MARIANNINA *(piangendo forte)*: No, no, io voglio abballà, voglio abballà. *(Battendo i piedi a terra.)*
ANGELICA: D. Clementì, che significa sta cosa, embè, me vulite tanto bene, e po'...
CLEMENTINA: No, scuse, Angelica mia, maritete m'ha offesa, si se retira li pparole che m'ha ditto me stongo si no mò proprio nce ne jammo.
MARIANNINA *(piangendo)*: No, no, io me voglio stà, me voglio stà.
CLEMENTINA: Statte zitta tu!
ANGELICA *(va da Ignazio)*: Vi prego di ritirarvi le parole che avete detto a D.ª Clementina.
IGNAZIO: (Tiene mente che pacienza).
CARLUCCIO: (Zizi, ritirateve le parole, è femmena, che vulita fà?...).
IGNAZIO: Va bene, io mi ritiro le parole che vi ho detto. Site contenta?
CLEMENTINA: Benissimo! Avete fatto il vostro dovere! Allora restiamo.
MARIANNINA *(battendo le mani)*: Oh, che piacere, che bella cosa! che bella cosa!...
IGNAZIO: (Quanto è antipatica chella guagliona!).

SCENA SETTIMA

Raffaele e detti, poi Pasquale, Giulietta, Lisetta e Felice.

RAFFAELE: Arriva la sposa! *(Tutti si alzano.)*
IGNAZIO: Oh, finalmente! *(Escono i suddetti, Felice è vestito da turco con frustino.)* Pascà, pecché accussì tarde?
PASQUALE: E non lo ssaje, li femmene quanno hanno da fà toletta, è n'affare serio, non se vedene maje spiccià. Carluccio bello!
CARLUCCIO: Caro papà, io vedennove tricà, aveva cominciato a fà quacche cattivo pensiero e aggio ditto: vuò vedé che la sposa non nce vò venì?
PASQUALE: Oh, non nce penza pe chesto, chella le parevene mill'anne de venì. *(Le donne parlano fra di loro.)*
LUIGI: Neh, Gnà, agge pacienzia, che haje mise li lampiuncielle?
IGNAZIO: Sì, comme fanno belle, dì la verità?
PASQUALE: Belle assaje, sulo tu potive fà sta pensata!
IGNAZIO: A proposito, Pascà, D. Felice, comme se porta?
PASQUALE: Benissimo, Gnazio mio, aggio fatto n'affarone, si non me venive a rompere ll'ove dinto a lo piatto, me sarria costata na miseria, ciente lire a lo mese.
IGNAZIO: Tu po' te lo pigliave pe ciente lire?
PASQUALE: Comme, chillo era tanto contento, pecché a la fine po', non ha da fà nisciuna fatica.
IGNAZIO: Haje fatto buono che l'haje vestuto da turco.
PASQUALE: L'abito adattato, l'aggio mannato apposta a procurà, a Napole.

IGNAZIO: Psss. *(A Felice:)* Venite ccà?
FELICE: A me?
IGNAZIO: Sissignore. *(Felice si avvicina.)* Comme ve trovate co Pascale, avete dormito bene?
FELICE: Benissimo! Non ho proprio di che lagnarmi, e vi dico francamente, che sono mortificato di tante gentilezze che mi usa D. Pasquale. Stamattina appena fatto giorno, la serva mi ha portato il latte e caffè dentro il letto; credetemi, tanto della mortificazione, che m'è venuto da piangere, perché sono attenzioni che io non ho avuto da nessuno.
PASQUALE: Che c'entra, è dovere!
IGNAZIO: (Si v'appiccecate co isso, e venite co me ve dongo la cioccolata).
FELICE: (Va bene)
GIULIETTA: Ce l'aggio ditto a sta scema, na vota che tu non lo può vedé, che non te piace, che non lo vuò bene, dincello a pateto: quatte e quatte otto, io non lo voglio!
LISETTA: Nce l'aggio ditto tanta vote, ma isso niente, pe forza me lo vò fa spusà, stanotte aggio fatta la nottata sempe a chiagnere!...
ANGELICA: Lisetta mia, pe carità, si te l'haje da piglià senza genio, minete cchiù priesto abbascio, accussì muore una vota, e non nce pienze cchiù. Saccio io che significa no matrimonio fatto afforza!
CLEMENTINA: Oh, chesto è certo, e pecché la vonno infelicità, povera figliola!
ANGELICA: Lo bello è che non sì cchiù a tiempo, a n'auto ppoco vene lo notaro, comme se fa? *(Parlano fra di loro.)*
CARLUCCIO: Papà, io po' doppo spusato, ve faccio sapé quacche piatto che non me piace.
PASQUALE: Sissignore, se capisce! *(Parlano fra di loro. In questo frattempo ignazio ha parlato nell'orecchio di Peppino, mostrando Felice, Peppino si meraviglia, poi parla all'orecchio di Michele, questi a Luigi, e quest'ultimo a Salvatore, e a Gennarino. Tutti guardano Felice. Peppino gli gira intorno.)*
FELICE (Va trova chisto che bò da me!).
PEPPINO: (Sorte ti ringrazio, ho trovato il soprano!).
CARLUCCIO: Scusate, vuje pecché ve site vestuto accussì?
FELICE: E che ne saccio, pecché D. Pascale accussì ha voluto.
CARLUCCIO Ma ched'è Carnevale?
FELICE: Vuje che vulite da me, dicitencello a isso.
CARLUCCIO: Vuje le diciveve, aggiate pacienzia, sto vestito non me lo voglio mettere.
FELICE: E non nce lo poteva dicere chesto.
CARLUCCIO: Pecché?
FELICE: Pecché chillo me dà mille lire a lo mese, e doppo che me vò fà vestere da cane, io m'aggio da stà zitto.
CARLUCCIO: Vulite sapé la verità? Io sta cosa non la capisco.
FELICE: Io non la capisco io, come la vulite capì vuje!
PASQUALE: Neh, Gnà, io aggio fatto venì la stufa co li gelate, cierti dolci, e cierto rosolio, sta tutte cose fose, vuò venì a vedé addò s'adda mettere?
IGNAZIO: Ah, sicuro. *(Di dentro si sente suonar un valzer dai tre strumenti.)* Oh, bravo, la

musica... Pascà, comme te pare?
PASQUALE: Ma che, stanno sonanno ccà?
IGNAZIO: Già, dinto a la galleria.
PASQUALE: Io me credeva che sonavano da miezo a la strada.
IGNAZIO: Neh, trasite dinto, incominciate a fà quacche cosa, nuje mò venimmo. *(Via fondo a destra.)*
PASQUALE *(a Felice)*: Si moglierema vò aballà, facitele aballà co buje, sa, co buje sulo.
FELICE: Va bene. (Io non capisco chisto che marite è!) *(Pasquale via pel fondo Peppino entra a sinistra i 4 lo seguono.)*
ANGELICA: Giuliè, jammo dinto.
GIULIETTA: Jammo, jammo.
ANGELICA: Venite D.ª Clementi.
CLEMENTINA: So' pronta.
MARIANNINA: Jammo, jammo aballà. *(Battendo le mani tutte entrano a sinistra.)*
CARLUCCIO: Io non saccio j co tanta cerimonie... Bella piccerè, vienetenne.
LISETTA: (Eh! Mamma mia, quanto e antipatico). Ma dico io, non sapite parlà meglio?
CARLUCCIO: E comme aggio da parlà, quanno uno vò bene a na figliola, chello che le vene mmocca, chello rice.
LISETTA: (Chello rice... neh D. Feli?).
FELICE: (E che vulite da me?).
CARLUCCIO: Jammoncenne, jà. *(La prende per la vita e viano a sinistra. La musica cessa.)*
FELICE: Quanto è bona sta figliola è n'affare serio. Si sarría venuto no mese primme, me nce metteva a fà l'ammore io, e me l'avarria spusata co tutto lo core... e la mogliera de D. Pascale? un altro pezzo rispettabile... eh, e la serva?... Ccà, so' tutte bone! Intanto, vedete chi se poteva immaginà de trovà chesta fortuna. Chello che non pozzo capì, pecché m'ha vestuto de chesta manera, e m'ha dato sto scorriato mmano, me fà fà na figura ridicola, non capisco pecché...?

SCENA OTTAVA

Peppino e detto, poi Lisetta.

PEPPINO *(gentilmente)*: Buonasera.
FELICE: Felicenotte.
PEPPINO: Con quest'abito state proprio bene.
FELICE: Sicuro, me pare no pupo!...
PEPPINO: Voi non potete credere che piacere abbiamo avuto tutti gl'impiegati che siete venuto voi, siete simpatico a tutti quanti.
FELICE: Veramente? Vì che piacere teh.
PEPPINO: In me specialmente non troverete un amico, ma un fratello, un fratello affezionato.
FELICE: Grazie tanto.
PEPPINO: Solamente, voleva chiedervi un gran favore.
FELICE: Non me cercate denare, pecché non tengo manco no soldo, m'hanno promesse

1000 lire, ma non aggio avuto niente ancora.
PEPPINO: Nonsignore, pe carità, che denaro... quanto siete curioso!...
FELICE: Vì chi parla!...
PEPPINO: Dovete sapere che io ho composto un coro da cantarlo in occasione di questo sposarizio verso mezzanotte, l'una, sotto le finestre di questa casa. È tutto pronto, vi assicuro che è bello assai. Però ci stanno due rispostine per soprano, se no il coro perde d'effetto... fino a questo momento non sono stato buono di trovare una voce di donna.
FELICE: E che vulite da me?
PEPPINO: Fatemi voi questa gentilezza.
FELICE: Frato mio, è impossibile, io non vi posso servire e che tengo la voce de soprano? Io ho cantato sempre da baritono.
PEPPINO: Uh! Non dite sciocchezze. *(Carezzandolo.)*
FELICE: (Neh, ma chisto pecché fà lo farenella!).
PEPPINO: Dite piuttosto che non mi volete fare questo favore — guardate, quelle so' due piccole risposte *(caccia la carta di musica)* la prima volta «Oh, che piacer» e la seconda risposta «È una stella mattutina» questo è tutto.
FELICE: Ma io non posso.
PEPPINO: Va bene, voi potete, non vi fate più pregare fatemi questa gentilezza.
FELICE: Vuje vedite che guajo che aggio passato!
PASQUALE: Poi il motivo è facilissimo, un paio di volte che lo facciamo subito ve lo imparate. A un altro poco mentre tutti quanti si prendono i gelati, noi andiamo in una stanza di questa, e lo concertiamo due tre volte... che ne dite? Io, se mi fate questo pacere, senz'offesa, vi regalo 5 lire.
FELICE: 5 lire?
PEPPINO: Sissignore.
FELICE: Anticipate?
PEPPINO: Anticipate! tenete. *(Gliele dà.)*
FELICE: (M'aggia mangià cinche lire de chisto!) Va bene, lasciatemi la carta.
PEPPINO: Eccola qua. *(Dà la carta.)* Grazie tante. Vedete, noi ce ne andiamo dentro quella stanza là. *(Indica seconda a destra)* cuiete, cuiete...
FELICE: Va bene. *(Vede uscire Lisetta.)* Signorina, che cos'è?
LISETTA: Niente, mi sono intesa girare un poco la testa.
FELICE: Accomodatevi qua. *(Lisetta siede.)*
PEPPINO: Dunque, a rivederci tra poco?
FELICE: A rivederci. *(Peppino via a sinistra.)* Ma adesso come vi sentite?
LISETTA: Me sento, meglio, grazie tanto. Ah! Ma pecché aggio da essere accussì disgraziata io! Sarria meglio si muresse!
FELICE: E perché volete morire, signorina, voi così giovane, così bella, e poi questa sera dovete stare allegramente, fra poco verrà il notaio, si firmerà il contratto.
LISETTA: Non me lo ricordate, per carità!...
FELICE: Ma perché, signorina? Confidatevi con me, forse lo sposo non vi piace?
LISETTA: Non mi piace! Non l'amo! E non l'amerò mai!
FELICE: Possibile!
LISETTA: È antipatico, pesante, rustico quanto mai, poi con certi modi...

FELICE: Avete ragione, signorina, avete ragione, io non sò come vostro padre l'ha potuto scegliere per vostro marito... Oh, che sbaglio, che sbaglio!... Ma vostro padre non sà voi chi siete, non ha saputo apprezzare la vostra bellezza, tiene una perla e non la conosce! Egli con questo matrimonio, non fa altro che prendere un grosso brillante e farlo ligare in ottone, prende una rosa di Maggio e la mette in bocca ad un cane!
LISETTA: (Che bello paragone!).
FELICE: (Ma che belli paragoni che tengo io!). Voi però siete ancora libera, dite a papà che assolutamente non lo volete!
LISETTA: Non lo pozzo fà cchiù chesto, pecché l'aggio fatto tre bote.
FELICE: Meglio allora, chille nce so' abituate! Sentite a me, non ve lo sposate, non firmate, ve ne prego, sparambiatemi questo dolore!
LISETTA: Ma comme! Se io firmo, vuje n'avite dispiacere?
FELICE: Assaj, si assaj! Perché dovete sapere, signorina, che dal momento che v'aggio vista, io me so' ntiso sbattere mpietto aggio ditto fra me e me: quanto è bella, chesta sarria na figliola che io volarria bene cchiù de la vita mia, le starria sempe vicino e le diciarria sempe: sciasciona, zucchero, simpaticona mia!
LISETTA: Pe ccarità, v'avisseve da sentì quaccheduno?
FELICE: No, non me sente nisciuno... E vuje diciteme la verità, me spusarrisseve co piacere?
LISETTA: A buje?... Oh, sicuro!
FELICE: Allora jate addò papà e dicitencello, bello, risoluta: papà, io a chillo non lo voglio bene, e non lo voglio no, no, e no... sento rummore. *(Va a guardare in fondo.)* Ah, è D. Ignazio, jatevenne, vuje mò avite capito?
LISETTA: Va bene, io a n'auto poco me lo chiammo e, ce lo dico, a chello che ne vene!...
FELICE: Bella, simpatica, aggraziatona mia!...
LISETTA: Zucchero, tesoro, sciseiunciello mio, io te volarraggio bene assai, assai... tu soo core mio, tu s
FELICE: Va signori, mò ve n'avita j mò!... *(La fa entrare a sinistra.)*

SCENA NONA

Ignazio e detto, poi Angelica, indi di nuovo Ignazio.

IGNAZIO *(con paniere di bottiglie di rosolio)*: Lo rosolio, lo mettimmo dinto a sta cammera... Oh, D. Felì, state ccà?
FELICE: Sissignore, vulite essere aiutato?
IGNAZIO: No, grazie tanto. Sapite che piacere voleva essere fatto? Si muglierema vò abballà, pigliatevella vuje, e facitela fà vuje 3 o 4 gire, quanno vedite che se stanca la lassate.
FELICE: Ah! Sissignore.
IGNAZIO: Scusate, il disturbo, sapete?
FELICE: Niente affatto.
IGNAZIO: Io vaco ad accuncià lo buffè, e sto sicuro, capite, pecché saccio moglierema co chi sta.

FELICE: Va bene.
IGNAZIO: Ah, eccola ccà, sta venenno... io me ne vaco da ccà, essa vene da llà, vedite che bò. *(Via a destra poi torna.)*
FELICE: Chiste o so' pazze, o vonno ncuità a me.
ANGELICA: Scusate avete visto no ventaglio?
FELICE: Sicuro! Eccole ccà. *(Lo prende sulla sedia e ce lo dà.)*
ANGELICA: Grazie tanto, me l'aveva dimenticato. E voi che fate, non venite dentro?
FELICE: Che sò, signora mia, me metto vergogna, così vestito.
ANGELICA: E che vergogna, io vi dico francamente che con quest'abito state bene.
FELICE: Grazie, sono gli occhi vostri.
ANGELICA: Ma scusate, io poi vorrei sapere perché vi siete vestito così?
FELICE: E quello che domando pur'io, cara signora, è stata una stravaganza di D. Pasquale, io non mi ho potuto negare, capite, perché la piazza è buona, io sto comme a no principe!
ANGELICA: Vi piace Sorrento?
FELICE: Oh, assai. Non solo Sorrento, ma anche le sorrentine.
ANGELICA: Ne avete conosciuto molte?
FELICE: No, poche, signora, poche; ma quelle poche, ma quelle poche che ho conosciute, vanno per mille.
ANGELICA Oh! Allora vuol dire che hanno da essere belle assai queste poche che avete conosciute. E chi so', scusate, perché sapete, le belle in un paese, si conoscono.
FELICE: La prima, siete voi.
ANGELICA: Oh, per carità siete troppo gentile... Uh! Mariteme!... *(Si scosta.)*
FELICE: No, non ve ne ncaricate.
IGNAZIO: Neh, e ched'è, tu staje ccà, non vaje abballà?
ANGELICA: Si, mò vaco, me so' venuto a piglià lo ventaglio che m'aveva scordato ncoppa a la seggia.
IGNAZIO: E và, và abballe, te lagne sempe che non te spasse maje. Eccolo là, quello è il tuo cavaliere. D. Felì, ve raccomanno?
FELICE: Vi servirò a dovere!
IGNAZIO: Io sto accuncianno lo buffè, mò vengo. *(Via fondo a dritta.)*
ANGELICA: E che significa sto cambiamento?
FELICE: Sapete pure che ho trovato di buono a Sorrento? Che i mariti non sono affatto gelosi.
ANGELICA: Voi che dite, anzi sono gelosissimi.
FELICE: E come va poi che vostro marito vi permette di ballare con me?
ANGELICA: E chi lo sà, io pure mi sono maravigliata, forse terrà molta fiducia in voi, perché del resto voi siete un galantuomo.
FELICE: Oh! Questo è certo, ma fino ad un certo punto però, quando poi si vedono due occhi come i vostri, quando si parla un quarto d'ora con voi...

SCENA DECIMA

Peppino ed i 4 impiegati, poi Peppino, indi Pasquale, Ignazio e Raffaele, poi Giulietta.

PEPPINO *(esce e i quattro lo seguono, guarda Felice e con gli occhi gli fa segno di entrare con lui, poi viano a destra).*
FELICE: (Pure va a fernì che io lo sciacco a chillo!).
ANGELICA: Basta, io vi aspetto per ballare... venite presto.
FELICE: Fra poco verrò. *(Angelica via a sinistra.)* E chesta pure è bona! *(Comparisce Peppino di nuovo, e batte la bacchetta sul cappello.)*
PEPPINO: Psss. sapete, noi vi aspettiamo.
FELICE: (Vuje vedite chillo comme è seccante!). Jammoncenne facimmo ampressa. *(Lazzi ed entra con Peppino a destra.)*
IGNAZIO: Rafaè, sti dolce miettele dinta a li guantiere!
RAFFAELE *(con 2 grossi cartocci)*: Va bene. *(Entra prima quinta a destra.)*
IGNAZIO: Pascà, agge pacienza, haje fatto male de spennere tanta denare, tutte chilli gelate, tutti chilli dolce.
PASQUALE: E tu che m'avive pigliato pe te, che haje mise li lampiuncielle e li cannele de duje solde l'una.
IGNAZIO: Che c'entra, io ho voluto fare una novità.
GIULIETTA: Pascà, staje lloco? Io t'aggio da parlà seriamente, D. Ignazio se n'ha da j.
PASQUALE: E di che si tratta?
GIULIETTA: Na cosa necessaria.
PASQUALE: Gnà, permetti, quanto parlo no momento co moglierema.
IGNAZIO: Fate i fatti vostri, io vaco accuncià lo buffè. *(Via prima a destra.)*
PASQUALE: Che è stato?
GIULIETTA: Comme che è stato? Ccà, stasera, certo succederà no chiasso. Poco primme, Lisetta, steva chiagnenno assettata a lo divano, lo sposo l'è ghiuto vicino pe sape che era, e chella l'ha risposto: Non l'aggio da dicere a vuje, non aggio da dà cunto a vuje, figurete isso comme sta, ha ditto che stasera vò fa succedere lo 31, pecché è la quarta vota che le facimmo chesto!
PASQUALE: E se capisce!
GIULIETTA: Essa po' è venuta da me chiagnenno, e m'ha ditto: Pe carità, non me sacrificate, non me facile infelice a me poverella, parlate vuje co papà, aiutateme!
PASQUALE: E comme s'aiuta mò, che figura se fa, e po' io me metto paura de D. Carluccio, chillo po' essere che me da quaccosa, chillo è malandrino.
GIULIETTA: Vattenne, malandrì, chillo è nu sbruffone qualunque! Tu non te n'incarricà, co D. Carluccio nce parlo io. A te te fa dispiacere si sto matrimonio se scombina?
PASQUALE: No, ma non vorria fà questioni, capisci.
GIULIETTA: Non te n'incarricà che quistioni non se fanno. Guardate che porcheria, lampiuncielle, cannele de duje solde l'una, e per orchestra tre sunature de miezo a strada, chesto addò se vede, se ne metteno scuorno o no! E vanno mmitanno pure a la gente!... E po' pecché s'ha da rendere infelice na povera guagliona, chella stasera tremma tutta quanta, fa proprio compassione? Ah! Eccola qua.

SCENA UNDICESIMA

Lisetta, e detti, poi Carluccio, Angelica, Mariannina, Ignazio, poi Felice, Peppino, Salvatore, Luigi, Gennarino, e Michele, in ultimo Raffaele.

LISETTA: Papà mio, papà mio... *(Piangendo.)*
PASQUALE: Mannaggia ll'arma toja mannaggi, io te lo dicette che stasera faceveme lo stesso, e accussì è stato!
LISETTA: Io po' non lo voglio, io non lo pozzo vedé, io lo volarria sparà!
PASQUALE: Stalle zitta, non alluccà, che chillo spara a nuje!... Va bene, mò vedimmo che se po' fà.
LISETTA: No, senza che dicite mò vedimmo, io lo contratto non lo firmo, io voglio bene a n'auto giovene, e a chillo me voglio spusà!
PASQUALE: Ah! Pecchesto! Mò aggio capito! E chi è st'ato giovene, parla!
GIULIETTA Non te mettere paura, dincello chiaro chiaro... Vuò sapé chi è?... mò te lo dico io, è D. Felice!
PASQUALE: Che!! D. Felice!!! E a chillo te vuò spusà? *(Ride.)*
LISETTA: Si, papà, chillo me piace, o isso, o nisciuno!
PASQUALE: (E staje fresca!) Figlia mia, è impossibile, levete sto pensiero da capo, D. Felice non te lo pozzo dà!
LISETTA: E pecché? Vuje stesso avite ditto che è no buono giovene, che lo Deputato ve n'ha fatto tanti elogi.
PASQUALE: Sissignore, ma come segretario non come marito.
GIULIETTA: E chesto che c'entra, quanno uno è buono, è buono sempre.
PASQUALE: (Io mò che l'aggio da dicere a chesta?...).
GIULIETTA: Io non capisco pecché nce truove tanta difficoltà?
PASQUALE: Pecché?... ah, lo buò sapé? E teh, liegge sta lettera. *(Da la lettera che ha portato Felice nell'atto a Giulietta, la quale se la mette a leggere. Di dentro si sente suonare, e dopo poche battute di musica, Carluccio fa cessare la musica, dicendo:)*
CARLUCCIO *(di dentro gridando)*: Stateve zitte, non ve voglio sentere cchiù, mò ve mengo abbascio! *(La musica cessa Carluccio esce con Clementina Mariannina e Angelica.)* D. Pascà, io intendo de parlà co buje, e seriamente, io non so' fatto lo pulecenella de nisciuno. La figlia vosta se crede che have che fà co quacche scemo, ma io non so' scemo! *(Gridando.)*
LUIGI *(escono Ignazio, Felice, Peppino, e i 4 impiegati).*
IGNAZIO: Che cos'è che è succieso?
CARLUCCIO: È succieso ca ccà mbruoglio nc'è sotto, la sposa sta chiagnenno da stasera, l'addimanne ched'è, e me fa no sfastidio, e che so' fatto no picchiapacchio! *(Gridando:)* Io non so' picchipacchio!
FELICE: Pss. mò facite correre la guardia!
CARLUCCIO: Voglio fà correre la guardia!
IGNAZIO: Ma insomma se parlasse chiaro, che nce sta quacche novità?
GIULIETTA: La novità è chesta: Lisetta non vò bene a lo nepote vuosto, e nun se lo vò spusà!
IGNAZIO: Che!!
PASQUALE: (Và trova mò chi va pe ll'aria....).

CARLUCCIO: E io l'aveva capito... e chesta è a quarta vota che me l'avite fatta... *(Di dentro la musica suona. Carluccio corre a sinistra vicino la porta.)* Stateve zitte! Mò spare a tutte quante! *(La musica cessa.)*
FELICE: (Mò vanne li palle dinto a lo trombone!).
CARLUCCIO: E chesta è la quarta vota che me l'avite fatta, aggio obbligazione a stu turzo de carcioffola de ziemo!...
PASQUALE: (Non lo risponnere, non lo risponnere!).
CARLUCCIO: Ma non ve n'incarricate ve voglio fà vedé che ve sape combinà Carluccio... mò stongo vestuto da sposo, tengo li guante, e non pozzo fà niente...
PASQUALE: (Oh! Guanti provvidenziali!).
CARLUCCIO: Ma D. Pascà, nce vedimrno, nce vedimmo!... *(Di dentro suona la musica e Carluccio va via pel fondo a cadenza di musica.)*
IGNAZIO: Neh, Pascà?
PASQUALE: Neh, Gnà? E che aggio da fà?...
IGNAZIO: Comme che haje da fà? E tutto sto spesato che aggio fatto io.
PASQUALE: (All'arma de lo spesato!).
IGNAZIO: Cheste non so' azione che se fanno! Ma quanno è dimane vengo io e nepoteme a lo magazzino, e nce ne darai strettissimo conto! *(Alla moglie.)* Jammoncenne dinto. *(Via con Angelica seconda a dritta.)*
CLEMENTINA: E intanto mò nce n'avimmo da j nuje pure?
MARIANNINA: Senza dolci, e senza niente.
PEPPINO: E il coro per chi si canta?
FELICE: Lo canterete in questi giorni in casa di D. Pascale, dove troverete pure i dolci, perché se gli fa piacere, se acconsente, a Lisetta me la sposo io!
PASQUALE: Voi?! *(Ridendo:)* Ve la sposate voi? Jammoncenne Giuliè... (a Clementina) Signò, jatevenne, che li dolce non li provate cchiù... Gue, vò spusà?... *(Via pel fondo.)*
CLEMENTINA: Jammoncenne Nannì, chisto la piglietene a pazzie! Felicenotte. *(Via pel fondo con Nannina.)*
PEPPINO *(ridendo)*: Volete sposare voi ah, ah, ah!... *(Via.)*
MICHELE *(c.s.)*: E tenite chisto coraggio, ah, ah, ah!... *(Via.)*
LUIGI *(c.s.)*: Ve la pigliaveve la confidenza, ah, ah, ah! *(Via.)*
GENNARINO *(c.s.)*: Vuliveve spusà?... ah, ah, ah! *(Via.)*
SALVATORE *(c.s.)*: Ma che, site pazzo? ah, ah, ah! *(Via.)*
LISETTA: Ma io non capisco...
GIULIETTA: Jammoncenne Lisè, che non è cosa... ma vuje pure, stiveve tanto lontano, comme v'è venuto ncapo da venì ccà, tornatevenne n'auta vota llà, sentite a me, che llà state buono. *(Via con Lisetta.)*
FELICE: Chesto che cos'è! A me che m'è succieso! Io chi songo!... steva tanto lontano, e addò steva?
RAFFAELE *(dalla prima a dritta con guantiera piena di dolci)*: Neh, scusate, pozzo fà la primma cacciata?
FELICE: Sicuro! dateme ccà *(prende la guantiera)* (jate a piglià lo rosolio).
RAFFAELE: Subito. *(Via prima a dritta.)*
FELICE: Mannaggia all'arma vosta! *(Rovescia tutti i dolci in un piccolo tappeto che sta sul*

tavolino, poi l'avvolge, lo prende e va via pel fondo.)

(Cala la tela.)

Fine dell'atto secondo

ATTO TERZO

La medesima scena del primo atto, con 3 sacchi pieni.

SCENA PRIMA

Michele ed Errico.

MICHELE: Venite, venite, D. Errì, che non nce sta nisciuno.
ERRICO: Michè, conteme tutte cose, tutto chello che è succieso.
MICHELE: È succieso, che lo principale l'ha vestuto da turco, e nce stamme facenno l'anima de le rise, la voce s'è sparsa pe tutto Sorriento, e D. Felice fino a mò s'è appiccecato co quatte perzune.
ERRICO: Benissimo!
MICHELE: Po' lo casciere nuosto, aveva scritto no coro, e siccome le mancava la voce da soprano, la voleva fà fà a isso. *(Ridendo.)*
ERRICO *(ride)*: Ah, ah, ah! Bravissimo!
MICHELE: Una cosa però D. Errì, v'aggio da dicere, che vuje na grande rivincita non ve l'avite pigliata.
ERRICO: E pecché?
MICHELE: Pecché lo principale, essenno geluso de la mogliera, se ne serve pe le fà fà la guardia, e le da mille franche a lo mese, mangià e dormì. Capirete che chillo sta comme a no principe!
ERRICO: Tu che dice!
MICHELE: Eh, che dico, chillo se po' dì, è lo patrone de tutte cose, chello che vò mangià mangia, chello che bò fà fà. Mò è asciuto co la signora e la signorina, e so' ghiute cammenanno pe lo paese.
ERRICO: Sangue de Bacco! E allora non l'aggio fatto niente?
MICHELE: E se capisce! Isso ve facette perdere 30 mila ducale, e vuje invece l'avite fatte trovà mille lire al mese.
ERRICO: E già, pecché chillo l'ha mise a guardia de la mogliera, credenno de sta cchiù sicuro... Non te n'incanicà, aggio fatto la penzata... mò te faccio vedé che lo combino... tu haje ditto che lo principale tujo è geluso assaje? Mò te servo io!...
MICHELE: Ma che vulita fà?
ERRICO: Niente, po' vederraje... D. Pascale mò addò sta?
MICHELE: Sta ncoppa, sta facenno colazione, chillo a n'auto ppoco scenne.
ERRICO: E io a n'auto ppoco vengo... li mille lire nce l'aggio da fà annuzzà nganna. *(Via*

pel fondo.)

MICHELE: Ma sentite... Va trova che auta penzata avanà fatta. Aggio appaura che sti duje amice affezionate, all'urdemo se chiavene ll'aneme de li palate!

SCENA SECONDA

Peppino e detto, poi Pasquale e Concettella, indi Luigi.

PEPPINO *(dal fondo a sinistra con carta di musica in mano)*: Ho fatto di un'altra maniera, quello che doveva rispondere il soprano, adesso risponde il basso
MICHELE: D. Peppì, vuje co sto coro site no guajo!
PEPPINO: E non ci sta male, perché fà così: *(canta da basso:)* Oh! Che piacer!
MICHELE: (Mamma mia, lo mammone!).
PEPPINO: Io poi non capisco come va che quel D. Felice non tiene voce di soprano?
MICHELE: Addò! Chillo stunava peggio de nuje... zitto, vene lo principale. *(Vanno ai loro posti.)*
PASQUALE *(esce portando per mano Concettella)*: Viene ccà, voglio essere cuntato tutto, voglio sapè tutte cose.
CONCETTELLA: Sissignore, e mannatene a chilli llà.
PASQUALE: Peppì, Michè, faciteve na cammenatella, e po' tornate, aggiate pacienza.
MICHELE: Niente.
PEPPINO: Quello che comandate, quello si fa.
MICHELE: (Nuje chesto jeveme truvanno). Jammoncenne D. Peppì.
PEPPINO: Sono con voi. *(Si mettono sotto al braccio fanno per andare, Peppino canta.)* Un principio di piacer. *(Da basso.)* Oh! Che piacer!...
MICHELE: Sbreglie pe lo saccone! *(Viano pel fondo.)*
PASQUALE: Dunque che m'haje da dicere?
CONCETTELLA: V'aggio da dicere, patrone mio, che chillo D. Felice che vuje tenite co tanta fiducia, a me non me persuade, io sospetto cose grosse assaje.
PASQUALE: Ma chello che t'aggio ditto, tu non nce cride?
CONCETTELLA: Addò! Io non nce credo, e faciarria qualunque scommessa che a buje v'hanno cuffiato.
PASQUALE: Ma pecché? Tu che haje visto? Che sospetto haje fatto?
CONCETTELLA: Primme de tutto, ajere quanno vedette la mogliera vosta e la figlia vosta, accomminciaje a fà lo farenella, tutto se smorzava, faceva l'uocchio a zennariello, po' aissera io sentette che parlava co la signora e le diceva: Ah, si v'avesse conosciuto primme de D. Pasquale, a chest'ora me sarrisseve già mogliera.
PASQUALE: Scuse!
CONCETTELLA: Eh! E chesto ched'è, chesto è niente. Vuje avite ditto che non tene forze? Mannaggia all'arma de la mamma! Aiere matina quanno le portaje lo latte e cafè, m'afferraje e non me voleva lassà, io dicette: guè e ched'è sta cosa, lassateme, e isso: Niente, te voglio vasà almeno la mano... e tanto che facette che me la vasaje!
PASQUALE: Tu che dice! Tutto chesto nce sta, e tu non me dicevi niente?
CONCETTELLA: E quanno ve lo diceva, mò aggio avuto no poco de tiempo e ve l'aggio

ditto, regolateve vuje, pecché non ne voglio sapé niente cchiù.
PASQUALE: Va buono, vattenne ncoppa. *(Concettella via.)* Sangue de Bacco, e sarría possibile! Allora vò dicere che lo Deputato m'ha ditto na cosa pe n'auta, o isso ha mbrugliato pure lo deputato, facennose credere chello che non è... e pecché po' aveva da fà sta finzione co lo deputato?... non credo... eh, ma si non è accussì, pecché lo deputato m'aveva da mbruglià a me? Uh! Mamma mia, io mò perde la capa! E io l'aggio mannato co moglierema e figliema, l'aggio fatto fà marenna nzieme, e si è comme ha ditto Concetta, io aggio fatto no guajo... po' essere pure che Concetta ha mmentate chelli cose pecché non lo po' vedé... Comme avarría fà pe m'assicurà de sto fatto?... Aspetta... isso m'ha ditto che è stato diece anne co Ravel? Mò faccio no telegramma a Ravel, e accussì appuro la verità. *(Siede allo scrittoio e scrive:)* «Ravel-Toledo-Napoli- Desidero conoscere se vostro "impiegato passato Felice Sciosciammocca"... e come metto mo?... ah... "se vostro impiegato passato Felice Sciosciammocca fu scartato dalla leva, e per quale ragione. — Pasquale Catone» Ecco fatto... E n'auto telegramma lo faccio a lo deputato. *(Scrive:)* «Deputato Cardi-Mergellina 26 Napoli - D. Felice Sciosciammocca, è veramente turco o no? "Ditemi verità, posizione mia critica, io tenere moglie e tenere figlia, capite! Pasquale». *(A Luigi che esce dalla sinistra.)* Luì, a tiempo a tiempo, và a lo telegrafo, e fa sti duje telegramme.
LUIGI: Va bene.
PASQUALE: Li denare li tiene?
LUIGI: Sissignore.
PASQUALE: E bà và. *(Luigi via pel fondo.)* Mò subeto appuro la verità. Chillo pecchesto aissera dicette: me voglio spusà io a la figlia vosta... ma comme po' lo deputato m'ha scritto chello?... io non ne capisco niente cchiù! *(Di dentro si sente ridere Giulietta, Lisetta e Felice.)* Ah, eccoli ccà, stanno venenno... meno male, steva co no brutto pensiero.

SCENA TERZA

Giulietta, Lisetta, Felice, e detto.

GIULIETTA: Ah, ah! Io non me fido cchiù de ridere. *(Escono Felice li porta al braccio.)*
LISETTA: Io mò moro! *(Ride:)* Ah, ah, ah. *(Felice ride anche lui.)*
PASQUALE: Che è stato, pecché redite?
GIULIETTA: D. Felice se sta appiccecanno co tutte chille che trove pe la strada, mò che simme venute, n'avimmo trovato uno che era no poco cchiù scostumato dell'aute!
PASQUALE: Ma pecché, che ha fatto?
FELICE: S'è mise appriesso, e non se ne voleva j, quanta guagliune trovava, li chiammava, e faceva nfaccia a me, lo vì, lo vì, curiuso curiu... eh, scusate, quanno aggio ntiso chesto, non nce aggio visto cchiù, n'aggio afferrato uno de chille, e l'aggio fatta na cauciata nummero uno.
PASQUALE: Vuje!... l'avite fatto na cauciata?
FELICE: Sicuro!
PASQUALE: E avite tenuta la forza?

FELICE: Guè, chillo D. Pascale dice: E avita tenuta la forza, e si non la fenescene de me ncuità, no juorno de chiste, certo passo no guajo!
GIULIETTA: No, chesto è overo, io quanno l'aggio visto afferrà a chillo, me so' meravigliata, non l'ha fatto movere cchiù.
FELICE: Io ve prego D. Pascà, faciteme luvà sto vestuto da cuollo, io che baco facenno co sta coppola ncapo, e po' pecché aggio da j vestito accussì?
PASQUALE: Ma comme, non v'hanno maje fatto vestere accussì a buje?
FELICE: A me? Quanno maje! E io po' me vesteva, mò pe tanto me so vestuto accussì, che me l'avite ditto vuje, pecché me pagate bene, e non ve pozzo fà dispiacere, si no ritenete che non ghieva facenno sta figura infelice!
PASQUALE: (Va buono, aggio capito tutte cose!).
FELICE: No, pecché sapete che cos'è? io ascesse sulo, va bene, ma io porto camminando la signora a la signorina, voi me fate no bello costumetto svelto svelto, capite, e io cammino più libero, anche perché porto due belle figliole con me, non è così?
PASQUALE: Sicuro. (Lo voglio vestere pure bellilo!) e addò site state tanto tiempo?... pecché avite tricato sicuro n'ora e meza?
GIULIETTA: Te l'haje da piglià co isso, pecché cammenanno cammenanno, nce ha fatto mbruglià la strada, e nce simme trovate dinta a na massaria, e Ilà po' m'ha fatto mettere na paura...
PASQUALE: Pecché, che ha fatto?
FELICE (*ridendo*): Ah chillo scherzo che v'aggio fatto?
GIULIETTA: Io steva guardanno ciert'uva nera che era na bellezza, quanto tutto nzieme, so' ghiuta pe m'avotà, e non aggio visto cchiù, né a isso, e né a Lisetta.
LISETTA (*ridendo*): Ah, ah, ah!... ma nuje vedeveme a buje però.
FELICE (*ridendo*): Già, nuje vedevene a buje.
GIULIETTA: Io, llà mmiezo, sola, non sapeva che era succiesso, me so mise a cammenà, allora mi hanno chiamata, e m'hanno fatta na resata nfaccia.
LISETTA (*ridendo*): V'avite mise la paura.
FELICE (*ridendo*): V'avite mise la paura.
PASQUALE (*ridendo*): Ah, ah! È stata bella!... Ma lloro addò stevene che tu non l'haje viste?
GIULIETTA: S'erene annasconnute sotto a na pagliara. (*Felice e Lisetta ridono.*)
PASQUALE: Avite fatto lo scherzetto? Va bene! (Mannaggia all'arma de mammeta mannaggia, se l'ha portata sotto a la pagliara!) Va, jatevenne ncoppa mò.
GIULIETTA: Tu aiere diciste che stammatina nce vulive portà a vede Massa, e che mangiavene pure llà?...
FELICE: Si, voglio vedé Massa...
PASQUALE: Va buono, nce jamme cchiù tarde.
FELICE: Mò jamme ncoppe, nce facimmo na bella lavata de faccia, nce riposammo no poco, e po' jammo, avite capito?
PASQUALE: Aspettate, avite capito?... mò vanno loro ncoppe, vuje rimmanete ccà, pecché v'aggio da dà cierti ordinativi.
FELICE: Era pe stà vicino a loro.
PASQUALE: Lo capisco... non mporta lassatele sta sole, jatevenne, scennite a n'auta

mez'ora.
GIULIETTA: Va bene. *(Via a destra.)*
LISETTA *(a parte)*: (Papà, fecitemmello spusà a D. Felice... chillo m'è tanto simpatico).
PASQUALE: (Va bene, po' ne parlammo, vattenne ncoppe). *(Lisetta via salutando Felice.)* E bravo, ve site annasconnuto sotto la pagliara.
FELICE *(ridendo)*: Quanta risate che nce avimme fatte.
PASQUALE: (Quante pacchere che t'aggia consignà!).
FELICE: A proposito de risate D. Pascà, aissera pecché se mettettene a ridere tutte quante, quanno io dicette che me voleva spusà la figlia vosta?
PASQUALE: Perché, capite... voi non tenete una posizione, comme spusate?
FELICE: Guè, comme spose, io tengo Mille franche a lo mese, anze D. Pascà, vedimmo de fà sto contratto, perché francamente io non voglio stà accussì.
PASQUALE: E quanto vulite a lo mese da me?
FELICE: Quanto avite ditto vuje, mille lire.
PASQUALE: Vattenne mille lì, io pazziaje, quello fà no scherzo... ma ve pare, io ve deve mille lire a buje? Ma pe fà che?
FELICE: Oh, scusate, chesto mò me giunge nuovo... e quanto me vulite dà, no 600 lire, dicite la verità?
PASQUALE: Ve voglio dà... (io certo, certo, non ne songo ancora, si non aggio la risposta de li telegramme). Va bene più tardi ve dico quanto ve pozzo dà a lo mese.
FELICE: Facile ampressa, pecché io tengo chi me vò pe 700 lire a lo mese e la cioccolata la matina.
PASQUALE: Va bene, cchiù tarde ve lo dico. *(Comparisce il carrettino.)*

SCENA QUARTA

Detti, Salvatore e Gennarino, poi Carluccio.

SALVATORE: Principà quale so' li sacche che s'hanno da spedì pe Napole?
PASQUALE: Chilli llà, e facite priesto. *(Gennarino e Salvatore incominciano a prendere i sacchi ma non hanno forza di alzarli.)*
SALVATORE: Non avite paura nce sta lo tiempo, nce vò cchiù de n'ata ora pe la partenza.
GENNARINO: Vì comme pesene, mall'arma vosta!
PASQUALE: D. Felì, datele na mano.
FELICE: A me? E scusate, questa non è incombenza mia.
PASQUALE: Pe mò datele na mano, po' appriesso se vede.
SALVATORE: Lassatelo j, principà, chillo non se fide, non mporta.
FELICE: Ha parlato sto toro, levete da lloco, mò te faccio vedé io comme se fà. *(Prende i sacchi a uno a uno da solo e li mette sul carretto.)*
PASQUALE: (Mannaggia all'arma toja, chillo tene chella forza!).
FELICE: Jammo, s'ha da aizà niente cchiù, dicitemmello, io aizo qualunque viaggio!
CARLUCCIO: Levateve da miezo co sta carretta vuje, cammenate! *(Salvatore e Gennarino viano col carretto dei sacchi.)* D. Pasquale rispettabilissimo.
PASQUALE: (Oh! E chisto nce mancava mò!).

CARLUCCIO: D. Pascà, io so' benuto, pecché nuje avimmo da fà, li cunte nuoste! Tutto Sorriento ha saputo la figura infelice che aggio fatto aissera, e tutte quante, una voce: Comme, s'è fatta st'offesa a Carluccio, all'ommo de fierro, mò vide che succede, mò vide Carluccio che fà! Perciò, caro D. Pasquale, io non la pozzo fa passà liscia, na cosa l'aggia fà!
PASQUALE: D. Carlù, vuje o facile, o dicete, mai niente ne ricavate, chella non ve vò, che vulite da me?
CARLUCCIO: Ma chesto non è parlà da ommo, è parlà de criatura. Comme, che bolite da me? Vuje m'avite data la parola!
FELICE: Scusate, la figlia vosta non lo vò?
PASQUALE: No.
FELICE: Embè, spusatevello vuje.
CARLUCCIO: Tu non risponnere, pecché si no me la sconto lo ttico!
FELICE: Tu te la scunte co mmico?... Và llà, vattenne!
CARLUCCIO *(dopo pausa)*: Nfaccia a Carbuccio, l'ommo de fierro, tu dice: Va llà... vattenne!... *(Con mosse.)*
FELICE: Eh! Và llà, vattenne!...
CARLUCCIO: Ah, sango!... *(Per inveire:)* Già tu haje ragione, tu non sì de Sorriento, e non saje io chi songo...
FELICE: Ma me n'addone da la faccia!
CARLUCCIO: D. Pascà, io parlo co buje, e voglio essere risposto da ommo, capite, da ommo! Quanno la figlia vosta non teneva ntenzione de me spusà, non aveva da venì a la casa aissera, non m'aveva fà avvisà lo Notaro. Io non pozzo scomparì co li compagne mieje. Ogge è Lunedì, si pe tutto Giovedì a sera la figlia vosta non vene a la casa a firmà lo contratto, io vengo ccà e ve faccio no brutto carezziello!
FELICE: Ma scusate signor Ommo de fierro...
CARLUCCIO: Quanno parle co me, bevete la coppola. *(Felice esegue poi si copre.)*
FELICE: Voi dovete ragionare, mi pare che vi si è detto che la piccerella non ve vò... sto povero padre che ha da fà? Voi che siete tanto buono, ve ne jate e non nce penzate cchiù; pecché si no si seguitate a dì carezziello e non carezziello, po' essere che site venuto co la capa sana, e ve jate co la capa rotta! *(Carluccio e Pasquale restano meravigliati.)*
CARLUCCIO: Dimme na cosa, bello guagliò: e si po' fosse, la capa chi me la rompesse.
FELICE: Io stesso!
CARLUCCIO: Tu sì no carognone.
FELICE: Vattenne, sbruffò!
CARLUCCIO: A me sbruffone! Io non tengo armatura!
FELICE: E io manco!
CARLUCCIO: E comme nce la volimmo fà?
FELICE: Alice e pummarole!
CARLUCCIO: Non pazzià!
FELICE: No, io non pazzeo! *(Gli da un forte schiaffo.)*
PASQUALE: (Permettete!).
CARLUCCIO: Seh! M'haje dato ll'aneme de lo piacere!

FELICE: M'ha mmustata chella bella faccia!
CARLUCCIO: M'haje fatto cadé na mola. *(La mostra.)*
FELICE: All'ommo de fierro l'è caduta na mola d'acciaro.
CARLUCCIO: Ma songo io o non songh'io!
FELICE: No, mò sì tu mò!
CARLUCCIO: Sta mola mò me la faccio ligà in argento, e me la metto vicino a la catena dell'orologio, e quanno la veco...
FELICE: La vì lloco lo pacchero che avette...
CARLUCCIO: Tu tiene mamma? Povera mamma toja e come chiange.
FELICE: Povera vocca toja e che dolore!...
CARLUCCIO: Stalle buono, bello guagliò!... *(Via.)*
FELICE: Tanti rispetti a sorella.
PASQUALE: (Chisto nce teneva sto poco ncuorpo, e io l'aggio fatto accompagnà a mogliarema... meno male che me ne so' addunato ampressa!). Che ha fatto, se n'è ghiuto?
FELICE: Sissignore.
PASQUALE: Io me metto paura che non avesse da tornà, e ve ncuitate seriamente.
FELICE: No, non nce pensate chillo non torna, io li saccio chilli malandrine llà!
PASQUALE: E parola d'onore, si torna, le faccio io na cauciata!... Mò sapite che bolite fà? Na vota che tenite chesta forza, avite aizate li sacche de chella manera jate ccà, dinto a lo deposito, e accunciate chilli sacche uno ncoppa all'auto tanto bello.
FELICE: Va bene, vi servo subito. *(Entra prima a sinistra.)*

SCENA QUINTA

Errico, e detto.

ERRICO: Scusate, signore, voi siete il negoziante Pasquale Catone?
PASQUALE: Per servirvi.
ERRICO: Favorirmi sempre. E avete con voi un impiegato che si chiama Felice Sciosciammocca?
PASQUALE: Sissignore.
ERRICO: Oh, finalmente, non ne posso più, sto camminando da stamattina. Dovete sapere che io sono D. Cesare, il suo compare. Ieri sono stato a casa sua a Napoli, e ho trovato un vero squallore, quella povera donna che piange dalla mattina alba sera, perché tutto assieme è scomparso, e non si è ritirato più. Lo stato di quella povera giovane fà compassione. Se assolutamente egli non vuole ritornare a Napoli a casa sua, vi prego, signore, di assegnare tanto al mese a quella disgraziata, e ve lo ritenete dal suo stipendio.
PASQUALE: Ma scusate, questa disgraziata chi è?
ERRICO: È la moglie, la misera Filomena!
PASQUALE: La moglie!
ERRICO: Si, o signore, la moglie!... Forse vi ha detto che non era ammogliato?
PASQUALE: No... cioè, io non ce l'ho domandato...

ERRICO: Sì, è ammogliato, e tiene due figli, Ciccillo e Caterina, i quali muoiono dalla fame! Egli non lo vuol far sapere, dice che non tiene a nessuno. Per carità, signore, pensateci voi.
PASQUALE: Caro signor D. Cesare, io non posso far niente io a n'auto ppoco ne lo caccio, a me non mi conviene.
ERRICO: Tutti quanti dicono lo stesso, non trova mai lavoro per quello che fa alla famiglia.
PASQUALE: A me sto servizio sapite chi me l'ha combinato, l'onorevole Sig.r Deputato Cardi che m'ha scritto che era no bravo giovine, io però l'aggio da mannà cierte fico secche mbuttunate, da dinto nce metto tutte ammenole amare.
ERRICO: (Seh, e io me l'aggio da mangià pur'io!). Ma sapete, io credo che il Deputato non ci ha colpa, perché quello si finge un buon giovine.
PASQUALE: Va bene. Fatemi il favore de metterve ccà dinto, ve voglio fà sentì a buje comme lo tratto.
ERRICO: Sì, sì, mi fa piacere, può essere che perdendo anche questo posto, mettesse giudizio. .
PASQUALE: Se capisce. *(Errico entra 2ª a sinistra.)* Vuje vedite chi era capitato dinta a la casa mia, mannaggia all'arma de la mamma! Nzurato e co duje figlie, aveva fatto st'affare aveva fatto, e se voleva spusà a Lisetta, vi che coraggio!

SCENA SESTA

Ignazio e detto poi Felice, indi Errico fà capolino.

IGNAZIO: Pascà, Carluccio, nepoteme, ha ditto che a figlieta isso nce pensa cchiù, pecché s'ha pigliata la soddisfazione, chello che ha fatto a D. Felice, comme l'avesse fatto a te, pecché chillo è impiegato tujo.
PASQUALE: E che l'ha fatto a D. Felice?
IGNAZIO: Comme! Dice che l'ha dato no schiaffo.
PASQUALE: Isso a D. Felice?
IGNAZIO: Già.
PASQUALE: Gnazio mio, haje ntiso malamente, D. Felice l'ha dato a isso.
IGNAZIO: Tu che dice!
PASQUALE: Eh, che dico! Mò nnanze a me, D. Carluccio, tuo nipote, l'ommo de fierro, ha avuto no panesiglio nummero uno.
IGNAZIO: Veramente? Allora è no sbruffone!
PASQUALE: E ched'è, tu non te n'ire addunato ancora?
IGNAZIO: E D. Felice, è stato capace...
PASQUALE: D. Felice, è no birbante, io steva passanno no brutto guaje, Gnazio mio, non è vero che è stato a Costantinopoli, non è overo che è debole, invece a Napole tene la mogliera e duje figlie.
IGNAZIO: Scuse!... E chi te l'ha ditto?
PASQUALE: D. Cesare, lo comparo sujo che sta ccà dinto.
IGNAZIO: Possibile!... Embè, lo Deputato?...

PASQUALE: Lo Deputato s'è fatto mbruglià pur'isso, ha pigliato no sbaglio.
IGNAZIO: Embè, isso è Deputato, e piglie no sbaglio?
PASQUALE: Eh, sarrà lo primmo... Mò, sotto a lo colpo lo chiamo, e ne lo caccio. *(A prima a sinistra.)* D. Felì, venite ccà.
FELICE *(di dentro)*: No momento, io lo servizio ve l'aggio fà buono.
PASQUALE: Te credive tu! Gnà, haje ntiso, lo servizio me lo vò fà buono.
IGNAZIO: E chillo che era scemo!
PASQUALE: Non ve n'incaricate, lasciate stà li sacche, venite ccà.
FELICE: Che cos'è?... Oh caro D. Ignazio, buongiorno.
IGNAZIO: Padrone mio.
PASQUALE: D. Felì, in poche parole, luvateve la coppola, spugliateve, e ghjatevenne.
FELICE: Addò?
PASQUALE: Addò volite vuje, io saccio chesto, voi non fate più per me, io vi licenzio.
FELICE: E a me non me passa manco pe la capa! Io tengo sto signore che me dà 700 lire a lo mese, e la cioccolata la matina, jammoncenne.
IGNAZIO: Addò? Io non ve voglio dà manco sei solde l'anno. *(Errico fa capolino e ride.)* Sicuro, deve 700 lire a isso!
FELICE: Scusate, voi me l'avete detto?
IGNAZIO: E vuje l'avite creduto, io aggio pazziato!
FELICE: Ma questo non è agire da negozianti onesti, dopo cacciata na parola, se dice: avimmo pazziato, embè che avimmo che fa co li criature?
PASQUALE: Non mporta, nuje volimmo essere criature, e vuje mettite capo, e penzate a chell'aute criature!
FELICE: Quà criature?
PASQUALE: Guè Gnà.
IGNAZIO: Guè Pascà.
PASQUALE: Quà criature! *(Ridendo.)*
IGNAZIO: Quà criature! *(Ridendo.)*
PASQUALE: Fa lo scemo.
IGNAZIO: Fa lo stonato.
PASQUALE: Non sape quà criature: Ciccillo e Caterina!
FELICE: Ah, sicuro, chesta è na canzone.
PASQUALE: Guè, Gnà.
IGNAZIO: Guè Pascà.
PASQUALE: È na canzone!
IGNAZIO: Seh, è na canzone!
PASQUALE: Vergogna!... sappiamo tutto!... abbiamo appurato tutto! Perché avete lasciata quella povera Filomena?
FELICE: Chi Filomena?
PASQUALE: Guè Gnà.
IGNAZIO: Guè Pascà.
FELICE: (Mò li tozzo a capo a capo tutte e duje!).
PASQUALE: Chi Filomena?
IGNAZIO: Chi Filomena?

PASQUALE: Ah! sapete chi Filomena? E già voi non lo volete far sapere a nessuno... Bifolco!... Ma noi l'abbiamo saputo però, D. Cesare nce ha ditto tutte cose.
FELICE: D. Cesare!... E chi è sto D. Cesare.
PASQUALE: Guè Gnà.
IGNAZIO: Guè, Pascà.
FELICE: Guè, Pascà.
PASQUALE: Non sape manco D. Cesare.
IGNAZIO: Non sape manco D. Cesare.
PASQUALE: Il vostro Compare!
FELICE: Lo compare mio?
PASQUALE: Meh, dicite che non lo sapite manco?
FELICE: Io non saccio a nisciuno! Vuje che cancaro, state dicenno! Filomena, D. Cesare, Ciccilio, Caterina, ma chi li conosce sta gente, ma che site pazze!
PASQUALE: Ah! So' pazzo? *(Alla porta.)* D. Cesare, favorite.

SCENA SETTIMA

Errico e detti, poi Peppino e Michele, indi Concettella.

ERRICO *(esce ridendo)*: Io mò moro da la risa, mò me vene ne cosa!
FELICE: Che beco! Errico! Aggio capito.
PASQUALE: E buje pecché redite?
PASQUALE: Chillo v'ha cuffiato, l'ha fatto apposta pe fà na pazzia co mmico, nuje simme amice, dincello, puozze passà no guajo!
ERRICO *(ridendo)*: Sissignore, siccomme me n'ha fatto tante a me, io mò nce n'aggio fatto una a isso.
FELICE: Puozze sculà!
PASQUALE: E non è overo che è nzurato?
ERRICO: Nonsignore, e la lettera che avite ricevuta da mio zio il Deputato, è stata dettata da me, pe le fà n'aula pazzia.
PASQUALE: Aggio capito. E voi siete nipote al Deputato?
ERRICO: Sissignore.
FELICE: E che nce steva scritto dinto a chella lettera?
PASQUALE *(ridendo)*: Lo bolite sapé? E leggite. *(Gli dà la lettera del primo atto.)*
FELICE *(leggendola)*.
IGNAZIO *(ridendo)*: Veramente è stata na pazzia no poco spinta.
ERRICO: Vuje che dicite! Chillo na vota me fece perdere 30 mila ducale!
FELICE *(che ha letto)*: Chillo apposta m'ha vestuto accussì... Mannaggia all'arma de mammeta, aggio capito tutte cose; ma cheste non so' pazzie che se fanno, agge pacienza.
CONCETTELLA: Patrò, lo guardaporta ha sagliuto sti duje telegramme. *(Li dà.)*
PASQUALE: Ah! Forse li risposte... *(Apre il primo e legge:)* Mio passato impiegato Felice Sciosciammocca, fatto servizio militare tre anni. Ravel».
FELICE: E che c'entra questo?

PASQUALE: C'entra, perché io ho mandato a domandare a Ravel.
FELICE: Vedite che figura aggio avuto da fà co Ravel io.
PASQUALE: Vedimmo chist'auto. *(Legge:)* «Desiderio mio nipote fare uno scherzo, essendo amico del raccomandato, perdoniamo insieme la gioventù: Cardi». Intanto vuje pe pazzià me venite a ncuità a me.
ERRICO: Scusate D. Pascà.
PASQUALE: Va bene, non ne parlammo chiù, io per troppo rispetto a vostro zio, lo faccio stare con me in qualità di segretario, e ve dongo, comme ve dicette, ciente lire a lo mese.

SCENA ULTIMA

Giulietta, Lisetta e detto.

GIULIETTA: Pascà, nuje stamme ccà, nce ne volimmo j?
PASQUALE: Sì... anze nce ne jamme tutte quante a mangià ncampagna. *(A Errico:)* Voi ci farete l'onore di essere dei nostri?
ERRICO: Con tutto il cuore.
PASQUALE: Mò jammo a piglià la mogliera de Gnazio e nce ne jammo.
LISETTA: Papà... *(Fa segno a Felice.)*
PASQUALE: Aggio capito!... Tu pe forzate lo vuò spusà? Va bene. Acconsento!...
FELICE: Sciasciona mia!
LISETTA: Feliciello mio. *(Si abbracciano.)*
GIULIETTA *(meravigliata)*: Comme!... Pascà?
PASQUALE: Chello che diceva dinto a la lettera, non era vero, è stato no scherzo fra amici.
GIULIETTA: No scherzo? *(Ridendo:)* Ah, ah, ah! Ma allora è stato proprio no bello scherzo! *(Tutti ridono.)*
FELICE: No Bello scherzo?
GIULIETTA: Sicuro! Bello assai!
FELICE: Speriamo che il pubblico, dicesse pure accussì!!!!

(Cala la tela.)

Fine dell'atto terzo

FINE DELLA COMMEDIA

'NA SANTARELLA

da Mam'zelle Nitouche, di Weilhac e Milland
Commedia in tre atti

Personaggi
D. Angelo Cannone
Felice Sciosciammocca
D. Rachele Luigi, corista
Annina Fiorelli (Nannina)
Cesira Perella
Eugenio Porretti
Nicola
Celestino Sparice
Amelia, corista
Carmela, corista
Teresina, corista
Michele, custode
Biase, cuoco
Carluccio, corista
Vincenzo, corista
D. Gaetano, direttore d'orchestra
Ciccillo, macchinista
Il Buttafuori
Il Delegato di P. S.
Un Garzone di caffè
Comparse di operetta

L'azione si svolge in Napoli verso il 1880. Il primo e il terzo atto nel convento delle Rondinelle. Il secondo sul palcoscenico del teatro del fondo.

ATTO PRIMO

La scena rappresenta una sala del «Convento delle Rondinelle» ai Ponti Rossi. Nel fondo grande apertura che lascia intravedere il giardino, col muro di cinta. Alle pareti laterali quattro porte: due a destra, due a sinistra. Le porte in primo piano sono un po' più piccole delle altre. A sinistra, fra le due porte, vi è un piccolo organo. In fondo a destra un piccolo paravento ripiegato ed un tavolino. Sedie di legno distribuite per la scena. Sulla tavola vi è una grossa lanterna accesa. All'alzarsi del sipario la scena è quasi buia, giacché l'atto s'inizia alle prime ore del mattino. Gradatamente poi, nel corso dell'atto, col progredire del giorno, la scena viene illuminandosi sempre più.

SCENA PRIMA

Michele, poi Biase.

MICHELE *(esce dalla prima a destra, con scopa in mano)*: E mò accummencia n'ata jurnata! Nun me ne fido proprio cchiù... Na vota me putevo sosere a chest'ora... ma mò nun lo pozzo fà cchiù... tengo sittant'anne, cinche mise e quatte juorne!... Eh!... E a chi lo cconto?... Appena me lagno nu poco, D.ª Rachele, la Superiora, se fà afferrà chello d'è cane... «Mantenete pulito il convento... Alzatevi presto... » Eh! È na parola!... Io ajere mmatina me susette ambressa, ma pò... pe tramente me stevo vestenno me cuccaje nterra!... Ch'aggia fà, quanno nun me fido?... Che songh'io?... *(Guarda verso il giardino.)* Sta facenno juorno... stutammo la lanterna... *(Esegue.)* Aissera nce lo ddicette a lo cunfessore: io non me fido de fà sta vita... comme aggia fà?... «Agge pacienza, Michè — me dicette — Nun te trapazzà... fallo chiano chiano... e nun ghiastemmà!...» Ma comme aggia fà?... Si lo ffaccio chiano, D.ª Rachele allucca... Cielu mio aiutame tu! *(Si mette a spazzare con molta calma.)* Io pò dico accussì, putarria scupà n'ato... Nonsignore: haje da scupà tu!... Lo ffanno apposta pe me fa jastemmà! *(Con proposito.)* Ma io nun ghiastemmo, vì... Io moro, ma nun ghiastemmo!... *(Continua a spazzare. Si lamenta:)* Ah!... Ah!... Comme me fanno male li rine... nun me pozzo adderezzà cchiù! *(Prende una sedia e siede in mezzo alla scena.)* Apprimma dinto a n'ora me scupavo tutto lo cunvento... Mò no: mò l'aggia fà chiano chiano e senza jastemmà! Làsseme scupà nu poco vicino a la porta de lo maestro... si no chillo pò allucca! *(Si alza e prende la sedia.)* Sti ssegge, và trova pecché, giorno pe giorno se fanno sempe cchiù pesante... Sarà l'umidità, forse! *(Siede di nuovo e stando seduto spazza intorno a sé. Poi si sposta sempre con la sedia dall'altro lato e continua a spazzare seduto.)*
BIASE *(dalla prima a destra, con giacca e berretto da cuoco)*: Michè... *(Lo vede che scopa seduto e ride.)* Uh! Mamma mia!... Tu che stai facenno?
MICHELE: Sto scupanno... nun lo vvide?
BIASE: E ched'è... scupe assettato?
MICHELE: E che vuò da me, quann'io nun me fido?... Lo ccafe ll'haje fatto?...
BIASE: Gnorsì, sta tutto pronto.
MICHELE *(alludendo al suo compito)*: Biase mio... è vita che nun la pozzo fà cchiù.
BIASE *(a parte, squadrandolo)*: Qmmo co la scopa mmano. *(Apre un libro che aveva con sé e legge. È la cabala del giuoco del lotto.)* Ommo co la scopa mmano... 67...
MICHELE *(accortosi della manovra di Biase)*: Lo vì lloco, lo vì... E chesto fa sempe!...
BIASE *(misterioso)* Michè... si sta vota faj chello che te dico io, cagnammo pusizione tutte e dduje!... Tengo tre nummere proprio a licchetto!... Cinche lire pedòno a terno sicco, pigliamme cinquantamila franche... facimmo cinquantamila zumpe!...
MICHELE *(rettificando)*: Cioè... zumpe tu... Io comme zompo cchiu?
BIASE: Statte zitto, nun. pazzià... Sabato simme ricche!
MICHELE *(incredulo)*: Bià, vattenne, famme stu piacere... Tu sempe chesto haje ditto e mai nu nummero avimmo pigliato!
BIASE *(convinto)*: Ma mò è certo! *(Racconta:)* Stanotte, all'una e mezza, io stevo affacciato a lo fenestone de la strada... nun se senteva manco na mosca... quanno tutto

nzieme è passato n'ommo a cavallo a nu ciuccio che diceva: «Me parene mill'anne che me mengo dinto a lo lietto!...». Ommo a cavallo a lo ciuccio: 54... e lietto: 5... Doppo na mez'ora è passata ne femmena e ha ditto: «Tenevo 59 solde... n'aggiu spise cinche, so' rimaste 54. Dunque: 5 lo lietto, 21 la femmena e 54 ommo a cavallo a lo ciuccio!».
MICHELE: Ma comme, uno parla e tu faje li nummere?
BIASE: Se capisce! E accussì se pigliano li tierne... le quaterne... Lo mese passato io comme pigliaje l'ambo? Venette la Superiora dinto a la cucina e me dicette: «Munzù, quanno facite la pummarola, mettitiece nu poco de zucchero si no è aspra ». Io facette: 27 lo zzucchero e 46 la pummarola!
MICHELE: Tu che dice?
BIASE: Eh, che dico!... Me pezzecai vinticinche piezze!... Tu qualunque cosa siente che te facesse nu poco de mbressione, fà e nummere e pò vide si nun piglie lo terno!...
MICHELE *(interessato)*: Overo?
BIASE: Guè, chillo dice: Overo?... *(Racconta:)* Na vota nu cumpagno mio cuoco ne fuje cacciato da lo padrone sujo pecché nun se truvaje na pusata d'argiento... Lo pover'ommo era innocente: jette addo lo signore pe cuntà le rragione soje e chillu le dicette: «Si viene n'ata vota te piglio a mazzate! Tu sì mariuolo e nun t'aggia fatto j dinto a lo ccarcere, pecché songo nu signore nobbele!». Chillu se nejette... e facette: 38 le mazzate, 44 lo ccarcere, 69 lo signore nobele e 79 lo mariuolo... Quanno fuje lo sabato... ppà... tutte e quatte...: sissantamila piezze!...
MICHELE *(stordito dalla cifra)*: Uh! Mamma mia... Bià, tu mò me fai murì...
BIASE Eh, te faccio murì... Chiste songo fatte, amico mio!
MICHELE *(deciso)*: Va buono, nun te ne ncarricà. Da oggi in poi qualunque cosa sento faccio li nummere!
BIASE: Bravo!... E sti ccinche lire me le vuò dà pe trasì mpurzione?...
MICHELE: Cinche lire?... Bià... pecché nun ce mettimmo ddoje lire pedono?
BIASE *(sprezzante)*: Ddoje lire? E che pigliammo cu ddoje lire? Lo butto o adda essere buono o niente! *(Perentorio:)* Damme cinche lire, nun me fà jastemmà...!
MICHELE *(subito, premuroso)*: Nonsignore, nun ghiastemmà! *(Cava di tasca una calza, la svolge, ne tiro fuori cinque lire e le dà a Biase, rimettendo in tasca la calzo.)* Tiene!
BIASE *(intasca il danaro)*: Va buono, mò ce penz'io pe ghiucà lo biglietto. Jammo dinto mò... E gguaglione s'hanna piglià lo ccafè...
MICHELE *(mettendosi sotto il braccio a Biase)*: Bià... che fortuna si pigliasseme lo terno!
BIASE *(sicuro)*: Lo pigliammo, lo pigliammo... nun te ne ncarricà! *(Si avviano. Si sentono sette rintocchi d'orologio.)* Zitto! *(si ferma e conta i rintocchi)*... ddoie... tre... quatte... cinche... sei... e sette!... *(A Michele:)* Ogge quanto n'avimmo?
MICHELE: Dicennove...
BIASE: Sette e dicennove! *(Deciso:)* Damme na lira!
MICHELE: E pecché?
BIASE: Damme na lira, nun me fà jastemmà...
MICHELE: No, senza jastemmà, pe ammore de lo cielo! *(Prende la solita calzo e dà la moneta richiesta.)* Tiene!
BIASE: Jammuncenne!
MICHELE *(che non ha capito)*: Ma che vuò fà? Ch'è stato? Ched'è?...

BIASE *(contraffacendolo)*: Che vuò fà?... Ch'è stato? Ched'è... Haje ntiso la campana?... E nun te ne ncarricà!
MICHELE: Aveva sunà la campanella a tiempo pe perdere n'ata lira a mmano a mmano!... *(Esce con Biase dalla prima a destra.) (La scena rimane un attimo vuota. Improvvisa mente si sentono abbaiare diversi cani internamente. Ormai è giorno fatto.)*

SCENA SECONDA

Felice, poi D. Rachele, indi Felice di nuovo.

FELICE *(compare sul muro di cinta del giardino, al di là della porta di fondo. Scavalca il muro cadendo nel giardino e viene avanti. È in frak, sul quale porta un soprabito, e un cilindro)*: Passa llà... passa llà... Puzzate sculà... Vì quanta cane che stanno dinto a sta massaria!... Ma che bellu càucio ch'aggiu avuto... m'ha ntrunato tutta la persona!... Nun voglia mai lo cielo e lo ssapesse la Superiora!... Mò me vaco a vestì subito da organista... Sperammo che nun m'avesse visto nisciuno!... Che nuttata ch'aggiu passato!... *(si avvia verso la prima porta a sinistra.)* ...e che bellu càucio ch'aggiu avuto!... *(Via.)*
RACHELE *(dalla seconda a sinistra, di dentro)*: Va bene... va bene... vengo subito! *(Fuori.)* Già incomincia a venì gente nella cappella per sentir cantare le mie pensioniste! Ma si capisce... di tutti i conventi, questo delle Rondinelle è quello dove si fa miglior musica... Convento di cui ho il piacere di essere la Superiora! Bisogna anche dire che abbiamo per organista un giovane di gran talento... il signor D. Felice... il quale dà a tutte le ragazze delle lezioni eccezionali... È proprio un bravissimo giovane... *(Alla porta di Felice:)* Signor organista?... Signor organista?...
FELICE *(di dentro)*: Chi è?
RACHELE: Sono io, la madre Superiora...
FELICE *(sempre di dentro)*: Ah, siete voi, sorella?...
RACHELE: Sicuro! Vengo a ricordarvi che ad un altro poco le vostre scolare debbono cantare!
FELICE *(di dentro)*: Ah! Sicuro... è ora. Mi vesto e vengo subito... Ma non entrate, sorella... chè io sto indecente!...
RACHELE: Ma no... ma no... non entro! Fate col vostro comodo!
FELICE *(di dentro)*: Vengo subito, vengo subito!
RACHELE: Senza fretta!... *(Viene avanti.)* Che buon giovane, s'ha da dì la verità... è proprio una perla! Nun fa ato tutta la jurnata che leggere, scrivere e dà lezioni... *(Si avvia a sinistra.)* È proprio un sant'uomo, quest'organista... un sant'uomo! *(Esce per la seconda a sinistra.)*
FELICE *(dalla sua camera. È vestito da organista: scarpine con fibbia, nere; calze lunghe nere, pantalone corto nero stretto al ginocchio, giacca della foggia di quelle indossate dai pastori evangelici, cioè chiusa al collo su colletto da sacerdote: ha in testa una papalina nera:)* Eccomi quà, signora Superiò... *(Si accorge che D. Rachele non c'è...)* Ch'ha fatto?... Se n'è ghiuta? Meglio accussì! *(Sospira di sollievo.)* Ah! Mò aggiu pigliato fiato!... Si quaccheduno me vedeva correre pe dinto a le mmassarie, co lo tubo, co la sciassa... io l'organista delle Rondinelle... mamma mia... E addò me jeva a mettere co la

Superiora... co lo Governatore?... Quando n'ero pigliato e n'ero cacciato senza pietà! Senza pietà!... Nun voglia mai lo cielo e ccà se sapesse che io aggiu scritto un'operetta per il teatro del Fondo, intitolata: «La figlia dell'Imperatore» e che stasera va in iscena... Mamma bella!!... Eh, ma io però so' stato preveggente... Vicino lo cartiello nun aggiu fatto mettere lo nomme mio... aggiu fatto mettere: «...del maestro Arturo Maletti». La partitura sta cca... mmiezo a sti ccarte... *(Indica l'organo.)* Nisciuno sape niente! Ajere ssera se facette la prova generale e stasera finalmente va in iscena! Aggiu avuto nu càucio?... E che me ne preme?... *(Parlando al pubblico.)* A prpposito... vuj mò vulisseve sapé io da chi aggiu avuto stu càucio? È vero?... Ecco qua: dovete sapere che ieri sera, dopo la prova generale... la quale fenette nientemeno li ddoje doppo mezzanotte... la primma donna, chella che fa la parte de la figlia de l'Imperatore, una certa Cesira Perella, ma... *(Con gesto significativo.)* ...na sciasciona!... pe forza me vulette fà cenà cu essa a la casa soja... Io credo che si sia innamorata di me... non lo so' certo... Basta, jètteme a casa, cenajeme... e doppo vulette fà un'ultima prova del duetto finale del secondo atto, quando il paggio si getta ai piedi di Flora e le chiede amore. Io facevo lo paggio... Mentre stevo dicenno: *(Accenna cantando:)* «Flora, mia bella Flora... tu non rispondi ancora?...» me sento arrivà nu càucio arreto, ma proprio numero uno! Nu caucio tanto forte che me so' truvato mmiezo a li ggrade senza addunarmene! Lo guardaporte m'ha ditto: «Fuìte, fuìte... pecché si lo maggiore v'have dinto a li mmane, chillo v'accide!». E chi è lo maggiore?... «E lo nnammurato de la signurina!». Scuse!... Fortunatamente che essa, vedendolo trasì ha stutato lo lume e nun m'ha potuto vedé... e si no stasera chi ce jeva a lo teatro? Io nun ce jevo certo!

SCENA TERZA

D. Angelo, Michele e detto.

ANGELO *(di dentro, seconda porta a destra)*: Grazie, grazie,... A me non piacciono tante cerimonie!
FELICE *(impaurito)*: Ma chesta me pare la voce de lo maggiore... Sissignore, è isso!... Cielo mio, aiutame tu!
ANGELO *(fuori, seguito da Michele)*: Dite alla Superiora che il maggiore D. Angelo Cannone desidera parlarle!
MICHELE: Subito. *(Via seconda a sinistra.)*
FELICE *(a parte)*: (Uh, chisto è lo frate de la superiora!...).
ANGELO *(saluta Felice, burbero)*: Buongiorno!
FELICE *(umile)*: Salute e bene!
ANGELO: Voi pare che siete l'organista di questo convento?
FELICE: Indegnamente, signor maggiore, indegnamente!...
ANGELO: Mi hanno detto che siete un bravo maestro!
FELICE: È bontà di chi lo dice, signor maggiore!...
ANGELO: Avvicinatevi!... *(Pausa.)* Avvicinatevi!
FELICE *(a parte)*: (Eh, mamma, mò!... Aiutame tu!...). *(Si avvicina timidamente.)*
ANGELO: Ditemi na cosa... Conoscete per caso un maestro di musica chiamato Arturo

Maletti?
FELICE: Arturo Maletti?... No, signor maggiore!...
ANGELO: Veramente lui non è un maestro di musica del vostro genere... compone delle operette... delle bestialità!... Non lo conoscete? Eppure fra maestri di musica v'avarrisseva conoscere...
FELICE: Eh! Che volete, signor maggiore... siamo tanti. E poi, voi dite che scrive le operette... e l'operetta non è per noi... l'operetta non è per noi!...
ANGELO: Già... sicuro... Va bene! Ll'aggia ncuccià... Io nun song'ommo che me faccio passà la mosca pelo naso! *(Alzando la voce:)* Aggiu fatto tridece battaglie... tengo 43 ferite!... Ll'aggia ncuccià... ll'aggia ncuccià! *(Minaccioso.)*
FELICE *(a parte, piano)*: (Io aggiu passato lo guajo!...).
ANGELO *(impaziente)*: Ma sta Rachele vene e nun vene? Io nun me fido de aspettà!... Nun aggiu aspettato mai a nisciuno!... Me sento frìere le ggambe!... *(A Felice:)* Maestro, fatemi il piacere di dire a mia sorella che io aggio che fà e che non pozzo aspettà cchiù!
FELICE: Subito, signor'maggiore... *(A parte.)* (Io chesto jevo truvanno de me ne j!...). *(Forte:)* Vi servo subito!... *(Via seconda a sinistra.)*
ANGELO *(solo)*: Sangue de Bacco! Nun ce pozzo penzà... A me se fà chesto? A me?!... *(Racconta:)* Alle tre dopo mezzanotte, l'autore dell'operetta in casa di Cesira!... Il signor Arturo Maletti! Essa ha truvato la scusa che stevene pruvanno lo duetto finale... A chell'ora se prova lo duetto? Nun lo ppozzo mai credere!... *(Minaccioso:)* Stasera... stasera, signor autore ce vedimmo a lo Fondo... Voglio fà cose de pazze! Mò capisco pecche da na quinnicina de juorne Cesira nun me tratta cchiù comme me trattava!... Dinto a lo palco mio poco ce guarda cchiù.... La sera nun vò cchiù cenà cu mmico pecché dice che nun se fida! È stato isso! È stato isso, l'autore, che me l'ha fatta cagnà!... Pe mò ha avuto nu buonu càucio... Stasera po' parlammo!... Aggiu fatto tridice battaglie... cu mmico nun se pazzéa!

SCENA QUARTA

Rachele, Michele e detto.

RACHELE *(dalla seconda a sinistra)*: Guè, Ngiulì... stai ccà?
ANGELO: Sora mia cara... t'aggia parlà de n'affare importantissimo!
RACHELE *(premurosa)*: Comme staje? Staje buono?
ANGELO: Eh! Non c'è male... *(A Michele:)* Voi potete andarvene!
RACHELE: Michè, sta rroba miettela llà ncoppa.
MICHELE: Sissignore. *(Depone sul tavolo i due pacchi che aveva in mano.)* Donna Rachè, scusate... chistu signore v'è frate?
RACHELE: Sì, bello mio. Simmo sulamente io e isso de famiglia!
MICHELE: Io nun lo ssapevo... È proprio nu bellu signore!
ANGELO: Grazie, grazie! Eh! Io sarría cchiù bello, mio caro! La vita militare m'ha sciupato... Io aggiu fatto tridice battaglie... lo cuorpo mio è chino de pertose!
MICHELE *(a parte)*: (Comme fosse na scolamaccarona!...). Permettete... *(Via seconda porta a destra.)*

RACHELE: Dunque, Ngiulì... dimme na cosa: pecché nun t'haje fatto vedé tantu tiempo?
ANGELO: Cara Rachele, io sono occupatissimo, sai...
RACHELE Hai ragione, hai ragione... Io t'aggiu purtato sti dduj cartocce. *(Indica quelli poco prima deposti da Michele sul tavolo.)* Uno è di frutte sceruppate... ll'ato so' pastarelle co lo zucchero e butirro, che facimmo nuje stesse ccà dinto. Te piacene le frutte sceruppate?
ANGELO: Eh, accussì accussì... *(Ricordando, a denti stretti, a parte:)* (Frutte sceruppate!... Quante ce n'aggiu purtate a chell'assassina!... L'attaccavo a chile!...).
RACHELE: Che staje dicenno?
ANGELO: Niente, n'affare mio...
RACHELE: Quanno te ne vaje, te le ppuorte, haje capito?
ANGELO: Sì, sì... te ringrazio tanto tanto!... *(Cambiando argomento:)* Dimme na cosa, Rachè... fra le guaglione che tieni, ce sta na certa Fiorelli?
RACHELE: Nannina? Sì.
ANGELO: Embè, haje da sapé che lo zio e la zia sono miei strettissimi amici!
RACHELE: E ponno essere cuntente de la nepote! È proprio n'angelo, la più istruita de tutte le guaglione... Suona il pianoforte magnificamente, conosce la musica a perfezione... ubbidiente, educata, modesta... Pe soprannome tutte quante a chiammano «'a Santarella!... ».
ANGELO: Va bene, chesto nun me preme... Se tratta de farla spusà nu buonissimo giovine... ufficiale... il contino Eugenio Porretti, di distintissima famiglia. Io lo voglio molto bene pecché se lo merita. Isso, sapendo che te so' frate, m'ha mannato a pregarte che le faje vedé la guagliona!
RACHELE: Nce la faccio vedé?... E comme nce la faccio vedé?
ANGELO: Comme nce la faje vedé? Vene ccà e la vede!
RACHELE: Vene ccà? Ngiulì, tu che dice?... Ccà uommene nun ce ne ponno trasì!...
ANGELO: E ched'è, io nun so' trasuto?
RACHELE: Che c'entra... tu sì n'ata cosa... tu me sì frate!
ANGELO: E comme facimmo? Io mò me so' compromesso cu chillo... Che figura faccio? *(Contrariato sta per dire un improperio:)* Mannaggia...
RACHELE *(subito, scandalizzata)*: Eh!! Ngiulì!...
ANGELO *(c.s.)*: Sangue...
RACHELE: Zitto!
ANGELO: Maledetto...
RACHELE: Sssst... pe carità!...
ANGELO: Rachè... famme stu piacere... in linea eccezionale...
RACHELE *(perplessa)*: Che te pozzo dicere... questi sono i regolamenti! Sà che vuò fà? Dì a stu giovine che venesse... Io faccio parlà cu Nannina, ma senza vederlo!
ANGELO: E comme, ce parla senza vederla?
RACHELE: Trovo io nu mezzo... nun te ne ncarricà!
ANGELO: Nun può fa niente cchiù de chesto?
RACHELE: Niente cchiù! E lo faccio per te, fratello mio!
ANGELO: Va bene. E io ti ringrazio! Mò passammo a n'ata cosa! Cunuscisse nu certo Arturo Maletti, maestro di musica?

RACHELE: Arturo Maletti? No.
ANGELO: Manco tu lo cunusce!... Già, a chillo chi lo cunosce? Nu strascinafacenne qualunque!
RACHELE: Ma pecché, chi è?
ANGELO: No... niente... e uno che ll'aggia taglià lo naso, aggia fà parè na capa de morte!
RACHELE: Ma pecché, che t'ha fatto?
ANGELO: Che m'ha fatto?... Mi ha tolto tutto! *(Patetico:)* Essa non mi ama più!...
RACHELE: Chi?
ANGELO: Cesira... la mia Cesira!
RACHELE: E chi è sta Cesira?
ANGELO: La primma donna de lo teatro a lo Fondo!
RACHELE *(scandalizzato)*: E me lo vviene a dicere a me, neh Ngiulì?
ANGELO: E a chi ce lo vaco a dicere?... Io tengo sulo a te, sora mia... Tu sei tutta la mia famiglia!
RACHELE *(con gli occhi al cielo)*: Cielo mio dalle le lume!
ANGELO: Rachè... ma si vide quanto è aggraziata... specialmente quanno fa «Les cloches de Comeville...».
RACHELE: Che cosa?
ANGELO: Le ccampane de Corneville!... *(Accenna comicamente a passi di danza, canticchiando:)* «Guardate un po'... di qua e di là... siam graziose in verità...».
RACHELE: Zitto... pe carità! Cielo mio assistilo tu!
ANGELO: Hai ragione... Me songo troppo trasportato!... M'aggia vendicà de chella carogna!... Stasera parlammo... Rachè, statte bbona... scusa, sa...
RACHELE *(con ammonimento)*: Bada a chello che faje, frate mio!
ANGELO: Nun te ne ncarrica... Dunque, io pozzo dicere a chillu giovine che po' venì?
RACHELE: Sì, ma non per vederla... Pe ce parlà!
ANGELO: Pe ce parlà, va bene! *(Per andare.)* Statte bbona...
RACHELE: Aspetta... mò te scurdave le frutte sceruppate e le ppastarelle... *(Gli dà i due pacchetti.)* Tiene.
ANGELO: Grazie tante... Statte bbona!
RACHELE: Statte buono!
ANGELO *(a parte, avviandosi)* (A n'ommo ch'ha fatto tredici battaglie se fa chesto?... Va bene! Ma si lo nccoccio, povero a isso... povero a isso!). *(A Rachele:)* Scusa, Rachè, si me so' trasportato ma che vuo... quanno penzo a chella femmena, nun ragiono cchiù! L'avissa sentì dinto a «Mascotte»...: *(accenna c.s.)* «Vò bene ai miei piccioni...». *(E saltellando comicamente esce dalla seconda a destra.)*
RACHELE: Povero frate mio... se vede proprio che ha perzo la capa!

SCENA QUINTA

Felice e detta, poi Michele, indi Nannina.

FELICE: Signora Superiora, è l'ora del passeggio in giardino... non hanno dato ancora il segnale...

RACHELE: Ah, sicuro! *(Chiama:)* Michele?... Michele?
MICHELE: Comandate?
RACHELE: Il segnale per il passeggio!
MICHELE: Subito! *(Per andare.)* (Passeggio!... Và trova «passeggio» quanto fa... Mò nce lo vvaco a addimmannà a Biase!). *(Per andare a destra.)*
RACHELE: Dove andate?
MICHELE: Jevo a addimmannà na cosa lo cuoco...
RACHELE: Che cuoco, e cuoco... Andate a fare quello che vi ho detto! Una cosa vi si deve dire sempre due volte! Ma che diavolo!
MICHELE *(alludendo alle parole testè pronunciate da Rachele)*: (Ddoje e sittantasette!...). *(Via per il fondo a sinistra. Dopo breve pausa si sente suonare una campanella.)*
FELICE *(che nel frattempo è stato a cercare tra le carte che sono sull'organo, sempre più allarmato)*: (Io nun trovo la partitura de l'operetta... Chi se l'avarra pigliata?...).
RACHELE: E così, maestro?... Come si portano le ragazze?
FELICE: Benissimo, signora superiora... C'è specialmente la signorina Fiorelli che è proprio un portento!
RACHELE: Ah! La santarella?... Che angelo di figlia!... Oh, eccola qua! E come? Non è scesa in giardino?
NANNINA *(dalla seconda a destra. È severamente vestita da educanda, in grigio. Ha gli occhi bassi e atteggiamento compunto. Appena fuori va a baciare la mano a Rachele)*: Signora Superiora...
RACHELE *(materna)*: Benedetta, figlia mia... benedetta!
NANNINA *(bacia la mano a Felice)*: Maestro...
FELICE *(con comica gravità)*: Benedetta, figlia mia... benedetta!
RACHELE: Avete inteso il segnale e non andate in giardino?
NANNINA: Madre, se permettete, vorrei chiedervi una grazia!
RACHELE: Una grazia? E quale, figlia mia?
NANNINA: Invece di andare a passeggiare, vorrei passare questo tempo a studiare col signor organista...
RACHELE: (Che angelo!...). Ma voi amate troppo lo studio, figlia mia... troppo!
NANNINA: Sì, è vero... perché sò che alla fine dello studio vi è la ricompensa!
RACHELE: E quale?
NANNINA: Una parola d'incoraggiamento dettami da voi, mia buona madre!
RACHELE: E questa voi la chiamate ricompensa?
NANNINA: Preziosa ricompensa... ed io farei qualunque cosa per meritarla!...
RACHELE: (Che perla! Che perla!). Brava! Brava! Figlia mia, voi siete l'orgoglio di questo convento!... Siete una vera Santarella! *(La bacia sulla fronte.)*
NANNINA: Grazie, madre mia!

SCENA SESTA

Michele e detti.

MICHELE *(dalla seconda a destra)*: Fore ce sta nu giovene... M'ha dato stu biglietto de visita. *(Lo dà a Rachele.)*
RACHELE *(legge)*: «Conte Eugenio Porretti»... (Già è venuto!...) *(A Michele:)* Addò ll'haje fatto aspettà?
MICHELE *(che a parte almanaccava tra sé numeri del lotto)*: Comme?
RACHELE: Addò ll'haje fatto aspettà?...
MICHELE: Fora a la saletta de lo parlatorio.
RACHELE Va bene. Dincello che aspettasse nu mumento.
MICHELE: Sissignore. *(Via a destra.)*
RACHELE: Dunque, signor organista, voi darete a Santarella una lezione straordinaria!
FELICE: Sì, signora superiora.
RACHELE: Permettete un momento... torno subito... Benedetta, figlia mia... benedetta! *(Via a destra.)*
FELICE: Io credo, ragazza mia, che avreste fatto meglio ad andare a passeggiare in giardino... Il moto fa bene alla salute!
NANNINA: Sì... ma io preferisco studiare... studiare sempre!
FELICE *(a parte)*: (E io passo lo guajo!...).
NANNINA Maestro, si nun ve dispiace... me vularria passà nu poco lo «Gloria in excelsis» ch'aggia cantà domenica.
FELICE: Il «Gloria in excelsis?...».
NANNINA: Sissignore...
FELICE: E poi andate a passeggiare?
NANNINA: Sissignore...
FELICE: Lo passiamo due o tre volte?
NANNINA: Sissignore...
FELICE: E ghiammuncenne! *(Siede all'organo ed attacca il «Gloria in excelsis» che Nannina canta, con atteggiamento ispirato.)*
NANNINA *(canta)*: Gloria in excelsis
gloria in excebsis deo...
Et in terra
et in terra pax hominibus...
(A questo punto Felice attacca un motivo di polka.) Maestro... che state facenno?... *(Ride.)*
FELICE: Eh!... Ferma... ferma... Scusate, ho sbagliato!... Ma chi cancaro m'ha mbrugliato sti ccarte?... *(A parte.)* (Aggiu pigliato lo finale de lo primm'atto!...). Ricominciamo da capo! *(Riattacca il «Gloria» che Nannina canta come prima. Dopo poche battute attacca però un valtzer.)*
NANNINA *(ridendo)*: Maestro?... Che facite?...
FELICE: Eh!!... Ferma... ferma, ch'aggiu pigliato n'ata chicchera!... Io nun saccio che diavolo hannu cumbinato cu sti ccarte!... Quaccheduno certo me l'avrà mbrugliate!... Vurria sapé proprio chi è stato...
NANNINA *(tradendosi)*: Io... *(E subito si ferma mordendosi le labbra.)*
FELICE *(Stupito)* Voi?!... Siete stata voi?!...
NANNINA *(riprendendosi)*: No... stavo dicendo...: Io... nun ne saccio niente... *(E abbassa*

gli occhi ridendo maliziosamente.)
FELICE: Eh!... Siete stata voi... ne sono sicuro, state redenno!
NANNINA *(confessa)*: Embè sì, maestro! Ve dico la verità: so' stata io! Siccome m'ero accorta che vuje annascunniveve sempe cierti ccarte de musica, me venette lo gulìo de vedé de che se trattava!
FELICE *(contrariato)*: E stu gulìo nun v'ha da venì!
NANNINA: E nu juorno, mentre vuje nun ce stiveve, io trasette dinto a la cammera vosta e truvaje nientemeno «La figlia dell'Imperatore!...».
FELICE: Zitta, pe carità!
NANNINA: Ogne sera po', quanno tutte quante se so' ghiute a cuccà, io vengo zitto zitto... me piglio la partitura e me metto a sunà!...
FELICE: Bravissimo! Questa, per esempio, è una cosa che non si fa! Una buona ragazza non lo fa!
NANNINA: Pecché, che ce sta de male?
FELICE: Tutto il male possibile? Ed io lo dirò subito alla madre superiora!
NANNINA *(incredula)*: Voi lo dite alla madre superiora?... *(Ride.)*
FELICE: No, piccere... nun ridere cu mmico, che me tuocche li nierve! Col maestro non si ride!
NANNINA: Allora avita dicere alla madre superiora che voi, l'organista del Convento delle Rondinelle, avete scritto un'operetta per il teatro del Fondo, che è intitolata «La figlia dell'Imperatore» e che stasera va in iscena!
FELICE: Statte zitta, mannaggia ll'arma de mammeta! E dimme na cosa: tu comme lo ssaje che stasera va in iscena?
NANNINA *(furba)*: Eh!... Lo ssaccio! Aieressera truvaje la partitura arravvugliata a nu giurnale... io lo liggette e truvaje l'annunzio pe stasera... È overo che se fa stasera?
FELICE: Sissignore, è overo... Ma per carità, non dite niente!
NANNINA: Oh! Vi pare!... Allora vuje stasera avita j a lo teatro?
FELICE: E se capisce!
NANNINA: E comme facite pe ascì da ccà senza dà nisciuno sospetto?
FELICE: Io te lo dico, ma tu mi prometti di non dir niente?
NANNINA: Oh, ve lo giuro!
FELICE: Mi posso fidare?
NANNINA: Fidatevi pure!
FELICE: Sul tuo onore?
NANNINA: Sul mio onore!
FELICE: Psss... basta! Comme aggiu fatto pe nu mese de seguito!
NANNINA *(meravigliato)*: Pe nu mese?...
FELICE: Già... Scavalco chillu muro... cammino tutta la massaria... po scavalco nu secondo muro e me trovo mmiezo a la strada. Me metto dinto a na carruzzella e vaco o Fondo. Dimane matina faccio lo stesso e me trovo ccà a li sette!
NANNINA: Bravissimo! Avite truvato nu bellu mezzo!... Scavalcanno dduje mure... *(Assorta:)* Si putesse io pure... Già, io nun lo ppozzo fà... io tengo la veste... *(Contrariata:)* Mannaggia la vesta!
FELICE: Pecché, che vulive fà?

NANNINA: Niente... m'era venuto nu penziero!... Vulevo venì cu vuje lo teatro pe sentì l'operetta!
FELICE *(sbalordito)*: Tu?!... Lo teatro?!... Figlia mia, mò sei pazza, mò!
NANNINA: Pecché?
FELICE: Perché sei pazza, te lo dico io! Come?... Una fanciulla del convento delle Rondinelle se mette a scavalcà dduje mure... E si appura la madre Rondinella... cioè, la madre superiora?... *(Scandalizzato:)* Questo che cos'è?... Non lo dire più! E che si direbbe dite domani mattina?... *(Con ironia:)* Oh! Che santarella... che angioletto... che perla... scappa di sera, scavalca dduje mure e va nientemeno a nu teatro!... No, no, no... lèvate stu pensiero la capo, si no dico tutte cose alla madre superiora, e a chello che ne vene vene!
NANNINA *(con rammarico)*: Sì... avete ragione, maestro! Capisco che è na cosa impossibile!... Non fa niente... Avevo tanto piacere de sentì... chella bella musica!
FELICE *(lusingato)*: Te piace?
NANNINA: Assai assai! Ll'aggiu letta quinnice, sidece vote... e nun me stanco mai... Che musica!...
FELICE *(con falsa modestia)*: Sì... ce stanno delle cose indovinate!
NANNINA: Delle cose?... Ma tutta!
FELICE: Per esempio: l'uscita dell'Imperatore...
NANNINA: Ah! Bellissima... E lo duetto co la principessa?... L'aria del paggio?...
FELICE: Ah, l'aria del paggio! Sì, quella m'è riuscita na cosa nuova!
NANNINA: Sì, ma a me me piace cchiù lo duetto co la principessa Flora!
FELICE: E grazie, quello è il capolavoro dell'operetta!
NANNINA: Sulamente al finale ce sta na nota che nun aggiu pututo capì buono!
FELICE: Ah! La nota al finale del duetto? E quella non deve essere cantata, deve essere starnutata!
NANNINA: Starnutata?... E comme?
FELICE: Sternutata! E llà sta l'effetto!
NANNINA: Quanto è aggraziata... quanto me piace... Nun pare mai che l'avite scritta vuje...
FELICE: Neh, grazie della bella opinione che tieni di me!
NANNINA: Che c'entra... dico: nun pare mai che l'avita scritta vuje che site abituato a fà musica sacra; pare scritta da nu maestro del genere!
FELICE: Ah, mò va bene!
NANNINA *(pregando)* Maestro... cantammola nu poco...
FELICE: Tu che dice?... Si quaccheduno ce sente?
NANNINA: Nonsignore, nun avite paura, nun ce sente nisciuno! Nuje cantammo zitto zitto... Jammo, maestro...
FELICE *(cedendo)*: Mi tocchi sulla musica ch'aggiu scritto io... *(Informandosi:)* 'E ppiccerelle addò stanno?
NANNINA: Dinto a lo giardino.
FELICE: E la superiora?
NANNINA: Dinto a la saletta de lo parlatorio.
FELICE: E ch'haje ditto che vuò sentì?

NANNINA: Lo duetto co la principessa!
FELICE: Te lo sì mparato a mente?
NANNINA: Sulo lo duetto? Io saccio tutta l'operetta a memoria!
FELICE *(ammirato)*: Ma guardate!... Già, quando la musica è bella s'impara presto!
NANNINA: Bella! Ma quella è una musica sublime, una musica divina... *(Impaziente:)* E ghiammo, maestro!
FELICE *(raccomandandosi.)* Nannì... zitto zitto... e avvisami subito si vene quaccheduno!
NANNINA: Nun ce penzate, me sto attienta io! *(Felice siede all'organo e suona il duetto, cantandolo con Nannina.)*
FELICE *(canta)*: Come, tu... mia bella Flora!
NANNINA *(canta)*: Sì! Son io che qui ti aspetto!
FELICE: M'ami dunque?
NANNINA: E non ancora
sei convinto dell'amor!
Qui fermata nel boschetto,
qui fermata nel boschetto
per te presi un raffreddor!
Qui fermata nel boschetto...
per te presi un raffreddor!
Ah!
FELICE: Me lo giuri?
NANNINA: Te lo giuro!
Più non posso respirare...
ma che fa, ti voglio amare
sempre sempre mio tesor!...
(Ripetono a due: «Melo giuri?». Arrivati alla fine Nannina si accorge dell'avvicinarsi di Rachele e ne avverte Felice.) Maestro... la Superiora!... *(Felice immediatamente cambia la musica e attacca il «Gloria» che Nannina, ponendosi in atteggiamento estatico, con le braccia incrociate al seno e lo sguardo rapito rivolto al cielo, prende a cantare.)*
Gloria in excelsis...
gloria in excelsis deo! Et in terra
et in terra pax hominibus!...

SCENA SETTIMA

Rachele e detti, indi Michele ed Eugenio.

RACHELE *(dalla destra. Si ferma e guarda la coppia con tenerezza.)* Brava! Brava figlia mia!... Ma basta adesso! Il troppo studio vi può far male seriamente!
NANNINA: Come volete voi madre mia!
RACHELE: Come si è portata, maestro?
FELICE: Magnificamente, signora superiora!... (Chesta overo va bello!).
RACHELE: Ora, maestro, scusate... lasciateci un momento sole! Debbo dire una cosa a Santarella!

FELICE: Subito, signora superiora!... (Eh! Santarella!... Si sapesse chesta che tene ncuorpo!...). *(Via.)*
NANNINA: Che volete dirmi madre mia?
RACHELE: Ecco qua... dovete sapere... (Chesta mò certo se spaventa!)... Fuori vi è una persona che desidera parlarvi!
NANNINA: Una signora?
RACHELE: No, un signore!
NANNINA *(sorpresa)*: Un signore?... *(Gridando con esagerato spavento.)* No... no... madre mia!
RACHELE: (Io l'aggiu ditto!...). Non vi mettete paura... è un Ispettore del Ministero... un vecchio...
NANNINA: Un ispettore?... Un vecchio?...
RACHELE: Sì! E venuto per interrogare la migliore allieva del convento delle Rondinelle... e questa siete voi, cara Nannina!
NANNINA: Oh, madre mia!
RACHELE: Sì! Così ho detto all'ispettore... egli sta per entrare!
NANNINA: Ma, madre mia... le regole del convento?
RACHELE: Non dubitate: voi non lo vedrete ed egli non vi vedrà! Ascolterete la sua voce e egli ascolterà la vostra... voi risponderete a tutte le sue domande!
NANNINA: Come volete voi, madre mia!
RACHELE: (Che angelo! Che angelo!). *(Chiama.)* Michele?
MICHELE: Comandate?
RACHELE: Piglia subito chillu paravento e miettelo ccà!
MICHELE: Sissignore. *(Esegue mettendo il paravento nel mezzo.)*
RACHELE: Così, bravo! Fate entrare il signor Ispettore.
MICHELE: Subito. *(Via a destra.)*
RACHELE: Voi non vi muoverete da quà e risponderete esattamente!
NANNINA: Sì madre mia!
RACHELE: (Che perla! Che perla!).
MICHELE *(introduce Eugenio)*: Favorite, favorite... *(E via.)*
EUGENIO *(elegante nella sua divisa. Pantaloni azzurri a bande rosse; giubba nera; guanti bianchi; sciabola. Porta il chepì in mano.)* Grazie. *(A Rachele:)* Ebbene, signora?
RACHELE: Essa è là... *(Indica il paravento. Eugenio ha un moto istintivo per andare di là dal paravento.)* Eh! Eh!... Scusate... ricordate il nostro convenuto!
EUGENIO *(frenandosi)*: Va bene, non dubitate! *(Si avvicina al paravento e facendo una voce da vecchio si rivolge a Nannina che è dall'altra parte.)* Perdonate signorina del disturbo! Non vi spaventate: io conosco la solennità di questa santa casa... sò che nessun uomo vi entra mai... ma io lo posso perché sono il più vecchio dei professori... sono proprio il decano degli ispettori!
NANNINA *(ingannata dalla falsa voce da vecchio di Eugenio)*: (Mamma mia! Ha da tené per lo meno ottant'anni!).
EUGENIO: In questo giorno il Ministero mi ha comandato di fare un'ispezione in questo convento... Qui mi hanno indicato voi come modello di virtù, d'intelligenza e di candore! Ditemi dunque, come passate l'esistenza in questo convento?

NANNINA *(a Rachele che è in disparte e presenzio al colloquio)*: Debbo rispondere, madre mia?
RACHELE: Sicuro, rispondete!
NANNINA: Signor Ispettore, io vi giuro che non perdiamo mai tempo: dalla mattina fino alla sera, non facciamo altro che studiare e pregare! Alle sette e mezza preghiera del mattino. Dalle otto alle nove: passeggiata in giardino, ove raccogliamo rose e viole per la nostra buona superiora! Dalle 9 alle 12 si studia sempre. Nell'ora di ricreazione, cioè dalle 12 all'una, ci occupiamo a fare confetture, dolci e altre cose squisite! Dall'una alle due si studia musica, si prova qualche coro per cantarlo la domenica! Dalle tre alle quattro si pranza: i cibi sono squisiti, ottima la cucina: tre piatti e la minestra. Alle 4 e mezza si prega. Alle cinque passeggiata in giardino. Dalle sei alle otto si studia, dalle otto alle nove si prega... poi un poco di cena e si va a letto dopo aver baciato la mano alla nostra buona superiora! Siamo tutte istruite abbastanza... conosco la musica, canto discretamente, suono il pianoforte benino, per quello che mi dicono, e parlo mediocremente il francese: «Nôtre bonne mère la superieure rien nous fait desirer... Elle nous trait très bien; je vous assure monsieur l'Inspecteur que dans ce convent on vit hereuses et tranquilles! Nous nous aimons comme des seures: jamais des disputes, d'agaceries... toujour d'accord! Nous ne connaissons que trois choses: la prière... l'etude et l'obeissance!».
EUGENIO *(a Rachele)*: Ma che bella voce, che bella voce... che bei sentimenti!... Voglio vederla!
RACHELE: Ah, no! scusate... E la promessa?...
EUGENIO: Avete ragione... ma che volete... ha una voce che rapisce! Permettete che continui a parlarle?
RACHELE: Questo si!
EUGENIO *(riprende a parlare con voce da vecchio)*: Signorina?
NANNINA: Signor Ispettore?
EUGENIO: Avete pensato qualche volta che un giorno dovrete uscire dal convento?
NANNINA: Sì, qualche volta! Ma questo pensiero mi ha talmente rattristata che subito ho cercato di distrarmi!
EUGENIO *(a Rachele)*: (Non ci credo!...) E dite un po'... Avete mai pensato al matrimonio?
NANNINA *(con esagerata sorpresa)*: Al matrimonio?... Al matrimonio?... Madre mia, avete inteso?... Ha detto «matrimonio!...».
RACHELE *(con rimprovero a Eugenio)*: Perché avete detto matrimonio? *(A Nannina:)* È niente, figlia mia, è niente... non ti mettere paura!...
NANNINA *(piagnucolosa)*: No... no... me ne voglio andare!
RACHELE: Nonsignore, aspettate... deve andar via prima l'Ispettore! *(A Eugenio, piano:)* (Comme v'è venuto ncapo de dì matrimonio?).
EUGENIO *(piano)*: (E m'è scappato!...).
RACHELE: (E nun ve l'aviveva fà scappà!...).
EUGENIO: (Ma come, debbo andare via senza vederla?...).
RACHELE: (Si capisce! È stato il nostro convenuto!...).
EUGENIO: (Ma almeno fatemi vedere una piccola cosa...).

RACHELE: (È impossibile, signore... Queste sono le regole del convento!...).
EUGENIO: (Va bene... la vedrò a Roma in casa di suo zio! Intanto, signora superiora, prendete questa lettera... e suo zio che vi scrive... *(La dà.)* Vi ringrazio di ciò che avete fatto per me!).
RACHELE: (Ma niente... per carità!...).
EUGENIO *(forte)*: Vi giuro che ho provato una grande soddisfazione interrogando la signorina Annina Fiorelli! *(Si volta verso il paravento e s'inchino.)* Signorina...
NANNINA *(che durante il dialogo di Eugenio e Rachele ha cercato inutilmente di guardare al di sopra del paravento, s'inchino a sua volta)*: Signor Ispettore...
EUGENIO *(a Rachele)*: Vi ringrazio di nuovo, madre! *(Esce a destra. Rachele legge la lettera: il suo viso esprime rammarico.)*
NANNINA *(a parte)*: (Nun aggiu pututo vedé comm'era!... Ma io nun credo che era viecchio... Si era viecchio nun mettevene lo paravento!...
RACHELE *(che ha letto)*: Lo zio me scrive che se vò retirà la guagliona da lo convento... e oggi stesso ha da partì pe Roma!... Quanto me dispiace!... *(Chiama:)* Michele?... Michele?...

SCENA OTTAVA

Michele e dette, poi Felice.

MICHELE *(dalla destra)*: Signora Superiora?...
RACHELE: Leva stu paravento... nun serve cchiù!
MICHELE: Subito. *(Esegue e via.)*
NANNINA: Se n'è andato il vecchio ispettore?
RACHELE: Sì, figlia mia... se n'è andato... e m'ha rimasto stu biglietto di tuo zio col quale mi dice che te vò ritirà dal convento delle Rondinelle...
NANNINA: Possibile?... *(È contenta, ma non vuoi darlo intendere.)*
RACHELE: E mi prega di farti accompagnare da una persona di fiducia fino a Roma!... E oggi stesso devi partire!...
NANNINA: Oggi stesso?
RACHELE: Sì, col treno delle 2 e 30... così dice la lettera!
NANNINA *(con falso rammarico)*: Alle due e trenta? E pecché accussì ambressa?...
RACHELE: (Povera innocente... ma io nun le voglio dicere che se tratta de matrimonio!...). Da qualche parola che mi ha detto l'ispettore, credo che zizio avesse l'intenzione di chiuderti in qualche convento di Roma!...
NANNINA *(questa volta il suo disappunto è autentico)*: N'atu convento?!
RACHELE *(continuando nella bugia)*: Forse pe farte piglià lo voto, figlia mia!... Non ti affliggere... bisogna ubbidire a zizio!
NANNINA *(a parte)*: (N'atu convento?... Seh!... E stai fresca!...).
RACHELE: La lettera è precisa: tu haje da partì ogge assolutamente... Ma da chi te faccio accompagnà?... Ce vularria na persona de fiducia... Ah!... Aggiu penzato! Te faccio accompagnà da D. Felice l'organista! Sicuro... e addò lo trovo meglio de chillu llà?... *(Alla porta.)* D. Felice?... D. Felice...

FELICE *(dalla prima a sinistra)*: Chi è?... Eccomi quà, signora superiora!
RACHELE: Signor organista, voi mi dovete fare un grandissimo favore! Nannina è stata chiamata dallo zio a Roma... e con questa lettera mi prega di farla accompagnare da una persona di fiducia! Io ho pensato subito a voi!...
FELICE *(contrariato)*: A me?...
RACHELE: Sì, a voi! E sarete tanto buono di consegnarla questa sera allo zio e ritornerete domani al giorno! Ecco!
FELICE *(a parte)*: (Stateve bene! E io comme faccio co la prima rappresentazione?...). *(Cerca pretesto.)* Ma vedete, signora superiora, io...
RACHELE: Voi che?... Voi siete l'unico che potete accompagnarla! Non dubito affatto dei vostri princìpi e della vostra bontà!
FELICE: Vedete, signora superiora... non era per questo... vi volevo far riflettere che le ragazze poi come fanno a stare 24 ore senza lezione?... *(Il pretesto è meschino, ma in mancanza di meglio Felice vi conta.)*
RACHELE: Di questo m'incarico io! Io voglio assolutamente che mi facciate questo favore! *(Piano a Felice:)* (Si tratta di matrimonio, capite?...).
FELICE: (Ah! Si marita la ragazza?...).
RACHELE: (Si marita per gloria del Signore!...).
FELICE: (E allora sia benedetta... sia benedetta... sia benedetta!!..).
RACHELE *(a Nannina)*: Sei contenta figlia mia che ti accompagna il maestro?
NANNINA *(umile)*: Come volete voi, madre mia!...
FELICE *(a parte)*: (Ma che assassina che è chella!...).
RACHELE: Dunque siamo intesi?
FELICE *(rassegnato)* Va bene... vi servirò!
RACHELE: Grazie! *(A Nannina:)* Io te vaco a preparà la rrobba... c'è poco tempo da perdere: il treno parte alle due e trenta... nun vularria scumparì cu zizio! Quando un parente mi dà un ordine, lo debbo subito eseguire! Permettete! *(Via a sinistra seconda porta.)*
NANNINA *(non appena esce Rachele cambia atteggiamento: l'aria compunto, il contegno serio, cedono ad una irrefrenabile vivacità. Gli occhi le brillano di malizia. Scoppia in una gran risata e additando Felice gli si rivolge con grande ilarità)*: Voi, signor maestro, mi accompagnerete fino a Roma!... Ce ne jammo nzieme! *(Si stropiccio le mani contenta.)* Oh, che piacere... oh, che piacere!... *(Presa da euforia saltella per la scena.)*
FELICE *(avvilito)*: E io aggiu passato lo guajo! Comme faccio co la primma rappresentazione?... Per lo meno se crederanno che io me sò messo paura d'essere fiscato!... E po'... llà sta annunziato vicino o manifesto: «L'autore assisterà alla rappresentazione!». Che figura faccio? E Cesira che m'aspetta immancabilmente!... Voi vedete la combinazione!...
NANNINA *(colpita da un'idea)*: Psss... stateve zitto... stateve zitto... stateve zitto....
FELICE: Chi sta parlanno?...
NANNINA: Aggiu fatto na magnifica penzata! Vedete si ve persuade! Noi all'una ce ne jammo e facimmo vedé che ghiammo a la stazione... Invece de j a la stazione, jammo a mangià ncoppa a na bella trattoria... Certamente pe mangià se ne passa n'ora! Doppo mangiato ce mettimmo dinto a na bella carrozza e ce facimmo na cammenata... Ogge

po' ce jammo a piglià nu bellu gelato! Quanno so' ll'otto, me mettite dinto a nu bello palco a lo Fondo... Vuje ve ne jate ncoppa a le scene e io me sento cuieta cuieta lo primmo e lo second'atto de chella bella musica! Quanno songo de diece me venite a piglià e tutte e dduje tantu bello ce mettimmo dito a na bella carruzzella, jammo a la stazione e partimmo pe Roma colo treno de le 10 e 40. Dimane mmatina me cunsignate a zizìo tantu bello e ve ne jate!.. Comme ve pare?

FELICE: Ma sei un tipo, sà!... Sei un gran tipo!... Chillo po' zizìo, vedennoce arrivà dimane mmatina, tantu bello, invece de stasera, come lui ha ordinato... piglia nu bellu bastone, e ce fa na bella mazziata!... Comme te pare?...

NANNINA: Ma che mazziata... Nuje truvammo na scusa qualunque... *(Altra idea.)* Ah! Sentite: dicimmo che la superiora ce aveva fatto partì a li ddoje e trenta, ma po' a me m'è venuta na convulsione, e simmo state fino a la sera dinto a la stazione!...

FELICE: Ma sei tremenda, sà! Vì quanta mbroglie sai cumbinà! Mannaggia ll'arma de la santarella!...

NANNINA: Dunque che dicite?... Vulite fà comme aggiu ditto io?

FELICE: È impossibile! Io non mi posso mettere nella posizione de passà nu guajo!

NANNINA: E comme lo passate stu guajo?

FELICE: Lo passo... se capisce! Te pare... te metto dinto a nu palco... te porto a nu teatro a sentì l'operetta... E si quaccheduno te vede?

NANNINA: Chi m'ha da vedé?... A me nun me cunosce nisciuno!

FELICE: Non posso, Nannì... non posso! Tu me fai truvà dinto a nu guajo!... Mo dico tutte cose a la superiora e stateve bene! *(Chiama.)* Signora Superiò...

NANNINA: No, no, no!... Nun ve pigliate collera... nun ce penzammo cchiù! Quanno songo le ddoje e meza partimmo pe Roma!... Facite na bella figura, veramente!... «L'autore assisterà alla rappresentazione!...» Bravo!... Tutto il pubblico va vedenno l'autore addò sta... «Neh?... L'autore addò sta?» e nun lo trova!... Finisce il primo atto, vengono gli applausi...: «Fuori l'autore! Fuori l'autore!...» *(Batte le mani.)* E l'autore addò sta? L'autore nun ce sta!... E pecché non è venuto?... Pecché s'è miso paura de li fische!... E allora pecché l'ha fatto mettere vicino a lo manifesto?... Quanno nun vuleva venì pecché l'ha fatto annunzià? Pe che sta cosa lo pubblico s'indispone e a lo second'atto accummencia a fiscà: «Giù la tela! Giù la tela! Nun vulimmo sèntere niente cchiù!». ...Bella cosa! Bell'onore per voi! Addò jate a mettere cchiù la faccia?... *(Scaltro.)* La penzata ch'avevo fatto io era bona, pecché se salvava l'uno e l'altro! Stasera eravate autore, domani organista! Io stasera ve sbatteva li mane... e dimane mmatina ve vasavo li voste pe l'ultima vota! Vuje dìreve contento io ero soddisfatta, zizìo era ubbidito, la superiora vi ringraziava... ed il pubblico vi applaudiva! *(Con rimpianto, ma già sicura di aver convinto Felice con la sua argomentazione.)* Ma vuje avite ditto che non potete... e allora partimmo a le ddoje e trenta e nun ce penzarno cchiù!

FELICE *(ha seguito con interesse il discorso di Nannina, assumendo diverse espressioni, ora di approvazione, ora di esaltazione, ora di abbattimento. Alla fine è quasi vinto)*: (Chesta nun è na femmena: chesta è na diavola! Comme ha ditto essa sarría buono... io nun mancarria la primma rappresentazione... a essa la metto dinto a nu palco a quarta fila... Che diavolo, hanna guardà justo a essa?...).

NANNINA: Dunque, pigliate lo cappiello e ghiammuncenne! *(Fa per andare.)*

FELICE: Aspetta, cappiello!... Viene ccà!
NANNINA: Che vulite?
FELICE: Va bene... io alla penzata ch'haje fatto tu... acconsento!
NANNINA *(trionfante, grida lieta)*: Acconsentite?
FELICE: Psss... statte zitta! Ca tu me fai perdere o ppane!... *(Ammonendo:)* Ma tu però m'haje da promettere ca nun cacce la capa da fora lo palco e nun te faje vedé!...
NANNINA: Nun ce penzate... io me metto dinto dinto!
FELICE: Allora va bene!
NANNINA: Me purtate a lo teatro?
FELICE: Psss!... Te porto a lo teatro!
NANNINA: Ah! Che piacere... che piacere... Vaco a vedé l'opera! Vaco a sentì la musica!... Bene! Bene!... *(Mentre ilare salta per la scena, si sente di dentro la voce di Rachele. Nannina istantaneamente cambia atteggiamento, fingendo di piangere dirottamente.)*

SCENA NONA

Rachele e detti, poi Michele, indi Biase, poi di nuovo Michele.

RACHELE *(di dentro)*: Va bene... va bene... verrà a salutarvi subito. *(Esce dalla destra.)*
NANNINA *(Fingendo di piangere a singhiozzi)*: Ah! Madre mia!... Madre mia!... Perché vi debbo lasciare?... Io vi amo troppo!...
RACHELE *(commossa)*: Figlia mia nun chiagnere... me faje venì na cosa dinto a lo stommaco!... *(Piange abbracciata con Nannina.)*
FELICE *(a parte)*: Io n'aggiu visto guaglione assassine, ma comme a chesta nun ce ne stanno!... *(Chiamando:)* Michele?... Michele?...
MICHELE: Comandate?
FELICE: Lo cappiello e lo bastone... subito!... *(Michele si avvia con lentezza.)* No... tu haje da correre!...
MICHELE: Subito! *(Via prima a sinistra poi torna.)*
NANNINA *(sempre col finto pianto nella voce)*: Vuje po' me screvite?...
RACHELE: Se capisce! Nun me scurdarraggio cchiù de te! *(Piange:)* Figlia mia!... Figlia mia!...
BIASE *(uscendo dalla seconda a destra)*: Ch'è stato?... Ch'è succieso? *(A Felice:)* Prufessò... ch'è stato?
FELICE *(con finto pianto anche lui)*: La più buona ragazza se ne va dal convento!
MICHELE *(dalla prima a sinistra con cilindro e bastone di Felice)*: Ecco servito.
NANNINA: Voglio vasà a tutte le cumpagne meje!
RACHELE: Sì, ma nun chiagnere, figlia mia!
MICHELE *(commosso)*: Povera criatura... me fa na pena!... Se ne va!... Se ne va!... *(Piange.)*
BIASE: M'ha fatto spartere lo core!... *(Piangendo prende per mano Michele e lo porta avanti.)* Cinche e sissantàcinche!...
FELICE: Fatevi coraggio, fanciulla celeste!...

NANNINA } *(piangendo)*: Ih!!...

(Mentre tutti piangono, calo la tela.)

Fine dell'atto primo

ATTO SECONDO

La scena rappresenta la parte posteriore del palcoscenico del teatro Fondo. Due porte a destra e due a sinistra. Sulla seconda a destra vi è scritto «Direzione», sulla prima a destra «Uscita» e sulla seconda a sinistra «Comparse». Nel fondo, in mezzo, grande apertura ad arco al di là della quale si vede il retro di una scena che si suppone sia il fondale della scena allestita per «La figlia dell'Imperatore». Sempre in fondo, a destra, vi è una porticina di camerino con un cartellino «Prima donna: Cesira Perella». Sparsi per la scena, quà e là vi sono diversi oggetti di uso teatrale: praticabili di legno, mobili uno sull'altro, attrezzi, scene ripiegate e ammonticchiate, sedie, poltroncine. Su di una sedia vi è un mantello. In fondo, a sinistra, un pianoforte. È l'ora dello spettacolo.

SCENA PRIMA

Nicola e Vincenzo, poi Cesira, poi Amelia, Elvira, Teresina, Carmela, Luigino, Carluccio e 4 comparse; indi Cicciilo. All'alzarsi del sipario si sentono internamente forti e prolungati applausi. Vincenzo è seduto accanto alla prima porta a destra e dorme.

NICOLA *(è l'impresario del teatro. Viene dal fondo, in abito da sera)*: Che bella cosa! Che bella cosa!... A lo finale de lo primm'atto dduj bis!... E Feliciello non è venuto ancora! Ma questo non si chiama successo: si chiama successone!... *(Altri applausi interni. Nicola va al fondo e grida.)* Su... su... tirate la tela... Lo pubblico nun ha da aspettà... *(Viene avanti.)* E sò tre chiammate... tre chiammate a lo finale de lo primm'atto! Aggiu fatto lo colpo! *(A Vincenzo che dorme.)* Viciè... Viciè, scetate, sangue de la morte!
VINCENZO *(svegliandosi di soprassalto)*: Chi è?... Io nun sto durmenno!
NICOLA: Nun fà passà a nisciuno ncoppa a lo palcoscenico, haje capito? Si no te multo!
VINCENZO: Va bene!
NICOLA: E sùsete!... Nun te sta assettato!
CESIRA *(dal fondo, in abito di fantasia da operetta. Ha un fascio di fiori in mano)*: Signor impresario... furore... furore completo!
NICOLA: Io già lo sapevo! Vi ringrazio di tutto cuore... Avete cantato come un angelo!
CESIRA: Ma l'autore addò sta?
NICOLA: Mò vene... Mò lo vedarrate venì... Oh, pe mancà, nu manca... nun ce penzate... Quacche cumbinazione l'avrà trattenuto! *(Escono Amelia, Elvira, Teresina, Carmela vestite in abiti di operetta; escono inoltre Carluccio, Luigino e 4 comparse vestiti da guerrieri. Ogni donna porta un mazzo di fiori.)*
AMELIA: Impresà... ce simmo purtate magnificamente!

ELVIRA: Mò ce spettano li gelate!
TERESINA: Io voglio la limonata!
CARMELA: E io pure... Ce l'avite promesso!
AMELIA: E la promessa è debito!
NICOLA: Va bene... non dubitate... Ho promesso e mantengo la parola: dopo il secondo atto faccio venì li gelate e li lliumunate!
CESIRA: Io voglio un arrosto ed un bicchiere di marsala, altrimenti mi si abbassa la voce!
NICOLA: No, voi che dite?... Per carità... nun voglia mai lo cielò! A n'atu ppoco ve manno l'arrosto e la marsala!
CARLUCCIO: Impresà... li ssigarette a nuje!
NICOLA: Va bene, va bene... jateve a travestì pe lo second'atto da spagnuoli!
CARLUCCIO: Sissignore, simmo pronte!
LUIGINO: Jammo, jammo... nun perdimmo tiempo! *(Via con Carluccio e le quattro comparse nella seconda a sinistra.)*
NICOLA *(alle ragazze)*: Piccerè... aggio preparato na sorpresa all'autore, che nun se la po' mai aspettà!
CESIRA: Che cosa, che cosa?
NICOLA: Aggiu fatto ddoje grosse corone d'alloro e l'aggiu fatto mettere sotto a lo cielo: quando è al finale del secondo atto che chiammano fore l'autore, lo machinista spezza li curdine e nce le ffa i proprio ncapo!...
LE DONNE: Benissimo!
NICOLA: Comme ve pare?
CESIRA: Bellissima idea!
NICOLA *(chiamando)*: Ciccillo?... Ciccillo?... *(Esce Ciccillo, il macchinista, dal fondo.)* Ciccì nun te scurdà chello che t'aggiu ditto: quanno è lo finale de lo second'atto che chiammano fora l'autore... spezza li curdine, haje capito?
CICCILLO: Va bene. *(Esce per il fondo.)*
NICOLA *(alle donne)*: Permettete nu momento... Vaco a vedé la scena comme sta... *(A Cesira:)* Prima dò... e voi quanno ve jate a travestì?
CESIRA: Mò... mò... aspettate... chesto che cos'è!... Mò è fenuto lo primm'atto!
NICOLA: Vi raccomando, sapete... il teatro è pienissimo... Vurria che tutte cose jesse buono!
ELVIRA: Nun ve scurdate e gelate!...
TERESINA: Ricordateve la limonata!
NICOLA: Va bene, va bene... Mò manno a ordinà tutte cose pe lo custode! Viciè, ricordate: nun fà passà a nisciuno, sino te multo! *(Alla porta delle comparse.)* Comparse, fate presto!... Macchinista?... Attrezzista?... Muovetevi!... *(E sempre gridando ed affaccendandosi esce per il fondo.)*
TERESINA *(ridendo)*: Comme sta ammuinato lo mpresario!
ELVIRA: E se capisce! Quanno mai ha visto lo teatro accussì chino?
AMELIA: Dice che fino a mò ha rifoso ottomila franche!
CARMELA: S'è salvato co la «Figlia dell'Imperatore!...».
TERESINA: Si nun truvava st'autore, era proprio arruvinato!
AMELIA: A proposito, Cesì... comme va che Arturo nun è venuto ancora?

CESIRA: E io che saccio?... A me pure m'ha fatto meraviglia. Isso aveva sta ccà da la primma scena! Ma si vene te faccio sèntere!
AMELIA: Abbiamo saputo che ti fa la corte, non è vero?
CESIRA: No... v'ingannate... mi fa delle gentilezze... così, perché canto la sua musica!
CARMELA: No, no, no... nuje sapimmo che va pazzo pe vuje.
TERESINA: E sapimmo pure che stanotte ha avuto nu càucio da lo maggiore! *(Tutte ridono.)*
CESIRA: E scusate... chi ve l'ha ditto?
TERESINA: Vuje sapite che io abito dinto a lo stesso palazzo vuosto... a lo primmo piano... e stammatina Giuvanne lo guardaporta m'ha cuntato tutte cose!
CESIRA: Sì... è trasuto lo maggiore mentre stevemo pruvanno lo duetto finale... e l'ha dato nu càucio... Ma da na parte è stato buono, però... perché accussì aggiu truvato lo mezzo de me levà lo maggiore da tuorno!
AMELIA: L'haje licenziato, dì la verità?
CESIRA: No, licenziato non ancora... ma aggiu avvisato lo guardaporte che quanno vene nun lo facesse saglì!...
CARMELA: E scusa, chillo po' vene ccà?
CESIRA: E ccà pure trova l'impedimento! *(A Vincenzo:)* Viciè... si vene lo maggiore, nun lo fà passà... di che l'impresario non vuole, haje capito?
VINCENZO: Va bene! *(Sbadiglio.)* L'impresario non vuole!
AMELIA: Ma siente, Cesì... tu sai che io te voglio bene comme a na sora... perciò te voglio dì na cosa! Tu pe causa de chist'Arturo forse te pierde na posizione co lo maggiore... Io saccio che lo maggiore è ricco... che te vò bene e che tene intenzione de te spusà... Mentre l'altro, il signor Arturo, ha fatto tanta ammuina cu ttico stu mese pecché tu aviva cantà l'operetta... e a prova te l'ha data stasera, che fino a mò nun s'è visto ancora... E oggi, quanno lo vuò sapé, steva dinto a lo cafè d'Italia e se pigliava lo gelato cu na bella signorina!
CESIRA: Tu che dice?... Possibile?...
AMELIA: Possibilissimo!... Carmè, dimme na cosa, ogge fratete addò ha visto l'autore?
CARMELA: Dinto a lo Cafè d'Italia nzieme cu na signorina!
CESIRA: Bravissimo! Avite fatto buono che me l'avite ditto... Lo voglio accuncià io, lo voglio!... E per vendicarmi che non è venuto ancora, mo nun me travesto... Faccio lo second'atto accussì!... E si pure lo faccio lo secondo atto! *(Entra furiosa nel suo camerino.)*
CARMELA *(rampognando ad Amelia)*: Comme t'è venuto ncapo de nce lo ddicere?
AMELIA: Scusa, agge pacienza... Cheste sò ccose che s'avvisano!

SCENA SECONDA

Celestino e detti.

CELESTINO *(entra con mazzo di fiori. Vincenzo cerca di respingerlo).*
VINCENZO: Dove andate?
CELESTINO: Dentro!

VINCENZO: E nun putite trasì!
CELESTINO (altero): Io sono il Marchesino Sparice, sono entrato sempre!
VINCENZO: E mò nun putite trasì!
CELESTINO: Mò te dò nu schiaffone e felicenotte! Embè... e già!
CARMELA: Viciè, fallo passà... po' parlo io co lo mpresario.
VINCENZO: Parlate vuje co lo mpresario... Io nun ne voglio sapé niente! Chillo pe niente mette multe!
CARMELA: Nun te ne ncarricà!...
CELESTINO: Qualunque multa te mette ne rispondo io!... Embè... e già!
CARMELA (a Celestino): M'avite purtato le castagne sceruppate?
CELESTINO: Si capisce! Eccole quà! (Le dà.) Il primo pensiero, quando sono uscito di casa, è stato quello di andare da Caflish e pigliare le castagne per te, cara mia!... Embè... e già!
AMELIA: (Ma quanto è bello!). (Ride con le altre.)
CARMELA (a Celestino): Mammà che fà? È sempre ostinata a nun dà lo cunsenso?
CELESTINO: Sempre, sempre, Carmela mia! E io perciò me sò fatto cchiù sicco... embè, e già... L'ata sera mi trovò co lo ritratto tujo mmano che me lo vasavo forte forte!... M'afferrò e me chiudette dinto a lo salotto dove stanno tutti i ritratti a olio dei nostri parenti... Io me mettete na paura che tu non puoi credere... embè, e già!.. Pecché chille sò a grandezza naturale, capisci... ce steva specialmente lo nonno che pareva che muveva ll'uocchie... Io alluccaje, chiagnette ma niente nisciuno me deva audienza... Me facette sta llà dinto fino a lo juorno appriesso!...
CARMELA: Ma io vularria sapé pecché ce l'have tanto cu mmico! Pe chi m'ha pigliata la mamma vosta? Lo ssape che io sò na. Figliola onesta?
CELESTINO: Embè...
LE DONNE: ...e già!... (Pausa)
CELESTINO: Embè...
LE DONNE: ...e già!...
CELESTINO: Carmè... chelle me cuffèano!
CARMELA: Nonsignore, nun l'hanno cu vvuje!
CELESTINO: L'hanno cu mme!... l'hanno cu mme!... Me ne sò addunato... Facimmice cchiù ccà, agge pacienza! (Si sposta verso destra con Carmela.) Io sò nervoso... po' essere ca le risponno malamente... Embè, e già!... (Riprende il discorso:) Ecco qua, Carmela mia... tu devi sapere che mammà è la marchesa Sparice, conosciuta da tutta Napoli... e vularria che io me spusasse na nobile cu na forte dote... perché dice così che il nostro sangue è blu!
CARMELA: Tenite lo sangue blu?
CELESTINO: E io che ne saccio? Essa accussì dice! Io poi non mi posso tanto spingere, se no perdo la mezza lira al giorno che mi passa!
CARMELA (stupita): Ched'è, vuj chesto tenite? Meza lira lo juorno?
CELESTINO: Per adesso, ma quanno more mammà io sono ricchissimo, e faccio quello che voglio io... Embè... e già!
CARMELA: E me spusate?
CELESTINO: Si capisce, Carmela mia... pecché te voglio bene assai assai! Ma dimme na

cosa, tu stasera pecché nun me guarde?
CARMELA: Ma vuje addò state? Io nun v'aggiu visto!
CELESTINO: Sto dentro a la platea... nona fila, numero 23!
CARMELA: Nientemeno? Nona fila, numero 23! Vicino a porta?
CELESTINO: Embè... e già! Nun aggiu trovato né poltrone né platea avanti, ch'aveva fà?...

SCENA TERZA

Eugenio e detti.

EUGENIO *(dalla destra)*: È permesso?... Si può?... *(Vincenzo, che dorme, non si è accorto dell'ingresso di Eugenio.)*
AMELIA: Oh! Carissimo D. Eugenio... favorite, favorite...
EUGENIO: Grazie! Signorine, accettate i miei sinceri complimenti! Questa sera siete deliziose... il primo atto è stato un vero successo!
ELVIRA: Io v'aggiu visto: state dinto a le poltrone a prima fila, in corridoio!
TERESINA: E co lo binocolo ve state smiccianno chella signorina a seconda fila!
EUGENIO: Ma no... vi siete sbagliate... Io stasera non guardo che voi, solamente voi!
AMELIA: D. Eugè è vero che partite?
EUGENIO: Purtroppo!
ELVIRA: Come? Ci lasciate?
EUGENIO: Non ne posso fare a meno, cara mia! Debbo recarmi a Roma per un affare importante!
TERESINA: Forse cambiate di guarnigione?
AMELIA: Cambiamento completo! Io saccio che D. Eugenio se sposa.
ELVIRA: Ah! Ve spusate?
EUGENIO: Ebbene si! Perché ve lo debbo nascondere? Vado a Roma per ammogliarmi!
ELVIRA: Benissimo! Allora ce facite pruvà li cunfiette!
TERESINA: E com'è la sposa? È bella?
AMELIA: È bruna?
ELVIRA: È bionda?
AMELIA: È rossa?
LE DONNE: Com'è?... Com'è?...
EUGENIO: Piano... piano... Non ne sò proprio niente!
ELVIRA: Comme? Nun la cunuscite?
EUGENIO: No!
ELVIRA: Eh! Nun dicite bestialità!
EUGENIO: Eppure è così! Non la conosco! Sarà bruna, bionda, nera... sarà alta, sarà corta... avrà le gambe storte... Il certo è che io la sposo!
AMELIA: E ghiate a Roma pe la vedé?
EUGENIO: Perfettamente, cara... *(Si volge a Carmela che frattanto faceva scena con Celestino.)* E così, signorina Carmela, come state?
CARMELA: Non c'è male, grazie! *(Stretta di mano.)*

EUGENIO *(galante)*: Questa sera siete più simpatica del solito!
CARMELA: E vuj chesto dicite sempre... vulite pazzià!...
EUGENIO: Ma che scherzare... io dico seriamente... Anzi, permettete?... *(Bacia la mano.)*
CELESTINO *(che fremeva in disparte, si intromette impaziente)*: Oh sentite, signor generale...
EUGENIO *(ridendo)*: Che generale?... Tenente appena...
CELESTINO: Tenente, sergente, trabbando... non me ne importa niente! E vi faccio riflettere che questa giovane è l'innamorata mia!... *(A Carmela, trascinandola dall'altra parte:)* Mittete ccà tu!
EUGENIO: L'innamorata vostra? Bravissimo! Vi faccio i miei complimenti! Avete saputo scegliere! È una simpatica ragazza!
CELESTINO: Questa non è una cosa che vi riguarda... embè... e già!... E non crediate che siete militare e mi fate paura, perché io non mi metto paura di nessuno!
EUGENIO *(ride prendendolo in giro)*: Ah ah ah! Come siete grazioso! *(Tutti ridono.)*
CELESTINO *(impermalito)*: Non ridete che vi faccio stà a dovere! Embè e già!... Io sono il marchesino Sparice, sono un nobile capite?... Tengo lo sangue blu... e non mi posso mettere con un soldato qualunque!
EUGENIO *(serio, ammonendo)*: Sapete, ragazzo... state nei termini, altrimenti vi regalo uno schiaffo da farvelo ricordare per tutta la vostra vita!
CELESTINO: Tu me dai nu schiaffo a me?...
EUGENIO: Anche due!
CELESTINO: Due?!... (E mò basta, mò!). (E io non te piglio a càuce?).
EUGENIO: Oh! *(Fa per gettarglisi contro; le donne lo trattengono.)*
AMELIA: D. Eugè, nun lo date audienza... Nun vedite che chill'è nu guaglione?
EUGENIO: Avete ragione! Non sarebbe dignitoso per me mettermi con un imbecille di quella fatta!
CELESTINO: A me!... E ghiesce fora si sì ommo!
LE DONNE: Ma stateve zitto, finitela!
CELESTINO *(gridando trattenuto da Carmela)*: Jesce fora! *(Confusione.)*

SCENA QUARTA

Nicola e detti.

NICOLA *(dal fondo, attratto dal frastuono)*: Che cos'è neh? Ch'è succieso? E che ne parlammo a ffà... Aggiu aperta la birreria! E chillu piezz'animale che dorme! *(A Vincenzo, gridando:)* Viciè! Viciè, scètate!...
VINCENZO *(svegliandosi di soprassalto, scambia Nicola per un intruso e fa per cacciarlo)*: Chi è? Nun putite passà!
NICOLA *(adirato)*: Puòzze sculà! Chillu primma li ffa trasì e po' dice che nun ponno passà! *(A Celestino e Eugenio:)* Signori, scusate... sul palcoscenico non si può stare! *(A Celestino:)* Voi chi siete?
CELESTINO *(altero)*: Io sono il marchesino Sparice!
NICOLA: Me fa tanto piacere! E che volete?

CELESTINO Niente! Sono venuto a trovà la nnammurata mia!

NICOLA: E già, chill'è trasuto dinto a la casa soja! *(Alle ragazze:)* Piccerè, v'aggiu ditto tanta vote che sul palcoscenico nun voglio a nisciuno, càttera!

AMELIA: Eh! Vuje comme v'ammuinate? Comme fossero trasute sta quarantina de persone!

NICOLA: E tu quaranta ne vulive? Manco miezo! S'ha da fà chello che s'ha da fà, capite?

EUGENIO: Signor impresario, se è per me, lo dica francamente!

NICOLA: Caro tenente, scusate... non e per voi... è un ordine generale!

EUGENIO: Ah, non è per me? E per l'imbecille?... Io se gli ho risposto è stato perché mi ha provocato! *(Ad Amelia:)* Ma noi altri militari, quella gente lì sai dove l'abbiamo?

AMELIA: Dove?

EUGENIO: Sulla punta... degli stivali!... *(Via con Amelia ridendo, per il fondo.)*

CELESTINO: Ah! Per la divisa!... E lèvate nu poco la sciabola e po' vide!... *(A Nicola:)* Io se vengo vengo per fini diretti!

NICOLA: O dirette o stuorte, a me nun me ne mporta niente! Ccà nun avita venì! *(Alle ragazze:)* Piccerè, jate addo lo trovarobe, faciteve dà li campanielle ch'avita purtà mmano pe lo primmo coro... Jate... jate! Amelia addò stà?

ELVIRA: Se n'è ghiuta dinto cu D. Eugenio!

NICOLA: E bravo! Pare che l'aggiu pregata... Facite ambressa. Jate!

TERESINA: Eccoce ccà!

CARMELA: Marchesì, stateve buono.

CELESTINO: Ci vediamo dopo la rappresentazione!

CARMELA: Embè...

CELESTINO: ...e già!... *(Le donne escono per il fondo, ridendo.)*

NICOLA *(a Celestino)*: Dopo la rappresentazione, venite, trasite, ascite, facite chello che vulite vuje!... Ma mò, no!... Embè...

CELESTINO: ...e già!...

NICOLA: Io capisco... Vuje, comme nnammurato, la vulisseve tené sempe vicino, ma qua, in palcoscenico, non si può... embè...

CELESTINO: ...e già!...

NICOLA: Pecché si no sapite che succede? Che comme trasite vuje, vonno trasì ll'ate... embè...

CELESTINO: ...e già!...

NICOLA: Io po' ch'aggia fà?... Aggia piglià la nnammurata vosta e l'aggia caccià... embè...

CELESTINO: ...e già!...

NICOLA: (Vì comme simme belle tutte e dduje!...) Perciò faciteme lo piacere, jatevenne!

CELESTINO: Oh, scusate diciteme na cosa... Io me ne vaco, va bene, perché è questo l'ordine! Ma facimmo pe nu caso che io da qua non me ne volessi andare... Vuje che faciarrisseve?

NICOLA: Ah, scusate... ch'avarria fà?... Ve pigliarria a càuce! Embè!

CELESTINO: ...e già!... *(Via dalla prima a destra.)*

NICOLA: Vuj vedite a me che me succede! *(A Vincenzo:)* Viciè, pe regola toja, dimane vaco ncoppa a lo Municipio e te ne faccio caccià!... Io nun me pozzo appiccecà co la gente! Quanno dongo n'ordine voglio essere ntiso!

VINCENZO: Ma ch'aggia fà?... Chille afforza vonno trasì!
NICOLA: Ah, afforza vonno trasì?... E mò t'acconcio io! Mò te vaco a mettere cinche lire de multa accussì te mpare! *(Via appresso.)*

SCENA QUINTA

Felice, poi Cesira.

FELICE *(dalla prima a destra, in abito da sera, cilindro e guanti)*: Mamma mia che folla! Che pienone! Nu saccio comme sò arrivato a passà! M'hannu ditto che lo primm'atto ha fatto nu chiasso... N'ero sicuro! Certi signori vicino a lo cafè dicevano «Ma l'autore dove stà?... Deve essere un giovine di gran talento!» ...E io stevo vicino e m'è ssentevo! Intanto eccomi qua, sul palcoscenico del Fondo!... Che bel sito! Che allegria! Che vista!... Si nun fusse pe chelli treciento lire sicure, da quantu tiempo avarria lassato le tortorelle, le palummelle e le rondinelle!... Io nun me trovo llà dinto, ch'aggia fà?... Nun voglia mai lo cielo e lo sapesse la madre superiora!... Chella lo cchiù ppoco m'accedarria!... Vì che m'ha fatto fà chella canchera de Santarella! Chello ch'ha ditto ha voluto fà, sà?... Mangià... carrozziate... gelate... Lo bello è che nce avimmo spiso tutte li denare de li bigliette... Mò voglio vedé comme partimmo!... Io all'otto l'aggiu misa dinto a nu palco de quarta fila, e l'aggiu ditto: Nun te mmovere da ccà! Po', siccomme stevo vestuto da organista, aggia avuta j da n'amico mio a Foria e m'aggiu fatto mprestà stu vestito... Lo tturnà nun aggiu pututo truvà na carruzzella, e me l'aggia avuta fà a ppede! Stongo una zuppa!... Ma nun me ne mporta niente però... voglio nun pure domani mattina, basta che stasera sto ccà!
CESIRA *(dal suo camerino)*: Oh! Compitissimo signor autore! Come state? State bene?
FELICE: Non c'è male, grazie! L'ho fatta un poco tardi, mi dovete scusare... un amico mi ha trattenuto! Ma ho saputo però che il primo atto ha fatto un vero chiasso... e che voi particolarmente avete cantato come un angelo!
CESIRA: Oh! Che angelo, per carità... Sì al primo atto stavo bene di voce ed ho fatto tutto quello che potevo!
FELICE: E perché? Adesso vi sentite forse male?
CESIRA: No... mi sento un poco nervosa... annoiata,., ecco tutto... Anzi, sapete... al secondo atto non cambio abito: resto così!
FELICE *(sbalordito)*: Restate così? E perché?... E come si fa?... Voi lo sapete che Flora al primo atto è contadina, poi diventa ricca perché l'imperatore se ne innamora... Per carità, prima donna, voi mi rovinate l'azione... si tradisce il libretto!
CESIRA: Oh, e tutta sta collera vi pigliate pecché se tradisce il libretto?... Che fa?... Che fa?
FELICE: Come, che fa?... Mi fate avere una critica!
CESIRA: Oh, alle corte! Io non mi voglio travestire!
FELICE: (Ma che diavolo sarrà succieso?). Ma Cesira...
CESIRA: Vi proibisco di chiamarmi Cesira!
FELICE: E come vi debbo chiamare?
CESIRA: Prima donna! Ricordatevi che vi ho chiamato «autore»!...

FELICE: Ma perché state così? Che vi ho fatto di male? Pe causa vosta stanotte aggiu avuto chillu càucio! E si lo maggiore m'afferrava, chillo m'accedeva! Dunque, vedete che per voi ho rischiato la vita!
CESIRA: E io sono stata una bestia che ho smorzato il lume! Dovevo farvi ammazzare!
FELICE: Ma perché?
CESIRA *(scandagliando)*: Vi ha trattenuto un amico, è vero? Perciò siete venuto tardi?
FELICE: Sicuro, un amico!
CESIRA: Zitto! Sè tutto! Chi era chella figliola che se pigliava lo gelato con voi al caffè d'Italia?...
FELICE: (Scusa!...). Una figliola?... *(Finge.)* Che figliola? Io non so niente!
CESIRA: Come? Sareste capace di negare?
FELICE: Sicuro che lo nego! Perché non è vero... è tutta una calunnia!
CESIRA: Una calunnia?
FELICE: Si, una calunnia! Del resto, adesso che ho saputo la ragione per la quale voi state così, io ringrazio l'autore di questa calunnia, perché con questo mezzo ho potuto comprendere che voi mi amate come io vi amo!...
CESIRA *(non ancora del tutto convinta)*: Dunque, voi negate di essere stato nel caffè d'Italia con una figliola?
FELICE: Sicuro! Lo nego cento volte!
CESIRA: Va bene... per ora non posso dirvi niente! Ma badate, signor autore...
FELICE: Non mi chiamate autore, per carità... chiamatemi Arturo, come io vi chiamerò Cesira! *(Le prende la mano e gliela bacia.)*
CESIRA: Va bene, Arturo!... Badate, signor Arturo, che per ora io non vi dico niente e facciamo passare il fatto per una calunnia; ma se mi accerto di qualche piccola cosa... guai a voi! Sono capace di tutto!
FELICE: Ma sì... fate quello che volete, io non ho paura di niente, perché vi amo e vi amerò fino alla morte!

SCENA SESTA

D. Angelo, poi Cesira, indi Celestino.

ANGELO *(di dentro, prima a destra gridando)*: Levate da nanze... lassateme passà sangue de Bacco!
CESIRA: La voce de lo maggiore! *(Fugge nel suo camerino.)*
FELICE: Mall'arma de mammeta! E mò comme faccio? *(Fugge nella seconda a destra e chiude.)*
ANGELO *(fuori. È adiratissimo)*: M'hannu ditto che il signor Arturo Maletti, l'autore, poco prima è venuto ccà, ncoppa a lo palcoscenico!... Benissimo! Stasera faccio correre la cavalleria!... Ogge sò ghiuto a casa de Cesira e lo guardaporta m'ha ditto che la signora aveva dato ordine de nun me fà saglì! A me!... Mentre io ero juto pe fà pace... l'avevo purtato pure sti ppastarelle... *(Sono quelle che gli ha dato Rachele al primo atto.)* Voglio sapé pecché la signora Cesira ha dato quest'ordine... Io nun sò nu papurchio, sangue de Bacco! Pe chi m'ha pigliato essa a me? Essa mi deve dire perché nun m'ha

voluto ricevere!
CESIRA *(che alle ultime parole di Angelo era apparsa alla porta del camerino)*: Perché quella è casa mia; e in casa mia intendo ricevere chi mi pare e piace!... *(Si riscalda mano mano.)* E se seguiterete a seccarmi, vi farò stare a dovere! Avete capito? Sia questa l'ultima volta che ve lo dico! Voi non avete nessun diritto su di me, perciò non mi seccate più! *(Entra nel camerino.)*
ANGELO *(al colmo dell'ira per l'umiliazione subita)*: Va bene! Ce la vedremo, signora Cesira! Ce la vedremo!... E io che l'avevo portato pure le ppastarelle! *(Scaglia a terra il cartoccio.)* Si stasera aggiu l'autore dinto a li mmane, me lo magno a mmorze!... A mmorze!... *(Si aggira furibondo per la scena.)*
CELESTINO *(esce dalla prima a destra)*: Io non capisco: s'hanna fà sempe particolarità! Chill'ufficiale ha avuta trasì dinto a lo palcoscenico e io no! Che forse l'ufficiale è meglio e me? *(Legge il cartello apposto sulla seconda porta a sinistra.)* «Comparse»... Aspetta!... Che bell'idea!... Mò sà che faccio? Me metto nu vestito qualunque e dico che sò na comparsa! Accussì pozzo stà tutta la serata vicino a Carmela mia! Embè... e già!... *(Fa per entrare nella seconda a sinistra.)*
ANGELO *(lo ferma brusco)*: Chi siete voi? L'autore, forse?
CELESTINO: Nonsignore, io sono una comparsa...! Me vaco a vestì...
ANGELO: Ve jate a vestì?... E che ve vestite a ffà? Ccà a n'atu ppoco s'abbruscia tutte cose!
CELESTINO: E chiamate i pompieri!
ANGELO *(esasperato)*: Jesce... vattenne... và te vieste!...
CELESTINO: Eh! Eccomi quà! (Chisto chi è?...) *(Entra seconda a sinistra.)*
ANGELO *(rimuginando le parole di Cesira)*: Non tengo nessun diritto? Va bene! Lo vedremo!... Cielo mio, fa chiammà fore l'autore, almeno per vederlo... pe vedé chi è... Stesse vicino a li qquinte? Voglio j a vedé!... *(Via fondo a sinistra.)*

SCENA SETTIMA

Nannina, poi Eugenio, indi Cesira.

NANNINA *(dalla prima a destra. È in un modesto abito da viaggio: spolverino e cappello)*: Mamma mia, che folla... Mò moro de la paura! Aggiu sciso cchiù de ciente scaline... vòta, gira... nun saccio io stesso addò vaco!... Mentre stevo cujeta cuieta dinto a lo palco addò m'ha lassato D. Felice, tutto nzieme è venuto n'ommo e m'ha ditto: «Uscite, il palco è fittato!». «Come, fittato? — aggiu ditto io — Ccà m'ha miso l'autore!» «Che autore e autore... Io nun saccio niente... il palco è fittato, debbono entrare questi signori, perciò uscite!» «E io mò addò vaco?» «Ve ne jate a casa, venite domani sera» ... Eh! Vengo a la fine de lo mese!... Me n'aggia avuta scennere, e scennenno scennenno, vutanno e giranno, me sò truvata ccà... Va trova ccà che d'è!... Si putesse truvà a D. Felice! Me metto na paura che nun se po' credere... Si nun ce venevo era meglio!...
EUGENIO *(dal fondo a sinistra)*: Che graziosa fanciulla! Signorina, cercate forse qualcuno? Volete parlare con l'impresario?
NANNINA: L'impresario?... E che cos'è l'impresario?

EUGENIO: Come, che cos'è?... È l'impresario di questo teatro... sta qui, in palcoscenico.
NANNINA: Ah, questo è il palcoscenico?
EUGENIO: Perfettamente!
NANNINA: Dove stanno gli artisti?
EUGENIO: Sicuro!
NANNINA: Allora... permettete, signore! *(Fa per andare.)*
EUGENIO: E adesso dove andate?
NANNINA: Me ne vado... Non posso rimanere qui, signore! Aspetterò fuori l'autore.
EUGENIO: Ah, è l'autore che cercate? Il signor Arturo Maletti?
NANNINA: Già, il signor Arturo Maletti, il mio maestro di musica!
EUGENIO: Ah! Brava... Voi siete sua allieva?
NANNINA: Sissignore.
EUGENIO: Ma egli non può tardare... e in questo frattempo, se posso esservi utile in qualche cosa, disponete pure di me!
NANNINA: No, no... signore... vi ringrazio!
EUGENIO: Ma se volete dire a me quello che dovete dire all'autore... chi sa... si possono dare dei casi...
NANNINA: Ecco qua, signore... io volevo chiedergli il favore di farmi vedere la sua operetta... È tanto graziosa!
EUGENIO: La conoscete?
NANNINA: Altro che la conosco!
EUGENIO: Ho capito: forse ve l'avrà insegnata per esercitarvi?
NANNINA: Già... appunto... per esercitarmi!
EUGENIO: E quale parte vi ha insegnato?
NANNINA: Tutte le parti! Conosco tutta l'operetta a memoria!
EUGENIO: Bravissima! Ma allora voi avete una gran vocazione per la musica! Avete la scintilla artistica!
NANNINA: E che cos'è la scintilla?
EUGENIO: Come, che cos'è?... Amate il teatro?
NANNINA: Sì! Non ci sono mai stata, ma l'amo assai!
EUGENIO: Ecco la scintilla! E pensate di debuttare subito?
NANNINA: Non lo sò, signore... Io faccio quello che dice il maestro! *(Cesira esce dal suo camerino e rimane in ascolto non vista.)*
EUGENIO: Amate molto il vostro maestro?
NANNINA: Oh, molto! Molto!
EUGENIO: Ma ditemi la verità: lo amate come maestro... o come Arturo Maletti?... *(Movimento di sorpresa di Cesira.)*
NANNINA: Io non so cosa dite, signore, Arturo Maletti e maestro è una sola cosa... ed io l'amo assai perché egli pure mi ama!
CESIRA *(a parte)*: (Che sento?...).
NANNINA: Ha preso tanta cura di me che non potete credere... Oggi mi ha fatto pranzare con lui, m'ha fatto fare una bella passeggiata in carrozza, m'ha fatto prendere un gelato e poi mi ha messa in un palco di quarta fila!
EUGENIO: Bravissimo. E com'è che vi trovate qui?

NANNINA: Perché mi hanno cacciato! Hanno fittato il palco!
EUGENIO: Oh!... Guardate!... Quanto me ne dispiace!... Posso avere l'onore di offrirvi il mio braccio?
NANNINA: Il vostro braccio?
EUGENIO: Sicuro, che ci trovate di male? Vedremo di trovare un posticino.
NANNINA: Ma signore...
EUGENIO: Non abbiate paura: io sono un galantuomo! (Che simpatica ragazza!...) *(Si presenta:)* Conte Eugenio Porretti, tenente! E il vostro nome? *(La prende sottobraccio.)*
NANNINA: Oh... Il mio nome... Io mi chiamo... Flora!
EUGENIO: Flora? Oh, guardate che combinazione... lo stesso nome della prima donna dell'operetta!...
NANNINA *(civettuoia)*: Non vi piace?
EUGENIO: Anzi... mi piace assai! (Che simpatica ragazza!). Venite... venite! *(Escono a sinistra prima porta.)*
CESIRA *(viene avanti)*: Assassino... mbruglione! Dunque m'ha ingannata... Dunque era vero chello che m'avevano ditto?... Chesta era a figliola che se pigliava lo gelato cu isso? Benissimo! Mò l'acconcio io! *(Entra furiosa nel camerino.)*

SCENA OTTAVA

D. Angelo, poi Nicola, Cesira, indi Felice.

ANGELO *(dal fondo a sinistra)*: Nun l'aggiu pututo truvà!... Aggiu girato pe tutte li qquinte... Distratto stevo ascenno fore a lo sipario... Si nun era pe nu servo de scena che m'ha trattenuto, facevo sta bella figura! Tengo lo vveleno ccà!... Cielu mio fammillo ncuccià!... Stesse da chesta parte? *(Via prima a sinistra.)*
NICOLA *(dal fondo)*: In iscena... in iscena!... Comparse, spicciatevi!
CESIRA *(esce dal suo camerino con mantello e cappello).*
NICOLA: Signora prima donna... e che facite vestuta accussì?
CESIRA *(nervosa)*: Me ne vado! Me ne vado! Non canto più! Non canto più! *(Via per l'uscita.)*
NICOLA *(che era rimasto di stucco alle parole di Cesira)*: Uh! Mamma mia! E comme se fa? *(Alla porta, gridando:)* Signora prima donna!... Signora prima donna!...
FELICE *(dalla seconda a destra)*: Ch'è stato?... Ch'è succieso?
NICOLA: Guè, Feliciè... stai lloco?...
FELICE: Sò venuto poco primma!... Ch'è stato?
NICOLA: Nu guajo! Na rovina!... La primma donna se n'è scappata! Non canta più!...
FELICE: Puozze sculà!...
NICOLA: Tu e essa!...
FELICE: Ma quanno se n'è scappata?
NICOLA: Mò. A chistu mumento...
FELICE: E pecché?
NICOLA: E chi lo ssape!...
FELICE: E tu la faje scappà?... Jammo! Arrivammola!... *(A due gridando:)* Prima donna!...

Prima donna!... *(Escono prima a destra.)*

SCENA NONA

Celestino, poi Eugenio e Nannina, poi Luigi, Canluccio e 4 comparse; indi Amelia, Teresina, Carmela, Elvira e Celestino, poi il buttafuoni, poi Nicola, poi Luigi, Carluccio e le 4 comparse un'altra volta, infine il Delegato di P.S.

CELESTINO *(dalla stanza delle comparse. È vestito con uno strano e buffo abito largo da guerriero, con elmo e lancia ed ha messo una barba ed un esagerato paio di baffi finti)*: Accussì cumbinato credo che stongo buono... nisciuno me po' conoscere! Che bella cosa: mò stongo sempe vicino a Carmela mia... embè... e già!... *(Via per il fondo a sinistra.)*
EUGENIO *(rientrando dalla prima a destra con Nannina)*: Sono proprio dispiaciuto, signorina...
NANNINA: Che peccato, non trovare nemmeno un posto!
EUGENIO: Il teatro è tutto pieno: Vi cederei volentieri la mia poltrona, ma come fate poi a stare sola in mezzo a tanti uomini?
NANNINA: Ah, no! Questo mai!... *(Campanello elettrico interno.)* Che cos'è?
EUGENIO: È il segnale che si dà principio al secondo atto... State con me... vedremo di trovare un posticino sul palcoscenico. *(Delle comparse escono dalla loro stanza e vanno via per il fondo a destra.)*
AMELIA *(dal fondo, va verso il camerino di Cesira)*: Cesì... Cesì... in iscena! *(Guarda nel camerino che trova vuoto.)* Cesì?... e addò è ghiuta? Ccà nun ce sta!...
ELVIRA *(che seguiva Amelia)*: E che se n'è fatta?
TERESINA *(che seguiva Elvira)*: Comme?... Chella è di prima scena!
AMELIA: Vuè vedé che n'ha fatta una de li ssoje e se n'è ghiuta?
ELVIRA: Se n'è ghiuta? Tu che dice? E comme se faciarria? *(Carmela e Celestino passeggiano verso il fondo.)*
EUGENIO: Signorina Amelia, mi dovreste fare un grandissimo favore: trovateci un posticino sul palcoscenico da poter sentire l'operetta io e la signorina qui, presente, la quale è un'allieva dell'autore!
AMELIA: Tanto piacere!...
NANNINA: Signora... *(Carmela ha trovato il pacco di biscotti a suo tempo gettato da Angelo, lo ha raccolto e, mangiandone con Celestino, si accosta al gruppo di ragazze, Eugenio e Nannina.)*
AMELIA *(a Nannina)*: Siete un'allieva dell'autore? Bravissimo! *(Ad Eugenio, con ironia:)* Ma comme, D. Eugè, vuje nun la vulite fernì! Dimane matina avita partì pe... chill'affare, e ancora jate a accumpagnanno... allieve!...
EUGENIO: Oh! Credetemi... questa è la verità!...
AMELIA: Oh, vi credo... vi credo! Ragazze, questa signorina è un'allieva dell'autore!
ELVIRA: Bravissimo! È una bella ragazza!
TERESINA: Molto simpatica!
CARMELA: Avete fatto una bella coppia!

NANNINA: Grazie... grazie...
CARMELA: Accettate delle pastarelle?...
NANNINA: Grazie, troppo buona! *(Ne prende e mangia. A parte.)* (Guè... cheste sò li ppastarelle che aggiu fatto io dinto a lo cunvento! E comme se trovano ccà?...).
EUGENIO: Dunque ci potete situare in qualche parte?
AMELIA: Non saprei, veramente... Il palcoscenico è pieno di roba!
BUTTAFUORI *(dal fondo)*: In iscena... in iscena, che si tira il sipario!
NICOLA *(dalla prima a destra. Ha udito le parole del buttafuoni e grida)*: Nonsignore, non tirate lo sipario! La primma donna se n'è scappata... non canta più!
TUTTI *(sbigottiti)*: Come?!...
NICOLA *(affannato)*: La rappresentazione deve essere sospesa!... Mò lo pubblico vò essere restituite li denare!... Povera famiglia mia!... Poveri figli miei!
AMELIA: Ma pecché se n'è scappata?
NICOLA: E io che ne saccio?
TERESINA: E comme se fa?
CELESTINO *(candido)*: Non ci vuol niente! Si taglia la parte della prima donna... oppure la fa un uomo!...
NICOLA *(si volta inferocito)*: Chi è?... Chisto chi è?... Chisto chi è?...
CARMELA *(subito)*: È na comparsa, nun la vedite?
NICOLA: Na comparsa? E se piglia l'ardire de risponnere mmiezo? Lèvate da lloco, vattenne! Quanno se piglia e se taglia da parte de la primma donna!... Come si fa?... Come si fa?... *(Si sente internamente rumoreggiare il pubblico.)* Siente lloco, sié! Povera casa mia!...
BUTTAFUORI: In iscena che si tira!...
NICOLA: Nun tirà... puozze sculà!
EUGENIO: Aspettate, impresario... mi viene un'idea! Solamente questa signorina, se vuole, vi può salvare!
NICOLA: Questa signorina? E come?
NANNINA: Io?!...
EUGENIO: Ma sì! Essa conosce tutta l'operetta a memoria, gliel'ha insegnata l'autore che è il suo maestro!
NICOLA: Possibile? E potrebbe rimpiazzare la parte di Flora?
EUGENIO: Ma sì! Lei soltanto può fare questo miracolo!
NANNINA: Ma voi che dite?... Per carità, io non lo posso fare!
NICOLA *(implorante)*: Signorina, salvatemi! Io vi do tutto quello che volete... riparate voi questa rovina!
NANNINA: Ma è impossibile! Io non sono mai uscita sul teatro!
NICOLA *(persuasivo)*: Ma che fa? Il pubblico vi applaudirà lo stesso quando saprà che si tratta di un rimpiazzo... si contenterà di tutto. E poi, voi avete una bella figura... *(Implorante:)* Fatemi questa grazia!
EUGENIO: Così salverete anche l'autore!... Egli ve ne sarà grato!
NICOLA: Salvate a me, salvate l'autore... salvate tutta questa gente, perché se stasera si sospende la recita, io domani debbo sciogliere l'intera compagnia!...
AMELIA: Via, fateci questo favore!...

TUTTI: Ve ne preghiamo!... *(Di dentro si sente rumoreggiare il pubblico.)*
LUIGI: Mpressà... chillo lo pubblico sta facenno chiasso... Che s'ha da fà?
NICOLA: Nu mumento!...
CELESTINO *(che vuole rendersi utile ad ogni costo, perentorio)*: Nu mumento!...
LUIGI *(a Celestino)*: Tu chi sì?...
NICOLA: Dunque, signorina, da voi dipende tutto!...
CELESTINO *(intromettendosi ancora una volta)*: Signorina, fatelo per me!...
NICOLA *(a Celestino)*: Te vuò levà da miezo o no?
NANNINA: Ma come faccio così vestita?
NICOLA: Llà, dinto a lo cammarino ce sta tutto... *(Alle ragazze:)* Accunciatela alla meglio!
AMELIA: Mò ce penzammo nuje. Venite, venite...
NANNINA: Ma io vorrei provare almeno l'aria di sortita...
NICOLA: Sissignore! Vestiteve primma. Mò faccio venì lo direttore d'orchestra e lesto lesto facimmo na prova!
EUGENIO: Bravo, andate!
LE DONNE *(entusiasmate)* Jammo, jammo!... *(Spingono Nannina nel camerino di Cesira. Celestino, al solito, vuole infilarsi oppresso.)*
NICOLA *(a Celestino)*: Tu addò vaj?
CELESTINO: Volevo aggiustà pur'io...
NICOLA: Mò t'aggiusto nu càucio!... Vattenne! *(Lo spinge a parte. Celestino via per il fondo.)* Signor tenente, io vi ringrazio di tutto cuore!
EUGENIO: Ma niente, per carità!...
NICOLA: Mò s'avarria avvisà lo pubblico... E che dicimmo? Si dicimmo che la primma donna se n'è scappata, quelli d'indispongono... Aspettate... mò dicimme che llè venuto n'insulto... No... è peggio... chille se mettono de mal'umore... Mò dicimmo che tutto nzieme se n'è scesa la voce! Benissimo: se n'è scesa la voce, e la parte verrà rimpiazzata dalla signorina... comme se chiamma?
EUGENIO: Si chiama Flora.
NICOLA: E che cognome?
EUGENIO: Il cognome non lo so.
NICOLA: Va bene... dicimmo nu cognome qualunque... la signorina Flora... Flora... Provvidenza!
EUGENIO: Come?... Provvidenza?...
NICOLA: E ca chella na provvidenza è stata pe me! Luigi... famme lo piacere, tu tieni molto spirito... jesce tu fora a lo sipario e dì quatte parole lo pubblico dell'incidente che è succieso! E soprattutto ricordati che la parte della prima donna viene rimpiazzata dalla signorina Flora Provvidenza...
LUIGI: ...e bona speranza!... Va bene, mò ce penzo io! *(Via per il fondo a sinistra.)*
NICOLA: Viciè, agge pacienza, và me chiamma a D. Gaetano lo direttore d'orchestra, dincello ch'ha da venì ccà!
VINCENZO: E me levate la multa?
NICOLA: Sissignore, te la levo... Ma mò ha da venì... mò ha da venì....
VINCENZO: E io mò lo faccio venì! *(Via prima a destra.)*
NICOLA: Che serata! Che serata! Lo dimane certo nun me soso!

DELEGATO *(dalla prima a destra)*: L'impresario dove sta? Chi è l'impresario?
NICOLA: Sono io, che volete?
DELEGATO: Io sono il delegato di servizio. Vengo a dirvi che il pubblico fa chiasso... e giustamente, perché il sipario sta calato da mezz'ora... Che porcheria è questa?... Che l'avete pigliato pe lo teatro de li pupe? Questo è il teatro del Fondo... teatro municipale!
NICOLA: Signor delegato... dovete scusare... e nata una combinazione per la quale non si è potuto ancora tirare il sipario... La prima donna sta male!
DELEGATO: Che me ne importa della prima donna! Io voglio che si tiri subito il sipario!
NICOLA: E già... po' ascite vuje llà ffora!...
DELEGATO: Esco io llà fora?
NICOLA: Ma scusate, un poco di logica ci vuole! Io comme lo tiro lo sipario senza la primma donna?
DELEGATO: Si fa rimpiazzare da qualche altra!
NICOLA: E chesto se sta facenno... Farà la parte un'altra giovine! Ho mandato ad avvisare pure il pubblico! *(Di dentro si sentono urli e fischi.)*
DELEGATO: Sentite... Sentite?... Quando mai al Fondo si è inteso questo?
NICOLA *(esasperato)*: E mò se sente!
DELEGATO: Dunque, io vado... Fate presto. E non mi obbligate a tornare, se no ve faccio la contravvenzione! Eh! Con me si scherza poco! *(Via dalla prima a destra.)*
NICOLA *(alla porta del camerino di Cesira)*: Piccerè... facite ambressa...

SCENA DECIMA

Celestino, poi le 4 donne con Nannina, poi Luigi e le comparse, indi Vincenzo e D. Gaetano, il maestro.

CELESTINO *(di dentro)*: Impresario?... Impresario!... Dov'è l'impresario?...
NICOLA *(allarmato)*: Chi è?...
CELESTINO *(fuori, candido)*: Beh, che si dice?...
NICOLA *(esasperato)*: Se dice che te piglio a càuce!!.
AMELIA *(dal camerino di Cesira)*: Eccola qua!
ELVIRA *(c.s.)*: Pare proprio bbona!
CARMELA: Quanto sta carella!
TERESINA: Venite... venite... *(Esce Nannina in costume da operetta molto fantasioso, ampiamente scollato e molto corto. Cammina curva per non scoprire troppo le gambe e coprendosi il seno con ambo le mani perla vergogna. Vengono fuori anche le comparse dalla sinistra e Luigi dal fondo.)*
NICOLA: Benissimo... Benissimo... State proprio magnifica!
EUGENIO: Facciamole un applauso! *(Tutti battono le mani.)*
NANNINA *(pudica)*: Io me metto scuorno!
NICOLA: Ma che scuorno e scuorno!... Vuje state n'amore! *(Incoraggiante:)* Alzate la testa... così... dritta...
EUGENIO *(avvicinandosi)*: Fate vedere... carina... *(Le carezza il mento.)*
NANNINA: Guè... Leva li mmane da lloco!... Nun me guardate!

EUGENIO: Signorì... non la guardiamo!
NANNINA: Mamma mia!... Mò sà che peccato aggiu fatto!...
NICOLA: Jate a chiammà lo suggeritore... presto... qualcuno...
NANNINA *(cha già sta prendendo coraggio)*: No... io nun aggio bisogno de lo suggeritore... saccio tutto a mente... voglio solo l'entrata della musica.
NICOLA: Benissimo!
VINCENZO *(dalla prima a destra precedendo Gaetano)*: Ecco ccà lo maestro.
GAETANO *(dalla prima a destra. È un vecchietto vispo, arzillo e saltellante; porta occhiali a stanghetta. È in abito da sera. Reca con sé un fascio di carte da musica)*: Cosa c'è?... Cosa c'è?... Cosa c'è?...
NICOLA: D. Gaetà, scusate... accompagnate a sta ragazza l'aria di sortita del secondo atto...
GAETANO: Ah... è la signorina che rimpiazza? Piacere... piacere... piacere... *(Al pianoforte e siede.)*
NICOLA: Andiamo... Attenti al coro! *(Nannina si pone nel mezzo della scena; tutti la circondano.)*
NANNINA *(canta)*:
Come son bella
Così abbigliata
Sembro una stella
Ah, sì! Sembro una
fata! Mi diè la sorte
Tutti mi dicono:
«Oh, guarda Flora
è potentissima tanto splendor...
ricca signora!
(Prosa)
E sapete perché?... Ma non lo dite a nessuno, per
carità...
(Canto)
Mi fa la corte
l'imperator!...
Non è più povera
non è più quella!
Come è simpatica,
sì, com'è bella!»
Mi diè la sorte
tanto splendor...
NICOLA *(che dirige, marca il tempo)*: Uno... due... *(Dà l'entrata ai presenti che fanno da coro.)*
TUTTI *(in coro)*: Le fa la corte l'imperator!... *(Tutti applaudono.)*
NICOLA *(entusiasta)*: Benissimo!... Voi siete un'artistona!... Voi siete una celebrità!... Andiamo in iscena!...
EUGENIO: Cesira è scappata?... Evviva Flora!...

TUTTI: Evviva Flora!... *(Prendono in mezzo Nannina, ormai rinfrancata, festeggiandola.)*
GAETANO (a *Nicola*): Neh, non date il segnale se prima non vado in orchestra... *(Nell'andarsene verso la prima a destra urta in Celestino che, come al solito sta sempre in mezzo.)*
CELESTINO *(impermalito)*: Ma che sì cecato, neh pezz d'animale?
GAETANO *(offeso)*: Animale sarete voi!... Io sono un maestro conosciuto. *(Esce.)*
CELESTINO *(gnidandogli dietro)*: Tu sì nu solachianiello!...
NICOLA: In iscena... in iscena... Buttafuori!... Il segnale!... Cielu mio fa j tutte cose buono!...

(Internamente si sente il campanello elettrico. Le donne con Nannina precedute da Eugenio, escono dal fondo. Le comparse si affrettano. È un momento di trambusto, nel quale Celestino mette maggior confusione poiché nella fretta lascia cadere ora l'elmo, ora la lancia, intralciando tutti. Nicola, esasperato, lo spinge fuori a calci. Finalmente tutti escono per il fondo. Pausa.)

SCENA UNDICESIMA

Felice e Cesira, poi Nicola.

CESIRA *(dalla prima a destra seguita da Felice)*: È inutile... è inutile!... Voi non conoscete il mio carattere: ho detto che non canto più e non canto più neanche per un milione!...
FELICE *(implorante)*: Signora prima donna... signora Cesira... per carità, non mi rovinate! Eccomi ai piedi vostri... Sì è vero, chella figliola s'ha pigliato 'o gelato cu mmico, ma senza nessun pensiero cattivo, ve lo giuro... Pensate che questo è il primo lavoro che ho scritto. Non mi fate fare una cattiva figura! Il pubblico, l'impresario, la stampa... tutti saranno contro di me!
CESIRA: Non me ne importa niente! Perché me l'avete negato, poco prima, che stavate nel caffè con una ragazza? Per ingannarmi? E tutte le gentilezze e le premure che avete avuto per me questo mese, l'avete fatte perché vi premeva l'operetta! Voi avete creduto di burlare Cesira per conservarvi la prima donna! Ma avete sbagliato, signore!
FELICE: Ma no... io vi amo... vi amo alla follia!
CESIRA: Adesso, in questo momento... perché avete bisogno di me!
FELICE: Ma no... oggi e sempre! Per voi farei qualunque cosa!
CESIRA: Benissimo! Allora datemi una prova del vostro amore!
FELICE: Una prova?... E quale?
CESIRA: Lasciamo l'operetta e andiamo via!
FELICE: Andiamo via? E come si fa col pubblico?
CESIRA: Insomma, alle corte: vi preme la prima donna o Cesira?
FELICE: Tutte e ddoje: Cesira e la primma donna!
CESIRA: Ah! no, signor Arturo! Vi sarà ben data una lezione! Voi altri per il fatto vostro, per i vostri interessi, credete di ingannare una povera donna! Io sò tutto! Oggi avete pranzato con lei, poi passeggiato in carrozza... ed in ultimo anche il gelato! Stasera poi siete venuto qui dopo il primo atto, mentre avevate promesso di venire dal principio, e siete venuto a trovare la prima donna, la quale deve farvi applaudire il lavoro, deve

soddisfare il vostro amor proprio, i vostri interessi!... No... no... cento volte no!... Questa sarà la mia vendetta! E se sono ritornata qui è stato solo per sentire i fischi del pubblico e per vedere la vostra disperazione! *(Di dentro si sentono frenetici applausi.)*
FELICE *(cadendo dalle nuvole)*: Che è stato?... Ch'è succieso?...
CESIRA *(anche lei meravigliato)*: A chi s'applaudisce?... *(Di dentro grida di «Autore! Autore!» e applausi prolungati.)*
NICOLA *(dal fondo. È soddisfatto. A Felice)*: Guè, tu stai lloco? Jesce fora, lo pubblico te vò!...
FELICE: E la parte de la primma donna chi l'ha rimpiazzata?
NICOLA: Na figliulella ch'è nu zuccaro!... Viene... Viene... *(Di dentro grida come sopra. Felice sbalordito via per il fondo. Nicola si rivolge con sarcasmo a Cesira.)* Ah! Vuje site turnata? Avite fatta na bella azione! Adesso non abbiamo più bisogno di voi, perché la parte èstata rimpiazzata e va meglio!... Va meglio!... Va meglio!... *(Marcando esce per il fondo.)*
CESIRA *(livida di rabbia)*: Possibile?!... E chi ha potuto rimpiazzà la parte mia dinto a nu mumento?... Chi è sta ciuccia che se permette d'ascì fora a li scene senza sapé chello ch'ha da fà?... *(Scroscianti applausi in terni.)* E bravo! Vì quant'applause... E dire che è lo stesso pubblico che poco primma applaudiva a me!... Mamma mia... m'avota la capa!... Mò si aggio dinto a li mmane chill'assassino de ll'autore, l'aggia rompere ll'osse!... *(Entra furiosa nel suo camerino lasciando la porta socchiusa.)*

SCENA DODICESIMA

Felice e Nannina, poi Nicola, indi D. Angelo, poi Eugenio, poi ancora Felice, indi di nuovo Nicola, D. Angelo e tutti gli altri attori e comparse con Celestino, indi un garzone di caffè.

FELICE *(dal fondo, portando per mano Nannina che si schermisce. È costernato)*: Tu che arma de mammeta haje fatto?
NANNINA *(scusandosi)*: Nun sò stata io... Me l'hanno fatto fà!...
FELICE *(costatando)*: Li ggamme da fora... scollata... E se l'appura la madre rondinella tu me faje j ngalera!... Và te vieste!
NANNINA: Nun me lassate cchiù! Pe carità!... *(Di dentro applausi e grida di «Fuori l'Autore».)*
NICOLA: Feliciè... n'ata chiammata! *(Lo spinge in fondo. Felice esce.)* Mò è lo mumento de li ccorone!... *(Chiama gridando e guardando verso la soffitta.)* Ciccillo... Ciccillo... li curdine... li curdine... *(Via pel fondo.)*
ANGELO *(dalla prima a sinistra)*: L'aggiu visto, sangue di Bacco! Mò nun me scappa! *(Via pel fondo.)*
EUGENIO *(a Nannina)*: Signorina, voi siete un angelo... voi siete troppo bella... io vi amo... vi amo immensamente!!...
NANNINA *(sbigottita)*: Per Carità, signore... lasciatemi...
EUGENIO: Io credevo di finirla con le attrici... ma voi non siete una attrice come le altre... Posso sperare che mi amerete un pochino?
NANNINA: Non posso, signore... io parto questa sera per Roma col treno delle 10 e 40.

EUGENIO: Le 10 e 40? Ma non farete più in tempo, signorina!
NANNINA: Allora partirò domani col primo treno!
EUGENIO: Benissimo! Io pure debbo recarmi a Roma... Allora, a domani, signorina... a domani... *(Le stringe le mani e via prima a destra.)*
NANNINA: Quanto è simpatico!... Quanto me piace!...
FELICE *(dal fondo, spaventatissimo)*: Pe carità, scappammo!... Lo maggiore me secuta co lo revolvere mmano!
NANNINA: E comme me ne vaco vestuta accussì?
FELICE: Tiene, miettete chisto ncuollo! *(Le pone sulle spalle un mantello da comparsa che si trovava su una sedia.)*
NANNINA: E li panne mieje?
FELICE Addò stanno?
NANNINA: Dinto a lo camerino de la prima donna, arravugliate a na mappata!
FELICE: Va buono... aspettame mmiezo a li gradde de la primma fila... mò piglio la mappata e vengo! *(Spinge Nannina nella prima a sinistra, di dentro si sentono urla e fischi.)* Cielo mio, aiutame tu!... *(Entra nel camerino di Cesira.)*
NICOLA *(dal fondo spingendo Angelo)*: Fuori!... Fuori!... In palcoscenico non si può stare!...
ANGELO *(è furioso. Ha infilate al collo e alle braccia due grosse corone di alloro. È armato di pistola. Eseguito da artiste e comparse che gli ridono e fischiano dietro burlandolo)*: Voglio l'autore!... Datemi l'autore!...
NICOLA: Sti ccurone non sò rrobba vosta!...
ANGELO *(gridando)*: Me l'hanno menate!... Nun ne saccio niente!... Addò sta l'autore?... *(Nel precipitarsi verso la prima a destra urta nel garzone di caffè che era in quel momento uscito recando un grosso vassoio con 12 gelati. Tutto va a finire a terra.)* Mannaggia ll'arma de mammeta!... *(Imprecando e urlando esce.)*
NICOLA *(gli corre dietro sulla porta gridando)*: Sapete, voi dovete pagare il caffettiere!... Afferrate a stu signore!... *(Momento di tafferuglio: le comparse si sono precipitate sui gelati caduti, cercando di afferrarne e strappandoseli di mano a vicenda. Celestino è riuscito a raccoglierne diversi che pone nell'elmo. Nella confusione, si apre il camerino di Cesira e ne esce Felice: ha il naso insanguinato, il cappello schiacciato, il frak lacerato in più punti. Porta un involto con gli abiti di Nannina.)*
FELICE: Mamma mia!... M'ha scummato de sango!... *(Fra le grida di Nicola, la confusione delle comparse, l'invadenza di Celestino, cala la tela.)*

Fine dell'atto secondo

ATTO TERZO

La medesima scena del primo atto, l'indomani mattina presto.

SCENA PRIMA

Felice e Nannina.

NANNINA *(vestita come al finale del secondo atto, col mantello addosso. Al levarsi della tela è appena discesa dal muro di cinta in fondo al giardino)*: Scennite... scennite, maestro... facite ambressa!
FELICE *(è ancora sul muro. Anch'esso si trova nelle stesse condizioni del finale del secondo atto)*: Mannaggia ll'arma de mammeta! Vide si ce sta nisciuno!
NANNINA *(viene cautamente avanti e guarda per la scena)*: Nonsignore, nun ce sta nisciuno... scennite!
FELICE *(scende dal muro e viene avanti. Ha un cerotto sul naso)*: Mamma mia... io nun me fido cchiù! Tengo la freva ncuollo! Se la madre superiora me vede accussì cumbinato, aggiu passato lo guajo!
NANNINA: Dàteme sta mappata... io me vaco a vestì lesto lesto!
FELICE: Tiene ccà... *(Le dà l'involto.)*
NANNINA: E vuje che ve mettite mò? Certamente nun putite rimane accussì vestuto!
FELICE: E se capisce!
NANNINA *(lo guarda. Pausa)*: Maestro... comme site curiuso! *(Ride.)*
FELICE: Mò te lo chiavo nu paccaro e felice notte! Guè, chella ride pure! Dopo chesta nuttata ch'avimmo passato, chella piglia e se mette a ridere pure!... Mò aggia vedé che m'aggia mettere. Io nun tengo niente ccà!
NANNINA *(raccomandando)*: Maestro, ricurdateve tutto chello ch'avimmo cumbinato! Pe carità, nun ve scurdate niente!
FELICE: Io m'aggiu scurdato tutte cose! Io sto stunato... lo naso me fa male!...
NANNINA: Comme, chesto che cos'è! Nuje avimmo cumbinato accussì bello! *(Riepilogando:)* Aiere a li ddoje e trenta partettemo; arrivajemo a Roma all'otto e meza... Appena arrivate a Roma, vuje me dicisteve che se trattava de matrimonio e io facette case de lo diavolo e vulette partì n'ata vota pe Napule, cu l'ultimo treno. Arrivate a Napule simme venute ccà! Ve raccumanno, mò... nun ve mbrugliate!
FELICE: Che m'aggia mbruglià... comme fosse sta gran cosa! *(Ripete:)* Ajere partettemo a li ddiece e quaranta...
NANNINA: Nonsignore... a li ddoje e trenta!
FELICE: ... a li ddoje e trenta. Arrivajemo a lo Fondo all'otto e mmezza...
NANNINA: Che Fondo?... A Roma!...
FELICE: Ah già... a Roma. Arrivate a Roma, tu sentenno che se trattava de lo maggiore...
NANNINA: Quà maggiore?... Sentenno che se trattava de matrimonio,..
FELICE: Già... sentenno che se trattava de matrimonio, haje fatto casa de lo diavolo e m'haje scummato de sango...
NANNINA: Nonsignore... che state dicenno?... Aggiu fatto casa lo diavolo e aggiu vuluto partì n'ata vota pe Napule!
FELICE: Va buò... aggiu capito... làsseme sta mò... Tu capisci che lo naso me fa male?... Può fare pure cancrena e se ne cade lo naso!...
NANNINA: Io me vaco a vestì!... Stateve attiento! Dicite ch'aggiu chiagnuto tutta stanotte!... Che annummenavo sempe la superiora!
FELICE: Va buono, vattenne... Aspetta, aggiu fatto na penzata: dàmme stu mantiello...

Mò veco de rimedià cu chisto!
NANNINA: Vulite lo mantiello?... E avutateve da llà!...
FELICE: Pecché?... Haje da sparà a fiaschelia?
NANNINA: Che fiaschella?... Io me metto scuorno!
FELICE: Mò te dongo lo cappiello nfaccia! Chella l'hanno guardata duimila perzune, mò se mette scuorno!...
NANNINA *(insistendo)*: E vutateve da llà si no nun me lo levo!
FELICE: Ecco quà... *(Si volta.)* Fa ambressa che po' ascì quaccheduno!
NANNINA: Facimmo uno, due e tre! Altre ve lo mengo ncuollo e me ne scappo!
FELICE: E ghiammo!
NANNINA: Nun me guardate!... E uno... e due... e due e mezzo...
FELICE: ... e tre manco nu quarto...
NANNINA: E tre! *(Toglie rapidamente il mantello che getta addosso a Felice sempre voltato, poi scappa a seconda a sinistra gridando.)* Ah... nun me guardate... *(Esce.)*
FELICE *(solo)*: Mannaggio chi t'ha allattato! Pe causa soja aggiu passato sti quatte guaje! Nun saccio comme aggiu scanzato na palla dinto a li rine! Chella cànchera de primma donna appena me vedette trasì dinto a lo camerino sujo me mettette sotto e me facette nu paliatone numero uno! Niente m'avarria fatto impressione... ma chillu pùnio che me dette ccà ncoppa... *(Il naso).*.. me dispiacette assai! Io me credevo che lo sangue asceva solo dall'interno, ma invece asceva dall'interno e dall'esterno... pecché cu ll'ogne me facette na ferita accussì! Meno male che lo farmacista melo medicaje alla meglio... *(Disfatto.)* Me sento li rine rutte!... E che se pazzèa. Doppo chella paura, doppo chella currera piglia e miettete a passià tutta la notte p'aspettà che se faceva giorno e ch'arapevano lo canciello de lo ciardino. Ah! Mamma mia!... Mò aggia vedé che m'aggia mettere! *(Indossa il mantello e via prima a sinistra.)*

SCENA SECONDA

Michele e Biase, poi Rachele.

MICHELE *(dalla destra. È adirato)*: Io chello ch'aggiu ditto lo ddico n'ati ciente vote, pecché nun me metto paura de nisciuno!
BIASE *(seguendolo)*: Michè, io te torno a ripetere... mmesura li pparole, si no ce ncuitammo!
MICHELE: Mariuolo! Sì, mariuolo!... Io nun lo credo che ce mettiste diece lire ncoppo lo terno... Te faciste dà cinche lire a me, po' ce mettiste na lira e quatte lire te le cchiavaste dinto a la sacca!
BIASE: Io sti ccose nun le ffaccio!
MICHELE: E pecché nun me vuliste fa vedé lo biglietto jucato.... «Lo tengo io, nun te ne ncarricà... ogge simme ricche!» Doppo asciuta la strazione, che cos'è?... «Nun avimmo pigliato niente e pe l'arraggio aggiu stracciato lo biglietto!» E pecché? Quanno se joca mpurzione lo biglietto nun se straccia mai!
BIASE: Statte zitto, nun alluccà!
MICHELE: Voglio alluccà! Mariunciello!

BIASE: Mò me chiamme n'ata vota mariunciello... e vì si la vuò fennì... Tu hai ragione che sì viecchio e io cu ttico nun me pozzo mettere... Po' stamme ccà dinto e nun me cunviene de fà chiacchiere!
MICHELE: Tu senza che truove la scusa che sò viecchio e che stamme ccà dinto! Jesce fora e vedimmo chi è cchiù viecchio!
BIASE: Vattenne, Michè, che tu me fai ridere! Nuje si ascimmo fora, cu nu sciuscio io te votto nterra!
MICHELE: Tu cu nu sciuscio me vutte nterra?... E ghiammo!...
BIASE: Va llà vattenne... facimmo chello ch'avimma fà!... Vuje vedite lo diavolo! Tutto chesto è succieso pecché nun è asciuto niente! La semmana che trase te faccio vedé lo biglietto primma, va buono?
MICHELE: La semmana che trase te voglio dà nu càucio dinto a li rine! *(Fa il gesto di dare un calcio, ma perde l'equilibrio e sta per cadere.)*
BIASE: Vi pè ttè, ca vaj nterra!... *(Persuasivo:)* Ma viene ccà, ragiunammo nu poco. Tu haje che sta vota pè punto e punto avimmo perzo lo terno... ce sò passate e ppalle pe capa... Nuje teneveme 5, è ovè?... e chillo è asciuto 6...; teneveme 21, e chillo è asciuto 31, la decina appriesso!... Tenevemo 54... e chillo è asciuto 45... s'è avutato! Teneveme 7 e 19?... E chisto l'avimmo pigliato...
MICHELE: L'avimmo pigliato?
BIASE: Cioè... come si l'avesseme pigliato, pecché sò asciute in figura...: sette, è asciute sidice... pecché da 16 lèvane 9 restano sette! 19, è asciuto 39: cadenza de nove!
MICHELE: Mò te chiavo nove pacchere e faccio cadenza de 38! Vuje vedite stu mbruglione nun me vò lassa j a me!.. Bià, io sa che te dico? Damme li ssei lire meje, si no overo facimmo fà li nummere!
BIASE: Vuè li ssei lire da me? Lo credo che starrai mbniaco, Michè!
MICHELE *(alterandosi di nuovo)*: No io nun sto mbriaco... Damme li ssej lire... mariuolo!...
BIASE *(alterandosi anch'esso)*: E n'ata vota mariuolo?... Mò me scordo ca sì viecchio e bonanotte a li sunature!
MICHELE *(gridando)*: Pecché, che buò fà?
RACHELE *(dalla seconda a destra)*: Che cos'è?... Che cos'è?...
MICHELE: Signora superiora, chisto m'ha da dà sej lire!
RACHELE: Silenzio!... Neh, Bià?... E che songo sti chiacchiere ccà dinto?
BIASE: Io nce aggiu ditto, signora superiora... Chillo è isso che allucca!
RACHELE: Ma ch'è stato, se po' appurà?
BIASE: Avita sapé che ajere ce jucajeme nu bigliettiello in porzione. Mò che cos'è?... Pecché nun è asciuto niente, vò essere turnato li denane!
MICHELE: E se capisce, pecché lo biglietto nun me lo facette vedé!
RACHELE: Silenzio! V'aggiu ditto tanta vote che qua quistioni nun se n'hanno fà. E n'ata vota che vi trovo litigando, lo faccio sapere ai superiori e ve ne faccio caccià!
BIASE: Ma vedite...
RACHELE: Zitto! Vattenne dinto!
BIASE: Va bene! *(Esce dalla destra scambiando segni di minaccia con Michele che lo segue.)*

RACHELE (sola): Eh! Cu stu cuoco s'ha da vedé che s'ha da fà! Se joca tutto chello che s'abbusca! (Si sente rumore in camera di Felice.) Mamma mia... Nu rummore dinto a la cammera de l'organista! E chi ce po' sta llà dinto?... Isso non po' essere certo! (Alla porta.) Chi è che fa rummone dinta a sta cammera?
FELICE (di dentro): Sono io, sorella!
RACHELE: D. Felice?!... Possibile?... E comme ha pututo turnà accussì priesto?

SCENA TERZA

Felice e detta.

FELICE (dalla sua stanza): Sono io, signora superiora... proprio io! (Ha indossato un altro vestito da organista.)
RACHELE: E come avete fatto per tornare così presto?
FELICE: Signora superiora, io ho passato nu zuffunno de guaje! Nannina, appena arrivata a Roma... appena messo piede dinte Roma, là per là vulette partì n'ata vota pe Napoli!
RACHELE: Possibile. E mò addò sta?
FELICE: Sta dentro... Noi siamo arrivati alle sette, stanchi ed abbattuti!...
RACHELE: Ma pecché vulette parti n'ata vota?
FELICE: Ci ho colpa io signora superiora... ci ho colpa io!
RACHELE: Voi? E perché?
FELICE: Perché appena arrivati a Roma, mi scappò di bocca che i parenti l'avevano ritirata per maritarla! Non appena la ragazza intese questo non fece mai come una donna, ma come un ossesso! Fece proprio casa del diavolo! «Ah, per questo mi avete portato quà?... Io non vi voglio maritare! Conducetemi dalla madre superiora. Io non mi voglio più dividere da lei! Fuggiamo... fuggiamo!...» Vi assicuro proprio, cara sorella, che faceva compassione... mi sembrava una pazza... piangeva dirottamente... si strappava i capelli!
RACHELE: Povera figliola!
FELICE: Allora io ho creduto di ritornare a partire e portarla da voi!
RACHELE (approvando): Avete fatto benissimo, maestro. Né io la voglio forzare! Oggi stesso scriverò allo zio che la ragazza desidera prendere il voto... ed io la benedico perché sono sicura che, col tempo, quella ragazza diventerà badessa!
FELICE (con ironia): E questo ho detto pure io, signora superiora: quella, badessa diventa!
RACHELE: Ma voi, signor organista, che avete sopra il naso?
FELICE: Ah!... Sopra il naso?... E come?... Non ve l'ho detto?
RACHELE: No!
FELICE: Appena siamo arrivati alla stazione di Napoli, Nannina ha aperto lo sportello e s'è messa a scappare... Io allora... mi sono messo a correre appresso a lei gridando: Nannina... dove andate... per carità... fermatevi... il maggiore...
RACHELE: Il maggiore? Chi maggiore?
FELICE: Ho detto il maggiore? Già... il maggiore... dei marciappiedi che stava là... io non l'ho visto... Cesira...

RACHELE: Cesira?... E chi è questa Cesira?
FELICE: Non lo sapete?
RACHELE: No!
FELICE: E non lo potete sapere! *(Spudoratamente.)* Alla stazione hanno fatto quella bella strada... la più grande... l'hanno chiamata: strada Cesira... Là c'era il marciappiede maggiore... correndo io non l'ho visto, sono caduto e mi sono fatto questa fecozza sul naso!
RACHELE: Oh! Quanto me ne dispiace... Speriamo che sia cosa da niente!

SCENA QUARTA

Michele, D. Angelo e detti.

MICHELE *(dalla destra, introducendo)*: Favorite... favorite... *(A Rachele:)* Madre superiò, lo frate vuosto! *(Esce.)*
RACHELE: Uh! Ngiulillo!
FELICE *(a parte)*: (Vì che piacere, neh!). *(Siede all'organo e di tanto in tanto ne trae degli accordi come studiando.)*
ANGELO *(dalla destra)*: Buongiorno, Rachè... Io sono venuto a parlarti di un affare interessante!
RACHELE: Primma de tutto, staj buono, frate mio?
ANGELO: Sto buono, sto buono! Collera nun me ne piglio cchiù! Ajere sera mannaje na lettera a Cesira chiena de maleparole... Nun la voglio cchiù vedé!
RACHELE: Bravo! È stato lo cielo che t'ha vuluto aiutà.... E sò state le preghiere meje!
ANGELO: Sulamente sò rimasto nu poco nguttuso che nun aggiu pututo pigliàa càuce chill'autore!
FELICE *(che ha sentito, abbassa la testa suila tastiera dell'organo e canta)*. Gloria in excelsis deo et in terra pax hominibus!...
ANGELO: Neh, Rachè... chillo justo mò ha da cantà?
RACHELE: Lassalo sta frate mio! Chillo chesto fa sempe... è nu sant'ommo! Dunque, che m'haje da dicere?
ANGELO: Devi sapere che chillu tale giuvinotto ufficiale da me raccomandato, tutto nzieme ha cagnato penziero e nun se vè nzurà cchiù!
RACHELE: Possibile? Tu che dice?
ANGELO: Eh! Nun se vò nzurà cchiù! Io nun aggiu avuto cchiù che dirle... nun sò stato capace de persuaderlo! Me dispiace sulamente che mò la guagliona è ghiuta a Roma senza cumbinà niente!
RACHELE: No, fratu mio! La guagliona sta ccà... se n'è turnata n'ata vota!
ANGELO: Veramente?
RACHELE: Già! Non appena sentette che se trattava di matrimonio facette comme a na pazza, se mettette a chiagnere e vulette turnà n'ata vota ccà! *(A Felice:)* Maestro, dite a mio fratello Nannina che facette quanno appuraje che s'aveva mmaretà!
FELICE *(con voce alterata, alzando le braccia alcielo, ma senza voltarsi.)* Uh! Cose tremende!... Cose tremende!... *(Canta:)* Gloria in excelsis deo...

ANGELO: Chill'organista la verità me tocca li nierve!... *(Continuando il discorso:)* M'è dispiaciuto però che s'è scumbinato stu matrimonio... Essa era na bella giovane... isso pure...
RACHELE: Ma io po' dico accussì, Nannina l'ha fatto pecché non sapeva niente e pecché nun se fidava de me lassà... Ma isso po' pecché s'è cagnato tutto nzieme?
ANGELO: S'è cagnato tutto nzieme pe causa de n'artista de teatro! Sangue de Bacco. L'avarriena abbruscià tutte quante!...
FELICE *(a parte)*: (Puozze murì sotto a nu camion!...).
ANGELO: Aissera a lo Fondo jette in iscena n'operetta de nu stupido... na ciucciaria qualunque... *(Felice pesta sull'organo.)* Neh, sapete... stateve zitto... lassatece parlà!...
RACHELE: Dunque?
ANGELO: Na figliola rimpiazzaje la parte de la primma donna che se ne scappaje... na bella figliola, pe quanto m'hannu ditto, pecché io nun la putette vedé... Isso ne rimase talmente colpito, che ha deciso de nun se vulé cchiù nzurà. Io mò me l'aggiu purtato cu mmico e sta fore... sai pecché?
RACHELE: Pecché?
ANGELO: Vulevo fà l'ultimo tentativo per farlo ritornare in sé. Vulevo che tu nce avisse parlato e avisse fatto tutto lo pussibile pe capacitarlo... l'avisse fatto capì tutto lo male che fa jenne appriesso a na femmena de chesta! Insomma, in altri termini, che l'avisse cunvertito!
RACHELE: Oh! Io pe me sò pronta, te pare... Anze me fa piacere! Ah, ecco qua santarella!... Venite, venite... figlia mia benedetta!

SCENA QUINTA

Nannino e detti, poi Michele.

NANNINA *(dalla sinistra, seconda porta. Esce e va di filata a inginocchiarsi presso Rachele cui bacia la mano. È vestita da educanda, come nel primo atto)*: Oh! Madremia... madremia... perdonatemi....
RACHELE: Alzatevi, buona fanciulla... Voi siete lo specchio della virtù e del candore! *(Controscena di Felice, il quale ha bene sperimentato il candore e l'innocenza di Nannina.)* La vosta non è stata una mancanza, ma un esempio di fede e di bontà! Non temete per i vostri parenti: io stessa scriverò a vostro zio che voi non avete voluto assolutamente sposare il conte Eugenio Porretti...
NANNINA *(sorpresa)*: Come? Conte Eugenio Porretti? Così si chiama, madre mia?
ANGELO: Sicuro, signorina... conte Eugenio Porretti, ufficiale... Sta fuori, l'ho portato con me per farlo parlare con mia sorella che lo deve convertire!
NANNINA: Convertire?... E perché?
ANGELO: Perché ama un'altra donna... una donna che non è degna di lui... una attrice...
RACHELE *(rimproverando)*: Ngiulì!...
NANNINA *(candida)* Un'attrice?... E che vuol dire attrice?... *(Sorpresa di Felice, la cui espressione par voglio dire: «Che faccia tosta!».)*
RACHELE: Niente, niente, figlia mia...

ANGELO *(continuando)*: Una certa Flora che ha visto ieri sera e se ne è perdutamente innamorato!
NANNINA *(moto di gioia repressa)*: Possibile?... E vuole sposarla?...
ANGELO: Vorrebbe, ma non può! Dunque Rachè... famme lo piacere, parlace e vide che può fà.
RACHELE: Io pe me faccio tutto lo pussibile...
NANNINA *(che ha rapidamente almanaccato il suo piano)*: Madre... se voi lo permettete... vorrei parlare io con questo signore... senza vederlo, però!...
RACHELE: Voi?
ANGELO: Essa?
FELICE *(a parte)*: (Mò và trova che ato vò cumbinà!...).
NANNINA *(con candore)*: Io gli dirò tante cose... tante belle parole... e vi prometto di convertirlo!...
ANGELO: Sarria capace?
RACHELE: Altro che capace!... Tene na voce... tene na maniera che fa rimanè ncantate a gente... e na vera santarella!...
FELICE *(a parte)*: (Mò va cunvertendo la gente, mò!...).
ANGELO: Benissimo! Allora noi ve lo permettiamo! Vedimmo che sapite fà... Mò lo faccio trasì!... *(Via a destra.)*
RACHELE: Brava... brava chella figlia mia! *(Chiamando:)* Michele?... Michele?...
MICHELE: Comandate?...
RACHELE: Il paravento, subito!...
FELICE *(a parte)*: (Eh! E sì arrivata co lo paravento!... Pe chesta ce vurrìa nu muro de sette metre!...).
MICHELE *(ha posto il paravento in mezzo, aperto)*: Ecco servita.
RACHELE: Bravo... accussì!... Vattenne fore tu. *(Michele via.)*
NANNINA: Adesso che viene, cara madre, lasciatemi sola con lui!
RACHELE: Sì, figlia mia benedetta... e che il Signore ti possa illuminare! Zitto... Eccolo quà!

SCENA SESTA

D. Angelo, Eugenio e detti.

ANGELO *(dalla destra precedendo Eugenio)*: Venite, Eugenio... Prima di partire, la signorina Fiorelli desidera parlarvi!
EUGENIO: Son pronto!
RACHELE: Essa è là, signor Eugenio... Sentitela con attenzione ed apprezzate i suoi consigli... Maestro, scusate, ritiratevi un momento nella vostra camera!
FELICE: Obbedisco... *(Piano a Nannina accostandolesi:)* (Ma che vuò fà?...).
NANNINA: (Stateve zitto!...).
RACHELE *(ad Angelo)*: Ngiulì... jammuncenne nu mumento fore... nun le dammo soggezione!
ANGELO: Sicuro, dice buono! Eugenio, fate tutto ciò che vi dice quella ragazza... È un

angelo che vi ha mandato il cielo! *(Via a destra.)*
RACHELE: Sì!... un vero angelo! *(Via dietro Angelo.)*
FELICE *(a parte)*: (Io voglio stà ccà, la verità!...). *(Siede in modo da vedere i due.)*
EUGENIO *(s'inchina al paravento)*: Buongiorno signorina!
NANNINA *(s'inchina anch'essa)*: Buongiorno, signore!
FELICE *(in osservazione)* (Quanto sò belle tutte e ddoje!...).
NANNINA: Io sò che voi volevate sposarmi così, senza neanche vedermi una sola volta... soltanto perché mio zio ve ne aveva parlato! Io non ero contenta affatto di questo matrimonio, perché non ci poteva essere amore fra due persone che non s'erano mai vedute! Ed infatti mentre voi eravate deciso a farmi vostra sposa... tutto ad un tratto vi siete innamorato di un'altra donna. Non è vero?
EUGENIO *(a parte)*: (Come somiglia la sua voce a quella di Flora!).
FELICE: (L'ha pigliata pe una de fora!...).
EUGENIO: Sì... è vero, signorina... devo confessarlo: vostro zio, amico intimo di mio padre, voleva che si facesse questo matrimonio. Io, senza aver mai avuto la fortuna di vedervi, acconsentii... Ma adesso, signorina... debbo dirvi mio malgrado... che non posso più sposarvi! Non vi farei felice!...
NANNINA: E perché?... Ditemi la verità!...
EUGENIO: Perché amo un'altra donna... una donna che ho visto ieri sera e che sento di non poter più dimenticare! Non è una giovane come voi... oh, tutt'altro!... Ma che volete... i suoi occhi... la sua voce... m'hanno fatto perdere la testa!... Ecco la verità!
FELICE *(piano a Nannina che alle parole di Eugenio esprime contentezza)*: (Neh, tu pecché te cunsuèle?... Chillo parla de n'ata femmena!...)
NANNINA: Oh, meglio così... meglio così, signore... perché io pure al pari di voi, amavo un altro giovane!
EUGENIO: Un altro giovane?
NANNINA: Si! Verità per verità... chiarezza per chiarezza! Io vi confesso tutto! Non sarei stata per voi una moglie affezionata!... Ieri sera mancai... errai... peccai...
FELICE *(a parte)*: (E nisciune te scannaje... e nisciune te squartaje!).
EUGENIO: Come?!... Peccaste?!...
NANNINA: Oh sì! Moltissimo! Ma non dite niente a nessuno per carità! *(Racconta:)* Invece di recarmi a Roma, andai sul palcoscenico del teatro Fondo... indossai un abito da operetta... dissi di chiamarmi Flora e rimpiazzai la parte della prima donna!...
FELICE: (Stateve bene!).
EUGENIO: Possibile! E questo giovine che voi amate?
NANNINA: È un ufficiale, un tale Eugenio Porretti!
EUGENIO: E sono io! Sono io!... Al diavolo il paravento!... *(Fa cadere il paravento e abbraccia Nannina che gli si abbandona.)*
FELICE *(scandalizzato grida)* Eh!... Eh!... Signora superiora... signora superiora... *(Li divide.)* Lassa a chesta... lassa a chesta!...

SCENA SETTIMA

Rachele, D. Angelo e detti, poi Michele.

RACHELE: Neh... neh... che cos'è?...
ANGELO: Ch'è stato?... Ch'è succieso?
EUGENIO: Signor maggiore, io amo questa ragazza e me la voglio subito sposare!
FELICE: Ma non dovete assaltare la fortezza!...
RACHELE *(meravigliato per l'improvviso cambiamento di Eugenio)*: E come?...
NANNINA: Io ho convertito lui e lui ha convertito me!
RACHELE: E te lo vuoi sposare?
NANNINA: Sì... subito subito, madre mia!...
ANGELO: Benissimo!
RACHELE: Oggi stesso scriverò a vostro zio! Domani partirete... e il maestro vi accompagnerà!
FELICE: Io?!
ANGELO. Signor Organista, l'accompagneremo insieme!
FELICE: (Meglio!!). Come volete!
EUGENIO: E mi amerete dunque molto? Ditemelo... *(Di dentro si sentono rintocchi di una campanella. Nannina abbassa la testa.)*
MICHELE *(dalla destra)*: Signora superiora... è l'ora della preghiera!
NANNINA: Adesso non posso dirvi nulla... ci vedremo domani!
ANGELO: È giusto!
RACHELE: Che angelo! Che angelo!...
EUGENIO: Allora... a domani, signorina...
NANNINA: A domani!... *(A Felice in tono e con atteggiamento ispirato.)* Maestro.. andiamo per il «Gloria in excelsis...».
FELICE *(la guarda sorpreso come a voler dire: «Che faccia de corna»)*: Andiamo pure!... *(E mentre gli altri fanno scena in fondo la prende per mano e portandola avanti si rivolge al pubblico, dicendo.)* Signori miei... questa è Santarella... di tutto quello che ha fatto... perdonatela voi!...

(Cala la tela.)

Fine dell'atto terzo

FINE DELLA COMMEDIA

PAZZIE DI CARNEVALE
da *Le metamorfosi di Pulcinella*, scenario dell'Arte, trascritto da A. Petito
Bizzarria comica in tre atti

Personaggi
D. Alessio
D. Camillo
D.a Virginia
Marietta
Felice
Giulietta
Ernesto
Ciccillo
Rocco
Onofrio
Gilda Carlino
Bettina
Rosina
Papele
Saverio
Biase
Carmeniello
D. Aniello
Franceschino
Minicuccio
Albertuccio
Peppinuccio
Comparse

ATTO PRIMO

La scena rappresenta una trattoria al nuovo rione del Vasto. Nel fondo grande apertura che lascia vedere la strada — Cinque tavole apparecchiate a quattro posti ognuno. A sinistra in fondo buffet compreso bottiglie di Vermout con acqua e sciroppo — All'alzarsi della tela si troveranno seduti ad una tavola a sinistra Saverio e Biase, e Aniello seduto al contuar.

SCENA PRIMA

Saverio, Biase e Aniello, poi Carmeniello.

SAVERIO *(bussando al bicchiere)*: Ma insomma stu riesto se po' avé?
BIASE: È mez'ora che stammo aspettanno.
ANIELLO *(seduto al Contuar, a destra gridando)*: Carmeniello, Carmeniello? Aggiate pacienza, tuzzuliate n'ata vota, io non me pozzo movere pecché tengo la podagra.
SAVERIO *(gridando e bussando)*: Cameriere, Cameriere?

CARMENIELLO *(con piatto con moneta)*: Eccovi servito.
SAVERIO: E tanto nce voleva?
CARMENIELLO: Non è colpa mia signore, ho andato a cambiare, e il facchino ha tricato.
SAVERIO: Va bene. Le solite scuse. Jammoncenne jà. *(Si prende il resto e via con Biase.)*
CARMENIELLO: No, la scusa l'avite trovata vuje pe non me regalà manco no soldo.
ANIELLO: Benfatto! Benfatto! Tu lo cammariere non lo saje fà. *(Startnuta.)*
CARMENIELLO: Io non lo voglio fà, quanta vote ve l'aggio da dicere! Simme rimaste che a lo primmo de quaresima me ne vaco, e perciò non ne parlammo cchiù.
ANIELLO: Haje ragione che tengo la podagra e non me pozzo movere da ccà, si mo nò non me risponnarrisse accossì.
CARMENIELLO: Ma pecché, scusate, aggio da servì afforza vuje?
ANIELLO: Se capisce, pe tutte li ragione *(starnuta)* primme de tutto, t'avarrisse da ricordà che quatt'anne fa stive co lo pizzajuolo sotto porta Sciuscella, io te venette a piglià e te facette fà lo cammarriere de trattoria.
CARMENIELLO: Chesto non vò dicere niente, comme faticava llà fatico ccà.
ANIELLO: E tenive la sciassa ncuollo?
CARMENIELLO: Che me ne mporta a me de la sciassa! Pecché vuje quatt'anne fa teniveve la trattoria? Mò me facite mettere nterra e felicenotte!
ANIELLO: E che miette nterra, che miette nterra? *(Starnuta.)*
CARMENIELLO: Va buono D. Anièe, non ne parlammo, ogge è l'urdema Dommeneca de Carnevale, e cercammo de non fà chiacchiere. Miercorì, trovateve lo cammeriere pecché io me ne vaco.
ANIELLO: E tu trovete la cammera pecché non te voglio tenere cchiù dinta a la casa mia.
CARMENIELLO: Uh! Va bene, io chesto jeva trovanno! Me la chiamma cammera, no stanzino senz'aria, senza manco no fenestiello.
ANIELLO: E che ghive trovanno pe diece lire a lo mese?
CARMENIELLO: E avite tenuto lo core pure de ve li piglià, si non era pe me, chi v'accompagnava la sera fino a ncoppa?
ANIELLO: E tutta la rrobba che haje rotta, io pecché non me l'aggio fatta pavà?
CARMENIELLO *(gridando)*: Quà rrobba! quà rrobba!

SCENA SECONDA

Papele e detti poi Carmeniello di nuovo.

PAPELE *(esce, e guarda intorno)*: Non è venuta ancora, ma poco potarrà tricà. *(Siede.)*
ANIELLO: Sta tutte cose scritto, senza che allucche! *(Starnuta.)* Na zuppiera de porcellana, quatte bicchiere e otto piatte.
CARMENIELLO: Quà zuppiera, quà otto piatte?...
PAPELE: Cameriè?...
CARMENIELLO: La zuppiera era sengata, li piatte, quatte li rumpette lo cuoco, e po' chelle sò disgrazie che succedono a tutte li locale. No compagno mio a la strada de lo Duomo, rumpette no servizio de tazze nuovo nuovo, e lo patrone non nce la facette pavà, sulo ccà dinto se vedene sti pirchiarie...

PAPELE: Cameriè?...

ANIELLO: Ogne locale tene l'use suoje... pirchiarie, e non pirchiarie mò me staje seccanno bastantamente sà Carmeniè, fa lo dovere tujo si no nce ncuitammo.

CARMENIELLO: Io lo dovere mio lo saccio, e lo faccio, ogge, dimane, e Martedì, pecché vuje non sapite conoscere la gente.

ANIELLO: No, tu non saje conoscere lì bone azione! Voglio vedé silo truove n'auto locale come a chisto!

CARMENIELLO: E io voglio vedé chi v'accompagna la sera fino all'ultimo piano.

ANIELLO: (Haje ragione... aggio da tenere afforza prudenza, mannaggia la podagra!). Pe na cosa de niente s'hanno da fà tanta chiacchiere. Viene ccà, non ne parlammo cchiù, facimmo chello che avimmo da fà. Vivete no bicchiere de Marsala.

CARMENIELLO: Nonsignore, ve ringrazio.

ANIELLO: Viene ccà t'aggio ditto, vive!

CARMENIELLO: Ma pecché, lassate stà.

ANIELLO: Voglio accossì, o me faje nfucà mò! *(Carm. beve e beve un bicchiere anche lui.)* Tu lo ssaje, io te voglio bene comme a no figlio, ma cierti bote me faje piglià collera.

CARMENIELLO: Vuje n'auto comme a me non lo trovate.

ANIELLO: Va buono, femimmola mò, non ne parlammo cchiù.

PAPELE: Sapete? Vuje po' quanno avite fatto me lo dicite?

CARMENIELLO: Signore, scusate.

PAPELE: E che scusate e scusate! Questa mi pare che non sia maniera di trattare gli avventori, ccà non è trasuto uno qualunque sà!

CARMENIELLO: Abbiate pazienza, un'altra volta starò più attento.

PAPELE: Speriamo. Perché se no non finisce così!

CARMENIELLO: Sapete, vuje comme la tirate a luongo, ccà nisciuno v'ha fatto niente, ve sto dicenno scusate, abbiate pazienza, mò me ne facite j de capo!

PAPELE: Sta bene, mò va bene!

CARMENIELLO: Che v'aggio da servì?

PAPELE: Io sono il figlio del Barone Corniscione, papà sta fuori per affari mi ha rimasto a Napoli in casa di una sua sorella, la Marchesa Cornicelli, e andavo all'Istituto, condotto e diretto dal professore Camillo Capone, lo sapete, il fratello dell'antiquario?

CARMENIELLO: Sissignore, stanno nell'istesso palazzo addò abitammo io e lo patrone mio.

PAPELE: Siccome adesso abbiamo prese le feste, io invece di mangiare in casa di mia Zia la Marchesa, vengo a mangiare qua.

CARMENIELLO: Bravo! Chesto me fa piacere! Ma a me che me ne preme.

PAPELE: No, ve voglio fà sapere pecché vengo a mangiare quà, voi potreste dire c'è il caffè d'Europa, c'è il gran Caffè, locali di lusso, degni di voi è vero? No, voglio mangià ccà! E pecché? Ci deve essere una ragione?... Mò vi dico la ragione.

CARMENIELLO: (Vì che bello tipo che è chisto!).

PAPELE: Jerisera Patanella mi disse che oggi sarebbe venuta a cantare in questa trattoria...

CARMENIELLO: Patanella?... E chi è sta Patanella?...

PAPELE Na bellezza, na cosa rara! Come non lo sapete? Chella che va cantando assieme

al fratello per tutti i caffè e le trattorie, si chiama Giulietta, ma io la chiamo Patanella, perché è proprio na patanella, ce vado appresso da due mesi, se papà l'appura sò rovinato, ma che me ne mporta a me, o Patanella o la morte!
CARMENIELLO: Basta, volite niente?
PAPELE: Se capisce, debbo mangiare, essa così mi ha detto, se no il fratello se n'accorge e la bastona.
CARMENIELLO: E che desiderate?
PAPELE: Fate voi, io mangio tutto.
CARMENIELLO: Mò ve porto na porzione de lasagne al forno, na genovese con patate, e no fritto? Comme ve pare?
PAPELE: Benissimo! Approvo!
CARMENIELLO: (Vì che gente vanno cammenanno per lo munno!). *(Via a destra.)*
PAPELE: Io credo che starà pe venì, pecché me sento sbattere lo core... quanto è bella! Quanto è cara! Peccato che non è nobile come me... e che me ne mporta, quando sarà mia moglie diventerà Baronessa! *(Aniello starnuta.)* — Felicità —.
ANIELLO: Grazie. Ma non ve n'incaricate non me dicite niente, io starnuto sempe, è no catarro cronico.
PAPELE: Ah? Neh? È stato buono che me l'avite avvisato.
CARMENIELLO *(con piatto)*: Ecco servito. Che vino volete bere?
PAPELE: Quello che volete voi, io sono indifferente.

SCENA TERZA

D. Camillo, e detti.

CAMILLO: D. Aniè, buongiorno.
ANIELLO: Carissimo D. Camillo.
PAPELE: (Sangue de Bacco, lo Direttore dell'Istituto, Cameriè, metteteve nnanze pe ccarità!). *(Cerca nascondersi.)*
CARMENIELLO: (Che è stato?).
PAPELE: (Non me voglio fà vedé).
CARMENIELLO: Che cos'è D. Camì, che ghiate facenno da chesti parte?
CAMILLO: Siente Carmeniè. Siccome oggi è l'ultima Domenica di Carnevale, mio fratello Alessio, l'antiquario, l'è venuto lo golio de mangia cca.
CARMENIELLO: Vuje che dicite! E quanno maje D. Alessio s'è muoppeto de la casa?
CAMILLO: So' stato io che l'aggio spinto, l'aggio ditto: movimmoce no poco, chesto che cos'è, pigliammo na vota no poco d'aria, alla fine che potimmo spennere? Isso ha acconsentito, ma saje pecché?
CARMENIELLO: Pecché?
CAMILLO: Pecché aieressera, Marietta la nepota, facette cosa de lo diavolo, se mettette a allucca: io non voglio fà cchiù sta vita, sempe nzerrata dinta a quatte mura, si dimane non me facite ascì no poco, me votto dinto a lo puzzo!
CARMENIELLO: Povera figliola, have ragione, non vede maje li prete de Napole, sempe chiusa.

CAMILLO: Non se pò affaccià manco a la fenesta, tutte cose ribbazzate.
CARMENIELLO: Ma pecché fa chesto?
CAMILLO: Eh, pecché?... io mò te pozzo dicere... pecché ha perduta la capa, vularria che chella guagliona se spusasse a isso.
CARMENIELLO (ridendo): Uh! Mamma mia, vuje che dicite!
CAMILLO: Eh! Che dico, chillo sbarea sempe.
CARMENIELLO: Ma comme, pretenne che na guagliona comme a chella se mette vicino a isso ca tene da coppa a 60 anne? E vuje non le dicite niente?
CAMILLO: E che vuò che le dico neh Carmeniè? Tu sai la mia posizione, io ncè sto soggetto, m'ha dato doje cammere dinta a la casa soja pe senza niente, e accossì potette arapì l'istituto. Sul principio le diceva quacche cosa ma pò aggio visto lo tuosto, e non me ne so' incaricato cchiù.
CARMENIELLO: E se capisce.
CAMILLO: Ma vide pò che ommo curioso, pretenne che la guagliona l'ha da volé bene, se l'ha da spusà, e pò le fà desiderà na vesta, no cappiello...
CARMENIELLO: Vì che piezzo d'assassino! Ma è ricco, è ricco?
CAMILLO: Ricco?... E che ne vuò sapé figlio mio, quello è omo de 4, 5 milioni!
CARMENIELLO: Veramente?
CAMILLO: No, apposta: chillo sta ricco assai, e intanto chi lo vede non l'apprezza duje centeseme, ha guadagnato assaje co li forastiere, e guadagna ancora, specialmente coi quadri antichi, con le statue. E la matina annevìna quanto s'ha da spennere dinta a la casa? Pe me, isso, la governante, e la nepote, si te lo dico non lo cride... sei lire pe lo pranzo, e doje lire pe la cena.
CARMENIELLO: Nientemeno!
CAMILLO: Figurete, nce assettammo a tavola co appetito, e doppe mangiato nce morimme de famma!
CARMENIELLO: Ah, ah, ah! Chesta è bella!
CAMILLO: Perciò Carmeniè, io l'aggio persuaso a venì ccà, ma te raccomanno, na cosa terra terra, isso ha ditto che vò spennere pure lo doppio de chello che spenne a la casa pe lo pranzo.
CARMENIELLO: Cioè, dodici lire?
CAMILLO: Perfettamente.
CARMENIELLO: Quanto Site?
CAMILLO: Quattro persone.
CARMENIELLO: Tre lire a testa... mò vedimmo, v'acconcio io na cosa, so' chesti ghiornate, capite?
CAMILLO: Vide tu, pe la regalia a te nce penzo io.
CARMENIELLO: Va bene, non ve n'incarricate.
CAMILLO: Oh! N'auta cosa, isso ha ditto che vò venì quando non nce sta tanta folla.
ALESSIO: Allora avite da venì priesto, e ve n'avite da j a li tre, si no trovate ammoina, ve mettite a sta tavola ccà. (Indica a destra.)
CAMILLO: Va buono, mò li faccio vestere e venimmo... Siente Carmeniè, n'auta cosa, a lo pizzo mio, chisto ccà lo vì, nce miette na bottiglia de vino de Posilleco, a lo pizzo suje pò miette chelle che vuò tu.

CARMENIELLO: Va bene, nce penzo io.
CAMILLO: A proposito Carmeniè, n'ata cosa.
CARMENIELLO: N'ata cosa?
CAMILLO: Chiste so' na porzione de manifeste che io aggio fatte stampà per l'Istituto, me faje lo piacere, li miette pe coppa a li tavole, è un avviso al pubblico che col primo di quaresima, nella mia scuola, c'è lezione di francese, disegno e ballo.
CARMENIELLO: Va bene, dateme ccà. *(Prende i manifesti.)*
CAMILLO: Grazie tanto. Nuje a n'auto ppoco venimmo, statte buono. D. Aniè a rivederci.
ANIELLO: Carissimo... carissimo... *(Fa per satarnutare.)*
CAMILLO: Va buono, aggio capito. *(Via.)*
CARMENIELLO: E chisto è n'auto bello tipo!
PAPELE: Carmeniè no bicchiere d'acqua.
CARMENIELLO: Subito. *(Gli dà l'acqua.)* Ma che è stato, vuje avita fatta la faccia bianca?
PAPELE: Quello è il direttore dell'istituto dove vado io, se mi vedeva qua dentro, lo scriveva a papà, e statevi bene, sono stato con una paura che non potete credere.
CARMENIELLO: E pecché sta paura, a la fine che state dinto a no bigliardo?
PAPELE: Eh! voi non sapete papà quando è tremendo.
CARMENIELLO: Basta, v'avite mangiata la lasagna?
PAPELE: Tutta quanta.
CARMENIELLO: V'è piaciuta?
PAPELE: Sissignore.

SCENA QUARTA

Gilda, Bettina, Rosina e detti poi Onofrio e Rocco.

GILDA: Ccà, ccà, trasite, qui stiamo magnificamente.
BETTINA: Ma scuse, agge pacienza, la trattoria l'aveveme da scegliere nuje.
ROSINA: Eh, chisto ccà fuje lo patto.
GILDA: Nonsignore, se dicette, la meglia trattoria che sta a lo Vasto, me pare che meglia de chesta non nce sta.
BETTINA: Sì, ma era meglio asse de coppa. *(Escono Rocco e Onofrio.)*
ROSINA: Uh! fino a Puortece, mamma mia!
GILDA: Sapete, io tengo appetito, si ve volite stà ccà, bene, si no jatevenne e mangio io sola.
BETTINA: Mange tu sola? Sicuro! Nuje t'avimmo da fà spennere pe lo meno 50 lire.
GILDA: Eh! 70!
BETTINA: Scuse, tu aieressera che diciste? Si faccio na bona serata ve porto ncampagna a tutte doje, e ve mangiate chello che volite vuje.
ROSINA: Perfettamente.
GILDA: Piano no momento... si parlò di una colezione.
BETTINA: Nonsignore, pranzo!
GILDA: Colezione!
BETTINA E ROSINA: Pranzo! Pranzo!

BETTINA: E pò chi te facette scegliere lo spettacolo? Io! Tu volive fa Ciccio e Cola, io te dicette, nonsignore, fa lo Babbeo, faciste lo Babbeo, e se facette chillo teatro.
ROSINA: Mò va truvanne tanta scuse.
BETTINA: Mò te miette paura de spennere.
GILDA: Che paura e paura, ordinate quello che volete!
ROSINA E BETTINA (gridando e ridendo): Benissimo! Benissimo! (Vanno a sedere. Quando sono uscite queste tre donne, dopo poche battute, si vedono comparire in fondo Onofrio e Rocco, i quali durante la scena passeggiano lungo la strada, e quando le tre donne seggono, essi entrano e vanno a sedere ad una tavola opposta.)
GILDA: Cameriere?
CARMENIELLO: Comandate.
ONOFRIO: Ci hanno fatto camminare un'ora e mezza, io non ne posso più.
ROCCO: Ma che tipi, che sveltezza, dite la verità?
ONOFRIO: Solamente a Napoli si trovano.
CARMENIELLO: Va bene, mò faccio io. (A Papele:) A vuje ve porto la genovese.
PAPELE: No, camerià, sentite, io ho penzato na cosa, siccome Patanella non è venuta ancora, io mò me ne vado e torno a un altro poco, quando torno me mangio la genovese, se no capite, quando Patanella sta qua, io che me mangio?
CARMENIELLO: Già, avite ragione.
PAPELE: Perciò, dateme sto conto.
CARMENIELLO: E che conto v'aggio da dà, 70 centesimi la lasagna.
PAPELE: 70 centesimi? Favorite, 14 soldi e no soldo a voi.
CARMENIELLO: Grazie.
PAPELE: Ad un altro poco ci vediamo.
CARMENIELLO: Va bene. (Via a destra.)
PAPELE (salutando): Signori. (Le tre donne si mettono a ridere.) Io non so che c'è da ridere, francamente non so. (Via.)
GILDA: Bettì, tu co sta risata si terribile sà!
BETTINA: Guè, chella primme essa ha reduto.
GILDA: Neh, guardate chille duje comme so' simpatiche.
BETTINA: Bella cosa!... Pasquino e Marforio!
GILDA: Nce stanno guardanno... certamente si saranno innamorati di noi.
BETTINA: Vì che piacere teh!
ROSINA: Simme state, e pò l'avimme trovate duje partite.
GILDA: Ma quanto so' belle, me parene duje micche. (Ridono tutte e tre.)
ONOFRIO: Ridono, ridono, questo è buon segno! Avvocato come dovrei fare per parlarci?
ROCCO: Non ci vuol niente, domandatele stasera al teatro, che si rappresenta.
ONOFRIO: Bravissimo! Magnifica idea!
CARMENIELLO (con prosciutto e piatto con pane): Ecco servito. (Poi a Onofrio:) I signori che comandano?
ONOFRIO: Tutto quello che mangiano quelle signore, mangiamo noi.
CARMENIELLO: Va bene. (Entra poi torna.)
BETTINA: Magnifico sto presutto, se squaglio mmocca.

GILDA: Miettece no poco de pepe.
BETTINA: Lo ssoleto, tu miette pepe a tutte parte.
GILDA: Si capisce, il pepe è rinfrescante.
ONOFRIO: Scusate signorine, possiamo aver l'onore di farvi una domanda?
GILDA: Padronissimi, per carità!
ONOFRIO: C'è una scommessa fra me e l'avvocato mio qui presente, ma non una gran cosa, a chi paga il pranzo. Io dico che voi siete le attrici che la sera cantate al Politeama, il mio Avvocato sostiene di no, diteci di grazia, chi ha perduto?
GILDA: Ha perduto l'Avvocato.
ONOFRIO: Bravissimo, paga il pranzo, paga il pranzo!
ROCCO: Va bene, pagherò.
BETTINA: Quanto so' belle! *(Ridono tutte e tre.)*
ALESSIO *(con prosciutto e pane)*: Ecco servito.
ONOFRIO: Ieri sera c'era un teatrone, era la serata vostra se non sbaglio?
GILDA: Sissignore.
ONOFRIO: Noi stavamo alle poltrone a seconda fila, non ci avete visti?
GILDA: No, signore.
ROCCO: Il conte viene tutte le sere al Politeama.
GILDA: Bravissimo!
ONOFRIO: Che volete, mi piace assai la musica, e poi non si sà dove andare, solo qualche sera andiamo al Bellini. E questa sera che si rappresenta al Politeama?
GILDA: Ah! stasera?
BETTINA: (Mamma mia, comme è seccante?).
GILDA: Stasera si rappresenta un'operetta nuova, intitolata Le due scimmie.
ONOFRIO: Oh! oh! Le due scimmie! Deve essere bella?
GILDA: Oh! Bella assai... poi sta in concerto un'altra operetta più bella assai, col titolo: Silenzio! Basta!
ROCCO E ONOFRIO: Come?
ROSINA: Silenzio! Basta!
ONOFRIO: Vedete che altro titolo!

SCENA QUINTA

Ernesto, Ciccillo e detti poi Papele.

ERNESTO: Lasseme stà Cicci, lasseme stà, che stammatina me mangiarria l'aria a morze!
CICCILLO: Ma non ve pigliate collera signori, vedimmo che se pò fà?
ERNESTO: Che s'ha da fà, che s'ha da fà, tu non sì buono a niente.
CICCILLO: Ma che volete che faccio, che pozzo fà?
ERNESTO: Ma comme, non se pò trovà no mezzo pe levà chella guagliona da dinta a li granfe de chillo assassino?
CICCILLO: E ve credite che sia na cosa facile? Chillo sta sempe dinta a la casa, non esce maje, e quanno la sera se va a cuccà, la chiave de la porta se la mette sotto a lo cuscino; ma capite o no che chillo s'ha chiavato ncapo de se la spusà isso?

ERNESTO Oh! Chesto non ha da succedere vì, a rischio de qualunque cosa non ha da succedere! Io vaco ncoppa a la casa, tozzoleo la porta, isso m'arape e io lo sparo!
CICCILLO: Bravo! Facite na bella cosa, pò jate ngalera e felicenotte!
ERNESTO: E che me ne mporta a me, pe salvà a Marietta voglio fà qualunque cosa. Aieressera me menaje sta lettera da coppa a la fenesta, siente ccà che me scrive. *(Legge:)* «*Ernesto mio. Non puoi credere quanto sono infelice! Oggi ho avuta un'altra questione con mio zio, sono priva di tutto, non posso neanche prendere un poco d'aria alla finestra, posso dire che una schiava è assai più libera di me, quanto piango la perdita della mia povera madre, se durerà ancora questa vita così, sono certa, Ernesto mio, che morirò consunta! Trova tu un mezzo, e salvami per carità! La tua per sempre Maria*». Comme te pare, me ne pozzo sta io a chesti parole? Na figliola senza mamma, senza padre, essere trattata de chesta manera!
CICCILLO: Ma vuje pecché non ve presentate a lo zio, e le dicite che ve la volite spusà?
ERNESTO: Non lo pozzo fà chesto, essa me l'ha proibito.
CICCILLO: E pecché?
ERNESTO: Pecché lo zio l'ha ditto, che si se presenta qualcheduno pe spusà, lo jorno appriesso la chiude dinto a no monastero.
CICCILLO: E se capisce, l'amico se vò spuzzulià isso la pollanchella.
ERNESTO: Io faciarria qualunque cosa, spennarria qualunque somma pe fà no perro a chillo vecchio.
PAPELE *(esce, guarda intorno e siede)*: Cameriere?
CARMENIELLO: Comandi.
PAPELE: Porteme la genovesa.
CARMENIELLO: Subito. *(Via poi torna.)*
BETTINA: Guè, chillo curiuso è tornato n'auta vota?
GILDA: Quanto è bello me pare una de chelli figure che mettene ncoppa a li scatolette de cerine.
ROSINA: Io non lo pozzo guardà che me scappa la risa.
ONOFRIO: Non sappiamo se sono zitelle, o maritate?
ROCCO: Devono essere libere, una volta che mangiano sole in questa trattoria.
GILDA: Penzammo che Mercoledì avimmo da lassà Napole, me sento nu nuozzolo nganna la verità!
BETTINA: A me pure me fa dispiacere, ma che nce vuò fà, chesta è l'arte.
ROSINA: A me invece me parene mill'anne che arrivo a Milano.
BETTINA: E se capisce, pecché llà tiene la fiamma.
GILDA: Ancora faje l'ammore co chillo studente? Mamma mia! E non te sicche?
CARMENIELLO *(con genovesa)*: Ecco servito.
PAPELE: Cameriè, comme va che non è venuta ancora?
CARMENIELLO: E io che ne saccio.
ERNESTO: Carmeniè, damme no bicchiere de Vermout.
CARMENIELLO: Subito. *(Prende il Vermout.)* Ecco servito... Che è stato D. Ernè, non saccio comme ve veco?
ERNESTO: Sto arraggiato comme a no cane Carmeniè, faciarria cose de pazzo!
CARMENIELLO: E pecché?

ERNESTO: Voglio bene a na guagliona bella quanto lo sole, e non me la pozzo spusà.
CARMENIELLO: Comme! Co li mezze vuoste non ve la potite spusà?
ERNESTO: Non me la pozzo spusà!
CARMENIELLO: E pecché?
CICCILLO: Pecché sta guagliona tene no zio che nce ha mise isso l'uocchie ncuollo... sai chi è? La nepota de D. Alessio Capone.
CARMENIELLO: L'antiquario?
CICCILLO: Lo cunosce?
CARMENIELLO: Lo Conosco? Chillo sta de casa sotto a nuje. Uh! D. Ernesto mio, non potite credere che piezzo d'assassino è chillo, e che le fà passà a chella povera figliola, la semmana passata, le facette na vertolina, ma proprio terribile, nuje senteveme li strille da coppa.
ERNESTO: Non me lo dicere, non me lo dicere, che me faje tremmà comme a no jungo.
CARMENIELLO: Isso fa lo guappo pecché chella non tene né padre, né mamma, e né nu frate pe le rompere l'osse.
ERNESTO: Nce li rompo io, non te n'incaricà!
CARMENIELLO: Io pe me, si fosse a vuje, faciarria n'auta cosa, trovate nu mezzo e fuitevenna.
CICCILLO: E che mezzo se trova Carmeniè, tu cride ca è na cosa facile?
ERNESTO: Oh! Ciccì, alle corte, si tu nun riesce a ne fà scappà Marietta da llà ncoppa, a la fine de lo mese te ne vaje.
CICCILLO: Ma vedite che auto ragionamento, che pozzo fà io poverommo?
CARMENIELLO: A proposito D. Ernè, mo me scordava na cosa, stammatina venene a mangià ccà.
ERNESTO: Chi?
CARMENIELLO: Essa, la figliola, nzieme co li duje zie, e la governante.
ERNESTO: Possibile!
CARMENIELLO: Sissignore, è na campagnata che le fa fà isso pe la fà devià no poco.
ERNESTO: E quanno venene?
CARMENIELLO: Mò li vedite venì, chella è la tavola lloro.
ERNESTO: Va buono, stammatina faccio correre la cavalleria ccà dinto, voglio passà no guajo!
CARMENIELLO: Da me comandate niente?
ERNESTO: Niente, grazie. *(Passeggia.)*
PAPELE *(bussando al bicchiere)*: Cameriere?
CARMENIELLO: Comandate.
PAPELE: Io m'ho mangiata la genovesa.
CARMENIELLO: Bravo! E volite lo fritto?
PAPELE: No, mò me ne vaco, e torno a n'auto ppoco, se no quanno vene Patanella che me mangio?
CARMENIELLO: Va bene, facite comme volite vuje.
PAPELE: Quanto vene la genovesa?
CARMENIELLO: 80 centesimi, e 10 di pane 90. (Vì che aggio passato co chisto!).
PAPELE: 18 soldi, no soldo a voi. Signori. *(Via.)*

GILDA: Mò se ne va n'auta vota.
BETTINA: S'ha mangiato lo pane e la carne e se n'è ghiuto.
ROSINA: Forse aveva da tené sulo na lira dinta a la sacca.
CARMENIELLO: D. Ernè, scusate, vuje site no signore, site n'antico avventore, e perciò ve voglio dicere na cosa. V'avesse da venì ncapo de fà no chiasso ccà dinto, non voglio mai lo Cielo, faciarrissive no male a me direttamente, so' chesti ghiornate capite, e si succede n'ammoina, nce vaco io pe sotto.
ERNESTO: Non me ne mporta niente, voglio fà chello che me dice la capo!
CICCILLO: Ma calmateve signori, sentite a me. Riflettimme no poco...
ERNESTO: Che aggio a riflettere, tu sì na bestia, non sì buono a niente!
CARMENIELLO: Ma scusate, diceteme na cosa, vuje non potite vedé de fà na finzione e gghì ncoppa a chella casa co la scusa... che saccio, de vennere no quadro antico, na statuetta, na cosa qualunque, e mentre parlate co isso, la guagliona se ne scappa?
ERNESTO: Io faccio tutto, tutto!
CICCILLO: E stateve zitto, io perciò dicevo riflettimmo, pensammo che se pò fà?
ERNESTO: E penzammo.
CARMENIELLO: Ma pe ccarità, non facite no chiasso ccà dinto. *(Rocco bussa al bicchiere.)* Pronto... Permettete?
CICCILLO: Ce starriene da fà mille cose, caro signore, ma io sulo non abbasta, nce volarria n'auta persona.
ERNESTO: E trovele, st'auta persona, trovele e io pago.
CICCILLO: Lassateme ricordà chi conosco...

SCENA SESTA

Felice e Giulietta con chitarre, una comparsa con violino, e detti, poi Papele.

FELICE *(esce con la comparsa e Giulietta e si situano a sinistra. Felice canta la canzona napolitana*: ROSÌ NON TIENE CORE).
PAPELE *(esce, fa cadere un piatto e urta Rocco).*
ROCCO: Eh! Che diavolo! Siete cieco!
PAPELE: Scusate, non ci ho badato. *(Siede dirimpetto a Giulietta e bussa al bicchiere.)*
CARMENIELLO: Comandate?
PAPELE: Cameriere, voglio mangiare. *(Guardando Giulietta.)*
CARMENIELLO: Aggio capito, mò ve porto lo fritto. *(Via e poi torna.)*
GIULIETTA *(canta la canzone napolitana*: TARANTÌ TARANTELLA. *Lazzi di Papele come in concerto).*
CICCILLO: Sangue de Bacco, Feliciello è arreddutto a gghì sunanno pe dinto a li trattorie. *(Giulietta va girando col piattino prima dalle donne, poi da Onofrio e Rocco, e poi da Pepele, il quale le conta nel piattino una lira e mezza di bronzo, in ultimo va da Ernesto e Ciccillo. Ernesto le dà una lira.)* Guè Giuliè, comme staje?
GIULIETTA: E vuje chi site?
CICCILLO: Comme non te ricuorde cchiù de me, già, tu ire na peccerella, mò te sì fatta grossa e bella. Chillo llà, è fratete Feliciello?

GIULIETTA: Sissignore.
CICCILLO: E pateto comme sta?
GIULIETTA: È muorto, non lo tenimmo cchiù.
CICCILLO: Uh! Poverommo! *(Facendo segno a Felice:)* Viene ccà?
FELICE *(avvicinandosi)*: Buongiorno.
CICCILLO: Come staje? Che d'è, manco tu me conusce?
FELICE: Te conosco, te conosco, ma capirai, ridotto in questo modo, non ho coraggio...
CICCILLO: E che c'entra chesto, tu lo ssaje che io t'aggio voluto sempe bene comme a no frate.
FELICE: Lo so e te ne ringrazio.
CICCILLO: Comme va che haje lassato lo teatro?
ERNESTO: Ah! Era artista?
FELICE: Sissignore, artista drammatico, mio padre buon'anima era primo attore e io primo attor giovine.
ERNESTO: Ah! Bravo!
FELICE: Disgrazie di famiglia, la morte di mio padre capite, noi andavamo sempre nsieme scritturati, dopo la sua morte, nessuno mi ha voluto più.
ERNESTO: E perché?
FELICE: Invidia, caro signore, gelosia. Io e mio padre abbiamo fatto tremare gli artisti, arrossire i capi comici... oggi che sono rimasto solo, si sono vendicati, ma la tragedia come la facevamo io e mio padre, non si sente più, altro metodo, altro dire, si recitava con questo qua. *(Indica il cuore.)*
CICCILLO: Ma io saccio che pateto guadagnava buono, non t'ha rimasto niente?
FELICE: Manco no centesimo, me rummanette solamente na cascia chiena de perucche, vestiario, e roba de teatro.
CICCILLO: E te l'haje vennuta, dì la verità?
FELICE: Io me venneva la cascia de papà, manco si avesse avuta morì.
CICCILLO: E dimme na cosa, si lo patrone mio qua presente te pigliasse co isso come a segretario, confidente, n'avarrisse piacere?
FELICE: E me l'addimmanne neh Ciccì, sarría na fortuna pe me, basta che il signore si contenta, io l'accommencio a serví pure da mò, scasse chitarre e violino.
CICCILLO: E chesto haje da fà, pecché si riuscimmo a na cosa, haje fatta la fortuna toja.
FELICE: E che cosa, che cosa?
ERNESTO: Dovete sapere che io amo una graziosa fanciulla, sventuratissima perché priva di genitori.
CICCILLO: Tene solamente n'assassino de Zio, lo quale s'ha mise ncapo che se la vò spusà isso.
ERNESTO: E per giungere a questo, la fa vittima di tutte le torture, di tutte le sofferenze.
CICCILLO: Lo patrone mio, faciarria qualunque cosa pe nce la levà da dinta a li mmane.
ERNESTO: La poveretta dice sempre, salvami per carità.
FELICE: Ma scusate, essa pecché non se ne fuje?
CICCILLO: Non lo pò fà, pecché lo zio sta sempre dinta a la casa, e quanno se cocca, la chiave de la porta se la mette sotto a lo cuscino. Io aveva penzato de fà quacche finzione, de presentarme ncoppa a la casa co na scusa qualunque, e mentre se deve

chiacchiere a isso, la guagliona se ne scappava. Ma capirai, caro Feliciello, chesti come non se ponno fà sulo, io avarria bisogne de n'auta persona...
ERNESTO: E questa persona dovreste essere proprio voi. Ve ne prego, non vi negate, farete un bene a me, e a quella povera fanciulla.
FELICE: Va bene, vi serviremo.
ERNESTO: Oh! Grazie, grazie, amico mio.
FELICE: Comme se chiamma sto zio?
ERNESTO: Alessio Capone, antiquario.
FELICE: Dove abita?
CICCILLO Strada Pontenuovo n. 53.
FELICE: E solamente isso e la nepota?
CICCILLO: No, nce sta n'auto Zio, ca è maestro de scola, e D.ª Virginia la governante.
FELICE: Nisciuno cchiù?
CICCILLO: Nisciuno cchiù.
FELICE: Va bene.
ERNESTO: E che volete fare?
FELICE: Pe tutto dimane, la guagliona se n'è scappata.
ERNESTO: Possibile?
FELICE: Però parlammece chiaro, io aggio bisogno de quacche cosa de denaro.
ERNESTO: Riguardo a questo non ci pensate, ditemi che vi bisogna?
FELICE: 50 lire.
ERNESTO: Benissimo! Eccole qua. *(Le prende da un portafoglio e le dà.)*
FELICE: Tu quanno è stasera viene a la casa mia. Via Cirillo n. 37, ultimo piano.
CICCILLO: Va bene.
FELICE: Tu sì pronto a fà tutto chelle che te dico io?
CICCILLO: Tutto! Non nce penzà.
FELICE: Benissimo. E si avimmo bisogno de quacche femmena, ci servirerno di mia sorella.
ERNESTO: Ah! Bravo! Tiene spirito?
FELICE: Spirito? Chella tene acque de raso adderittura. Giuliè, guè, viene ccà.
GIULIETTA: Che vuò?
FELICE: Che staje dicenno co chella mosta de tabaccaria?
GIULIETTA: Niente, m'ha addimmannato io comme me chiammava che età teneva, a chi era figlia, e addò era nata.
FELICE: Neh? Non ha voluto sapé niente cchiù?... Basta, haje da sapé che sto signore me piglia a segretario co isso, non ghiammo cchiù sonanno pe dinta a li trattone.
GIULIETTA: Veramente? Oh! che piacere!
ERNESTO: Sì, bellissima Giulietta, voi non farete più questa vita, io penserò pel vostro avvenire.
GIULIETTA: E nuje ve ringraziammo tanto tanto!
FELICE: Questa qua vedete, se non fosse morto papà, oggi sarebbe la prima attrice del mondo.
ERNESTO: È istruita?
FELICE: Istruitissima, avite da vedé come parla francese?

ERNESTO: Bravo!
PAPELE: (Mio caro amico, si t'haje mise ncapo de me levà a Patanella, io ti levo la vita!).
CICCILLO: Si riuscimmo a le fà spusà la nnammorata, nce fa no bello complimento.
GIULIETTA: E comme nce la facimmo spusà?
CICCILLO: Stasera vengo a la casa e saparraje tutto. A proposito Feliciè, mò me scordavo na cosa. L'antiquario nzieme co lo frate, la governante e la nepota, a n'auto ppoco venene a mangià cca.
ERNESTO: Ah! sicuro!... Non se potarria fà quacche cosa mò?
FELICE: Venene a mangià ccà?
CICCILLO: Sissignore.
FELICE *(dopo pausa)*: Va bene.
ERNESTO: E che fate, che fate?
FELICE: Vuje non ve movite da ccà, appena venene lloro, jate a piglià nu cuppè, e lo facite aspettà vicino a la trattoria, quanno trase io e ve saluto, vuje diciteme solamente sti parole: Oh! caro Liborio, da dove vieni? E niente cchiù.
CICCILLO: Ma pecché, che vuò fà?
FELICE: Niente, non ve voglio dicere niente, facite chesto e non ve n'incaricate.
ERNESTO: Oh, caro Liborio da dove vieni?
FELICE: Perfettamente. Quanno succede l'ammoina, e vedite che li viecchie se ne scappano, pigliateve la figliola, mettiteve dinta a la carrozza e ghiatevenne.
ERNESTO: Possibile! Io non lo credo vero!
FELICE: E mò vedimmo... n'auta cosa. *(A Ciccillo:)* Tu haje ditto che nce sta na governante?
CICCILLO: Sì, D.ª Virginia, pecché?
FELICE: Mò che vene fallo n'uocchie a zennariello, falle capì che nce vuò fà l'ammore.
CICCILLO Io? E pecché?
FELICE: Pecchesto! Non te n'incarricà. Vuje ve site affidato a me, e avite da fà tutto chello che ve dico io.
CICCILLO: Va bene.
FELICE: Giuliè, corrimmo a la casa.
GIULIETTA: Signori, stateve bene.
ERNESTO: A rivederci, carissima Giulietta.
FELICE: Non ve scurdate lo cuppè, e tutto chello che v'aggio ditto.
ERNESTO: Va bene.
FELICE: Jammoncenne. *(Via con Giulietta.)*
ERNESTO: Insomma non s'ha potuto sapé che vò fà?
CICCILLO: Non ve n'incarricate, io saccio comme la penza, lo conosco da tanto tiempo, quanno se mette ncapo de fà na cosa, la fa, non lo poteveme trovà meglio.
ERNESTO: Va bene, starammo a vedé, Ciccì dà na guardata fore, vide si vene Marietta e lo zio. *(Ciccillo va a guardare.)* (Chisto che vò che me tene mente sempe.)
PAPELE: Buongiorno.
ERNESTO: Carissimo.
PAPELE: Dovrei dirvi una parola se permettete?
ERNESTO: Padronissimo, accomodatevi pure.

PAPELE: Grazie. Dovete sapere che io sono Raffaele Cornicione figlio del Barone Cornicione, conosciuto da tutta Napole, mia madre felice memoria, era la Marchesa Cornicelli.
ERNESTO: Mi fa tanto piacere.
PAPELE: Quattro mesi fa, fu il nome mio e papà non solo mi regalò un vestito nuovo, ma mi diede pure cinque lire d'argento, e mi portò a mangiare sopra addò Pallino. Mentre ci mangiavamo i pollastrelli, tutta assieme si presentò Patanella. Io appena la vidi, fu tale la sorpresa che mi stavo affogando con una coscetella di pollo. Da quel giorno giurai di amare sempre Patanella, e di non lasciarla mai più, anche a costo della vita, e se qualcheduno tentasse di levarmi Patanella, sarei capace di qualunque cosa.
ERNESTO: Caro signore, io non so voi chi siete, non capisco quello che dite, perciò ritiratevi che sarà meglio.
PAPELE: No, io non mi ritiro sà. *(Alzandosi:)* Lo dico e lo ripeto, sono capace di qualunque cosa. *(Aniello starnuta, tutti ridono.)*
ROSINA: Ah ah! Comme è ghiuto a tiempo chillo sternuto.
BETTINA *(ridendo)*: Ah, ah! Nce voleva proprio.
PAPELE: Sà, tu co sti starnute me staje toccanno li nierve: me l'haje fatta la prima e la seconda volta. Finiscila sà; e voi non ridete più, ve ne prego, se no v'imparo io la creanza!
ROSINA: A chi mpare la crianza, mò te mengo no piatto nfaccia.
GILDA: Assettete Rosì, quanta collera te piglie, non lo vide che chillo è no curiuso qualunque! *(Ridono.)*
PAPELE: Eh! avete ragione, io mò che vò posso dire, siete donne, non vi posso far niente.
ONOFRIO: Va bene, finitela, come siete lungo!
ROCCO: Come siete seccante!
PAPELE: Io con voi non ho parlato perciò statevi zitto!
CARMENIELLO: Va buono, jatevenne mo.
PAPELE: Sì, me ne vado! A voi, ricordatevi quello che vi ho detto, chi mi tocca Patanella, mi tocca la vita... sono capace di qualunque cosa! *(Ernesto ride.)* Me la vedo pure con 20 persone! *(A soggetto via accompagnato da Carmeniello.)*
GILDA: Ah, ah! M'aggio fatta na risata veramente de core.
ERNESTO: Ma che imbecille!
ANIELLO: A me me vene lo sternuto, e chillo se piglia collera.
CICCILLO: Signori, signori, stanno venenno.
ERNESTO: Marietta?
CICCILLO: Sissignore, mettimmece ccà. *(Di dentro si sentono molti fischi.)*
ANIELLO: Che è stato, che so' sti fische?
CARMENIELLO: E io che ne saccio.

SCENA SETTIMA

D. Alessio, D. Camillo, Virginia, Marietta e detti.

ALESSIO: Pare che mò po' essere contenta.
MARIETTA *(sotto al braccio di Alessio)*: Mamma mia che scuorno, che scuorno.
VIRGINIA: Ma che è succiesso, pecché se so' mise a fiscà?
ALESSIO: Pecché tenite la capatosta, v'aggio ditto non ve mettite sto cappiello, pe forze ve l'avite voluto mettere, avimmo fatta sta bella figura, si sapeva ve rimaneva a la casa.
VIRGINIA: Quanno simme a parlà, li fische non so' venute pe lo cappiello mio.
ALESSIO: E pecché so' venute?
VIRGINIA: Pecché v'hanno vista la guagliona pe sotto a lo vraccio, e siccome non ascite maje, è paruta na cosa curiosa.
ALESSIO: Vattenne, non me fà avotà lo stommeco chella me pare na maschera!
CICCILLO: Va buono Alè, non ne parlammo cchiù, ma li fische l'avimmo avute e nisciuno nce li leva, nuje simme venute ccà pe nce divertì, pe mangià, perciò non facimmo chiacchiere. Carmeniè?
CARMENIELLO: Comandate.
CAMILLO: Ci siamo?
CARMENIELLO: Tutto è pronto, pigliate posto. *(I quattro seggono alla tavola a destra.)*
CAMILLO *(a Carmeniello)*: (Non te scordà la botteglia mia).
CARMENIELLO: (Va bene). Mò ve porto l'antipasto. *(Via poi torna.)*
ROCCO: Buongiorno, carissimo D. Alessio.
ALESSIO: Oh! Avvocà, state ccà?
ROCCO: Sissignore, faccio compagnia al Conte, Signor Conte, ho l'onore di presentarvi il Signor D. Alessio Capone, antiquario, mio vecchio cliente.
ONOFRIO: Fortunatissimo. Conte Onofrio Pacchione.
ALESSIO: Tanto piacere.
ONOFRIO: È antiquario il signore?
ALESSIO: Per servirla.
ONOFRIO: Favorirmi sempre. E dove abita, se è lecito?
ALESSIO: Strada Pontenuovo n. 53.
ONOFRIO: Sapete perché? Avrei molti oggetti antichi che vorrei disfarmene, verrò ad incomodarvi a casa.
ALESSIO: Mi farete immenso piacere!
PAPELE: Grazie. Permette? *(Ritorna a sedere con Rocco.)*
ALESSIO: Me pare che t'aveva ditto addimmana a lo cammariere a che ore non nce stevene gente, non te ne sì incarricato?
CAMILLO: Comme non me ne so' incarricato, ha ditto: venite subeto, e ghiatevenne a li tre.
ALESSIO: Io perciò non nce voleva venì, per evitare tanta seccature.
CARMENIELLO *(con piattini e due bottiglie di vino)*: Ecco servito.
CAMILLO: Carmeniè haje ditto che a chest'ora non nce stevene gente?
CARMENIELLO: Che volite da me, so' combinazione.
ALESSIO: Mariè te piacene li sardine?
MARIETTA: No, grazie, non ne voglio.
ALESSIO: Vuò no poco de presutto?
MARIETTA: Nemmeno, non tengo genio.

ALESSIO: E pecché? Tu stive tanta allegra stammatina, mò tutte nzieme te si mise de mal'umore, nce ha da essere na ragione. Certamente sta campagnata s'è fatta pe te, sti denare se spennene pe te.
CAMILLO: (Vì che denare teh!).
ALESSIO: Si tu non me faciarrisse piglià collera, si nun fusse tanta dispettosa co mmico, quanta e quanta cosa avarrisse. Ma io so' sicuro che na ragione nce ha da essere che te fa stà accossì.
MARIETTA: Che ragione nce ha da essere, nisciuna ragione.
ERNESTO *(a Ciccillo)*: Io vaco a piglià lo cuppè. *(Via.)*
ALESSIO: Tu pò lo vide quanto te voglio bene, lo vide che pacienza che tengo? Ma guaje si appuro quacche cosa, quacche vermezzullo che te miette ncapo, povera a te, povera a te...! Neh lo presutto addò stà?
CAMILLO: Vaje trovanno ancora presutto, nce l'avimmo mangiato.
ALESSIO: Me fa tanto piacere, e io non l'aggia avuto. D.ª Virgì!
VIRGINIA: Che volite?
ALESSIO: Che facite co la capa sempe avotata da llà?
VIRGINIA: Niente, steva distratta. (Comme me guarda chillo giovene... è proprio no simpaticone!).
ALESSIO: Volite doje sardine?
VIRGINIA: No, grazie non ne voglio.
ALESSIO: No poco de burro?
VIRGINIA: Nemmeno, non tengo genio.
ALESSIO: Vuje manco tenite genio, allora mangiammo nuje.
VIRGINIA: D. Camì, dicite a lo cammeriere che portasse una bottiglia d'acqua di seltz.
CAMILLO: Pecché che tenite l'acito?
VIRGINIA: No, perché mi piace nel vino.
CICCILLO *(prendendo un sifone dal riposto)*: Ecco servita alla signora.
VIRGINIA: Grazie, troppo buono.
CICCILLO: Niente, per carità, è dovere.
ALESSIO: Forse siete pure voi no cammariere?
CICCILLO: No, sono un avventore, ho inteso che la signora desiderava l'acqua di seltz, e mi son fatto un pregio di servirla. *(Aniello starnuta.)*
ALESSIO: Grazie; ma non v' incomodate più.
CICCILLO: Va bene. *(Si allontana poi a Virginia piano:)* (Manderotti lettera!) Virginia (Aspetta con ansia cuor mio!).
VIRGINIA: Io non capisco che nce sta de male, sono gentilezze che si usano.
ALESSIO: Sti gentilezze io non li voglio D.ª Virgì, e sapete che ve dico mettite la capa dinta a lo piatto e mangiate, si no va faccia accompagnà a la casa, e ve faccio sta tutte la jornata, sulo co lo presutto ncuorpo.
VIRGINIA: Va bene, chesto che cos'è, e comme site neh?
ROSINA: Neh, vuje vedite che belli tipi?
BETTINA: Chesta è stata na jornata proprio divertita.
GILDA: Zitto, faccio no brindisi.
ROSINA: Bravo! lo brindisi.

GILDA: Viva il vino, noi e il carnevale, tutto il resto all'Ospedale!
ALESSIO: (Tu e mammeta!).
BETTINA E ROSINA Bene! Brava. *(Applausi e risate.)* Mò ne faccio uno io. Questo vino mi mette in allegria, e alla salute solamente vostra, e mia!
LE 2: Brava! Brava! *(Ridono.)*
ONOFRIO: Veramente spiritose!
ROSINA: A me no.
Chi non ride e non beve allegramente
Speriamo che gli pigli un accidente!
LE 2: Brava, benissimo! *(Ridendo.)*
ROCCO, ONOFRIO: Bravissimo! *(Ridono e bevono.)*
CAMILLO: (Bevite e redite, all'arma vosta!). *(Ridono e bevono, meno Marietta.)*

SCENA OTTAVA

Ernesto e detti, poi Felice.

ERNESTO *(a Ciccillo)*: (Tutto è fatto, la carrozza è pronta!).
ALESSIO: Io perché non nce voleva venì, appunto per queste ragioni.
CAMILLO: Va buono Alè, sono giornate di allegria, che vaje penzanno.
CARMENIELLO *(con zuppiera)*: Ecco serviti. Vermicelli a vongole e pomidoro proprio scicche! *(Nel fondo si vede fermare un cuppè.)*
CAMILLO: Bravo Carmeniello.
ALESSIO: Mò faccio io li porzion. *(Esegue.)*
FELICE *(con soprabito, cappello e tuba e piccola ghelia)*: Oh! mio Dio, mio Dio! che rovina! che sventura! *(A Ernesto:)* (Io sto ccà). Carissimo amico, stai qui? Come te la passi eh?
ERNESTO: Non c'è male, e tu?
FELICE: Così, passibilmente, si vive, si strappa la vita.
ERNESTO: Caro Liborio, da dove vieni?
FELICE: Lasciami stare, amico mio, non me lo domandare. Mi stavo facendo la mia solita passeggiata per Foria, contento, allegro, come non sono stato mai, e mi dirigevo verso casa per la solita colezione. Tutto ad un tratto vedo correre pompieri, pompe, ed una folla di monelli. Che cos'è, che è stato? Ho domandato al primo che m'è venuto di faccia: Un incendio, un terribile incendio... Ma dove? Non lo so signore, lasciatemi correre. La curiosità mi ha spinto di andare anch'io appresso alla folla. Arrivati alla strada Pontenuovo, un'altra onda di popolo ci veniva incontro gridando: Ajuto! ajuto! Le guardie di Pubblica Sicurezza e i carabinieri a cavallo, facevano largo per il passaggio dei pompieri. Con questo mezzo siamo finalmente riusciti di giungere al palazzo, che le fiamme avevano mezzo distrutto. Oh! Amico mio, quale orribile vista, tutta quella povera gente che vi abitava, alle finestre gridavano: Ajuto! Soccorso! E poi pianti, urli, noi stiamo morendo, per carità, salvateci, cosa da far venire la pelle d'oca!
ERNESTO: Oh! Che disgrazia! Che disgrazia! *(Tutti sentono attentamente il racconto di Felice.)*

FELICE: I pompieri, veramente sempre coraggiosi, sono corsi per le scale del palazzo, ma fortunatamente e disgraziatamente, se vogliamo, la porta del primo piano era chiusa, e gli abitanti erano usciti, allora hanno scassinata la porta e sono entrati... Oh! amico mio che spettacolo, giù dalla finestra tavolini, sedie, statue, candelabri, quadri bellissimi...
ERNESTO: E di chi era questa casa?
FELICE: Me l'hanno detta, ma non mi ricordo... ah, aspetta, di un certo Alessio Capone, antiquario!
ALESSIO *(gridando)*: Che!!! La casa mia!!
CAMILLO: Lo palazzo n. 53?
FELICE: Sissignore.
ALESSIO: Corrimmo, corrimmo, pe carità! *(Fugge, via.)*
VIRGINIA *(gridando)*: Uh! povera rrobba mia!
ANIELLO *(gridando)*: Llà stongo de casa pure io! Carmeniello!... *(Scende dal contuar.)*
CARMENIELLO *(con piatto)*: Che è stato?
ANIELLO: Se sta abbruscianno la casa nosta!
CARMENIELLO Vuje che dicite! *(Gli cade il piatto e fugge.)*
CAMILLO *(gridando, Virginia afferra Camillo e tutte e due entrano nella carrozza fermata in fondo la quale sparisce).*
FELICE: Questa ragazza, l'accompagneremo noi.
ERNESTO: Sicuro!
ROCCO: Nossignore, io sono l'avvocato di D. Alessio, e l'accompagno io.
ANIELLO: Accompagnateme a me!
ERNESTO: Niente affatto, ci siamo noi per lei!
ONOFRIO: Voi e chi siete voi?
ERNESTO: Siamo dei galantuomini!
ONOFRIO: E noi pure!
ROCCO: Signorina, venite con noi! *(Prendendola.)*
ERNESTO: La signorina verrà con noi! *(Prendendola.)*
GILDA: Ma chesta che maniera è, mò l'accompagnammo nuje, venite bella figliò.
ERNESTO E ROSINA: Venite, venite. *(Viano con Marietta.)*
ANIELLO: Accompagnateme a me!
FELICE: Tu sei una bestia!
ONOFRIO: E tu sei un imbecille!
FELICE: A me! E ghiesce fore!
CICCILLO: Ascite fore!
ROCCO: Sì, usciamo, usciamo, venite!
ERNESTO: Jammo! *(Viano.)*
FELICE: L'arraggia che tengo me l'aggio da scuntà con lloro. *(Raduna tutti i piatti che sono sulle tavole.)*
ALESSIO: Che volite fà co sti piatte?
FELICE: Non me rompere la capa! *(Dà una spinta ad Aniello che cade.)*
ALESSIO: Mamma mia! Ajutateme!

(Cala la tela.)

Fine dell'atto primo

ATTO SECONDO

Camera in casa di Alessio. Nel fondo grande apertura con portiera che si tira con laccio. A sinistra un pozzo praticabile. Due porte a sinistra e una a destra. Tavolino con occorrente da scrivere, sedie antiche.

SCENA PRIMA

Marietta e Virginia, poi Ciccillo.

MARIETTA *(dalla prima porta a sinistra)*: Niente D.ª Virgì, non me facite capace, me ne voglio j, me ne voglio j, me voglio pure mettere a fà la cammarera si attocca, ma sta vita non la voglio fà cchiù, non la voglio fà cchiù!
VIRGINIA: E stateve zitta, non alluccate, Vuje facite peggio!
MARIETTA: Non me ne mporta niente, voglio essere accisa cchiù priesto, ma non voglio campà cchiù de chesta manera! Io che nce faccio dinta a sta casa? Che speranza tengo? Tutte li figliole escene, vanno cammenanno, vanno a no teatro, se divertono, e io che faccio? Sempe chiusa dinta a quattro mure! Ah! Cielo mio, pecché me luvaste a mammà, pecché me rimmaniste senza nisciuno? *(Piange.)*
VIRGINIA: Povera figliola, me fa proprio compassione! Non chiagnite signurì, lassate fà a lo Cielo, nce vò pacienza, che nce volite fà. Io pure non me trovo a la stessa posizione vosta?
MARIETTA: Che n'cè che fà, vuje site n'auta cosa. Ajere Ernesto steva dinta a trattoria, non lo vedisteve?
VIRGINIA: No, non nce facette riflessione. Steva llà, steva llà?
MARIETTA: Sissignore, me facette tanta segne, ma non potette capì che diceva. Chillo me spusarria, è ricco, me vò bene, e intanto io aggio da soffrì de chesta manera.
VIRGINIA: Ma non ve disperate signurì, sentite a me, a li vote li cose li cchiù difficile a succedere, so' succedute. Io pure, stanotte non aggio potuto chiudere uocchio, pensanno sempe a chillo giovinotto che mi offrì l'acqua di seltz, è no penziero inutile, pecché è na cosa difficilissima, e pure, che volite, io nce tengo na piccola speranza.
MARIETTA: (Sta cancara de vecchia pure me tocca li nierve). Ma stammatina vì, la faccio fernuta. Isso o me fa spusà Ernesto, o si no me votto da coppa abbascio, e le faccio passà no guajo!
VIRGINIA: Brava! Facite na bella cosa, pò morite e felicenotte.
MARIETTA: E che me ne mporta a me, voglio morì, voglio morì!
CICCILLO *(dal pozzo)*: Signorì, signorì...
VIRGINIA *(gridando)*: Chi è? Mariuole!
MARIETTA *(gridando)*: Uh! Mamma mia!
CICCILLO: Stateve zitte, songh'io! *(Scavalca.)* Lo cammeriere de D. Ernesto.

MARIETTA: Possibile!
VIRGINIA: Lu giovinotto de la trattoria!
CICCILLO: La porta de li grade se pò arapì?
MARIETTA: È impossibile, la chiave la tene zi zio sotto a lo cuscino.
CICCILLO: Primme de tutto leggite sto biglietto che ve manna lo patrone mio. *(Lo dà.)*
MARIETTA *(legge)*: «Mia cara Marietta. Il porgitore è un mio fedele servo, affidati a lui, fa tutto quello che ti dice, e se mi amerai quanto io t'amo, non dubitare che saremo felici. Io tuo Ernesto». Donna Virgì, pe ccanità, vedite si zi zio s'è scetato.
VIRGINIA: Non avite appaura, mò vaco a vedé. *(Via poi torna.)*
MARIETTA: Diciteme na cosa, come avite fatto a trasì pe lo puzzo?
CICCILLO: E che nce voleva, io aggio fatto lo puzzaro tant'anne, aggio date diece lire a Matteo lo caffettiere che sta ccà sotto, a da lu puzzo sujo, pertoso pe pertose so' sagliuto ccà.
MARIETTA: Uh! Mamma mia, vedite a che rischio ve site mise.
CICCILLO: Eh, e chesto che d'è, chesto è niente. Io nzieme co n'amico mio e lo patrone, nce avimmo mise ncapo de ve luvà da dinta a li granfe de chillo assassino. L'affare de l'incendio aiere fuje combinato da nuje, e infatti li viecchie se n'erano scappate, si non se traseva a tiempo chillo cancaro d'avvocato, lo colpo era bello e fatto.
MARIETTA: Ma insomma Ernesto che vò fà?
CICCILLO: Lo patrono mio vò fà tutto lo possibile de ve ne fà scappà da ccà ncoppa, na carrozza sta sempe pronta abbascio a lo palazzo tutta la jurnata, e quann'è lo momento ve ne fujte a la casa de la mamma.
MARIETTA: Vuje che dicete! E la mamma pò che fa?
CICCILLO: Che ha da fà? Ve stregne dinta a li braccia soje e ve fa spusà.
MARIETTA: Possibile!
CICCILLO: Possibilissimo! Vuje teniteve sempe pronta, stateva sempe dinta a sta cammera, e quanta gente vedite venì sta jornata, simme sempe nuje mannata da D. Ernesto. Mentre damme chiacchiere a lu zio vuosto, coglite l'occasione e ve ne scappate, avite capite?
MARIETTA: Va bene.
VIRGINIA: Sta dormenna ancora, ma chillo a n'auto ppoco se sceta, jatevenne pe ccarità.
CICCILLO: Io aggio ditto tutte cose a la signorina, vuje me volite bene?
VIRGINIA: Io... e che saccio, accossì lesto lesto... non saparria risponnere... vorria dicere...
CICCILLO: Va buono, aggio capito, secondate la signurina, facite tutto chello che ve dice essa, e saremo felici! Stateve bene, io me ne scengo. *(Sale sul pozzo.)*
MARIETTA Stateve attiento.
CICCILLO: Non nce pensato, io saccio lo mestiere. *(Via dal pozzo.)*
VIRGINIA: Che bello giovene, quanto è simpatica! Signorì che v'ha ditto?
MARIETTA: Tanto isso, quanto Ernesto, farranno lu possibile sta jurnata pe nce fà scappà da ccà ncoppa.
VIRGINIA: Scappammo? Vuje che dicete! E comme scappammo?
MARIETTA: Lu saccio io, stateve zitta, sto giovene ha ditto che va pazzo per vuje, che ve vò spusà assolutamente.

VIRGINIA: Uh! Mamma mia, signori, vuje mò me facite venì na cosa! Veramente chesto v'ha ditto?
MARIETTA: Sissignore, perciò stateve zitta e non parlate.
VIRGINIA: Io non arapo manco la vocca.
ALESSIO *(di dentro)*: Donna Virginia, Marietta...
MARIETTA: Sta chiamanno, jate, jate.
VIRGINIA: Eccome ccà, eccome ccà. *(Per andare poi torna.)* Signorì, avite visto, io ve lo diceva, lassate fà a lo Cielo, non chiagnite... se capisce, doppo tanta dispiacere, no piacere aveva da venì... mo credo che non alluccate cchiù, mo putite stà allegra.
ALESSIO *(di dentro)*: Donna Virginia, Marietta...
VIRGINIA: Mò mò. *(Per andare poi torna.)* Ma signurì, dicite la verità, quanto è simpatico chillo giovene, che bell'uocchio che tene, e pò se vede che nce tene premura pe trasì ccà dinto s'è mise a rischio de morì affocato. E se capisce, vujo pazziate, no poco che sgarrava lo pede, jeva dinta a lo puzzo poveriello.

SCENA SECONDA

Alessio e dette poi Camillo.

ALESSIO: Quanno state commode de venì me lo dicite?
VIRGINIA: Scusate D. Alè, steve dicenno na cosa a la signorina.
ALESSIO Aggio ntiso poveriello, chi è sto poveriello?
VIRGINIA: Poverielro?... E chi ha ditto poveriello?
MARIETTA: Io no certo.
VIRGINIA: E io manco.
ALESSIO: Sissignore, lo stiveve dicenno vuje proprio, poveriello!
VIRGINIA: Ah! sissignore, mò me ricordo, la signurina m'ha contato che aieressera lo muscillo l'ascette tanta sango da lo naso, e io aggio risposto: poveriello!
ALESSIO: Lo muscillo l'ascette lo sango da lo naso?
VIRGINIA: Sissignore.
ALESSIO: E pure Donna Virgì, lo pensiero me dice ca lo sango da lo naso ve lo faccio ascì a vuje.
VIRGINIA: A me? E pecché?
ALESSIO: Pecchesto! Io quanno chiammo voglio essere risposto subito! lateme a piglià lo ccafè.
VIRGINIA: Eccome ccà. *(Via a destra.)*
ALESSIO: Io lo Cielo lo ssape che nottata che aggio passata, chello ppoco che aggio dormuto, m'aggio sunnato fiamme, pompiere, guardie, popolo... mannaggia all'arma de la mamma addò sta mò, vedite che pazzie che se vanno facenno, a rischio de fà venì nu tocco a no poverommo! Lo core me lo diceva: statte dinta a la casa, non ascì! Chillo cancaro de Camillo per forza volette fa la campagnata! Bella cosa! Va tanto no poco de brodo dinta a la casa, cujeto, senza seccature, che tutte li piatte de li tratturie! Dimme na cosa Mariè, chi erano chelli figliuole che t'accompagnarono ccà?
MARIETTA: Stevene dinta a la trattoria, non li conosco.

ALESSIO: E tu sempe co sta maniera, sempe co sta malagrazia. Viene ccà, assettete vicino a me che t'aggia da parlà seriamente. *(Siede.)*
MARIETTA: (Lo ssolete, mò accominciammo). Eccome ccà. *(Siede.)*
ALESSIO: Ajere te mettiste appaura ovè?
MARIETTA: Eh, ve pare, se trattava de n'incendio. Io pò non capisco pecché ammentà tanta buscie.
ALESSIO: Pazziajene, bella mia, chillo cheste vanno facenna. Ma sbagliajene però, l'incendio nce steva, ma no dinto a sto palazzo.
MARIETTA: E addò ne Zizì?
ALESSIO: Ccà, mpietto a me.
MARIETTA: Mpietto a vuje!
ALESSIO: Sì, mpietto a me, ed è un incendio, che nemmeno tutti i pompieri del mondo possono smorzare, mi brucia sempre.
MARIETTA: Vuje chedicite! E non ve facite vedé?
ALESSIO: (È inutile, non capisce, non capisce!).
VIRGINIA: Ecco ccà lo ccafè. *(Con caffè.)*
ALESSIO *(prende la tazza)*: Va buono, jate a arriccettà la cammera.
VIRGINIA: Sissignore. D. Camillo m'ha addimmannato de vuje, l'aggio ditto che stiveve ccà.
ALESSIO: Va bene. *(Virginia via a sinistra.)* Siente ccà Manié... sienteme buono, e rispunneme a dovere.
MARIETTA: Parlate.

SCENA TERZA

Camillo e detti poi Virginia.

CAMILLO: Buongiorno Alè.
ALESSIO: Buongiorno.
CAMILLO: Non ti può immaginà che notte che aggio passata.
ALESSIO: Tu? E io? Io me sento acciso!
CAMILLO: Ma vedite che mbruglione vanno cammenanno pe lo munno. Me sto chiagnenno ancora chilli vermicielle co li vongole, pozza nun de subeto addò sta mò, me facette piglià chella currera! E fra le altre cose pò, tutta stanotte aggio tenuta na puzza d'arze sotto a lo naso. Basta, lasseme fà lo programma per la prossima apertura della scuola. *(Siede a tavolino e scrive.)*
ALESSIO: Dunche Marié, venimmo a nuje. Io t'aggio parlato sempe mazzecate, credennomo che tu avisse capito qualche cosa, ma na voca che tu non capisce niente, mò te parlo cchiù chiaro. Tu haje visto che dopo la morte de papà tuo, mio fratello cugino, e di tua madre, poveretta, io t'aggio pigliata cu mmico, t'aggio fatta padrona di tutta la casa. Te voglio bene, e pe te faciarria qualunque cosa.
MARIETTA: E io ve ne ringrazio tanto tanto.
ALESSIO: Eh, ma non basta però lo ringraziamento.
MARIETTA: E che aggio da fà?

ALESSIO: Ecco qua. Tu sai che io sono ricco bastantemente. Da che era piccerillo non m'aggio voluto maje nzurà, pecché maje m'è capitata na femmena che me fosse piaciuta, mò veramente me so' deciso a farlo... e andevina chi me voglio spusà?
CAMILLO *(scrivendo)*: Quaresima. *(Alessio si volta:)* Apertura della scuola, ore 8 a m. tutti in classe.
ALESSIO: Camì, sottovoce, agge pacienza, lasseme parlà... (Chillo sta scrivenno, me credeva che l'aveva co mmico!) Andevina a chi me voglio spusà?
MARIETTA: A chi?
ALESSIO: A te! Proprio a te, bella mia.
MARIETTA: A me?
ALESSIO: Sì, a te! E me meraviglio comme tu non te n'ire accorta ancora. Io ti farò padrona di tutta la mia roba, tu diventerai na principessa, quanno io more sà quanto te lasso?
CAMILLO *(scrivendo)*: Dieci lire al mese.
ALESSIO: Lo ssaje tu che le lasse dieci lire a lo mese?
CAMILLO: Che cosa? Io sto scrivendo il mensile dei ragazzi, dieci lire al mese ognuno.
ALESSIO: Ah! Mò va bene. E t'aggio pregato sottovoce.
CAMILLO: Va bene. *(Scrivendo:)* Dieci lire al mese ogni ragazzo, compresa la declamazione.
ALESSIO: Saje quanto te basso? Ma non lo dì a nisciuno però. Duemila lire al mese di rendita, capisci? Oltre poi di una massenia a Caivano. Ah! Che ne dici? Non è una fortuna per te?
MARIETTA: Vedite Zizì... primme de tutto io ve ringrazio de tutto chello che avite fatto pe me, capisco benissimo che io era na povera figliuola, senza padre, senza mamma, e senza nisciuno, vuje m'avite accolta in casa, e co tutto ca so' priva d'ascì, priva de piglià no poco d'aria, desiderosa de no divertimento qualunque, pure me so' rassegnata, ve voglio bene, e ve sarraggio grata fino a la morte. Io ve stimo come a no zio, pecché me credeva che me volìveve bene come a nepota... ma... sti parole che mo' m'avite ditte...
CAMILLO *(scrivendo)*: Non si possono ammettere...
ALESSIO: E pecché? Perché non si possono ammettere?
CAMILLO: Che cosa?
ALESSIO: Li parole che mo' l'aggio ditto?
CAMILLO: Io che ne saccio che dicite, io sto scrivenne: «Non si possono ammettere quei ragazzi sprovvisti d'abiti e di cattiva salute».
ALESSIO: Mannaggia all'arma de mammeta, e capita sempe a tiempo... Dunche che dicive, bellezza mia?
MARIETTA: Diceva che sti parole che m'avite ditto, m'hanno fatta n'impressione che vuje non ve potite credere. Essere mogliera vosta pe me, sarría na cosa curiosa.
ALESSIO: E pecché curiosa, pecché?
MARIETTA: Pecché, che saccio, lo marito se tratta de n'auta manera, io co vujo non potarria tené chella confidenza che tenarria co n'auto. Come a nepota io sarraggio sempe la stessa, affezionata, ubbidiente e rispettosa, ma si ve sarraggio mogliera, sapite che faccio?...
CAMILLO *(scrivendo)*: Penitenze...

ALESSIO: Dalle dà! Non lo da udienza, chillo sta scrivenno.
CAMILLO *(scrivendo)* O digiuno tutta la giornata, o tre ore in ginocchio fuori al balcone.
ALESSIO: Mò vedimmo si potimmo parlà. Dunche stive dicenne? Che faje si me sarraje mugliera?
MARIETTA: Me mette a no pizzo e non me movo cchiù. Lu penziero solamente che me sarrisseve marite, ma faciarria mettere scuorno e non ve tenarria mente cchiù nfaccia.
ALESSIO: E pecché che scuorno? Forse non songo comme a tutte ll'aute uommene? Capisco so' non poco avanzato; ma non tanto però, non te credere, poi mi mantengo bene, forte, robusto, colorito. Certamente tu guardanneme nfaccia, quanno cride che pozzo morì?...
CAMILLO *(scrivendo)*: Domenica prossima...
ALESSIO: Tu haje da morì Viernarì a notte, io t'atterro, e me te levo da tuorno! La finisce o no?
CAMILLO: Che vuò, che è stato?
ALESSIO: Haje ditto che aggio da morì Domenica prossima.
CAMILLO: Chi? Quanno maje! Io sto scrivenno: Domenica prossima Confessione e passeggiata.
ALESSIO: Si te ne vaje faje meglio, me staje toccanno li nierve tu e lo programma.
CAMILLO: Ecco ccà, aggio fatto, mò vaco da lo stampatore e lo faccio stampà. D.ª Virgì, dateme lo cappiello e lo bastone.
VIRGINIA *(di d.)*: Subito.
CAMILLO: Marié, fa chello che te dice Alessio, non lo fa piglià collera che è buono pe te. Oggi presentemente li marite giuvene fanno sempe cattiva riuscita. Alessio è no buono ommo, è no scemone, te lo vuote comme vuò tu.
ALESSIO: Io te ringrazio sà, me staje facenno no bello elogio.
CAMILLO: Voglio dì ca sì na pasta de mele, incapace di maltrattare la moglie.
VIRGINIA *(con cappello e bastone)*: Ecco servito.
CAMILLO: Grazie. Dunche io mò torno, permettete? *(Per andare.)*
VIRGINIA: E addo jate, chella la porta sta chiusa.
CAMILLO: Ah! già, m'era scordato. *(Ad Alessio:)* Damme sta chiave dà.
ALESSIO: Tiene ccà. *(Da la chiave:)* Me parene mill'anne che te ne vaje.
CAMILLO: Stateve bene. *(Via a destra.)*
ALESSIO: Sto Camillo s'è fatto proprio insoffribile! Si tu acconsiente a chello che t'aggio ditto, quanno spusammo, nce pigliammo na casa nuje sule, senza seccature, senza soggezione, pò te mette na bella carrozza e te faccio fà la signora. Che dice, rispunneme na parolella?
VIRGINIA: D. Alè, stammatina che volite mangià?
ALESSIO: Non lo saccio, facite chello che volite vuje. Dunche parla, sciasciuncella mia. *(Virginia le fa segno di dire sì.)*
MARIETTA Vedite, io mò che ve pozzo dicere, vuje me facite mettere scuorno, lassate che nce penzo tutta la jurnata, e dimane senza meno ve dongo la risposta.
VIRGINIA: Eh! Me pare che ve potite contentà, chella la guagliona se mette scuorno.
ALESSIO: Vuje stateve zitta, vuje dinto a st'affare non nc'entrate. Allora aspettammo dimane, vedimmo sto core che te consiglie. *(Di d. si sente una forte scampanellata.)* Jate

a vedé chi è. *(Virginia via a destra poi torna.)* Te voglio fà essere l'invidia de tutta Napole, te voglio fà paré na pupatella. Tutto chello che desidere basta che arape la vocca, avarraje.
VIRGINIA: D. Alè, è no signore furastiere nsieme co na signorina, dicene che v'hanno da parlà.
ALESSIO: No signore forastiere? Qualche compratore. Falle trasì.
VIRGINIA: Va bene. *(Via a destra.)*
ALESSIO: Tu vattenne dinta a la cammera toja, e non te movere da llà.
MARIETTA: E pecché neh Zizì? Faciteme stà cca.
ALESSIO: Nonsignore, non sta bene, nuje avimmo da parlà d'affare che nce faje ccà... va, vattenne dinto.
MARIETTA: Ma io voleva vedé chi era sta signorina.
ALESSIO: E che te ne mporta a te quanno non la saje, va, vattenne. *(L'accompagna fino alla porta e Marietta via.)*

SCENA QUARTA

Virginia, Ciccillo, Giulietta e detto.

VIRGINIA: Favorite, favorite. D. Abè, eccoli ccà.
ALESSIO: Favorite signore, accomodatevi. *(Virginia da le sedie. Ciccillo veste un lungo soprabito nero e barba lunga rossa, cappello a tuba e guanti. Giulietta in costume scuro, e cappellino capriccioso.)*
CICCILLO: Mersì monsiù.
ALESSIO: Jatevenne dinto vuje.
VIRGINIA: E pecché, non pozzo stà ccà?
ALESSIO: Nonsignore, non potite stà, jatevenne.
VIRGINIA: Va bene. *(Via a sinistra.)*
ALESSIO: Ditemi di grazia, con chi ho l'onore di parlare, e in che cosa posso servirla.
CICCILLO *(attenuando la pronunzia)*: Lei è il signor Alessio Capone, antiquario?
ALESSIO: Sicuro, e specialista per gli oggetti di belle arti.
CICCILLO: Benissimamente, e per questo appunto noi siamo venuti. Jo sono Monsiù Alfonso Frinquel, pittore parigino, sono stato molti anni in Jtalì, ecco perché parlo discretamente l'Jtaliano. Mia nipote, qui presente, madamigella Riò, capisce un poco l'italiano, ma non lo parla affatto, perché lè la prima volta che viene in Jtalì, l'altro giorno siamo arrivati io e lei da Parigi per un affare dé grandissima importanza. Non si tratta mica di me sà, si tratta di madamigella, di suo pere.
ALESSIO: (Perè? Forse le fa male lo pere, e che vò da me). Mossiù, io non ho capito, a Madamigella le fa mala lo pere?
CICCILLO: Oh, no, no, per carità! Si tratta di suo pere... suo padre insomma.
ALESSIO: Ah! suo padre? Mò va bene! vuje dicite lo pere.
CICCILLO: Suo padre, mio fratello, era un artista celebre, ha fatto 40 invenzioni, e 50 scoperte, tiene 36 medaglie di tutte l'esposizioni del mondo. L'ultimo suo lavoro dato all'esposizione di Parigi, è stato giudicato da tutta l'arte per una vera rarità. *(Giulietta si*

asciuga gli occhi col fazzoletto.) Non c'è artista a Parigi che possa avere il talento e l'abilità di Monfrere... di mio fratello.

ALESSIO: Monsiù, scusate, pare che Madamigella piange?

CICCILLO: Sicuro, pensa a suo pere.

ALESSIO: Pensa a lo pere? Va bene! Ma perché, suo padre è morto forse?

CICCILLO: Da 15 giorni signore, è morto povero, senza una camicia, all'Ospedale.

ALESSIO: Nientemeno! E come, co tanta abilità, tanta medaglie?

CICCILLO: E che vuol dire? Appunto per questo, caro signore, tutti gli uomini di grande abilità, e di gran talento, vanno a morire tutti all'Ospedale.

ALESSIO: Bella cosa! Ma insomma Mossiù, ditemi di che si tratta?

CICCILLO: Parla Madamigella Riò.

GIULIETTA *(si alza dal suo posto, e va a sedere al posto di Ciccillo e Ciccillo passa a destra, parla in francese)*: Se il signore mò presterà un poco di attenzione, in poche parole gli dirò tutto. Mio padre a Parigi, godeva una riputazione mondiale! Le troppo scoperte ed invenzioni fatte, gli hanno cagionata la morte. Egli un mese fa lo diceva! Figlia mia, amata figlia, sventurata figlia, sento pur troppo che le forze mi mancano, e che sta per avvicinarsi l'ora fatale! *(Piange.)* Povero padre mio!

CICCILLO: Misero fratello! *(Piange.)*

ALESSIO: (Vuje vedite che guajo è venuto dinta a la casa mia!).

GIULIETTA: Ebbe un attacco alla testa, ma fortunatamente si rimise e completò il lavoro incominciato. Dopo 8 giorni fu assalito da una febbre terribile, e fu obbligato dai medici di cambiare aria. In pochi giorni signore la febbre lo distrusse. Tutti piansero la sua morte. Tutti i giornali se ne occuparono, ma intanto egli è morto povero, altro non mi ha lasciato che l'ultimo suo lavoro fatto per l'esposizione di Parigi. La statua di Servio Tullio, Re di Roma. Questa statua è di un'invenzione metallica da confondersi facilmente col marmo. Essa mediante una macchina interna con 34 rotelline, ha il manubrio all'esterno del piedistallo. Se una persona brama di farla cambiare di posizione, l'otterrà subito, girando da due a dieci volte il manubrio. Le assicuro o signore che è tale la precisione e la verità del movimento da farla sembrare non una statua, ma una persona vivente. Quando a Parigi vennero gli artisti ad osservarla rimasero tutti sorpresi e meravigliati per la grande invenzione. Ora io pensai di venderla, e col denaro ricavato erigere al Camposanto una tomba per il povero padre mio. A Parigi però nessuno sa niente, io voglio venderla in Italia, per far conoscere all'Estero, il grande, l'immenso, l'inarrivabile talento dell'autore. Se voi signore volete acquistarla, stabiliamo il prezzo, pagatemi, e la statua sarà vostra.

CICCILLO: Adesso, spetta a voi a rispondere.

ALESSIO: (Eh! È na parola, io non aggio capito niente, che aggio da risponnere). Monsiù, io non ho capito quello che ha detto Madamigella, perciò parlate voi, altrimenti perdiamo tempo inutilmente.

CICCILLO: Ecco. *(Cambia con Giulietta novellamente il posto.)* L'ultimo lavoro fatto da suo padre, mio fratello, per l'esposizione di Parigi, fu una statua, rappresentante Servio Tullio, Re di Roma. Questa statua è di una invenzione metallica da confondersi facilmente col marmo. Essa mediante una macchina interna con 34 rotelline, ha il manubrio all'esterno del piedistallo. Se una persona desidera di farla cambiare di

posizione, l'otterrà subito, girando da due a dieci volte il manubrio. E tale la precisione del movimento da farla sembrare non una statua, ma addirittura una persona viva. Ora lei madamigella, ha pensato di venderla, e col denaro che ne riceve, vuole erigere al Camposanto una tomba a suo padre. A Parigi però nessuno ha saputo questa cosa.. Essa vuol venderla in Italia per far conoscere all'Estero, il grande, l'immenso, l'inarnivabile talento dell'autore. Venuti a Napoli, molti sensali ci hanno diretto da voi... ecco tutto.
GIULIETTA *(parla francese)*: Se voi signore volete acquistarla...
ALESSIO: Faciteme lo piacere, non parlate vuje. (Sangue di Bacco, chisto è no buono affare, non me lo faccio scappà!) Sentite mossiù, a me mi fa piacere di acquistare questi oggetti di belle arti, e specialmente una statua, come voi avete detto, ma francamente parlando, io ho bisogno di vederla, di osservarla.
CICCILLO: Oh, si capisce, senza vederla non si può far niente.
ALESSIO: Voi dove la tenete?
CICCILLO: Qui, nel cortile, in un cassone.
ALESSIO: Ah! Benissimo! E avete i facchini?
CICCILLO: Sicuro, un solo uomo basta, non è mica pesante!
ALESSIO: Bravissimo! Allora fatela salire, io vi faccio aprire la porta grande dove entrano tutte le statue, vi faccio accompagnare dalla donna, e la piazzerete qua, dietro questo portiere. Io poi scopro, mi metto da lontano, e vedo l'effetto, così faccio pure coi quadri, capite.
CICCILLO: Oh! Sicuro, approvo perfettamente.
ALESSIO *(chiama)*: D.ª Virginia, D.ª Virginia?...

SCENA QUINTA

Virginia e detti poi Marietta indi Virginia e Ciccillo.

VIRGINIA: Chi è, che volete?
ALESSIO: Facite vedé a sto signore, qual è la porta grande, e apritela. Tenite, chesta è la chiave. Pò aspettate che saglie na statua, e la piazzate al solito posto.
VIRGINIA: Va bene, venite signò.
CICCILLO: Andiamo pure. (La signorina addò stà?).
VIRGINIA: (Sta dinto, lo zio non l'ha voluto fà stà ccà).
CICCILLO: (E comme se fà!). *(Viano a destra.)*
ALESSIO: Adesso che se n'è andato Vostro zio *(parlando con segni)*, vi voglio far conoscere la mia sposa... la mia prossima metà,... eh! diamine! Aspettate un momento, vi voglio far conoscere una bella fanciulla. *(Chiama:)* Marietta, Marietta?...
MARIETTA: Zizì, m'avite chiammata?
ALESSIO: Tu volive vedé la signorina? Eccola qua, madamigella Riò, figlia di un celebre artista francese.
MARIETTA: Tanto piacere.
GIULIETTA: Siete proprio una graziosa fanciulla, e mi reputo veramente fortunata di aver fatta la vostra conoscenza.
ALESSIO: Di qui a poco tempo, essa sarà mia moglie... noi sposeremo.

GIULIETTA: Voi sposare lei? *(Ridendo:)* Ah, ah, ah! Ho capito. E come le salta in mente alla Signorina di sposare un uomo come voi? Io credo che voi siete burlato da lei, perché alla vostra età non si può sperare di essere amato da una ragazza. *(Ridendo:)* Ah, ah, ah! Essa vi burla, e voi come una bestia ve lo credete? Povero sciocco! Povero imbecille! Invece di pensare al matrimonio, pensate a morire che sarà meglio, così la signorina sarà libera, e potrà scegliersi un giovine di suo piacere. Ah, ah, ah! quanto mi fate ridere!
ALESSIO: (Che brutta cosa è a non capì niente, uno resta come a no ntontero senza poté risponnere). *(Piano a Marietta:)* Credo che mò faccio nu buono affare, si nce simme de prezzo, m'accatto na gran cosa.
VIRGINIA *(dal fondo)*: Tutto è fatto.
CICCILLO: La statua è piazzata.
ALESSIO: Benissimo! Jatevenne dinto vuje.
VIRGINIA: Ah! e pecché, nuje volimme vedé.
MARIETTA: Zizì, faciteme stà ccà, la voglio vedé.
CICCILLO: Sicuro, fatela restare, che male c'è?
ALESSIO: Nonsignore, quando l'ho comprata la vede, si po non nce simme de prezzo, rieste co no nuozzolo nganna, jatevenne dinto.
VIRGINIA: Ma vedite nuje...
ALESSIO: Jatevenne dinto, sangue de Bacco, mò me facite nfucà mò! *(Virginia e Marietta viano disperandosi.)* (Eh! Io so' buono buono, ma guai quando non mi ubbidiscono.) Mossiù, fatemi il piacere, scusate, tirate quel laccio.
CICCILLO: Subito. *(Alessio si situa a proscenio a sinistra colle spalle al pubblico. Giulietta al lato opposto. Ciccillo tira il laccio e va su la portiera che scopre Felice trasformato da statua rappresentando un Imperatore Romano, alla mano destra tiene il brando, e la sinistra appoggiata nei fianchi. In testa tiene l'elmo. E situato sopra un piedistallo, a destra dal quale vi è un manubrio.)*

SCENA SESTA

Felice da statua e detti.

ALESSIO: Bellissima! Magnifica! E chi avete detto che rappresenta?
CICCILLO: Servio Tullio. Re di Roma.
ALESSIO: Bravissimo! Ma come, non è marmo?
CICCILLO: No, signore, è una composizione metallica, diversamente non si poteva far cambiare la posizione.
ALESSIO: Mossiù, scusate, fatele fare qualche movimento?
CICCILLO: Subito signore. *(Si avvicina al piedistallo e prende il manubrio.)* Con due sole girate, cala il braccio sinistro, alza il braccio destro e guarda a sinistra. *(Esegue. Felice fa il movimento mentre Ciccillo gira il manubrio.)*
ALESSIO: Ma bravissimo! Veramente bello!
CICCILLO: Tre girate, alza il braccio sinistro, e mostra il nemico, cala il braccio destro e guarda in alto. *(Esegue c.s.)*
ALESSIO: Benissimo!

CICCILLO: Volete ancora osservare qualche altro movimento?
ALESSIO: Sì Mossiù, mi fate piacere.
CICCILLO: Quattro girate. Dopo la battaglia. Cala il braccio sinistro, lo unisce col destro, bassa la testa, e gira un poco a destra. *(Esegue c.s.)*
ALESSIO: Che bellezza! Che lavoro magnifico!
CICCILLO: A secondo poi delle girate, cambia sempre posizione.
ALESSIO: Ho capito, ho capito. Va bene! (Chisto è n'affare d'oro.) Dunque Mossiù, francamente, la statua mi piace, ditemi adesso il prezzo?
CICCILLO: Tre mila franchi.
ALESSIO: Tremila franchi! Caspita, è un poco cara.
CICCILLO: Ma che cara e cara, tre mila franchi.
ALESSIO: Aspettate, non ve pigliate collera mossiù... allora, cinque minuti di permesso, vado a pigliare un foglio di carta bollata... torno subito. *(Via a sinistra seconda porta.)*
CICCILLO: Felice. Scinne da lloco.
FELICE *(scende dal piedistallo)*: Chiammate la guagliona, facite ampressa.
CICCILLO *(alla prima porta a sinistra)*: Signorì, signorì.

SCENA SETTIMA

Marietta, Virginia e detti poi Alessio.

MARIETTA: Che è stato?
VIRGINIA: Che avite fatto?
CICCILLO: Scappammo, scappammo!
GIULIETTA: Non perdimmo tiempo!
VIRGINIA: E comme, senza sciallo? Senza cappiello?
FELICE: E chesta penza lo sciallo e lo cappiello. Jammoncenne. *(Si avviano per la porta a destra. Di dentro forte scampanellata.)*
VIRGINIA: La porta! E comme se fa?
CICCILLO: Sangue de Bacco, vuje vedite la combinazione!
MARIETTA: Chillo mò esce zizio, io me metto paura!
ALESSIO *(di d.)*: D.ª Virginia, D.ª Virginia!
MARIETTA: Scappa, scappa! *(Entra a sinistra. Felice sale sul piedistallo e resta in un'altra posizione.)*
ALESSIO *(uscendo con carta)*: D.ª Virgì, cancaro, avite ntisa la porta?
VIRGINIA: Sissignore, e steve jenno ad arapì.
ALESSIO: Chiunque è, facitele aspettà no momento fora a la sala, quanno io ve chiammo trasite.
VIRGINIA: Va bene. (Mamma mia che paura, mò more!) *(Via a destra.)*
ALESSIO *(guardando la statua)*: Monzù, scusate, me pare che la stauta ha cambiata posizione?
CICCILLO: Sì, sono stato io, ma la rimetto subito. *(Esegue. Felice si rimette alla prima posizione.)*
ALESSIO: Bravissimo! Che precisione! Mò subeto subeto ve faccio sta dichiarazione.

(Scrive a tavolino.)
CICCILLO: (Doppo tanta fatiche, non avimmo potuto ricavà niente, ma io non me perdo de coraggio però).
GIULIETTA: (Pe tutta stasera l'avimmo da fà lo piattino). (E Feliciello che fa?)
CICCILLO *(si avvicina a Felice e gli dice piano)*: Nuje t'aspettammo abbascio a lu cafè, fujtenne per la porta granne.
ALESSIO: Ecco fatto. *(Dà la carta a Ciccillo.)* Domani favorite a mezzogiorno, e vi darò la risposta decisa.
CICCILLO: Va bene. Badate di non toccarla, perché se si guasta voi la pagherete.
ALESSIO: E si capisce. Non dubitate, io non la tocco, anzi adesso calo il portiere per non farla vedere a nessuno. *(Esegue.)* Oggi la faccio vedere solamente ad un amico mio artista, che se n'intende di questi lavori.
CICCILLO: Benissimo! Addio signore. *(Gli dà la mano.)*
GIULIETTA: A rivederci signore. *(Dà la mano.)*
ALESSIO: A rivederci Madamigella. *(L'accompagna fino alla porta. Ciccillo e Giulietta viano, Felice caccia la testa dal portiere e la rientra subito.)* D.ª Virgì, trasite.

SCENA OTTAVA

Virginia e detto, poi Rocco e poi Aniello.

VIRGINIA: Fore nce sta D. Rocco, l'avvocato vuosto, e D. Aniello lo trattoriere.
ALESSIO: D. Aniello! E che vò D. Aniello? Fallo trasì.
VIRGINIA *(alla porta)*: Favorite, favorite.
ROCCO *(con taffetà in fronte)*: Carissimo D. Alessio.
ALESSIO: Carissimo Avvocato, assettateve. *(Gli dà una sedia.)* Forse ci sono novità per quella causa?
ROCCO: Debbo dirvi qualche cosa che vi fa piacere.
ALESSIO: Avimmo guadagnato?
ROCCO: Non ancora, ma io credo che la causa sarà inutile.
ALESSIO: Inutile! E perché? *(Siede.)*
VIRGINIA *(alla porta)*: Trasite, trasite, cammenate.
ANIELLO: Eh! Cammenate, è na parola, bella mia, io tengo la podagra, se so' nturzate li gamme de chesta manera, si non cammino chiano, non nce la faccio... damme na seggia, agge pacienza.
VIRGINIA: Sissignore, assettateve. *(Gli dà una sedia.)*
ANIELLO *(sedendo)*: Ah! Mò va buono. Grazie tanto sà. D. Alè buongiorno.
ALESSIO: Meglio tarde che maje. Buongiorno.
ANIELLO: Scusate si ve so' venute ad incomodà. Doppo la paura che me pighiaje ajere, stammatina non me so' fidato d'ascì, aggio ditto: Carmeniè va tu a la trattoria e statte attiento, mò me ne so' scise no poco ccà bascio, pecché sulo non me fido de stà, quanno stongo sulo penzo sempe a la morte. Si ve dongo fastidio, me ne vaco n'auta vota.
ALESSIO: Nonsignore, nisciuno fastidio, basta però che ve state zitto, pecché io aggio da parlà d'affari coll'avvocato.

ANIELLO: Facite li fatte vuoste.
ALESSIO: D.ª Virgì, jate a vedé Marietta che sta facenno.
VIRGINIA: Subito. *(Via a sinistra.)*
ALESSIO: Avvocà, scusate, che tenute nfronte?
ROCCO: Ah! Fuje no piatto nfaccia che avette ajere fore a la trattoria.
ALESSIO: No piatto nfaccia, e da chi?
ROCCO: Da chillo tale mbrughione che ammentaje l'affare de l'incendio, io pò aissera venette, e lo guardaporta m'assicuraje che non era succiesso niente.
ALESSIO: Niente, fà na pazzia pe me fi mettere paura.
ANIELLO: Vì che auta pazzia, rrobe de cortellate. *(Starnuta.)*
ALESSIO: Felicità.
ANIELLO: Grazie.
ALESSIO: E pecché pò ve dette lo piatto nfaccia?
ROCCO: Pecché rimasta sola la nepota vosta, la volevene accompagnà lloro, io regolarmente come vostro amico non poteva permettere sta cosa e perciò nce appiccecajeme.
ALESSIO: Vuje vedite lo diavolo, ma già, chesta è cosa de poco momento, dimane non nce sta niente cchiù. Dunche Avvocà, stiveve dicenno la causa sarà inutile, e perché?
ROCCO: Perché? Ecco qua. Quando voi vendeste il quadro al Marchese per 25 mila lire, dopo otto giorni si divise dalla moglie, andando ad abitare ad un'altra casa, il quadro però rimase a lei, e se noi chiameremo lui in tribunale, quello è capace di negare tutto, allora poi che ci fate? Come proviamo la vendita del quadro fatta a quattr'occhi fra voi e lui?
ALESSIO: Embè allora che s'ha da fà?
ROCCO: Ho fatto io tutto, credo di aver accomodato in modo che ne resterete contento. Voi mi diceste: Avvocà fate voi, quello che fate voi sta ben fatto, è vero?
ALESSIO: Sicuro, e lo ripeto, perché ho piena fiducia in voi.
ROCCO: Grazie, troppo buono. Stamattina mi sono recato dalla Marchesa.
ALESSIO: Ah! Bravo! Avite parlato co essa, e che l'avite ditto?
ROCCO: Sul principio mi sono un poco alterato, le ho detto: Marchesa, io vengo qui per la giustizia, vostro marito ha torto! *(Aniello starnuta.)*
ALESSIO: Mall'arma toja! Non sapeva che era.
ANIELLO: Non ve n'incaricate, parlate.
ROCCO: Il quadro è stato venduto al Marchese, e il Marchese non ha pagato, quindi non facciamo scandali, voi siete una signora, siete una nobile, e non permettere che il vostro nome vada stampato su i giornali. E non credete che il signor Alessio Capone non avesse come provare la verità del fatto. Ci sono cento testimoni che ricordano il quadro, ed io specialmente posso assicurarlo e giurarlo, perché l'ho visto adesso nel vostro salotto, e l'ho subito riconosciuto. Perciò, sentite a me Marchesa, transiggete con D. Alessio, e levatevi questa seccatura. Ma io vedete, vorrei pagare un 10 mila franchi? È impossibile, cara signora, non mi posso compromettere per questa cifra, è troppo poco... insomma per abbreviarvi il discorso, a mille lire per volta, l'ho fatta arrivare a 15 mila lire.
ALESSIO: Benissimo! Era proprio chello che io voleva, bravo D. Rocco.
ROCCO: Ma niente, per carità! Domani mi farete la ricevuta e mi vado a prendere il

denaro, così siamo rimasti con lei.
ALESSIO: Ma sicuro che mi conviene, e poi una cosa fatta da voi, sapete che non ci trovo difficoltà.
ROCCO: Va bene. *(Alzandosi.)*
ALESSIO: Avvocà, mò che se ne va stu viecchio, v'aggio da fà vedé na cosa rara che m'è capitata, un lavoro di un francese, ma na cosa scicca, na cosa, sorprendente. La statua di Servio Tullio, Re di Roma. Quanno la vedite pò v'aggio da dà na sorpresa, so' sicuro che rimmanite co la vocca aperta.
ROCCO: Tanto che è bella?
ALESSIO: È una cosa rara! *(Aniello starnuta.)* D. Aniè, vuje avite fatto n'ato sternuto?
ANIELLO Aggiate pacienza, che volite da me, è no catarro cronico. *(Campanello di destra.)*
ALESSIO *(chiamando)*: D.ª Virginia, D.ª Virginia!

SCENA NONA

D.ª Virginia e detti poi Giulietta indi Marietta.

VIRGINIA: Eccome ccà.
ALESSIO: Jate a vedé chi è.
VIRGINIA: Subito. *(Via a destra.)*
ANIELLO: D. Alè, me voglio sosere no poco, dateme na mano, scusate.
ALESSIO: (Vuje vedite che guajo che aggio passato co chisto). Jammo, sositeve. *(Lo aiuta ad alzare.)*
ANIELLO: Grazie tanto! *(Passa a sinistra.)*
GIULIETTA *(di d. gridando)*: Voglio trasì, voglio parlà con D. Alessio faciteme sta carità.
VIRGINIA *(di d.)*: Ma non pò essere, aggio da portà primma la mmasciata.
ALESSIO: Chi è?
VIRGINIA: D. Alè, fore nce sta na guagliona, dice che è la figlia, de la spicaiola a lo puntone, vò parlà co vuje, e sta chiagnegno comme a che, che aggio da fà?
ALESSIO: La figlia de la spicajola a lu puntone, vò parlà co me, e che vò da me?
GIULIETTA *(da spicaiola con fazzoletto attaccato in testa, esce e si butta ai piedi di Alessio)*: Signore mio pe carità, non me ne cacciate, tutto lo quartiere ve porta nchiante de mane pe lo bello core che tenite, vuje sulo me potite ajutà, lo Cielo v'ha da fà campà mill'anne! *(Piange.)*
ALESSIO: Ma che è stato, susete, che vuò da me?
GIULIETTA: M'avite da fà na carità signore mio, na carità grossa assai.
MARIETTA *(uscendo)*: Che è stato, che è succiesso?
GIULIETTA: Signorina mia, quanto site bella, lassate che ve vaso la mano. *(Le bacia la mano.)* Vuje pure avite da prià a Zizio che me facesse no gruosso piacere, e si se nega io me ne more, me ne more.
ANIELLO *(piangendo)*: Poverella, me fa proprio compassione!
ALESSIO: Ma che è stato, se po appurà?
GIULIETTA: Avite da sapé che io songo la figlia de Ntonetta la spicajola, chella che sta a

lu puntone, vicino a lo gravonaro, attaccato a lo potecaro, rimpetto a lo speziale, patemo morette duje anne fa, e nce lassaje a me a Pascalino e no povero piccerillo de tre anne, Sabatiello, mò ne tene cinche, ma si vedite quanto è bellillo, janco, russo, chiatto, me pare non squizzarotto, tutto lo vicinato tanto ch'è bello lo chiammene carufaniello, a me me vò nu bene pazzo perché io me l'aggio cresciuto, e l'aggio tenuto sempre mbraccio. L'anno passato, mammena se volette mmaretà n'auta vota, e se spusaje a chillo mbico de Mineco lo premmunaro. Signore mio non potite credere che stamme passanno dinta a la casa, chillo è miezo pazzo, è stato ad Aversa tre anne. Pe causa de la gelosia s'appiccechene sempe. Aissera rompette tazze, piatte, campane de cristallo, tutte cose, vattette a me, a mammema e a Sabatiello. Lo povero guaglione sentenno dolore dicette: quanto si brutto, puozze sculà, non fujene parole ditte, pigliaje lo cortiello e lo voleva accidere, la folla se facette vicino a la poteca, isso se ne jette, dicenno: quanno è dimane si trovo la guagliona lloco dinto, ve lu levo da lo munno. Signore mio, nuje sapimmo chillo nfame comme la penza, quanno dice na cosa la fa. Pe carità, salvate chillo piccerillo, tenitevillo pe no pare de juorne, e quanno patrieme s'è calmato, me lo vengo a piglià. Non me dicite ca no, signore mio, non me dicite ca no.
ALESSIO: Ma figlia mia, io tengo gli affari miei, comme pozzo tené sto guaglione dinta a la casa?
VIRGINIA: E che fa, lo stamme attiento nuje, chesto che cos'è?
MARIETTA: A la fine pò non se tratta pe sempe, se tratta de no pare de juorne.
GIULIETTA: Sissignore, duje juorne solamente, quanto a patrieme le passa chella verticene. Signore mio, faciteme sta carità, sarria venuta pure mammema a priarve, ma sta dinto a lo lietto co la freve e non se pò movere. Ha ditto accossì: figlia mia, curre ncoppa da D. Alessio l'antiquario, menete a li piede suoje, chillo è no buonommo, e certamente non se negarrà. L'avarria potuto portà da D.ª Concetta la stiratrice, D.ª Rachela la zarellara, la siè Rosa la fruttajola, Prizela la cantenera, Carmela la panettera, Luisella la chianchera, Vicenza la capera, e tant'aute che lo volevano, ma nuje non l'avimmo voluto affidà a nisciuno. Signore mio, faciteme sta carità, teniteve a Sabatiello, penzate che si more Sabatiello, morimmo pure nuje, sì morimme pure nuje! *(Piange.)*
VIRGINIA: Povera figliola, m'ha fatto spartere lo core! *(Piange.)*
MARIETTA: Me fa proprio pena poverella. *(Piange.)*
ANIELLO: M'ha fatto venì na cosa dinta a lo stommaco! *(Piange e poi starnuta.)*
ALESSIO: Chiagnite, sternutate, se pò appurà che volite fà?
ROCCO: (D. Alè, voi siete un bravo uomo, non fa niente, fate questa bell'azione).
ALESSIO: Va bene, me tengo lo guaglione, ma basta però che si tratta di due giorni?
GIULIETTA: Doppo dimane se ne va, non dubitate.
ALESSIO: Va bene.
GIULIETTA: Grazie signore mio. *(Bacia la mano.)* Grazie pure a vuje signorì. *(Bacia la mano a Marietta.)* E pure a buje *(a Virginia:)*, mò lo vaco a piglià, chillo sta abbascio a lo palazzo, vicino a lo guardaporta, aggio portato pure lo siggione sujo, quanno sta assettato, è na pace, non lo sentite tutta la jornata. Mò vengo lesto lesto. Permettete. *(Via a destra.)*
MARIETTA: E bravo zi zio, m'avite fatto veramente piacere.
ALESSIO: D.ª Virgì, jatele aspettà vicino a la porta, e quanno vene, lo situate dinta a la

stanza da pranzo.
VIRGINIA: Va bene. *(Via a destra.)*
ALESSIO: Mariè, io aggio d'ascì no momento, vi raccomando la casa.
MARIETTA State a penziero cuieto.
ALESSIO: Avvocà, vuje m'accompagnate?
ROCCO: Come volete.
ALESSIO: Voglio arrivà fino a casa de D. Alberto il meccanico, e si lo trovo me lo porto ccà, le voglio fà dà na guardata a chella statua che v'aggio ditto, dimane matina pò la vedite vuje, mò sta stu viecchio nnanze.
ALESSIO: Viene Marié, viene me miette lo soprabito.
MARIETTA: Subito.
ALESSIO: Avvocà, voi potete favorire.
ROCCO: Grazie. *(Via con Alessio e Marietta a sinistra.)*
ANIELLO: Che bella educazione, m'hanno rimasto ccà comme a no tuorzo de carcioffola! Mò me ne saglie ncoppa e me cocco. Me sento no poco la freva, lo fatto de chella guagliona mi ha toccato li nierve. Vedite che birbante, va bene che non l'è figlio, ma è sempe na povera creatura. Si lo potesse vedé, le vorria dicere: piezzo de carognone che sì, tu co chi te la piglie? Co no povero piccenillo de 5 anne? E che soddisfazione te pò dà chillo? Si sì ommo vidatello co mmico, fa lo guappo co me, te voglio consignà quatte ponie sotto a li mole! *(Traballa.)* Guè, mò stevejenne nterra, mannaggia la podagra, mannaggia! *(Via a destra starnutando.)*

MUTAZIONE

Camera con una porta a sinistra e una a destra.

SCENA DECIMA

Felice da ragazzo di 5 anni con cuffia seduto al seggiolone poi Alessio, Rocco, Virginia e Marietta..

FELICE: Me sento scennere pe dinta a li rine che aggio na brutta mazziata. Giulietta se n'è ghiuta, la govemante m'ha lassato e io so' remasto ccà, vedimmo che succede.
ALESSIO *(esce con Rocco, Virginia e Marietta; ha messo il soprabito e cappello).*
VIRGINIA: Venite D. Alè, venite a vedé quanto è bello sto piccerillo.
ALESSIO: Ah! Bravo, si venuto? E te staje cujeto?
FELICE: Ti, ti.
MARIETTA: Quanto è bellillo!
ROCCO: Povero innocente.
ALESSIO: E soreta addò è ghiuta?
FELICE: È ghiuta a la tasa addò mammella, si no mammella steva cu lu penziere.
ROCCO: (D. Alè, non ve pare che tene la capa nu poco grossa?).
ALESSIO: (Nu poco? Quello è nu capissimo!). Che fuje l'appicceco d'ajersera, pateto pecché vattette a mammeta?

FELICE: Pecché truvaje a mammella che zeva pallanno tu nu zignolino, mammà ogne Zela parla co no zignolino.
ALESSIO: Neh? me fa tanto piacere! Allora papà non have tuorto?
FELICE: Zì, patté izzo pule va pallanno tu li fillole.
ALESSIO: Siente lloco siè! E che nce vuò appurà, chiste fanno da buon compagne.
FELICE *(gridando)*: Vollo la zuppetella, la zuppetella.
ALESSIO: D.ª Virgì, facitele no poco de zuppetella de latte.
VIRGINIA: Subito. (Mamma mia, io mò moro da la risa!). *(Via pel fondo a sinistra.)*
FELICE: Vollo la zuppetella, vollo la zuppetella! *(Gridando.)*
ALESSIO: Mò vene, mò vene. Embè Sabatié, soreta ha ditto che ire na pace.
FELICE: Vollo allesse, volle allesse.
ALESSIO: Mò vò allesse mò. Va bene, lo zio mò scenne e te l'accatte. Dunche Marié, io me ne vaco, non tnico cchiù de na mez'ora, statte attiento a chillo piccerillo, l'avisseve da fà cadé?
MARIETTA: Non nce penzate, ve pare.
ALESSIO: Avvocà jammoncenne.
FELICE: Vollo li puttuvalle, vollo li puttuvalle.
ALESSIO: Pure li purtivalle, e che ne parlammo a fà, mò, mò, mò lo zio te porte tutte cose.
FELICE: La brumma, la brumma, la brumma.
ALESSIO: È seccante sà, vò bevere, datele a bevere.
MARIETTA: Zitto, zitto, mò la zia te dà tutto chello che vuò tu.
FELICE: Bella la zia, bella la zia!
ALESSIO: Statte zitto, haje capito?
FELICE: Butto lo zio, butto lo zio!
ALESSIO: Guè, a me me chiamme brutto a me! Va, non perdimmo cchiù tiempo.
MARIETTA: Zizì, mò che chiudite la porta co la chiave?
ALESSIO: E se capisce, non nce sta manco Camillo.
MARIETTA: Embè, si chillo mò se ritira?
ALESSIO: Aspetta abbascio a lo palazzo, che aggia fà, io na mez'ora trico, quanno vengo, saglie pure isso. Avvocà, jammo!
ROCCO: Sono con voi.
FELICE: La zuppetella, l'allesse, li puttuvalle, la brumma, la brumma, la brumma!
ALESSIO: Eh! Ncasa la mano! Mannaggia all'arma de la pace... D.ª Virgì, sta zuppetella!

SCENA UNDICESIMA

Virginia e detti, poi Camillo.

VIRGINIA *(con piatto di pappa)*: Eccola ccà, tanto bella, tutta mollica.
ALESSIO: Datemella, non lo facite alluccà, D.ª Virgì, attienta a la casa, io mò vengo.
VIRGINIA: Non dubitate, facite li fatte vuoste! *(Alessio via con Rocco a destra.)* Vuje che avite combinato?
FELICE *(uscendo dal seggiolone)*: Io mò more, non me fido cchiù!

MARIETTA Ernesto addò sta?
FELICE: Sta abbascio, a lo puntone de lo vico aspettanno co na carrozza chiusa, jammoncenne.
VIRGINIA: E comme nce ne jammo?
MARIETTA: Chillo Zizio s'ha portata la chiave.
FELICE: Sangue di Bacco, e comme se fa? Scassammo la porta.
MARIETTA: Vuje che dicite!
VIRGINIA: Vuje pazziate!
ALESSIO *(di d. gridando)*: Te si trovato proprio a tiempo, si no rummanive abbascio a lo palazzo!
CAMILLO *(di d.)*: Meno male!
MARIETTA: Zì Camillo. *(Scappa a sinistra.)*
VIRGINIA: Tornate llà p'ammore de lo Cielo! *(Felice torna al seggiolone.)*
ALESSIO: Statte attiento a la casa. *(Di d..)*
CAMILLO: Non nce penzà! *(Di dentro.)*
FELICE: La brumma! La brumma! La brumma!
CAMILLO *(fuori)*: Chi è? De chi è sto guaglione?
VIRGINIA: È lo figlio de la spicajola a lo puntone, lo padre lo voleva accidere pecché s'è appiccecato con la mogliera, la sora ha cercato mpiacere a D. Alessio, che se lo tenesse ccà no pare de juorne, povero piccerillo.
FELICE: La brumma, la brumma, la brumma!
CAMILLO: E datele a bevere chillo tene sete.
VIRGINIA: Aspetta, la zia mò te porta la brumma! *(Via a destra.)*
FELICE: La zuppetella, la zuppetella!
CAMILLO: Mò, mò, aspetta no momento. Lo stampatore, m'ha ditto che pe dimane me consegna li programme. N'aggio fatte stampà tre mila. Li denare pe la pubblicità non so' maje perdute.
FELICE: La brumma, ha brumma, la brumma!
CAMILLO: No momento, vì comme va de pressa! Pe mò tengo unnece guaglione fra gruosse e piccerille, si ne piglie n'auti nove, pure so' contento. Vinte sculare a 10 lire l'uno, so' dujeciento lire a lo mese. Io spese non ne porto, me li metto sane sane dinta a la sacca.
FELICE: La zuppetella, la zuppetella, la brumma, la brumma!
CAMILLO: Vi che nce vò chella pe portà no bicchiere d'acqua. Mò te la vaco a piglià io, statte zitto. *(Via a destra.)*
FELICE *(uscendo dal seggiolone)*: Mannaggia all'arma de mammeta, se n'è ghiuto uno, e n'è venuto n'auto! Mò la porta non sta chiusa a chiave, sarria no bello momento. *(Alla porta a sinistra:)* Signori, signorì... *(Entra.)*

SCENA DODICESIMA

Camillo poi Virginia indi Felice.

CAMILLO *(con acqua)*: Ecco ccà la brumma! Uh! Mamma mia, hanno tagliata la capa a lo

guaghione!... Che è succieso! *(Va a guardare il seggiolone.)* Scuse! Chisto da derete è bacante! E che vò dicere sta cosa? D.ª Virginia l'ha da sapé. Aspetta. *(Si situa nel seggiolone come Felice.)* La zuppetella, la brumma, la zuppetella!
VIRGINIA *(uscendo)*: La gallina ha fatto lo cococco, mangiatillo... Che! D. Camillo!
CAMILLO: La zuppetella! La zuppetella!
FELICE *(uscendo)*: Non vò venì, se mette paura de lo zio!
CAMILLO: La zuppetella, la brumma, la zuppetella! *(Gridando.)*
FELICE: Ah! Staje lloco? Vuò la zuppetella! E tiene! *(Prende il piatto con la zuppa, ce lo butta in faccia e via.)*

(Cala la tela.)

Fine dell'atto secondo

ATTO TERZO

La stessa scena dell'atto secondo.

SCENA PRIMA

Camillo, Virginia e Marietta.

CAMILLO *(dalla destra)*: Niente, non ne credo niente, vuje m'avite da dicere la verità, m'avite da dicere chi era chillo finto guaglione?
VIRGINIA: V'assicuro D. Camì, che nuje non ne sapimmo niente, chillo certamente aveva da essere no maniuolo, va trova che se vuleva arrubbà. È stato lo cielo che v'ha fatto venì a vuje a tiempo, si no come faceveme nuje poverelle?
CAMILLO: No mariuolo?
MARIETTA: Sissignore Zizì, chillo m'ha fatto mettere na paura che non potete credere. È trasuto cca dinto e m'ha ditto, non alluccate, non facite chiasso, perché si no è peggio pe vuje!
CAMILLO: Chesto t'ha ditto?
MARIETTA: Sissignore Zizì, io non aggio tenuto forza nemmeno de dicere na parola, me so' ntiso sconocchià dinta a li gamme.
VIRGINIA: Mamma mia, che paura, che paura!
CAMILLO: Allora s'avarria da fà sapé a la questura.
MARIETTA: E se capisce Zio mio.
VIRGINIA: Chi se fide de stà co sto penziero?
CAMILLO: Pss, zitto, non alluccate, sti cose s'hanno da fà co tutta la calma possibile. Vuje m'avite ditto che chillo guaghione l'ha portato la figlia de la spicajola a lo puntone?
VIRGINIA: Sissignore.
CAMILLO: Benissimo! Allora s'ha da fà arrestà la spicajola e la figlia!
VIRGINIA: Perfettamente.

MARIETTA: Bravo zi Camillo!
CAMILLO: Pe mò non facimmo sapé niente ad Alessio mò che se ritira, non le dicimmo niente, si no chillo sapite che se fà afferra?
VIRGINIA: Se capisce!
MARIETTA: Dice buono Zizio.
VIRGINIA: E quanno pò D. Alessio non vede lo guaglione, che le dicimmo?
CAMILLO: Non nce vò niente. Dicimmo che lo guaglione s'è miso a chiagnere, non s'ha voluto stà, e la sora se l'ha venuto a pighià n'auta vota.
MARIETTA: Bravo, bravo, accossì va buono. *(Campanello di d.)*
CAMILLO: Chisto sarrà Alessio, jatele a arapì. *(Virginia via a destra, poi torna.)* Non te fà vedé sbigottita mò, miettete in allegria, levate sto seggione.
MARIETTA: Vuje pazziate Zizì, a me me sta sbattenno ancora mpietto.
CAMILLO: Haje ragione, haje ragione, me lo faccio io lo piattino, non te n'incarricà.
VIRGINIA: D. Camì, fore nce sta no viecchio, m'ha dato sto biglietto de visita, dicennome che l'aveva da conzignà proprio rnmano a vuje. *(Glielo dà.)*
CAMILLO *(legge)*: «Il Cavaliere D. Ignazio Bombarda, Maggiore in ritiro, desidera parlare col Professore Camillo Capone, per affari urgenti che riguardano il suo Istituto». Affari che riguardano il mio Istituto? E che sarrà? Fallo trasì.

SCENA SECONDA

Rocco, Ernesto, Ciccillo e detti.

VIRGINIA: D. Camì, è D. Rocco l'avvocato nzieme co duje forestieri, vanno truvanno a D. Alessio.
CAMILLO: E l'haje ditto che non nce sta?
VIRGINIA: Nce l'aggio ditto, e m'hanno risposto che lo vonno aspettà.
CAMILLO: Allora falle trasì.
VIRGINIA *(alla porta)*: Favorite signori, favorite.
ROCCO: Grazie. *(Appresso a lui entrano Ernesto e Ciccillo entrambi vestiti con stjffellius nero, barbe, lenti verde e coppola rossa all'Egiziana.)* Carissimo D. Camillo.
CAMILLO *(alzandosi)*: Avvocato rispettabile. *(Virginia via a destra.)*
ROCCO: Come va che D. Alessio non si è ancora ritirato?
CAMILLO: Non so, forse sarà andato per qualche altro affare... Avvocà, chi so' chilli duje?
ROCCO: Sono due forestieri, due Egiziani, che vengono a proporre un buono affare per vostro fratello.
CAMILLO: Me dispiace che non l'hanno trovato, ma quello poco può tardare, se i Signori vogliono sedere...
CICCILLO: Oh, no, grazie.
ERNESTO: Noi stiamo sempre all'impiedi.
CAMILLO: Fate come vi piace. Permettetemi intanto che mi faccio un lavoretto per la prossima apertura della scuola.
ERNESTO: Fate pure.

CAMILLO: Anzi ho l'onore di offrirvi dei programmi che ho fatto stampare. Chi sa, alle volte, qualche conoscenza...
CICCILLO *(prendendo il manifesto)*: Ah! Sicuro. *(Lo gitta via dietro di sé.)*
ERNESTO: Ne terremo conto. *(Fa lo stesso.)*
CAMILLO: Con permesso dunque? *(Va al tavolino e scrive:)* Mercoldì...
ROCCO: (Signori miei, ve ne prego, non me mettite a me mmieze a sti cose, faciteme stu piacere?).
CICCILLO: Mò accomminciammo n'auta vota, avete ditte ca sì, e basta mò).
ERNESTO: (Voi siete un uomo, o siete un imbecille, una volta che avete acconsentito, non bisogna parlarne più).
ROCCO: (Ma pecché ve volite serví de me?).
ERNESTO: (Perché sarà più facile che D. Alessio se lo crede).
CICCILLO: (Pe la fiducia che tene co buje, capite?).
ROCCO: (Ma vuje me facite perdere no cliente?).
CICCILLO: (Si ne perdite uno, ne trovate n'auto meglio, e po cheste so' chiacchiere inutili, vuje o facite chello che avimmo combinato e v'abbuscate cincociente lire, o si no v'aspettammo abbascio, e ve facirnmo na paliata!).
ROCCO: (Va bene, non ne parlammo cchiù, faccio chello che dicite vuje... ma badiamo, vuje m'avite ditto che si tratta di matrimonio?).
ERNESTO: (In piena regola, non ci penzate).
ROCCO (Va bene).
CICCILLO: (Ricordateve tutto chello che avite da dicere).
ROCCO: (Pe chesto ccà non nce penzate, lassate fa a me). *(Campanello di d.)*
CICCILLO: (Zitto! Chisto ha da essere isso! mettimece ccà). *(Si ritirano in fondo.)*
CAMILLO: Questo è certamente mio fratello.
ROCCO: (Cielo mio, mannammella bona!).

SCENA TERZA

Alessio, Virginia e detti.

ALESSIO: Comme, lo guaglione se n'è ghiuto?
VIRGINIA: Sissignore pecché chiagneva, e la sora se l'ha venuto a piglià.
ALESSIO: Meglio accossì... Avvocà, State qua?
ROCCO: Sì, sono ritornato con questi due forastieri per parlarvi di un affare. *(Ernesto e Ciccillo s'inchinano.)*
ALESSIO: Vi saluto signori, accomodatevi vi prego.
CICCILLO: Grazie.
ERNESTO: Obbligato. *(Virginia dà le sedie e tutti seggono, Virginia via a sinistra.)*
ALESSIO: Voi signori, mi dovete parlare di un affare?
ERNESTO: Sicuro.
CICCILLO: Perfettamente.
ALESSIO: Ditemi di che si tratta?
CICCILLO: Parlate voi.

ERNESTO: Sì, parlate prima voi.
ROCCO: Oh, non sarà mai, parlate prima voi.
ERNESTO: Ma no, prima voi.
ROCCO: Ma perché, parlate prima voi.
CICCILLO: Ma no, ma no, prima voi per Bacco!
ALESSIO: Avvocà parlate prima voi, è lo stesso.
ROCCO: Ecco qui. Questi signori sono due Egiziani, proprietari di un bellissimo museo di antichità di tutte le specie. Ora siccome hanno venduto tutto, perché vanno a stabilirsi in America, vogliono vendere anche l'ultima cosa, che veramente è la più bella. Io li ho trovati vicino al caffè che stavano parlando col cavaliere Maretti, direttore del museo di Napoli, e mio strettissimo amico. Mi sono avvicinato e ho inteso il discorso. Non ho detto nemmeno una parola. Quando ho visto che i signori si sono allontanati perché non avevano combinato niente, li ho chiamati, e li ho fatto venire da voi.
ALESSIO: Benissimo! Quante obbligazioni. E di che si tratta? Scusate?
ROCCO: Adesso mi pare che potete parlare voi.
ERNESTO: Ecco signore. Si tratta dello scheletro del Generale Obò, che un tempo, molti anni fa, era conservato nel gran Museo Egiziano. Dopo la catastrofe che voi ben sapete. Essa fu scavata da noi, e custodita gelosamente.
CICCILLO: Siccome adesso, come diceva il signore, abbiamo tutto venduto, ci siamo decisi di vendere anche lo scheletro.
ERNESTO: Vi assicuro o signore, che è una vera rarità. Non c'è museo nel mondo che possa tenere una mummia come la nostra. Se voi credete di acquistarla, ve la faremo vedere e combineremo il prezzo.
ALESSIO: (Avvocà, che ve ne pare?).
ROCCO: (Non si dovete pensare due volte, queste sono cose rare, quando ve l'avete comprata, io stesso ve la faccio vendere per il doppio).
ALESSIO: (Grazie tanto, quanto siete buono!). E che prezzo fà, scusate?
ERNESTO: Oh! Il prezzo non ve lo diciamo se prima non la vedete.
ROCCO: È giusto.
CICCILLO: È regolare.
ALESSIO: Benissimo! E dove lo tenete?
ERNESTO: Abbasso, in una carrozza chiusa.
CICCILLO: Lo faccio subito salire. *(Si alza.)*
ERNESTO: Io aspetto qui, fa presto.
CICCILLO: Con permesso signore. *(Via.)*
ALESSIO: Avvocà, ma non sapite cchiù o meno lo prezzo?
ROCCO: No, non m'hanno detto niente, ma voi cercate di tirare quanto più potete, del resto se volete comprarla la comprate, e se non fate come credete, io non voglio forzarvi, credo che sia un buono affare, anzi un magnifico affare, ma se poi non volle, regolatevi voi. Lo scheletro come mummia, e sempre un bella cosa a tenerla.
ERNESTO: Noi la vendiamo con dispiacere, ma non possiamo fare diversamente. Voi adesso la vedrete, la osservate minutamente, noi ve la lasceremo anche fino a domani, e se poi non volete acquistarla, fa lo stesso, si porta via e buona notte. Una mummia come quella, si trova sempre a vendere, non è vero?

ROCCO: Si capisce.
ALESSIO: Va bene, così faremo... Ah! Eccola qua, la stanno portando.

SCENA QUARTA

Ciccillo, Felice da Mummia, due facchini e detti.

CICCILLO *(con due facchini che portano la cassa)*: Avanti, avanti... qua, fermi... *(Situa la cassa a destra.)* Andate via. *(I facchini viano, apre la cassa.)* Eccolo signore.
ERNESTO: Vedete che bellezza.
ALESSIO: Magnifica! Intatta! Avvocà, guardate?
ROCCO: Veramente meravigliosa! (Puzzate nun de subbeto, vedite chiste che hanno combinato!)
ERNESTO: Noi ritorneremo domani per dirvi il prezzo, voi intanto, osservatela bene, fate ciò che credete, e poi ci darete la risposta.
CICCILLO: Perfettamente.
ALESSIO: Allora ci vedremo domani mattina senza meno, io sono anzioso di sapere il prezzo.
ERNESTO: Lo saprete, lo saprete.
CICCILLO: Ve lo diremo, ve lo diremo.
ERNESTO: Signore.
CICCILLO: Signore.
ALESSIO: Arrivederci.
CICCILLO: (Non nce movimmo da ccà fore). Venite con noi Avvocato, per istrada dobbiamo dirvi qualche cosa.
ROCCO: A me?
CICCILLO: Sicuro.
ALESSIO: (Forse ve vorranno dicere lo prezzo, jate, jate).
ROCCO: Eccomi qua, permettete. *(Via con Ciccillo e Ernesto.)*
ALESSIO *(guardando la mummia)*: Ma che bellezza! Come si è mantenuta intatta! Sangue de Bacco, chella mò è na mummia, ma pure fa impressione a guardarla... Me vene nu penziero... mo me ne faccio no piccolo disegno, accossì si dimane non nce combinammo de prezzo, me trovo na cosa almeno. *(Situa il tavolino dirimpetto la cassa, siede e disegna su un foglio di carta, dopo un poco di pausa Felice bassa la testa, Alessio lo guarda e si ferma.)* Me pare che lo scheletro ha acalato no poco la capo, comme m'avesse salutato. *(Si alza, va a vedere e Felice si rimette.)* Quanto so' ciuccio, chello sta tale e quale. *(Siede e disegna, pausa. Felice esce e si mette fuori dalla cassa.)* Oh! Mò non è cosa bona mò, la mummia pare che se n'è asciuta da fora a la cascia... Mamma mia me sento nu triemmolo dinta a li gamme. *(Felice rientra nella cassa, Alessio si alza e piano piano va a vedere.)* Chella la mummia sta a lo pizzo sujo. Voi vedete che sape fà la fantasia riscaldata me songo fatto friddo friddo. *(Ritorna al tavolino c.s. Pausa. Felice esce e si nasconde dietro della cassa.)* E la mummia addò sta. *(Si frega gli occhi.)* Oh! Chesta è bella! La mummia è scomparsa!... E comme può essere... sangue de Bacco, io non aggio maje tremmate comme amò... fosse la paura che me fa abbaglià la vista... e

che diavolo, chella mò steva llà. *(Si alza, piano piano arriva alla cassa dicendo:)* Guè, Alè, e che cancaro, me pare na criatura!... E quanno maje haje fatto chesto?... *(Guarda nella cassa poi dice tremando.)* La mummia non nce sta cchiù, e che se n'è fatta? Sangue de Bacco, che questa non è cosa bona. *(Va dietro la cassa Felice gira e lui lo segue, dopo due giri Alessio entra nella cassa. Felice chiude a chiave, poi si toglie la maschera.)*
FELICE: Mannaggio ll'arma de mammeta, vì che nce voleva!
ALESSIO *(di dentro la cassa)*: Aiuto! Aiuto! Soccorso!
FELICE *(alla porta)*: D. Ernè, D. Ernè, Ciccì, trasite.

SCENA ULTIMA

Ernesto, Ciccillo, Rocco e Detti poi Marietta, Virginia, Camillo, Papele, Giulietta e i 5 ragazzi.

ERNESTO: Eccoci qua.
CICCILLO: Hai fatto lo colpo?
FELICE: La mummia sta dinta a la càscia. *(Alla porta.)* Signori, signori, ascite ccà fore.
MARIETTA: Che è stato? *(Escono tutti.)*
FELICE: Chisto è lo nnammurato vuosto, ve lo volite spusà?
MARIETTA: Co tutto lo piacere!
CAMILLO: Che significa questo!
ALESSIO *(battendo con le mani vicino la cassa)*: Aprite! Aprite!
CAMILLO: La voce d'Alessio...
ROCCO: Apritelo, pe ccanità!
FELICE: No momento. D. Alè, ccà se sò fatte tutte sti mbruoglie pe fà spusà la nepota vosta co no giovinotto, vuje date lo consenso?
ALESSIO *(di dentro la cassa)*: No! No!
FELICE: Allora mò nchiuvammo la cascia, e ve menammo a mmare!
ALESSIO: No, per ccarità aprite.
FELICE: E acconsentite?
ALESSIO: Va bene acconsento.
FELICE: Benissimo! *(Apre la cassa.)*
ALESSIO: Io mò moro, aiutatene!
TUTTI *(meno Camillo ridono)*: Ah! Ah! Ah!
ALESSIO: Assassini, birbanti, vado a ricorrere, vi faccio andare tutti in galera! *(Gridando.)*
ROCCO: D. Alè, calmatevi.
ALESSIO: Zitto voi, traditore birbante, voi per il primo mi avete ingannato! Uscite tutti di casa mia, tutti, tutti! Non voglio vedé cchiù a nisciuno!
CAMILLO: Ma frate mio!
ALESSIO: Non tengo cchiù frate! uscite! *(Gridando.)*
ERNESTO: Ma caro D. Alessio, tutta questa gente non ci ha nessuna colpa, io sono stato che ho fatto fare queste finzioni, non avendo altro mezzo come sposare Manietta.
ALESSIO: Che sposare e sposare, Marietta si deve sposare a me!
TUTTI *(ridono forte)*: Ah, ah, ah! *(1 ragazzi fischiano.)*

MARIETTA: Io a vuje non ve voglio, no, no, e no!
TUTTI: Ah, ah, ah! *(Ridono.)*
RAGAZZI *(a coro)*: No, no, e no!
CAMILLO: (Alè, finiscela, tu che figura faje!).
ALESSIO: Ma la statua movibile, forse?...
FELICE: Era io, nzieme co Sabatiello lo scheletro umano.
CICCILLO: Io monzù Frinquel, e l'Egiziano.
ERNESTO: Io il suo compagno. *(Mette la mano alla fronte.)* E le mie due sorelle... a spigaiola. M. Riò, e Pasquale Terramoto.
RAGAZZI: Bene! Bene! *(Sbattono le mani.)*
ALESSIO: Mannaggia all'arma vosta, vedite chiste che hanno combinato! Va bene, basta che ve ne jate da dinta a la casa mia, facite chello che volite vuje!
TUTTI: Bravo! Bravo! Via ricordatevi de nuje.
ERNESTO: D. Felice, io manterrà la mia promessa, intanto vi ringrazio, di tutto quello che avete fatto per me.
FELICE: Niente, per carità! *(Al pubblico:)* Se crede che l'avimmo fatto pe isso... non e vero... l'abbiamo fatto per voi.

(Cala la tela.)

Fine dell'atto terzo

FINE DELLA COMMEDIA

LU CAFÉ CHANTANT
Commedia in tre atti, il terzo a piacere.

Personaggi
D. Felice Sciosciammocca, *attore*
Peppino, *attore*
Bettina, *moglie di Peppino*
Carmela, *moglie di Felice*
Cicco, *servitore di D. Felice*
Aspremo, *usciere di tribunale*
Luisella, *sua figlia, aspirante attrice*
Giacomino, *aspirante attore, innamorato di Luisella*
D. Carlo, *proprietario del Café Chantant*
Vincenzo, *servitore di D. Carlo*
Totonno, *segretario di D. Carlo*
Gigia, *sciantosa*

Un servo
Un portalettere

ATTO PRIMO

Una camera in casa di Felice piuttosto rustica, la comune è in fondo un poco a sinistra. Porte laterali e una finestra a prima quinta a destra. Sul muro in fondo molti ritratti in fotografia di artisti. Altri a pastello. N. 3 manifesti grandi, che tengono stampati queste parole: «Teatro in Torre Annunziata. Quanto prima "prima recita del primo attore Felice Sciosciammocca"», ad un altro: «Teatro Comunale di Trocchia. Quanto prima Otello, eseguito dal celebre artista Felice Sciosciammocca». Ad un altro: «È prossimo l'arrivo del grande artista Felice Sciosciammocca». Una cassa e un bacile. Un tavolino con tappeto e un altro tondo nel mezzo. Un attaccapanni a destra in angolo, con sciabole, spade e cinturini. A terra due paia di stivalini. Sul tavolino molti copioni e libri. Poche sedie rustiche.

SCENA PRIMA

Bettina e Ciccio, poi Carmela.

CICCIO *(dal fondo)*: Ma si ve dico che nun nce sta nisciuno; nce sta sulo la mugliera.
BETTINA: E io co la mugliera voglio parlà, pecché non mme ne fido cchiù, non mme ne fido cchiù! Chill'assassino de maritemo stanotte non s'è ritirato. Co la scusa de le recite, dell'arte drammatica, trascura la mugliera, isso e chill'ato disperatone de D. Felice. Ma sta jurnata l'aggià fà femuta vì, piezzo de birbante, da duje anne che m'ha spusato, m'ha fatto privo de tutto, s'ha impignato tutte cose, tengo sulo sta vesta ncuolbo, sulo stu cappiello.
CICCIO: E che volite da me.
BETTINA: Aissera mme jette a cucca senza cena pecché nun teneva nu centeseme, e stammatina, pe fà marenna m'aggio avuta fà mprestà quatte solde da lo guardaporta! Sacc'io che pianto che m'aggio fatto! Ah! L'avarria sapé zì Matteo a Sorriento, chillo lo cchiù poco m'accedarria!
CICCIO: Ma vuje, scusate, stiveve dinto all'operetta nzieme cu D. Carmela, la patrona mia, comme ve venette ncapo de ve mmaretà?
BETTINA: Mannaggia a la capa mia, mannaggia! Lo ffacette pe cambià stato.
CICCIO: E avite pigliato vierno! D.ª Carmela pure s'è pentita... ma che nce vulita fà mò, nce vò pacienza.
BETTINA: Pacienzia? Io nun nne tengo cchiù e nun nne voglio tenere cchiù. Mò mme ne sò ghiuto da la casa, aggio chiuso la porta, e m'aggio portato la chiave, quanno se retira resta mmiezo a li ggrade comme a na gatta.
CICCIO: E buje addò jate a magnà?
BETTINA: Mme ne vaco da la commara mia a Pizzofalcone, si po Carmela mme dice

quacche cosa, mme stongo ccà.
CICCIO: (Seh, stai fresca! Ccà lo pizzo lo cchiù friddo è lo focolaro!). *(Ride.)*
BETTINA: Pecché ride?
CICCIO: No... niente... D.ª Bettì, ccà sò tre ghiuorne che nun se magne cucenate, vuje che volite sapé, ccà stanno guaje gruosse assaje. D. Felice stà a spasso da sei mise, l'autriere se vennettene li duje materazze de lana, mò dormene ncoppa a chille de vegetale.
BETTINA: Nientemeno! Vedite che guajo avimmo passato nuje puverelle.
CARMELA *(dalla destra con cappello)*: Guè Bettì, stai ccà?
BETTINA: Si, sò venuto pe trovà a chillo sforcato de Peppino che stanotte non s'è ritirato, e siccomme saccio che sta sempe aunito cu D. Felice, perciò sò venuto a dimmannà a te, chi sa si mme sapisse dicere addò stà.
CARMELA: Io? E che nne saccio? E che forse chill'assassino mme fa sapé addò va? Mò dice che va all'agenzia, mò dice che và a lo cafe degli artisti, mò dice che và sotto a la galleria, pe vedé gli altri amici suoi artisti drammatici, muorte de famma peggio d'isso, ma chi sape la verità. Lo ccerto è che aggio passato nu brutto guajo! Lo patrone de casa avanza tre mesate, e addò se pigliano, addò se pigliano sò sei mise che stà a spasso, senza poté fa manco na recita. L'è capitata quacche cosa ma nun l'ha voluto accettà, lle fuje offerto nu mese de scrittura a Bari e nun nce volette j.
BETTINA: E pecché?
CARMELA: Pecché dice che nce steva lo ballo doppo e isso nun po' recità primma de lo bballo, si no se degrada.
BETTINA: E comme! Uno cu chesta necessità và pensanno a tanta cose.
CARMELA: E perciò nce appiccecajeme. Chillo è nu pazzo, che nne vuò sapé. Duje mise fa mettette na tabella vicino a lo palazzo. L'Artista Felice Sciosciammocca dà lezioni di declamazione e recitazione dalle 10 alle 3.
BETTINA: Ah! Sicuro, l'aggio letto. E che ha fatto?
CARMELA: Che aveva fà? Nun nc'è accostato manco nu cane... e lo bello è che pagajeme pure la multa pecché nun nce steva lo bollo, e aiere venette la tassa de purtellania, che saccio, cinche lire e tanto; nun nce vedette cchiù, l'afferraje pe li capille e mme ne facette venì na vranca mmano. Nuje lo Cielo lo ssape comme stammo, nce mettimmo a pagà pure la purtellania!... Intanto mò songo li ttre, e non se vede ancora, se n'è asciuto a li ssette, senza rimmanerme manco nu soldo, mò è capace che vene e bò trovà pure lo mangià!
BETTINA: Neh?
CARMELA: Già, comme facette ajere. Ogge però mme sò vestuta e mme ne vengo la casa toja... te fa dispiacere?
BETTINA: No, anze mme faje piacere... ma viene pe mangià cu mmico?
CARMELA: Pe stà nu poco aunito... tu lo ssaje che io mangio quanto a n'auciello.
CICCIO: (Vì comme se sò combinate belle tutte li doje).
BETTINA: Carmela mia, tu doppo che mange quanto a na formicola, io nun pozzo fà niente, pecché nun tengo manco nu centesimo, e quanno vuò sapé la verità, io aveva fatto la stessa pensata toja.
CARMELA: Che pensata?

BETTINA: Era venuta a mangià cu buje.
CARMELA: Cu nuje...? Ciccì, dincelle tu.
CICCIO: Ce l'ho detto... ccà se sta. *(Fa il segno della disperazione.)*
BETTINA: Ah, che guajo! Che guajo!
CARMELA: Ma nun te n'incarricà... mò trovo io lo mezzo pe fà la spesa stammatina. Ciccì, viene ccà. *(Apre la cassa.)* Pigliete sti vestite e portale a vennere, qualunqua cosa te danno, dancille. *(Caccia due abiti all'antica.)*
CICCIO: D.ª Carmè, p'ammore de lo cielo vuje che facite? Chille cu sti vestite fa Oreste, fa Otello, li ttene tante care.
CARMELA: Nun te n'incarricà, fa chello che dico io. Che n'ha da fà de sti vestite, nun se li mette maje. Tiene, và.
CICCIO: Vedite che buje mme facite ncuità a me?
CARMELA: Statte zitto e nun mme rompere la capa, tu non c'entri, tu sei comandato... e quanno vaje?
CICCIO: Eccome ccà. (Mò vide D. Felice che se fa afferrà!) *(Via pel fondo a destra.)*
CARMELA: Mò Vedimmo si nun lo faccio fernì de fa l'artista drammatico. Quann'era scuitato era padrone de fà chello che voleva isso, na vota che s'è nzurato, ha da penzà a la mugliera, l'ha da dà a mangià!
BETTINA: Primma de lo ballo nonsignore, vedite che capriccio. Ah, e tu nun sai? A Peppino, a lo mese passato lle venettene ad offrì dieci recite pe Castiellammare, otto lire a lo juorno, non nce volette j.
CARMELA: E pecché?
BETTINA: Pecché era na compagnia napoletana, e isso nun se trova a recità in dialetto...
CARMELA: Uh, nun se trova a recità in dialetto... E già, io m'ero dimenticato che quello è Fiorentino. Vuje vedite che s'ha da sentere. Chille se n'hanno pigliate pecché nuje simme sceme.
BETTINA: Na vota però, ma mò è meglio che pensasse seriamente chello che ha da fà.
CARMELA: Ah! Bettì, te ricuorde la vita passata? Mò a nu paese, mò a n'auto, sempe allegre, sempe pazziarelle!
BETTINA: Comme nun mme ricordo, faticaveme, sì, a cantà ogne sera, era na vita trapazzata, ma non era certo la vita che facimmo mò.
CARMELA: Io non saccio comme nc'avetteme da ncappà!
BETTINA: Nce ncappajeme comme nce sarría ncappato chiunque. Duje anne fa chille stevene scritturate e stevene buono, lo mpresario nuosto era quasi fallito, operette nun nne vulevano sentere cchiù, e accussì nce trovajeme ingannate.
CARMELA: Io dicette: chisto è artista, nun me pozzo murì maje de famma.
BETTINA: Chello che dicette io, tale e quale. A lo pprincipio spusate steveme bone, doppo tre o quatte mise avimme fatte chesta capriola!
CARMELA: Quanne mai chillo è stato a spasso tanto tiempo?
BETTINA: Ma se capisce. Mò s'è aredutto che ogne piccolo paese tene per lo meno 3 Caffè Chantà, li teatre stanno chiuse...
CARMELA: E nuje ce morimme de famma.
BETTINA: Zitto, zitto, li' vvi ccà, stanno venenno.
CARMELA: Stanno venenno. Bettì, non nce facimmo vedé, sentimmo che dicene.

(Entrano a sinistra e fanno capolino.)

SCENA SECONDA

Felice e Peppino.

FELICE: È un bel lavoro... il finale del primo Atto è di grande effetto.. s'ha da studià però, s'ha da sapé a memoria, chiste sò vierze, nun se pazzea... comme dice famme sentì
PEPPINO *(leggendo un libro che tiene in mano)*: Essa t'inganna!
FELICE: Chi è chisto?
PEPPINO: Attilio, il primo attore giovine.
FELICE: Beh, sarrisse tu.
PEPPINO: È la scena finale del primo atto fra Attilio e Orosmano.
FELICE: Il primo attore.
PEPPINO *(leggendo)*: «Essa t'inganna...
Orosmano — Fia ver?
Attilio — T'inganna.
Orosmano — Tu mi tradisci?
Attilio — No, ingannato sei!
Orosmano — Giurami la fe!
Attilio — Silenzio, alcun potrà sentir».
FELICE: Leva chillo silenzio, fà solamente Sss...
PEPPINO: E comme se leva, chille sò vierze, sò 3 sillabe. *(Compitando.)* Si-len-zio!
FELICE: Nun te n'incarricà, per l'effetto si transige. Chello ha da j ttà ttà domande e risposte. Facimmele assieme... nun te scurdà, leva silenzio.
PEPPINO *(legge e recita)*: Essa t'inganna!
FELICE *(legge sul libro e poi)*: Fia ver?
PEPPINO *(c.s.)*: T'inganna!
FELICE *(c.s.)*: Tu mi tradisci?
PEPPINO *(c.s.)*: No, ingannato sei.
FELICE: Giurami la fe...
PEPPINO *(c.s.)*: Sss... alcun potrà sentir!
FELICE: Che finale! Che lavoro! Che bella cosa! Dummeneca che vene lo facimmo a San Ferdinando.
PEPPINO: Chille Dummeneca vonno la Morte civile.
FELICE: Ah, già... eh... ma la Morte civile, è na parola, chella è troppo faticata, là sò doje opere, giorno e sera... e pò io nun nce lo dette pe certo, io le dissi: o faccio la Morte civile...
CARMELA *(accostandosi)*: O faje la morta sciaccata, pecché te sciacco io. Te pare vita che po' j nnanze chesta? Pozzo stà de chesta manera io povera figliola?
FELICE: Ma che cosa vuoi? Ma che ti manca vorrei sapere?
CARMELA: Uh, che mme manca! Vì che piezze d'assassino! Sò tre ghiuorne che non m'hai dato manco nu centesemo. È buscia forse? Aggio tuorto?
FELICE: Nonsignore, è la verità e hai ragione.... ma quando io non tengo niente, che cosa

ti posso fare?
CARMELA: Cheste sò cose che io non voglio sapé... quanno non tenive niente nun te fusse nzurato. Io non mme fido de stà cchiù accussì, io voglio mangià, capisce, voglio mangià!
PEPPINO: D.ª Carmè, scusate, questo significa mettere un uomo con le spalle al muro.
BETTINA: Guè, piezze de galiò, statte zitto tu e nun parlà pecché si no t'arapo a capa! Ma che te credive che a la casa tenive na cacciottella? Stanotte addò sì ghiuto? Parla, sa, pecché se no te piglio a morze!
PEPPINO: Bettì, statte zitto cu sti parole, pecché si no mme faje fà lo pazzo!
BETTINA: Vattenne, faje lo pazzo, mò overo te lo ceco n'uocchio! Vì che sorte che aggio avuto, vi che ommo! Nce aggio colpa io. Tutte quante me lo dicevano. Nun te lo spusà, nun te lo spusà!
PEPPINO: E nun m'avisse spusato, nun mme rompere la capo. Ogne tanto dice chesto. T'hai sposato un'artista drammatico, e tant'onore hai potuto ricevere.
BETTINA: Pecché onore, pecché?
FELICE: D.ª Bettì, calmatevi. Se voi sapeste quanta cunte avetteme da dà dinto all'arte che nce spusajeme a buje, non parlereste così.
CARMELA: E già pecché vuje nce truvasteve miezo a la via.
FELICE: No, questo no, ma stavate nell'operetta e ognuno parlava.
CARMELA: Che aveva parlà l'arma de mammeta e de patete, steveme dinto a l'operetta e nce steveme onestamente.
BETTINA: Carmè, ma tu mò cu chi parle d'onestà, chille nun sanno manco addò sta de casa l'onestà.
FELICE: D.ª Bettì, vi prego qua l'onestà si conosce bene.
BETTINA: No, nun la cunuscite affatto, pecché si no nun fàciarrisseve murì de famma li mugliere voste...
PEPPINO Ma tu... *(Per inveire Felice lo trattiene.)*
FELICE: Ma D.ª Bettì, io mò vi debbo dire... Se voi vi morite di fame noi forse siamo sazi? Quando un uomo non lo tiene, o per dir meglio non tiene denaro, che cosa volete che faccia? Se po' menà abbascio? Se po' accidere?
CARMELA: E pecché nun voliste accettà chillo mese a Bari?
FELICE: Ma non mi conveniva, mia cara, tu non ne capisce niente, là se pazziava cu l'amor proprio. Se trattava de fà no drammetto di due atti o di un atto prima del ballo.
CARMELA: E che male nce steva?
FELICE: Tutto il male possibile. E chesto s'aveva sentì dinto all'arte, stateve bene. L'artista Felice Sciosciammocca è andato a recitare prima del ballo, moro centomila volte!
PEPPINO: E se capisce!
FELICE: Quanno recito io hanna da sentì sulo a me, debbono venire per me!
PEPPINO: Ma se sape, chesto che cos'è?
FELICE: E po' chi mme li ddeve a me sti dramme de duje atte e di un atto? Lo repertorio mio è tutto de quatte, de cinche, de sei atti, spettacolo intero.
BETTINA: E chelle diece recite a Castiellammare erano malamente?
PEPPINO: Si capisce, là se trattava de na compagnia in dialetto napoletano, mi andavo a

rovinare la gorga per dieci recite.
FELICE: Che ci vuoi fare, caro Peppino, la disgrazia è che non capiscono l'arte.
CARMELA: Io capisco sulo che sta vita nun lo voglio fà cchiù, pensa chello che hai da fà, pecché si no te basso e me ne vaco. E nun te credere che faccio chiacchiere comme a ll'ati vvote, mò faccio li fatte. Bettì, jammoncenne dinto. Ogge è l'ultimo juorno. Và addò trattore e fà venì lo mmangià pecché io si no mme ne vaco.
BETTINA: E pe ddì meglio nce ne jammo!
CARMELA: Penza che la famma è na brutta bestia!
BETTINA: La famma fa ascì lo lupo da lo vuosco.
PEPPINO: Fa chello che buò tu, non mme seccà.
BETTINA: Va bene.
CARMELA: Nuje aspettammo lo trattore, si lo trattore nun vene, nce ne jammo. Pensatece buono. *(Via a sinistra.)*
BETTINA: Scuorno! Scuorno pe li ffacce voste. *(Via.)*
PEPPINO: Pe la faccia de mammeta, hai capito!
FELICE: Tu mò che lle vuò risponnere a chella? Và addò trattore e fa venì lo mangià... è na parola, io si vaco addò trattore chillo m'arape tutto chesto, e have ragione, avanza da coppe a 170 lire, con quale coraggio mi presento. Da n'ata parte, se vogliamo ragionare, chelle tuorte non hanno, sò figliole, se sò maretate.
PEPPINO: Ma vuje dicisteve che avìveve scritta a Barletta, nun avite avuto risposta?
FELICE: Ogge aspetto la lettera sperammo che se po' fà quacche cosa. Mò m'ha ditto Michele l'agente che là forse si aprirà un gran Caffè Chantà... e chesto nce stanno combinanno, Caffè Chantà pe tutte parte. I migliori artisti, i migliori si danno al caffè, ma se capisce, ccà se tratta de famma. Mò na giovine cantante se fa chisto cunto ncapo: se sono scritturata da un impresario per fare l'Aida, la Traviata, il Rigoletto, chillo non fa denare, nun mme paga e io sto diuna, il Caffè Chantà mme dà 30 lire a lo juorno sicuro? Vado al Caffè Chantà. Ecco la distruzione dell'arte! E così coi giovani artisti. Chillo dice: neh, io a nu teatro che pozzo piglià? Quatte, cinche lire? Il caffè Chantà me ne dà 12, 15 senza voce, stunanno comme a nu cane, e se ne và là ncoppe.
PEPPINO: Io per me non ci andrei certo.
FELICE: Eppure, Peppì, a me mme sta ncapo che nuje là jamme a fernì.
PEPPINO: Oh! Oh! Volite pazzià!
FELICE: Mme sento nu delore ccà, dinto a la vocca de lo stommaco che non te lo puoi immaginare, quello dipende dal vuoto... non c'è niente, sò tre giorni che nce stammo rimedianno cu pane e formagio, ti prego di non far sapere queste cose in arte.
PEPPINO: Oh, vi pare...
FELICE: Mparaje nu sonetto a lo figlio de lo barbiere ccà vicino mò che mme sò ritirato, lo patre ha avuto lo coraggio de me mettere 3 solde mmano.
PEPPINO: Tre solde! E nun nce l'avite menate nfaccia?
FELICE: Nce le vvoleva menà, ma po' aggio pensato, chisto se li piglia n'ata vota e stateve bene. È una posizione infame, è una posizione terribile.

SCENA TERZA

Ciccio e detti.

CICCIO *(con danaro in mano e una carta)*: (Pe nn'avè doje lire e mmeze tutte cose nc'ha voluto la mano de lo Cielo...). Che beco! D. Felice stà ccà!
FELICE: Peppì, famme lo piacere, arriva fino all'agenzia, vide chi sa nce stesse quacche chiammata pe me, agge pacienzia. Fosse venuta na lettera pe me da Barletta.
PEPPINO: Va bene. D. Felì, badate che si jammo a Barletta, io la prima sera voglio le cipolle.
FELICE: Sissignore. *(Pep. via pel fondo a destra:)* Io credo ca co li cepolle rimmanimmo. Ciccì, che d'è?...
CICCIO: Che ha da essere D. Felì, mme sento na debolezza che mò moro! Pozzo campà sulo co lo fformaggio?
FELICE: E chillo mme pare nu sorece. Aggie pacienzia, Ciccì, io ogge aspetto na lettera che ci leverà da queste sofferenze. Che tiene mmano?
CICCIO: E na carta che mme l'ha dato lo guardaporta, vene a buje.
FELICE: Miette ccà. *(La prende e la legge piano:)* Sissignore, è na bella cosa, aggio avuto na bella nutizia. È la seconda citazione del padrone di casa, che domanda sequestro e sfratto.
CICCIO: A lo cchiù poco. Permettete, io vaco nu mumento dinto da la signora. *(Andando.)* (Quanno nun trova li vestite, siente le risa). *(Via a sinistra.)*
FELICE: E mò lo sequestro ce manca: mme dispiace pe lo vestiario; si se pigliene lo vestiario adderettura sò rovinato! Comme recito cchiù?

SCENA QUARTA

Aspremo, Luisella e detto.

ASPREMO: È permesso?
FELICE: Avanti, chi è?
ASPREMO *(fuori)*: Trase, Luisè. Voi siete l'artista D. Felice Sciosciammocca?
FELICE: A servirla.
ASPREMO: Favorirmi sempre. Dovrei parlarvi di un affare che mi preme molto.
FELICE: Accomodatevi, prego.
ASPREMO: Grazie. Assèttate Luisè. *(Seggono.)* Io sono Aspremo Sessa, Usciere del Tribunale.
FELICE: (Ho capito tutto. È prossimo il sequestro).
ASPREMO: Abito al terzo piano, qui, a Rua Catalana, proprio di rimpetto a voi. Quattro anni fa, mia moglie, di felice memoria, morì e mi rimase quest'unica ragazza. A voi, dite chi siete, come vi chiamate e che cosa volete fare. *(A Felice:)* Mò sentite.
LUISELLA *(si alza)*: Io mi chiamo Luisella Sessa, figlia di Aspremo e della fu Marianna Sasso, tengo 17 anni, quattro mesi e cinque giorni, mi voglio imparare a recitare e voglio fare la prima donna! *(Siede.)*
FELICE: (Quanto è bella chesta!). Bravo! Spiritosa.
ASPREMO: Che ne volete sapere, questa ha fatto restare a bocche aperte le

conversazioni intere. Fanatica per la recita, quando passa per davanti a qualche teatro è capace de sta fermata più di un'ora vicino al cartello. Quando era viva la madre, quella povera Marianna, io la portava sempre a vedere l'opera, e essa, quand'era la mattina, si ricordava tutto e faceva tutte le parti. Non vi dico poi riguardo a canzonette, appena esce na canzone se la mpara. Mò sò due mesi che mme stà luvanna la capa; papà, io voglio recità, papà io voglio fà la prima donna, papà, io mme voglio mettere ncoppa a lo teatro. Sul principio veramente mi sono opposto, ma poi, vedendo la sua inclinazione, aggio ditto: neh, chi mme dice a me che chesta non diventa una cosa grossa.
FELICE: Oh, questo è certo.
ASPREMO: A voi che ve ne sembra?
FELICE: Eh, la figura è buona.
ASPREMO: (Aspettate, ve voglio fà vedé come risponde). Ma sai che per fare la prima donna ci vuole spirito?
LUISELLA *(alzandosi)*: Di spirito ne tengo una carretta. Il dramma posso fare e la farsetta. E sia la prima donna o la servetta.
FELICE: Bene! Fa pure dei versi. Verseggia.
ASPREMO: Che ne volete sapé, vedrete, vedrete. Fatemi il piacere datele na lezione, provatela, l'affido a voi, voi siete un artista conosciuto, e sò che quando volete, potete tutto. Chesta insomma ha d'ascì da sotto a buje.
FELICE: (E già, io comme fosse na voccola).
ASPREMO: Ve ne sarò tanto tanto obbligato. Luisè, ringrazia D. Felice.
LUISELLA: Grazie. *(Si alza e va alla finestra.)*
ASPREMO: Vi assicuro ch'è na cosa rara. La volontà la tiene, vò fà insomma, vò fà. Luisè, e assettate, che vaje facenno.
LUISELLA: Che volite papà, io nun mme fido de stà sempe a nu pizzo.
FELICE: Lasciatela stare, non fa niente. *(A Luisella:)* Non ve n'incarricate, fate come se foste in casa vostra. A me mme fa piacere che è svelta, non le dite niente.
ASPREMO: Grazie tanto, quanto siete buono. Io ve la posso portare la mattina e me la vengo a prendere alle 5, perché, capite, io sono occupato al tribunale, faccio na vita de cane, se voi le volete dà nu poco de mangià, ce lo date, e senza offesa, vi darò tanto al giorno... no, voglio pagà, scusate, na cosa è la lezione e na cosa è lo mmangià. Se poi non volete avere questo incomodo, alle 5 viene a mangiare con me.
FELICE: Vedete... non è mai per incomodo, ma siccome non lo faccio a nessuno... io non tengo pensione.
ASPREMO: Va bene, allora mangia con me. E quando le volete dà la prima lezione?
FELICE: Pure adesso... mò le dè na parte, essa se la passa nu poco, e po' me la fa sentì. *(Va a prendere una parte.)*
ASPREMO: Grazie, quante obbligazioni.
LUISELLA: (Povero Giacomino, cu chisto sole stà là fermato, io l'aggio ditto che appena se ne va papà sagliesse ccà ncoppa cu na scusa).
FELICE: Ecco qua, questa è una particina dinto a nu Dramma che ho scritto io, intitolato: Giorgetta. Tiene due scene al secondo Atto ma di molto effetto.
ASPREMO: Luisè, viene ccà, vide D. Felice che te dà.
FELICE *(dando la parte a Luisa)*: Questa è una particina, imparatela a memoria, e poi me

la farete sentire.
LUISELLA (*prende la parte e la guarda*): E che d'è, accossì poco? Io nne voleva cchiù assai.
FELICE: (L'ha pigliato pe casecavallo). Per ora imparatevi questo, in seguito poi vi darò delle parti più lunghe.
LUISELLA: Va bene. *(Siede e legge.)*
ASPREMO: Vi assicuro che mò ha pigliato lo terno. Quante obbligazioni! Aspettate. *(Prende il portafoglio.)* Questo quà è il mio indirizzo, qualunque cosa vi occorre, troverete sempre un servo devoto e affezionato.
FELICE: Grazie, troppo buono. (Mme credeva che mme deve quacche cosa de denaro...)
ASPREMO: Io ne ho piacere che essa se dà al teatro, prima, perché ci tiene una grande disposizione, e poi perché così si leverà dalla testa nu studentiello che lle và appriesso, nu scarfaseggia qualunque. Io quando me ne accorsi lle fece na cancariata nummero uno, e essa sapite che mme rispunnette? Mparateme a recità e io lo lasso, ecco perché io ho avuto tanta premura. Nun tene madre, capite, io sono sempre occupato, e tremo pure dell'aria.
FELICE: Ho capito. Perciò la volete mettere sul teatro.
ASPREMO: Ecco. Bravo. Dunque, D. Felì, io alle 5 in punto sto qua. Ve la raccomando, fate come se fosse una vostra figlia.
FELICE: Non dubitate.
ASPREMO: Quanto siete buono. Aspettate. *(Prende il portafoglio e legge una carta:)* Da lo miedeco nce sò ghiuto, lo scarparo pure, li piezze de sapone l'aggio pigliato, li ttengo dinta a la sacca. Compare... Va bene. Sono i ricordi della giornata, capite. Mò aggia j a truvà lo compare mio che sta malato, alle cinque sto qua.
FELICE: (Puozze sculà, mme l'ha fatto n'ata vota).
ASPREMO: Luisè, statte bona, papà a li 5 te vene a piglià... hai capito? Eh! Chella mò nun sente manco li cannunate. Permettete D. Felì, quante obbligazioni! *(Via pel fondo a destra.)*
FELICE: Ma quanno te muove vurria sapé... Vì che bella lezione che aggio pigliato. L'avete letta una volta?
LUISELLA: Na vota? Io l'aggio letta cinche vote, la saccio già a mente.
FELICE: Possibile!
LUISELLA: Veramente. Volite sentì?
FELICE: Eh, lasciatemi sentì.
LUISELLA: Atto secondo, scena terza.
FELICE: Questo è inutile, questo non si dice.
LUISELLA: Ah, chesto non se dice?
FELICE: Nonsignore.
LUISELLA: Esce pallida e tremante.
FELICE: E questo neanche si dice.
LUISELLA: Manco se dice?
FELICE: Nossignore.
LUISELLA *(scherzosa)*: Non la voglio.
FELICE: No, per carità, non è questa l'inflessione. Voi avete ragione, perché non sapete

l'argomento. Ecco qua. Dovete sapere che Giorgetta è la più bella giovine di un paesello della Sicilia. Tutti restano ammaliati dai suoi begli occhi e dai suoi lunghi capelli d'oro. Giorgetta è povera, ma è onesta. Ama un contadino povero al par di lei. Un ricco signore vorrebbe farla sua ad ogni costo, e danaro e gioielli e ricchezze, tutto le offre, ed essa nulla accetta. Un giorno la fa condurre alla sua Villa, splendida, ricca come una reggia, fa trovare il notaio con due testimoni, che sarebbe la scena terza del secondo Atto, e le dice: Vedi, Giorgetta, se tu acconsenti all'amor mio questa villa è tua. Giorgetta, ferma e risoluta, risponde: Non la voglio!
LUISELLA: Ah, aggio capito.
FELICE: Ecco perché non è quella l'inflessione.

SCENA QUINTA

Ciccio e detti, poi Giacomino.

CICCIO: (D. Felì, scusate, la mugliera vosta vò sapé si avite mannato addò trattore).
FELICE: (Chella è pazza, non le dà retta. Famme lo piacere, chiste sò tre solde, và da lo pezzaiuolo a lo pentone, e famme na pezzella cco la pommadora, io mme sento na languidezza de stommaco che nun se po' credere).
CICCIO: Mò ve servo subeto subeto. *(Via.)*
FELICE: Dunque... adesso fatemi sentire come dite quella battuta.
LUISELLA *(esageratamente)*: Non la voglio!
FELICE: E pecché alluccate? Nonsignore, anzi quella è una battuta che si deve dire con forza sì, ma senza alluccà. *(Vedendo Giac.)* Chi è? Uh, quant'è bello chillo. Avanti. Chi volete?
GIACOMINO: Vorrei parlare col signor D. Felice Sciosciammocca, sapete dove sta?
FELICE: Sono io, che mi dovete dire?
GIACOMINO: Mi dispiace che vengo a disturbarvi, voi forse siete occupato.
FELICE: Nonsignore, potete parlare, la signorina non va di fretta.
GIACOMINO: Signorina, sono proprio mortificato, se sapeva che c'era lei non ci sarei venuto.
LUISELLA: Oh, e perché? Io posso attendere, non vado di fretta.
GIACOMINO *(dolce)*: Non andate di fretta?
LUISELLA *(ugualmente)*: Ma no, ma no.
GIACOMINO: Grazie, sa.
FELICE: Amico, se siete venuto pe fà lo farenella ve ne andate un'altra volta. Voi dite che volete parlare con me? E parlate con me.
GIACOMINO: Sissignore.
FELICE: Chi siete e che volete.
GIACOMINO: Io mi chiamo Giacomino Alicella, mio padre è ricchissimo e tiene solamente a me, sono stato molti anni alla scuola, ma nun m'aggio potuto mparà mai niente, appena appena saccio fà lo nomme e lo cognome mio. Papà mme dice sempe: figlio mio, vide de fà quacche cosa, pecché va bene che lo mangià nun te manca, li vestite te li ffaccio io, ma può stà sempe soggetto a me?

FELICE: Eh, dice buono.
GIACOMINO: Lo sò, ma io pure dico buono, che faccio si non saccio fà niente? L'unica cosa è de fà lo comico.
FELICE: E già, perché dite voi: lo comico non have bisogno de sapé leggere e scrivere.
GIACOMINO: E se capisce, che n'ha da fà.
FELICE: Comme che n'ha da fà, e la parte comme ve la mparate?
GIACOMINO: E pecché mme l'aggia mparà, lo suggeritore mme lo ddice e io lo ddico da coppa.
FELICE: (E io te vatto da sotto! Vuje vedite a me che mme succede).
GIACOMINO: Io voglio che vuje mme date nu mese de lezione, io ve dò 5 lire al giorno, se ci riesco, bene, e se no ve ringrazio e non ci penso più.
FELICE: E li ccinche lire d'ogge l'avite portate?
GIACOMINO: Sissignore, eccole qua. *(Le mostra.)* Dopo la lezione ve le ddongo.
FELICE: Va bene. Questa giovine sta qua anche per la stessa ragione.
GIACOMINO: Ah, anche voi vi volete imparare a recitare?
LUISELLA: Sissignore.
GIACOMINO: Bravo, fate bene.
FELICE: Dunque, parlate con me. Ditemi una cosa, avete mai recitato?
GIACOMINO: Sissignore.
FELICE: Ah, bravo, e dove?
GIACOMINO: Birrerie di Monaco, Eden a S. Lucia. I bagni al Chiatamone...
FELICE: Bravo! Comme avesse ditto: Sannazzaro, Fondo, Fiorentini. Ma là non avete recitato, avete cantato?
GIACOMINO: Cantato, e recitato, come s'intende.
FELICE: Vattenne, nu'n mme fà vutà lo stommaco! Basta, na vota che ve trovate ccà con l'istessa intenzione della Signorina qui presente, la quale si stava passando una parte, mò facciamo così. *(Prende un copione.)* Questo è il dramma, vuje nun sapite leggere, perciò è inutile la parte. Mò ve suggerisco io la scena terza del secondo Atto, voi fate il Conte Ottavio e essa fa Giorgetta.
GIACOMINO: Ah, bravissimo!
FELICE *(leggendo il copione)*: Ottavio, Vedi tu queste ricchezze, o Giorgetta? Sono tue, tu sola ne sarai la padrona. Amami, Giorgetta, amami e tutto avrai. Se tu acconsenti all'amor mio, questa villa è tua. *(Giac. ripete le parole con lazzi come un concerto, a Luisa:)* A voi.
LUISELLA *(gridando)*: Non la voglio.
FELICE: Nun alluccate, ma tenite la capa tosta sà... vi ho detto con forza, ma senza gridare. Così, vedete, voi state da qua. *(Si situa a destra.)*

SCENA SESTA

Ciccio e detti, poi Portalettere.

CICCIO *(con pizza in salvietta, dice piano a Fel.)*: D. Felì la pizza...
FELICE *(recitando)*: Non la voglio.

CICCIO: (E mò mme la magno io!). *(Via a destra.)*
LUISELLA: Va bene. *(Declamando:)* Non la voglio.
FELICE: Ma nonsignore, signurì, voi fate troppe mosse, voi dovete essere naturale, il gesto dev'essere solo del braccio sinistro, accompagnato appena appena con la testa; e poi gli occhi e la fisionomia debbono esprimere tutto, tutto il gioco e l'effetto, deve stare nei movimenti di fisionomia, mi spiego o no?
LUISELLA: Sissignore.
FELICE: Per esempio, guardate i movimenti che faccio io. *(Si situa.)* Se tu acconsenti all'amor mio questa villa è tua. *(Pausa, esce il porta-lettere con lettera in mano.)*
PORTALETTERE *(dietro le spalle di Felice)*: D. Felì, sta lettera.
FELICE *(recitando)*: Non la voglio.
PORTALETTERE *(scrivendo col lapis sulla lettera)*: Rifiutata. *(Via pel fondo a destra.)*
LUISELLA: Vuje po' avita da compatì, certamente chesta è la primma lezione. *(Giacom. ride.)* Io faccio tutto chello che dicite vuje, non dubitate.
FELICE: Voi avete buona volontà, e sono sicuro che studiando. *(Giac. ride.)* Neh, perché ridete, scusate mme pare che chesta non sia educazione.
GIACOMINO: No, io rido, perché è successa na cosa buffa assai!
FELICE: Che cosa?
GIACOMINO *(ridendo)*: Lo Fatturino de la posta v'ha purtato na lettera, vuje stiveve facenne vedé la parte a la signorina e avite ditto: non la voglio! Chillo se credeva che l'aviveve cu isso, e se n'è ghiuto n'ata vota!
FELICE: Sangue de Bacco! Possibile! Chella aveva essere la lettera de Barletta! Da quanto tiempo se n'è ghiuto?
GIACOMINO: Mò proprio.
FELICE: Permettete. *(Via.)*
GIACOMINO: Luisella mia cara cara, sciasciona mia, mme vuò bene?
LUISELLA: E che mme l'addimmanna a fà, assaje assaje! Ma comme facimmo co papà, chillo è tanto ostinato.
GIACOMINO: Ma che nce ne mporta de papà, si tu mme vuò bene veramente, viene cu mmico ogge a Pezzulo, là stongo nu mese scritturato, aggio combinato tutto cose, nce cagnammo lo nomine, cante pure tu: Nce divertimmo, nce spassammo, facimme cose de pazze.
LUISELLA: E pò spusammo?
GIACOMINO: Ma se capisce, appena tornammo a Napole spusammo, zuccariello mio. *(Le bacia la mano.)*
LUISELLA: Giacomino bello!
GIACOMINO: Mò mme ne scengo primm'io, po' truove na scusa e te ne scinne pure tu. Io t'aspetto a lo pentone de lo vico, appena scinne, nce mettimmo dinto a na carrozzella, jammo a la Torretta e doppo n'ora e mmeza stamme a Pezzulo. Che ne dice, rispunne.
LUISELLA: Ma sì, ma si, io faccio tutto chello che dice tu! *(Voce di Fel. di dentro:)* Mannaggia l'arma de mammeta. *(I due si allontanano.)*

SCENA SETTIMA

Felice e detti.

FELICE: Guè, vì che portalettere ntussecuso che aggio truvato, vuje primma avite ditto non la voglio, e po' la volite, nonsignore, chell'era Giorgetta che parlava, e che d'è vuje ve chiammate Giorgetta? Non mme rompere la capa! *(I due ridono.)* Ma vedite che combinazione. Senza manco francobollo, m'aggia avuta fa mprestà sei solde a lo guardaporta. Basta, signurì miei, permettete, quanto leggo sta lettera.
GIACOMINO: No, sapete, io me ne vado perché papà mi aspetta e non lo voglio fà stà in pensiero. Ci vedremo domani.
FELICE: E non volite fà lezione?
GIACOMINO: No, incominciamo domani, mò s'è fatto tardi, non mi posso più trattenere. A rivederci. Signorina tanto piacere di aver fatto la vostra conoscenza.
LUISELLA: Oh, il piacere è stato mio.
GIACOMINO: (Scinne ambressa!).
FELICE: Ma io vi voleva dire...
GIACOMINO: Non ve posso sentì, è troppo tardi, domani, domani. Arrivederci. *(Via pel fondo a sin.)*
FELICE: (Aggio perzo cinche lire a mmano a mmano!). Signurì, scusate nu mumento.
LUISELLA: Fate, fate. *(Va alla finestra.)*
FELICE *(legge)*: «Barletta 18 settembre 1893. Carissimo D. Felice. Con mio dispiacere debbo dirvi che qui recite non se ne possono fare perché il teatro è chiuso e non si può aprire a causa della luce elettrica che deve servire per illuminare il Caffè Chantà che sta aperto da cinque sere. Il Sindaco poi mi ha fatto osservare che ancorché si aprisse il teatro con altra luce, non ci andrebbe nessuno perché tutti i Barlettani la sera vanno in quel locale nobile, aristocratico e divertente. Vi saluto Vostro amico Achille». Stateve bene, avimmo perduto pure st'ata speranza. Il Caffè Chantà! Si preferisce il caffè Chantà al teatro! E che volimmo fà cchiù! Che se po' fà cchiù! Poveri noi! Che ne sarà di noi!... Io non capisco Ciccillo chella pizza quanno la porte.
LUISELLA *(parlando a voce alta dalla finestra)*: Papà, volite a me? Sissignore, mò vengo, mò vengo... *(A FeL:)* Neh, stateve bene, papà è trasuto dinto a lo palazzo nuosto co la mano nfronte, forse l'avotarrà la capa. Chillo patisce de giramento de cape. Nce vedimmo dimane. Stateve bene. *(Via correndo pel fondo a sinistra.)*
FELICE *(alla porta)*: Facitele mettere subeto la faccia dinta a l'acqua gelata, domani fatebo purgare.
LUISELLA *(di dentro)*: Va bene, va bene.
FELICE: Pover'ommo! Eh, io saccio che songo li giramento de cape! Mò per esempio, m'abbaglia la vista nu poco... chella è la famma!

SCENA OTTAVA

Peppino e detto, poi Ciccio.

FELICE *(a Pepp. che entra desolato)*: Guè, Peppì, che mme dice?
PEPPINO: Che v'aggia dicere, D. Felì, sò stato fino amò dinta a l'agenzia e non c'è da fà niente, proprio niente. Nce steva n'affaruccio de 15 recite a Casoria e se n'è ghiuto nfummo, pecché mmiezo a la piazza s'è apierto nu caffè chantà!
FELICE: Mannaggia l'arma de li cafè chantà!
PEPPINO: E sapite chi nce sò ghiute a fà li farsette e a cantà? Errico Stoppa co la mugliera e D. Cesare Fiore co la figlia.
FELICE: Tu che dice?
PEPPINO: Eh, che dico, la verità.
FELICE: E comme, chillo sò artiste drammatici vanno a fà chella figura.
PEPPINO: E chello che aggio ditto io pure.
FELICE: Oh, arte, arte, e dove sei caduta!... (Ma sta pizza chisto quanno la porta?)
PEPPINO: Io ve dico la verità, mme sò avvilito, nun mme fido cchiù! *(Esce Ciccio.)*
FELICE *(vedendo Ciccio)*: Neh, Ciccì, la pizza mme l'hai fatta?
CICCIO: La pizza? Che d'è mò la volite mò? E addò la piglio? Io mme l'aggio magnata.
FELICE: Puozze sculà! E pecché te l'hai magnata?
CICCIO: E comme, s'aveva jettà? Io so venuto, ve l'aggio portata, aggio ditto: D. Felì, chesta è la pizza, vuje m'avite risposto: non la voglio, e mme l'aggio magnata io.
FELICE: Comme! Io t'aggio risposto non la voglio?
CICCIO: Sissignore, poco primma, stiveve cu culli duje giuvene.
FELICE: Puozze murì de subeto, io stevo passanno la parte a chella figliola. È succieso lo stesso fatto de la lettera. Bestia io non l'aveva cu ttico!
CICCIO: Embè, io che ne sapeva.
FELICE: Manco na pezzella de tre solde m'aggio potuto mangià. Intanto ccà s'ha da vedé che s'ha da fà. Chelle stanno aspettanno dinto e hanno ragione, sò tre ghiuorne che stanno mangianno asciutto. Non c'è che fà... mò facc'io lo sacrificio... Ciccì.
CICCIO: Comandate.
FELICE: Arape chella cascia, piglia chilli duje vestiti nuove che mme facette ultimamente. Quello d'Otello e quello di Paolo nella Francesca da Rimini. Vide quanto te vogliono dà... 40, 30, pure 25 lire, dancille, nun ce penzammo cchiù. Chille mme costano denaro assaje... ma ch'aggia fà... pacienzia... pigliele fa ambressa. *(Pausa Ciccio si gratta il capo.)* Che d'è pecché te raspe ncape? Te dispiace eh, lo ssaccio, fa dipiacere a luvà chella robba, ma che nce vuò fà... s'ha da leva.
CICCIO: (Chella s'è levata già!). Sentite a me, lassatela stà.
FELICE: Comme la faccio stà neh, Ciccì? qua non ci stà nessuna risorsa... jamme, và lo ppiglià... e quanno te muove?
CICCIO: D. Felì, chella D. Carmela già se l'ha vennuta, m'ha mannato a me.
FELICE: Se l'ha vennuta?
CICCIO: Sissignore. E quà 40, quà 30, quà 25... chille m'hanno dato doje lire e mmeze.
FELICE: Doje lire e mmeze! Possibile!
CICCIO: Possibilissimo. E nun mme li vvolevano dà manco, appena l'hanno visto mme l'hanno menato nterra, hanno ditto: vattenne, tu che vaje portanno mmano, chiste pe li vennere avimm'aspettà a carnevale!
FELICE: L'hanno pigliato pe vestite de maschere, stupidi! E tu vaje a dà chilli costume pe

25 solde l'uno?
CICCIO: Che volite da me, chella la mugliera vosta ha ditto: qualunque cosa te mettene, dancille.
FELICE: E bravo! E chesta è stata n'ata bella notizia che aggio avuto. Intanto, che facimmo cu doje lire e mmeze?

SCENA NONA

Vincenzo e detto.

VINCENZO: È permesso? Si può?
FELICE: Chi è? Favorite.
VINCENZO: Lo vi ccà, oì, quant'è bello!
FELICE: Scusate, io non vi conosco.
VINCENZO: Lo ssaccio, ma io conosco a buje però... Vì che bella faccia! Puozze campà mill'anne! Io v'aggia parlà de n'affare importante, ma avimma essere poche recchie. Stu giovene chi è?
FELICE: È un amico mio intimo.
VINCENZO: È Artista?
PEPPINO: Per servirla.
VINCENZO: Favorirmi. Allora po' sentì.
FELICE: Ciccì, vattenne fore tu. *(Cicc. via, seggono.)*
VINCENZO: Avite da sapé che io mme chiamino Vincenzo Penna soprannominato Mbroglia. Piccerillo perdette a mammema e a paterne, mme sò cresciuto io stesso e nun m'aggio fatto mai mancà la panella de pane. Aggio viaggiato, aggio fatto lo masto de casa a buordo, lo cuoco, e quacche vota pure lo lavapiatte. Giranno, giranno mme sò trovato a Pezzulo comme a cammariere in casa de nu ricco signore, lo quale stà aunito cu na sora vedova e cchiù ricca d'isso. Lo mese passato venettene a Napole e ghiettene a vedé lo Caffè Chantà a lo Chiatamone, se ne jettene talmente de cape che appena tornate a Pezzulo facettene rinnovà nu gran locale che tenevano e hanno fatto pure loro nu Cafè Chantà. Mò vene lo bello. Ajessera la vecchia me chiammaje e mme dicette: Viciè, tu annascoste de frateme hai dai a Napole e hai da trovà duje giovinotte simpatiche che fossene buono pe la prosa e pe la musica, furastiere non ne voglio, hanna da essere Napolitane, pecché a me gli artisti Napolitani mme piacene assai. Io sò marpione, e aggio capito che chesta è na scusa, na vecchia se vò mmaretà n'ata vota, e se vò piglià nu giovene a gusto sujo. Stammatina sò venuto a Napole e sò ghiuto all'agenzia teatrale, pe sparagnà, pe vedé che robba nce steva. D. Michele, l'Agente m'ha ditto: Viciè, stanno tutte piazzate, nun nce stà ato che D. Felice Sciosciammocca... e D. Peppino Spica. Sangue de Bacco! D. Felice Sciosciammocca... e io lo saccio, allora mò nce vaco, e accussì sò venuto. *(Pausa, Fel. e Pepp. si guardano.)*
FELICE: Ma scusate, D. Viciè, prima di tutto vorrei sapere, voi a me dove mi conoscete.
VINCENZO: L'anno passato a Puortece, ve ricordate, facisteve na recita, facisteve Otello, io steva dinta a la platea, quanta rise mme facisteve fà, mannaggia la palella!
FELICE: Ve facette fà li rrise? Comme! io facevo Otello, ve facette ridere?

VINCENZO: No, pecché stiveve accussì curiuso vestuto.
FELICE: Basta, D. Viciè, noi non possiamo accettare, noi siamo artisti, non siamo saltimbanchi.
PEPPINO: Noi recitiamo in teatro, caro mio.
VINCENZO: Embè, lo teatro e lo cafè nun è la stessa cosa? E po' che male nce stà, chi l'ha da sapé? Vuje capite che pe 15 sere abbuscate na somma e senza fà niente; po'... quacche canzone, quacche scene de prosa, nu quarto d'ora a sera. La vecchia caccia pure 40 lire a lo juorno a persona, 80 lire, 70 v'è ppigliate vuje e diece mme le piglio io che aggio combinato l'affare. Po' avite casa, durmì, magnà e tutte trattamente. Nun ve dico niente po' si la vecchia se nne va de capa, allora avite fatto la fortuna vosta.
FELICE: E quà fortuna, nuje simme nzurate.
VINCENZO: E che fa, vuje chesto nun l'avite da dicere, quanno l'avite scorchigliata 4 o 5 mila franchi, ve ne jate e felicenotte. Che dicite? Volite perdere st'occasione?
FELICE: Peppì...
PEPPINO: D. Felì...
FELICE: E l'arte?
VINCENZO: Ma che arte e arte, ogge è l'epoca che s'afferra tutto. Del resto io tengo 200 lire dinto a la sacca per l'anticipo, e nu foglio de carta bollata pe fà nu contrattiello lesto lesto, si volite venì, bene, e si no avimrno pazziato. (*Si alza fa vedere le 200 lire.*)
PEPPINO: (D. Felì, sò 200 lire).
FELICE: (Non è nu soldo).
PEPPINO: (Alla fine sò 15 juorne, fore Napole).
FELICE: (Potimmo fà pure la scena del primo Atto dei due sergenti).
PEPPINO: (Se sape).
VINCENZO: Che volite fà, spicciateve pecché io vaco de pressa. Accettate?
FELICE: Va bene, accettiamo.
VINCENZO: Allora facimmo lo contratto.
FELICE: Sissignore, favorite con me.
PEPPINO: (D. Felì, a li mugliere foste nun lle facimmo sapé niente).
FELICE: (E se capisce).
VINCENZO: Sapite, vuje a n'ata ora avita da partì cu mmico?
FELICE: Quando volete voi, favorite. (*Viano a destra.*)

SCENA DECIMA

Carmela e Bettina, poi Ciccio e poi Totonno.

CARMELA: Doje lire e mmeze! Io nun mme pozzo arrivà a fà capace, duje vestite doje lire e mmeze, manco tre lire e mmeze, manco tre lire!
BETTINA: Intanto, mò se ne sò ghiute senza incaricarsi affatto de nuje!
CARMELA: Vì che piezze de scellarate!
CICCIO (*uscendo*): Signò, fore nce stà nu giovene che ve vò parlà, dice che vuje lo conoscite, nu certo Totonno Favetti.
CARMELA: Totonno Favetti?... Uh, Bettì, Totonno, chillo giovene corista che steva cu

nuje scritturato. *(Totonno comparisce.)*
BETTINA: Uh, Totonno chillo che faceva ammore cu chella corista chiatta chiatta, e po' se la spusaje.
TOTONNO: Perfettamente, e tengo pure 3 figli.
CARMELA: Trase, Totò; nun nce vedimmo da tanto tiempo... comme stai?
TOTONNO: Non c'è male, grazie.
BETTINA: Assettete. *(Seggono, Ciccio via.)*
CARMELA: Che te ne sì fatto? Addè sì stato?
TOTONNO: A lo pprincipio spusate seguitaje a viaggià co la compagnia, po' mugliereme stette fortemente malata, l'ordinajene li bagni ai Bagnoli e non putette fà niente cchiù. Fortunatamente trovaje nu posto de segretario in casa di un ricco signore e sò duje anne che mme trovo llà.
CARMELA: Meno male. E comme và po' che te sì ricurdato de nuje?
TOTONNO: Ecco ccà, mò ve dico io. Stu signore, avite da sapé che nun sapenno che nne fà de li denare, pecché ne tene a zeffunno, l'è venuto lo capriccio d'arapì nu cafè chantà comme a chillo che sta ccà a lo Chiatamone. Ha scritto fore p'avé delle novità, delle cose eccentriche, e po' particolarmente a me m'ha chiammato e m'ha ditto: Totè, tu hai daj a Napole e m'hai da purtà doje belle guaglione, e si li vvoce sò bone, io lle dè chello che vonno loro. Va bene, aggio risposto io, farò tutto il possibile per contentarvi. Appena arrivato a Napole aggio pensato a buje, e, guardaporte pe guardaporte, songo arrivato a sapé che stiveve ccà. Ora mò, poche parole, volite venì a passà 15 juorne allegramente?
CARMELA: Totonno mio, cu piacere, ma comme facimmo? Nuje simmo mmaretate.
BETTINA: E si, tenimmo duje belle marite veramente, sò tre ghiuorne che stammo diune.
TOTONNO: Scuse! E allora che nce pensate a fà? Alla fine po' vuje venite scritturate e non se tratta de na miseria, se tratta d'abbuscà 50 lire a sera pedono, mangià e dormì.
CARMELA: Cinquanta lire?
TOTONNO: Cinquanta lire, si po' sapite cuffià lo viecchio, ve putite portà pure belli regali. Che dicite? Che volite fà?
CARMELA: Ma addò è?
TOTONNO: A Pezzulo, ccà vicino.
CARMELA: Bettì, che nne dice?
BETTINA: Ma che nce volimmo pure penzà? Io pe me sò pronta. *(Si alza.)*
CARMELA: E io pure.
BETTINA: Una cosa, comme facimmo co li veste, co lo vestiario, nuje stammo accussì.
TOTONNO: Nun ve n'incaricate, pe lo vestiario ve l'affittate là, e pe doje veste bone nce pensarrà muglierema.
BETTINA: Allora va buono.
TOTONNO: Oh, e co li marite vuoste comme ve regolate?
CARMELA: Nuje non dicimmo che ghiammo a Pezzulo, tenimmo lo mezzo pe mancà da la casa 15 juorne.
TOTONNO Benissimo.
BETTINA: E quanno avimma da venì?
TOTONNO: Mò proprio, nzieme cu mmico, nun ce sta tiempo da perdere.

CARMELA: Allora, Totò, vattenne e aspettece a lo cafè a lo pentone, nuje a n'ato ppoco stammo llà.
TOTONNO: Certo
CARMELA: Certissimo.
TOTONNO: Va bene, facite priesto, e songo certo che all'urdemo ve ne trovate contente e me ringraziate. *(Via pel fondo a dest.)*
BETTINA Carmè, famme capì mò, che mezze tenimmo pe mancà 15 juorne?
CARMELA: Nun ce vò niente, na parola porta n'ata, vene m'appicceco, e, secondo la promessa che l'avimmo fatto, nce ne jammo da li pariente nuoste.
BETTINA: Io da zì Matteo a Sorriento.
CARMELA: E io da frateme a Caserta.
BETTINA: Peppino da zì Matteo nun ce vene.
CARMELA: Feliciello cu frateme sta appiccecato.
BETTINA: Benissimo!
CARMELA: Zitto, stanno venenno, pe mò nun ce facimrno vedé... l'appicceco ha da venì naturale.
BETTINA: Sicuro, dice buono. *(Viano a sinis.)*

SCENA UNDICESIMA

Felice, Peppino e Vincenzo poi Carmela e Bettina indi Ciccio.

VINCENZO: Dunque rimannimmo accussì, io mabbio co la carruzzella a la Torretta e v'aspetto llà.
FELICE: Perfettamente.
VINCENZO: Facite ambressa, si no parte lo tram.
FELICE: Nun nce pensate, nuje mò venimmo.
VINCENZO: Ve raccomanno. *(Via pel fondo a dest.)*
PEPPINO: D. Felì, mme volite dicere quà è sta pensata che avite fatto pe nce ne j senza fa sapé a loro addò jammo?
FELICE: Ecco ccà... Nuje mmò li chiammammo. Io trovo la scusa che ha fatto male a vennere chilli vestite, essa è capace che me risponne, io la piglie a mazzate e nce ne jammo.
PEPPINO: Benissimo. Io po' cu mugliererna nun trovo nisciuna scusa, appena esce la vatto.
FELICE: No, questo no, mettiamoci dalla parte della ragione. Primme hanna da venì e cchiacchiere, po' l'appicceco, e po' le mazzate.
PEPPINO: Comme volite vuje.
FELICE: La cosa ha da essere naturale, si no chelle capiscene che sta mbruoglio sotto.
PEPPINO: Va bene.
FELICE: Zitto eccoli ccà. Ricordete, primme li chiacchiere, po' l'appicceco e po'li mazzate. *(Escono Carm. e Bettina pausa, come un concerto.)* Aggio saputo tutto, senza che me tiene mente.
CARMELA: Ch'hai saputo, ch'hai saputo?

FELICE: T'avisse vennuto tutto ma no chilli vestite.
BETTINA: E buje l'avisseve dato a mangià.
PEPPINO: Questi sono affari che a te non ti riguardano.
BETTINA: Ma gli affari miei mi riguardano però, grandissimo disperatone!
PEPPINO: A me disperatone! (D. Felì, la pozzo vattere?).
FELICE: (No ancora).
CARMELA: Belli vestite, miettatenne scuorno pure de li nnommenà, se l'hanno accattate pe doje lire e mmeze!
FELICE: Io si sapeva che te servevene doje lire e mmeze, te l'avarria menate nfaccia.
CARMELA: Vattenne, sbruffò... tu l'autriere te mpignaste na mappata de biancaria per 3 lire.
FELICE: Bell'onore! Bella figura mme faje fà cu n'amico che se trova presente.
BETTINA: Caspita! Se trova presente nu bello muorto de famma!
PEPPINO: A me muorto de famma! (D. Felì, la pozzo vattere?).
FELICE: (Mò, nce avimma da nfucà n'atu poco).
PEPPINO: Allora, na vota che sò muorto de famma, lassammece e felicenotte.
BETTINA: E lo ddicive pure, io chesto vaco truvanno.
CARMELA: E se sape, nce ne jammo, nce ne jammo!
FELICE: E n'ata vota cu stu nce ne jammo, ma io vurria sapé tu addò vaje?
CARMELA: Addò mme dice la capa, nun aggia dà cunto a te, tengo sempe frateme a Caserta.
BETTINA: E io tengo ziemo a Soriento.
CARMELA: E mò proprio me ne vaco!
BETTINA: Mò proprio te lasso!
FELICE: Embè, pe te fà vedé, mme ne vaco primm'io.
CARMELA: Nun mme ne mporta niente!
BETTINA: Nun mme passa manco pe la capa!
CARMELA: Bettì, jammece a mettere li cappielle.
BETTINA: Jammo.
CARMELA: Volimmo magnà e volimmo vevere a la faccia vosta!
FELICE: A la faccia de mammeta!
PEPPINO: Ricordate che m'hai chiamato disperatone e mmuorto de famma!
BETTINA: Sì, e te lo ttorno a dicere ciente vote!
PEPPINO: Nun te n'incarricà, t'aggia tirà tutte li capille!
BETTINA: A chi! A chi! *(Carm. la trattiene. Esce Cicc. e trattiene Fel.)*
CICCIO: Che cos'è, neh?
FELICE: Tutto pe tte, lazzara, funnachera!
CARMELA: A me lazzara, funnachera!
FELICE: Sì, a te, a te! *(Gridando.)*
CARMELA: Statte zitto! *(L'afferra.)*
FELICE: Lasse, sangue de Bacco!
BETTINA *(gridando)*: Fermateve!
CICCIO: Stateve sode! *(Carm. bastona ben bene Fel., gli altri gridano cercando di dividerli.)*

CARMELA: Ah! non ne poteva cchiù! *(Via a sin con Bett. e Cicc.)*
PEPPINO: D. Felì... embe...
FELICE: Embè che? Io che t'aggio ditto: primma li chiacchiere, po' l'appicceco e po' le mazzate. Jammoncenne! *(Viano.)*

(Cala la tela.)

Fine dell'atto primo

ATTO SECONDO

Camera ricca in casa di D. Carlo. Quattro porte laterali e due in fondo. Quella a destra è la comune, quella a sinistra conduce alla Villetta. Mensola dorata fra le due porte, con candelabri ed orologio. Un piccolo tavolino tondo a destra. Sedie tappezzate ecc.

SCENA PRIMA

Vincenzo, e poi Totonno.

VINCENZO *(dalla comune in fondo)*: Chillo cancaro de Totonno lo segretario dice che poco primma è arrivato da Napole cu doje belle figliole e che l'ha scritturate per ordine de lo signore. Vì che piezze d'assassino, vi si m'ha fatto sapé niente. *(Guardando nella prima porta a dest.)* Ah! Ah! La vecchia sta in calorosa conversazione cu D. Felice e chill'ato giovene, appena l'aggio portate l'ha voluto a tutte e duje dinta a la cammera soja, po' m'ha chiammato da parte e m'ha ditto! Tiene, Viciè, cheste sò 50 lire pe quacche spesa ch'hai fatto; grazie, eccellenza. Io in tutto aggio spiso tre lire. *(Ride:)* Ah! Ah! Ah!
TOTONNO *(dalla seconda porta a sin.)*: Va bene, va bene, mando a prendere subito ciè che avete detto. *(Siede al tavolino e scrive.)*
VINCENZO: Eh! Eh! Mò state ammuinato, Signor Segretario, mò sta chiuvenne dinto a la massaria vosta.
TOTONNO: Viciè, io t'aggio ditto tanta vote ntrichete de li fatte tuoje, tu sì cammariere? E fà lo cammariere, io sò segretario e faccio il mio dovere da segretario.
VINCENZO: Ah, sicuro! E tu lo segretario lo sai fa buono, specialmente quanno se tratta de scritturà piccerelle aggraziate.
TOTONNO: Io si scritturo piccerelle aggraziate, le scritturo pecché hanna da cantà dinto a lo cafè. Ma tu, Viciè, tu se sape che mestiere faje dinto a sta casa.
VINCENZO: Pecché che mestiere faccio io? Mò te tozzo co la capo ncoppa a lo tavolino.
TOTONNO: A chi tuzze co la capo ncoppa a lo tavolino, mò overo te chiavo lo calamaro nfronte!
VINCENZO: Tu mme chiave lo calamaro nfronte a me?
TOTONNO: Io, sì!

SCENA SECONDA

D. Carlo e detti.

CARLO: Va bene, va bene, lasciatemi stà mò, se ne parla dimane.
VINCENZO: Hai ragione ch'è venuto lo Signore a tiempo.
TOTONNO: Si no mme la facive na zumpata!
CARLO *(fuori con lettera e molti manifesti grandi e piccoli)*: Mannaggia l'arma de lo cafè e quanno mai mme venette ncape de lo fà! Non mme ne fido cchiù, stongo una zuppa!
VINCENZO: Eccellenza, dateme lo cappiello. *(Lo prende e lo posa sulla mensola.)*
TOTONNO: Ma perché, Eccellenza, ch'è stato?
CARLO: Comme ch'è stato, là sta n'ammuina che nun se po' mmanco passà, tavolino, segge pe mmiezo, lo cafettiere sta malato e nun se sape si po' purtà lo servizio, la luce elettrica forse non se po' appiccià, pecché che saccio, lo machinista de lo palcoscenico sbadatamente p'attaccà li scene, ha rutto nu filo importante, io mme l'aggio chiammato, mme sò mmiso ad alluccà, ma chillo ch'è nu miezo scemo, ha ditto: io steva mettenno li scene, sapeve chesto. Comme sapive chesto, tu capisci che quella è la luce elettrica? Capisci che m'hai rotto il filo!
TOTONNO: Vedite che animale!
CARLO: Po' chisto non è paese che po' capì sta robba, sta na folla mmiezo a la piazza, dirimpetto a lo cafè, de tutte lazzare e guagliune, e non fanno ato che fischie e pernacchie!
VINCENZO: Uh! E pecché?
CARLO: Pecché vonno fà arapì, mò sò li sseie arapo, comme arapo?
TOTONNO: Ma lo manifesto dice alle 9?
VINCENZO: L'hanno letto o no?
CARLO: Comme lo liggevene, lasciateme stà! Io pe lo fatto de lo manifesto m'aggio pigliato nu sacco de collera.
TOTONNO: E pecché?
CARLO: Chillo lo banditore l'ha miso sotto e ncoppa.
TOTONNO: Sotto e ncoppa!? A tutte parte?
CARLO: A tutte parte. Mò sò ghiuto a la stamparia, m'aggio pigliato chist'ate e s'hanno da fà mettere subeto subeto da coppe a chille. Tiene Viciè, incarricatenne tu.
VINCENZO: Dateme cca, eccellenza, mò ve servo io. *(Se li prende.)*
CARLO: Po' doppo mme faje lo piacere, vaje addò Sinneco e lle dice: lo patrone mio D. Carlo po' ve ringrazia, v'aveva pregato che l'avisseve mandato na decina de guardie, forte, robuste, invece ne sò venute quatte; mieze mbriache e n'aggio sorpreso a uno che fiscava pur'isso. Hai capito? Nun te scurdà.
VINCENZO: Va bene eccellenza.
CARLO: Ah! Po' lle dice accussì che lo figlio de D. Gaitano lo barbiere, e l'aggio visto io, ha menato na preta e m'ha schiattato na palla della luce elettrica, ho chiamato una guardia, ce l'ho detto, e m'ha risposto: che vulite a me, che nce aggia fà. Dincelle, se credete che questa sia una risposta regolare? Intanto, la facciata faceva così bene, con una palla da qua e un'altra da là... Mò stasera debbo aprire il cafè con una sola palla! Và

cure, nun te scurdà niente.
VINCENZO: Non dubitate. *(Via.)*
CARLO: Fra le altre cose per l'apertura aveva annunziato il fachiro napoletano.
TOTONNO: Sicuro. Il sesto numero.
CARLO: S'ha da mettere na striscia, pecché nun se sape si vene o no stasera. *(Prende una lettera.)* Ecco ccà, chisto è nu biglietto che aggio avuto da Napole poco prima da la persona che mme l'aveva proposto. *(Prende una lettera e legge:)* «Caro D. Carlo. Il Fachiro Napoletano, superiore molto al fachiro egiziano e al fachiro italiano, trovandosi un poco indisposto, non sa di certo se potrà venire questa sera. Se si sentirà meglio, verrà. Vi saluto, vostro amico Attanasio».
TOTONNO: Voi vedete quante combinazioni.
CARLO *(mette la lettera che ha letto sul tavolino)*: Nce have colpa tutta chella pazza de sorema. Facimmo nuje pure nu cafè chantà, comme a chillo che sta a Napole a lo Chiatamone, e che diavolo nun facimmo mai niente dinto a stu paese, avimma da stà comme a tanta mmumrnie? Tante mme ne sapette dicere, tante mme ne sapette contà, che io avetta acconsenti pe forza!
TOTONNO: Del resto po' non ve ne pentite, eccellenza, perché avete fatta una bella cosa. Mò ve voglio dà na nutizia che compenserà tutta la collera che v'avite pigliato. Io n'ora fa sò venuto da Napole e aggio portato doje guaglione... ma quacche cosa di scicco... nere, comme piacene a buje.
CARLO: Giovine?
TOTONNO: 18, 19 anne l'una.
CARLO: Zitelle?
TOTONNO: Zitelle.
CARLO: Bone?
TOTONNO: Avite da alzà l'idea, eccellenza, sò doje sciascione.
CARLO: E mmo addò stanno?
TOTONNO: Secondo l'ordine vostro, l'aggio miso dinta a sta cammera che tene lo balcone mmiezo a la piazza.
CARLO: Benissimo. Allora mò vaco a fà nu poco de tuletta pe li rricevere, e po' l'accompagno io stesso a lo cafè.
TOTONNO: E se capisce.
CARLO: Tu intanto, Totò, và da lo fiuraio e famme fà duje buchè, comme te pare?
TOTONNO: Approvo perfettamente, il buchè è indispensabile, è la prima cosa, mò ve servo subito subito.
CARLO: Mme li ppuorte zitto zitto dinto a la cammera mia.
TOTONNO: Va bene. *(Via.)*
CARLO: Vorria proprio vedé comme songo. *(Alla seconda porta a sinistra.)* Nun se vede niente. Stu cancaro de segretario m'ha fatto fà l'acqua mmocca. A n'ato ppoco sarò il loro Cavalier servente, il loro impresario.. cioè il loro cafettiere, pecché chillo non è teatro, è caffè. Sarò il loro tutto... Ah, vint'anne de meno, sangue de Bacco! Nne vularria fa zumpe! *(Entra nella prima porta a sinisi.)*

SCENA TERZA

Gigia, Felice, Peppino poi un Servo.

GIOIA *(in graziosa toilette)*: Ma sì, ma sì, venite, senza alcuna cerimonia, fate come se questa fosse casa vostra. Io vi ho detto che sono amante degli artisti Napoletani: e quando li piglio a proteggere possono chiedermi qualunque cosa.
FELICE: Siete troppo compita.
PEPPINO: Troppo gentile.
GIGIA: Ma niente, per carità. *(Suona un campanello.)* Accomodatevi ve ne prego.
FELICE: Grazie. *(Seggono.)*
SERVO: Comandate.
GIOIA: Preparate nella sala da pranzo marsala e biscotti.
SERVO: Sissignore.
GIGIA: Aspettate. Come gradite i biscotti, tosti o molli?
FELICE: Come volete voi, signora.
PEPPINO: A vostro piacere.
GIGIA: Allora mischiate tosti e molli.
SERVO: Va bene.
GIGIA: Dunque ripigliando il nostro discorso di poco prima, dovete sapere che mio marito, di felice memoria, in 8 anni di matrimonio mi ha portato tutte le sere al teatro, allora eravamo a Napoli, appunto perché sapeva che mi faceva un gran piacere. Un giorno, mentre ci prendevamo il cafè a tavola, mi disse: Senti Gigetta, se stasera non andiamo al teatro, io ti dè cento baci e ogni bacio sarà una piastra. Io, sapete che gli risposi? Se tu invece mi porti al teatro anche questa sera, io mi faccio dare cento baci e te ne ritorno il doppio! *(Ridendo maliziosamente e con grazia.)*
FELICE *(ridendo)*: Ah! Ah! Magnifica trovata.
PEPPINO *(ridendo)*: Spiritosa! Ah! Ah!
FELICE: (Puozze passà nu guajo!).
GIGIA: Che volete, io sono pazza per gli artisti e specialmente per gli artisti Napoletani.
FELICE: Fortuna per noi.
GIGIA: Vedete quanto che mio marito, pochi giorni prima di morire, si chiamò a mio fratello Carlo e gli disse: Carlo, ti raccomando Gigetta, io moro e la lascio molto giovane, se vuole andare al teatro portala, falla contenta.
FELICE: Pover'uomo! È morto da molto tempo vostro marito?
GIOIA: Sono due anni.
FELICE: Ah, due anni? Avete ragione, allora, vi rimase molto giovine.
PEPPINO: (Nce vò nu bello curaggio!).
GIGIA: Ma per dirvi la verità io adesso preferisco il caffè chantà, e non solo io la penso così, ma tutti, tutti. Nel caffè chantà avete la varietà dello spettacolo, la libertà e la comodità. Si può discorrere, si può leggere, si può fumare.
PEPPINO: Oh, questo è certo.
FELICE: E voi pure fumate?
GIOIA: Io fumo, sì, ma in casa, qualche sigaretta, nel caffè non mi azzardo.

FELICE: (Chille la pigliarriene a bicchiere nfaccia!).
GIGIA: Insomma il cafè chantà è la mia passione, ed io sono stata che ho indotto mio fratello ad aprirne uno qui in Pozzuoli.
FELICE: Ah! Voi siete stata?
GIGIA: Sì, perché una sera andammo al Circo delle Varietà al Chiatamone e mi piacque tanto e tanto che voi non potete credere. Allora dissi: se questo stesso locale si facesse a Pozzuoli, io potrei andarci tutte le sere, senza avere nessuno incomodo, e così ho fatto.
FELICE: Bravissimo.
GIGIA: Voi non avete mai lavorato al Circo delle Varietà?
FELICE: No, mai.
FELICE: Forse al Salone Margherita?
FELICE: Sì, al Salone Margherita, sì.
GIOIA: E che facevate scusate?
FELICE: Delle scenette, dei duetti, delle canzonette.
GIOIA: Per esempio, non potete credere a me quanto mme piace Cutignì, Cutignà!
FELICE: Ah, quell'è graziosa!
PEPPINO *(cantando)*: Fruttaiè ecc. ecc.
GIOIA *(canta)*: Cutignì, cutignè, cutignà. *(Lazzi di altre canzoni come in concerto.)* Ah! Ah! *(Ridendo.)* Io vedete, per ora non tengo intenzione di riprendere marito, ma se lo farò subito, mi piglierò certamente un canzonettista. Oh! Non vi faccia meraviglia, io sono ricchissima, sapete, e se arrivo a trovare un giovane simpatico, che avesse una bella voce e che cantasse delle canzonette, lo sposo senza perdere tempo!
FELICE: E questo giovane sarà felicissimo di possedere una sì leggiadra donzella quale siete voi.
GIOIA: Oh, per carità, mi volete confondere.
FELICE: Ma no, è la pura verità!
PEPPINO: (Comme sò belle tutte e dduje!).
GIOIA: Stasera io sarò nel palco N. 3. Voglio sperare che mentre cantate, mi guarderete qualche volta.
FELICE: Qualche volta? Ma sempre, sempre!
GIOIA *(stringendogli la mano)*: Grazie; andiamo dunque a bere il Marsala. *(Si alzano.)*

SCENA QUARTA

Totonno e detti, poi D. Carlo.

TOTONNO *(con due buchè)*: Uh, scusate, eccellenza. *(Nasconde i buchè dietro di sé.)*
GIOIA: Avanti che cosa dovete dirmi?
TOTONNO: Niente, Signora, debbo parlare col signor D. Carlo.
CARLO *(uscendo)*: Jammo, Totò, fà ambressa... Chi sò chiste?
GIOIA: Carlo, ti presento questi due giovani canzonettisti Napoletani. Carlino, mio fratello!
CARLO: Tanto piacere.
FELICE: Fortunatissimi.

GIOIA: Sono stata io che li ho fatto scritturare per darti una sorpresa.
CARLO: Bravissimo. Ci farete dunque sentire delle novità?
FELICE: Cercheremo di contentare voi ed il pubblico.
CARLO: Eh, adesso per le novità è un affare serio, hanno visto troppo; io ho mandato due persone girando il mondo, appositamente per questo. Voi qualche numero buono non lo sapete?
FELICE: Sicuro.
CARLO: E qual è?
FELICE: 55 terzo.
CARLO (ridendo): Ah! Ah! Volete scherzare... e che c'entra 55 terzo, io dico qualche numero buono di novità, di eccentricità.
FELICE: No, questo non saprei.
CARLO: Del resto poi quando ci sono belle figliole, la serata riesce sempre... (Io, per esempio...) Gigè, permetti nu momento.
GIOIA: Fate, fate.
CARLO (ai due): (Ho fatto venire da Napoli due ragazze, ma bone assai, io non l'ho viste ancora, ma mi dicono che sò robba fina).
PEPPINO: (Napoletane?).
CARLO: (Già, Napoletane, giusto giusto potete fare delle farsette, delle scene comiche, qualche pantomina).
FELICE: (Ah, sicuro).
CARLO: (Ma però, vi raccomando... quelle sono pietanze mie... v'avessa da venì ncapo d'assaggià?).
FELICE: (Oh, vi pare...).
GIGIA: Insomma, sono lunghe queste cose segrete?
CARLO: No, abbiamo finito, abbiamo finito.
GIOIA: Noi andiamo nella sala da pranzo a bere un bicchiere di Marsala, se vuoi venire anche tu?
FELICE: Ci farete un vero regalo.
CARLO: Sì, sì, avviatevi, fra poco ci vedremo.
FELICE: Vi attendiamo dunque. Prego, Signora. (Offre il braccio a Gigia.)
GIOIA: Oh, grazie.
PEPPINO: Con permesso. (Viano pel fondo a sin.)
CARLO: Totò, da dò sò asciute sti duje?
TOTONNO: L'ha portato Vicienzo da Napole, per ordine della Signora.
CARLO: Figurate che hanna da essere. Basta, Totò, và da chelle doje e dincelle: il proprietario del caffè vi manda questi fiori e desidera di vedervi.
TOTONNO: Va bene. (Entra a sin.)
CARLO: Mò vedimmo quale cchiù mme piace io cu chella m'abbocco. Alla fine po' tanto tanto viecchio nun songo. Si nun fosse pe sta cancaro de panza, mannaggia l'arma de la panza, aggio voglia de mme stregnere che nun ne caccio niente. La faccia sarría ancora fresca, li capille se mantenene ancora... chesta ccà mme scombina, la vì. (Mostra la pancia.)

SCENA QUINTA

Totonno, Carmela, Bettina e detto.

TOTONNO: Venite, venite. *(A Carlo:)* Ecco qui le signorine.
CARMELA *(salutando)*: Signore.
BETTINA *(egualmente)*: Signore.
TOTONNO: Il signor Carlo Pacchione, proprietario del caffè.
CARLO: E vostro umilissimo servo.
CARMELA: Oh, per carità:...
TOTONNO: (Che ve ne pare?). *(A Carlo.)*
CARLO: (Che bella cosa! Che freschezza! Che tipi!). Questa sera avremo l'onore di sentirvi per la prima volta in Pozzuoli, ed io sono sicuro che il Pozzolani vi faranno una vera ovazione, e debbono ringraziare a me però, perché io ho avuto l'idea di scritturare due vezzose ragazze quali siete voi.
CARMELA: Oh, grazie, grazie.
BETTINA: Siete troppo buono.
CARLO: La scrittura è stata fatta per 15 sere, ma adesso che vi ho visto posso assicurarvi che da qui non vi farò più muovere... e dove, dove si potranno trovare due figure più belle e più simpatiche di voi?
TOTONNO: Oh, questo è vero.
CARLO: Qui non vi mancherà nulla, avrete tutto ciò che desiderate. Stasera poi il caffè sarà a vostra disposizione. E ditemi una cosa... avete famiglia a Napoli?
CARMELA: Oh, nessuno nessuno.
BETTINA: Siamo perfettamente sole.
CARLO: Veramente?
BETTINA: Veramente.
CARLO: E posso essere il vostro Cavaliere servente senza timore alcuno.
CARMELA: E che timore?
CARLO: Che non faccia dispiacere a qualche spasimante?
CARMELA: Ma no, ma no.
BETTINA: Potete essere più che sicuro.
CARLO: Vuol dire allora che mi permetterete di accompagnarvi al caffè la sera, e dopo riportarvi in casa?
CARMELA: Ma vi pare, sarà un onore per noi.
BETTINA: Ci chiameremo fortunate.
CARLO: Grazie, grazie di tutto cuore. Venite con me adesso, voglio presentarvi a mia sorella, la quale sta nella sala da pranzo con altri due artisti cantanti, pure Napoletani.
CARMELA: Pure Napoletani? Bravissimo.
CARLO: Certe facce così ridicole che non potete credere... ce n'è uno cu nu naso che mme sembra na pomidoro a fiaschelle. *(Le due donne ridono.)* Prego. *(Offre loro il braccio.)* Come siete simpatica quando ridete... quelli non sò denti, sò pignuoli. Ah! *(Sospira e via con le donne pel fondo a sinistra.)*
TOTONNO: Ah, denare, denare e che facite! Chillo mò è biecchio e pensa ancora a fà lo

galante co li ffemmene!

SCENA SESTA

A spremo e detto.

ASPREMO: È permesso?
TOTONNO: Chi è? Avanti.
ASPREMO: Il signor D. Carlo Pacchione è in casa?
TOTONNO: Sissignore, ma mò non credo che po' dà retta a nisciuno, perché stà molto occupato. Voi chi siete?
ASPREMO: Io sono una persona che debbo parlargli di un affare importantissimo. Fatemi il piacere di dirgli se può dirmi 10 minuti di udienza.
TOTONNO: Va bene, accomodatevi; mò vado a vedé.
ASPREMO: Scusate.
TOTONNO: Niente. *(Via pel fondo a sinistra.)*
ASPREMO: Sangue de Bacco, m'hanno fatto lo servizio! Mme sò ghiuto a piglià Luisella ncoppa da D. Felice e là nun nce steva nisciuno, pe mezzo de lo guardaporta po' aggio saputo che essa se n'è scesa, s'è aunita cu nu giovinotto che l'aspettava a lo pentone, e se sò mise dinta a na carrozzella; allora sò currutto adde lo patre de chillo stenteniello che lle và appriesso, e l'aggio ditto: guè, vide che chillo assassino de figlieto n'ha fatto fuì Luisella cu isso, dimme addò sta, pecché si no a te t'arapo la capa, e a isso lle faccio na querela e lo manno ngalera, sà! Nonsignore, pe carità, nun lle facite nu male, chillo è ghiuto scritturato a Pezzulo a lo cafè Chantà che s'arape stasera, forse s'ha portato pure a essa. Ah! S'ha portato pure a essa? Va bene, lo voglio conzolà comme dico io. Mme sò miso dinto a lo tram e sò venuto a Pezzulo, sò ghiuto a lo cafè, ma là nisciuno m'ha saputo a dicere niente: dice che nun lo sanno stu Giacomino. Nce sta na coppia che canta stasera, ma se chiamma coppia Berot, chiste hanna da essere lloro che s'hanno cambiato lo nomine. Lle voglio rompere li ggamme a tutte e dduje. Mò parlo co lo proprietario e m'ha da dì quacche cosa. E si lo proprietario nun mme dice niente pe nun perdere la coppia, io comme faccio? Chella la pensata sarría de pigliarle a cauce pe tramente cantano stasera... mm'avarria mettere dinto a lo cafè... eh, no, e po' comme saglio ncoppa a lo palcoscenico? Avarria fa vedé che sò artista pur'io... perfettamente, chesta è na bona idea. Si nun mme vò ricevere, lle manno stu biglietto dinto. *(Siede al tavolino per scrivere.)* Nce volarria nu foglietto... *(Prende la lettera che ha lasciato Carlo alla prima scena.)* Che d'è, chesta? *(Legge piano poi:)* Sangue de Bacco! Che bello pensiero che mme vene, mò dico che songh'io lo fachiro, che mme sò ntiso meglio e sò venuto. Benissimo. Solamente accussì stasera li ppozzo ncuccià e li pozzo sciaccà. Sento rurnmore... Coraggio.

SCENA SETTIMA

Carlo, Bettina, Totonno, Peppino e detto.

CARLO *(seguendo Bettina)*: Ma io non capisco, tutto assieme nu giramento de testa, ma che ne soffrite forse?
BETTINA: Sicuro, me lo fa spesso.
CARLO: Mi dispiace.
BETTINA: Se permettete, mi ritiro nella mia stanza.
CARLO: Ma anzi, ve ne prego. Totonno accompagna la signorina, vedi tu se desidera qualche cosa.
TOTONNO: Subito.
CARLO: Vorrei accompagnarvi io stesso, ma tengo qui una persona che deve parlarmi necessariamente, se volete che nne lo manno, io nne lo manno.
BETTINA: Ma no, ma no, fate il vostro comodo, io non ho bisogno di niente. Permettete. *(Entra a sinistra. Totonno la segue. Peppino fa per seguirla anche lui.)*
CARLO: Pss... sapete, dove andate voi?
PEPPINO: Voleva vedere se la signorina desiderava qualche cosa...
CARLO: E che c'entrate voi. (Chella non l'ha voluto da me, lo vvoleva da isso!). Non ve ne incaricate, embè, io v'ho pregato che chelle sò pietanze mie...
PEPPINO: Ah, già... (Comme cancaro se trova ccà Bettina io nun lo ssaccio; e pure la mugliera de D. Felice.)
CARLO: Perdonate, siete voi che dovete parlarmi?
ASPREMO: Perfettamente.
CARLO: Accomodatevi
ASPREMO: Grazie.
CARLO *(a Peppino che guarda nella serratura della porta dove è entrata Bettina)*: Amico... embè, mò mme pare che siete scostumato mò...
PEPPINO: Abbiate pazienza, io sò nu poco curioso.
CARLO: E non dovete essere curioso, scusate. *(Peppino si allontana. Ad Aspremo:)* Dunque, prima di tutto, signore, ditemi chi siete.
ASPREMO: Ecco qua... questa sera vi sarà uno spettacolone al vostro caffè Chantà, mi hanno detto che sarà una rappresentazione varatissima.
CARLO: Ah, sicuro.
ASPREMO: Ho saputo poi che c'è anche la coppia Berot.
CARLO: Berot, sissignore.
ASPREMO: Ah, sono bravissimi, io l'ho intesi a Roma, cantano con molta grazia. Lui è un giovanottino dilicato?
CARLO: Dilicato.
ASPREMO: Biondo?
CARLO: Sissignore.
ASPREMO: E lei è una ragazza, pure dilicata, nu 16, 17 anni.
CARLO: Sissignore...
ASPREMO: Tiene un neo qua. *(Mostra al mento destro.)*
CARLO: Perfettamente.
ASPREMO: (E chiste sò loro!). Bravo. E si chiamano Berot, è vero? Berot?
CARLO: Berot.
ASPREMO *(ridendo)*: Sì, sì, l'ho intesi, l'ho intesi. Ora io vi voglio sapere, avete ricevuto

una lettera da Attanasio?
CARMELA: Chi Attanasio?
ASPREMO: Come chi Attanasio... Attanasio, l'amico vostro... io insomma, stammatina mi sentivo un poco indisposto, e vi ho fatto scrivere per mezzo di Attanasio che non era certo di venire questa sera, ma poi, fortunatamente, mi sono inteso meglio e sono venuto.
CARLO: Ho capito, sangue de Bacco! Voi siete il fachiro Napoletano?
ASPREMO: Per l'appunto.
CARLO: Oh, che fortuna! Tanto piacere di fare la vostra conoscenza... meno male che la striscia non s'era messa ancora; voi siete il numero sei. Ma vi prego accomodatevi, posso offrirvi qualche cosa?
ASPREMO: Ma niente, niente, vi ringrazio.
CARLO *(a Pepp.)*: Sapete, mme state facenno avutà l'uocchie! E assettateve nu poco. *(Ad Aspr.:)* Voi dice che siete superiore agli altri due fachiri.
ASPREMO: Eh... dicono.
CARLO: Dicono... così dev'essere, l'amico mio Attanasio vi ha visto lavorare, e questo mi diceva giorni fa, tu resterai a bocca aperta. Io vidi quello del Salone Margherita in Napoli, l'Egiziano, gia... e voi fate tale e quale a quello là?
ASPREMO: Tale e quale.
CARLO: E scusate, se sono imprudente, dentro a quella caccavella perché respirate, che ci stà?
ASPREMO: Ah! Là c'è una composizione chimica, cioè acido nitrico, acido solforico, canfora e pece greca; questa robba, mischiata caccia un fumo che entrando nel corpo dell'uomo lo rende invulnerabile e lo fa essere insensibile a qualunque puntura o taglio che sia.
CARLO: Ma è proprio così.
ASPREMO: Proprio cosi.
CARLO: Infatti, quello si faceva entrare uno spillone nella lingua, poi nella pancia.
ASPREMO: Io per esempio, faccio una novità. Mi taglio le orecchie, le faccio osservare al pubblico e poi me le metto un'altra volta!
CARLO: Possibile!
ASPREMO: Possibilissimo!
CARLO: Oh, che bellezza! Dev'essere sorprendente! E il vetro ve lo mangiate?
ASPREMO: Me lo mangio? Faccio qualche cosa di più io col vetro. Lo squaglio e me lo bevo.
CARLO: Oh, chesto è forte po', e non vi scottate la gola?
ASPREMO: Che scottare. Dopo di aver respirato nella caccavella la gola non è più gola, è un tubo qualunque.
CARLO: Ho capito. Ah, io sono certo che questa sera farete un vero chiasso.
ASPREMO: Oh, ritenete che il chiasso lo faccio, vedrete belle cose, voglio fà correre la guardia!
CARLO: E perché?
ASPREMO: Eh, quando lavoro io la prima sera così succede, perché il pubblico si spaventa.

CARLO: E si capisce. Ora, se non vi dispiace, andiamo a vedere se quella Signorina si sente meglio, sembra brutto di averla lasciata così.
ASPREMO: Oh, anzi, con piacere.
CARLO: E dal balcone che affaccia alla piazza vi farò vedere anche il caffè. La facciata è bellissima, però, poco prima con una pietra mi hanno rotto una palla della luce elettrica. *(Si sono alzati.)*
ASPREMO: Oh, che peccato! E quella coppia Berot non sapete dove hanno preso alloggio?
CARLO: Non sò.
ASPREMO: Avevo tanto piacere di vederli.
CARLO: Li vedrete stasera in palcoscenico.
ASPREMO: Ah, già.
CARLO: Favorite, prego.
ASPREMO *(entra a sin.)*: Grazie. *(Pepp. fa per seguire Carlo, questi si volta e lo vede.)*
CARLO: Vuje ccà nun potite trasì, comme ve l'aggia dicere, non saccio, siete bastantemente ineducato!
PEPPINO: Io voleva vedere la facciata del caffè.
CARLO: Scendete in mezzo alla piazza e la vedete... avete capito? *(Entra e chiude.)*
PEPPINO: Vuje vedite a me che mme succede! Chella m'è mugliera, tutte quante ponno trasì e io no! Sangue de Bacco! Chisto non è affare che po' durà! Io revoto la casa, mò vedimmo. Essa m'ha da dicere comme se trova ccà!

SCENA OTTAVA

Giacomino, Luisella e detto poi Carmela.

GIACOMINO: Trase, Luisè, nun te mettere scuorno.
LUISELLA: Io tengo na paura ncuorpo che nun te può credere, mme pare sempe de vedè a papà!
GIACOMINO: E si tu mme faje pensà a chesto, nun me faje conchiudere niente cchiù. Stasera volimmo fà furore! Hai visto dinto a lo cafè quanno avimmo concertato? Tutte li cammariere nce guardaveno mmocca sperute!
LUISELLA: Ma ccà mò che simme venute a fà?
GIACOMINO: Ccà sta de casa lo proprietario de lo cafè, chillo che m'ha scritturato, lle sò venuto addimmannà lo cammarino nuosto quà è... Aspetta nu momento, là nce sta nu giovene, addimmannammo. *(A Pepp.:)* Scusate, sapete D. Carlo Pacchione dove stà?
PEPPINO: Nun lo saccio!
GIACOMINO: (Vì che bella manera). Noi siamo la coppia Berot, che dobbiamo cantare questa sera.
PEPPINO: Mme fa tanto piacere.
GIACOMINO: Vogliamo sapere qual è il camerino nostro, là, ncoppa a lo palcoscenico, nun nce sta nisciuno.
PEPPINO: E che volite da me? Che nne saccio io.
GIACOMINO: Allora chiamatemi a D. Carlo.

PEPPINO: D. Carlo nun lo pozzo chiammà, mò esce e nce parlate. Aspettate dinto a chella cammera, la vedite. *(Indica a destra seconda porta.)*
GIACOMINO: E nun potimmo aspettà ccà?
PEPPINO: No, ccà aggia stà io sulo, pecché aggia parlà, aggia passà, aggia sbuffà, aggia sfucà!
GIACOMINO: Va bene. Chisto certo sarrà nu pazzo! Luisè, aspettammo là dinto, jammo. *(Luis. entra a destra seconda porta.)* Ve raccomanno, nun nce facite aspettà tanto tiempo...
PEPPINO *(gridando)*: Te ne vaje o no?
GIACOMINO: Eccome ccà. All'arma de mammeta! *(Via a destra seconda porta.)*
PEPPINO: Tengo lo vveleno ccà! Mme sento friccecà tutta la nervatura! Va trova che stanno facenno. *(Guardando a sinistra:)* Mò scasso la porta e a chello che nne vene, vene.
CARMELA *(dal fondo)*: Chillo svergognato de maritemo comme cancaro se trova ccà io nun lo ssaccio... e comme se vommechèa cu chella vecchia.
PEPPINO: D. Carmè, scusate, come sta vostro fratello a Caserta? Sta bene?
CARMELA: Tu nun parlà, statte zitto, pecché si no comme stongo mo te piglio a mmorze! Piezze de mbruglione che sì, ve site aunite tutte e dduje, ve site aunite? Ve voglio acconcià io.
PEPPINO: E comme mò v'aggia dà lo riesto appriesso? Muglierema stà dinto a chella cammera cu tre uommene, io nun pozzo trasì, e aggio avè tuorto pure?
CARMELA: E se capisce. Nu marito comme a te chesto se mmereta. E io che aggio avuta da tenere la cannela a chella vecchia, nun lo ddice? Vi che piezze de galiota! Che d'è, mò avite lassato l'arte drammatica?
PEPPINO: È stata la necessità, capite.
CARMELA: E nun nce facite sapé niente a nuje, ovè? Vuje aviveva da magnà; e nuje nce avevamo da nun de famma. Piezze d'assassini!

SCENA NONA

Felice, Gigia e detti.

GIOIA *(dal fondo)*: Io non capisco, voi perché vi siete messo di cattivo umore tutto assieme. Avete fatto proprio un cambiamento.
FELICE: Ma no, v'ingannate, Signora, è stato il Marsala che mi ha un poco disturbato.
GIOIA: Se volete sapere la verità, a me pure mi ha fatto lo stesso. Del resto, il rimedio ci stà, prenderemo una buona tazza di caffè che voglio avere il piacere di farvela con le mie stesse mani. Accettate?
FELICE: Oh, ma vi pare, sarà un onore per me.
GIOIA: Nella mia camera tengo la macchinetta per due, cioè per voi... e per me... Attendetemi pochi minuti.
FELICE: Sarò qui, Signora. *(Gigia via a destra.)*
CARMELA: Avita fatta na bella conquista, avite trovato nu bello scavamiento de Pompeo.

FELICE: Embè, avete visto, a me mme piace l'antichità.
CARMELA: Gue, piezze de svergognato, cammina a casa e fa chello ch'hai da fà, pecché si no te scommo de sango n'ata vota.
FELICE: Quella è stata na combinazione. Non ti azzardare di ripetere quella scena, si no sò guai pe te!
CARMELA: Sò guaje pe me? E cchiù guaje de chillo che mm'haje fatto mme vuò fà?
FELICE: Una donna maritata che lascia la casa e se ne vene ccà a fà la bellella.
CARMELA: Io non sò venuto a fà la bellella, sa. Mme sò vista cu l'acqua nganna, e aggio avuta da tornà a fà chello che faceva. Lo scuorno è lo vuosto che da artisti drammatici site addeventate cantante de cafè! E dimane nne jengo tutta Napoli!
FELICE: Statte zitta! Vasciaiola!
CARMELA: Vattenne, vagabondo! *(Gridando.)*

SCENA DECIMA

Bettina, poi D. Carlo, Totonno, Gigia, Giacomino, Luisella, e detti.

BETTINA: Neh, Signori miei, stateve zitto! Dinto se sente tutto cose!
PEPPINO: E già, a vuje ve dispiace de fà sentì.
BETTINA: E se capisce, pecché tengo scuorno nfaccia, nun sò comme a te che sì abituato a fà cattive figure!
PEPPINO: Le cattive figure mme le ffaje fà tu, capisce.
BETTINA: Ma che d'è, mò te scritture pe lo cafè Chantà, nun te guasta cchiù la gorga?
CARMELA: Primma de lo ballo no, e dinto a lo cafè sì, scuorno! Scuorno!
FELICE: Io mme metto scuorno di una sola cosa, quello di essere tuo marito!
PEPPINO: Ben detto!
CARMELA: Jatevenne, pezziente! Pezziente!
BETTINA: Disperatune. disperatune!
PEPPINO: Statte zitto, pecché si no te chiavo na seggia ncapo! *(Alza una sedia.)*
BETTINA: A chi? A chi?
CARMELA *(alza una sedia)*: E ghiammo. Vedimmo a chi fa cchiù ambressa!
FELICE: Posa sta seggia tu.
CARMELA: Accostate, accostate!
CARLO *(uscendo con Tot.)*: Neh, che cos'è stu chiasso?
GIOIA: Che sò st'allucche? *(Uscendo.)*
CARLO: Meno male che lo fachiro sta fore lo balcone e nun ha ntiso.
GIACOMINO *(uscendo con Luis.)*: Che cos'è, neh!
CARLO: Che significa st'appicceco? Segge mmane, ma che stammo abbascio a lo lavenaro?
PEPPINO: Io sono il marito di quella giovine!
TOTONNO: (Stateve bene!).
CARMELA: E io songo la mugliera de stu galantuomo!
GIOIA: Come!
CARLO: Possibile! E perché m'haje ditto ch'erano zitelle?

TOTONNO: Perché accussì me credeva, eccellenza.
GIOIA: E vuje non site scoitato?
FELICE: Disgraziatamente.
CARLO: Perciò v'è venuto lo giramento de cape pecché avite visto lo marito vuosto... e m'avite ditto che nun tenieve a nisciuno.
BETTINA: Per non farvi dispiacere.
CARLO: Ho capito, ho capito... (Io credo che nce vaco meglio!) Allora vuol dire che essendo mariti e mogli, stasera, stando uniti, canterete con più piacere non è vero?
FELICE: Oh, questo è certo.
GIACOMINO: Comme D. Felì, e l'arte drammatica?
FELICE: Nun mme rompere la capa pure tu!
CARLO (a Giacom.): E voi che fate quà?
GIACOMINO: Eravamo venuti a domandare qual è il nostro camerino.
CARLO: Il secondo a destra. Ma sapete, qua ci sta il fachiro, che ha domandato di voi, avrebbe tanto piacere di vedervi.
GIACOMINO: A me? E io non lo conosco.
CARLO: Dice che v'ha inteso cantare, sta in quella camera, fuori al balcone. Andate, andate.
GIACOMINO: Viene, Luisè, Signori permettete. *(Entra con Luisella a sinistra.)*
CARLO: Ma io non capisco pecché ve stiveve appiccecanno.
FELICE: Pecché loro se sò scritturate senza lo consenso nuosto.
CARMELA: E loro senza fa sapé niente a nuje.
CARLO: Mò aggio capito.

SCENA ULTIMA

Luisella, Aspremo, Giacomino poi Vincenzo e detti.

LUISELLA *(gridando)*: Ajuto! Aiuto!
CARLO: Che ato è succieso?
ASPREMO: Te voglio strafocà, voglio passà nu guajo!
GIACOMINO: Lassateme!
CARLO: Signor fachiro...
ASPREMO: Che fachiro e fachiro, io songo lo patre de chella lazzarella che se n'è fujuta cu stu palicco, e tanto aggio fatto che l'aggio ncucciato!
CARLO: Comme! Voi non siete il fachiro Napoletano?
ASPREMO: Nonsignore, mme sò finto tale pe li ppiglià a cauce stasera ncoppa a lo palcoscenico.
CARLO: E mme facìveve stu bello piacere. Intanto mme site venuta a cuffià a me, ve faccio rinettere che io nun songo nu guaglione.
ASPREMO: Scusate, signore, dovete compatire un povero padre. *(Luis.)* Cammina a casa tu.
LUISELLA: No, voglio stà vicino a Giacomino.
ASPREMO: Sentite... sentite.

CARLO: Ma scusate, vuje mò a casa che ve la portate a fà? Facitele spusà e felicenotte.
ASPREMO: E se capisce... mo che pozzo fà. Avite ragione. *(A Giacom..)* Tu però te l'hai da spusà subeto.
GIACOMINO: Sissignore, non dubitate.
ASPREMO: Va bene.
LUISELLA: Oh, che piacere.
VINCENZO *(uscendo)*: Eccellenza, aggio fatto tutte cose, li cartielle sò state mise, lo Sinneco ha mannato n'ati diece guardie vicino a lo cafè, riguardo a la palla, ve manna a dicere che sì l'accettate,.. isso ve manna la soja, chella che sta mmiezo a la sala de lo consiglio.
CARLO: Va bene.
VINCENZO: Ma scusate, mò è tarde, gli artisti quanno si vanno a vestì, là s'ha d'arapì lo cafè si no la folla lo scassa!
CARLO: E ghiammo, jammo, nun perdimmo tiempo. Signori miei, vi raccomando di divertire bene il pubblico.
FELICE: Non dubitate per questo... va bene che non è genere nostro, ma mò simme là, per divertire il pubblico faremo qualunque cosa!

(Cala la tela.)

Fine dell'atto secondo

IL TERZO ATTO A PIACERE

'NU MINISTRO MMIEZO A LI GUAJE
da *I fastidi d'un grand'uomo*, di Baretti
Commedia in tre atti

Personaggi
Ministro Paolo Rivelli
Carmela, *sua moglie*
Nannina, *sua figlia*
Marchese Orazio Fiore
Ernesto, *suo figlio*
Felice, *sindaco di Roccapulita*
Menechella, *sua moglie*
Tore Rapesta, *capobanda*
Carlino Speretillo, *segretario del Ministro*
Gaetano Contrapilo, *barbiere*
Ignazio Torriaca, *farmacista*

Stoppino *(prete), direttore dell'asilo infantile*
Giulietta, *cameriera del Ministro*
I guardia municipale
II guardia municipale
Gaetano, *facchino (non parla)*
Popolani
Ragazzi dell'Asilo Infantile che cantano
Banda musicale del paese

La scena è a Roccapulita, epoca presente

ATTO PRIMO

La scena rappresenta la piazza di Roccapulita in festa. In fondo, a dritta, casa del Sindaco con sottoporta di bottega di pizzicagnolo con mostra di caciocavalli e salami appesi — al di sopra finestra praticabile. A destra, bottega di barbiere con mostra di tovaglie bianche appese con scritto «Salone». Sopra la bottega lampioncini accesi. A sinistra prima quinta farmacia con scritto «Farmacia». Seconda e terza quinta a sinistra Arco trionfale con lampioncini accesi. L'azione è di sera. Un popolano, all'alzar della tela, sopra una scala accende i lampioncini dell'arco trionfale. Iscrizioni su tutta la scena «Viva il Ministro» «Viva Paolo Rivelli» «Onore al Ministro» ecc. ecc. Sedie vicino al barbiere ed alla farmacia.

SCENA PRIMA

Ignazio seduto vicino alla farmacia — Gaetano che fa la barba a Tore avanti la bottega. Menechella che esce dalla sua casa.

MENECHELLA: Vuttamme li mmane, movimmece. Jammo Totò co sti lampiuncielle, e speramme che l'avite jencute buone si no quanno arriva Sua Eccellenza...
IGNAZIO: Sente l'addore... de l'arrusto.
MENECHELLA: Grazie tante, ma io non voleva dì chesto. *(Stasera co st'antipatico de lo farmacista fenesce male.) (A Gaetano:)* E vuje spicciateve; facite ambressa a scartecà sto poveromo.
GAETANO: Eh, nu poco de pazienzia cummà Sinnachessa mia, n'ati doje botte e aggio fenute.
TORE: Eh, vì che bella manera de fà ambressa... Sentite compà, si tenesse la barba longa comme a Pilone, v'assicuro che addò vuje non nce tornasse cchiù, me state grattanno buono e meglio.
GAETANO: Guè, Tore Tò, tu staje jastemmanno, Gaetano Contrapilo è lo primmo barbiere de Roccapulita... ma che Roccapulita, d'Italia.
IGNAZIO: Ma che Italia, lo primmo barbiere de lo munno.
GAETANO: D. Ignà, non facite caricature che nce pigliammo collera, toccateme ncoppa a

tutto, ma no ncoppa a lo rasulo.
IGNAZIO: No, caro D. Gaetano, io dico seriamente... e me dispiace che la barba me la faccio io stesso, si no pe me non nce sarría auto barbiere che vuje. *(Ironico.)*
GAETANO *(a Tore)*: E po' che vuò da me, te l'haje voluto fà ccà fore, io poco ce vedo, sì venuto co na pressa che non m'haje dato tiempo nemmeno d'affilà lo rasulo.
MENECHELLA: Tu po' t'avive d'arreducere proprio all'ultima ora pe te venì a fà sta barba, haje fatte fà primme notte. Scusate, spezià, che ora so'?
IGNAZIO: A momenti le 8.
GAETANO: Tiene ccà, aggio fernuto. *(Col pettine, scena soggetto.)*
MENECHELLA: Mamma mia, l'otto! A n'aut'ora arriva lo treno e nuje tenimme nu sacco de cose da fà.
IGNAZIO: Va buono, non ve disperate D.ª Menechè, che co ll'attività vosta, e co la capa de lo marito vuosto, se faciarría auto che chesto.
MENECHELLA: Seh, seh, avite voglia de dicere: co l'abilità mia, e la capa de D. Felice in tuono sartorico.
IGNAZIO: (Da sotto!).
MENECHELLA: Ma sangue de Bacco, chesta è la verità, quanno na cosa non la faccio io e mariteme ccà nisciuno se move, nisciuno fa niente! Nuje avimmo da abbadà a tutto si volimmo che li cose jessene bone, che andassero alla perfezione.
IGNAZIO: (Bello quell'andassero!).
MENECHELLA: Ched'è, D. Ignà?
IGNAZIO: Niente. *(In questo Gaetano ha finito di pettinare Tore che si alza.)*
TORE: Va buono, va buono, non me ne fide cchiù, co sto pettine n'auto ppoco te portave la capa appriesso.
GAETANO: Ma si vuje non m'avite dato lo tiempo de lo pulizzà.
TORE: E ched'è, tu aspettave a me pe pulezzà sto pettine?
GAETANO: Io da stammatina aggio avuto folla, e non nc'è stato lo momento de lo fà.
TORE: Teh, vide che bella cosa... tiene ccà. *(Gli dà 3 soldi.)*
GAETANO: Ched'è Masto Tò?... Vuje me mettite tre solde mmano?... Ma che site asciuto pazzo?
TORE: Neh, Gaetà, e che t'aggio da dà? Io sempe tanto aggio pavato a lo zi Dommineco... ched'è novità?
GAETANO: E che c'entra, vuje mettite lo zi Dommineco co me?
TORE: Va buono, chiste so' n'auti duje solde, non facimmo chiacchiere. (Seh, aspiette, che mò me vide n'auta vota!)
MENECHELLA: Basta, mò me ne saglie ncoppa. Compà Tò, faciteme no piacere, mò che vene maritemo, che non pò tricà, le dicite che io sto ncoppa e me so' ghiuta a preparà li guarnimiente.
IGNAZIO: (Comme si fosse no cavallo!).
MENECHELLA: Ched'è, D. Ignà? Vuje mbrosoniate sempe? Ma co me non nce appurate niente... già, chella è l'arraggia che ve fa parlà... ma nuje sta vota ve facimmo rimané co tanto no naso, ve lo dice Menechella, e sapite che quanno io dico na cosa chell'è... ogge Roccapulita se farrà annore, e vuje avite voglia de crepà, de mbrusunià che non ne cacciate niente! Ah! Non ne poteva cchiù! *(Entra in casa.)*

IGNAZIO: Guè, la Sinnachessa s'è risentita; io non aggio ditto manco na parola.
TORE: Scusate D. Ignà, vuje cu sta resella site no poco indisponente.
GAETANO *(che avrà accomodato il davanti della bottega)*: E ave ragione lo zi Tore, vuje site n'affare serio, tutte cose ve dà ntuppo, tutto mettite ncaricatura... e capite, uno tene tene e po' sferra.
IGNAZIO: Ma voi sbagliate, io non fo caricature, anzi io da stammatina vado girando per ammirare i grandi e solenni preparativi che si stanno facendo nel paese per l'arrivo di S.ª E.ª
TORE: (Eh, dalle dà!).
GAETANO: (Non lo dammo audienza accussì chillo cchiù s'arraggia).
TORE: (Sì, dice buono, pecché si no nu juorno de chiste avimmo da passà nu guajo!).

SCENA SECONDA

Felice, due Guardie Municipali e detti.

FELICE *(di dentro)*: Tu sì na bestia, si n'animale qualunque, e te lo dice Felice Sciosciammocca, sindaco di Roccapulita, io quando do un ordine deve essere eseguito, cattera!...
GAETANO: Ah, ecco ccà lo Sinneco.
FELICE *(fuori)*: Co mme non se pazzea, sangue de Bacco, e chello che aggio ditto s'addà fà.
TORE: D. Felì, che è succeduto?
FELICE: L'aggio co sti duje che tutto fanno meno chello che dico io. Ho dato l'ordine stammatina che io da li seje in poi non voleva vedé niente cchiù nnanze a li poteche, tutto sbarazzato e pulito, mò so' passato pe la cantina de lo zi Vicienzo, e chillo m'ha combinato llà fore na vera taverna, tavoline, segge rotte, s'ha pigliato tutta la strada, e po' sta frienno cierto baccalà accussì puzzolente che è nu piacere. E sti duje stevene assettate a na tavolella de chelle e se stevono facenno pure na mezolla de vino, lo zi Vicienzo po' m'ha salutato e m'ha fatta na resella.
GAETANO: Chesto è troppo po'!
FELICE: Già, na resella cuffiatoria! Vuje avite ragione che mò addà arrivà Sua Eccellenza il Ministro, ma dimane parlammo.
I GUARDIA: Illustrissimo Signor Sindaco, io a lo zi Vicienzo nce lo sto dicenno da stammatina che aveva da levà la rroba da llà ffore, ma chillo non se n'è ncaricato, mezz'ora fa nce so' tornato io e lo compagno mio, e nce l'avimmo ditto n'ata vota, e chillo sapite comme nce ha risposto: Dicite a lo Sinneco che isso ha perza la capa, ogge che me pozzo abbuscà na lira io levo la rroba, manco si vene co li soldate.
FELICE: Ah! Accussì ha risposto? E vuje che l'avite ditto?
II GUARDIA: E che nce avevamo da dì, chillo s'è fatto brutto, e nce ne simme jute; poco primme simme passate pe nnanze a la poteca, e chillo afforza nce ha voluto dà no bicchiere de vino. *(Ignazio ride.)*
FELICE: E vuje ve l'avite bevuto?
II GUARDIA: E che l'avevamo jettà?

FELICE: Zitto, non rispondete co la bocca!
IGNAZIO: (E che addà risponnere co lo naso!). *(Ridendo.)*
FELICE: Tornate subeto da lo canteniere, e dicitele che levasse la rroba da llà fore, che si no lo faccio ncujetà seriamente. Avite capito?
I GUARDIA: Va bene, sarete ubbedito.
FELICE: E po' dimane parlammo pe lo riesto... Fatevi rispettare, voi rappresentate la forza. *(Guardie, soggetto, poi viano tra ballando:)* Chille stanno mbriache de chella manera, e io comme la combino? Io doje guardie tengo... Vuje vedite co chi aggio d'avè che fà... Da li cinche de stammatina che sto allerta, sto stanco comme a nu ciuccio.
IGNAZIO: Niente di più naturale!... Ma caro D. Felice, si non ve danno la croce mò, non v'e la danno cchiù!
FELICE: Senza che facite caricature D. Ignà, io non ho altro pensiero che il decoro del mio paese, e se fatico e lavoro comme a nu mulo, non lo faccio per ambizione, non per avere delle ricompense!
IGNAZIO: Vuoi dire che il paese vi sarà riconoscente, pecché ccà si non ncè stiveve vuje, non si aveva il piacere di rivedere il vostro illustre concittadino.
FELICE: Oh! Chesto io potete dicere forte, si non era pe me, non se ne faceva niente! Sissignore, io aggio profittato della nostra antica amicizia della parentela di mia moglie con S.ª E.ª e mi condussi a trovano nella capitale. *(Soggetto.)* Me mannaje a piglià co la carrozza all'Otello... a Roma li locanne se chiammene Otello...
GAETANO: Ah! Sì, lo sentette na vota a Napole...
TORE: Io pure lo vedette scritto nfaccia a no manifesto de chille teatre che stanno abbascio a la marina a Napole: Otello o la morte di Desdemona. *(Lazzi.)*
FELICE: Facette conoscenza co 14 o 15 ministre.
IGNAZIO: (Cchiù de la duzzina!).
FELICE: Aveva essere pure presentato a Corte; ma S.ª E.ª teneva gli affari di stato e nun trovaje nu momento de tiempo.
IGNAZIO: Ma spero che quei signori di Casa Reale saranno venuti alla stazione a salutarvi quanno site partito.
FELICE: Vuje da che vi site posto a fà lettere a li giornale, siete passato all'opposizione del Comune, non che del Governo.
GAETANO: Lu fatto certo sapite qual è: Che cumpà Sinneco, jenno, venenno e screvenno, è stato ommo capace de decidere S.ª E.ª : a venì ncoppa a sta montagna.
FELICE: Ma se capisce che so' stato capace... io le dicette: Paoluccio mio, viene na vota nel tuo paese Natale... *(Soggetto, poi Tore.)* Guè, tu staje ancora spugliato, la banda non è stata ancora chiamata?
TORE: I miei subordinati stanno tutte quante vestite, l'aggio lassate mmiezo a lo campo, addò hanno tagliato lu granodirno, che facevano la prova de la marcia.
IGNAZIO: Figurammece che musica avimmo da sentì stasera!
TORE: Sentirete na banda, mio signò, comme non se sente a nisciuno paese.
IGNAZIO: Na vera banda de brigante!
TORE: Ma comme nce fosse na cosa ca non ve jesse storta?
FELICE: Jamme jà, non nce perdimmo nchiacchiere. Haje appiccato il proclama per il popolo?

TORE: Sissignore, llà, addò mò sta la scala co li lampiuncielle, e se vede da lontano co chillo lume a riverbero vicino... jettate n'uocchio da llà, albero petrolio.
IGNAZIO: Eh! Bestione! Albo pretorio.
TORE: O Albo, o alberio, è la stessa cosa... e po', io aggio ditto sempe accussì, e non capisco pecché pe fà piacere a te, aggio da dicere de n'auta manera!... *(A Felice:)* Guardate, nce sta tutta chella gente a leggere.
IGNAZIO: L'avete composto voi Signor Sindaco?
FELICE: Veramente l'ha composto il segretario Comunale, ma io po' l'aggio accunciato, l'aggio corretto.
IGNAZIO: Bravissimo! (Corretto?! chillo appena sape fà lo nomme sujo!)
FELICE: Anze, chelli parole che dicene: V'invito onde festeggiare il nostro Ministro, che giunge a visitare le ubertace campagne e i floridi vigneti, che furono un dì la di lui culla — chella è rroba mia.
IGNAZIO: Bellissimo, quei floridi vigneti, mo' capisco pecché a S.ª E.ª se dice le piace lo vino buono, sfido io! Nascette dinta ala cappuccia, tra floridi vigneti.
FELICE: Ma voi tenete na lengua sagrileca sà!... *(A Tore:)* Jammo, spiccete, va te vieste.
TORE: All'ubbidienza Signor Sindaco *(p.a.)*.
FELICE: No momento, e la carrozza pe S.ª E.ª è pronta?
TORE: Sissignore, ve pare, avimmo pigliata chella de Sciacquavrite l'affitta cavalle, mettarrà sotto la meglio che tene, chella che l'è venuta la settimana passata... lu Flambò!...
IGNAZIO: Eh! Animale! Landò se dice e non Flambò.
TORE: Landò o Flambò è la stessa cosa; e po' io aggio ditto sempe Flambò, e accussì voglio dicere.
FELICE: Va buono, fenitela! Oh! E i miei epitaffei che aggio ditto de nchiuvà nfaccia all'arco, pecché non se so' poste ancora?
TORE: Aggio lassato n'ora fa lo maestro de scola che li steve facenno co li stampetelle... basta, mò me vaco a vestì e ncè passo nu momento: voglio passà pure pe nnanze all'albero pretolio!...
IGNAZIO: Altro pretorio!...
TORE: (Schiatta!). Pe vedé che fa chella gente, e po' passo da Sciacquavrite pe m'assicurà si è pronto lu flambò.
IGNAZIO: Landò!
TORE: Flambò!
IGNAZIO: Landò!
TORE: Flambò! *(Lazzi via.)*
GAETANO: Neh, guardate chi vene da chesta parte, il Marchese Fiore, ma che d'è pure l'aristocrazia se degnasse de j a ncuntrà S.ª E.ª?
FELICE: Si capisce, nella politica così si usa, quando cchiù cane e gatte so' cchiù se fanno cerimonie... E poi il signor Marchese essendo deputato del nostro Corpo, adda fà pe forza atto di presenza a no ricevimento solenne comme a chisto. *(Al Marchese che entra:)* Onorevole, la riverisco.

SCENA TERZA

Marchese Fiore, e detti.

MARCHESE: Oh! Caro D. Felice... Embè? Che se fa? Ve posso offrì nu posto dinta a la carrozza mia pe gghì a la stazione?
FELICE: Troppo onore, onorevole, me dispiace solamente che avita aspettà no poco, pecché m'aggio da vestì ancora! Aggio avuto stammatina tanto da fare per questi preparativi che... che... se me permettete vado ad ammobigliarmi, ed in due salti sono qua.
MARCHESE: Fate pure, senza cerimonie. Io intanto vi aspetterò qua, nella farmacia.
IGNAZIO: La ringrazio, Signor Marchese, della visita. Come sta?
MARCHESE: Benone! E voi?
IGNAZIO: Veramente sarei stato meglio se oggi mi avessero fatto riposà nu poco; ma hanno incominciato dall'alba, a martellà, a strillà! Nu vero guajo!...
GAETANO *(a Felice)* (Mò accomencia subeto a ruscà chella lengua de galera!).
FELICE: (Lasselo sfucà, povero infelice, nun lo dammo retta). *(Un operaio porta due manifesti a trasparente in testa.)* Oh! Finalmente tanto ncé voleva a portà sti manifeste!... *(L'operaio si ferma in mezza la scena.)* Se il Signor Marchese volesse sentire queste iscrizioni che faccio appiccare sotto all'arco.
MARCHESE: Con piacere, vi pare?!
FELICE *(legge)*: «La nuova stella...».
IGNAZIO: Metodo infallibile di far fortuna!
FELICE: Vi prego de starve zitto, faciteme leggere. *(Legge:)* «La nuova stella d'Italia, dalle punte multifermi, questa sera manda il suo raggio dall'altezza di Roccapulita natio ospite illustre, Paolo Rivelli. Noi Roccapulitani sfoghiamo la piena del nostro affetto in lampi di riconoscenza!...». Comme ve pare?... E poi c'è quest'altro, che per robustezza è più soave... Gaetà avotete. *(L'operaio si volta di spalla al pubblico. Felice legge:)* «A S.ª E.ª... che voi dire "A sua Eccellenza" Il Commendatore Paolo Rivelli, Ministro, che per brev'ora lasciando le cure feconde del potere...».
IGNAZIO: Belle! Quelle cure feconde!...
FELICE: (Quanta fecozze che vuò avé stasera!...). *(Seguitando:)* «Questi colli si degnava onorare di sua illustre presenza. I Cittadini di Roccapulita, commossi per la sua partenza inopinata, inviano un saluto».
MARCHESE: Siete stato voi che l'avete composto?
FELICE: No, veramente è stato il maestro, ma io dopo l'aggio corretto.
IGNAZIO: Già, ci ha dato il colpo di grazia!
MARCHESE: Ma spiegatemi un poco una cosa? Come va che pel Ministro che arriva, voi fate affiggere un manifesto che gli dà il buon viaggio.
IGNAZIO: Oh! sicuro, io non nce aveva badato, come va?
FELICE: (Pe lo farmacista che non se n'intende, va bene, ma isso pò che è deputato me fa sta domanda?...). Ecco ccà, onorevole, è stata un'idea mia, questi due manifesti, il primo quella della stella, lo faccio mettere sotto all'arco trionfale da quella parte dirimpetto alla stazione, il Ministro viene e lo legge, e quest'altra della parte opposta,

Sua Eccellenza lo leggerà quando parte.
MARCHESE: Non ho capito.
FELICE: Mò ve lo faccio vedé praticamente. Gaetà, apre li gamme. *(Felice col bastone indica dietro a Gaetano.)* Questo è l'arco trionfale, Sua Eccellenza entra da qua. *(Indica avanti a Gaetano.)* E se n'esce da qua. *(Indica dietro a Gaetano.)*
MARCHESE: Ah, adesso ho capito, bravo! Veramente un'idea luminosa.
IGNAZIO: Altro che luminosa... splendida addirittura!
FELICE: (Mò vide si le dongo na mazzata nfaccia!). Gaetà, vattenne, e fa mettere subito sti manifesti. *(Gaetano via a sinistra.)* Già, per contentare Vostra signoria, ci vorrebbe altra roba!... Basta, io vado a vestirmi, con permesso? Cinque minuti e sono da voi. *(Entra in casa.)*
IGNAZIO: Che ne dite, onorevole, voi già sapete che io sono corrispondente del Fanfulla, ho scritto tre cartoline in cinque anni, ma mò aggio da mettere in evidenza stu famoso sindaco! È una vergogna! Almeno l'avisseve ditto quacche cosa voi, che avete più autorità.
MARCHESE: No, no, io de sti feste non ne voglio sapé proprio niente... vado a incontrà il Ministro per semplice dovere di cortesia.
IGNAZIO: Stu poverommo de Sinneco, dal giorno che ghiette a Roma ha perduta la capa. Pe chillo famoso viaggio, spera d'avé la croce.
MARCHESE: Oh! Per questo poi, l'hanno data a tanti.
IGNAZIO: Voi avete ragione, ma io penso al giorno che aggio da j dinta a la poteca di Felice e dirgli: Signor Cavaliere 4 soldi di presciutto!
MARCHESE: Eh, via siamo giusti, non si può negare del resto che dovete a lui l'onore di questa visita Ministeriale!
IGNAZIO: A me per esempio, non me ne mporta niente... In ogni modo jammo a ncontrà stu grand'ommo che arriva, a gghì a vedé strillà chella folla che sta mbriaca da stammatina.
GAETANO: Del resto, vuje non v'avarrisseve lamentà si la gente sta mbriaca, pecché sulo accussì putite vennere doje misturelle superchie.
IGNAZIO: Voi pensate agli affari vostri, invece de ve ntricà de chille dell'aute.
GAETANO: Si non vulite che se risponnesse ai vostri spropositi, facitene ameno de chiacchiarià forte mmiezo a la piazza. Questo è suolo pubblico.
MARCHESE: Basta, basta, non incominciamo...
GAETANO: E che vulite, cierti cose non se ne ponno scennere!
IGNAZIO: Poverello, le fanno indigestione!
GAETANO: Oh, sapete, io porto rispetto al Marchese che sta presente.
IGNAZIO: Ahè, e comme pighiammo fuoco! Pighiateve quacche cosa pe ve rinfrescà.
GAETANO: Io si m'aggio da rinfrescà, putite sta sicuro che addò vuje non vengo accattà manco nu soldo d'antacito, pecché sarría sicuro d'avé lo gesso de presa.
IGNAZIO: Io te volarria ngessà veramente la vocca!
MARCHESE: Ma insomma la volete finire? Che bello esempio de concordia date nel paese! Siete consiglieri, per Bacco!...
IGNAZIO: Guardate onorevole, che auto bello tipo vene da chesta parte. E il segretario di S. Eccellenza. Il Cav. Speretillo.

MARCHESE: E co che premura viene.
IGNAZIO: Sfido io! È venuto a preparà l'entusiasmo spontaneo!
GAETANO: Che lengua!...

SCENA QUARTA

Carlino e detti, e Menechella dalla finestra.

CARLINO *(esce di fretta)* : Avete visto il signor Sindaco? *(Esce Menechella sulla finestra.)*
GAETANO: È ghiuto no momento ncoppa a la casa, ma si l'avita dì qualche cosa llà sta la mogliera che s'è affacciata.
CARLINO *(a Menechella)*: Scusate, signora, fatemi il piacere di dire al Signor Sindaco che non ci è tempo da perdere! E che io lo sto aspettando.
MENECHELLA: Abbiasseve nu poco di pacienzia Don Cavaliero, il mio consorzio s'infila le brachesse, si butta il sotto panza e poi scenne.
IGNAZIO: (Acqua ah, la Sinnachessa toscaneggia!).
CARLINO: Fatemi però il piacere di dire al Sindaco che tengo comunicazioni importanti a fargli.
MENECHELLA: Sì, ce lo dichi subito. *(Entra e poi torna.)*
CARLINO: Non faccio per dire, ma me pare che lo Sinneco avria avuta penzà primma a vestirse.
MENECHELLA *(si affaccia)*: Don Cavaliero, maritemo, il Sinneco, si sta mettenno i guarnimenti...
IGNAZIO: (A uso cavallo!).
MENECHELLA: Ma intramente, lo preca di montare un momento per le scale, e dopo facciamo la calatura inzieme.
CARLINO: Va bene, vengo subito. *(Entra nel portone e Menechella entra dalla finestra.)*
IGNAZIO: Chisto pure è na bella capa!
MARCHESE: Ma che diavolo fa da tanti giorni qui?
IGNAZIO: È più di una settimana che avimmo l'onore di ospitare quell'illustre patriota che mangia e beve a spese del Comune.
MARCHESE: Va bene, caro signor farmacista, vuje pecché ve pigliate tanta collera.
IGNAZIO: E che volete, caro Signor Marchese, sò cose che fanno corrivo, pecché po' infine dei conti chi paga, è sempre il paese!
GAETANO: Sì, pecchesto vuje pagate assaje!
IGNAZIO: Cchiù de vuje certamente, che non tenite auto che quatte mappine stracciate appese pe tuvaglie e duje rasule arrozzute comme a cortellacce.
GAETANO: Ma che vanno cchiù de li vasiette d'acqua sporca che tenite llà dinto.
MARCHESE: Incominciamo da capo? Almeno stasera fate il possibile de stà in pace... ma il tempo passa e sto Sinneco non se vede ancora. Se mi fa ancora aspettare, me ne vado solo... E mio figlio dove sarà, l'avete visto?
IGNAZIO: Sarà forse al caffè. Volete che vado a vedé?
MARCHESE: Sarà meglio. Anzi vengo anch'io. *(A Gaetano:)* Se scende il Sindaco, fatemi il piacere di dirgli che sono andato in cerca di mio figlio, ma che torno subito.

GAETANO: Vi servirò Signor Marchese. *(Il Marchese e Ignazio viano per la dritta. Dalla sinistra viene Tore tutto affannoso in grande uniforme di capo banda con pennacchio all'elmo e sciabola.)*

SCENA QUINTA

Tore, poi Felice, Carlino, Menechella e detto.

TORE: Ah! Povero a me, poveri a vuje! *(Va vicino alla casa del Sindaco.)* Signor Sindaco, Signor Sindaco, Signor Cavaliere, scendete subito quaggiù, che disgrazia!
FELICE *(esce con Carlino e Menechella).*
TUTTI: Che è, che è stato? Che è successo?
CARLINO: Che vi succede, che siete così trafelato?
TORE: Altro che trappolato! Si sapisseve!...
FELICE: Ma che è succieso? Parla, spiegati?
TORE: Na piccola co lo limone! È succieso che Sciaquavrite non pò dà cchiù la pariglia de cavalle che aveva prommiso, non tene che una pariglia a uno cavallo.
FELICE: Come pariglia a uno cavallo?
TORE: Non ne tene duje, ne tene uno.
FELICE: Uno?
CARLINO: Ma stammatina l'aggio visto io, nce stevene tutte li duje.
TORE: Eh! lu saccio, lu saccio che stammatina nce stevene, io pure l'aggio visto, ma la disgrazia è capitata mò — mentre io steva tornanno da la casa, addò era juto a metterme la bardatura musicale, passo nnanze a la stalla de Sciuaquavrite e me sento chiammà. Tore, oi Tore! Compà Tore?... m'avoto: era lu stallone.
CARLINO: Lo stalliere.
TORE: Stalliere o stallone è la stessa cosa... e me dice tutto strapilato: non sapite che disgrazia terribile nc'è capitata? Mez'ora fa, ntramente lu guaglione purtava la pareglia de cavalle a bevere a lu fontanone, quanno sò arrivate vicino a lo vallone, uno de li cavalle ha fatto na capriola, e patatunpete s'ha rotta na gamma.
MENECHELLA: E aveva capità justo stasera! Te l'aveva ditto io!
TORE: Allora io sò corruto subeto addò Sciacquavrite pe sapé si lo fatto era vero o si era na tenta carmosina, e aggio truvato nterra lo cavallo che faceva pietà.
MENECHELLA: Povera bestia!
TORE: Chi Sciacquavrite?
MENECHELLA: No, lo cavallo ch'è caduto.
FELICE: Voi vedete la combinazione, justo stasera!
TORE: E adesso mò come se fa?
CARLINO: Ci voleva pure questa, proprio all'ultimo momento aveva da succedere la disgrazia.
MENECHELLA: Cari miei, ccà è inutile chiagnere lo muorto, s'adda risolvere qualche cosa. Dinta a lo paese non ve credite che nce stanno auti cavalle, sapite!... Me ricordo ancora chello che succedette quanno jetteme a spusà, nce aveveme affittato no doje mantice, e me ricordo sempe...

FELICE: Ca simme ruciuliate tutte e duje, io sotto e tu da coppa... lo ssape tutto lo paese stu fatto!
CARLINO: Ma non nce sta che sulo stu Sciacquavrite che tene cavalle? Nun nce sta nisciuno cchiù?
TORE: Nce starria lo mulo de l'ammolafuorfece, ma chillo è gnappo e tene n'uocchio cecato.
FELICE: Sicuro, jeveme a piglià lo ministro co no mulo gnappo e n'uocchio cecato.
GAETANO: M'è venuto no pensiero...
MENECHELLA: Ah! Bravo D. Gaetano! A vuje sulamente venene sempe li bone penzate... me ricordo sempe diece anne fa quanno...
FELICE: Statte zitta, fallo parlà.
MENECHELLA: Mamma mia, non se po' maje dì na parola.
GAETANO: Si se cercasse nfavore a lu Marchese de nce prestà la carrozza soja, mò adda j ala stazione co lo figlio, e saccio che tene duje cavalle che correno comme a lu viento.
FELICE: Ma aggia appurà... che ne dicite Cavaliè?
CARLINO: Impossibile.
FELICE: Impossibili.
MENECHELLA: Impossibilu.
TORE: Impossibibo.
FELICE: E po' chillo è de lo partito opposto, non lo fa.
MENECHELLA: E po' è accussì superbo! Me ricordo l'anno passato, quanno fuje la fiera, era venuto abbascio a lo castiello co lo figlio, e me ricordo sempe...
FELICE: E finiscela co sto libro de li ricorde, e invece ajuteme a penzà chi bestia potimmo attaccà a lo Ministro.
MENECHELLA: E miettatence tu ca sì na bella bestia.
TORE: Signor Cavaliere, comme se po' rimedià?
FELICE: Aspettate... m'è venuta na bella idea.
CARLINO: Sentiamo.
MENECHELLA: E dilla subeto.
FELICE: Sentite... ma primme... nce stesse chella mala lengua de lo farmacista, ca chillo è capace de nce janchià ncoppa a lo giornale.
GAETANO: Non nce sta, è ghiuto co lo Marchese.
FELICE: Ecco qua, la mia idea sarebbe de j a la stazione co la carrozza de Sciacquavrite co uno cavallo. Appena arriva Sua Eccellenza noi tutti facciamo la dimostrazione... Sentiteme buono. Appena Sua Eccellenza sarrà sagliuto ncarrozza, mentre la popolazione strillarrà pe la contentezza, ntramente se schierene li bannere, la banda intuonerà la marcia, e la campana de la parrocchia ntunerà la rumanella, nuje approfittammo de la confusione e de lu fracasso, da mmiezo a la folla facimmo partì na voce: staccamme li cavalle, e nuje facenno eco, strillammo, li cavalle, li cavalle! Allora no cierto nummero de giovinotte svelte, che sarranno de li nuoste, e a li quale le dammo la consegna, levammo l'unico cavallo da sotto a la carrozza, se nfilarranno sotto a li stanche, e portarranno S.ª E.ª glorioso e trionfante nfì a mmiezo a la piazza!
TORE: Che bella idea! Me pare quasi impossibile che non è venuta a me!
CARLINO: Stu progetto, non so che dice, è abbastanza bene immaginato! Se poi non

riuscisse?
FELICE: E pecché non avarria da riuscì?
CARLINO: Prima di tutto ci manca il tempo per metterlo bene in esecuzione. E poi nce vularriene cinque o sei uomini forti, robusti, e de bona volontà.
FELICE: Oh! Per questo Signor Cavaliere, me ne incarico io, non dubitate!
TORE: E anche io.
FELICE: Nce putimmo serví degli stessi operai che hanno lavorato sti giorni per conto del Comune.
TORE: E putite sta sicuro che S.ª E.ª sarrà tirato meglio da nuje, che da chilli scortecune de cavalle.
MENECHELLA: Justo dint'a stu paese mancano proprio uommene forte, e robuste! Nce ne starranno 50 che sò capace d'aizà nu Comune! Nce sta Ciccio de Rosa, Ciccaniello, Cepparulo, Zavaniello, lo Galluccio...
FELICE: 'O Turcheciello?...
CARLINO *(a Tore)*: Chi sò sti signori?
TORE: Tutti Consiglieri Municipali!
CARLINO: Benissimo!...
MENECHELLA: Io intanto vaco a chiudere la poteca ed accunciarme nu poco. *(Entra in casa.)*
CARLINO: (L'idea è buona e aggio da fà capí a lo Ministro che sò stato io che l'aggio combinato... chi sa! chi sa! che non mi frutti qualche cosa). *(A Felice:)* Intanto io vado a dà n'occhiatina ai preparativi. *(Via.)*
FELICE: Tore, pensa alla grande responsabilità che stasera te spetta... quanto me sento corrivo che non nce sta la luna, pensa alla tua responsabilità nella qualità di Direttore delle feste, inserviente comunale e Capobanda.
TORE: Non dubitate Signor Sindaco, che me saccio fà onore.
FELICE: Va al tuo posto.
TORE: All'ordine! *(Fa il saluto militare e via a destra.)*
FELICE: Che bello Capobanda che tengo! (Procurerò de fà capí a S.ª E.ª che l'idea del tiramento è mia! Io non sono ambizioso, ma infine dei conti, danno la croce a tanta gente... chi sa...). Ma addò è ghiuto l'onorevole?
GAETANO: È ghiuto a lo cafè.
FELICE: Mò lo vaco a ncuntrà. *(Via a destra.)*
GAETANO: Si non era pe lo Sinneco, rimmaneveme mbrugliate comme a lo pullecino dinta a la stoppa. Voglio fa sapé a S.ª E.ª che l'idea de tirà la carrozza è stata la mia.

SCENA SESTA

Felice, Marchese, Ernesto, Ignazio, e detto, poi Menechella sulla finestra.

FELICE: Venite onorevole, volete che andiamo verso la stazione?
MARCHESE: Andiamo pure, io sono a vostra disposizione. Qui non ci è altro da fare.
FELICE: Niente affattissimo. Tutto va a gonfie vele. Si farà un ricevimento degno di noi, e della persona che ci onora della visita.

MENECHELLA *(dalla finestra)*: Guarda Felì, si va buono accussì. *(Mette una coverta alla finestra.)*
FELICE: Nu poco cchiù abbascio, commoglieme chilli casecavalle. Ricordete de preparà li lume a giorno.
MENECHELLA: Stanne preparate ncoppa a la seggia ccà vicino.
FELICE: Mentre nuje jammo a la stazione, tu vestete, che appena arriva S.ª E.ª te porto a fà li visite de grammatica...
IGNAZIO: (Latino!).
MENECHELLA: Va bene. Portete lo mbrello Felì, ca veco lo tiempo nu poco ntruvuliato, ti avessa cogliere uno sguazzone!
FELICE: E damme ccà, dà. *(Prende l'ombrello.)*
MARCHESE: M'hanno detto però che era succeduto non so che cosa... un cavallo che era caduto... che sò... è vero?
FELICE: Purtroppo è vero... ma però abbiamo rimediato!
IGNAZIO: Avite già trovato n'auto cavallo? e addò se è lecito?
FELICE: Addò? Addò? Sò cose che non vi riguardano, s'è trovato e basta.
IGNAZIO: Scusate, Signor Sindaco, non intendo rubarvi i vostri segreti di Stato.
FELICE: Ma che segreti di stato! Il bucefalo è rimediato, e basta.
MARCHESE: Dunque, miei cari signori, è meglio incamminarsi, non manca più di mezz'ora per l'arrivo del treno.
FELICE *(trae l'orologio)*: No, scusi, 25 minuti, io vado col medio evo di Roma.
MARCHESE: E tu, Ernesto, vieni con noi?
ERNESTO: Se non disturbo...
FELICE: Ah, sicuramente, anzi è un onore... *(Grida di applausi di dentro.)* Oh! Ecco, incomincia la baraonda.
POPOLO *(fuori, tutti gridano)*: Evviva il Sindaco!
FELICE: Bravi! Bravi! Il vostro entusiasmo vi fa onore. Oggi dobbiamo festeggiare uno dei nostri più illustri concittadini, una gloria del paese, ed io spero che vi comporterete con quella calma, quella dignità il quale... la quale...
GAETANO: (Lu sinneco se mbroglia).
FELICE: Quella calma... il quale...
GAETANO: Evviva lo Sinneco!
POPOLO *(batte le mani e grida)*: Evviva lu Sinneco!...
FELICE: (Che ommo è chillo barbiere!). Grazie... grazie... io non merito i vostri Evviva. Io non desidero che di mettere all'indisposizione del paese quel poco di buona volontà, di buon senso che m'ha dato Madre natura il quale... la quale... *(Fa segni al barbiere.)*
GAETANO: Evviva il Sindaco!...
POPOLO: Evviva lo Sinnaco!...
GAETANO: Signor Sindaco lo capostazione ha fatto già lu signale colo lume rosso, ha aiZato la bannera.
FELICE: Oh! Lu capo stazione è amico mio, m'avvisa che lo treno è partito dalla stazione limitrofa successiva a questa. *(A Carlino che viene:)* Ebbene?
CARLINO: Il treno sta per giungere.
MARCHESE: Se vogliamo andare, la mia carrozza aspetta innanzi alla parrocchia.

FELICE: Andiamo pure, ma prima se mi permettete vorrei dire altre due parole al mio popolame. *(Alla folla:)* Popolo di Roccapulita. Io vado in carrozza alla stazione come si conviene alla mia qualità di vostro rappresentante. *(Lazzi.)* Sì, popolo, io vado in carrozza... ma il cuore viene a piede con voi...
GAETANO: Evviva lu Sinneco!
POPOLO: Viva lu Sinneco!
FELICE: No! gridate tutti... Evvia il Ministro Paolo Rivelli!...
POPOLO: Evviva!
FELICE: Ricordatevi che un sacro dovere ci aspetta: Ordine, serietà, dignità e... *(Si ode un grosso colpo di gran cassa, e suona la musica. Incomincia il corteo coll'ordine seguente)*:
1. *La banda preceduta da Tore che si ferma in linea a lato dritto seguitando a suonare fino che cala la tela.*
2. *Società dei caprai di Roccapulita, con la bandiera alla testa.*
3. *Società di arti e mestieri, con la bandiera alla testa.*
4. *Società fratellanza agricola, con la bandiera alla testa.*
5. *Circolo Indipendente, con la bandiera alla testa.*
6. *Asilo infantile preceduto da Rocco, con la bandiera alla testa. Nell'uscire l'asilo infantile suonano le campane della parrocchia e lumi di bengala.*
(Passato il corteo Tore grida alla musica).
TORE: Avanti, marche! *(E sfila seguito dalla folla.)*
FOLLA: Viva lu Sinneco! Viva Paolo Rivelli!... *(Al voltare le spalle il Sindaco.)*

(Cala la tela.)

Fine dell'atto primo

ATTO SECONDO

Camera della casa destinata al Ministro. Balcone nel mezzo che guarda sulla piazza. A dritta seconda quinta la comune. Prima quinta porta che esce anche nel palazzo. Prima e seconda quinta a sinistra camere che mettono nell'appartamento. Una scrivania ingombra di carte e giornali, vicino alla scrivania uno straccia carte, poltrone, sedie ecc. ecc.

SCENA PRIMA

Giulietta, poi Ernesto.

GIULIETTA *(rientrando dal balcone)*: Chesta è proprio na cosa da ridere... Sta gente ha perduta la capa! Se po' dì che mò è fatto juorno, sò l'otto appena e già stanno tutte all'aria mmiezo a la piazza per vedere Sua Eccellenza. Povera gente, quant'ammoina pecché è arrivato no Ministro.
ERNESTO: Giuliè.

GIULIETTA: Ah, siete voi, signor Marchesino.
ERNESTO: Le signorine si sono alzate?
GIULIETTA: Sicuro! Co sti strille che sta gente sta facenno da stammatina a li cinche!
ERNESTO: Starranno pure seccate d'essere venute.
GIULIETTA: Uh! Altro che seccate. Aieressera S.ª E.ª dicette che era stanco e se la sbrigaje subeto subeto. Ma stammatina isso e la signora hanno da ricevere tutto lo paese.
ERNESTO: L'aveva promesso d'accompagnarle a fà na passeggiatina pei dintorni.
GIULIETTA: Sarranno quase pronte... Ah! sta venenno chillo curiuso del segretario.

SCENA SECONDA

Carlino e detti.

CARLINO *(dalla comune affannando con delle carte)*: S.ª E.ª s'è alzata?
GIULIETTA: Nonsignore!
CARLINO: Oh! signor Marchesino, vi riverisco.
ERNESTO: Cavaliere. *(Salutando.)*
CARLINO: Giuliè, va dinto da Sua Eccellenza e dille che l'aggio da parlà subito per affari urgenti.
GIULIETTA: Ma ha ditto che non vò essere disturbato.
CARLINO: Giuliè non me fà osservazioni. Va subeto ad annunziarmi. *(Giulietta via borbottando:)* Tutte de na manera sti cammarere, non nce se po' dà tanto de confidenza.
ERNESTO: Eh! Bisogna compatirle, caro Cavaliere.
CARLINO: Seh, seh, compatirle... io la libertà la darria sulo a chi se la mmereta!
ERNESTO: Dunque, voi rimpiangete il tempo passato.
CARLINO: Mezzo sì, e mezzo no.
ERNESTO: E con queste idee servite?...
CARLINO: Si stesse a me, caro Marchesino, v'assicuro...

SCENA TERZA

Nannina e detto.

ERNESTO *(a Nannina che esce)*: Signorina Nannina.
NANNINA: Signor Marchesino.
ERNESTO: Avete dormito bene?
NANNINA: Non tanto.
ERNESTO: Chi sa... se adesso... in questi giorni di festa vi resta un po' di tempo per pensare agli amici.
NANNINA: Ah, Ernesto, perché mi dite questo...
ERNESTO: Dunque, non vi siete dimenticato i progetti che facemmo mesi fa sulla galleria dei bagni di Castellammare?

NANNINA: Sì, ma dubito che i sogni nostri si possano realizzare.
ERNESTO: E perché?
NANNINA: Avete parlato con vostro padre?
ERNESTO: Ci ho parlato più di una volta.
NANNINA: E che dice?
ERNESTO: Da principio voleva dissuadermi da questa idea, ma poi...
NANNINA: Acconsente?
ERNESTO: Non è che ne sia contentissimo, perché st'idea di alleanza di due famiglie con un avversario politico lo secca no poco.
NANNINA: Al diavolo la politica! Si sapisseve che odio che ci tengo, perché è l'origine di tutti i dispiaceri della nostra famiglia. Papà è diventato collerico, fastidioso... e se solo gli si parla di una cosa di famiglia diventa una bestia! Mammà, poverella gliene ha parlato diverse volte, ma isso non ne vo sapé.
ERNESTO: Meno male che vostra madre è dalla parte nostra.
NANNINA: Oh, per questo, mammà sarebbe contenta.
ERNESTO: Dunque abbiamo un'alleata potente?
NANNINA: E intanto non basta! La paura più grande di papà è che qualcheduno potesse dì che ha acconsentito a stu matrimonio pe fà nu passo verso gli avversari.
ERNESTO: E intanto?
NANNINA: E intanto... mò parlammo tutte e duje a mammà, e ci assicurammo che ci protegge.
ERNESTO: Ah! Certamente!
NANNINA: Ma pe fà meglio, m'avarrisseve fà nu piacere.
ERNESTO: Ma qualunque cosa!
NANNINA: Avarrisseve procurà di secondare na debolezza che tene... sapete, a questo mondo ognuno ha le sue.
ERNESTO: Ma non comprendo.
NANNINA: Ecco qua. Dopo che papà è diventato Ministro, mammà ci tiene a chillo benedetto titolo d'eccellenza. Anzi ieri me faceva osservà che, tanto voi che papà vostro, in tutto il tempo che ci trovammo insieme in carrozza, pareva che foste di accordo pe non le dà maje sto titolo.
ERNESTO: Ma se è per questo, la chiamo Eccellenza fino a che vò!...
NANNINA: Povera mammà, bisogna compatirla!...

SCENA QUARTA

Carmela e detti.

CARMELA: Disturbo forse?
NANNINA: Oh! Mammà, hai riposato bene?
ERNESTO: Mi permetta S.ª E.ª di domandarle come sta?
CARMELA: Non sto male, grazie, ma starria meglio si non avesse passata na notte d'inferno su certi materassi che sembrano pieni di patate. Ah! Che differenza dai letti nostri! Uh! Che paese! Che paese! Io non capisco che smania è venuto a mio marito de

venì in questi luoghi, e non nce faceveme nu viaggio in Africa.
ERNESTO: Capirà, Eccellenza, l'affetto al proprio paese.
CARMELA: Ma si pe disgrazia io fossi nata a stu paese vi rinunzierei subito... che ne dice Nannì?
NANNINA: Ma, mammà, t'ha fatto proprio n'impressione così brutta?
CARMELA: Bruttissima! Che gente! Che gente!... E po' ve pare n'abitazione decente questa? Me pare nu suppegno; non saccio capì che ha fatto tanti giorni qua chillo carissimo segretario. Ma si pe stasera non mi procura altri materazzi, domani mattina col primo treno me ne torno a Roma.
ERNESTO: Abbia un poco di pazienza eccellenza, e poi si ricordi che in questi giorni vi sono due persone che sperano tanto nel di lei appoggio per veder realizzati i sogni...
NANNINA: Sì, mammà, ricordati de chello che m'hai promesso.
CARMELA: Sì, sì, faccio quello che posso, ma non v'avite illudere... Sua Eccellenza non vò assolutamente sentirne parlà.
ERNESTO: Ma chi sa che parlandone mò a Sua Eccellenza, mò che sta tanto soddisfatto del ricevimento di ieri sera...
CARMELA: Embè, vedrà... gliene parlerò di nuovo...
NANNINA: Sì, sì, bravo!
CARMELA: Ma perché ieri sera non ve presentasteve a S.ª E.ª mio marito? Rimarcò la vostra assenza sapete, e anche quella di papà vostro che sparì subito... tanto più che a voi poi non vi conosce nemmeno di vista.
ERNESTO: Ma che vuole eccellenza, con quella confusione che era alla stazione, papà non me potette nemmeno presentà.

SCENA QUINTA

Giulietta, poi Felice, Menechella, e detti.

GIULIETTA: Nce sta il Sindaco Signor Felice e D.ª Meneca sua moglie che vonno vedé S.ª E.ª.
CARMELA: Che seccatura, potevano venì addirittura all'alba!
ERNESTO: Ci vuol pazienza! Sono gl'incerti ministeriali, noie inevitabili. Io intanto vi lascio. Tornerà più tardi pe sapé la risposta di S.ª E.ª. Ma si ricordi che confidiamo in lei!
CARMELA: Farò il possibile!
ERNESTO: Abbiamo un aiuto troppo forte p'avè de perdere. Coraggio!...
NANNINA: E speranza!... *(Ernesto saluta e via.)*
CARMELA: Fa trasì chilli seccante!
GIULIETTA: Il Signor Cavaliere Sciosciammocca e la sua signora.
FELICE: (Statte zitta piccerè non sò ancora Cavaliere).
MENECHELLA: (Dalle na meza lira t'ha chiamato Cavaliere).
FELICE: (Quanno parte le dongo na lira).
MENECHELLA: Oh! Signora Ministressa mia! E accussì comme jammo? Stamme buone? Hanno dormito buone? *(A Nannina:)* Ma viene ccà, figlia mia, fammete guardà nu poco... che bella figliola che te si fatta! Proprio na rusella de primavera. Tu m'haje da

permettere che te parlo co lo tu. *(Felice le tira la veste.)*
NANNINA: Oh! Fate pure.
FELICE: Scusate Eccellenza, perché la mia signora è nu poco vascialola!...
CARMELA: Ma fate i vostri comodi, parlate come vi piace. Giulietta, dà da sedere a questi signori. *(Giulietta vuole avvicinare delle sedie, ma ne viene impedito da Felice e Menechella che le pigliano da loro.)*
FELICE *(a Giulietta)*: (Al giorno della partenza te dà na lira).
GIULIETTA: (Me vò fa magnà de grasso!). *(Via.)*
MENECHELLA: Già, maritemo mio, me l'aveva ditto primma che voi ardri, anche venendo dalla capitalo non site superbiosi, che site cristiani comm'a nuje, e po' neh, mamma mia, s'addà essere accussì quanno s'addà fà co tanta gente. Non pe niente, siamo donne pubbliche!
CARMELA: Come sarebbe a dire?
FELICE: Scusate, perché la mia signora è scherzosa, e piglia qualche lapisillazzolo con la lingua.
NANNINA: Non fa niente, lasciatela parlà comme le piace.
MENECHELLA: Lo vì, brutto criticone. E po' nce sà poche cerimonie da fà nfra nuje aute! Tra pariente! Pecché nuje simme cugini sapete?
CARMELA: Sicuro, S.ª E.ª mio marito, mi ha detto che fra voi due esiste una lontana parentela.
MENECHELLA: Luntana? Luntana?... Tutt'auto! Mamma mia era figlia de nu frate de la nonna del padre di vostro marito, di Sua E.ª comme lo chiammene mò. *(Batte sulla gamba di Carmela.)*
FELICE: Menechella, non sta bene battere sul cornicione della minestressa.
MENECHELLA: E che male nce sta? E accossì che ne dicite de stu paisiello nuosto? non è bello? Non è ariuso? E ccà quanno se tratta de fa feste, quanno se tratta de fa li rimostrazioni, non nce sta nisciuno che nce appassa!
NANNINA: E non possiamo fare a meno di esservi riconoscenti.
MENECHELLA: Riconoscenti? Ma che? Piccerella mia, simme nuje poveri paisane che v'avimmo da essere sconoscenti a voi pe l'annore che nce avite puoste nfaccia!
CARMELA: (Uffa! n'auto ppoco me fa venì na convulsione!).
MENECHELLA: Nun sarrà nu gran paese chisto nuosto, ma la gente tene tanto de core!
CARMELA: Ma comme facite a passà tutto l'anno dinto a sta scorza de noce?
FELICE: Lei sa, eccellenza, quel proverbio che dice: povero quel volatile che nasce in cattivo bosco.
MENECHELLA: Ma no, agge pacienza! Sino a che lo diceno lloro se po' compatì, pecché sò capitaliste, non hanno ancora avuto lo tiempo de vedé tutto lo paese' ma tu Felice mio, tu non avarrisse parlà accussì!... Ccà non nce manca niente! Nc'è bona aria, nu bello Cielo, na bella vista, nu bicchieriello de vino paisano che consola, bella gente, la strada de fierro che passa pe nnanze la porta de la casa!...
FELICE: (Lo fummo trase pe lo balcone!).
MENECHELLA: Tenimmo l'acqua potabile, lo spetale, lu telegrafo, la banda musicale, l'asilo infantile, le scole toniche...
FELICE: Tecnica...

MENECHELLA: È lo stesso. Duje lampiune che s'appiccene quanno non nce sta la luna, che non nce stanno li simmele nemmeno a Napole! Na farmacia, chella de D. Ignazio Torriaca, addò nce sta tutto, tene lichenina Lombardo, che è no peccato a non tené la tosse!...
FELICE: Basta, Menechella...
MENECHELLA: Lasseme fenì. Teniamo lo campanaro che è lo cchiù buono de tutta la provincia, e po' si è overo chello se dice, priesto nce mettene pure lo tramuass.
FELICE: Menechella, basta.
CARMELA: E fatela parlà, povera donna!... Capisco io pure, come co tutte sti vantagge, pure qua si può vivere bene tutto l'anno.
MENECHELLA: Accossì è. E pe mò sò 25 anne che non me smovo da ccà, non me sò fatta nemmeno na passiata nfi a Napole. L'inverno passato, quanno mariteme jette a Roma...
CARMELA: Ah, voi siete stato a Roma?
FELICE *(con importanza)*: Fui a Roma... nella città dei Cesari!
MENECHELLA: Voleva portà pure a me, ma io le dicete: No, caro Felice, va tu sulo ca pe me è na seccatura. E po' chella Città s'addà lassà a li signurune! Capisco che comme a mogliere de lu Sinneco, avvarrìa avuto j a fa visita a li ministresse, a tutte li deputatesse e alle Sinnachesse, ma io non sò fatta pe fà sti cose. E po' se io jeva a Roma a chi lassava la puteca? mmano a li giuvene? Sti figlie de cane! Duje anne fa avette j a nu paese ccà vicino pecché teneva na sora malata; embè, dinta a cinche juorne m'arrubbajene, a chello che potette vedé, cinche rotole de sacicci, duje caciocafalli e nu pregiotto... io non me pozzo movere da ccà... auto che Roma! De lu viaggio che facette mariteme ne parlajene anfi li foglie, e anze maritemo, saccio, che venette a sta a la casa vosta.
FELICE: Sissignore, ho avuto quest'onore. Anzi, se la memoria non mi falla, ho avuto il piacere di pranzare a casa vostra il giorno del vostro onomastico.
CARMELA: Sarà benissimo ma non me ne ricordo. Viene tanta gente da noi!...
NANNINA: Ma io mi ricordo benissimo. Il Signor Felice era da noi la sera che abbiamo ricevuto il Ministro del Re di Malabar. *(Si alza.)*
FELICE: Già il Ministro del Re di Mabalaar.
CARMELA: Ah, sì, quell'indiano!
FELICE: Che bella testa! Che bella memoria che ha la signorina! Ah! Quello là è un grand'uomo. Mi parlò per più di un'ora di politica Indiana. Io non lo capivo ma era lo stesso.
MENECHELLA: T'avive dedicà tu a la politica! Chi sà che sarisse a chest'ora.
NANNINA: Ecco papà. *(Tutti si alzano.)*

SCENA SESTA

Ministro, Carlino e detti.

MINISTRO: E così, Carmela, come vai? hai riposato bene?... E tu Nannina? *(Le abbraccia e bacia.)*
NANNINA: Caro papà...
MENECHELLA: Sempe chillo stesso, che patre, che core!...

MINISTRO: Oh! caro Felice, comme jammo? E voi D.ª Meneca? Volete che vi dica na cosa? Per voi gli anni non passano. Voi state fresca e bella comme a na rosa.
FELICE: (Sì, la lengua è sempre fresca!).
MENECHELLA *(pavoneggiandosi)*: Ma che dicite, Eccellenza.
MINISTRO: Ma che Eccellenza d'Egitto!... Vedete, io ve sto parlanno in dialetto, pecché non me sò scordato comme parlate vuje... Eh! gli onori non mi hanno cambiato, e desidero conservarmi il vostro amico de na vota! Saria na cosa ridicola che me scordasse lu passato pecché sò addeventato Ministro.
MENECHELLA: Lu passato non se scorda, no, me ricordo sempe...
FELICE: (La vì lloco la vì, ncè simme!).
MENECHELLA: Me ricordo li parole voste quanno partisteve pe ghhì a studià a Napole, me dicisteve: Meneche...
FELICE *(a Menechella)*: (Ma statte Zitta che aggia mprovvisà lo discorso che me sò mparato a memoria).
MENECHELLA: (Parla tu! nu bello discorso, sà!).
FELICE: Ministro! È un grande onore quello che voi... che tu ci fai a chiamarci tuoi amici... ma permettimi intanto che prima di parlarti di me io ti ringrazio a nome di tutta la popolazione Roccapulitana... i quali Roccapulitani mi hanno affidato l'onorevole incarico d'interpretare i loro sentimenti per ringraziarti dell'onore la quale, dell'onore... il quale. Evviva il ministro, evviva l'Italia!
MINISTRO: Basta! basta!... ho capito caro Felice, tu pure me volarisse fà nu discorso, ma che male t'ho fatto io?... Meh, viene ccà, stringiamoci la mano da buoni amici, da buoni parenti, e voi pure Menechella, mia buon'amica, state sicuri del mio affetto, lassate sta i complimenti e cerimonie che non posso soffrì!
MENECHELLA: Oh, eccellenza, cioè mo, mio caro Paolo, è troppo onore pe nuje aute... forse maritemo non s'è saputo spiegà buono... voleva dì che...
MINISTRO: Sì, sì, aggio capito quello che voleva dì, ma dicite a Felice che si tene nu discorso... se l'astipasse pe stasera al desinare... ove parlerà anch'io... per forza... ma mò ve lo dico francamente non tengo voglia de sentì discorsi.
MENECHELLA: Paolucciò mio, tu sì sempe chillo stesso!
MINISTRO: Ecco! questo è il più bel complimento che mi potete fare. Io sono sempre lo stesso, e me ne vanto, non ho mai cambiato bandiera...
FELICE: Nuje avimmo cambiata la settimana passata, pecché la gatta de lo Municipio l'aveva spurcata.
MINISTRO: Voleva dì... che non ho mai cambiato opinione, perché il cambiare opinione vuol dire... che... ma vedete... vedete che cosa è l'abitudine; adesso senza volerlo ve faceva io no discorso. Dunque, se mi permettete, bisogna che me spiccio alcuni affari di premura. Spero per altro che stamane resterete a far desciunè con noi...
FELICE *(a Menechella)*: (Desciunè che vò dì?).
MENECHELLA: (E che ne saccio!).
FELICE: (Sarrà quaccheduno che isso aspetta che se chiama Desciunè... Siente Menechè, potarrieme invità le signore a venì a fà na passeggiata con nuje?).
MENECHELLA: (E dincello tu).
FELICE: Scusa eccellenza fino a che vene come avite ditto vuje...

MINISTRO: Ah! Dello asciolvere?
FELICE *(a Menechella)*: (Capisce, lo trapazzo, lo viaggio, ncià combinato chesto...) ma non ve spaventate eccellenza chesta è cosa de niente...
MINISTRO: Che cosa?
FELICE: Asciolvere!
MINISTRO *(a Menechella)*: È capito, asciolvere vò dì colazione!... *(Lazzi.)* Permettete Eccellenza che prima de la colezione conducessimo le signore a fare un giro del paese?
MENECHELLA: A vedere le rarità noste. L'uorto de Gaetano, la casa addò nascisteve vuje, l'orologio che sta nfaccia a lo campanaro, e che non se dà mai corda.
FELICE: (Bestia, chillo è guastato!). Ma teniamo na bella meridiana in buono stato, e la teniamo coperta pe non la fà guastà da lo sole.
MINISTRO *(alle donne)*: Se volete andare...
CARMELA: Io non posso andare... (t'aggio da parlà).
FELICE: Allora ci portiamo la signorina.
NANNINA: Vado a mettermi il cappello e torno subito. *(Via a sinistra.)*
MENECHELLA: Caro Paolo, tenite na bardascella veramente accunciulella pe figlia, è bella, è bona... e non penzate de la mmaretà?
MINISTRO: Uh! C'è tempo.
MENECHELLA: E po' chi sà che pretenzione che tenite. Pe la figlia vosta nce vò almeno no principe, n'ambasciatore, no ministro...
MINISTRO: Ministro no, pecché sò tutte viecchie... del resto questo è un affare suo. E po' a me, me basta che sia un uomo onesto, ma galantuomo.
CARMELA: In teoria sì, ma in pratica è na cosa diversa.
NANNINA *(torna col cappellino)*: Eccomi ai vostri ordini, volimmo j?
MENECHELLA: Vedarrai, mia cara eccellenzotta, che accoglienza te faciarranno pe lo paese. Tutto te voglio fà vedé... po' te porto a la casa e te voglio fà assaggià fà bicchieriello de rosolio de limone, che a Roma non se veve.
FELICE: D.ª Meneca, andiamo... *(Le due donne viano. Felice per andare poi torna e batte sulla pancia del Ministro.)* Addio Paoluccio! *(Via.)*
MINISTRO *(alla moglie)*: Che è che stai così stralunata?
CARMELA: Sto stralunata, e nce sta la ragione... Non aggio chiuso uocchie tutta la notte.
MINISTRO: Oh! diavolo! E perché?
CARMELA: La colpa è tutta del tuo Signor Segretario, il quale da quello che pare, ci ha pigliati pe na famiglia de zingari.
CARLINO: Eccellenza! Ma comme poteva fà, se su questa benedetta montagna non se trova niente di niente.
CARMELA: Se dinto a lo paese non nc'era niente, s'aveva penzà a tempo per provvedere facendo venì tutto. Io non pretendo n'appartamento, ma...
CARLINO: Eccellenza, io sono spiacente del più profondo...
MINISTRO: Ma abbi un poco di compassione pe sto povero D. Carlino che è pieno di attaccamento per noi.
CARMELA: (Sì, per noi!).
CARLINO: Eccellenza, io la ringrazio... si farà quello che si potrà...
MINISTRO: Sì, sì, va bene, ma intanto se tu permetti ho degli affari...

CARMELA: No, per mo, me faje lo piacere de lassà la politica, pecché t'aggio da parlà de cose più serie... Oh! A proposito, nce sta Fannj, la mia canella che sta ancora senza mangiare... ma è possibile che dinto a stu paese non se po' truvà no poco de latte fresco?
CARLINO: Ma Eccellenza, io dovrei...
CARMELA: La prego di risparmiarmi le sue osservazioni, Fannj non può aspettare!
MINISTRO: Va, jate a trovà no poco de latte.
CARLINO: Procurerà di servire le eccellenze loro... (Si non la faccio nun io a chella cacciuttella, non me chiammo cchiù Carlino). *(Via a destra.)*
MINISTRO: Ma tu lu tratte proprio comme si fosse no servitore.
CARMELA: E tu non lo paghi perché ci servisse?
MINISTRO: E che lo pago io? Lo paga il governo.
CARMELA: E tu non sei il governo, ed io come tua metà, sò la metà del governo.
MINISTRO: Non dì ciucciarie!
CARMELA: Basta lasciamo stare questi discorsi. C'è qualche cosa che mi preme di dirti, tanto più ho promesso a Nannina che in giornata te ne avrei parlato.
MINISTRO: E tornammo da capo! Tu sai che non ne voglio sentì parlà.
CARMELA: Ed io invece te ne volevo parlà, primme di qualche altro.
MINISTRO: E chi è che me ne và parlà?
CARMELA: Prima di tutto, Nannina, che poverella, innammorata comm'è, non ne po' fà ammeno de te lo dì, e appena che ti saprà più tranquillo te ne parlerà il Marchesino stesso, e forse pure lo padre.
MINISTRO: Lu padre... se guarda bene de me ne parlà, conosco troppo che superbia tene chillo nobilone che sape fà appena la firma soja! Se dà n'aria comme si la luna l'avesse fatta isso! E po' haje visto ierisera? È venuto alla stazione pe fà la gradassata di offrirmi un posto nella sua carrozza e po' non s'è fatto cchiù vedé. Si lo figlio fosse stato tanto innamorato di Nannina nostra si sarebbe degnato di farsi presentà, io non lo conosco nemmeno di vista!
CARMELA: Forse vorrà aspettare un momento più favorevole...
MINISTRO: E have voglia d'aspettà... ho detto no, e sarà no! Questo è il mio ultimatum!... *(Musica e voci interne Evviva Rivelli. Evviva il Ministro.)* Che è st'ammuina?
CARMELA: Sè sti quatte cafune de paisane tuoje, che accommincene priesto. E penzà che songo li 10. Figuriamoci fino a stasera che t'hanno dà fà? Se fosse io ministro pe na mezz'ora, ve volarria dà na dimostrazione!

SCENA SETTIMA

Carlino e detti, poi Giulietta.

CARLINO *(affannando)*: Eccellenza, tutto lo paese è in moto, e desidera vederla. Parecchie centinaia di persone se sò radunate sulla piazza.
CARMELA: Avite truvato lo latte pe Fannj?
CARLINO: Il popolo è festante.
CARMELA: Avete trovato il latte?

CARLINO: La cagnolina eccellenza è stata servita... venga, venga a vedere Eccellenza che bello spettacolo!
MINISTRO *(va al balcone)*: Sì, proprio magnifico!
CARLINO: Non sarebbe opportuno rivolgere loro qualche parola?
MINISTRO: No mò non è il momento. *(Grida e applausi.)* Ma quello che posso fare è di affacciarmi. *(Va al balcone le grida si raddoppiano.)*
CARLINO *(a Carmela)*: Eccellenza, si faccia vedere anche lei?
CARMELA: Jatevenne, manco pe suonno!
CARLINO *(al balcone)*: Dio, quanta gente! Si stacca un gruppo di cittadini, venene da chesta parte *(grida)* gli altri li seguono. Vonno trasì tutte dinto a lo palazzo; ma comme se fa ad impedirlo pe non fà succedere disordini. Dinto a lo paese nce sò doje guardie solamente.
MINISTRO: Ma che guardie e guardie, si spalanchi il portone, e si facciano entrare tutti!
GIULIETTA *(in fretta)*: Eccellenza!... la dimostrazione, sta saglienno pe li grade, chille trasene dinta a la casa, comme se fa?
MINISTRO: Il cortile è grande. Vengo io abbasso. *(Grida. Viva il Ministro. Giulietta via.)* Che brava gente!...
CARMELA: Si, falle venì tutte dinta a la casa, anze mmitele tutte a pranzo!
MINISTRO: Si lo potesse fà! Lo faciarria. Del resto io non me sento mai tanto tranquillo, tanto a posto, come in mezzo a quella brava gente!... Me pare de respirà meglio. Carlino, andiamo. *(Viano. Grida fragorose.)*
CARMELA: Chesta è la casa del pubblico! Avanti cafune senza scarpe, stringete la mano al Ministro, che vergogna, che onore!

SCENA OTTAVA

Ernesto e detta, poi Carlino.

ERNESTO: E così, ha parlato a S.ª E.ª?
CARMELA: Purtroppo! Ma non se ne combina niente, sempe pe causa della signora politica. Ha tornato a dì che no! Ma per non perdere tempo, sarebbe meglio che lei si presentasse subito a S. E. che ancora non lo conosce!
ERNESTO: Per me gli parlo anche subito. Gli faccia dire che c'è qualcuno che lo aspetta, senza dire che sono io.
CARMELA: No, perché allora si farebbe peggio... potrebbe credere che vogliamo prenderlo in mezzo coi sotterfugi. È meglio non far misteri. Ora glielo mando, dicendogli che il signor Marchesino è qua, che lo aspetta.
ERNESTO: Come crede, eccellenza.
CARLINO *(uscendo)*: Eccellenza...
CARMELA: Che c'è?
CARLINO: S.ª E.ª la prega di venire un momento giù in cortile, perché non fo per dire, è arrivata na commissione de lavannare che vò offrì nu buchè ed un indirizzo.
CARMELA: Uh! Mamma mia, li lavannare mò!
CARLINO: Abbia pazienza è sempre na dimostrazione di stima.

CARMELA: Basta, dicite a chelli femmene che vengo subito. *(Carlino via.)* Lei dunque aspetti qua, le mando subito S.ᵃ E.ᵃ
ERNESTO: Si, signora. *(Carmela: via destra prima quinta.)* Ah! Pare incredibile che non me n'addà riuscì una bona!

SCENA NONA

Giulietta e detto, poi Ignazio.

GIULIETTA: Che è che ve disperate?
ERNESTO: Viene ccà Giuliè. *(La prende per le mani.)* Te pare che sò no partito disprezzabile?
GIULIETTA: Gnernò, ve pare!... Me parite chillo pompiere che nce faceva io l'ammore a Roma.
ERNESTO: Tante grazie, Vì che paragone... dunque, te pare che sò no simpatico giovane... so ricco... e pe la politica non me vonno dà a Nannina.
GIULIETTA: Mannaggia all'arma de la politica, e chi l'ammentaje!
ERNESTO: Ah! Puozz'essere benedetta! Viene ccà Giuliè, fammete abbraccià.
GIULIETTA: Stateve sodo... Oh!...
ERNESTO: No, fammete abbraccià. *(L'abbraccia.)*
IGNAZIO *(caccia la testa)*: No, fate, fate! *(Per ritirarsi.)* Non voglio disturbare la fusione dei partiti... *(Giulietta: via.)* E come, lei Signor Marchesino, figlio di un deputato di destra, abbraccia una cameriera di sinistra?
ERNESTO: Ma caro Tonaca, vuje sapite che per arrivare al potere, tutti i mezzi sono buoni.
IGNAZIO: Basta, non entro nel tabernacolo della famiglia... mò te dico pecché io sò venuto: guarda, ascolta, ma silenzio. *(Mostra un telegramma.)* Siente che dice stu telegramma. *(Legge:)* «Ignazio Torriaca. Roccapulita. Agente. Affidandoci vostra persona influente paese, preghiamovi penetrare presso Rivelli, intervistando circa sue idee particolari nuovo partito incoraggiato dal Ministro».
ERNESTO: Cosicchè?
IGNAZIO: Cosicchè, io nella mia qualità di giornalista, profittando della dimostrazione che me fa trovà li porte aperte, senza passare pel canale del Sindaco, aspetto quà S.ᵃ E.ᵃ e lo abbordo.
ERNESTO: Ma haje fatto male li cunte tuoje: mò, l'aggio da abbordà primma io.
IGNAZIO: No, tu me faje lo piacere de cederme la piazza, si no non faccio a tiempo a spedì lo telegramma.
ERNESTO: Non po' essere!
IGNAZIO: Chesta è cosa de 10 minute.
ERNESTO: Mbè! Co lo patto che te spicce subeto?
IGNAZIO: 10 minuti e non più.
ERNESTO: Va bene.
IGNAZIO: Zitto... sta venenno... vattenne!... *(Ernesto via.)* Oh! eccomi diventato uomo di Stato!...

SCENA DECIMA

Ministro e detto.

MINISTRO: Che brava gente, che cuori eccellenti, è una cosa che consola! *(Vede Ignazio.)* (Ah! ecco il signor Marchesino!)
IGNAZIO: Eccellenza... io sono...
MINISTRO: Lo conosco perfettamente, mi fà già annunziata la sua visita!...
IGNAZIO: (Avarranno telegrafato pure a isso!). Allora io non credo di aver bisogno di spiegare il motivo... il mio nome, e la mia qualità, è tutto, come si direbbe, un programma.
MINISTRO: (Che prosopopea, tutto il padre!). La pregherei però di far presto.
IGNAZIO: Sarò breve, anzi, se S.ª E.ª permette, le rivolgo subito una domanda.
MINISTRO: Parli, si accomodi. *(Seggono.)*
IGNAZIO: Si potrebbe sapere che cosa Ella ne pensa di questa nuova alleanza?
MINISTRO: (La prende alla larga, da diplomatico). Le dirò francamente, che non ne comprendo proprio la necessità, né la convenienza.
IGNAZIO: Ma... ma non le pare che quando questi due partiti... che poi sono, come si direbbe, due persone, si unissero... il paese ne riceverebbe gran vantaggio.
MINISTRO: Non capisco che c'entra qui il paese... io per me non vedo alcun vantaggio da questa unione.
IGNAZIO: Sta bene. (Chesto mò lo telegrafo subeto a Roma.)
MINISTRO: Questo connubio, è assolutamente impossibile!
IGNAZIO: E se avvenisse senza il consenso di Vostra Eccellenza?
MINISTRO *(la guarda minaccioso, Ignazio si scosta con la sedia)*: Come? Contro la mia volontà? La prego di misurare i termini... si vede che Lei non sa il mio carattere.
IGNAZIO: Ma si persuada, noi siamo potenti. Faccia da sua parte qualche concessione, e noi ne faremo dalla nostra...
MINISTRO: La ringrazio della carità che vuol farmi; ma per sua regola la camorra non mi fa paura... Ho detto no! E sarà no!...
IGNAZIO: Io non comprendo la parola camorra... Comprendo soltanto che lei ha valutato tutta l'importanza del connubio, che si farà senza la sua volontà!...
MINISTRO: Oh, signore basta così! *(Si alzano.)* Ho tollerato abbastanza per dovere di cortesia. Ora la prego di uscire e subito, e sappia che io coi miei principii non fo nessuna transazione... Ella è in libertà!
IGNAZIO: (Ed io me ne vaco contento che l'aggio fatto parlà. Le sorti di un ministro sono nelle mani di un farmacista!). Eccellenza... (Vaco buono, vaco buono proprio!) *(Via.)*
MINISTRO: Non si può essere più sfacciato!

SCENA UNDICESIMA

Carmela e detto.

CARMELA: E accussì? L'haje parlato?...
MINISTRO: (Che canaghia, birbante!).
CARMELA: Ma pecché murmulie?
MINISTRO: Murmuleo, perché il tuo signor Marchesino, è un cattivo soggetto, superbo e male educato!...
CARMELA: Lu Marchesino? Ma tu non saje manco chello che dici... superbo, male educato, lu Marchesino? Ma si chello è timido, buono e gentile come una giovinetta.
MINISTRO: Si, bella cosa!
CARMELA: Ma tu fusse pazzo? Ma che ha fatto per parlarne così?
MINISTRO: Che ha fatto? Mi ha minacciato... mi ha accennato ad una fuga.
CARMELA: Non è possibile, non ce credo... cheste sò cose nove...
MINISTRO: Io dico quello che è!
CARMELA: Vattè, che te sarraie sonnato!
MINISTRO: Sarà così, ma per regola tua ti avverto che de stu matrimonio non ne voglio sentì cchiù parlà, è impossibile!

SCENA DODICESIMA

Nannina, Menechella, Felice e detti.

NANNINA *(che ha udite le ultime parole)* Ah! Povera a me, ma che v'aggio fatto che me trattate accussì?...
MINISTRO: Tu si na peccerella senza capa come a tua madre!
CARMELA: Ti prego di non insultarmi!...
NANNINA: Pe me non nce sta cchiù niente ncoppa a sta terra, me voglio j a chiudere dinto a nu convento, voglio nurì!... *(Siede.)*
MINISTRO *(gridando, spavento di Felice)*: Sarebbe assai meglio andarti a chiudere in convento che dare dispiaceri a tuo padre.
NANNINA: Ma che aggio fatto io, che v'aggio fatto?
MENECHELLA: Ma se po' sapé che è succieso?
MINISTRO: Oh! Benedetto Dio!... Ma vi prego lasciarmi in pace, perché in questo momento tengo tante cose per la testa!
MENECHELLA *(al marito)*: Ma che sarrà?
FELICE: (Affari domestici... sarrà meglio che squagliammo!).
NANNINA: Ah! Mamma mia, mamma mia! Mò moro! Comme me sento male!
CARMELA: Nannì... Nannì... ma che me la vuò fà murì a sta criatura!...
NANNINA: Me sento na cosa ccà. *(Indica la gola.)* Me sento soffocà!...
MENECHELLA *(che col marito era per uscire, si volta e torna presso la sedia dove Nannina è assistita dalla madre)*: Meh, Meh, angiulillo de mamma soja, fatte coraggio, papà fa accussì, ma po' te vò bene.

SCENA TREDICESIMA

Giulietta e detti.

GIULIETTA: Nce sta lo Marchesino Fiore che và parlà con S.ª E.ª.
MINISTRO: Comme! Ma che imprudenza è questa?
CARMELA: Fallo passare. *(La figlia si solleva.)*
MINISTRO *(gridando)*: Non lo fate entrare. Ditegli che se ha tanto coraggio di presentarsi lo butto dalla finestra! *(Nannina dà un grido.)*
NANNINA: Ah! *(Sviene.)*
CARMELA: Oh! Dio mio, ma sta piccerella me more!... Giuliè, va subeto a trovà nu miedeco, e dì al Marchesino che più tardi lo riceverà io!...
MINISTRO: Ti proibisco assolutamente!
CARMELA: Ed io lo voglio ricevere, perché mi deve dare delle spiegazioni!...
MINISTRO: A casa mia, comando io, e non voglio assolutamente che egli passa per quella porta. Obbedisci... va!... *(Gridando.)*
GIULIETTA *(fa per andar via di fretta e trova Felice davanti)*: E levateve da nanze! *(Via. Durante tutta la suddetta scena, pausa di Felice.)*
MENECHELLA: Felì, va priesto, va piglie no poco d'acito!
CARMELA: Non respira più! *(A Felice:)* E vuje che facite llà co la vocca aperta!... avite ntiso? No poco d'acito!...
FELICE: Ma io non conosco la tipografia della casa. *(Di dentro.)*
VOCI: Evviva il Ministro! *(Applausi.)*

SCENA QUATTORDICESIMA

Carlino e detti.

CARLINO: Eccellenza, la popolazione è festante, e desidera vederla.
CARMELA: Ma mannate a fà squartà tutti sti cafune na vota pe sempe!
MENECHELLA: (Cafune!!).
CARLINO: Bisogna sbottonarla... *(Si avanza per eseguire.)*
CARMELA: Ma che vulita fà?... Jamme, jate a na farmacia a piglià no calmante, quacche cosa p'addurà, nu poco d'acqua de melissa. Ma nun vedite che sti duje tipi, stanno ccà comme a doje statue de sale!... Priesto, no calmante, jate! *(Carlo via e poi torna.)*
FELICE: (Si mme ne potesse j). Vado in cerca del Dottore. *(Via.)*
CARMELA: Meh. Fatte coraggio, Nannina mia. *(Grida di dentro.)*
VOCI: Evviva il ministro! *(Applausi.)*
CARMELA: E tu, padre senza core, curre, curre, va a farte vedé sti zampitti de paisane tuoje, va addò sti cafune che puzzene da ciente canne lontano!...
MINISTRO: Carmela, pensa almeno che non siamo soli!
CARMELA: Non me ne mporta niente, già tu sì nato ncoppa a sta montagna, mmiezo a sta specie de gente!... Nannina... Nannina mia, fatte coraggio!...
GIULIETTA: Lu miedeco è stato chiamato a nu paisiello ccà vicino, e non nce sta. *(Via.)*
CARLINO: Il farmacista ha chiuso per causa delle feste, e poi è dell'opposizione, e non conviene servirsene! *(Via.)*
CARMELA: Lo vì, aggio ragione o no che non nce voleva venì a stu paese d'urze!

MENECHELLA: (Paese d'urze! Mò non ne pozzo cchiù!). Neh, mia signò?!
CARMELA: Sì, sì, paese d'urze, e ve faccio n'annore chiamarlo accossì!
NANNINA: Mammà, mammà!...
MENECHELLA: Neh, eccellenza, eccellè? ma li mmane non li tiene pe sunà nu paccaro a mugliereta?!
CARMELA: Nu paccaro a me!...
MINISTRO: Ma Carmela!...
CARMELA: Nu paccaro a me? A la mugliera de lu Ministro?!
MENECHELLA: Tu vuò che te la dico comme me la sento? La signora de li quarte quarte!...
CARMELA: Levateme a chella da nanze, si no overo me scordo che sò na signora!
MENECHELLA: Tu qua signora me vaje cuntanno; ma che te si scurdata che ire na lavannara che stive ncoppa a no cufenaturo. *(Esce Felice, e trattiene la moglie.)*
FELICE: Menechè!...
MENECHELLA: Ma tu lo ssaje che nuje lo sapimmo che Paolo...
FELICE: (Addio Sindacato!).
MENECHELLA: Te spusaje senza niente!
CARMELA: Neh, grannissima lazzarona!...
MENECHELLA: Cafune... puzzolente... urze!... a nuje!...
CARMELA *(vorrebbe afferrarla)*.
NANNINA: Mammà!... *(La ferma.)*
MINISTRO: Carmela!...
MENECHELLA: Ma lassatela, io ne voglio diece femmene comme a essa!...
MINISTRO: Ma Felice, portela via. *(Felice per eseguire.)*
MENECHELLA: Te voglio scippà quanta zirele tiene ncape!... Lasseme Felì, lasseme!... *(Mentre stanno per venire alle mani, Felice si leva la sciarpa dalla vita e la mette alla moglie come un bavaglio e la tira fuori.)*
VOCI *(di dentro conforti applausi)*: Evviva il Ministro! *(La musica suona. Cala la tela.)*

Fine dell'atto secondo

ATTO TERZO

L'istessa scena del secondo atto.

SCENA PRIMA

Ministro e Carlino.

MINISTRO *(apre lettere e telegrammi e li passa a Carlino)*: Vi assicuro che a fare il Ministro è un gran brutto mestiere. Che abbiamo di nuovo?
CARLINO: D'importante non ci sono che due telegrammi del Presidente del Consiglio. Nel primo, prega V.ª E.ª di non accennare a politica nei discorsi.

MINISTRO: E poi, l'altro?
CARLINO: E poi, pare, c'è la maggior parte del Gabinetto tenda ad una politica di conciliazione, ad un connubio.
MINISTRO: Bravo! Sà io a che cosa tendono! Che altro abbiamo?
CARLINO: Una quantità di suppliche, domande d'impieghi...
MINISTRO: Il solito.
CARLINO: Raccomandazioni, sonetti, poesie d'occasione?...
MINISTRO: Bene! buttate tutta questa roba nel cestino.

SCENA SECONDA

Giulietta e detti.

GIULIETTA: Eccellenza c'è fuori...
MINISTRO: Ma perché venite ad annunziare voi? È sempre ammalato il cameriere?
GIULIETTA: Sissignore, Eccellenza.
MINISTRO: Bene, chi c'è fuori?
GIULIETTA: L'onorevole Marchese Orazio Fiore.
MINISTRO: L'onorevole Marchese Orazio Fiore?... (Bravissimo, ho proprio desiderio di sfogarmi un po' col padre, giacché non potetti farlo con quella canaglia del figlio.) Mi faccia il piacere di lasciarmi solo. *(A Carlino.)*
CARLINO: (Non me lo fo dire due volte!). *(Nell'andare dà un pizzicotto a Giulietta.)* (L'aria de la montagna te fa bene, te sì fatta comme a na nocella!)
GIULIETTA: (Stateve attiento che li nocelle scognene li diente!). *(Carlino le caccia la lingua e via.)* (Quanto è brutto!)
MINISTRO: Fallo passare. *(Giulietta via poi torna subito.)*

SCENA TERZA

Giulietta, Marchese Fiore, e detto.

GIULIETTA: L'onorevole sta trasenno. *(Introduce e via.)*
MINISTRO: Onorevole.
MARCHESE: Eccellenza.
MINISTRO: A che debbo l'onore della sua visita?
MARCHESE: Vengo a giustfficarmi, per aver mancato al pranzo dell'altra sera.
MINISTRO: Lei non ha obbligo di giustificazioni. S'accomodi, prego. *(Seggono.)* Venga all'argomento.
MARCHESE: Ecco... Anzitutto sarei a pregarla di lasciare un momento la veste di uomini politici, per ragionare come due padri di famiglia.
MINISTRO: Parli pure.
MARCHESE: Ella sa che io ho un unico figlio, Ernesto, al quale voglio un gran bene.
MINISTRO: Me ne rallegro tanto.
MARCHESE: Mio figlio, e questo anche lo saprà, s'incontrò questa estate con sua figlia ai

bagni di Castellammare, e...
MINISTRO: Lo sò, lo sò... capricci di gioventù!...
MINISTRO: Perdoni! per parte di mio figlio, posso assicurarle che non è un capriccio.
MINISTRO: Ebbene?
MARCHESE: Ebbene Commendatore, mi accordi le circostanze attenuanti in vista delle transazioni che fo colle mie idee. Io sono suo avversario politico, e discendente dai Marchese Fiore, la prima nobiltà del paese! Mi presento a lei per domandarle la mano di sua figlia per mio figlio.
MINISTRO: Ah! E dunque una grazia la sua di venir Lei, nobilissimo discendente dei nostri Feudatari, a domandare la mano di mia figlia, di un ex professore. Io sono povero, ma orgoglioso dello stato che mi sono creato da me! E ho la soddisfazione di rispondere al Signor Marchese Fiore, che io plebeo, non voglio l'onore della sua alleanza!
MARCHESE: Senta, forse mi sarà spiegato male, che c'entra la nascita? I nostri figli si vogliono bene, ecco tutto. Pensi solo al piacere di vedere sua figlia contenta e felice!...
MINISTRO: Lei parla bene... ma è impossibile, dopo il colloquio che ebbi con suo figlio.
MARCHESE: Mio figlio si è presentato a lei? Ma lei sbaglia.
MINISTRO: No, no, è venuto qua, con arroganza, con prepotenza, minacciando persino di fare uno scandalo!
MARCHESE: Ma quando è venuto?
MINISTRO: Ieri, poco prima della dimostrazione.
MINISTRO: Ma è impossibile, egli mi ha detto che appena ieri tentò di parlare, ma ella non volle riceverlo.
MINISTRO: La seconda volta?
MARCHESE: Ma no!
MINISTRO: Insomma, le dico che è stato qui ieri, e se a lei non l'ha detto, vuol dire che aveva rimorso del modo come si era comportato.
MARCHESE: Sono dolente dell'accaduto, e pure lo credo ancora un malinteso.

SCENA QUARTA

Carmela e detti.

CARMELA: Scusate se disturbo.
MARCHESE *(alzandosi)*: Stavo appunto per andarmene, signora.
CARMELA *(saluta; poi al marito)*: Ci è questo telegramma per te.
MARCHESE: Ma io voglio levare il disturbo... Signora... Commendatore...
CARMELA: Signor Marchese...
MINISTRO: Onorevole. *(Lo accompagna alla porta. Marchese via, poi suona il campanello.)*

SCENA QUINTA

Giulietta e detti.

GIULIETTA: Sua Eccellenza ha chiamato?
MINISTRO: Consegna stu telegramma al mio segretario, digli che lo decifrasse e me lo porti subito.
GIULIETTA: Sì, Eccellenza. (Aveva da cadè malato lo servitore pe diventà na femmena de Stato pur'io!) *(Via.)*
CARMELA: Te si fatto proprio de nu carattere insopportabile!... staje sempe co lo veleno mmocca.
MINISTRO: E ne ho ragione. Ti ho detto tante volte di non aprire i telegrammi di Stato, me vuò fa mettere in caricatura dai giornali?

SCENA SESTA

Carlino e detti.

CARLINO *(agitato con telegramma in mano)*: Eccellenza, il telegramma che mi ha mandato a decifrare è della più alta importanza!
MINISTRO: Chi è che telegrafa?
CARLINO: S.ª E.ª il presidente del Consiglio.
MINISTRO: Legga, legga...
CARLINO *(legge)*: «Il Fanfulla pubblica telegramma da Roccapulita. Suo corrispondente dice aver parlato con lei progetto di conciliazione partiti. Ella averla accanitamente combattuto. Questo fatto è inesplicabile, e costituirebbe gravissima imprudenza, contrario impegni assunti con me. La invito smentire, se possibile, colloquio, aggiungendo preghiera tornare subito capitale».
MINISTRO: Ma che vò dì stu pasticcio?
CARMELA: Ma tu haje parlato o no co sto corrispondente?
MINISTRO: Ma io non ho visto alcun giornalista.
CARMELA: Ma allora devi smentire per telegrafo.
MINISTRO: E subito. *(A Carlino.)* Telegrafi subito al Ministro e gli dica che non solo non c'è l'ombra di vero in quello che dice il giornale, ma quanto l'assicuro che non ho parlato, né visto alcun corrispondente.
CARLINO: Eccellenza, sì. *(Via.)*
MINISTRO: Fammi il famoso piacere de farme sta cujeto colle tue opinioni. Lasciami solo, ho paura di diventare matto! *(Carmela via.)* Tengo la capa comme a nu pallone. Pare impossibile che vi possano essere dei giornalisti così leggieri da inventare certe cose di sana pianta!...

SCENA SETTIMA

Giulietta e detto, poi Rocco e coro di bambini.

GIULIETTA: Eccellenza, nce sta lo maestro de li scole comunale.
MINISTRO: Dille che non nce sto... che sò muorto!
GIULIETTA: Eccellenza, è già la terza vota che si presenta.

MINISTRO: Sa che vuò fà, lascialo trasì.
GIULIETTA *(via, poi torna subito con Rocco e bambini)*: D. Rocco Stoppino, direttore dell'asilo infantile.
MINISTRO: Nce voleva pure lo stuppino! *(Entra Rocco e ragazzi. Rocco alla testa dei ragazzi che al suo comando si schiereranno in fondo alla scena.)*
ROCCO: Eccellenza... la sacra missione pedagogica di guidare i figli del popolo sul tramite spinoso della virtù, è tale e sì elevato incarico, che costituisce un pesante fardello per chi non ha la rettitudine dei vasti intendimenti, e la purezza della coscienza, imperocchè il fanciullo che nei doveri della famiglia non attinge come a limpido ruscello alle ispirazioni delle popolazioni neglette ed abbandonate, mal riesce non solo a coltivare se stesso, umile fronda sbattuta dalle bufere della vita, che nel pelago delle umane vicende, lo rendono qual fragile barchetta...

SCENA OTTAVA

Carlino e detti, poi Carmela.

CARLINO *(con telegramma)*: Veda Eccellenza, se va bene così.
MINISTRO: Perdoni, egregio signore, se la interrompo, ma si tratta di cosa urgente. *(Legge il telegramma:)* Sì, sì, va benissimo. Aggiunga che domani parto col primo treno per Roma, e andrà di persona a ripetere la smentita.
CARLINO: Eccellenza, sì. *(Via.)*
MINISTRO: Dunque, dicevamo?
ROCCO: Dicevamo, che quel fragile barchetta...
CARMELA *(uscendo con due giornali)*: ... ecco qua i giornali... ecco il Fanfulla.
MINISTRO: Perdoni se la interrompo... *(Legge agitato passeggiando:)* Ma questa è un'infamia... un indegnità!...
CARMELA: E accussì?...
MINISTRO: Liegge... nei telegrammi c'è tutto il colloquio col corrispondente.
CARMELA *(dopo letto)*: È na canagliata!... Dunque pretennene che tu hai ricevuto a chillo giornalista?
MINISTRO: Io non aggio parlato co nisciuno!...
CARMELA: E accussì se fa la storia.
MINISTRO *(a Rocco)*: Oh! Perdoni, signore... Dunque ella diceva?...
ROCCO: Qual fragile barchetta...
MINISTRO: Ma stamme sempe dinta a la barchetta!
ROCCO: Che fra le scoscese avversità e i malcelati inganni della vita si presenta l'umile servo, rivolgendo all'E.ª V.ª poche domande di segnalati favori e magnanime grazie.
MINISTRO: Dica, dica, in che posso servirla?
ROCCO: La modesta provvigione che a me concede il Comune, non basta, non dico a procurarmi gradevoli passatempi, ma neppure a soddisfare il giornaliero manducamento.
MINISTRO: Ne prendo nota, e parlerà col Sindaco...
ROCCO: Inoltre, la scuola educativa manca di molte suppellettili.

MINISTRO: Sarà provveduto anche a questo.
ROCCO: Orsù bambini, ringraziate il Signor Ministro.
(I ragazzi cantano il seguente Coro):
Ci hanno detto stamattina,
Che il Ministro è giunto qui;
E il nostro Direttore
C'insegnè a parlar così
Viva, viva, sì bel giorno
Che l'egual non si può dar
Tutti muovonsi d'intorno
Il Ministro a salutar!
(Replica gli ultimi due versi.)

SCENA NONA

Giulietta, Felice, Tore e detti.

GIULIETTA: Ncè sta lu Sinneco e lo capobanda de lo paese.
MINISTRO: Avanti avanti... Scusi, signore.
FELICE: Eccellenza, secondo il desiderio che vi siete degnato ierisera, vengo a presentare... maestro, vi saluto... il nostro Tore Rapesta... l'organizzatore, l'anima di tutte le nostre feste.
MINISTRO: Son contento, di stringere la mano a un così benemerito cittadino!
TORE: Eccellenza, questa stretta di mano, è il più bel giorno della mia vita.
FELICE *(al Ministro)*: (La signora toja sta ancora offesa co Menechella? Si sapisse comme sto mortificato io; ma che t'aggio da fà, chella mogliarema tene na lengua!... ma voglio che te venesse a cercà scusa però).
MINISTRO: (Siamo noi invece che dobbiamo domandà scusa, anzi ti prego di andarla a prenderla... e portarla ccà, pecché non voglio che ci siano altri dipiaceri l'ultimo giorno che sto fra voi).
FELICE: (Grazie, vado subito)... a proposito, dimme na cosa, hai letto gli ultimi giornali che so' venute da Roma, co li dispacce dell'Agenzia D. Stefano? *(Lazzi.)*
MINISTRO: Sì, appunto mia moglie li sta leggendo.
CARMELA *(che sta leggendo i giornali)* Sì leggevo appunto i telegrammi... un giornale contradice l'auto! Guardate: questo dice: «Oggi Ministro Rivelli, giunse Roccapulita, suo paese natio. La popolazione festante, con banda alla testa, gli fece un entusiastico ricevimento. In un momento di sublime entusiasmo, la popolazione staccà i cavalli dalla vettura, che volle trascinare dalla Stazione al paese, trasportando così il Ministro in trionfo...».
FELICE *(a Tore)*: (Se l'hanno mmuccato lu fatto de li cavalle!).
CARMELA: «Assistevano al ricevimento 10 Senatori».
FELICE: Scusi, dirà suonatori.
CARMELA: No, Senatori, che creda che io non sappia leggere?
FELICE: E ve credite che io non conosco la gente che tengo dinto a lo paese? So otto

strumenti, lo capobanda 9, e lo clarino che sta malato 10. Questa è la mia truppa.
CARMELA: Va bene, andiamo avanti, «10 Senatori e 22 deputati. Dopo poche ma sentite e cordiali parole del Sindaco Cavaliere Felice Sciosciammocca, il ministro rispose con uno splendido discorso che destò l'ammirazione generale».
FELICE: E bravo, per Bacco, fa piacere a leggere sti giornale!
CARMELA: E sentite chist'auto mò: «Oggi, Ministro Rivelli, giunse Roccapulita, suo paese natio. Ad onta che questo viaggio fosse strombazzato da quindi giorni, con tutti i segretari inviati prima a preparare il terreno, il ricevimento da parte della popolazione fu freddo, glaciale! L'entusiasmo è stato provocato da pochi parenti ed amici che hanno fatto una dimostrazione in parodia. Per mancanza di cavalli, la carrozza del Ministro è stata trascinata da gente prezzolata...».
FELICE: (S'è scoverta la magagna!).
CARMELA: «Il Sindaco pronunziò sconclusionate parole, alle quali rispose il Ministro con un discorso slavato. Mando corrispondenza, unendovi al ridicolo schizzo del naso del capobanda, l'intiera caricatura di questo Sindaco cretino».
FELICE: Le voglio dà io la caricatura si arrivo a conoscere chi è sto giornalista.
TORE: Le voglio fà vedé io lu profilo de lu naso!... Signor Ministro non potrebbe mandare in galera vita natural durante questo Signor giornalista?
MINISTRO: Ma del resto, lo dissi io, che non voleva assolutamente farmi trascinare in carrozza dai miei concittadini, che hanno voluto per forza pigliare il posto delle bestie, per far fare a me il trionfo di Mardocheo!
TORE *(a Felice)*: (Chi è sto Mardocheo?).
FELICE: (Il Presidente del Consiglio dei Ministri!).
TORE: Ma comme se poteva fà a fermà l'entusiasmo.
MINISTRO: Ma l'entusiasmo non poteva mai far dimenticare la propria dignità! Basta, Felice, va a prendere tua moglie.
FELICE: Vado, vado. Sta ccà, abbascio a la cantina che me sta aspettanno. Del resto, tu non te si pigliato collera cu me, io non nce aggio colpa.
MINISTRO: No, no, e po' dimane me sentananno a Roma.
FELICE: Comme te ne vaje? Me dispiace che vaje addo isso a farte ragione, capisce co chillo benedetto carattere!
MINISTRO: Ma chi?
FELICE: Mardocheo.
MINISTRO: E chi è Mardocheo?
FELICE: Il Presidente dei Ministri.
MINISTRO *(dando un urlo)*: Eh!... *(Felice scappa via.)*
ROCCO: *(Fa cenno ai bambini di ricominciare).*
(Coro dei bambini):
E noi poveri bambini
Che tremiamo al tuo splendore
Ti facciamo tanti inchini
Per mostrarti il nostro amore
Un Ministro più potente
No, nel mondo, no, non c'è.

(Replica questi ultimi due versi.)
MINISTRO: (E io moro!...). *(Vede Felice e Menechella sotto la porta.)* Avanti.

SCENA DECIMA

Felice, Menechella e detti.

FELICE: Ecco la statua del pentimento!
MINISTRO: D.ª Menechè, vi eravate proprio offesa?
MENECHELLA: Ma veramente...
MINISTRO: Basta, vi domandiamo scusa; anzi, ci è qui mia moglie, dispiacente di quanto è accaduto...
MENECHELLA: No, sò io addolorata che non me sapette frenà. Io sentette parlà male de li paisane mieje, e perciò risponnette de chella manera.
FELICE: Amor di patria!...

SCENA UNDICESIMA

Nannina e detti, poi Giulietta, Marchese e Ernesto, Carlino e Giulietta.

MENECHELLA *(vedendo venire Nannina)*: Ah! Ccà sta la malatella nosta.. embè, comme te siente?
NANNINA: Nu poco meglio, non è stato niente, grazie.
CARLINO: Eccellenza, l'onorevole Marchese Orazio Fiore e suo figlio sono qui, questa stupida di Giulietta li ha fatti passare.
GIULIETTA: Sissignore, pecché eccellenza vedite...
CARMELA: Hai fatto bene, falli entrare... avanti... *(Via Giulietta.)*
MARCHESE: Permetta, Commendatore, che io le presenti mio figlio Ernesto, il quale desidera assicurarla personalmente che sino ad ora non ha mai avuto l'onore di essere ricevuto, e per conseguenza non ha potuto parlarle.
ERNESTO: Tenevo a fare personalmente questa dichiarazione, che è la pura verità.
MINISTRO *(stupito)*: Ma come questo è suo figlio?... *(A Felice:)* Veramente suo figlio?).
FELICE *(dopo pausa)*: (Bisognerebbe domandare alla madre?).
MINISTRO: E allora io ieri con chi ho parlato che l'ho preso per il Signor Marchesino?
ERNESTO: Eccellenza, lei ha creduto di parlare con me, invece era il farmacista.
TORE: Che è giornalista.
ERNESTO: Ed è corrispondente del Fanfulla.
CARLINO: Ecco!
FELICE: Ecco!
CARLINO: Ecco!
MINISTRO: Allora, signor Marchese, le chiedo scusa dell'equivoco. *(Gli dà la mano.)*
MARCHESE: Che fortunatamente s'è spiegato subito.
MINISTRO: Io poi a quel tale veramente parlai, ora mi ricordo... di alleanze... conciliazioni... ed io l'ho preso... ed egli ha capito...

CARMELA: Va llà, che non sì proprio tipo pe fà lo Ministro!
MINISTRO: Hai proprio ragione, e te piglio in parola. *(Va al tavolino e scrive.)*
CARMELA: E mò che te vene ncapo?
MINISTRO *(scrivendo)*: Lo saprai più tardi.
CARMELA: Non farne qualcuna delle tue!...
NANNINA *(a Ernesto)*: (Papà certamente se piglia le dimissioni, pe nuje è na cosa bona, e pure pe isso).
MINISTRO *(a Carlino)*: Cifri questo telegramma, e lo spedisca immediatamente.
CARLINO: Subito. *(Via e poi torna.)*
MINISTRO: Ah!... mi son levato un gran peso dallo stomaco!
MENECHELLA *(a Felice)*: (Tu haje capito niente?).
FELICE: (Io no). *(A Tore:)* (E tu?)
TORE: (Oh, me ne guarderei bene!).
CARMELA: Ma pecché che haje fatto?
MINISTRO: Da questo momento non sono più Ministro, ho dato le mie dimissioni.
TUTTI: Che!!
NANNINA: Oh! che piacere!...
MARCHESE: Allora, Commendatore... pensi un poco a questi poveri innammorati.
MINISTRO: Sì, sì, capitolazione completa, sposatevi e che Dio vi benedica... Marchese, ecco la mia mano; e poiché vedo riunita la parte più eletta della cittadinanza, prego di partecipare che come primo atto della mia indipendenza, ho accordata la mano di mia figlia al figlio del vostro Deputato!...

SCENA ULTIMA

Giulietta e detti.

GIULIETTA *(con piego)*: Eccellenza, hanno portato chisto plico per voi.
MINISTRO: Vediamo: Bravo, il tuo decreto. *(A Felice.)*
MENECHELLA *(fra sé commossa)*: (Oh! Povera me, nce simme, la croce, mò me vene na cosa...).
FELICE: (Zitto, Meneché, coraggio!).
MINISTRO *(leggendo)*: «E son ben contento di comunicarti che Sua Maestà, con decreto del quindici corrente, nominava Felice Sciociammocca, Sindaco di Roccapulita...».
FELICE: Cavaliere della Corona d'Italia?
MINISTRO: No, Salsamentario della Real Casa. *(Felice sviene nelle braccia della moglie.)*
FELICE: Ajutateme!...
MINISTRO: Cosa c'è Felice?
FELICE: Io aspettava la croce, capisci.
MINISTRO: Non fa niente, contentati, contentati.
FELICE: Sì!... basta che è contento questo rispettabile Pubblico!!

(Cala la tela.)

Fine dell'atto terzo

FINE DELLA COMMEDIA

TRE CAZUNE FURTUNATE
Commedia in tre atti

Personaggi
D. Carlo, *maggiore in ritiro*
Pulcinella
Eugenio
Barone Frollì
Conte Bomba
Totonno
Saverio, *scopatore*
Andrea, *scopatore*
Michele, *scopatore*
Cav. Ciccio
Oscar
Errico, *delegato P.S.*
Carmeniello, *giovane di caffè*
Luigi
Due Guardie di P. Sicurezza
Elvira
Rachele
Retella
Erminia
Luisella
Amelia
Un cameriere
Ambrogio, *scopatore*
Invitati
Scopatori

Dal primo e il secondo atto passano sei mesi, l'azione nel primo atto innanzi Torre del Greco, secondo e terzo atto Napoli, epoca presente.

ATTO PRIMO

La scena rappresenta il cortile di un fondaco verso il principio di Torre del Greco. Grande apertura nel mezzo in fondo che lascia vedere il villaggio con alberi e casine. Una porta a sinistra e una a destra. Appresso alla porta di destra verso la ribalda vi sarà un focolaio rustico con pignatte e tegami sopra. A sinistra appresso alla porta verso il fondo altro simile focolaio con gli stessi utensili, poche sedie rustiche ed un tavolino simile a sinistra.

SCENA PRIMA

Rachele poi Retella.

RACHELE *(dalla porta a sinistra)*: Sto ccà, sto ccà, mò vengo, non avite paura. Vuje vedite a me che me succede! Nuje tenimmo tanta guaje de li nuoste, nce volevene pure chille dell'aute. Chillo aiessera spara no colpo de revolvere a uno a Puortece e po' se ne fuje ccà isso e la sora, che aveva da fà? ne l'aveva da caccià? Chille sò li figlie de la bonarma de la patrona mia, la Marchesa Compasso, me l'aggio cresciute io se po' dì. Intanto, loro stanotte se sò cuccate dinta a la cammera nosta, e io e chillo povero Felicieiello nepoteme avimma avuta dormì ccà nterra, all'aria fresca. Ma pe sta jornata hanno da vedé che hanno da fà. Tutte quante sanno che nuje li conoscimme, po' essere che quaccheduno porta spia a la polizia che stanne ccà e passammo no brutto guajo! Intanto ncoppa a lo fuoco sta sulo l'acqua cauda, nce volarria no poco de carne, e chi nce lo dà? Io non tengo manco sale. Pare brutto a cercà denaro a loro. Ah! mannaggia la miseria mannaggia!...

RETELLA *(di dentro nel fondo a destra gridando)*: Siente, piezze de galiò, stasera non te retirà, pecché si no te faccio la pella, vì. Puozz'essere acciso, puozze nun de subeto, puozze sculà. *(Fuori da impagliaseggia con fascio di paglia sotto al braccio e zoccoli porta in tasca un pezzo di pane o un pezzo di formaggio.)*

RACHELE: Retè ched'è? Co chi l'haje?

RETELLA: Comme, e non lo ssapite, l'aggio co chillo sforcato, co chillo sfaticato de mariteme! Oh! Mannaggia lo momento che me lo pigliaje! Me poteva rompere na gamma ch'era meglio!... E comme, io povera figliola me vaco stentanno la vita, cammenanno tutta la jornata, che quanno è la sera me sento proprio accisa, e isso sò tre ghiuorne che non vò faticà, non vò scupà, ha ditto che li compagne suoje hanno fatto lo sciopero e non le conviene d'ascì sul'isso. L'aggio trovato dinta a lo cafè chiacchierianno co n'ammorra de magna franche, sò ghiuto pe le dicere: Ma abbuonconto che se fà? Tu manco ogge me daje niente? Chillo m'ha dato no strillo ncapo: Ritirete, lassace parlà, mò me la sconto co ttico!... Piezzo de sbrevugnato!...

RACHELE: Agge pacienzia, commarè, che nce vuò fà, ognuna tenimmo na croce.

RETELLA: E io sta croce non la voglio tenere cchiù, io lo voglio lassà, lo voglio lassà, non me ne fide cchiù. Aiere si non era pe me che m'abbuscaje quinnece solde, steveme diune, capite?

RACHELE: Ma io non me faccio capace, tu primme abuscave li doje lire, li tre lire, e quacche ghiuorno pure li quatte lire, mò comme va che abbusce accussì poco?

RETELLA: Embè, avite visto? Pecché segge de paglia non nce ne stanno, nisciuno n'ausa cchiù, tutte quante s'accattene li segge de Ntonetta.

RACHELE: Li segge de Ntonetta? E che songo?
RETELLA: Sò cierti segge che venene da fore, che saccio da Vienna, e chillo che l'ha mmentate se chiamme Ntonetta, che pozza sculà pur'isso, non hanno cchiù che fa pe nce fà murì de famma a nuje puverielle. Llà, capite, non nce paglia, non c'e sta sta paglia cca, nce sta la paglia fina fatta a rezza che nuje non sapimmo manià. Ma po' a me non me ne preme, io si seguito a fà la mpagliaseggia, la faccio pecché non me fido de sta senza fà niente. Io me so' mmaretata, e isso nce ha da penzà, pecché si no nu juorno de chiste, commà, facimmo n'acciso e nu mpiso.
RACHELE: Ma nonsignore, co la maniera s'arriva a tutto.
RETELLA: Io po', commà, ve voleva dicere na cosa, che le preme a lo nepote vuosto, Felice, de se mettere mmiezo a sti fatte?
RACHELE: Pecché, che è stato?
RETELLA: Aiere me dicette mariteme che l'hanno fatto presidente.
RACHELE: Overo?
RETELLA: Gnorsì.
RACHELE: Me fa maraviglia. Chillo lo Cielo lo ssape comme sta pe tanta guaje che tene; forse se sò serviti d'isso pecché sape scrivere no poco.
RETELLA: E dicitencello che non li secondasse, che li facesse faticà.
RACHELE: Va buono, non nce pensà, chillo mò è ghiuto da lo Sinneco che l'ha mannato a chiammà, quanno se retira nce lo dico.
RETELLA: Vuje vedite a che epoca simme arrivate, pure li scupature se mettene in suggività. Dimane si a primm'ora non esce co la scopa, nce la rompo ncape, mò vedimmo! *(Dà una sacca caccia pane e formaggio e mangia.)* Cummà ne state servita?
RACHELE: Grazie. Ched'è?
RETELLA: È no poco de case viecchio pruvatelo.
RACHELE: No pocorillo pe l'assaggià, pecché non tengo appetito. *(Lo prende.)* Mille grazie. *(Mangia a grossi bocconi.)* È saporito, è ncanestrato de Sicilia.
RETELLA: Gnorsì. (La commara ha ditto che non teneva appetito.) Commà, sentite, io ve voleva sempe addimmannà na cosa. Chill'auto nepote vuosto che ve venette a truvà l'anno passato, non l'aggio visto cchiù, che se n'è fatto?
RACHELE: Ah, Alfonso?
RETELLA: Gnorsì, Alfonso.
RACHELE: E chillo mò sta a Napole, sta a servì co no cantante, no tenore de S. Carlo, e isso ogne tanto nce manne mò cinche lire, mò 10 lire, comme po' lo povero giovene. Lo mese passato Pulecenella le screvette che io steva malata, e me mannaje vinte lire.
RETELLA: Ah! Bravo!
RACHELE: E si no sarría arrivata, bella mia.
RETELLA: Ah! E diciteme n'auta cosa commà, stanotte pecché site state ccà fore fino a ora tarda?
RACHELE: Fino a ghiuorno, commarella mia, fino a ghiuorno, me sento accisa, me sento tutta dulure!
RETELLA: Ma pecché?
RACHELE: Pecché avimma avuta cedere li duje lettine nuoste a no frate e na sora che nce venettene a trovà.

RETELLA: E se stettene pure a durmì?
RACHELE: E già... pecché non avevene addò j, pecché... Cummarè, io te conto tutte cose, ma pe ccarità, ccà se tratta de nu guajo, de no gruosso guajo!
RETELLA: Non dubitate, chesto che cos'è, m'avite pigliate pe na criatura.
RACHELE (guarda intorno): Chili duje che stanno llà dinto, sò figlie de della signora, addò io sò stata tant'anne fa pe governante, la Marchesa Compasso. Aieressera, lo giovene, avette che dicere co n'amico sujo a Puortece, cacciajene li rivolvere, isso fuje cchiù lesto e lo sparaje!
RETELLA: Vuje che dicite! E l'accedette?
RACHELE: E chi ne sape niente. Là per là, senza perdere tiempo, se menaje dinta a na carrozzella isso e la sora e se ne fujettene ccà! Che poteva fà io, ne li poteva caccià? A dell'ora, spaventate comme stevene, me l'aggio quase crisciute... me facettene na pena che non può credere.
RETELLA: E se capisce. Ma intanto, commara mia, stateve attienta, pecché vuje ve putite ncuità.
RACHELE: E se sape, tu pazzie... Intanto lasseme vedé che stanno facenno. (Alla porta a sinistra guardando.) Signurì, signurì... e ascite nu poco ccà fore, chesto che cos'è, pigliate nu muorzo d'aria... non nce sta nisciuno, non avite appaura.

SCENA SECONDA

Eugenio, e dette.

EUGENIO (pallido): Grazie, grazie, Rachele mia. (Va a guardare in fondo con preoccupazione.) Pe chello che avite fatto ve ne sarraggio grato fino alla morte. Sò no povero disgraziato, no povero infelice, che aggio perzo ogni avvenire, ogni felicità.
RACHELE: Ma nonsignore, pecché dicite chesto, sperammo che lo Cielo ve salvasse.
EUGENIO: No, non po' essere, è impossibile, quanto cchiù nce penso, cchiù veco che è na rovina pe me.
RACHELE: Ma comme fuje? Comme succedette la disgrazia? Potite parlà, chesta è la commarella mia.
RETELLA: Vostra serva.
EUGENIO: Grazie. L'auto juorno venetteme a Puortece io e l'ultima sora mia, Amelia pe venì a trovà no zio nuosto viecchio che sta malato. Chisto ccà è ricchissimo, ma è avaro all'eccesso. Non tene nisciuno dinto a la casa, tene sulamente nu segretario da tante anne, co lo quale aggio fatto sempe quacche affaruccio d'interesse. Isso annascuso de ziemo me mprestava li quatte e li cinche mila lire a la vota, e io po' le passava l'interesse. Ereme arrivate a unnece mila lire. Aiere le dicette che me n'avesse dato n'auti sette ed erano justo 18 mila lire. Chisto se mette a fà no chiasso che non potite credere, se mette ad alluccà tu: sì nu scapestrato, nu jucatore, no truffatore! Fortunatamente zi zio steva dormenno e non sentette niente. Io me stette zitto pecché steve llà ncoppa e non poteva risponnere. La sera nce jetteme a fà na cammenata io e Amelia — mentre nce steveme ritiranno verso li nnove — lo ncuntrammo a lu puntone de lo vico, m'accustaje e le dicette. Ma comme, tu staje facenno lo signore co li denare

de chillo povero viecchio che sta dinto a no lietto malato de della manera, e po' chiamme truffatore a me? Mò vaco ncoppe e le dico tutte cose, le dico che tu te piglie li denare suoje da la cascia e li daje co lo nteresse. A sti parole isso caccia na pistola, dicenno: e io sto tiempo non te lo dongo. Sorema se mettette ad allucca... ma vedette avvilito cacciaje pure io lo revolvere e sparaje. Chello che succedette dinto a chillo momento non ve lo saccio dicere. Vedennelo cadè nterra ferito, non facette auto che piglià della povera guagliona, meza svenuta, metterla dinto a ca carrozzella e correre ccà da vuje, unica femmena che nce avite voluto tanto bene.
RACHELE: Vuje vedite che guajo! Che guajo!...
RETELLA: Ma non avite appaura signurì, sperammo che sia cosa de niente... Ah! Io potiveve fà a maritemo, v'avarria fatta na statua d'oro...
EUGENIO: Io, crediteme, non me metto paura pe me, ma pe della povera Amelia che resta sola.
RACHELE: Ma a essa pecché non la mannate da chell'auta sora vosta?
EUGENIO: Elvira?
RACHELE: Gnorsì.
EUGENIO: Chella è na superba, fanatica, che non nce ha potuto maje vedé, e po' addò sta? Doppo d'avé spusato duje anne fa no maggiore de Fanteria al ritiro, partette, senza farce sapé niente cchiù.
RACHELE: E comme se fa? Addò va della povera piccerella?
EUGENIO: Io esco no momento, torno n'auto ppoco.
RACHELE: E addò jate mò, stateve attiento?
EUGENIO: No, io arrivo ccà vicino, voglio addimmannà a quaccheduno pe sentere ch'è succieso e che se dice de lo fatto — mò torno — ve raccomanno Amelia. *(Via pel fondo a sinistra.)*
RETELLA: Povero giovane, me fa proprio compassione, si lo putesse aiutà co l'uocchie, lo faciarria co tutto lo core! A li vote uno se trova dinta a no guajo senza sapé comme... Commà, permettete, io me vaco ad arriccttà no poco chella cammarella mia, che stammatina l'aggio rimasta miettece fuoco e fuje.
RACHELE: Fa li fatte tuoje, bella mia.
RETELLA *(alla ribalda)*: Io po' dico accussì, succedene tanta fatte, tanta mmecidie, e a mariteme nisciuno l'accide?... no, ma chillo è servizio che nce lo faccio io senza cortiello e senza revolvere. Na notte de chesta, mentre sta dormenno, le metto doje deta nganne e lo strafoco, mò vedimmo! *(Via porta a destra.)*
RACHELE: Chesta s'appicceche sempe co lo marito, pare che tanno se spartene, tanno se bassano, e po' la sera fanno pace.

SCENA TERZA

Carlo, e detta.

CARLO *(dal fondo a destra)*: Bella fé, scuse, damme nu bicchiere d'acqua, non è stato possibile de trovà n'acquaiuolo. *(Porta in tasca sei soldi e una pezza scozzese.)*
RACHELE: E se capisce, caro signore, da chesti parte acquaiole non nce ne stanno. Mò ve

servo io, v'avite da contentà comm'è, pecché ccà non è arrivata ancora l'acqua de Serino, a Puortece sì.
CARLO: Comme è è, dammi a bere, perché ardo dalla sete.
RACHELE: Va bene, anze mò ve ne tiro no cato fresca fresca. Assettateve no poco. *(Gli dà una sedia.)*
CARLO: Grazie, sei troppo buona.
RACHELE: Ma niente, è dovere. *(Via porta a sinistra.)*
CARLO *(siede)*: Sangue de Bacco, quello che succede a me, so' cose de pazze — Da vinte juorne non aggio cchiù che passà. Appena tornato a Napole, doppo duje anne che nce mancava, vado ad abitare con mia moglie al vico freddo a Chiaia, in un elegante red-sciossè mobigliato, con un magnifico salotto che affaccia nel giardino. Dopo 8 giorni verso le nove di sera, me venette ncape di non trasì pe lo palazzo, onde fare una dolce sorpresa a mia moglie. Scavalco la finestra e trovo la camera all'oscuro, trase dinto a n'auta cammera, a lo scuro, trase cchiù dinto, a lo scuro. Finalmente nel salotto nce steva appicciato no mozzone de cerogene, tantillo, cu tanta garselle che tengo, e trovo la perfida donna a pianoforte e no giovinotto che cantava. Ah! Svergognata, traditrice, e mi scagliai. Chillo piezzo d'assassino, stuta lo mozzone, e me fa tuzzà co la capa nfaccia a la sospensione a petrolio che steva mmiezo, essa cadette nterra svenuta, isso scappaje pe la fenesta de lo giardino, io, coraggiosamente l'afferaje pe na ponta de lo cazone, ma la robba essendo di pessima qualità, se stracciaje, e me rimmanette stu piezzo mmano. *(Lo caccia e lo fa vedere.)* Va trova chi disperato aveva da essere che portava chesta qualità de cazone ncuollo, scozzese! Vedete che farenella! Lo cazone scozzese... moglierema l'aggio tenuta sei giorni dinta a lo bietto senza poté manco parlà. Stammatina finalmente, m'ha ditto, che era un giovine tenore che le steve facenno sentere la romanza al finale della Luna. E pecché stutaje la cannela? Pecché se ne scappaje da la fenesta? E che ne so' io, non me lo domandare, per carità. So' stato a diversi teatri, aggio fatto vedé sta pezza, ma nisciuno mi ha saputo a dicere niente. Ma io, sangue de Bacco, l'aggio da trovà, me l'aggio mise ncapo e l'aggio da trovà! Come maggiore di Fanteria in ritiro, non mi posso tenere questo affronto. Io spenderei qualunque somma pe lo puté nccuccià. In tanto moglierema sapenno che io aveva venì ccà a la Torre pe n'affare mio stammatina, mi ha ditto: Cocco — quanne vò quacche cosa me chiamme Cocco — fammi il piacere, nel passare per Portici, va da mio zio e domanda se sa dove si trova Amelia, mia sorella, sono due anni che non la vedo. Di mio fratello Eugenio non ne prendere conto, perché è stato sempre un cattivo soggetto, ha sciupato molto col gioco. Va bene, domanderò solamente di Amelia. So' ghjuto a lo palazzo, llà steva na folla, dice che ajeressera fuje ferito lo segretario de lo viecchio e non riceveva a nisciuno, tantocchiù che isso pure sta malato. Aggio ditto a lo guardaporta: ma io sono il marito della Marchesina, sua nipote, sono il Maggiore D. Carlo Mitraglia... è inutile, non potete salire. E va te fà squartà tu, lo patrone tujo e lo segretario, e me ne so' ghiuto. Mò bevo, po' me metto dinto a lo tram e me ne torno a Napole.

SCENA QUARTA

Rachele e detta, poi Amelia.

RACHELE *(con bicchiere d'acqua in un piatto)*: Ecco servito.
CARLO: Grazie! *(Beve.)* Ah! Non ne poteva più. *(Prende sei soldi e glieli dà.)* Teh, prendi.
RACHELE: Ma nonsignore, va pare, no bicchiere d'acqua...
CARLO: Ma che, ma che, sei stata tanto buona.
RACHELE *(prende la moneta)*: Grazie eccellenza — volite niente cchiù?
CARLO: No, grazie, non voglio niente più. *(Rachele si volta di spalle per posare il bicchiere, lui dà un colpo di sedia a terra e dice gridando.)* Vorrei solamente trovare quell'imbecille! Quella carogna!...
RACHELE: (Puozze sculà, m'ha fatto fà no zumpo!).
CARLO: Pe le fà na cauciata comme dico io. *(Gridando:)* Ma chissà! chissà! *(Via arrabbiato di fretta pel fondo a sinistra.)*
RACHELE: Mamma mia, come sta arraggiato, me pare no cane de presa. Va trova chi va trovanno — M'ha dato sei solde pe no bicchiere d'acqua, adda essere no signore ricco.
AMELIA *(dalla porta a sinistra)*: Rachè, Eugenio se po' sapé addò è ghiuto?
RACHELE: Ha ditto che arrivava fino a ccà vicino e po' tornava. Ma signurì, non ve state accussì, non ve disperate, lassate fà a lo Cielo.
AMELIA: Tu parle bello, non ve disperate, non state accussì... e pozzo sta diversamente? Stanotte non aggio potuto durmì, aggio chiagnuto sempe. Te pare na bella posizione la mia? Senza mamma, senza patre, senza nisciuno, sulo no frate m'era rimasto, e doppo lo fatto che succedette aieressera, forse lo perdarraggio pure. Chi tengo cchiù? Chi me nimmane? Addò vaco? *(Quasi piangendo.)*
RACHELE: E brava! Co sti parole che avite ditto me facite capì che mai bene m'avite voluto, e che ve site scordato ntutto e pe tutto de chello che aggio fatto pe vuje. E comme, vuje dicite, chi me rimmane, addò vaco? Ma forse Rachela vosta è morta? Forse della femmena che v'ha conosciuta de sette anne non nce sta cchiù? Nce stongo semp'io che ve facciarraggio da mamma, da sora, da tutto!
AMELIA: Oh, grazie, Rachela mia, co sti parole toje tu me conzuole, ed io t'assicuro, che da oggi in poi, te volarraggio bene comme a na seconna mamma mia. Te ricuorde Rachè, te ricuorde comme steveme allegre, quanno tu stive dinta a la casa nosta. Te ricuorde quanta resate nce faceveme quanno te veneva a trovà Pulecenella nepotete, cantava, pazziava, nce faceva stà tutta la jornata allegramente. Io tanno era proprio na piccerella, e isso, sempe che veneva me portava na pupata, te ricuorde?
RACHELE: Gnorsì, chillo li faceva isso stesso pecché allora maritemo teneva la puteca de Bazar.
AMELIA: Io lo voleva tanto bene e tanto bene che tu non può credere, quanno veneva a la casa io zumpava, aballava pe la contentezza, e senza sapé pecché. Po', morette mamma, tu te ne iste e fenette tutte cose!
RACHELE: E quanta disgrazie aggio passato d'allora, mariteme jette sotto e ncoppa co la puteca, po' lo perdette, e mò me trova ccà io e chillo povero Pulecenella, lo quale non tenenno mezzi, non tenenno nisciuna riserva pe tirà nnanze la vita, s'avette da mettere a fà lo scopatore.
AMELIA: Lo scopatore! Mamma mia!...

RACHELE: Embè, cara signorina, che s'aveva da fà, quanno se fatica pe magnà, niente fa scuorno a sto munno.
AMELIA: Oh! chesto è certo.

SCENA QUINTA

Andrea e dette, poi Pulcinella.

ANDREA *(in maniche di camicia e calzone logoro, in testa una coppola, con le mani nelle tasche del calzone, e un mozzicone in bocca che fuma a stento, ha una scopa sotto al braccio)*: Salute sièRachè.
RACHELE: Bongionno.
ANDREA: Pulecenella non c'è stà?
RACHELE: Nonsignore, ancora s'adda ritirà.
AMELIA: (Chi è disto?).
RACHELE: (È n'amico de Pulecenella).
AMELIA: (Jammonce nuje dinto, non voglio sta ccà fore).
RACHELE: (Dicite buono, abbiateve che mò vengo). *(Amelia via porta a sinistra.)*
ANDREA: Sièé Rachè, chi è della bardascia?
RACHELE: È na figlia de na signora addò io so' stata a servì paricchie anne fa.
ANDREA: E che è venuta a fà ccà?
RACHELE: Te l'aggio da dicere a te? Avimmo da dà cunto a te?
ANDREA: Nonsignore.
RACHELE: Embè, che addimmanne a fà, non me vedeva da tanto tiempo e m'è venuta a trovà. Tu manco sì asciuto a scupà stammatina?
ANDREA: Non sò asciute l'aute, non esco manco io — Abbiamo fatto il sciopere.
RACHELE: Vattenne sciopere, facite chello che avita fà; co chesta miseria co chesta famma che nce sta, e chille pensano a fà lo scioperò — Ah! Pecchesto non tiene la blusa?
ANDREA: Se sape, nce l'avimme levata tutte quante. Si lo Municicolo nce acconda chello che vulimmo, nce la mettimmo n'auta vota, e si no stamme accussì.
RACHELE: E facite na bella cosa — ccà a n'auto poco nce mangiammo ll'uno coll'auto e chille vanno facenno li vagabonde — va, va, jate a faticà, sentite a me, che vuje facite peggio, facite peggio!... *(Via porta a sinistra.)*
ANDREA: Facimmo peggio? E mò vedimmo. Stammatina lo Sinneco, vedenno li strade sporche s'ha mannato a chiammà subeto a Pulecenella che è il nostro presidente, mò che vene vedimmo che ha combinato.
PULCINELLA *(di dentro gridando)*: Gnorsì, tutto è agghiustato, avvisa a tutte quante che venessene subeto da me.
ANDREA: Ah, lo vì ccà, lo vì, avarrà fatto cose bone.
PULCINELLA *(fuori in soprabito nero molto vecchio e sdrucido, il calzone lo stesso, in testa un cappello all'italiana anche vecchio, in mano un finocchietto.)* Bongiorno Andrè.
ANDREA: E accussì, Pulecenè, che haje fatto?
PULCINELLA: Aggio aggiustato tutte cose, aggio parlato io co lo Sinneco... e na cosa...

l'avimmo attenuto.
ANDREA: Pozzo j a chiammà li compagne?
PULCINELLA: Sì, va, stanno vicino a lo cafè mmiezzo a la piazza. *(Andrea via.)* Chi maje se poteva credere che io arreduceva a fà lo scupatone. Papà me lo diceva sempe, frisca l'anima soja: Tu non vuò j a la scola? Non te vuò mparà n'arte? E mare a te: Papa, ma io la penna non la saccio tenere mmano, me sporca li dete de gnostia: Non è overo, so' scuse, tu sì no vagabondo, vuò fà lo magnafranco! Chi non sape tenere la penna mmano, vene n'epoca che tene la scopa!... e accussì è stato. Me n'ha fatto mazziate chill'ommo, non n'ha potuto ricavà maje niente: Na matina me ricordo, pecché non volette j a la scola, me chiudette fore a lo balcone e me dicete: lloco te faccio stà fino a mezanotte, diuno comme a nu cane, e se ne jette. Io m'assettaje nterra e me mettette a guardà li guagliune che pazziavene la palla a lo nove. Verso li seje me venette tale na famma che me senteva svenì, e che pensaie de fà? A una a la vota e chiano chiano me magnaje nu mazzo de pummarolelle e tre melunne che stevene appiso fore a lo balcone — la notte che dolure ncuorpo neh! Cose de pazze! Nce n'aggio dato collera a chillo povero viecchio, e mò ben mi sta. Appriesso a ziemo m'era mparato buono a fà pupate, carrozzelle, palloncine, vaporette, cavallucce, tutte sorte de pazzielle, la morte se lo pigliaje, e stateve bene! Se io avesse na provvidenza de duje, treciento lire, chesto è tutto, me faciarria no capitaluccio, araparria na piccola puteca de Bazar a 49 centeseme, e lassarria sta cancara de scopa, ma sti treciento lire chi me li dà, ca chisto è lo mbruoglio, io non so' stato capace de m'agghiettà na lira. Quanno frateme cucino Alfonso me manna na cinche lire da Napole, tanno me faccio nu pare de scarpe, si no jarria pure scauzo. L'autriere le scrivette na lettera, cercannele quacche cosa superchia, vedimmo che fà. Intanto sto co na paura ncuorpo pe chilli duje che stanno llà dinto. *(Guardando a sinistra.)* Chillo se mette a sparà a uno e po' se ne scappa justo ccà, m'ha fatta fà la nottata chiara chiara.

SCENA SESTA

Retella e detto.

RETELLA: Oh! Carissimo Signor D. Pulecenella, ben tornato.
PULCINELLA: Padrona mia.
RETELLA: Si nce avite da dà quacche comanno, nuje stamme ccà per servirvi.
PULCINELLA: Grazie... Oh! Ma che significa sto parlà caricato, che vò dicere sto D. Pulcinella?
RETELLA: Oh! Perdonate, a voi adesso vi spetta il Don e tutta la riquatratura personale.
PULCINELLA: Uh! Ched'è a riquatratura?
RETELLA: Oggi non siete più chillo Pulcinella de na vota, sapimmo tutto, oggi siete il presidente dei Scopatori!
PULCINELLA: Sà Retè, tu senza che faje caricature, so' presidente e me ne vanto, tu ntrichete de li fatte tuoje, haje capito?
RETELLA *(forte)*: Aggio capito, sì! e me ntrico pure de li fatte de mariteme che so' tre ghiuorne che non me da niente, e non fatica pe causa toja!

PULCINELLA: Pe causa mia?
RETELLA: Sì, pe causa toja e de chille sfaticate de li compagne suoje. Ma mò sà che te dico? Facite dello che volite vuje ma lassate sta la casa mia, pecché si no de notte vi... e non ve credite che so' femmena, pecché io femmena e bona, ve rompo la capa a tutte quante!
PULCINELLA: No tu a me la capa non me la rumpe, sa, pecche io non t'appartengo, e né me ntrico de li fatte vuoste, e lo stesso te risponne pure pe li compagne mieje, tu può disporre sulo de la capa de maritete, l'auti cape l'haje fa stà, rumpancelle, a me che me ne preme!
RETELLA: E va buono, non ve n'incaricate.

SCENA SETTIMA

Andrea, Totonno, Michele, Ambrogio, Saverio, 6 comparse scopatoi e detti. Tutti con scope, e in maniche di camicia.

ANDREA: Eccoce ccà nuje.
TOTONNO: Simme leste.
MICHELE: Che se dice? Che hai fatto?
TOTONNO: Haje parlato co lo Sinneco? *(Retella passeggia davanti a loro con le mani dietro.)*
SAVERIO: Che t'ha ditto?
TOTONNO: Che avite combinato?
PULCINELLA: (Simme arrivate a la Riviera di Chiaia) e si chella non se ferma io non pozzo parlà.
TOTONNO: Gué, a te, che faje ccà? Vattenne dinto!
RETELLA: Voglio sta cca, non aggio da dà cunto a nisciuno! *(Si ferma.)*
TOTONNO: Retè, t'aggio ditto tanta vote non risponnere accussì, pecché na vota de chesta me faje fa lo pazzo!
RETELLA *(gridando)* Vattenne! Faje lo pazzo! Mò overo te lo ceco n'uocchio!
TOTONNO: A me?
RETELLA: Sì! A te!
TOTONNO: Ah! sango...
MICHELE: Totò, Totò, va buono, lassela stà, ma comme vuje mò facite sempe n'arte?
SAVERIO: Nuje avimmo da vedé che avimmo da fà, e tu justo mò te vuò appiccecà co mogliereta? Retè e statte zitta tu pure!
TOTONNO: Va buono, stasera parlammo.
RETELLA: Stasera te sciacco!...
ANDREA: Dunque?...
MICHELE: Vuò parlà o no?
PULCINELLA: E mò, falle primme calmà, ccà se tratte de capa sà.
MICHELE: Quà capa?
PULCINELLA: No niente. Dunque, verso l'unnece lo Sinneco m'ha mannato a chiammà, io m'aggio mise sto soprabito ncuollo che teneva astipato da tanto tiempo e nce so'

ghiuto, aggio aspettato fore a la sala cosa de na mez'ora, po' s'è aperta la porta de la cammera soja e aggio ntiso che ha ditto nfaccia a n'usciere: Fate entrare il Presidente. *(Retella ride forte.)* È asciuto l'usciere: Presidente, entrate — Eccome ccà — So' trasuto m'aggio levato lo cappiello e aggio aspettato regolarmente che parlava primme isso. Doppo no poco m'ha guardato e m'ha ditto: Comme te chiamme tu? Pulcinella Cetrulo a servire — Sei tu il Presidente della Società dei Scopatori? Sissignore eccellenza. *(Retella ride forte.)* Dimme na cosa... quanno... Eh, ma si chella non fernesce de ridere, io non pozzo parlà.
ANDREA: Retè, Retè, agge pacienzia. *(Totonno per la rabbia si mette il manico della scopa tra i denti.)*
PULCINELLA: Chisto mò se magna a scopa. *(Seguita a parlare:)* Dimme na cosa, m'hanno ditto che avite composta na canzone ntitolata: I scopatori! È vero? Sissignore Eccellenza. L'Inno dei Scopatori — l'aggio composta io, e la musica nce l'ha mise D. Ignazio lo trombone, quanno non avimmo che fà, la cantammo quacche vota la sera — Bravo, me fa tanto piacere! Chesto però non me preme tanto — io voglio sapé pecché aissera venisteve a pusà li bluse cca ncoppe, e stammatina non site asciute? Io co bella maniera l'aggio ditto: Signurì...
RETELLA: Vulite o pungolo?
MICHELE: Retè, Retè, lassece sentì. *(Totonno gli fa una ciera.)*
PULCINELLA: L'aggio ditto: Signurì nuje pe tanto non simme asciute pecché si ve ricordate seje mise fa nce promettisteve n'aumento, e po' non l'avimmo cchiù avuto — nuje nce simme state zitte e avimmo seguitato a faticà. A Napole li scopature hanno na lira e 75 a lo juorno, e so' tutte viecchie, tutte sicche, tutte malate, nuje po' che simme giuvene e de bona salute avimmo d'avé vinticinque solde, pecché? Ve pare che sia regolare?... Nuje volimmo faticà sissignore, vulimmo murì pure sotto la fatica, ma pensate che ognuno de nuje tene famiglia, chi tene mamma, chi tene figlie, chi tene mogliere, comme putimmo tirà nnanze co 25 solde a lo juorno, che ne facimmo? Si po' assolutamente non nce vulite aumentà, nuje ascimmo, scopammo pe fà piacere a vostra eccellenza.
TUTTI: Bravo! Bravo!
PULCINELLA: Eh! io no poco ciuccio songo, ma la lengua mmocca la tengo. Isso ha penzato no poco, po' m'ha guardato, e quase comme si se fosse impressionato de li pparole meje, tutto nzieme, risoluto, ha tuzzuliato lo campaniello e ha ditto usciere!...
RETELLA *(con lo stesso tuono)*: Datele nfaccia!
MICHELE: Retè... Retè...
TOTONNO: Me staje toccanno li nierve, nce staje sceppanno li mazzate da dinto a li mmane!...
AMBROGIO: Non mporta Totò!
TOTONNO: Mò vedimmo si te staje zitto.
ANDREA: Dunche?
PULCINELLA: Usciere dite al mio segretario che venesse mò proprio ccà — Po' a me m'ha ditto: veniteve a mettere li bluse, e si ascite subeto, invece di una lira e 25 al giorno, da domani in poi avrete 1 e 30.
TUTTI: 1 e 30!

ANDREA: Chesto è tutto?
TOTONNO: No soldo de cchiù!
MICHELE: E tu haje fatto tanta chiacchiere pe no soldo?
SAVERIO: E avimmo perzo tanto tiempo?
PULCINELLA: Embè, chillo all'ultimo sapite che ha ditto? Si po' non site contente e non ascite, io ve licenzio a tutte quante, e i scopatori li faccio venire dall'alta Italia — Mò chello che vulita fà facite. Vuje ve vedite arrivà li scupature da Roma, Milano, Torino. Io come presidente ve dico jammo a faticà che è meglio pe nuje.
ANDREA: Totò, che dice?
TOTONNO: Io pe me, a la verità cercarria almeno n'auti quatte solde a lo juorno.
MICHELE: E sieno pure 3 solde.
SAVERIO: Dice buono, chesto che cos'è?
AMBROGIO: Io pe me diciarria de non nce tornà ncoppe.
PULCINELLA: Chello che dico pur'io! Basta ccà non se po' perdere tiempo, e po' io aggio accettato, e comme a presidente non credo che me vulite fà scomparì co lo Sinneco — Chi vò j a faticà e se contenta de lo soldo, aizasse la scopa. *(Tutti alzano le scope.)* Approvato ad unanimità! *(A Retella:)* Mò me pare che può fenì de ridere.
RETELLA: Voglio ridere fino a dimane!
TOTONNO: E io dimane t'arapo tutto chesto! *(Fa il segno alla fronte.)*
RETELLA: Io stanotte t'affoco! Non te n'incarricà! Magnafranche! Tu lo presidente, e tutti li compagne tuoje! *(Via porta dritta.)*
PULCINELLA: È femmena, che nce vuò dicere a chella!... Basta jammoncenne.
TUTTI: Jammoncenne.
ANDREA: Pulecenè, tu nnanze.
PULCINELLA: A duje a duje, e silenzio pe la strada, mò jammo sotto a lo Municipio e tutte quante dicimmo: Viva lo Sinneco!
TUTTI: Viva lo Sinneco!
PULCINELLA: Senza alluccà tanto, pecché l'aumento è stato de nu soldo! *(Si mettono le scope sulle spalle come fucili e Pulcinella va avanti fanno per uscire dal fondo a destra, Luigi si trova entrando a ricevere la scopa di Pulcinella sul volto.)* Chisto è venuto addurà lo buchè!

SCENA OTTAVA

Luigi, e detti.

LUIGI *(con involto di tre calzoni e lettera scritta in tasca)*: Scusate, aggiate padienzia me sapisseve a dicere si ccà sta de casa no certo Pulcinella Cetrulo?
PULCINELLA: So' io, che v'aggio da servì?
LUIGI: Site vuje? Proprio vuje?
PULCINELLA: Sissignone, addimmannate a li compagne mieje.
TUTTI: Sissignore, è isso proprio.
LUIGI: Uh! che piacere! Io vengo da Napole, m'ha mannato lo frate cucino vuosto Alfonso.

PULCINELLA: Uh! Alfonso! Bravo! e comme sta? comme sta?
LUIGI: Sta buono ce manna tanto tanto salutanno, e po' v'aggio da parlà de n'affare importantissimo.
PULCINELLA: N'affare importantissimo? E de che se tratta? Belli figliù, scusate nu momento, sto signore l'ha mannato frateme.
TUTTI: Facite li fatte vuoste. *(Tutti si situano in fondo.)*
PULCINELLA: Dunche?
LUIGI: Avite sapé che io so' amico stretto de lo frate vuosto e ajere a lo juorno me dicette che vuje l'avite mannata na lettera cercannole quacche cosa de denare?
PULCINELLA: Sissignore... pecché stongo...
LUIGI: Va bene, io saccio tutte cose, dice che state proprio menato co la nzogna.
PULCINELLA: Io sto arruinato, ogne ghiuorno magno patane, e tengo na zia tanto che se n'ha magnate che s'è fatta accussì. *(Fa l'azione.)*
LUIGI: Aggio capito s'è fatta na caudara. Lo patrone sujo lo tenore, ajeressera facette l'ultima recita a S. Carlo, e stammatina è partito pe Genova, e regolarmente ha avuta da partì pure lo frate vuosto.
PULCINELLA: E se capisce.
LUIGI: Isso nnanze.
PULCINELLA: E frateme appriesso, comme fosse nu cane.
LUIGI: Primme de partì, m'ha mannato a chiammà a la casa e m'ha consignato pe vuje sto pacchetto e *(mette la mano in tasca, Pulcinella si crede che caccia denare mostra allegria)* sta lettera.
PULCINELLA *(li prende)*: Grazie tanto — comme ve chiammate?
LUIGI: Luigi.
PULCINELLA: Grazie tanto, D. Luì, a vuje e a isso — me dispiace che v'avite pigliato tutto sto fastidio.
LUIGI: No, che fastidio, aggio creduto de fa no piacere all'amico mio e a buje.
PULCINELLA: Quanto site buono.
LUIGI: Io me ne vado, si vulite niente da Napole.
PULCINELLA: Grazie tanto, si vedite Alfonso me lo salutate e me lo ringraziate.
LUIGI *(ridendo)*: E comme lo vedo, si v'aggio ditto che stammatina è partito pe Genova
PULCINELLA: Ah! Già, allora che v'aggio da dicere, commannate pure a me.
LUIGI: Ma niente, niente, stateve bene.
PULCINELLA: Ma pigliate quacche cosa, vulite na bibbia?
LUIGI: Grazie tanto.
PULCINELLA: Fate passà, sgombrate. *(Tutti si scostano e Luigi via.)* Signori miei aggiate pacienzia, cinche minute quanto leggo sta lettera che aggio avuta.
ANDREA: Nuje non nce, movimmo da ccà.
PULCINELLA: Povero Alfonso, mò certo m'ha mannato na ventina de lire. Eh, e che ne faccio? Quando piglio e li dongo a lo patrone de casa. *(Apre piano piano la lettera l'apre la svolge e non trova niente.)* No, nce stanno 21 lire. *(Legge compitando come uno che sappia poco leggere:)* Caro Fratello. Tu mi hai mandato a cercare qualche cosa di denaro, ma io ti faccio sapere che mi trovo all'ultimo grado della disperazione. I debiti mi sono saliti fino a la gola. Fortunatamente vado a Genova col mio padrone, il quale è

stato scritturato là per due mesi, se io restava in Napoli un altro giorno i creditori certo mi facevano la pella, quindi ho dovuto per forza partire con lui. Nel pacchetto che ti consegnerà l'amico Luigi, troverai 3 oggetti che mi furono regalati dal mio padrone e che io non me ne sono servito, appunto per mandarli a te. Tu te li potrai vendere e ne potrai ricavare una moneta. Appena arrivato ti scriverò. Bacioni Zia Rachele e credimi. Tuo Alfonso. S'auniscene le sceppetielle de frateme, io che saccio poco leggere, e comme jammo belle. E che nce starrà dinto a sto pacchetto. *(Tastando.)* Rrobba morbida, ha ditto che so' 3 oggetti... fossene oggetti d'oro? E che diavolo faceva tutto sto fangotto. M'avesse voluto fà na sorpresa, nce stessene denare da dinto? *(Svolge da un angolo il grosso cartoccio di carta mette la mano e ne caccia un cazone giallo.)* No cazone? e che aggio da fà co sto cazone? *(Mette di nuovo la mano e ne caccia un altro scozzese, come la pezza che ha fatto vedere il Maggiore.)* N'auto cazone? *(Lo guarda.)* E chisto è rutto pure, a sta coscia nce ne manca no piezzo mponta, io credo che lo tenore avette da essere mozzecato da nu cane. *(Mette la mano e caccia il terzo di doga bianco.)* N'auto cazone? E che nn'aggio da fà de sti cazune? Chiste se me li vaco a vennere non me danno manco na lira tutte e tre. E bravo Alfonso, m'ha fatto no bello complimento... Aspetta, me vene n'auto pensiero, nce stesse quacche cosa de denare da dinto a li sacche? *(Osserva nelle tasche di quello giallo.)* Niente, manco na formella. *(Osserva nelle tasche dello scozzese.)* Niente, manco no mozzone de sicario. *(Osserva nelle tasche di quello bianco, nella prima tasca non trova nulla mette la mano nella seconda tasca.)* Nce sta na carta liscia liscia... fosse na carta de 50 lire? Darria quacche cosa a lo patrone de casa e farria quatte juorne de bona vita co chella povera vecchia... Eh Cielo mio mò se vede. *(Caccia una lettera l'apre e legge:)* Vita mia, cuor mio, anima mia!... Arma de mammeta!... na lettera amorosa. *(La conserva di nuovo nel calzone bianco.)* E bravo Alfonso, ha voluto fà la pazziella co mmico!... m'ha fatto sudà na cammisa, non sapeva che m'aveva mannato. *(Tiene tutti e tre i calzoni sul braccio.)*

ANDREA: Ma Pulecenè ch'è stato?

TOTONNO: Che è succieso?

MICHELE: Te si mise a vennere rrobe vecchie?

PULCINELLA: Embè che aggia fà, so' cose che succedono sulo a me, frateme cucino, fa venì a uno de Napole fino a ccà pe me mannà sti tre cazune. *(Li mostra.)*

TUTTI *(ridono)*: Ah, ah, ah...

TOTONNO: E che ne faje?

MICHELE: So' biecchie pure.

PULCINELLA: Si chillo giovene stesse ancora ccà, le diciarria: sapite che vulita fà? Pigliateville vuje! Basta, non ne parlammo cchiù. *(Getta i calzoni su di una sedia vicino alla porta a sinistra.)* Jammoncenne. *(Fanno per andare.)*

SCENA NONA

Eugenio e detti, poi Amelia e Rachele, indi Errico e Guardie.

EUGENIO *(correndo dal fondo a sinistra)*: Pe ccarità, Pulecenè, salvateme, aggio saputo che vonno perquisì la casa toja, e li guardie stanno venenno da chesta parte.

PULCINELLA: Vuje che dicite! E comme se fà? *(I scopatori guardano in fondo a sinistra)* aspettate, me vene no pensiero. *(Va alla porta a sinistra.)* Signurì, signurì, ascite no momento ccà fore.
AMELIA: Che è stato?
RACHELE: Che è succieso?
PULCINELLA: Niente. Vuje signurì, trasite llà, dinta a la casa de Retella.
AMELIA: E pecché?
PULCINELLA: Pecchesto, non perdite tiempo. *(La spinge Amelia entra a dritta.)* Vuje D. Eugè jate dinto a la cammera mia, spugliateve subeto subeto, li panne vuoste li menate dinto a lo puzzo, e mettiteve sto cazone, sta paglietta, e pigliateve sta scopa mmano. *(La paglia la toglie ad una comparsa la scopa gli dà la sua, ed il calzone gli da quello giallo)* jate, jateve a vestere subeto subeto.
TOTONNO: Va buono, avimmo capito. *(Viano tutti porta a sinistra con Eugenio.)*
PULCINELLA: Vuje zì Rachè, stateve dinto e non ve movite.
RACHELE: Ma che è stato?
PULCINELLA: Niente, jatevenne. *(La spinge.)*
RACHELE: Eh!... eccome ccà. *(Via porta a sinistra.)*
ERRICO *(seguito da due guardie)*: Buongiorno. La questura è venuta a sapé che chillo tale Eugenio Compasso che sparaje lo colpo de revolvere aissera a Puortece, fuje visto trasì ccà, e stammatina pure è stato visto pe ccà turno. Di, addò sta nascuosto pecché si no te ncujete seriamente.
PULCINELLA: Me ncujeto? E comme me ncujeto? Io non ne saccio niente, chi lo sape, ccà non è venuto nisciuno, hanno pigliato no sbaglio.
ERRICO: Comme, non haje visto no giovinotto co no vestito scuro e no cappelluccio bianco?
PULCINELLA: Nonsignore.
ERRICO: Nonsignore?
PULCINELLA: Nonsignore.
ERRICO: Dinta a la casa toja chi nce sta?
PULCINELLA: Tutte li compagne mieje scupature che poco primme nce simme riunite pe gghi a faticà. *(Alla porta a sinistra gridando.)* A vuje, guagliù, jammoncenne.

SCENA DECIMA

Eugenio, travestito da scopatore porta 300 lire, tutti i scopatori, e detti.

ANDREA *(con la scopa seguito dagli altri con le scope)*: Simme leste.
MICHELE: Eccoce ccà.
TOTONNO *(gridando)*: Evviva lo Sinneco!
ERRICO: Dinto non nce sta nisciuno cchiù?
PULCINELLA: Nce sta sulo della Cecchiarella de ziema, jate a vedé.
ERRICO *(alle due guardie)*: A buje, venite co me. *(Via con le due guardie nella porta a sinistra.)*
PULCINELLA *(a Eugenio)*: Scappate, non perdite tiempo.

EUGENIO: Grazie, grazie. Tiene, chesto è tutto dello che tengo *(gli da le 300 lire)*. Te raccommanno della povera sora mia. *(Fugge pel fondo a destra.)*

PULCINELLA *(guarda le carte)*: Una, doje, tre... tre carte da ciente lire!... Treciento lire pe no cazone! Ah! Frate mio puozz'essere benedìtto! A vuje guagliù: Inno dei scopatori. *(Si mettono tutti infila alla ribalda, Pulcinella in mezzo, e cantano con le scope sulle spalle, mentre cantano escono Errico e le guardie.)*

CORO: Nuje scupature simme
E pronte a faticà
Però, chello che avimme
N'abbasta pe magnà
Lo Sinneco ha ordinato
Che vuole la nettezza
Non vò vedé sporcato
Non vo vedé munnezza.
(Tutti cessano un poco indietro, e escono Errico e le due guardie, passano avanti ai scopatori guardando gli stessi e viano pel fondo.)
Però, si non nce avanza. Si non nce dà na ionta...
Almeno che sta panza
Po' avere na supponta,
Facimme tutte sciopere
E po' comme se fa?
La Giunta co lo Sinneco
Se mettene a scupà!
(Tutti si voltano al pubblico per andare via.)

(Cala la tela.)

Fine dell'atto primo

ATTO SECONDO

Una piazza, a sinistra prima quinta portone con palazzina, appresso bottega di generi diversi con mostra di diversi giocattoli e pupe di cartone, con scritto sopra «Generi diversi Liquidazione volontaria». A destra prima quinta Caffè con tavolino e due sedie di Vienna al di fuori, seconda quinta bottega di fruttivendolo con sporte di frutti al di fuori e agrumi con valanzone. Due sedie rustiche.

SCENA PRIMA

Michele seduto vicino al portone da Guardaporta e Retella seduta vicino ai frutti, poi Carmeniello, indi Totonno.

RETELLA: Michè, famme lo favore, dà na voce a sto giovene de caffettiere, me la vò

portà sta tazza de cafè si o no, è mez'ora che nce l'aggio mannato a ordinà.
MICHELE: Mò ve servo. *(Si alza e va vicino al Caffè.)* Giovinò, la fruttaiola sta aspettanno lo ccafè, fa ambressa.
CARMENIELLO *(di d.)*: Lesto.
MICHELE: Vulite niente cchiù?
RETELLA: Niente cchiù, grazie.
MICHELE: Non c'è di che. *(Siede al portone.)*
CARMENIELLO *(con caffè)*: Ecco servito a D.ª Retella!
RETELLA: Io me credeva che te l'avive scordato.
CARMENIELLO: Vuje pazziate, me scurdava de purtà lo ccafè a vuje, è stato pecché pe D.ª Retebba s'addà fà sempe la cocoma fresca.
RETELLA: Bravo! Nce haje mise lo senso d'annese?
CARMENIELLO: Uh! sangue de Bacco, me l'aggio levato de mente, mò ve servo. *(Via nel caffè, poi torna.)*
MICHELE: (Oh, munno munno, e quanto si puorco! Chella mò sei mise fa era no misera mpagliaseggia che tirava a stiento la campata, e mò è negoziante de frutta e se fa dà lo Don, e pecché? Pe no terno de quatteciente lire che pigliaie, tenene la sorte dinto a... li capille... e io, a botte de conoscenze e raccomannazioni, appena appena potette afferrà sto posto de guardaporta. Pacienzia, non c'è che fà, meglio a fà chesto che lo scopatore).
CARMENIELLO *(con bottiglia)*: Ecco quà l'annese, si lo ccafè lo volite scarfà n'auta vota, io non nce metto niente.
RETELLA: No, no, è buono, non c'è bisogno.
CARMENIELLO: Comme vulite vuje. *(Mette l'anice.)* Commannate niente cchiù?
RETELLA: Niente cchiù, grazie. *(Beve il caffè.)*
CARMENIELLO: Sempe a servire. *(Via nel caffè.)*
TOTONNO *(dalla strada a sinistra)*: Mannaggia all'arma de la mamma a isso e a chillo che le rimmanette li case. Buongiorno Michè.
MICHELE: Salute Totò.
TOTONNO: Vì che piezzo d'assassino, vì che core d'urzo!
RETELLA: Totò, sì ghiuto a parlà co lo patrone de casa de la commara?
TOTONNO: Comme no, io da llà vengo.
RETELLA: E che t'ha ditto?
TOTONNO: Ha ditto che non ne vò sapé niente, che si pe tutt'ogge non have li cientecinquanta lire de li tre mesate che avanza e li 34 lire de li spese che ha fatto, le manno subeto lo sequestro e lo sfratto. Mò aggio ncuntrato a Pulcinella che nce jeva pure isso co la zia ma non ne cacciano niente, non ne cacciano niente.
RETELLA: Vì che gente stanno ncoppa a la terra, vì che nfame!...
TOTONNO: Io pe me l'aggio dato lo consiglio, l'aggio ditto: stanotte, a ora tarda, sfratte la puteca e la cummarella ncoppa, lieve tutte dose, lo puorte dinto a la casa mia, rimmane sulo lo lietto, quanno e dimane che venene l'usciere e li testimone, restano co na vranca de mosche mmano.
RETELLA: Sarria buono caspita! E isso che ha ditto?
TOTONNO: Ha ditto che si lo patrone de casa assolutamente non vò aspettà n'auto

ppoco, fà comme l'aggio ditto io. Stanotte leve tutte cose.
RETELLA: Ben fatto!
MICHELE: Ma sentite, io non avarria fatto maje chello che facette isso. Chillo so 300 lire che s'abbuscaje da chillo giovene pe causa de chillo cazone che le dette, se ne vene a Napole, pe se mettere a fà lo zarellaro, s'affitta sta puteca co na cammera e na saletta ncoppa e se mette nu pesone ncuollo de 50 lire a lo mese... pe forza chesto l'aveva da succedere.
TOTONNO: Pover'ommo, non ha tenuto sorte.
MICHELE: Totò, dimme na cosa, chella figliola po' pecché è rimasta co lloro?
TOTONNO: Pecché non tene a nisciuno. Tene solamente na sora mmaretata ricca, ma non nce ha voluto j, pecché chesta odia lo frate. Intanto stammatina a miezojuorno se fà appunto la causa soja, ma nce sta tutta la speranza che se n'esce libero e franco, l'avvocato ha ditto che primme de tutto chillo che fuje ferito stette buono dinta a diece juorne, e po' llà nce fuje la legittima difesa.
MICHELE: Neh?
TOTONNO: Sicuro, la pistola la cacciaje primme isso, nce stanno mille testimone.
RETELLA: Povero giovene, si non lo condannassero, n'avarria proprio piacere.
MICHELE: Chillo mò vestuto da scupatore se l'aveva scappata, la notte se lo jettene a pezzecà ncoppa a la locanna.
TOTONNO: Embè, che nce vuò fà. Io stammatina vaco co Pulecenella a lo tribunale. Retè, tu vuò venì?
RETELLA: E comme non veneva?
TOTONNO: Embè va t'accuonce, miettete lo scialle, pecché a n'auto ppoco nce simme.
RETELLA: Vaco, vaco. *(Via nella bottega.)*
MICHELE: Totò, voglio venì pure io?
TOTONNO: Patrone! E comme faje co lo palazzo?
MICHELE: Nce rimamne muglierema.
TOTONNO: E va buono.
MICHELE: Mò nce lo vago pure a dicere. *(Via nel palazzo, Totonno via nella bottega.)*

SCENA SECONDA

Carlo e Barone Frolli, poi Carmeniello.

BARONE *(dalla sinistra — strada — al braccio di Carlo)*: Ma caro D. Carlo, abbiate pazienza, voi avete torto, io ve lo debbo dire... Ma vi pare che un signora, una dama, una nobile come la vostra rispettabilissima Consorte, puo essere trattata militarmente come la trattate voi, si capisce che dovete stare sempre in urto.
CARLO *(con portafoglio con cinque biglietti di visita, ed una moneta in tasca e la pezza scozzese)*: (Sto cancaro de Barone me sta accommincianno a toccà li nierve!). Ma ve pare na cosa regolare che da sei mesi non aggio potuto sapé chi era quell'imbecille che steva cantanno della sera, e essa l'accompagnava a pianoforte?
BARONE: Ma ve l'ha detto tante volte, era un giovine tenore che le steva facendo sentire un pezzo di musica. Credo che non c'era nulla di male.

CARLO: E vedenno a me pecché stutaje lo mozzone de cannela, pecché se ne scappaje pe la fenesta?
BARONE: Ma chi lo sa... forse per vergogna, per essere troppo timido, in quel momento si confuse e se ne scappò. Tra noi altri nobili succede sempe, e pure nessuno ci fa caso. Queste sono inezie, sono piccolezze, nella nobiltà non si ci bada.
CARLO: E io ci bado! Per me non sono affatto inezie, sono insulti. Essa, vedete, Barò, o mi dice chi era quella carogna, come si chiamava e perché scappò dalla finestra, o altrimenti faremo sempre quistioni, non la faccio stà quieta, vì!
BARONE: Ma pensate alla nobiltà della sua famiglia.
CARLO: Che me ne preme a me de la nobiltà soja. Si essa è nobile, io sono stato un militare onesto. Quanno voleva accompagnà li cantante a pianoforte, non s'avesse spusato a me. Voi capite che dopo quel fatto, sempre che ghiesco, lo guardaporte me guarda sott'uocchie e ride, credete che sia na bella cosa? Io allora me calmo quanto aggio saputo chillo chi era e quando mi sarò vendicato!
BARONE: Ma calmatevi, calmatevi.
CARLO: Io quanno penso a chillo fatto, tremmo tutto quanto, che aggià fà?
BARONE: Prendiamo qualche cosa. *(Bussa sul tavolino.)* Cameriere? *(Seggono.)*
CARMENIELLO: Comandate.
BARONE: Cognac.
CARMENIELLO: Subito. *(Via poi torna.)*
CARLO: Piezzo d'animale carognone! Si l'avesse dinta a li mane, me lo magnarria a morze! Ve voglio fà vedé na cosa. *(Caccia la pezza di stoffa scozzese.)* Guardate.
BARONE: E che cosa è questa?
CARLO: È no piezzo de lo cazone sujo che me rimmanette mmano chella sera, sono mesi che sto giranno costa pezza ncuollo! Chi sa, finché c'è vita c'è speranza. *(Il Barone ride.)*
CARMENIELLO *(con bottiglia e due bicchierini)*: Ecco servito. *(Via.)*
BARONE: Bevete un bicchiere di Cognac, questo vi farà bene.
CARLO: Grazie. *(Beve.)* Io ogne ghiuorno me ne chiavo meza bottiglia ncuorpo, appositamente pe me ne scordà; ma è impossibile, è impossibile, lo pensiero va sempre llà.
BARONE *(ridendo)*: Ah, ah, ah, caro Signor Maggiore, vi assicuro che siete un gran bel tipo.
CARLO: No Barò, un bel tipo siete voi. Io vorrei vedere che fareste alla mia posizione?
BARONE: Niente, proprio niente, anzi cercherei di trovare quel giovine per invitarlo a casa e sentire anch'io un pezzo di musica.
CARLO: E voi tenete questo coraggio, io no, io la penso diversamente.
BARONE: Basta, parliamo di cose allegre. Stasera dunque ci divertiremo. La Marchesa ha fatto diversi inviti.
CARLO: Senza dirmi niente, capite, si mette a dare una festa da ballo, senza interpellare prima il marito.
BARONE: E che male ci sta? Voi vedete tutto nero, caro Maggiore, e fatela divertire, pensate che è giovine, questo che cos'è. Ieri sera mi disse che verrà pure la Duchessa Ciberna, il Marchese Rognoni, il Conte Bomba, eh, ci scherzate?
CARLO: Io pe me non li guardo manco nfaccia.

BARONE: E fate male, caro Maggiore, fate malissimo, perché quella non è gente da non essere guardata in faccia, quelli sono nobili che onorano la vostra casa.

CARLO Oh, Barò, voi sapete che me state seccanno bastantemente! Io non ho bisogno dei mobili per farmi onore, io ho dato saggio dell'esser mio, io sono troppo conosciuto! E basta!

BARONE: Vi prego però di non alterarvi con me e non alzare la voce perché io non sono abituato ad essere trattato così! *(Si alza.)* Io sono il Barone Frolli! Sono un nobile! E quando una persona esce dai limiti, io la lascio e me ne vado! Ecco quello che fò. (*Via per la strada a sinistra.)*

CARLO *(si alza a guardarlo che va via)*: E io ringrazio lo Cielo che te ne sì ghiuto, pecché si stive n'auto ppoco ccà, Barone e buono te pigliave a cauce! *(Viene avanti.)* Voi vedete a me che me succede! La Duchessa Ciberna, il Marchese Rognoni, il Conte Bomba, io non li conosco, non saccio manco chi songo. Se mette ad invità gente senza dirme niente.

SCENA TERZA

Totonno e detto, poi Carmeniello.

TOTONNO *(esce e si mette ad accomodare la frutta).*

CARLO: Le voglio combinà no piattino stasera che non se lo po' maje aspettà. Essa ha invitato tutti nobili, embè io pure voglio invità chi me pare e piace, sono il padrone di casa, sangue de Bacco. Nessuno me lo potrà impedire.

TOTONNO *(dando la voce)*: Mela annurche e mela limoncelle, vì che bella cosa! *(A Carlo:)* Signò, vedite che purtualle, verace de Palermo, nce sta lo zucchero da djnto, li vulite assaggià?

CARLO: No, grazie. *(Totonno va al suo posto.)* Giovinò siente, viene ccà, te voglio dì na cosa.

TOTONNO *(si avvicina)*: Commannate.

CARLO: Sì nzurato?

TOTONNO: Sissignore, eccellenza, da tre anne.

CARLO: Bravo! E a mogliereta quacche vota la fai divertì? La fai spassà no poco?

TOTONNO: Quanno nce sta lo tiempo, caro signore, pecché nuje avimma penzà a faticà. Quacche sera che vò j a vedé n'opera, me lo dice e io la porto.

CARLO: (Che accordo, che bella cosa, che sentimenti!). Siente, bello giù, comme te chiamme?

TOTONNO: Totonno a servirvi.

CARLO: Totò, io stasera, tengo na festa de ballo a la casa, vuò venì tu e mogliereta?

TOTONNO: Ve pare, eccellenza, è troppo onore, ma nuje po' non stamme tante provviste, capite?

CARLO: Non fa niente, comme vunite venite, io non nce attacco idea.

TOTONNO: E va bene, eccellenza, quanno vuje site contento, allora è n'auta cosa.

CARLO *(prende dal portafoglio un biglietto da visita)*: Tiene, te presiente co sto biglietto de visita mio.

TOTONNO *(lo prende)*: Grazie, eccellenza.
CARLO: Anze, tiene, ne tengo n'auti quatte; puorte pure quacche amico tujo. *(Li dà.)*
TOTONNO: Porto la commara e lo compare nuosto.
CARLO: Bravo! E me faje piacere.
TOTONNO: Che bella cosa, mò nce lo vaco a dicere a Retella, permettete... e grazie eccellenza... *(Via nella sua bottega.)*
CARLO: Mò vedimmo si non le ntosseco la serata. *(Mette una moneta nella guantiera e bussa.)*
CARMENIELLO: Comandate.
CARLO: Leva quà.
CARMENIELLO: Grazie. *(Prende la guantiera per andare.)*
CARLO: Aspetta no momento. Dimme na cosa, stasera haje che fà?
CARMENIELLO: Nonsignore, eccellenza, stasera so' franco.
CARLO: Vienetenne a la casa mia, tengo na festa de ballo.
CARMENIELLO: Forse ve manca lo cammariere?
CARLO: Nonsignore, tu viene come invitato, viene pe te spassà pe abballà!
CARMENIELLO: Ah, aggio capito... ma vedite signò, io faccio l'amore co na stiratrice chiammata Luisella, avarria venì pur'essa, si no chella sulo non me fa venì.
CARLO: E te la puorte, me faje cchiù piacere.
CARMENIELLO: E io ve ringrazio. Nuje po' signò, cantamme pure, sapimmo paricchie duette napoletane.
CARLO: Bravissimo! Meglio allora. *(Rovistando nel portafoglio.)* Una cosa me dispiace che non tengo cchiù carte de visita ncuollo.
CARMENIELLO: Embè, io po' comme faccio pe trasì?
CARLO: A n'auto ppoco te la porto.
CARMENIELLO: Va bene, grazie eccellenza. *(Entra.)*
CARLO: Sangue de Bacco, voglio fà cose da pazzo, voglio fà rimmanè la gente co la vocca aperta. *(Via per la strada a destra.)*

SCENA QUARTA

Pulcinella e Rachele, poi Amelia.

RACHELE *(con abito diverso da quello del primo atto, e migliore, e scialle)*: Ah! pozza sculà sperammo a lo Cielo, vì che viecchio puorco! Nce ha fatto saglì fino a lo quinto piano, addò sta de casa, inutilmente. Vì che s'ha fatto afferrà.
PULCINELLA *(col pantalone scozzese e lettera scritta in tasca)*: Ma io lo ssapeva che non ne ricavaveme niente, perciò non nce voleva j. Va bene, dimane marinasse lo sequestro, non le voglio fà trovà mando na cucchiara de lignamme. Stanotte levamme tutte cose e lo portammo dinto a la casa de lo compare, sempre a chello che aveva da essere. Doppo che chillo acconsentiva e avesse rispettato n'auti 15 juorne, non era lo stesso? A n'auti 15 juorne chi me li deve a me 200 Lire fra mesate e spese che ha fatto?
RACHELE: Che c'entra, po' essere che dinta a sti juorne la puteca jeva meglio.
PULCINELLA: Jatevenne zizì, mannaggia ll'arma de la puteca e quanno male la mettette,

chisto è lo quartiere de lo malaurio, dinto a seje mise non aggio vennuto manco no Zerro Zerro. Ccà che saccio, crature non nce ne stanno, e delle poche che passene da ccà, li fanno schiattà a chiagnere, ma non le spennene no soldo. Accattaje 50 pupate, n'avesse vennuta una, niente, stanno tutte llà. Io si sapeva chesto, cca mmiezo non nce veneva, tanta spese non l'avarria fatte: violine, chitarrelle, tammurrielle, carusielle, cumete, io me so' rovinato. A lo Bazar sotto porta Sciusciella, l'aggio da dà 240 lire de tutte pazzielle che m'ha date, addò li piglio. Mannaggia la sorta mia mamnaggia!

AMELIA *(dalla bottega a sinistra)*: Guè, Rachè, Pulecenè, ve site ritirate finalmente?

RACHELE: Sì, bella mia, mò proprio. *(A Pulcinella che si dispera:)* Ma che vuò fà, ne vuò piglià na malatia? Quanno non nce stanne denare non nc'è che fà, uno non se po' menà abbascio! Chi avanza, aspetta.

PULCINELLA: E già, comme la voluto aspettà lo patrone de casa.

RACHELE: E nuje stanotte levammo tutta la rrobba comme haje ditto tu e stateve bene.

PULCINELLA: E chesta pure è na cosa facele a dirse, levamme la rrobba e stateve bene, e quanno l'avimmo levata la rrobba, addò jammo? Chi nce l'affitta n'auta casa?

AMELIA: Pulecenè comme te pierde ambressa de coraggio, lasse fà lo Cielo! Seje mise fa, te ricuorde? Stive cchiù disperato de mò, e pure tutto mziemo t'abbuscaste 300 lire.

PULCINELLA: Che nc'entra, allora fuje pe causa de chillo benedetto cazone che dette a D. Eugenio.

AMELIA: Embè sperammo a lo Cielo che stammatina Eugenio fosse assoluto e isso penzarrà a tutto pe te.

PULCINELLA: Accussì sperammo.

RACHELE: Ammen, ammen, ammen...

PULCINELLA: (Me credeva che passava chillo che venneva ammennole).

AMELIA: Sì, sì, sarrà assoluto, Io come me lo dice, me l'aggio sunnato pure stanotte. Pare che è venuto allegro, contento, e nce la abbrauiato a tutte e tre. Po' m'aggio fatto n'auto suonno accussì curiuso che non potite credere. Pare che Pulecenella era addeventato ricco, co carrozze, cavalle, massarie, palazze de casa, era proprio no gran signore. Io nziemo co isso jeva dinto a no bello landò, con due magnifici morelli, tutte quante nce guardavene e rimmanevene ncantate... e... andevinate addò jeveme?

RACHELE: Addò jveve?

AMELIA: Jeveme a fà la prima uscita pecché ereme spusate.

RACHELE: Nientemeno.

PULCINELLA: (Vi che auto suonno se va sunnamno chesta!).

AMELIA: Po' nce simme ritirate e avimmo trovato tanta signori che nce stevene aspettanno... po', che corrivo... mentre steveme abballammo tutte e duje, tanto bello, me so' scetata... e me so' trovata dinta a la cammarella mia afflitta afflitta.

PULCINELLA: So' suonne, bella mia, so' suonne.

RACHELE: So' cose che non ponno succedere!

AMELIA: Sentite, che Pulcinella addeventasse ricco co carrozze, cavalle, massarie... capisco ca è ma cosa difficile, ma non già impossibile però. Riguardo po' a la seconda cosa, pecché non potarria succedere? Che difficoltà nce sarria a m'essere marito? È no buono giovene, onesto, faticatore, che le manca? Soltanto li mezzi.

PULCINELLA: E haje ditto niente!

AMELIA: E che me ne mporta a me, io sarria contenta, sì, sarria contenta, pecché da piccerella t'aggio voluto sempe bene, e doppotutto chello che avite fatto pe me, doppo d'essere stato seje mise vicino a vuje, sento che non tenarria cchiù lo core de lassarve. Quanno sorema m'ha mannato a dì che me voleva co essa, io non nce aggio voluto j, primme pecché non me voleva fà vedé cchiù Eugenio e po' pecché m'avarria avuta allontanà da vuje. Io piglio a cosere biancheria, piglio a stirà, insomma voglio sta sempe dinto a la casa vosta. E chesto, no pecché non tengo a nisciuno, ma pecché ve voglio troppo... troppo bene. *(Abbraccia Rachele.)*
RACHELE *(quasi gridando)* : (Povera figliola che bello core che tene!...).
PULCINELLA: (Non sapeva che era, m'ha fatto fà no zumpo!).
RACHELE: Signurì, tenite no bello come, benedetta, benedetta!
PULCINELLA: (Quanto è bona! E dire che aggia da stà tanto disperato! Comme me la sposo io, io non tengo manco na lira pe caccià la fede de nascita!). Ma bella mia, io sto discurzo te lo voleva fà da tanto tiempo, pecché pur'io te voglio bene, ma me n'è mancato lo coraggio... che posizione te pozzo dà io.
AMELIA: Chella che m'haje dato fino a mò e so' contenta.
PULCINELLA: Sì contenta? E allora resta fatto, vedimmo primme che succede co D. Eugenio e po' combinammo tutte cose. Pe mò jatevenne dinto zi Rachè, arreposateve nu poco, a n'auta mez'ora ascite e ghiammo a lo tribunale, io v'aspetto nnanze a sto cafè.
RACHELE: A n'auta mez'ora?
PULCINELLA: A n'auta mez'ora.
RACHELE: Va bene, jammoncenne, jammoncenne figlia mia.
PULCINELLA: E sperammo che s'avverasse lo primmo e lo secondo suonno.
RACHELE: Ammen, ammen, ammem. *(Via con Amelia nella bottega.)*
PULCINELLA: E zi zia che benne ammennole. Neh, all'urdemo po' io che nce perdo? Po' essere che nzuranneme, la stella mia se cagnasse e se facesse no poco chiara... chi ne sape niente.

SCENA QUINTA

Michele e detto.

MICHELE: Buongiorno Pulecenè.
PULCINELLA: Oh, caro Michele.
MICHELE: Ched'è, non saccio comme te vedo, lo patrone de casa che t'ha ditto?
PULCINELLA: Ha ditto che non vò aspettà manco n'auta jornata, si non lave tutto dello che avanza, a miezojuomo me manna lo sequestro.
MICHELE: Vì che piezzo d'assassino!
PULCINELLA: T'assicuro Michele mio che me veco proprio disperato, va a fenì che me metto a fa pur'io lo guardaporta e non nce penzo cchiù.
MICHELE: Seh, e staje frisco, specialmente si truove no palazzo comme a chisto che p'avè della prubbeca da l'inquiline, nce và la mano de lo Cielo, e po' mò commanate da chisto, mò commannate da chillo e pe senza niente. Tu che ne vuò sapé, che ne vuò

sapé, Pulecenella mio. Io venene cierti momenti che me chiagno la scopa, se faticava, sissignore, ma erano 26 solde a lo juorno sicure e senza pensiero. Stammatina per esempio, non tengo che magnà, non tengo manco ma meza lira. Pe me non me mporta niente, è della povera vecchia de Vavella che sta dinto a lo casotto assettata, chella me fà pena; anze, Pulecenè, io te voleva dicere... tu staje affianco a me de casa, famme lo piacere, quanno è ogge che magnate, mannele nu piattiello dinto, io po' me bevo l'obbligazione.

PULCINELLA: Ah, ma te pare... e nce vò a dì sti pparole, quanno è ogge che magnammo, lo primmo è lo sujo... abbasta che magnammo.

MICHELE: E ched'è, che nce sta quacche dubbio?

PULCINELLA *(forte)*: Michè vattenne! Tu si sapisse io comme sto combinate. Aiere pe fà la spesa, m'avette da vennere doje cammise e no cuscino de lana.

MICHELE: Tu che dice! E comme, co la poteca aperta?

PULCINELLA: Quà poteca, chella è la poteca de la scajenza, po' ummeda, chiena de surece, mò faccio nu tiano de colla pe lo vennere, a n'auto ppoco non ne trovo cchiù. Lasseme stà Michè, lasseme stà.

MICHELE: Ma dimme na cosa. Chillo frate cucino tujo, non t'ha mannato niente cchiù?

PULCINELLA: Che addà mannà. Chillo tre mise fa se ne jette in America.

MICHELE: Nzieme co lo patrone sujo lo tenore?

PULCINELLA: No, lo tenore rimmanette a Roma scritturato, isso lo volette lassà, pecché dice che la mesata era poca, e accussì aggio perzo pure a frateme cucino che ogne tanto m'aiutava.

MICHELE: Chlli tre cazune che te mamnaje tu li pigliaste pe niente, e intanto uno sulo te facette abbuscà 300 lire. Chisto che tiene ncuollo, me pare che pure è uno de chille?

PULCINELLA: Già, questo è lo scozzese, questo è in moda, me sta buono è overo?

MICHELE: Caspitò, te sta pittato... *(lo guarda di dietro)* ma ched'è, mponta a la coscia dritta è de n'auto colore?

PULCINELLA: No, llà nce mancava no piezzo, forse lo tenore avette da essere mozzecato da quacche cane, chella po' zi Rachele nce mettete na pezza che nce jeva quase a dare.

MICHELE: Che peccato! No bello cazone aveva da essere rutto mponta. E chill'auto comm'è?

PULCINELLA: No, chill'auto è tutto sano, è di doga bianca, chillo è buono pe quacche occasione che se dà pe fà quacche comparenza. Io non me l'aggio miso ancora pe non lo fà sciupà, ma aggio appaura che dimane o doppo dimane me l'aggio da vennere afforza.

MICHELE: Nientemeno! Tanto che staje disperato?

PULCINELLA: Sò arrivato co li spalle nfaccia a lo muro! Mi trovo all'ultimo grado della disperazione!

MICHELE: Ah, povemommo!

SCENA SESTA

Andrea, e detti.

ANDREA *(con due panieri che porta nelle due mani con taralli e freselline finti, e con sei*

freselline vere, dando la voce): Tarallini, freselline, zucchero e butirro, vì che bella cosa! Tengo lo tortaniello, la palatella; a bacchettina, la gallettella, zucchero e butirro. *(Esce dalla strada a destra, veste misera.)*
PULCINELLA: (È arrivato un'altro proprietario!).
ANDREA: Compagne belle, comme jamme, che se dice?
MICHELE: Che s'adda dicere Ndrè, nce stammo cuntanno li guaje nuoste.
ANDREA: E tenite guaje vuje? Affronta a me tenite guaje? Io non aggio cchiù addò sbattere co la capa. La lucannera avanza quinnece juorne de lietto, e non me vò cchiù rivedere. Lo panettiere addà avè 24 lire e non me vò fà cchiù credenza. Chiste so' ancora li taralle e le freselline de quatte juorne fa. Compagne, ve lo dico in confidenza, io non tengo cammisa da sotto.
PULCINELLA: E che fa, mò non se porta cchiù la cammisa.
ANDREA: L'autriere me magnaje no soldo de ficosecche, e aiessera, no soldo de rapeste e duje taralle de disti ccà.
PULCINELLA: (Sa che sango addà fa chisto, taralle, ficosecche e rapeste).
ANDREA: Poco primme me senteva sconocchià dinta a li gamme. Mannaggia lo momento che lassaje de fà lo scopatore. Pe causa vosta, vuje nce avite colpa a li guaje mieje!
MICHELE: Nuje? E pecché?
ANDREA: Pecché io pe fà comme a vuje, pe me ne venì a Napole, aggio passate tanta disgrazie.
MICHELE: Ma comme, co li taralle non faje affare?
ANDREA: Faceva affare!... jeva bonariello, cammenava tutta la jorata si, ma la campata asceva; pe causa de na spengolella so' ghiuto sotto e ncoppa.
MICHELE: Na spengolella! E comme?
ANDREA: Nu mese fa vennette no tarallo a D. Gaitano lo barbiere che sta a Santa Lucia, chillo jette pe agliottere no muorzo e le restaje na spengolella nganne. E che nce fuje nej, n'auto ppoco correva la cavalleria, strille, allucche, la mamma me jeva trovanno pe m'accidere, lo frate me jeva trovanno co lo rasulo ncuollo, e si non era pe no chirurgo che nce la luvaje, overo passavo no brutto guajo, pecché dicevene che io nce l'aveva fatto apposta.
MICHELE: Tu? E pecché?
ANDREA: Eh! mò vene lo posillibus. Avita sapé che io me vrucculiava co la mogliera, jettene all'idea che l'aveva fatto apposta pe fà murì lo marito.
PULCINELLA: (Vedite, chillo sta in chillo stato, se va a vrucullià co la mogliera de chillo!).
MICHELE: Oh, chesta è bella!
ANDREA: No, chesta è brutta! Pecché d'allora in poi non aggio potuto vemneme cchiù no tarallo, appena me vedene, se mettene ad alluccà: Lo vì lloco lo vì, chiste tene li taralle co li spingolelle dinto, e aggio voglia de fà, aggio voglia de dicere, che nisciuno me chiamme cchiù.
PULCINELLA: Vuje vedite la combinazione!
ANDREA: Mò sti taralle e sti frieselline che me so' rimaste, so tuoste manco na preta, che ne faccio? A uno a la vota me li sto magnanno io, che aggio da fà, quanno songo fernute, me vengo li ppanare, e stateve bene.

PULCINELLA: Posizione burrascosa!... Andrè, permette?
ANDREA: Serviteve. *(Prende una fresellina e mangia.)*
MICHELE *(prendendone un'altra e mangia)*: Songo co lo ppepe?
ANDREA: Nzogna e pepe, pigliate... *(Da la voce.)* Taralline, freselline, zucchero e butirro, se squagliene mmocca. *(Mangia anche lui.)*
PULCINELLA: Me ne so' accorto. Cheste pe li squaglià nce vò l'acqua vollente.
MICHELE: Basta, Pulecenè, vengo pur'io a lo tribunale pe sentì la causa de chillo giovene, a che ora jate?
PULCINELLA: Npunto miezojuorno.
MICHELE: Allora mò me vaco a fà la barba, po' me metto no matinè e esco. Aspettateme, sà.
PULCINELLA: Fa ambressa.
MICHELE: Andrè, statte buono. *(Via nel palazzo.)*
ANDREA: Salute. E co tutta la miseria mia, sto sempe allegro. *(Da la voce.)* Palatelle, bacchettelle, gallettelle, zucchero e butiro, tengo lo biscotto co l'ammennole, tengo la fresella co lo pepe, comme se sfruculeje la fresellina. Bella cosa.
PULCINELLA: (Vì che coraggio, chiste so' tuoste e fetene de perimme).

SCENA SETTIMA

Totonno, e detti.

TOTONNO: Guè, compariè, staje ccà, che haje fatto? Che è combinato co lo patrone de casa? *(Porta tre biglietti di visita.)*
PULCINELLA: Niente, niente, compare mio, è tuosto comme a na preta de mulino!
TOTONNO: Non lo dà audienza, stanotte faje comme t'aggio ditto io. Intanto stasera venite do nuje, so' stato mmitato a ma festa de ballo che dà no signore, lo quale m'ha dato quatt'aute bigliette, chi sa voleva portà quacche amico. Tiene, chiste so' tre, tu, la cummara e chella figliola che sta co buje.
PULCINELLA: Cumpà, ma io credo che tu sì pazzo, nuje stamme de chesta manera, do no sequestro che addà venì dimane me ne vaco a la festa de ballo.
TOTONNO: E che fa, nce spassammo no poco, fai sta no poco allegra a chella povera vecchia, llà non è casa de soggezione, è no signore proprio corazzone, nuje simme cinche perzune, mce mettimmo a no pizzo, guardammo, e nce abbuffamme de gelate, dolce e rosolio, quanno nce simme fatte ciuotte ciuotte aizammo ncuollo e nce ne jammo, che dite?
PULCINELLA: Ma addò avimma j?
TOTONNO: Lo vi ccà, chisto è lo nomme sujo, e addò sta de casa, sta scritto ncoppa a li bigliette *(Ce li da.)* Dunque te vengo a piglià?
PULCINELLA: Comme vuò tu.
TOTONNO: Po', quanno nce ritirammo, facimmo chillo servizio, levammo la rrobba da la casa.
PULCINELLA: Va buono. Tu a lo tribunale vuò venì?
TOTONNO: Comme non voglio venì. Mò arricetto lo puosto e nce ne jammo. *(Prende le*

sporte di frutti a una alla volta e le porta nella bottega e via. Pulcinella siede alla sedia vicino al portone.)
ANDREA (da la voce): Tengo lo tarallo co li passe, a bacchetta co lo burro, a fresella co lo ppepe, comme se sfreculeje la fresellina, gallettelle, zucchero e butirro.

SCENA OTTAVA

Carlo e detti poi Carmeniello.

CARLO (dalla strada a destra con biglietto di visita, la pezza scozzese, e due carte di 500 lire l'una, va al caffè e bussa): Cameriere?
CARMENIELLO: Comandate.
CARLO: T'aggio portato lo biglietto, anzi mò ci scriviamo pure quattro parole, damme no poco lo calamaro co la penna.
CARMENIELLO: Subito. *(Entra poi torna alla bussata.)*
CARLO *(siede al caffè)*: Aggio fatta na corsa pe gghì a la casa, sto una zuppa. L'aggio trovata che se steva mmesuranno la vesta pe stasera. Che cos'è neh, perché sei ritornato? No, niente, m'era scordata na cosa.
ANDREA *(dando la voce)*: Tarallime, bacchettelle, freselline!...
CARLO: Po' m'ha ditto: Senti, Cocco, io stasera ho invitato alcuni amici miei, antichi di famiglia... si canterà... si suonerà... e indovina chi verrà, chi farà parte della festa?...
ANDREA *(dando la voce)*: Lo taralle co li passe.
CARLO: Lo taralle do li passe... *(Lo guarda.)* Il Conte Bomba, e la Duchessa Ciberna, credo che ti fa piacere questa notizia? No! Non mi fa piacere affatto, quella è gente che non si fa col mio carattere, prima di fare degli inviti, dovevate domandare a me, per sapere se acconsentiva o no? Una dama, una signora, per essere buona moglie, sapete che cosa deve tenere?
ANDREA *(dando la voce)*: La fresellina chiena de pepe...
CARLO *(guardandolo)*: La fresellina chiena de pepe... Deve tenere stima e rispetto per il marito. Quando non tiene queste cose, allora non si maritasse. Avimmo fatto n'auti quatte chiacchiere e me ne so' ghiuto. Mò vedimmo si l'adderizzo.
CARMENIELLO *(con occorrente da scrivere)*: Ecco servito.
CARLO: Bravo! *(Scrive sul biglietto.)* «Lasciate passare il porgitore con una giovinetta» Tiene. *(Lo da.)*
CARMENIELLO: Grazie, eccellenza.
CARLO: Chello che t'avviso, non ve mettite scuorno, ballate, divertiteve, senza cerimonie. Tu stasera non sei più un cameriere di caffè, sei un signore, un invitato, un amico mio insomma.
CARMENIELLO: Va bene.
ANDREA *(dando la voce)*: Comme se sfruculea lo taralluccio...
CARLO: Tarallà, me staje sfruculianno lo pasticciotto... voglio vedé si la fernisce!
ANDREA: Scusate, signò, io sto danno la voce.
CARLO: E me pare che putarrisse cammenà nu poco.
ANDREA: Sissignore. *(Prendendo i due panieri.)* (Statte a vedé che no niozante non se

po' abbuscà no soldo aunestamente). *(Dando la voce e andandosene.)* Taralline, freselline zucchero e butirro, viene guaglione che nce azzecca lo bicchieriello. *(Via strada a destra.)*
CARLO: Vì comme è seccante!
CARMENIELLO: Eccellenza, commannate niente cchiù?
CARLO: Statte buono, nce vedimmo stasera.
CARMENIELLO: Va bene. *(Via nel caffè portandosi l'occorrente.)*
CARLO: E stata na penzata che nisciuno l'avarria fatta, e lo bello che non have che dicere, non sono nobili e che fa, sono amici miei e basta. *(Nell'andarsene guarda il calzone di Pulcinella.)* Sangue de Bacco! songh'io o non songh'io... lo colore de chillo cazone me pare tale e quale a la pezza che tengo io. *(Caccia il pezzo di roba)* sissignore, una cosa... *(Passeggia davanti e di dietro a Pulcinella.)*
PULCINELLA: (Chisto che vò, me sta guardammo).
CARLO *(guarda il calzone poi la pezza)*: (Perfettamente! eguale!... Fosse chisto lo tenore, l'avesse avuto finalmente dinta a li mmane!... Io però me ne posso accertare. Si la coscia deritta è rotta mponta, allora isso è...). *(A Pulcinella:)* Buongiorno.
PULCINELLA: Buongiorno, eccellenza, signò.
CARLO: Sto guardando questo pantalone che avete.
PULCINELLA: Ah! Vuje lo cazone guardaveve? Io me credeva che avìveve visto sotto a la seggia mia quacche sorece passà.
CARLO: No, guardava il calzone, come è grazioso che bel disegno.
PULCINELLA *(si alza e gli va vicino)*: Vi piace?
CARLO: Moltissimo! Siete stato proprio di gusto... e poi vi sta a pennello.
PULCINELLA: (Chisto s'è nnammorato de lo cazone mio).
CARLO: Vi sta proprio a perfezione, scusate, vutateve nu poco.
PULCINELLA *(dopo pausa)*: E che vulìta fà? Neh signo...
CARLO *(forte)*: Vutateve nu poco!... voglio vedere se vi sta bene anche
da dietro. *(Pulcinella si volta.)* Senza fare una piega... senza nemmeno un piccolo difetto. *(Si cala e guarda la rattoppatura! da un grido Pulcinella fa un salto.)* Che!... na pezza de n'auto colore!... *(Afferra Puicinella.)* Signore, perché ci avete messa quella pezza?
PULCINELLA: Pecché nce mancava e me l'aggio fatto accuncià.
CARLO: L'avete accomodato! Benissimo! e la pezza che nce mancava la tengo io... *(La mostra.)* Eccola ccà!
PULCINELLA: E che me ne mporta a me?
CARLO: Che ve ne importa?... Vi farò vedere io se ve ne importa. *(Sempre gridando:)* Voi sei mesi fa avete cantato nella mia casa il pezzo finale della Lucia, e mia moglie vi accompagnava!...
PULCINELLA: Io?... ma che site pazzo!
CARLO: Ah, mi chiamate pazzo! Ve lo negate! Allora vi metterò in confronto con mia moglie. Venite con me. *(Lo vuoi trascinare.)*
PULCINELLA: Aspettate, addò aggia venì, io non ne saccio niente, chi la conosce sta mogliera vosta, quanno maje aggio cantato sta Lucia, io non saccio cantà manco menechella.
CARLO: Non è vero, voi siete tenore.

PULCINELLA: Quà tenore, io tengo la puteca llà, io faccio lo zarellaro.
CARLO: E allora comme se trova sto cazone ncuollo a vuje, e la pezza che nce manca mmano a me?
PULCINELLA: Pecché sto cazone non è lo mio, me lo dette frateme cucino Alfonso.
CARLO: Vostro cugino? Allora isso è lo tenore?
PULCINELLA: Nonsignore, lo tenore era lo patrone sujo, lo quale dette sto cazone a frateme, e frateme lo dette a me.
CARLO: Possibile!
PULCINELLA: Possibilissimo! Informatevi ccà mmiezo a chi vulite vuje, chesto che cos'è!
CARLO: E sto frate cucino vuosto addò sta?
PULCINELLA: Sta in America, tre mise fa partette.
CARLO: Nzieme do lo tenore?
PULCINELLA: Nonsignore, lo tenore sta a Roma scritturato.
CARLO: A Roma! Ne siete certo?
PULCINELLA: Certissimo, chesta è la lettera che me mannaje frateme primme de partì. *(La caccia e ce la da.)*
CARLO *(agitato legge come un mormorio)*.
PULCINELLA: E levateve le castagne da vocca!
CARLO: Che castagne... stateve zitto! ... *(Legge fra sé come cercasse l'elemosina.)*
PULCINELLA: Fate un elemosina ad un povero padre di famiglia.
CARLO: Vi ho pregato che non voglio scherzare!
PULCINELLA: Eccellenza, lo faccio pe ve fà ridere.
CARLO: Non voglio ridere! Ho il veleno ai denti!
PULCINELLA: (Mamma mia, ha fatto lo naso comme a na ficodinia).
CARLO *(legge)*: «Caro Pascariello». Chi è Pascariello?
PULCINELLA: So' io.
CARLO *(legge)*: «Siccome il mio padrone è stato scritturato a Roma per cinque mesi, colgo questa occasione per lasciarlo, e oggi parto per l'America come Cameriere d'albergo. Tuo Alfonso».
PULCINELLA: Avete visto? *(Riprende la lettera.)*
CARLO: Sangue de Bacco, e comme se chiamma sto tenore?
PULCINELLA: No lo ssaccio, pecché frateme non me l'ha ditto maje.
CARLO: (Statte, aggio fatto na magnifica penzata... Si chisto me desse sto cazone, io potrei andare a Roma nei teatri di musica, e nell'ora del concerto potarria mannà na persona mia a domandare de chi è, regolarmente chillo lo vede, dice che è lo sujo e così lo potrò conoscere! Benissimo!...).
PULCINELLA: (Chisto certo adda essere pazzo!).
CARLO: Siente, giovinò, a me sto cazone me serve, te lo vuoi vendere?
PULCINELLA: Vedite signo, e no ricordo de frateme.
CARLO: Te lo pago bene!
PULCINELLA: Ma non è pe li denare...
CARLO: Ti dò mille lire!
PULCINELLA: Mille lire! Veramente?
CARLO: Eccole quà. *(Prende due carte e le spiega.)* Due carte di 500 lire!

PULCINELLA *(levandosi il calzone)*: Ma signò vuje non pazziate?...
CARLO: Non pazzeo sangue de Bacco! jammo tiene!
PULCINELLA *(finisce di levarsi il calzone di fretta e ce lo da, si prende le due carte, tenendole spiegate una ad una mano ed una ad un altra gridano in due per la gioia. Carlo va via di corsa colcalzone in mano per la strada a sinistra, e Pulcinella salta per la scena con molta gioia)*: Uh! Mamma mia, mille lire! e chi se l'aspettava! Mille lire pe no cazone! Ah! Frate mio, puozz'essere benedìtto n'auta vota!... mo pago lo patrone de casa, pago lo Bazar e me sposo a della bella guagliona! Ah! Cielo mio te ringrazio!

SCENA NONA

Rachele, Amelia dalla bottega a sinistra Michele dal portone e Totonno e Retella dalla bottega a destra.

RACHELE: Pulecenè, nce simme?
TOTONNO: Comparié, jammoncenne!
MICHELE: Io pure so' lesto.
PULCINELLA *(confuso)*: Addò avimma j?
TOTONNO: Comme! A lo tribunale!
PULCINELLA: Ah, già!... io sto stunato, aggiate pacienzia... aggio fatte denare, mò acconcio tutte li fatte mieje, jammoncenne. *(Prende Amelia a braccetto per andare.)*
RETELLA: E ched'è, senza cazone!
RACHELE: Overo, aspetta!... *(Pulcinella via con Amelia.)*
TOTONNO *(gridando)*: Comparié, comparié...
TUTTI: E pazzo! è pazzo!... *(Lo seguono e cala la tela.)*

Fine dell'atto secondo

ATTO TERZO

Galleria in casa di D. Carlo, grande apertura in fondo, porte laterali e finestra. Mobilia dorata, divano, poltrone, poltroncine. Console con specchi, tavolinetto tondo con campanello sopra. Un lampiere e quattro candelabri accesi. All'alzarsi della tela di dentro a sinistra si sente a pianoforte un valzer. Un cameriere in livrea passeggia in fondo, e un altro esce dalla sinistra con gabarè pieno di bicchieri vuoti per rinfreschi, e va via pel fondo a destra, il pianoforte cessa.

SCENA PRIMA

Erminia ed Elvira

ERMINIA *(seguendo Elvira che escono dalla sinistra)*: Elvira che è stato: pecché staje tanto di cattivo umore stasera?... che ha lo maggiore, me pare nu cane arraggiato.

ELVIRA *(in ricco abito da festa da ballo)*: T'assicuro, Erminia mia, che me veco proprio disperata, non me fide cchiù... so' seje mise che non passo na giornata, n'ora quieta. Nuje nce conoscimme da piccerelle, e co te pozzo parlà, te pozzo cuntà tutte cose *(con precauzioni)*. Haje da sapé che duje anne fa, prima di maritarmi, che non l'avesse fatto maje, io faceva l'ammore co no cierto Alberto Grillo, scritturato a S. Carlo come tenore, te dico la verità, no simpatico giovene e con una voce deliziosa, ma era impossibile sposare, perché prima di tutto io allora era promessa al maggiore, e poi perché Ziemo non avarria maje acconsentito a famme spusà no cantante. Quindi, essendo pure partito per andare scritturato a Livorno io non nce pensaje cchiù, me credeva che pur'isso aveva fatto lo stesso, ma invece, doppo duje mise, tornaje a Napole e sapenno che m'era maritata, non te saccio dicere chello che facette. Ogne ghiuorno me manmava ma lettera e io lo risponneva. Na sera finalmente... sera fatale, D. Carlo non nce steva, e io facette la bestialità de farlo saglì pe sentì na cosa a pianoforte. Mentre steva cantanno la romanza finale del tenore nella Lucia, vede trasì lo Maggiore che disgraziatamente e contro il solito, s'era ritirato cchiù priesto. Allora in un attimo, stuta la cannela e isso cercaje de scappà pe la fenesta de lo giardino, ma mentre scavalcava, lo Maggiore l'afferraje pe ma gamma, e pe troppo tirà le rimanette no piezzo de cazone mmano.
ERMINIA: Uh! Mamma mia, e tu?
ELVIRA: E io che aveva fà?... tanto de la paura jette nterra co na convulsione e stetti sei giorni malata. Da chella sera Erminia mia, aggio perza la pace, aggio perza la tranquillità, aggio perzo tutto! A lo principio me lo pigliavo co lo buono, le diceva tante belle parole e lo calmave; ma da quacche mese a questa parte s'è indiavolato talmente che non se po' cchiù soffrì. Vò che io le dico chillo chi era, che le confesso tutta la verità e po' me fa stà quieta e me perdona.
ERMINIA: Allora tu fà accussì, dille che era no giovene tenore, amico de zieto che pe forza ti voleva fà la corte mentre che a te non te passava manco pe la capa e credeva di farti innamorare cantando.
ELVIRA: Sì, dice buono, accussì aggio da fà.
ERMINIA: Ah, eccolo ccà... mo nce penzo io, lassa fà a me.
ELVIRA: Nce vuò parlà tu?
ERMINIA: Nce parlo io, non te n'incarricà!

SCENA SECONDA

Carlo e dette poi Oscar.

CARLO *(esce agitato dalla sinistra passando a dritta).*
ERMINIA: Signor Maggiore, mi permettete dirvi due parole?
CARLO: Parlate.
ERMINIA: Io, come sapete, sono un'antica compagna di vostra moglie, e m'interesso dei fatti suoi come se fosse una mia sorella. Essa in questo momento mi ha tutto confessato, ed è pronta a fare lo stesso anche con voi, sempre però che giurate di perdonarla.
CARLO: L'ho promesso, e lo farò, io non ho mai mancato a la mia parola.

ERMINIA: Benissimo! Allora eccola quà, decisa a farvi tutta la confessione.
CARLO: Possibile!
ELVIRA: Sì, pecché non ne pozzo cchiù. Sento che non potrei più vivere in questo modo. Chillo giovene tenore era amico di zizio, e mi perseguitava sempre col farmi delle dichiarazioni amorose...
CARLO: Il vile!
ELVIRA: Ma io mai me so' curato d'isso. Chella sera me venette a fa na visita, e pe forza volette che io l'avesse accompagnato un pezzo a pianoforte, io sul principio mi negai ma po', vedennolo insistere, per potermene sbarazzare al più presto possibile, acconsentii... vuje arrivasteve a tiempo e isso spaventato se ne fujette. Questa è la verità... e credimi Cocco mio, non ho mai mancato al mio dovere di buona moglie e di giovane onesta.
ERMINIA: Ma che volite sentere cchiù, scusate?
CARLO: (Quanno me parla de chesta manera, quanno me dice Cocco mio, me sento saglì tutto lo sango da la parte de la capa). Questo che hai detto dunque, è la verità?
ELVIRA: La pura verità!
CARLO: E d'allora non l'hai visto cchiù?
ELVIRA: Mai più! Ve lo giuro!
CARLO: Allora io sono contento, e ti perdono! *(L'abbraccia.)* Anima mia.
ERMINIA: Ah! Finalmente!
CARLO: Ma perché non me l'hai detto prima?
ELVIRA: Perché me n'è mancato sempe lo coraggio.
CARLO: E m'haje fatto passà chesto ppoco, m'hai fatto soffrire in questo modo per lo spazio di sei mesi.
ERMINIA: Basta, avite fatto pace mò?
CARLO: Sì, pecché m'ha ditto la verità, si è finalmente confessata e l'ho assolta.
ERMINIA: Bravissimo!
CARLO: A proposito di assoluzione. Sai che oggi si vociferava co tuo fratello Eugenio era stato assolto.
ELVIRA: Che me ne mporta a me. V'aggio ditto tanta vote che de frateme non ne voglio sentì parlà! Doppo d'avè sciupato cchiù de cientemila lire al gioco, all'ultimo steva facemmo pure n'omicidio e quella stupida di mia sorella, che preferisce vivere in casa di estranei, anziché in casa mia.
ERMINIA: Ma pecché?
ELVIRA: Pecché pretendeva che io avesse fatto venì ccà pure Eugenio.
CARLO: Ah, mai! Mai!
OSCAR *(dalla finestra)*: E così, Marchesa, signorina Erminia, che vò dire questa sparizione dalla sala, sapete che quando mancate voi due, finisce il brio, finisce ogni divertimento.
ELVIRA: Oh, per carità, siete troppo gentile Cavaliere. Siamo venute a fare quattro chiacchiere in questa camera, ma ritorneremo subito al nostro posto.
OSCAR: Bravissimo! E così, Maggiore, come andiamo coi nervi... Vi vedo un poco più calmo.
CARLO: Sì, in principio della serata, stavo nervosissimo, ma poi piano piano mi sono rimesso.

OSCAR: Bravo. Del resto poi non avevate ragione di essere di cattivo umore; quando si ha per moglie una donna come la Signora Marchesa non c'è più che sperare nella vita.
CARLO: Ah! Sicuro! *(Quanto m'è antipatico sto farenella!)*
OSCAR: Dico bene, signorina Erminia?
ERMINIA: Oh, benissimo!
OSCAR: Io, per esempio, se fossi vostro marito, sarei l'uomo il più felice del mondo!
ERMINIA *(ridendo)*: Veramente?
OSCAR: Sul mio onore. Voi siete nata appositamente per mettere la gioia nei cuori umani!

SCENA TERZA

Cameriere, Barone e detti.

CAMERIERE: Il Barone Frolli.
ELVIRA: Oh! Bravissimo!
BARONE *(cantando)*: Venuto proprio per miracolo, e mi sarebbe dispiaciuto se non avessi potuto prendere parte anch'io a questa bella serata. Signora Marchesa, Signor Maggiore, Cavaliere. *(Saluti.)*
ELVIRA: E quale sarebbe stata la ragione che v'impediva di venire?
BARONE: Il giuoco, signora Marchesa, il maledettissimo giuoco, che più volte vi fa dimenticare amici, convenienze, tutto, tutto! Sono andato al Club, così, per passare un poco di tempo, senza intenzione di giuocare questa sera, appunto perché avevo promesso di venire quà. Ma il fatto sta che ho trovato tanti diavoli tentatori che per forzi mi hanno voluto far tenere il banco. In tre quarti d'ora aveva perduto 5000 lire; ma però, sono bastati 10 minuti per rinfrancarmi della perdita e guadagnare invece 2500 lire.
ELVIRA: Ah! Bravissimo!
BARONE: Allora colla massima freddezza ho intascato il denaro, preso il cappello ed eccomi qui. Però, il signor Maggiore, vi prevengo che se questa sera siete del solito umore, potete cagionare la mia rovina!
CARLO: La vostra rovina! E perché?
BARONE: Perché io me ne vado, ritorno al Club, e perdo tutta la serata. *(Gli altri ridono.)*
CARLO: Ma no, ma no, non c'è pericolo, voi non ci ritornerete... ve lo assicuro.
BARONE *(ad Elvira)*: Abbiamo fatto la pace?
ELVIRA: Ma sì, mi sì...
BARONE: Bravissimo! Mi fa tanto piacere. *(Strette di mano.)*

SCENA QUARTA

Cameriere, Conte Bomba, e Cavaliere Miccio.

CAMERIERE: Il Conte Bomba, e il Cavaliere Miccio.
CARLO: Ah, avanti, avanti. *(Cameriere via.)*

CONTE: Rispettabilissimli Signori.
TUTTI: Signor Conte.
CAVALIERE: Signori.
CONTE: Cavaliere, voi mi dovete fare il favore di non venire sempre appresso a me, perché c'è la maledettissima combinazione dei nostri cognomi. Io mi chiamo Bomba e lui si chiama Miccio, figuratevi quando stiamo insieme si mettono a dire le vì lloco lo miccio e la bomba! *(Tutti ridono.)* Uno po' che addà fà, s'addà compromettere?
CAVALIERE: Ma caro Conte, scusate, quando si tiene una figura come la vostra, bisogna tutto soffrire.
CARLO: Cavaliere, moderate i termini, altrimenti vi faccio stare a dovere sà... v'imparo io l'educazione.
CAVALIERE: No, io di educazione ne tengo abbastanza, voi no.
CARLO: Va bene, questo che cos'è, mò per una cosa di niente...
ELVIRA: Ma non vedete che il Conte scherza.
OSCAR: Ma si sa, che vuol dire.
BARONE: Come vi accendete presto mio Dio.
ELVIRA: Andiamo, andiamo nella sala. Venite. *(Via a sinistra con Erminia.)*
CARLO: Venite, venite. *(Via appresso.)*
CAVALIERE: Io certi scherzi non li ammetto. Da domani in poi vi assicuro che non mi vedrete più unito col Conte. *(Via appresso.)*
CONTE: Accussì po' essere che sto no poco quieto.
OSCAR: Ma no, ma no, il Miccio deve stare sempre vicino la bomba. *(Tutti ridono.)*
CONTE: Voi non potete credere quello quanto è seccante. Quando lo incontro, si mette vicino a me e non mi lascia più, parla sempre di malattie, di medicine, di cure, a me invece mi piace parlare di cibi squisiti, vini forastieri, perciò non possiamo andare d'accordo, basta leviamo queste chiacchiere da mezzo. Io vi debbo dunque dare una grande notizia. *(Con precauzione.)* Il fratello della Marchesa, quel vizioso che essa non ha mai voluto avvicinare, e che teneva una brutta causa sulle spalle, ho saputo che oggi è stato assolto completamente.
OSCAR: Possibile!
CONTE: Possibilissimo! Me l'ha detto il mio avvocato. E dice che questa sera verrà qui per fare una sorpresa alla sorella.
BARONE: Oh, ma io credo che la Marchesa non avrà affatto piacere di questa sua visita. Uno scapestrato, un giovinastro come lui, non è certamente degno di stare in mezzo a noi.
OSCAR: Ma si capisce, se egli viene, io me ne vado immediatamente.
CONTE: Quello che faccio anch'io.
BARONE: E anche io.

SCENA QUINTA

Cameriere, Totonno, Retella, e detti.

CAMERIERE: Favorite. Na vota che tenite lo biglietto de lo patrone, che me me mporta a

me. *(Via.)*
TOTONNO *(in abito caricato, con cappello a tubo, porta al braccio Retella)*: Bonasera Ossignoria e salute. *(Porta in tasca la carta da visita di Carlo.)*
RETELLA *(anche caricata vestita)*: Felicissimi santa notte.
BARONE: (Chi è, chi sono questi). *(A Oscar.)*
OSCAR: Chi siete, scusate, chi vi ha fatto venire?
TOTONNO: Io songo Totonno Casatiello, questa è mia moglie Retella Austegna, facciamo i fruttaggioli, siamo stati invitati dal patrone di casa, D. Carlo Mitraglia.
OSCAR: Voi! Possibile!
CONTE: Ma che, non può essere!
BARONE: Forse avete sbagliato il palazzo?
TOTONNO: Nonsignore, non avimmo sbagliato, chisto è lo biglietto che nce ha dato lo signore. *(Lo dà al Barone.)* Lo compare mio mò vene, s'è ghiuto ad accattà quatte sicarre.
BARONE *(che ha detto)*: È proprio il biglietto del maggiore.
CONTE: Proprio!
BARONE: Proprio! Guardate. *(Fa vedere il biglietto.)* Vuoi dire allora che il Maggiore sarà per lo meno impazzito!
OSCAR: Oh, senza dubbio.
RETELLA: Neh, scusate, vuje pecché ve state facemmo tanta meraviglia che simme venute io e maritemo. Ma ched'è.
BARONE: (Uh! Ched'è).
RETELLA: Non poteveme venì? Che ve damme ntuppo forse, o pecché non simme nobele comme a vuje? Si non simme nobele, simme gente accerianzate, e potimmo trasì a qualunca parte!
BARONE: (Mio Dio, che maniera di parlare!).
OSCAR: Basta, io adesso vado a chiamare il signor Maggiore, e sono sicuro che sarà stato un equivoco. Voi intanto aspettate fuori alla sala.
RETELLA *(con un grido)*: A chi? Chi aspetta fore a la sala, e che nce haje pigliate pe servirute, o pe sguattere? Mò te mengo lo cappiello nfaccia. *(Mostrando il cappello di Totonno.)* Vuje vedite che se passa... nuje simme state priate e strapriate pe venì, trasimmo co tanta crianza, e chille vì che se fanno afferrà... fore ala sala... *(Gridando:)* Aspetta soreta fore a la sala! No io! *(I tre restano ammutoliti.)*
TOTONNO *(guardandoli)* Sì a vuje ve prore lu mellone!... Retè, Retè non te piglià collera.
RETELLA: Va buono D. Limò, haje ragione che stamme ccà ncoppa ma si te trove a la parte de vascio te rompo li cannelli de li gamme!
TOTONNO: Retè non le dà udienze, nuje conoscimme sulo lo patrone de casa e nisciuno cchiù, assettammece ccà, non li dà rette.
RETELLA: E mò dice buono, si no chiste me fanno passà no guajo stasera. *(Seggono al divano che sta a dritta.)*
BARONE: Ma queste sono cose nuove, sapete?
CONTE: Cose inaudite!

SCENA SESTA

Cameriere, Carmeniello e Luisella.

CAMERIERE: Favorite, favorite. *(Via.)*
CARMENIELLO: Grazie. Signori.
LUISELLA: Buonasera a tutti.
CARMENIELLO: Oh, D.ª Retè, vuje pure state ccà? Caro Totonno. *(Da la mano.)*
TOTONNO Salute Carmeniè. Guè, Luisè, comme staje?
LUISELLA: Non nc'è male, grazie.
TOTONNO: Assettateve, assettateve; a chilli llà non li date audienzia. *(Carmeniello e Luisella seggono anche al divano.)*
CARMENIELLO: Chi songo? Chi songo?
TOTONNO: Sarranno mmitate, ma non le dà confidenzia.
BARONE: Ma questa è una cosa insopportabile, quello sapete chi è? È giovine di Caffettiere.
CONTE: Voi che dite!
OSCAR: E pure lui è stato invitato dal Maggiore?
CONTE: E credo, che ne sò.
LUISELLA: Retella mia, non te può credere che piacere aggio avuto che t'aggio trovato ccà ncoppe, quanno Carmeniello me l'ha ditto io non nce voleva venire, pecché a la verità me metteva scuorne... ma ma vota che nce state vuje pure, sò contenta e nce vulimmo spassà.
CARMENIELLO *(al Barone)*: Se metteva scuorno.
BARONE: Va al diavolo!
RETELLA: Volimmo abballà fino a ghiuorno.
BARONE: Sentite... sentite...
CONTE: Che orrore! Che orrore!

SCENA SETTIMA

Cameriere, Pulcinella e Rachele.

CAMERIERE: Da questa parte favorite... (Guè, vì che nobiltà che sta assummanno stasera.) *(Via.)*
PULCINELLA *(col calzone di doga bianca con la lettera scritta in tasca, frak caricato e cappello alto a braccetto di Rachele vestita in caricatura)*: Signori belli.
TOTONNO: Trase compà, trasite commà.
RACHELE: Grazia tante. Bonasera, bonasera.
CARMENIELLO: D. Pulcinella rispettabile.
BARONE: Ancora più lazzaroni!
OSCAR: Io non ne capisco più nulla!
CONTE: Mi sembra di sognare!
TOTONNO: Neh, compà, e la piccerella?

PULCINELLA: È ghiuta a Puortece, nzieme co D. Eugenio a trovà lo zio loro, mò te li vide venì. Ma che bello piacere, Totò, dì la verità, libero e franco.
TOTONNO: Ma se sape, io l'aveva ditto.
RACHELE: Che consolazione, n'auto ppoco me veneva ma cosa ncoppa a lo tribunale. Io sapeva che lo povero giovene aveva ragione, ma me credeva che na piccola condanna nce la devene, nisciuno se poteva aspettà chella sentenza, è stato lo Cielo, è stato lo Cielo.
PULCINELLA *(ai tre nobili)*: Accomodateve.
BARONE: Và all'inferno!... Ma andiamo via, non è possibile resistere, io ci soffro. *(Via a sinistra.)*
CONTE: Io mi avvilisco! *(Lo segue.)*
OSCAR: Che gentaglia! Mio Dio. *(Le segue.)*
PULCINELLA: Chille che hanno, me parene tre gatte do lo pormome mmocca!
TOTONNO: So' pazze, non te n'imcarrica. Cumpà, dimme ma cosa, veramente chillo cazone scozzese se l'hanno accattato pe mille lire?
PULCINELLA: Mille lire, sì, e si me negava n'aveva pure duje mila.
TOTONNO: Ma pecché?
PULCINELLA: E che me saccio, chiste me parene li cazune de la fortuna. Per esempio, quanmo aggio fatto vedé a D. Eugenio lo biglietto de visita pe venì ccà stasera, ha ditto: Oh, guardate la combinazione, questo è il marito di mia sorella Elvira questo è l'indirizzo della sua casa. Andate, andate, che al ritorno da Portici verremo anche noi.
TOTONNO: Comme! Che dice! Chesta è la casa de la sora de D. Eugenio!
PULCINELLA: Già, la marchesa. E dinta a la sacca deritta de chist'auto cazone, aggio trovata na lettera amorosa che essa mannaje a lo patrone de frateme, lo tenore, co cierte parole proprio a zuco de limone.
TOTONNO: Parole sconceche?
PULCINELLA: Sconceche? Parole de truone compare mio, chillo povero marito se lo facevene proprio co passe e pignuole. *(Tutti ridono.)*
RACHELE: Pulecenè pe ccarità non te fà sentere.
TOTONNO: E sta lettera l'haje stracciata?
PULCINELLA: No, pecché nce la voglio consignà stasera mmano a essa, chi sa stesse co quacche pensiero che non s'è perza.
TOTONNO: Ah, sicuro, faje buono.

SCENA OTTAVA

Cameriere, Michele e detti.

CAMERIERE: Favorite, favorite. (E chisto è n'auto de la pasta fina!) *(Via.)*
MICHELE *(vestito caricato con cappello bianco a tubo ed ombrella)*: Signori miei.
TOTONNO: Buonasera Michè, trase assettete.
PULCINELLA: Guè, Michele pure è stato mmitato?
TOTONNO: L'aggio dato io no biglietto.
MICHELE: Pecché, ve dispiace forse?

PULCINELLA: No, anze, ma stai bello, co lo cappiello trasparente a luce elettrica. Ma sta sciassate va no poco stretta?
MICHELE: Vuò dì ch'è larga, me l'ha prestata no cammariere che era chiatto, che aveva fa?
PULCINELLA: E sto mbrello pecché te l'haje portato?
MICHELE: Guè, pecché me l'aggio portato? E si quanno me ne vaco vene a chiovere, che faceva, me nfonneva?
RACHELE: Ha fatto buono, ha fatto buono.
MICHELE: Basta, parlammo de lo necessario, li dolce, li gelate, so' asciute?
TOTONNO: No ancora, nuje pure chesto stamme aspettammo, assettete.
MICHELE *(siede)*: Ma che bellezza! Comme se sta lustro ccà dinto.
RETELLA: Neh, ma io diciarria, facimmo quacche cosa pe fà passà no poco de tiempo.
TOTONNO: Dice buono, si no simme pigliate pe pachioche. Carminiè, jammo, canta no duetto nziemo co Luisella.
PULCINELLA: Ah, sicuro!
MICHELE: Na cosa stuzzicante!
CARMENIELLO: Comme vulite vuje. *(Luisella e Carmeniello cantano un duetto a piacere, dopo del quale tutti applaudiscono gridando.)*
TUTTI *(battendo le mani)*: Bravo! Bene! Bene!

SCENA NONA

Elvira, Carlo, Barone, Conte, Oscar, Cavaliere Miccio, Erminia, invitati, camerieri, e detti, poi Eugenio e Amelia.

ELVIRA: Che cos'è neh, che cos'è questo chiasso? *(Quelli della scena si piantano ed indietreggiano.)*
CARLO: Che significa questo baccano?
PULCINELLA: (Lo signore che s'ha accattato lo cazone!).
TOTONNO: Eccellenza, siccome stevene nuje sule ccà dinto, senza fà niente, avimmo fatto cantà no duetto a sti giovinotte.
I NOBILI: Oh! Oh! Oh!
ELVIRA: Uscite, uscite subito di casa mia!
TOTONNO: Uscite subito di casa mia! Neh, signò, e che simme fatte marjuole, che nce ne cacciate accussì?
MICHELE: O simme fatte cane! *(Eugenio e Amelia compariscono in fondo, e si mette a sentire.)*
TOTONNO: Nuje simme state mmitate da lo signore ccà presente, non simme venute a pe nuje.
ELVIRA *(a Carlo)*: Come! Voi!
CARLO *(confuso)*: Sì... ho voluto fare un'improvvisata, ma non credevo mai che facevano questo chiasso.
BARONE: Ma allora scusate, non bisognava invitare noi! Questo è stato un insulto!
CAVALIERE: Ma proprio così!

ELVIRA: Perdonate, signori, mio marito lo sapete, ha dei momenti di pazzia. *(Ai popolani:)* Uscite, vi ripeto, uscite da questa casa, altrimenti chiamo i servi!
TOTONNO: Eccoce ccà, chesto che cos'è!
RACHELE: Aspettate no momento. *(Ad Elvira:)* Signurì, ne cacciate pure a Rachela vosta chella che v'ha cresciuta, se pò dì?
ELVIRA: Ma che Rachela, che cresciuta, io non conosco nessuno! Uscite!
PULCINELLA: Signò, scusate, non nce trattate accussì, pensate che avimmo tenuto seje mise la sora vosta do nuje e non l'avimmo fatto mancà mai niente, e mò che viene vostro fratello ce lo potete domandare.
ELVIRA: Oh! Egli non si azzarderà più di venire in casa mia.
EUGENIO *(avanzandosi)*: Vostro fratello è venuto solamente mò pe te dicere che non ha bisogno più di nessuno, pecché zi Rafaele che sta a Puortece, pensammo tutto chello che avimmo sofferto, io e sta povera Amelia, n'ha cacciato lo segretario, e nce ha fatto la donazione de tutta la rrobba soja.
I POPOLANI: Brivissimo!
ELVIRA: Non me ne importa niente, spero che ci lascerete tranquilli!
EUGENIO: Siente! *(Volendo scagliarsi e vien trattenuto.)*
PULCINELLA: D. Eugè...
TOTONNO: Ma che vulita fà mò?
PULCINELLA: Chillo mò è asciuto da carcerato!
AMELIA: Frate mio, pe carità!
EUGENIO: Mano, no, io le voglio dicere soltanto na cosa... siente, nuje simme venute ccà, credemmo che t'avesse fatto piacere a sentere chella notizia de zi zio, e de vederme salvo, senza nisciuna condanna, si no nce sarrieme venute, e non t'avarrieme visti comme avimmo fatto pe tanto tiempo. Tu co sta superbia, co sto carattere che tiene, t'assicuro che nisciuno t'avarria sposato, solamente sta bestia de Maggiore l'ha potuto fà!
I NOBILI: Oh!
CARLO: A me bestia!
EUGENIO: Bestia, sì pecché non te saje fà rispettà.
BARONE: Andiamo via, andiamocene via! *(Via.)*
CONTE: Che chiasso! che gente! *(Via.)*
OSCAR: Cavaliere, ve ne venite?
CAVALIERE: Ma sicuro! *(Via con Oscar e gli invitati.)*
ELVIRA: Che figura! Che figura!
CARLO: A me! Un insulto simile! Uscite tutti dicasi: deh! *(Tutti i popolani spaventati fanno per uscire.)*
PULCINELLA *(piano ai popolani in fondo)*: (Aspettate lloco fore che mò ve faccio trasì n'auta voti a tutte quante).
TOTONNO: (Tu che dice! E comme?).
PULCINELLA: (Non ve n'incanicate! Una cosa, mettiteve mmiezo a D. Eugenio e la sora, e non li facite scennere, pecché mò sirranno chiammate pure lloro).
TOTONNO: (Overo?).
PULCINELLA: (Overo?). Avete inteso, uscite! e uscite! Questa non è casa per voi,

andiamo! *(Tutti i popolani viano pel fondo a destra, come pure Eugenio e A melia, Carlo passeggia agitato, Erminia cerca di calmare Elvira.)*
CARLO: Guè, oh! Uscite, andiamo... e tu che faje lloco, non te ne vaje?
PULCINELLA: Eccellenza, chisto è lo cazone che v'aviveve d'accattà. *(Mostra quello che ha addosso.)* L'avarrisseve pagato pure 100 mila lire! *(Ridendo.)*
CARLO: Basta, non me seccà, vattenne!
PULCINELLA: Eccellenza, io non me ne posso andare, debbo fare un'imbasciata alla Signora Marchesa per parte della sorella, un affare importantissimo. *(Carlo fa uno sfastidio.)*
ERMINIA: (Elvì, famme lo piacere, siente che te vò dicere).
ELVIRA: Avanti, sbrigatevi.
PULCINELLA: Eccellenza, è una cosa che ve la debbo dire a quattr'occhi.
ERMINIA: (Mò me porto via io lo Maggiore, quanno hai saputo de che se tratta, me chiamme). Sentite Signor Maggiore, voi avete tutta la ragione possibile, ma calmatevi ve ne prego.
CARLO: A me bestia! A me! quando mai sono stato chiamato bestia io! Ma me la pagherà vostro fratello. *(Via a sinistra con Erminia.)*
ELVIRA: Dunque, parlate, che cosa vuole mia sorella?
PULCINELLA: Eccellenza non è un'imbasciata di vostra sorella che debbo farvi, ma invece sono io che vi debbo parlare necessariamente.
ELVIRA: Voi!
PULCINELLA: Sì, io, Signora Marchesa. Voi state in casa vostra e potete cacciare chi vi pare e piace, ma io però, v'aggio da dà primma na lettera vosta e po' me ne vaco.
ELVIRA: Una lettera mia?
PULCINELLA: Sicuro, eccellenza, una lettera molto interessante per voi, che fortunatamente aggio trovata dinto a la sacca de sto cazone.
ELVIRA: E dove sta?
PULCINELLA: Nu momento... Primme de tutto signò, avita sapé che io tengo no frate cucino chiammato Alfonso, il quale paricchie mise fa si trovava al servizio di un tenore... sto tenore no juorno pigliaje tre cazune suoje che forse non se metteva cchiù e li dette ad Alfonso... Alfonso, pe me fà no complimento li mannaje a me... Lo primmo e lo secondo m'hanno portato fortuna, lo terzo, che sarría chisto ccà, credo che farà pure il suo dovere! Ecco ccà la lettera che aggio trovata. *(La caccia e legge:)* «Vita mia, cuore mio, anima mia! Tu vuoi sapere se ti amo? Ma che cosa posso fare di più per essere creduta date? Non ti bastano i caldi baci di ieri sera? Non ti basta il vedermi piangere sempre? Oh, credi, Alberto mi credi al mio cocente amore!... Non mi ricordare più che ho sposato il maggiore e che oggi io mi chiammo Elvira Mitraglia, oh, no, io non posso amare quest'uomo, io l'odio mortalmente, a te solamente amo ed amerò per tutta la vita! Elvira».
ELVIRA: (La lettera mia!... s'è perduta!). Per carità, signore, laceratela!
PULCINELLA: No momento... ci sta un piccolo post scriptum. *(Legge:)* «Domani sera ti aspetto alle 8, mio marito non c'è, vieni senza meno, ti voglio accompagnare io stessa l'aria finale della Lucia che tu canti con tanta grazia!».
ELVIRA: Oh, signore, ve ne prego...

PULCINELLA: Con questa lettera che tenete fuori, non dovete fare tanto la ferlocca!... Mò, cara Marchesì, poche chiacchiere, si volite che ve dongo sta lettera, dovete primma di tutto far pace con vostro fratello, e dovete farmi sposare vostra sorella, po' avita chiammà tutta chella gente che n'avite cacciate, li quale stanno ccà fore aspettammo e l'avita fà divertì tutta la serata e io ve dongo la lettera, non lo fate, io me ne vado... e stateve bene. *(Per andare.)*
ELVIRA: No, no, aspettate... lo farò, lo farò... ma poi mi darete la lettera?
PULCINELLA: Oh, io so' no galantommo, povero songo, ma so' no galantomo!
ELVIRA: Va bene. *(Risoluta va al tavolino e suona il campanello.)*

SCENA ULTIMA

Cameriere, poi tutti i popolani, Eugenio, Amelia, e detti, poi Carlo ed Erminia.

CAMERIERE: Comandate.
ELVIRA: Fate entrare di nuovo tutta quella gente che è fuori.
CAMERIERE: Subito. *(Forte:)* A vuje, trasite tutte quante n'auta vota. *(Via.)*
PULCINELLA: Jamme bella ja, trasite! *(Escono tutti spingendo Eugenio.)*
TOTONNO: Trasite, chesto che cos'è!
MICHELE: Me parite no piccerillo.
PULCINELLA: D. Eugè, venite ccà. *(Prende per mano Eugenio ed Amelia.)* Abbracciate la sora vosta, essa è pentita de chello che ha fatto, se scorda lo passato, e vò fà pace co vuje!
TUTTI: Bravo!
AMELIA *(abbracciando Elvira)*: Ah! Sora mia cara cara.
EUGENIO: E comme haje fatto sto cambiamento tutto nzieme.
ELVIRA: È stato sto giovene che m'ha convinto, facennome riflettere tanta cose.
PULCINELLA: E in ricompensa la signora, mi farà sposare la sorella.
EUGENIO: Veramente?
ELVIRA: Basta che Amelia n'have piacere?
AMELIA: Ma sì, assai, assai!
ELVIRA: Allora va bene.
TUTTI: Bravo! Bravo!
CARLO *(esce con Erminia e vedendo Eugenio)*: Signore, che cosa fate quà?
ELVIRA: Niente, niente, abbiamo fatto la pace, tutto è finito!
CARLO: È finito per voi, ma non per me che sono stato chiamato bestia!
ELVIRA: Ebbene, fa conto che te l'avessi detto io, e non ci pensare più, Cocco mio! *(Carezzandolo.)*
CARLO: (M'ha chiamato Cocco? Statevi bene ho dimenticato la bestia!).
PULCINELLA: Po' D. Eugenio, v'aveva fatto pure sto biglietto de scuse... signora... leggete...
ELVIRA *(prende la lettera, l'apre, vede che è la sua e la lacera ridendo)*: Ma che scuse e scuse, mio marito lo ha già perdonato, non è vero?...
CARLO: Lo vuoi tu? E sia! *(Ad Eugenio:)* Qua la mano. *(Si stringono le mani.)*

ERMINIA: Brava! Mò te voglio cchiù bene! *(Ad Elvira abbracciandola.)*
TOTONNO: Signò, e nuje che avimma fà?
ELVIRA: Voi resterete qui a divertirvi tutta la serata!
TUTTI: Bravo! Bravo!
TOTONNO *(alla ribalta dice a Pulcinella)*: (Compà, tu comme haje fatto?).
PULCINELLA: (Chella lettera che teneva dinta a la sacca de lo cazone).
TOTONNO: (Haje visto, chilli tre cazune so' stata la fortuna toja).
PULCINELLA: Sì, ma la fortuna mia sarà completa se avessi contentato questo rispettabile pubblico!

(Cala la tela.)

Fine dell'atto terzo

FINE DELLA COMMEDIA

'NA BONA QUAGLIONA
Commedia in quattro atti

Personaggi
D. Achille Stoppa
D. Saverio Patierno
D. Felice
Alberto Pascarella
Errico D. Mimì
Caterina
Candida
Rusinella
Nicolino
Luisella
Annina
Ciccillo
Michele
Luigi
Alessio
Concetta
Pascarella
D. Mimì
Vicienzo

Giacomino
Totonno
Biase
D. Carlo
Cinque Signori
Dodici Professori d'orchestra

Primo e secondo atto ad Aversa, mese di aprile primo atto. Luglio secondo atto. Terzo e quarto atto a Portici. Mese di ottobre.

ATTO PRIMO

Camera poverissima. Porta in fondo che lascia vedere una strada di campagna. Una porta a sinistra e due a destra. In fondo a sinistra a terra, vi saranno molti fasci di gramigna. A destra un vecchio tavolo con sopra utensili di cucina e piretti. A sinistra, avanti altro tavolino rustico. Quattro sedie vecchie di paglia.

SCENA PRIMA

Caterina poi Luisella.

CATERINA (*dal fondo con due fasci di gramigna fra le mani*): Ah! non me ne fido cchiù. (*Getta i fasci di gramigna dove sono gli altri.*) Mannaggia quanno maje me mettette a vennere grammegne pe li cocchiere, so' stata cchiù de doje ore fermata mmiezo a la strata nova a lo sole, fosse passato no cocchiere, addò, chi te lo dà. Sti mpise mmece de sta ccà ad Averza, ch'è lo paese loro, se ne scennene tutte quante a Napole.
LUISELLA (*dalla sinistra*): Guè, siè Catarì, site venute? Io li fasule l'aggio levate da coppa a lo ffuoco, se no se faceveno sfatte.
CATERINA: Grazie tanto, Luisè, nce haje mise l'uoglio?
LUISELLA: L'uoglio, l'aglie, no poco de petrosino, s'addà menà sulo la pasta.
CATERINA: Brava, brava chella Luisella. Agge pacienza si me faje quacche servizio, che t'aggio da dicere, speramo a lo Cielo che me mannasse na provvidenza, e accussì me levo l'obbligazione.
LUISELLA: Ma che dicite, che parole so' cheste, vuje lo ssapite che bene ve vulimmo, tanto io quanto pateme, e io specialmente me so' crisciuta co Rosinella la nepota vosta, e la voglio bene comme fosse na sora mia.
CATERINA: E essa pure, essa pure va pazza pe te, povera guagliona, cammina da la matina a la sera pe vennere no poco d'asprina, e quacche ghiuorno se ne vene accisa de fatica e co li periette chine.
LUISELLA: Ancora s'addà ritirà?
CATERINA: No ancora, ma mò è l'ora che te la vide venì.
LUISELLA: Ma siè Catarì, scusate, co Feliciello lo sonatore de violino che fa?

CATERINA: E che ne saccio, Luisella mia, che ne saccio, chillo è no buono giovene, io n'avarria piacere si se la spusasse, ma che fanno, che combinano tutte li duje, isso sta disperato, essa non tene niente, sarría cchiù guajo.
LUISELLA: Ma isso ve l'ha ditto che se la vò spusà?
CATERINA: Isso non tene coraggio de parlà, pecché capisce che le mancano li mezze, eppure co Rosinella non s'è spiegato, ma co chelle cose che fa, colla premura che tene, io me ne so' accorta.
LUISELLA: E sulo vuje? Tutte quante l'hanno capito, chillo non conchiude, sbarea sempe.
CATERINA: E ma che isso sbarea, è na cosa inutile, se sposene, e che fanno, magnene bene?
LUISELLA: Siè Catarì, diciteme na cosa... Rusinella non v'ha maje parlato de no signorino che le va appriesso, no bello giovene, figlio de persona bona.
CATERINA: No de chesto non ne saccio niente.
LUISELLA: E forse se sarrà mise paura de ve lo dì, ma, siè Catarì, pe ccarità, sà?
CATERINA: Uh! Quanto sì scema!
LUISELLA: No signorino overo scicco, chino d'addore ncuollo. Ah, si lo Cielo lo cecarria, chella veramente faciarria la fortuna soja, cagnarria posizione da no momento a n'auto.
CATERINA: Veramente?
LUISELLA: Veramente! Chillo fa comme a nu pazzo; se ferma mmiezo a la strada e aspetta a Rusinella che passa. L'auta sera me dicete che si lo corrisponde, isso farrà qualunque cosa.
CATERINA: Ma Rusinella che dice?
LUISELLA: Chella è na spruceta, siè Catarina mia, è na spruceta, non lo guarda manco nfaccia... avarria da essere io, avarria da essere.
CATERINA: Che buò che te dico, Luisella mia, lassamme fà lo Cielo, isso pò fà tutto!

SCENA SECONDA

Nicolino, e dette.

NICOLINO *(con bacile e caffettiera d'acqua calda da barbiere)*: E io lo ssapeva che stive ccà. Chesta è la chiave, vattenne a la poteva. *(Dà una chiave a Luisella.)*
CATERINA: D. Nicolì, aggiate pacienza, lo Cielo ve lo renne, vuje sapite che io non tengo a nisciuno, e Luisella vene no pare de vote a lo juorno pe m'aiutà a fà quacche servizio.
NICOLINO: Io chesto lo saccio e non nce trovo nisciuna difficoltà; ma vuje pure avite da penzà io aggio da ire facenno li barbe pe li ccase, giuvene non ne pozzo tenere, e certamente non se pò rummané la puteca sola.
CATERINA: Oh, se capisce, vattenne va Luisè, te ringrazio tanto tanto.
LUISELLA: Niente, chesto che cos'è, cchiù tarde nce vedimme, stateve bene, papà, ritirateve ambresse. *(Via pel fondo.)*
CATERINA: D. Nicolì, scusate...
NICOLINO: Ma niente, per carità... pe buje qualunque cosa...
CATERINA: Mille grazie.
NICOLINO: Sentite siè Catarì, io da paricchio tiempe ve voleva dicere na cosa, ma me

songo sempe tenuto.
CATERINA: E che cosa?
NICOLINO: Diceva accussì, na vota che vuje site sola, e io pure so' sulo dinta a la puteca... pecché non vedimmo d'accuncià sta facenna?
CATERINA: De che manera?
NICOLINO: E io mò che ne saccio... facimmo una casa, stregnimmo na specie de parentela... io... vedite, si vuje non nce trovate nisciuna difficoltà, ve sposo co tutto lo core.
CATERINA: Vuje?
NICOLINO: Io, sì... e che male nce stà? Che simme viecchie forse? Io credo che tutte li duje non nce cagnarrieme co duje giuvinotte.
CATERINA: Oh, chesto è certo...
NICOLINO: Che ne dicite? N'avite piacere?
CATERINA: Ma ve pare, sarría na fortuna pe me.
NICOLINO: E va bene, resta fatto, io tengo na figlia, vuje tenite na nepota... e lo potimmo fà! Approposito, avite che fa mò?
CATERINA: Nonsignore, a n'auto ppoco aggio da dà a magnà a chilli tre cocchiere che me passeno otto solde a lo juorno; ma pecché, m'avite da dicere quacc'auta cosa?
NICOLINO: No, no fatto curioso ch'è succieso poco primma dinta a la puteca mia.
CATERINA: Che è succieso?
NICOLINO: Mentre steva taglianno li capille a D. Ignazio lo farmacista è trasuto no giovene, io, siccome me credeva che se voleva fà la barba, aggio ditto: Signorì, scusate, poche minute e simme leste. Nonsignore, ha risposto isso, io so' venuto pe na semplice informazione, ma però vaco de pressa, non pozzo aspettà. Allora, aggio lassato a D. Ignazio e so' ghiuto da isso, eccome ccà, che v'aggio da serví? Io volarria sapé, ha ditto, addò se trova na certa Rosinella Palermo che 16 anne fa fuje dinta a la Nunziata, e pò se la pigliaje na femmena chiamata Caterina Mellone?
CATERINA: Vuje che dicite!
NICOLINO: Chello che m'ha ditto. Io, a la verità, aggio risposto: Vedite signurì, io tutte sti cose non li saccio, conosco a Caterina Mellone e a sta Rusinella, ma saccio che l'è nepota.
CATERINA: Uh, D. Nicolino mio, non nce l'avisseve ditto!
NICOLINO: E io sapeva chesto. Ma dove abita, dove sta? A lo puntone de la strada nova, vicino a la cappelluccia.
CATERINA: Pure chesto l'avite ditto?
NICOLINO: Ma pecché, ched'è?
CATERINA: Comme ched'è... chisto fuorze sarrà stato mannato da quacche parente de Rusinella, da la mamma forse, ch'è ghiuta a ricorrere pe se la piglià... Uh, io si succede chesto, me ne moro, me ne moro!...
NICOLINO: Ma dunche la guagliona veramente...
CATERINA: Sissignore, D. Nicolino mio, sissignore, la bonanema de maritemo, siccome io non aveva fatto figlie, se volette pe forza piglià na criatura, e io l'aggio voluta bene comme a na figlia; sto fatto, nisciuno lo sape... *(Quasi piangendo.)*
NICOLINO: E non ve pigliate collera, sperammo che chillo giovene non avesse

addimmannato pe chesto.
CATERINA: Uh! Io faccio revotà Averza vì, me faccio attaccà pe pazza. Figlia mia, e chi tene lo core de te lassà, m'hanno d'accidere primma! Io dico: Che? Che vulite a Rusinella? E allora sparateme, quanno so' morta ve la pigliate!...
NICOLINO: Aggio fatto chisto guajo!
CATERINA: Sicuro... ddppo 16 anne, doppo tanta stiente, tanta fatiche, mò venevene frische frische e se la pigliavene... li voglio accuncià io, li voglio!...
NICOLINO: Basta, calmatevi siè Catarì, io me vaco facenno sti barbe, pò me facite sapé quacche cosa.
CATERINA: Si vedite a Rusinella, dicitencelle che se ritirasse, non me facesse stà mpenziero.
NICOLINO: Va bene, ma non ve pigliate collera, che la collera vosta me fà male, mi chiude il cuore! (Che bella porpa!) *(Via.)*
CATERINA: E chesto nce mancarria. Diebete, guaje, miseria, e all'urdemo rummanè pure sola; li voglio scannà, me li voglio magnà vive!

SCENA TERZA

Ciccillo, Luigi, Michele, e detta.

CICCILLO *(tipo di cocchiere di paese con frusta)*: Catarina bella...
LUIGI: Catarina nosta...
MICHELE: Gagliarda e tosta!
CICCILLO: Simme leste pe magnà?
LUIGI: E che se magna?
MICHELE: Che nce sta?
CATERINA: No piatto de fasule co la pasta, e no bicchiere d'asprinia.
CICCILLO: N'auta vota fasule?
LUIGI: E niente cchiù?
CATERINA: E che auto volisseve neh, belli figliù, a la verità, li denare che cacciate so' assaje, 8 solde a lo juorno pedono, quanno non ve conviene jate a n'auta parte.
CICCILLO: Nonsignore, noi questo torto non ve lo facessimo.
MICHELE: Basta, fà ambressa e dance na bella nzalatiera de fasule, pecché tenimmo na brutta famma!
CATERINA: Mò vaco a menà la pasta, quanno so' pronta ve chiammo. Diciteme na cosa, avisseve visto a Rusinella?
CICCILLO: L'aggio vista verso miezo juorno che cammenava pe la strada nova, pecché?
CATERINA: No, stongo no poco mpenziero che non la veco ritirà ancora, perché va trova addò se sarrà trattenuta. Io vaco.
MICHELE: Catarì, te raccomanno, vide de fà na cosa de juorno.
CATERINA: Mò ve spiccio lesto lesto. *(Via.)*
MICHELE: Povera vecchia, have ragione, chella la bardascia non è brutta, è friccecarella, e sta co lo penziero quanno la vede tricà...
LUIGI: Non è brutta, è friccecarella. Michè, tu che staje dicenno, chella è na simpaticona,

quanno se ferma che dà la voce de l'asprinia, se fà la folla accussì attuorno a essa. Ma s'addà dicere la verità, è na bona figliola, allera, pazzierella, sissignore, ma non guarda maje nfaccia a nisciuno però.
MICHELE: Oh, chesto è vero, se fà lo fatto sujo.
CICCILLO: Va llà, jatevenne... mamozie!... non guarda nfaccia a nisciuno, se fà lo fatto sujo... ma co chi, co buje? Ma no co ll'aute.
LUIGI: Pecché, Ciccì, saje quacche cosa?
MICHELE: Fa l'ammore co quaccheduno, dì la verità?
CICCILLO: Primma de tutto nce sta chillo Feliciello lo sonatore de violino, che sta sempe jettato ccà dinto.
LUIGI: Ah, sicuro, io pure lo veco sempe.
CICCILLO: Comm'è, ccà sta Averza sbullata pe sto fatto, tutto chello che s'abbusca chillo povero giovene ccà lo porta.
MICHELE: Overe?
CICCILLO: Guè, chillo dice overe? quanno te lo dico io, t'haje da stà, e chisto sarría niente, nce ne sta n'auto, nce sta lo signorino, figlio de no nobele napoletano, che nce va pazzo, va sempe appriesso a essa. Ajeressera parlajeno mmiezo a la via tutte li duje a core a core, e stettene cchiù de n'ora fermate.
LUIGI: Tu che dice?
CICCILLO: Seh, che dico. Se n'addunaje pure D. Peppe lo speziale, e chesto dicette. Rusinella fa tanto la saputa, dice che è tanta deritta, e pò se va a mettere cu no furastiere nobile, se stesse attiente, pecché sti signure chesto fanno sempe, vanno caccianno pe la campagna, e quanno vedene na quaglia non se la fanno scappà!
LUIGI: E se capisce. Nientemeno tutto chesto nce sta sotto.
MICHELE: All'arma de la bona figliola!
CICCILLO: Zitto, lo vì ccà Feliciello, ncuitammele no poco.

SCENA QUARTA

Felice e detti.

FELICE (*miseramente vestito; con violino sotto al braccio, e un involto in mano*): Buon giorno...
CICCILLO: Oh, professore bello.
LUIGI: D. Felice rispettabile.
MICHELE: Comme state, state buono?
FELICE: Non c'è male, grazie. Catarina non nce sta?
CICCILLO: Sta dinto a la cucina, si vulite che ve la chiammammo?
FELICE: Nonsignore, e pecché... lassatela stà...
CICCILLO: Eh, mio caro professore, nuje sapimmo tutto, vuje non venite ccà pe Catarina, Catarina non ve preme...
LUIGI: Venite pe n'auta perzona, non s'è ritirata ancora...
FELICE: E chi persona, scusate... io ogne ghiuorno passo da ccà, e me bevo no bicchiere d'asprinea, quanno nce stanno gente, cerco de m'abbuscà quacche cosa, e pò me ne

vaco.
CICCILLO: Va buono, va lo conto a n'auto chesto, professò, ccà non simme sceme, simme gente che capimmo, tu ccà dinto viene pe Rusinella, e dì la verità.
LUIGI: Non trovà scuse.
FELICE: Oh, alle corte, ccà non nce stanno scuse da trovà, vuje certamente a Rusinella non le site niente, doppo che io ccà venesse co quacche intenzione, debbo dar conto a voi?
CICCILLO: Oh, chesto è certo, ma pecche te lo buò annià?
FELICE: Pecché pe mò non nce sta niente ancora, tutte quante hanno spannute sti fronne, hanno cacciata sta diciaria e me tocca li nierve a la verità, che vedite, che non site sceme, che cosa avete capito? Io vengo ccà dinto comme venene tutte quante l'aute... voglio bene a Rusinella, sissignore, pecché è na bona figliola e fatica tutta la jurnata... si lo Cielo me manna na provvidenza, saccio io chello che aggio da fà, ma pe me non nce sta niente.
CICCILLO: Proprio niente?
FELICE: Nonsignore...
CICCILLO: E va bene, allora dicimmo nuje pure accussì... *(Ridendo:)* Ah! ah! ah!... povero giovane, me fai veramente pena...
LUIGI: Arape ll'uocchie...
MICHELE: Non perdere tiempo...
CICCILLO: Si no bell'uosso sta pe essere afferrato da nu cane de presa, no cacciutiello che nce pò fa? L'addà guardà da lontano, e s'addà stà zitto... pecché si abbaja, si s'accosta, è secutato e abbusca, te sì fatto capace?...
LUIGI: Si no cefaro corre appriesso a na sardella no mazzonciello che nce pò fa? La guarda, la speresce, e se sta zitto.
MICHELE: Si na mosca è puntata da no rangio, lo muschillo che pò fa? Tene mente, le dispiace; ma però se n'addà j. Haje capito?
FELICE *(dopo pausa)*: E già, è lo stesso fatto, per esempio, che no mulo, no puorco e no ciuccio, se mettene a ncuità a no muscillo, neh, sto povero animaluccio che adda fà? Perde la pacienza, li zompe ncuollo, li scippe, e se ne va!
CICCILLO: Bravo! Ha portato pur'isso lo paragone. *(I tre ridono.)*
CATERINA *(di dentro gridando)* Belli figliù, venite!...
LUIGI: Eccoce ccà. *(Via a sinistra.)*
MICHELE: Simme leste, jammo Ciccì. *(Via appresso.)*
CICCILLO: So' co buje. Tu però si no muscillo che non scippe a nisciuno... haje voluto dicere la paroletta pe pazzià e sta bene, ma comme l'haje ditto mò, non lo dicere cchiù... hai capito? Professò, non lo dicere cchiù! *(Via appressO.)*
FELICE: Ah! Fatte li fatte tuoje, e truove chi te li fa fà... Lo rangio, lo cefaro, lo cane de presa, sia fatta la volontà de lo Cielo. Io non dongo confidenza a nisciuno dinto a sto paese, non capisco pecché l'aute s'hanno da ntricà de me. Non pozzo accustà a nisciuna parte che tutte quante vonno sapé che faccio co Rusinella, ch'aggio da fà, io stongo de chesta manera combinato. La locannera avanza quinnece juorne e non me vò ricevere cchiù. Ajere, io, lo trombone, e lo nauto, doppo cammenato tutta la jornata, nce spartetteme 19 solde. Sei a me, sei a lo trombone, e sette a lo flauto, perché è cieco

pover'ommo. Che aveva da fà co sei solde? Accattaje tre pasticciotte, li portaje a Rusinella... e io diuno... stongo da ieri matina co no casatiello ncuorpo. Ma non me mporta però, basta che veco a Rusinella allegra, contenta, me sento sazio, e non desidero niente. Stammatina avimmo sunato ncoppa la trattoria de Menecone, nce stevene da sette a otto signori, che all'ultimo nce hanno dato doje lire e mmeze, me so' attuccate sidece solde, aggio pigliata na bella costata a Rusinella, meza lira, no soldo de pane e no soldo de perelle. Io m'aggio fatta na pizza quatte solde, e sto bene, dimane lo Cielo nce penza. *(Va al tavolino in fondo e si mette ad aprire l'involto.)*

SCENA QUINTA

D. Achille, Alberto e detto.

ALBERTO *(dal fondo)*: Da questa parte, D. Achì, favorite, chesta è la casa.
ACHILLE: Mamma mia che miseria! Che disperazione! A chi s'avarria addimmannà?
ALBERTO: Llà nce sta no giovene, aspettate. *(A Felice:)* Scusate buon'uomo... questa è la casa di una certa Caterina Mellone?
FELICE: Sissignore, sta dinto a la cucina, la volite?
ALBERTO: No, voleva sapere se questa Caterina, tiene una nipote chiamata Rosinella?
FELICE: Sissignore.
ALBERTO: Bravo! E adesso sta in casa?
FELICE: Nonsignore, ancora s'addà ritirà, chella va vennenno asprinia, capite, la zia venne li grammegne, cucina a li cocchiere, e accussì tirene nnanze.
ALBERTO: Ho capito.
ACHILLE: (Povera guagliona!).
FELICE: Scusate, perdonate, io sono un amico di casa, potrei sapere che l'avite da dicere a Rusinella?
ALBERTO: No, niente... siccome questo signore è ricchissimo... forse forse le farà un maritaggio.
FELICE: Veramente? Ah! che lo Cielo lo pozza benedicere, facite proprio na vera carità, signò, se lo mmereta povera figliola, non tene mamma...
ALBERTO: Lo ssapimmo, lo ssapimmo...
FELICE: Il padre non se lo ricorda...
ACHILLE: Lo so, lo so...
FELICE: Si non era pe sta zia che se la crisceva, sarría rimasta mmiezo a na strata...
ACHILLE: Lo sappiamo, lo sappiamo...
FELICE: (E che parlo a fa, chiste sanno tutte cose!). Eccellenza, aiutatela vuje, e lo Cielo ve lo renne! Assettateve, chella mò la vedite venì. *(Dà le sedie.)*
ALBERTO Grazie. *(Seggono.)*
FELICE: (Che bella cosa, no maritaggio... si me vulesse bene, mò putarieme spusà. Voglio j acalà sti perelle abbascio a la cesterna, che se fanno fredde fredde!). Permettete, signò?...
ALBERTO: Fate, fate. *(Felice via.)*
ACHILLE: D. Albè, scusate, spiegateme meglio lo fatto, sta guagliona che simme venute a

vedé, avite ditto ca è figlia...
ALBERTO: Al vostro vecchio amico D. Prospero Sardella, il quale 18 anni fa jette in America co seje o sette mila lire, se mettette in commercio, e quanta speculazione ha fatto, le so' ghiute tutte quante mpoppa; e mò è ricchissimo, tene nu zeffunne de denare!
ACHILLE: Bravo! Perciò non l'aggio visto cchiù.
ALBERTO: Non s'è voluto maje nzurà pecché isso dice che una femmena voleva bene veramente e la perdette. Sta femmena era na celebre cantante d'operetta, io aggio visto lo ritratto, bruna, co cierte uocchie che fanno ncantà, v'assicuro proprio na simpaticona! Pe farvela breve doppo duje anne che nce faceva l'ammore, venette a luce na piccerella, la combinazione essa in quell'epoca avette da partì per l'estero addò era stata scritturata, isso teneva tutto pronto pe ghì in America, comme se poteva fa? Pigliajene sta criatura e la portajene a la Nunziata.
ACHILLE: Ho capito, e chesta criatura?
ALBERTO: È appunto Rosinella, chella che mò sta vennenno asprinia pe dinto Aversa.
ACHILLE: Guardate la combinazione, e la mamma morette?
ALBERTO: Già, in Grecia, doppo n'anno sgravata.
ACHILLE: E tutte sti cose vuje comme li ssapite?
ALBERTO: Me l'ha ditto D. Prospero, pecché me vò bene, so' tre anne che stongo co isso comme a segretano. Duje mise fa, s'era seccato de stà cchiù in America, e decise de se ne tornà a Napole. Me chiammaje e me dicette: D. Albè, partite primma vuje, e appena arrivato, informatevi subito de sta piccerella, vedite chi la tene, pigliateve lo Notaro D. Achille Stoppa, antico amico mio, e ghiate a vedé che fa, e comme è trattata. Io resto n'auto ppoco pe liquidà cierte affare mieje, e vengo subito co ll'auto vapore.
ACHILLE: Ah, bravo, aggio proprio piacere de vederlo dopo tanti anni.
ALBERTO: Nuje mò vedimmo la guagliona, nce parlammo, e pò aspettammo a isso che vene pe vedé che bo fà. Io appena arriva ve lo faccio sapé, e ve dico addò abita. Pecché me dicette che vò parlà primma co buje.
ACHILLE: Va bene.
ALBERTO: Forse le volarria rimmané qualche cosa.
ACHILLE: Sarebbe buono.

SCENA SESTA

Rusinella e detti, poi Felice, indi Caterina.

RUSINELLA *(di dentro dando la voce)*: Nce vonno li bicchiere d'argiento pe l'asprinia, la bella asprinia d'Averza, l'asprinia d'Averza!
FELICE *(uscendo)*: Signò la vedite ccà, sta venenno.
ACHILLE: (Che bella voce!).
ALBERTO: (E se sape, chella la mamma era cantante!).
CATERINA *(uscendo)*: La voce de Rusinella. *(Va in fondo.)* Rusinè, Rusinè, viene, che nce voleva pe te ritirà.
RUSINELLA *(fuori con piretti)*: Zizì, non accomminciammo stammatina, pecché tengo na

cemmetella de scerocco che è proprio no piacere, aggio tricato no poco, pecché voleva vedé de sbacantà chist'auto peretto, ma non ha potuto essere, aggio sagliuto na trentina de palazze, ma ogge stevene tutte quante co li pazzielle ncapo.
CATERINA: E pecché?
RUSINELLA: Pecché me facevano saglì pe m'addimmannà quant'anne comme me chiamava, chi era, chi non era e nisciuno teneteneva ntenzione de vevere. Nc'è stato no signore che m'ha ditto: io non tengo sete, si bive tu te dongo cinche lire. Signò, io manco tengo sete, io l'asprinia la faccio vevere ma non me la vevo. E li cinche lire? Non li voglio, stateve bene. Chillo è lo sole cocente, capite, dà ncapo e fa sbarià!
CATERINA: Te vuò venì a magnà li fasule?
RUSINELLA: Ma che fasule e fasule, Zizì, e sempe fasule! Io aggio pigliato 24 solde, e strata facenno aggio fatto no poco de spesulella. Miezo chilo de maccarune, nu chilo de pummadore, e tre solde de nzogna. N'avite avuto piacere?
CATERINA: Te pare, vì che dice, basta che sì contenta tu, so' contenta pur'io.
FELICE: (Che cuore!).
CATERINA: Damme ccà, mò faccio lesto lesto lo zuchillo. *(Si prende la roba.)* Signò, vuje che commannate?
ALBERTO: Siamo venuti per bere un bicchiere d'asprinia.
CATERINA: Rusinè, sierve a sti signure. *(Entra.)*
RUSINELLA: Subito. *(Prende il piretto che ha portato con sé e versa in un bicchiere.)* St'asprinia, signò, se fa sulo ccà, a qualunca parte la pigliate, non tene maje sto sapore. *(Alberto beve.)*
ACHILLE: E tu ogne ghiuorno la vaje vennenno pe lo paese?
RUSINELLA: Ogne ghiuorno, e non sulo pe lo paese, ma tre vote a la settimana scengo pure a Napole. A Napole pò succede na cosa curiosa, ne vengo poco, ma faccio assaje denare co la voce.
ACHILLE: Come s'intende?
RUSINELLA: Tutte quante me vonno sentì, e pò chi me dà quatte solde, chi me ne dà seje, e quaccheduno me dà pure meza lire *(Achille beve)*, juorne fa no giovene me fermaje e me dicette: Dimme na cosa, saje leggere e scrivere? Vuje pazziate, risponnette io, e si sapeva leggere e scrivere non me metteva a vennere asprinia. Oh, che peccato! Si tu avisse studiato, avarisse potuto addeventà na bona cantante.
ACHILLE: E dimme na cosa, te fide pò de j cammenanno sempe, de fa sta vita?
RUSINELLA: E comme s'adda fà neh, signò, a chesto m'ha miso lo Cielo, e chesto aggio da fà. Si io non ghiarria cammenanno tutta la jornata, chella povera vecchia comme faciarria, s'addà pagà lo pesone, s'addà magnà, quacche cosa pe cuollo nce vò, fino a cinche seje anne fa essa pensava a tutto, ma mò poverella non tene cchiù forze, e si non l'aiuto io, chi vulite che l'aiuta? E pò, m'ha voluto bene, m'ha crisciuta fino a chest'età, e io aggio da fà tutto pe essa!...
ACHILLE: E non hai pensato mai di maritarti?
RUSINELLA: Vedite, signò, mò me facite n'addommanna curiosa, se sape che nce aggio penzato, a ogne figliola vene sto penziero, ma chi ve lo da sto matrimmonio? Addò trovate no giovene che vò fà veramente, se vonno spassà, vonno pazzià, e co mmico non nce appurene niente, tozzene nterra, e pò io so' na povera figliola, non tengo niente, chi

vulite che se sposa a me?
ACHILLE: (Povera criatura, me fa proprio compassione!). Mamma non ne tiene?
RUSINELLA: Nonsignore, eccellenza, volesse lo Cielo!
ACHILLE: E pateto chi era?
RUSINELLA: Patem?... nemmeno me lo ncordo... saccio sulo, pe chello che m'ha ditto ziema, che quanno io teneva duje anne li perdette. Eh, caro signore, si non fosse muorto papà mio, mò non starria de chesta manera, e non faciarria chesta vita. Io, vedite, so' tanta pazziarella, tanto allegra, non me piglio maje collera, eppure venene cierti momente che me metto a chiagnere io sola... e sapite quanno? Quanno a li vote a la Dommeneca sento dicere a li compagne meje: sta vesta nova me la portaje papà, sti stivalette me l'ha fatte papà, sto mantesino me l'ha accattato papà... e io... e io zitto... io chesto non lo pozzo dicere... pecché non lo tengo, si lo tenesse, songo certo che pur'isso pensarria pe me! *(Quasi piangendo. Felice si commuove.)* Ma signò, io mò ve sto affliggenno senza ragione, vuje certamente me putite dicere: ma a nuje che nce ne mporta de chesto, che n'avimmo da fà de sti fatte? Lo saccio, ma è stato pe ve risponnere. Bevite, signò, bevite, chesta non fa male. Aspettate, mò ve ne dongo no bicchiere cchiù fredda. *(Va a prendere il piretto dal tavolino in fondo.)* Chesta era no poco cauda pecché ha cammenato nzieme co mmico pe lo sole tanto tiempo, io non nce aggio penzato, si no non ve la deve. Bevite, bevite. *(Versa l'asprinia.)*
ACHILLE: No, grazie, grazie, non ne vulimmo cchiù. *(Si alza.)* Quant'è? *(Alberto si alza.)*
RUSINELLA: Chello che vulite vuje, eccellenza.
ACHILLE: Tiene. *(Le dà una carta.)*
RUSINELLA *(guardandola)*: Cinche lire, ma io mò non tengo lo riesto.
ACHILLE: Non fa niente, me lo vengo a piglià n'auta vota.
ALBERTO: Quando torniamo.
RUSINELLA: Va bene.
ACHILLE: Statte bona. Ma vuò dà no vaso?
RUSINELLA: Io?... Nonsignore...
ACHILLE: E che male nce sta, io so' biecchio, te pozzo essere padre.
RUSINELLA: Si me fusseve patre veramente, ve ne darria pure mille, ma siccome non me site niente, ve vaso la mano, ecco ccà. *(Gli bacia la mano.)*
ACHILLE: Statte bona, nce vedimmo, nce vedimmo. *(Via pel fondo, Alberto lo segue.)*
RUSINELLA: Povero signore, comme le tremmava la mano, e comme la teneva fredda, addà tené proprio no bello core! Sta cinche lire la voglio stipà a lo patrone de casa, chill'uorco avanza doje mesate, e nce sta facenno menà da coppa abbascio!...
(Vedendo Felice.) Guè, Feliciè, tu staje lloco?
FELICE: Non mi hai visto?
RUSINELLA: Sì, ma me credeva che te n'ire juto.
FELICE: E addò jevo, saje che a chest'ora sto sempe ccà, pecché saccio che chesta è l'ora che te retire, e io lasso qualunque cosa pe te vedé, però, co chelle parole, ch'haje ditto a chillo signore, m'haje fatto fà lo core quanto a no chiappariello; ma non nce penzà Rusiné, no juorno o n'auto, lo Cielo te farrà contenta e felice.
RUSINELLA: Accussì sperammo!
FELICE: (Quant'è simpatica, che bell'uocchie che tene!). Siccome l'autriere, diciste che

avive tanto desiderio de te mangià no poco de carne, accossì t'aggio portata sta costata... vide quanto è bella. *(La fà vedere.)*

RUSINELLA: Veramente scicca, allora stammatina faccio pasca. Maccarune co li pummadore e carne... ma pecché pò chesto? Tu lo Cielo lo ssape comme staje, abbusche tanto poco.

FELICE: E che me ne mporta, basta che te veco allegra io so' contento! Quanta cose io volarria fà pe te, quanta cose te volarria accattà, ma non pozzo...

RUSINELLA: Intanto co chesto che faje, tutto lo paese dice che nuje facimmo l'ammore.

FELICE: Malelengue, Rusinella mia, cattive gente, che nce vuò fà, non se pò tené premura pe na figliola che subeto se penza a male. A me m'hanno mise nomme lo pazzo, pecché diceno che io sbareo sempe co te e a te non te passa manco pe la capa, me l'hanno ditto nfaccia!

RUSINELLA: No, e pecché? Io pure te voglio bene, ma che saccio, comme a n'amico, comme a nu frate, certamente, che facimmo l'ammore nuje?

FELICE: No...

RUSINELLA: Avimmo maje parlato de chesto?

FELICE: No...

RUSINELLA: E sarría nu bello matrimmonio veramente, magnameme buono. *(Ride.)*

FELICE: E chello che dico pur'io, vuje pecché jate spannenno sta voce, io songo no pover'ommo, chello ppoco che m'abbusco non abbasta manco a me, darria na bella sorte a Rusinella. *(Ride.)* Si teneva n'impiego, na cosa fissa, allora va bene... o pure avisse avuto da tenere quacche cosa de denare tu, pe fà la casa, no poco de biancaria...

RUSINELLA: E se sape; ma sti denare addò stanno?

FELICE: E ca chello... approposito Rusinè, io t'aggia da dà na bella notizia.

RUSINELLA: A me?

FELICE: Sì, a te. Chillo signore che mò se n'è ghiuto, sta ricco assai, e andevina ccà pecché, è venuto?

RUSINELLA: Pecché è venuto?

FELICE: È venuto pe te, te vò fà no maritaggio...

RUSINELLA: Veramente?

FELICE: Veramente!

RUSINELLA: Ah, pecchesto mò che se n'è ghiuto, ha ditto: nce vedimmo, nce vedimmo.

FELICE: Già.

RUSINELLA: Meno male, accussì non dicene cchiù che non tengo niente.

FELICE: E si te vuò mmaretà, te può mmaretà.

RUSINELLA: E se capisce! Oh! Che bella cosa! che bella cosa! mo vaco a purtà sta custata dinto addò zi zia, e me la faccio fà a la pizzajuolo. Te piace a la pizzajuolo?

FELICE: E che me l'aggio da mangià io?

RUSINELLA: Pe la notizia che m'hai dato, facimmo meza pedono.

FELICE: Comme vuò tu. Allora mò vaco a tirà li perelle che aggio acalato dinta a la cesterna, te piacene li perelle fredde?

RUSINELLA: E se capisce.

FELICE: So' diece perelle.

RUSINELLA: Tre a me, tre a te, e quatto a la zia...

FELICE: Comme vuò tu. *(Via a destra.)*
RUSINELLA: Che bella custata, chesta sicuro è no terzo.

SCENA SETTIMA

Luisella, poi Errico e detta.

LUISELLA: Guè, Rusinè, ccà sta chillo signorino.
RUSINELLA: Tu che dice! *(Nasconde la costata.)*
ERRICO: E accussì, Rusinè, che hai fatto? già te sì ritirata, io so' stato fino a n'ora fa ncopp'a la trattoria de Menecone addò so' venuto a mangià cu cierte amice mieje, pò so' scise e non t'aggio potuto trovà pe tutto lo paese, me stai facenne perdere la capa, me stai facenno fà comme a nu pazzo.
LUISELLA: Overe, è giusto... è venuto co chisto sole.
RUSINELLA: (Pecché l'hai fatto trasì ccà dinto? Comme t'è venuto ncapo?).
ERRICO: Stongo una zuppa de sudore, ma non mporta, so' contento pecché t'aggio trovato finalmente. Luisè *(dà una moneta a Luisella)*, va accatte chello che t'aggio ditto, e viene mò.
LUISELLA: So' lesta. Rusinè, e non te mettere scuorno, chesto che cos'è, mamma mia, me pare na criatura.... mò, mò te faccio passà io lo scuorno. Aspetta. *(Via pel fondo.)*
RUSINELLA: Ma insomma signurì, vuje che vulite da me che me venite sempe appriesso da cchiù de tre mise, io a la verità non v'aggio capito ancora.
ERRICO: Cioè, cioè, non m'hai capito ancora, fai vedé che non capisci, pecché me vuò fà soffrì n'auto ppoco... ma comme non hai capito che me sì assai simpatica, che da lo primmo juorno che t'aggio vista, io non aggio fatto auto che venì sempe appriesso a te, che aggio lassato a Napole famiglia, amici, divertimenti, tutto, tutto, pe stà vicino a te, pe te vedé solamente... e che significa chesto? Che te voglio bene assai e faciarria qualunqua cosa pe te.
RUSINELLA: Aspettate, signurì, vuje parlate troppo de pressa, parlammo no poco cchiù chiano. Io aggio visto che vuje tenite na premura pe me e, che saccio, credo che me vulite bene. Ma vuje site no signore, e pozzo mai credere che vuje ve site tanto nammurato de me, che site asciuto tanto pazzo de volerme spusà? Aggiate pacienza, chesto a me non me pò trasì ncapo.
ERRICO: Ma pecché, vurria sapé?
RUSINELLA: Pecché ve lo dico io... pecché non pò essere... sentite a me, signorí, bassateme stà. Io lo capisco, vuje site no giovene che subito v'appicciate, m'avite vista, ve so' piaciuta, e ve vulite spassà nu poco.
ERRICO: Ma no, Rusinella mia, t'inganni. Io te voglio troppo bene, io te voglio levà da sta miseria, non te voglio fa fà cchiù sta vita.
RUSINELLA: Vedite signori... io so' nata ccà dinto, me so' crisciuta dinta a sta casa, e non desidero na cammera sfarzosa pecché non l'aggio vista mai. Non so' stata mai ricca, per ciò la miseria non me fa impressione. Me piaciarria, sissignore, de cagnà posizione, de non ghì cammenanno cchiù pe la strada, de fà godé no poco chella vicchiarella de Ziema, ch'ha fatto tanto pe me, ma si tutto chesto avesse da succedere, pecché vuje me vulite

bene, e pecché vo so' simpatica, caro signorino, avite sbagliato, me contento de sta ccà dinta a miseria, e de faticà sino a che moro!
ERRICO: Ma no, ma no, levate stu pensiero da la capo, io aggio visto comme la pienze, aggio visto che sì na bona figliola, e t'assicuro che faccio tutto chello che buò tu. Io so' giovene che quanno aggio mise n'affezione, non me la pozzo cchiù scurdà, poco primma ncoppa a la tratturia tutti gli amici miei se divertivano, vevevene, pazzievene, cantevene li canzone, e io non li senteve nemmeno, pecché pensava a te... crideme, te voglio troppo bene!... Tu che dice che vuò essere sposata? E io te sposo, ma pecché stai in dubbio, pecché tiene tanta poca fiducia in me? Io te porto a Napole, a la casa mia, te presento a mammà, e songo certo che quanno chella te vede, quanno tu nce parle te volarrà bene comme a me, e forse cchiù de me, si pò te songo antipatico, si lo core non te dice niente quann'io te parlo... allora... statte bona... e non nce penzammo cchiù. *(Per andare.)*
RUSINELLA: Aspettate... sentite... embè na vota che parlate accussì, e pe ve fà vedé che non me site antipatico... allora...
ERRICO: Allora?...
RUSINELLA: Allora... ve dico che pure io vi voglio bene... e... m'affido a buje.
ERRICO: Brava! brava!... mò so' contento. *(L'abbraccia.)*

SCENA OTTAVA

Luisella e detti, poi Felice, indi Ciccillo, Luigi e Michele.

LUISELLA *(con cartoccio e bottiglia)*: Eccome ccà a me... No no, facite, facite, io n'aggio piacere! Mò credo che fenite de fà lu picciuso!... Luisè, Rusinella addò sta? Luisè, Rusinella non me pò vedé? *(Con voce lamentevole.)* E io che ve diceva sempe, nun dubitate, chella fa accussì, ma pò co lo tiempo, vedite che pur'essa ve vò bene.
ERRICO: Sì, me ne so' accertato, e te ringrazio.
RUSINELLA: Però, sentite, io v'aggio da dicere doje parole, e ve le dico nnanze a Luisella, vuje mò avite viste chi songo, comme la penzo, e che core tengo, sarraggio pe buje sempe na figliola affezionata, e non me scordarraggio mai lo bene che me facite... però si m'avisseve da ngannà, si avisseve da tenere no pensiero malamente co mmico, pensatece buono, signorì, pecché non starnisseve cchiù cujeto...
ERRICO: Ma che vai dicenno, chesto non lo pensà nemmeno.
LUISELLA: Ma pecché t'avarria da ngannà, pe quà ragione; ma ched'è, è lo primmo signore che se sposa a na femmenella?
RUSINELLA: Oh, chesto è certo, ma pecché non parlate cu zi zia?
ERRICO: Ma sì, parlo co zieta, faccio tutto chello che buò tu, ma feniscela. Viene, mangiammece na pasta nzieme e bevimmoce nu bicchiere de marsala. *(Va al tavolo, apre il cartoccio che ha deposto Luisella, e versa il marsala in un bicchiere.)*
LUISELLA: (Statte zitta, non parlà cchiù, chisto è nu signore, tu haje fatto la fortuna toja!).
RUSINELLA: (Accussì sperammo!).
ERRICO: Venite, venite, assettateve... tiene, Rusinè. *(Offre le paste a Rosinella e Luisella*

le quali mangiano.)
RUSINELLA: Grazie.
LUISELLA *(mangiando)*: Comme so' belle, mangiarria sempe cheste. *(Esce Felice col piatto di pere.)*
ERRICO: E io vorria che stu momento non passasse mai pecché stongo vicino a Rusinella mia. *(Felice inavvertentemente si fa cadere le perelle dal piatto.)* Che veco lo professore de coppa a la trattoria, bravo! M'avite fatto proprio piacere... Sunate, na bella cosa!
FELICE: Io?...
ERRICO: Vuje si, no motivo appassionato, jammo!...
FELICE: Ma... io...
ERRICO: Ched'è, neh? V'avesseme da pregà?...
FELICE: Nonsignore. *(Prende il violino e suona la siciliana di Cavalleria, alquanto stonata. In questo frattempo dalla sinistra escono Ciccullo, Luigi e Michele e ridono senza esser veduti da Errico, Rusinella e da Luisella.)*
ERRICO *(alle donne)*: Mangiate, mangiate e bevite!
LUISELLA: Grazie tante. *(Beve.)*
ERRICO: Evviva l'allegria! *(Mentre Felice suona i tre ridono.)*

(Cala la tela.)

Fine dell'atto primo

ATTO SECONDO

L'istessa decorazione del primo atto.

SCENA PRIMA

D. Nicolino, poi Caterina.

NICOLINO *(dal fondo con carte in mano)*: Ecco ccà tutte li carte necessarie pe lo spusanizio mio co Caterina. Fede di nascita mia, fede di morta de moglierema, stato libero, tutte pronte. Mò nce vonne li carte soje. M'aggio avuto appiccecà co no ridicolo ncopp'a lo Municipio: Ma comme Niculì, tu overo te nzure n'auta vota? Sissignore. E a chi te piglie? A Caterina Mellone la grammignara. A Caterina? Seh, che combinate tutti li duje? Ntricateve de li fatte vuoste, vuje state ccà per servire il pubblico, non già pe ncujtà la gente. Chello che aggio da combinà co Caterina me lo beco io. Vuje vedite che se passa. *(Chiamando)* Catarì, Catarì?
CATERINA *(dalla sinistra)*: Guè Nicolì, sì tu. Ch'è stato?
NICOLINO: Ccà stanno tutte li carte meje che nce vonno pe spusà. Mò m'hai da dà tutte li nutizie toje pe nce spiccià lesto lesto.
CATERINA: Nicolì, ne parlammo dimane, aggie pacienza, si sapisse ogge comme stongo.
NICOLINO: Ma pecché ch'è successo?

CATERINA: Da duje mise a chesta parte, dinta a la casa mia non se sta cchiù cujeto. Rusinella non vò ascì cchiù, non vò j vennenno cchiù asprinia, non se po dicere na parola che te zompa nfaccia, abbuoncuto s'è perduta la pace!
NICOLINO: Ma pecché?
CATERINA: Primma de tutto ha saputo tutte cose che io non le songo niente, che me la pigliaje da la Nunziata.
NICOLINO: Overe? E chi nce l'ha ditto?
CATERINA: E che saccio, Nicolino mio, che ne saccio. Forse chillo giovene comme venette da te, avette da j addimmannà a quacc'auta parte, e accussì s'è sparza la voce.
NICOLINO: Vuje vedite, vedite...
CATERINA: Ma chesto sarria niente, pecché essa s'è fatta meza capace, e ha ditto che sula a me ha conosciuta e a me vò bene; lo mbruoglio non è chisto, lo fatto serio è, che chillo signorino nobele che nce faceva l'ammore, e che venette a parlà pure co mmico, so' vinte juorne che è scomparzo, e non s'è fatto cchiù vedé, doppo d'averle fatte tanta prumesse. Chella povera criatura s'era tutta ammoinata, non nce ha mise na passione.
NICOLINO: E se capisce, vuje vedite che galiota, embè, non se sape chisto addò sta, addò se pò truvà?
CATERINA: Lo sapimmo addò stà, quatte juorne fa nce jettero Luigi e Michele li cucchiere, pe nce parlà, pe vedé che ntezione teneva, e turnajene ccà fridde manco la neve dicennole: Rusinè, nun nce penzà cchiù, pecché chillo se mmereta pacchere. Figurate quanno Rusinella sentette chesto, che se facette afferrà, sacc'io chello che passaje, stammatina nce ha mannato a Ciccillo lo scuonceco, ch'è pure cocchiere, vedimmo mò che vene che ha fatto. Io songo certa, che si Ciccillo vò, lo fa venì ccà a quatte piede, Ciccillo è terribile!
NICOLINO: Vattenne Catarì, mò me vuò mparà Ciccillo a me chillo è no sbruffone, fa tutte chiacchiere.
CATERINA: Sì, ma quanne le va lo sango ncapo, è capace de qualunqua cosa. Approposito, Nicolì, stamatina n'ommo m'ha puntata sta carta, vide che d'è. *(Caccia una carta dalla tasca e la dà a Nicola.)*
NICOLINO *(guarda)*: Eh, e si non me mette l'acchiale, non veco niente. *(Si mette la lente e legge:)* Scuse! Chesta è la seconda citazione de lo padrone de casa, che domanda sequestro e sfratto.
CATERINA: Pure chesto! Cielo mio, e comme se fà! Comme se fà! *(Nicolino resta a leggere piano.)*

SCENA SECONDA

Rusinella e detti.

RUSINELLA *(dalla sinistra esce e guarda in fondo, poi scende)*: Zizì, Ciccillo non è venuto ancora?
CATERINA: No, ancora, figlia mia, no, ancora, ma chillo mò te lo vide venì... e nun te stà accussì de male umore, non te piglià cchiù collera. *(Rusinella si asciuga gli occhi col fazzoletto.)* Nce sta lo Cielo, isso farrà li vennette noste! Tu me vuò bene, o pure pe

chella cosa che t'hanno ditto, non me puorte cchiù chell'affezione che me purtave na vota?
RUSINELLA: Oh, Zizì, chesto non lo dicite manco pe pazzià.... io, a chillo fatto nce pensaje n'ora solamente, pecché dicette: va trova mammà e papà chi erano, e che se ne saranno fatte... ma pò, pensai pure che si erano gente bone, gente affezionate, si erano mamme e patre che avessero tenuto core dinto a lo pietto, non m'avarriene lassata llà dinto, non m'avarriane abbandonata, non se sarriene scurdate de la figlia loro... vuje invece m'avite fatto da mamma, da patre, da tutto, e io mò ve voglio cchiù bene de primma. *(L'abbraccia.)*
CATERINA: Ah, che puozz'essere benedetta!
RUSINELLA: Non è chesto che me fà sta accussì, vurria chillo birbante dinte a li mmane pe sfugà, pe nun murì crepata. Ma già, chella fuje Luisella, essa nce have colpa, essa m'ha fatto tutto lo mmale!...
NICOLINO: Rusinè, agge pacienza, chi Luisella?
RUSINELLA: Figlieta, figlieta, essa lo portaje ccà dinto, essa me dicette tanta cose...
NICOLINO: Figliema? E che le mportava a essa?
CATERINA: Ne poteva lì a lo meno!
NICOLINO Bravo! Avite fatto buono che me l'avite ditto.
RUSINELLA: Io non lo voleva dà retta, pecché lo core me parlava, pecché sapeva che chesto sarria succieso, essa me dicette che era no buono giovane, ne signore, e che certamente m'avarria sposata!
NICOLINO: Veramente? E bravo!

SCENA TERZA

Luisella e detti.

LUISELLA: Papà, vuje state lloco?
NICOLINO Viene ccà, muzzecutela che sì! *(Afferrandola.)* Dimme na cosa, comme te venette ncapo de te mettere miezo a cierti fatte che non t'appartenene?
LUISELLA: Quà fatti?
CATERINA: Non importa, Nicolì. *(Lo trattiene.)*
NICOLINO: No, mò m'avite da fa fà mò. Pecché inghiste la capa de chiacchiere a Rusinella pe la fà mettere a fà l'ammore co chillo signorino?
LUISELLA: Io? Ah, Rusinè, tu pecchesto non me parle e non me salute cchiù, ne putarrisse fà a lo meno, e già io la jenchette la capa de chiacchiere; chella pò era fatta na criatura de diece anne, che se faceva mbruglià da me e vuje mò pecché me vulita fà parlà...
CATERINA: Pecché, che buò dicere, neh Luisè, parla, parla, chi te tene?
NICOLINO Quanno stongo io nnanze, ammoccia e statte zitta.
LUISELLA: Guè, non ve vestite de carattere, sà, ca co mmico non nce appurate niente... io non me pozzo stà zitta, voglio parlà!...
NICOLINO: (Ma che bellu rispetto!).
LUISELLA A me certamente non me traseva nisciuna lira dinta a la sacca si tu nce facive

l'ammore. Era no signore, me pareva no giovane affezionato, e accussì nce mettette na bona parola.
NICOLINO: Ma tu però...
LUISELLA: Chillo me parevano pazzo, pareva che squagliava, che moreva pe essa, diceva che se la vuleva spusà, puteva mai credere che teneva lo veleno ncuorpo, e pò Rusinella mia, t'haje da ricordà che duje mise fa, jette pe trasì ccà dinto, e ve truvaje abbracciate a tutte li duje, dì la verità, v'avesse fatte abbraccià pur'io?
NICOLINO: Ma si tu...
LUISELLA: Anze, anze, me ricordo che quanno fuje la sera me diciste: Luisella mia, non te può credere comme so' contenta, e quanto lo voglio bene, mò tutto nzieme cher'è, vuò menà la culata ncuollo a me. Non nc'è venuto cchiù? E se capisce che non aveva venì cchiù, pecché quanno pò vuò sapé la verità, io credo che lo professore de violino l'avette da dicere quacche cosa, l'avette da parlà no poco mazzecato, e chillo s'è pigliato collera, e se capisce, chille pò so' signure, sora mia, pe chi l'avive pigliato...
RUSINELLA: Lo professore de violino non le poteva dicere niente, pecché niente nce steva co me...
LUISELLA: Va buono, Rusinè, va li conte n'auta sti chiacchiere, chillo se passa la vita soja ccà dinto, e la gente furfeceja assaje pe sto fatto...
CATERINA: Luisè, bada chello che dice, pecché la gente primma de parlà de sta bardascia, s'hanno da lavà la vocca co l'acqua de rose, e nfaccia a sti gonnelle, pe grazia de lo Cielo, non nce stanno fose d'appennere...
NICOLINO: Tu sì stata...
LUISELLA: Vuje vedite io addò me credeva de me piglià tanta collera, doppo che m'era prestata pe fà nu piacere...
CATERINA: Ne puteva fà a lo meno, è segno che nce aveva da stà l'utile tujo!...
LUISELLA: Siè Catarì, badate comme parlate, pecché si no ccà lo fatto fernesce malamente!
CATERINA: E comme fernesce neh piccerè, comme fernesce?
NICOLINO: Pss, finiscela cattera, io songo patre, o songo nu tuorzo!... A lo posto tujo, là... rispetta questa donna che fra poco ti deve essere madre, hai capito?
LUISELLA: (Sì, e state frische!).

SCENA QUARTA

Felice e detti.

FELICE *(con violino)*: Signori, buongiorno. *(Tutti gli voltano la faccia.)*
CATERINA: Professò, me facite no piacere, ccà non nce venite cchiù, pecché bastantemente quanta chiacchiere me sto sentenno pe causa vosta!
NICOLINO: Vuje ccà certamente non nce avite che nce fà, e non avimmo piacere che nce venite.
CATERINA: Pò, ne putiveve fà a lo meno de j a mettere campanelle nganna a la gatta.
LUISELLA: Lo trovasteve troppo buono che non ve pigliaje a cauce, già chillo pò so' signure, e tanta vote non lo fanne, pe nun se spurcà...

FELICE: Sentite, io non capisco che state dicenno.
LUISELLA: Non capite, ov'è, non capite... Stamme parlanno de chillo signorino, che faceva l'ammore co Rosinella, e che non nc'è venuto cchiù pe causa vosta.
FELICE: Pe causa mia?
LUISELLA: Sì, pe causa vosta, pecché vuje va trova che le jsteve a dicere, che verme le jsteve a mettere ncapo, e lo facisteve arrefreddà. (*Pausa.*)
FELICE: Vi giuro, per quanto amo la vita degli occhi, che servono per guardare e sono cari, che mai me so' azzardato de dicere na parole a chillo giovane, non l'avarria mai fatto, anze, quanno appuraje che Rusinella nce faceva l'ammore, n'avette assaje piacere, e dicette: meno male se mmarita, have na bona sorte, e lo Cielo la pozza benedicere... e comme, io mentre vuje mangiaveve chillo juorno, ve facette pure na sunata, e m'avite creduto capace de fa n'azione de chesta!... Io me ne vaco, sissignore, ccà non nce metto cchiù lo pede, ma però, levateve stu pensiero. (*Per andare.*)
RUSINELLA: Nonsignore, chesto non sarrà maje! Feliciè, non te movere da ccà, io te credo, tu sì no buono giovene, e non nce sta nisciuna ragione pe te ne caccià...
NICOLINO: Secondo me, sarria meglio che se ne jesse...
RUSINELLA: E secondo me, e meglio che non se ne va...
NICOLINO: Io però, come tuo prossimo zio, tenarria lo deritto de non farlo stà.
RUSINELLA: Tu pe mò non me sì niente ancora, quanno pò me sì zio, se ne parla!
NICOLINO: (Guè, ma me rispettano tutte quante, sà!).
RUSINELLA (*situando Felice a sinistra*): Miettete ccà e non te movere, na vota che la gente forfecea pe senza niente, mò li voglio fà furfecià pe piacere miò. Non te movere da ccà! (*Luisella ridendo, fa il gesto a Nicolino con la mano dritta, quando si vuol chiamare minchione una persona.*)
NICOLINO: (Non fà sta mossa che me tuocche li nierve!).

SCENA QUINTA

Ciccillo e detti.

CICCILLO (*di dentro gridando*): Vuje che ve facite afferrà, mò vengo, mò vengo!
RUSINELLA: Uh! Ciccillo!
CATERINA: Vene Ciccillo!
NICOLINO: (Sentimmo che ha fatto sto chiacchiarone!).
CICCILLO (*fuori*): Signori miei.
CATERINA: Ciccì, che notizie nce puorte?
RUSINELLA: L'haje visto?
NICOLINO: Che t'ha ditto?
CICCILLO: Eh, no momento... vuje non avite da j de pressa... io so' tornato ccà, Averza, pe no puro miracolo, a chest'ora, pe chello ch'è succieso, avarria da sta dinto a lo canciello...
CATERINA: Ma pecché, ch'è succieso?
CICCILLO: So' ghiuto a la casa de sto Marchesino Errico Fiore, che sta abbascio a la Torretta, e lo guardaporta m'ha ditto che quatte juorne fa erano jute n'auti duje

cocchiere addimannà d'isso, e la Marchesa, la mamma, l'aveva fatto piglià a cauce da li serviture. Va buono, io so' n'auta cosa, la Marchesa co mmico chesto non lo fa. Mò lo figlio sta ncoppe? Nonsignore, è ghiuto a primma matina a piscà a Pusilleco dinta a na varca co na commettive d'amice suoje, allora senza perdere tiempo, so' ghiuto a Mergellina, me so' miso dinta a na lanzetella, e tanto aggio addimmannato, tanto aggio fatto, che finalmente aggio trovata la barca addò stevene loro, potevano essere na quinnecina de perzune, me so' accustato, l'aggio salutato, e aggio ditto: Signori, perdonate, io v'avarria dicere doje parole. A me?... E chi sì tu, chi te conosce? Io songo Ciccillo Fierro, so' d'Averza, e so' venuto pe ve parlà de chella povera Rusinella. Che Rusinella e Rusinella, chisto non è momento che io pozzo penzà a sti cose, se ne parla n'auto juorno, e se so' mise a vucà. Allora me so' mise a vucà pur'io. Aspettate, signori, io so' venuto fino a ccà, aggio lassato li fatte mieje, e certamente non pozzo venì n'auto juorno. E che me ne mporta a me, io mò non sto comodo, uno de chill'amice suoje che stevene llà dinto ha ditto: ma se sape, mò nce stammo spassanno e non potimmo dà retta a te. Io che aggio ntiso chesto, aggio ditto nfaccia a lo marenaro mio, marenà, voca, accosta, arrivato vicino a la varca, co no zumpo me so' menato da dinto: Mio signò, aggio ditto, vuje m'avite da dà retta, pecché si no ccà facimmo no poco d'opera. A chesto isso ha fatta la faccia janca manco la cera e ha ditto: Ma che cosa vuoi da me, che me vuò dicere? Te voglio dicere che chello che hai fatto tu, non è azione da signore, pecché non se lassa na povera figliola de chella manera, doppo tanta promesse che l'haje fatte. Io non aggio promesso niente, avimmo fatto l'ammore, mò mammà ha appurato tutte cose, e l'aggio avuta da lassà pe forza! E sì no bell'ommo tu? Tu sì no carognone! Ppà, l'aggio chiavato no paccaro! Chisto ha avutato tre bote tuorne tuorne, e è ghiuto a mmare, allora e che hai visto, li compagne lo volevano salvà, se so' appise, la varca s'è abbutecata, e simme jute tutte quante sotto, loro se so' mise a natà e correvano p'arrivà a la spiaggia, a me l'acqua m'aveva no poco abbeluto, ma la mazza non l'aggio lassata maje, aggio cacciato la capa, aggio visto addò stevene, e me so' mise a correre...
FELICE: Scusate, a mmare?
CICCILLO: A mmare.
NICOLINO: E nataveve co la mazza mmano?
CICCILLO: Co la mazza mmano. Appena l'aggio arrivate, le so' asciuto de faccia e aggio accuminciato a menà palate de truone, a chesto so' currute da sette o otto lanzetelle co li guardie da dinto, se so' mise attuorno a me, e me volevano piglià mmiezo: Ah, maniate de carugnune, scostateve, aggio cacciato lo revolvere e me so' mise a sparà!
FELICE: A mmare?
CICCILLO: A mmare! Tutte quante acalaveno li cape e chiudevano l'uocchie, io aggio approfittato de sto momento, me so' menato sotto acqua, e da Pusilleco, natanno, natanno, me so' truvato a Puortece, e da Puortece ad Averza, pò me so' cagnato e so' venuto ccà!
FELICE: Che bello curaggio!
NICOLINO: E che bella forza!
CATERINA: E isso co l'amice suoje che se ne so' fatte?
CICCILLO: E che ne saccio, saranno arrivate nterra cchiù muorte che vive.

NICOLINO Te sì miso a brutte rischie.
CICCILLO: E che aggio da fà, che songh'io? quanno lu sango me saglie ncapo, io non penzo cchiù a pericole!
NICOLINO: (Ma che bello sbruffone!).
CICCILLO Cara Rusitiella, che buò che te dico, chesto te puteve fà e chesto t'aggio fatto.
RUSINELLA: Dunche t'ha ditto che la mamma l'ha appurato, e m'ha avuta da lassà pe forza, e bravo! Vì che assassino, vì che birbante!
CATERINA: Figlia mia, miettete l'anema mpace, e non nce penzà cchiù.
NICOLINO: Non fà vedé cchiù tanta premura.
CICCILLO *(piano a Nicolino)* (Io aggio saputo pure che sta pe se nzurà, me l'ha ditto lo guardaporta).
NICOLINO: (Nientemeno!).
CICCILLO: Chello che te pozzo cunsiglià pur'io, non lo curà cchiù.
RUSINELLA: A me? Manco muorto lo voglio vedé, nfame, birbante, traditore! *(Via a destra.)*
CATERINA: Povera piccerella, have ragione. Nicolì, jammo appriesso, cercammo de calmarla. *(Via appresso.)*
NICOLINO: Eccome ccà. *(A Luisella:)* A te, va fà pace co Rusinella chella a n'auto ppoco t'addà essere sora cucina, e non conviene de stà accussì.
LUISELLA: Io non la penso comme all'aute a me subeto me passa. *(Via appresso.)*
NICOLINO: Cicci, trase tu pure, agge pacienza.
CICCILLO: So' lesto.
NICOLINO *(a Ciccillo)*: Io chello che non me pozzo fà capace, comme uno pò natà co lo bastone mmano.
CICCILLO E ca chella è l'abilità.
NICOLINO: Ma se nata co una mano?
CICCILLO: Una mano, accussì. *(Fa il gesto.)*
NICOLINO: E lo revolvere pò co quà mano l'hai pigliato?
CICCILLO: Co chesta *(indica la dritta)*, la mazza me l'aggio mise mmocca, e co chesta ccà natava. *(Indica la sinistra e fà il gesto.)*
NICOLINO: Che bella cosa, che sveltezza, e bravo Ciccillo.
CICCILLO: So' cose de niente, so' cose de niente. *(Viano app.)*
FELICE: Ma nce vò no bello stommeco a dì tutte chelle ciucciarie. Chillo s'ha fatto n'appiccecata a mmare comme fosse stato miezo a lo largo de lo Castiello.

SCENA SESTA

Alberto e detto.

ALBERTO *(esce dal fondo e guarda intorno)*: Scusate, diteme na cosa, avete visto venire un notaio?
FELICE: Ccà? Nonsignore.
ALBERTO *(guarda l'orologio)*: E già, pe miezo juorno nce vò no terzo, lo giovene sujo m'ha ditto che mpunto miezo juorno vene... allora nce manca poco.

FELICE: Amico, scusate l'ardire, comme va che chillo tale maritaggio pe Rusinella non venette cchiù, oramaje so' quasi duje mise.
ALBERTO: Lo maritaggio, lo maritaggio... altro che maritaggio... ma come, voi non sapete niente?
FELICE: Di che?
ALBERTO: Io chillo juorno venette nzieme co chillo viecchio, che è notaro, e ccà nce aveva marinate no ricco signore, no certo Prospero Sardella, lo quale, poveriello, è muorto.
FELICE: Uh! e come?
ALBERTO: Era malato de core, capite, e siccome avette da fà lo viaggio dall'America a Napole, pe mmare s'aggravaje, e appena arrivato, la notte fuje pigliato da no colpo e morette.
FELICE: E ha rimasto denare?
ALBERTO: Come! Quell'era ricchissimo, era milionario, dinta a la scrivania trovajene pure lo testamento, e ogge lo Notaro lo vene a leggere ccà.
FELICE: Ccà? E pecché?
ALBERTO: E che ne saccio a me me l'ha ditto lo giovene sujo, ch'è amico mio, forse D. Prospero avarrà lassata quacche somma a chella figliola Rusinella.
FELICE: Possibile! Vulesse lo Cielo!
ALBERTO: Ma sì, ma sì, perché avite da sapé che Rusinella a D. Prospero l'era figlia.
FELICE: Figlia?!... Allora D. Prospero era lo frate de Catarina?
ALBERTO: Chi è sta Catarina?
FELICE: La Zia de Rusinella?
ALBERTO: Ma che zia e zia! Caterina non l'è niente, se la pigliaje da dinta a la Nunziata.
FELICE: Vuje che dicite!
ALBERTO: Eh, che dico, la verità... Intanto io sto ncoppa a li spine, me parene mille anne che vene lo Notano, io so' sicuro che D. Prospero s'è ricordato de me. E che diavolo, so' stato tre anne vicino a isso. Quanno nce l'aggio addimmannato a lo giovene, s'è mise a ridere e non me l'ha voluto dì, o lo ssape e me vò fà avé la sorpresa tutto nzieme, o pure non sape niente addirittura.
FELICE: Ma pe la figlia è certo?
ALBERTO: Pe la figlia è certissimo, non se sape quant'è.
FELICE: Sangue de Bacco, e chesta è na provvidenza che le vene da lo Cielo... se lo meritava! Se lo meritava!

SCENA SETTIMA

D. Saverio, la Marchesa Candida e detti.

CANDIDA *(di dentro)*: Che polvere! Che polvere! che strade orribili!
ALBERTO: Chi è?
SAVERIO *(di dentro)*: Siamo arrivati, ecco qua.
FELICE: Neh, chi so' scusate...
ALBERTO: La Marchesa Fiore! E che vene a fà ccà?

CANDIDA *(fuori)*: Io non capisco perché avete fatto fermare la carrozza tanto tempo prima, mi sono rovinato i scarpini, che strade, mio Dio, che strade!
SAVERIO: (Vuje vedite che guajo che aggio passato co chesta!).
CANDIDA: La carrozza avrebbe potuto venire fin qui.
SAVERIO: Ecco qua Marchesa, siccome mi avevano detto: strada nuova N. 23, io vedendo il N. 21, ho detto: ferma, cucchiè, siamo arrivati. La combinazione in quella strada, botteghe non nce ne stavano più, e pe venì a lo 23 nce ha voluto la mano de lo Cielo, avimmo avuta fà no buono tratto a piedi, credo che non sia stata una grande mancanza.
CANDIDA: Caro D. Saverio, voi dite bene, perché siete uomo, queste strade non vi fanno impressione, ma per me che sono donna, e che sono abituata di andare sempre in carrozza, non è stata una piccola cosa.
ALBERTO: Signora Marchesa. *(Salutando.)*
CANDIDA: Oh, chi vedo? D. Alberto, state qua?
ALBERTO: Sì, per un affare, non ci vediamo da tre anni. Però, vi trovo sempre bella, sempre fresca...
CANDIDA: Oh, per carità, siete troppo gentile.
ALBERTO: Ancora vedova?
CANDIDA: Sempre
ALBERTO: Vostro figlio Errico come sta?
CANDIDA: Non c'è male, ed è per lui che sono venuta fin qui. Dicono, che abbia amoreggiato con una ragazza del volgo, una popolana di questo paese, la quale si prende l'ardire di mandare al mio palazzo certi lazzaroni, amici suoi e protettori, per domandare di mio figlio, per sapere perché l'ha lasciata, e che cosa intende di fare. Ma ditemi voi se si può soffrire di peggio.
ALBERTO: Oh, avete ragione.
CANDIDA: Quattro giorni fa fui obbligata di farne cacciare due dai miei servi a furia di calci. E stamattina, mentre Errico passeggiava a cavallo sul trottuar essendo stato fermato da un altro tipo, un certo Ciccillo, ha perduta la pazienza e gli ha dato due buonissime cravasciate, fortuna che è fuggito, perché erano corsi altri signori, amici nostri per fargli il resto.
ALBERTO: Benissimo!
CANDIDA: Vedete un poco che pretenzione — mio figlio il Marchesino Errico Fiore, essere perseguitato da una ciandella qualunque, mentre fra pochi giorni deve sposare la figlia di questo signore.
SAVERIO *(saluta con la testa Alberto che fa lo stesso)*: Io poi, capite, ho voluto sapere con precisione di che si tratta, e perciò siamo venuti qua, perché, mia figlia, poveretta, ha saputo qualche cosa, e sta molto dispiaciuta, non vorrei che questo matrimonio la dovesse rendere infelice.
CANDIDA: D. Saverio, per vostra regola, questo matrimonio sarà una fortuna per voi, su tutti i riguardi, prima di tutto stringete parentela con una famiglia nobile, capite?
SAVERIO: Marchè, scusate, vuje mettite sempe sta nobiltà mmiezo, io a mia figlia le dò 500 mila lire, e con questa dote mi pare che ho diritto di darle almeno no buono giovine pe marito. Vostro figlio è nobile, sissignore, ma non tiene niente.

CANDIDA: Tiene il titolo che vale milioni. Voi non ne capite niente.
SAVERIO: No, io capisco assaje, Marchè.

SCENA OTTAVA

Caterina, Rosinella, Nicolino, Ciccillo, Luisella e detti.

CATERINA: Chi è neh. *(Gli altri la seguono.)*
CANDIDA: Basta, di questo ne parleremo dopo.
CATERINA: Signò, che comannate?
CANDIDA: Siamo venuti per sapere chi è la giovine che si pretende essere l'amante di mio figlio Errico?
CICCILLO: (Chesta è la mamma, la marchesa).
CATERINA: Ah! Signò, vuje site la mamma de chillo bello galantommo che venette a ncuità la casa mia? Bravo! Chesta è la giovane e io songo la Zia, che vulite? che nce avite da dicere?...
SAVERIO: (Piano, piano, Manchè, che ccà abbuscammo!).
CANDIDA: Vi debbo dire ch'è inutile di mandare più persone a Napoli a domandare perché l'ha lasciata e che cosa intende di fare, sono due cose che le potete sapere da me.
SAVERIO: (Marchè, chiano, chiano...).
CANDIDA: L'ha lasciata perché ha capitolo sbaglio, e ha capito la differenza che passava fra lui e lei. Quello che intende di fare poi, ve lo dico subito: Non vuole essere più seccato! Ecco tutto!
RUSINELLA: Signò, avite da sapé che a lo figlio vuosto, nisciuno l'aveva priato de veri da chesta parte, isso fuje che me venette a ncuità, isso fuje che me jenchette la capa de chiacchiere... riguardo a la differenza che passa fra me e isso, avite ragione, pecché io so' na guagliona onesta e de core, e isso è n'ommo nfame e scellarato! Ma signò, vuje site la mamma, e si le vulite dà no buono consiglio, dicitele che non se ncontrasse mai co me capite, mai!... *(Caterina l'abbraccia.)*
TUTTI: Have ragione!
CANDIDA: Mio figlio è un nobile, e non si potrà mai mettere con voi che siete dei mascalzoni!...
NICOLINO: Signò, si mò ve ne jate, facite meglio!
CICCILLO: E buono pe buje!
LUISELLA: Si no ve ne jate malamente!
SAVERIO: (Marchè, jammoncenne).
CANDIDA: Sì, sì, dite bene, andiamo via, perché io non sono avvezza a stare in questi luoghi, in questa miseria!. *(Via pel fondo. Saverio la segue.)*
LUISELLA: Sciù pe la faccia toja! Vedite che se passa!
CATERINA: Figlia mia, non te piglià collera, tu nce l'haje scartata bona!
RUSINELLA: Ma ch'aggio fatto de male io? Pecché aggio d'avè tanta dispiacere? Pecché aggio da essere tanto sfortunata? *(Siede e piange.)*
NICOLINO: (Povera figlia!).

CICCILLO: (Comme le se po' dà tuorto!). *(Luisella si avvicina a Rusinella e fanno scena.)*
ALBERTO *(a Caterina)*: Bella fè, dimme na cosa. *(Agli altri:)* Sentite vuje pure. Io me trova ccà, pecché so' venuto a dà na bona notizia a Rusinella, ma primma vorria sapé si essa ha appurato che tu non le sì niente, che te la pighiaste da la Nunziata?
CATERINA: Sissignore, sape tutte cose, ma non l'ha fatto specie, anze ha ditto che mò me vò bene cchiù assaje.
ALBERTO: Bravo! E si sente che lo patre è muorto, non credo che ne po' avè tanto dispiacere?
NICOLINO: E che dispiacere, chella non lo conosce.
CATERINA: Uh! Lo patre è muorto?
CICCILLO: E buje comme lo ssapite?
ALBERTO: Lo saccio, pecché io era lo segretario sujo: è muorto e l'ha rimasta na somma de denare. Mò vene lo Notaro e legge lo testamiento ccà dinto.
CATERINA: Vuje che dicite?!
NICOLINO: Signurì, non pazziate!
ALBERTO: Seh, pazzeo, accussì ne fosse certo pe me.
CATERINA: Ah! Bene mio, che contentezza, che piacere!
NICOLINO: E nun sapite quanto l'ha rimasto?
ALBERTO: No, chesto non lo saccio; ma lo viecchio però era ricchissimo.
NICOLINO: L'ha potuto rimmannè pure no cinche seje cento lire?
ALBERTO: Più, più, mò nce lo dico io. *(A Rusinella:)* Rusinè, viene ccà, non te stà cchiù de mal'umore, nun chiagnere cchiù. Non te chiammà cchiu sfortunata. Dimme na cosa, te ricuorde io chi songo?
RUSINELLA *(guardandolo)*: Site chillo giovane, che duje mise lì stiveve aunito co chillo viecchio
ALBERTO: Bravo! Mò te so' venuto a dà doje notizie, una malamente e n'auta bona assaje. Mò te dico primma la malamente. Io e chillo viecchio venetteme ccà chella matina, pecché nce mannaje no gran signore, lo quale mò è muorto, e t'ha rimasta na somma de denare...
RUSINELLA: A me?
TUTTI: Sì, sì a te.
ERRICO: E pecché?
ALBERTO: Pecché, pecché... chillo signore era... pateto!
RUSINELLA: Pateme! Veramente? E non me dicisteve niente? non me dicisteve che era vivo ancora? E mò veramente è muorto?... ma già... quanno mai è stato vivo pe me?
ALBERTO: Pecché steva lontano, steva in America, addò se facette na fortuna, ma mò, Rusinè, statte allegra, tu sì guagliona, e pensa a godè nu poco.

SCENA NONA

D. Achille e detti, poi Luigi e Michele.

ACHILLE *(con fascio di carte sotto al braccio)*: Buongiorno.
NICOLINO: Chi è?

ALBERTO: Caro D. Achille.
ACHILLE: Oh, D. Albè, state qua?
ALBERTO: Eh, io ve lo dissi. Un tavolino, una sedia.
CICCILLO: Subito. *(Con Nicolino prende un tavolino e lo mettono in mezzo, poi danno una sedia ad Achille.)*
ACHILLE: Grazie. *(Siede.)*
ALBERTO: Non vi ho potuto mai strappare una parola dalla bocca, e così sono venuto a sentire il testamento che dice. Credo che dopo essere stato tre anni con lui, si fosse ricordato di me... ho lavorato, sapete...
ACHILLE: Eh... lo sò... ma...
ALBERTO: Non m'ha rimasto niente?
ACHILLE *(con la testa e con la bocca fa segno di no)*: Dove sta la fanciulla Rosina Palermo?
CATERINA: Eccola ccà, signò.
RUSINELLA: Vostra serva.
ACHILLE: Serva! *(Alzandosi.)* Padrona mia! *(Pausa.)* Benedetta! Benedetta! Vaje vennenno ancora l'asprinia d'Averza?
TUTTI: Sissignore, sissignore.
CICCILLO: Ne vulite no bicchiere?
ACHILLE: Grazie, grazie. *(Guardando Rusinella.)* Ah, che mondo, che mondo chillo forse è lo perette che puorte tu?
RUSINELLA: Sissignore, signò.
ACHILLE: Scasse tutte cose... Benedetta, benedetta! *(Agli altri piano:)* (sta guagliona sape che lo padre è muorto?).
TUTTI *(sottovoce)*: (Sissignore, sissignore).
ACHILLE: (Va bene). *(A Rosina:)* Non te movere da lloco, e sentite tutti.
LUIGI *(uscendo dal fondo con Mich.)*: Eccoce ccà a nuje.
MICHELE: Siè Catarì, nce simme?
CICCILLO: Pss. stateve zitto!
LUIGI: Ched'è neh?... *(Tutti si mettono intorno al tavolino e sentono la lettura del testamento con tutto l'interesse e l'attenzione possibile.)*
ACHILLE *(legge)*: «L'anno 1895 il dì 30 del mese di Aprile in Napoli. Avanti di me Achille Stoppa Notaro residente in Napoli; ed iscritto presso il Consiglio del Distretto di Napoli; a richiesta ed in presenza dell'ill.mo signor Pretore del Mandamento di Vicaria e dei signori testimoni Antonio Radice del fu Gaetano, proprietario, nato e domiciliato in Napoli, via Fonia N. 86, e Francesco Sanguetta, Di Gabriele, negoziante di salami, nato e domiciliato in Napoli, Corso Garibaldi N. 123, si è proceduto all'apertura del testamento olografo del signor Prospero Sardella del fu Attanasio. In seguito di che si è trovato la seguente scheda o carta testamentaria, della quale sono stato incaricato dal sullodato, illustrissimo signor Pretore di darne comunicazione alla parte interessata. Buenos-Ayres 18 Novembre 1894». «Io qui sottoscritto Prospero Sardella dei furono Attanasio e Carmela Tiesta, trovandomi sano di corpo e nel pieno possesso delle mia facoltà mentali, avendo deciso di ritornare in patria, prima d'intraprendere il lungo viaggio per Napoli, intendo con questo foglio indicare l'erede di tutte le mie sostanze. Il giorno 14

Aprile 1877 nell'Ospizio dell'Annunziata, venne raccolta una bambina, che dichiaro essere mia figlia, e si chiama Rosina Palermo. Non avendo eredi legittimi alla mia morte, dichiaro fin da ora, la detta Rosina Palermo, erede universale di tutta la mia fortuna, che, fra proprietà, titoli e contanti, ammonta a circa 4 milioni di Lire.». «Firmato Prospero Sardella»
TUTTI: Che! Quatte milioni!
CICCILLO: Tutta roba soja?
ACHILLE: Tutto!
RUSINELLA: Signò vuje che dicite! Quatte milioni!... e quanto so' quatte milioni?
TUTTI: So' assaje! So' assaje!
ACHILLE: È una grossa fortuna, figlia mia!
CATERINA: Mamma mia! mò moro! mò moro! *(Per svenire Nicola e Ciccillo la sostengono.)*
RUSINELLA: Ma allora io so' addeventata na signora, so' addeventata ricca, non songo cchiù na povera figliola. Ah, Cielo mio te ringrazio! Me voglio fà na bella casa, no bello lietto, veste, sottanine, stivalette, tutto chello che me serve, e po', anelle, braccialette, lazziette de perle, voglio fà restà ncantate a tutte quante; e po' m'aggio da vendicà de chillo assassino! Notà, lassate che ve vase sti mmane *(esegue)* vuje non m'avite da lassà cchiù, io ve voglio sempe vedé, e pure a buje, signori *(ad Alberto:)* pure a buje che me avite portata primma la notizia. Zi Catarì, abbracciateme, è venuto lo momento che ve pozzo rennere tutto chello che m'avite fatto *(la bacia)* Luisella mia, compagna mia affezionata, abbracciame tu pure. *(Esegue.)*
LUISELLA: Co tutto lo core.
RUSINELLA: Vuje tutte quante starrate sempe vicino a me, avite da spartere co mmico li gioie e li contentezze. Non ve voglio vedé cchiù afflitte, non voglio che state cchiù disperata. *(A Ciccillo Luigi e Michele:)* vuje non v'avite da mangià cchiù la zuppa de fasule, de cocozza e de baccalà che ve faceva zi zia... no... no... avite da mangià co mmico, maccarune, carne, pullastre, tutto, tutto... pecché mò è fenuta la miseria. Allegramente! *(Vedendo Felice:)* E tu? che faje lloco? Viene ccà, abbracceme, sì, abbracceme, mò non ponno penzà cchiù a male, pecché mò so' ricca, e chi tene denare, fa tutte cose buono, tu m'haje voluto bene, me sì stato tanto affezionato, e mò starraje sempe vicino a me — Bevite, bevite tutte quante. Ciccì, miette l'asprinia — Ogge bevimmo asprinia, dimane ve faccio vevere vino furastiero!
TUTTI: Bravo! *(Bevono.)*
RUSINELLA: Bevite — justo busto chisto è l'urdemo peretto, e voglio dà l'urdema voce. *(Dando la voce dell'asprinia come all'uscita del primo atto.)* Nce vonno li bicchiere d'argiente pe l'asprinia — la bella asprinia.
TUTTI *(facendo il coro)*: D'Averza l'asprinia!
RUSINELLA: D'Averza!

(Cala la tela.)

Fine dell'atto secondo

ATTO TERZO

Salotto nobilissimo. Una porta in fondo e tre laterali — a sinistra seconda quinta finestra — un pianoforte messo con la tastiera verso la luce — Almuro in fondo a sinistra vi sarà un grande ritratto a fotografia di Felice, in abito nero con violino in mano — più appresso un manifesto stampato in cornice con questa scritta: «Il concerto avrà principio alle ore 3 p.m. precise». A destra una mensola con sopra due grandi candelabri. Sedie, poltrone, un tavolino — mobilia dorata. Un letterino a sinistra e sopra una sedia un violino in cassetta.

SCENA PRIMA

Alberto e Vincenzo poi Achille.
All'alzarsi della tela Alberto toglie le carte e 12 bottiglie di marsala che sono in un canestro. Vincenzo accomoda delle paste che sono in una grossa guantiera di argento sul tavolino.

ALBERTO: Viciè, agge pacienzia, fà ambressa ca chille mò te li vide venì — miette sta guantiera dinta a chillo salotto, addò stanno l'aute, e po' te viene a piglià sti butteglie.
VICIENZO (*prendendo la guantiera*): Signorì, vuje vulite sapé la verità? Io dinto a sta casa non me trovo, e me ne voglio j. Da otto juorne che nce stongo, aggio perzo la capa, chi comanna da ccà, chi comanna da llà, chi dice na cosa, chi dice n'auta, me pare la torre de Babele. Po' me fanno dente cancariate a li vote pe senza niente. Io mò n'aggio servute signure, ma comme a chiste non aggio conosciute ancora.
ALBERTO: Che t'aggia da dicere, Viciè, nce vò no poco de pacienzia, che s'addà fà.
VICIENZO: Caro signorino, io nn'aggio tenuta assaje, ma mò non me fide cchiù! (*Via seconda quinta a destra poi torna.*)
ALBERTO: E che avarria da dicere io, povero giovene, che aggio da fà da segretario a chillo ciuccio de D. Felice che tre mise fa steva ad Averza, e ghieva sunanno pe mmiezo a la strada, mò nientemeno è diventato maestro — s'addà chiammà Professore, violinista celebre, e ogge dà pure no concerto; e che me sta facenno passa neh... io non pozzo parlà pecché me danno 200 lire a lo mese e tutto trattamento, de chisti tiempe addò li trovo...
ACHILLE: È permesso?
ALBERTO: Uh! Venite, D. Achì, venite, comme va, non ve site fatto vedé cchiù?
ACHILLE: Eh, mio caro D. Alberto, io aggio che fa, ve pare, pozzo venì a perdere lo tiempo co sti pazze. Quanno so' libero vengo no poco pe me fà quatte rise. Per esempio, aieressera D. Felice, me mannaje no biglietto a lo studio che diceva: Domani recatevi a Portici, la signorina Rosina vi deve parlare necessariamente, stammatina so' venuto, e lo guardaporta m'ha ditto che so' asciute tutte quante, allora so' sagliuto pe l'aula scala e so' venuto ccà pe me trattenè no poco, ma si tricano me ne vaco.
ALBERTO: No, no, mò li vedite venì.
ACHILLE: E accussì, che fanno che fanno?

ALBERTO: Cose de pazze. S'affittajene, comme sapite, sta villa a Puortece, pecché appurajene che chillo Errico, lo nnammorato, steva pure ccà co la Marchesa, la mamma.
ACHILLE: Sissignone, a lo puntone de la strada, e pe st'affitto hanno pagato no zeffunno de denare, pecché volettene rompere no muro per dare un appartamentino separato a D. Felice, che sarria chisto ccà. Così dall'appartamento loro trasene cca sempe che vonno. Tre cammere se l'ha pigliate Catarina, pecché se spusaje a no certo Nicola che primma era barbiere ccà dinto. Rusinella po' s'ha voluto accattà la villa che presentamente tene affittata la marchesa, e nce l'hanno fatta pagà nientemeno 200 mila franchi, mentre che non ne va manco 120. Essa dice che l'ha fatto pe no principio sujo. E chesto è niente ancora, l'hanno fatte accattà diverse cambiale de la Marchesa e lo figlio.
ACHILLE: Pure!... e pecché?
ALBERTO: E che ne saccio? Non ve ne dico niente po' li denare che stanno sprecanno a veste, cappielle, oggetti d'oro, brillanti...
ACHILLE: Eh, io questo l'aveva preveduto. Se stesse attiente però che non ghiesse vennenno n'aula vota asprinia.
ALBERTO: Ma vuje avite da sentere lo cchiù bello. D. Felice l'ha fatto fà li carte de visita co la corona ncoppa, e siccome la zia se chiamma Caterina Mellone, ha nobilizzato lo cognome e ha fatto Contessina Rosina Cocomero.
ACHILLE (ride, poi): E scusate, D. Alberto; D. Errico, l'innamorato, Rusinella l'ha visto mai?
ALBERTO: No, non l'ha potuto mai vedé, pecché chillo ogne matina scenne a Napole. Essa m'ha addimmannato sempe. Ma che nce appure cchiù, chillo dimane a sera firma lo contratto de matrimonio co la figlia de D. Saverio Patierno che le dà 500 mila lire di dote, e accussì la Marchesa s'acconcia no poco, pecché sta chiena de diebbete.
ACHILLE: E essa chesto l'ha saputo?
ALBERTO: No, non sape niente ancora, quanno l'appura, siente li rise. (Durante questa scena Vincenzo esce tre volte a prendere le bottiglie ed entra a destra seconda quinta.)

SCENA SECONDA

D. Felice, Michele e detti poi Mimì.

FELICE (di dentro gridando): Tu sei una bestia, e non me rispondere che te piglio a pacchere!
MICHELE (di dentro): Ma Professò, sentite...
FELICE: Che sentire e sentire, quando io dò un ordine, voglio essere ubbidito... Oh! caro D. Achille.
ACHILLE: Professore egregio, che c'è?
FELICE: L'ho con questo animale de servitore che non vò fà quello che uno gli dice.— quando il padrone dà un ordine deve essere sacro per il cameriere — già chillo capisce chesto — è inutile, dice il proverbio: fà l'arte che sai fà, quell'era cocchiere d'affitto, e chesto adda fà.
MICHELE (che ha seguito Felice da servo di corte): Ma quà è stata la mancanza che aggio

fatto?
FELICE: Pss, parla piano e spiega le braccia, così si sta in cantina, non già davanti ai signori. *(Michele spiega le braccia.)* T'avevo detto di farmi trovare fuori alla sala na trentina di poltrone che si debbono mettere in questa camera per gl'invitati, so' venuto e non aggio trovato niente.
MICHELE: Ma addò vulite che li piglio 30 poltrone?
FELICE: Io questo non lo debbo sapere, li lieve da dinto all'ati cammere, le compri, ched'è, poltrone non se ne vennene a Puortece?
MICHELE: Sicure che se ne vennene... Ma...
FELICE: Ma che... è inutile che guarde a D. Alberto, tu hai da guardà a me, io sono il patrone in questa casa. D. Alberto fà chello che dico io. Te ricuorde lo fatto de lo rangio? Embè, mò lo rangio songh'io, e buje site li mosche, capite.
ACHILLE: Ma vedete, professò, invece delle poltrone, potrebbero essere sedie, è lo stesso, si trovano più facilmente e non si spendono danani.
MICHELE: Chello che aggio ditto pur io.
FELICE: Va bene, sieno sedie... ma belle... di lusso... ma priesto, cattera, che è tardi.
MICHELE: Eccome ccà. (Na vota de chesta te siente nu punio cca ncoppe!) *(Indica la fronte e via.)*
FELICE: Io sta gente d'Aversa non li voleva piglià, voleva prendere servitori forestieri, toscani, che sanno il loro dovere, non me volettene sentì... Approposito, lo maestro de pianoforte addo sta?... Sta ancora fore a la sala... *(Alla porta di fondo.)* Maestro, favorite.
MIMI *(con carte di musica)*: Grazie, siccome stiveve alluccanno, me so' fermato.
FELICE: Ve site mise paura, dicite la verità?
MIMI: No, paura no, aspettave, capite?
FELICE: Neh, vi presento il maestro Domenico Pagliuchella, professore di pianoforte.
ACHILLE: Tanto piacere.
ALBERTO: Fortunatissimo. *(Strette di mano.)*
FELICE: Giovine di gran talento, disgraziato poveretto, non tiene fortuna, non hanno saputo conoscere la sua abilità, e per vivere s'era dato al caffè chantà, accompagnava le canzonette. Io lo sentii per combinazione una sera qui a Portici, e vidi subito che era un grande ingegno.
MIMI: Grazie, per carità.
FELICE: Ma niente, niente, che volete m'è simpatico, l'ho preso a proteggere. Oggi debutta perla prima volta come mio accompagnatore, un pezzo difficilissimo.
ACHILLE: Bravo, bravo.
FELICE: D. Mimì senza cerimonie — volete na tazza di cafè e cioccobata, una granita con delle paste... non fate complimenti... aspettate, mò penzo io, mò ve faccio mettere nu poco in forza. *(Suona il campanello.)*

SCENA TERZA

Vincenzo e detti.

VICIENZO *(dalla destra)*: Comandate?
FELICE: Fate fare subito un bisteck ai ferri, e portatelo qua al maestro.
VICIENZO: Subito. *(Via pel fondo.)*
FELICE: Accomodatevi, fate quello che volete voi.
MIMI: Grazie. *(Va al pianoforte mette il libro di musica sul leggìo, e accenna delle note.)*
ACHILLE: Professò, se Rusinella trica io me ne vaco, si no se fà troppo tardi.
FELICE: No, mò vengono, mò vengono... sono andati a vedere Pompei che non c'erano mai stati — seh, ve ne jate, non voglio mai lu cielo, e chi la sentarria, io tengo ordine de non ve fà ascì da ccà, dovete pranzare con noi...
ACHILLE: Grazie, troppo buono, ma io non ho avvisato a casa.
FELICE: E che vuoi dire, facciamo un telegramma, ma voi non ci dovete lasciare, e poi dovete assistere ai mio concerto, assolutamente.
ALBERTO: Ma sì, ma sì, questo che cos'è, dopo tanti giorni che siete mancato, ve ne volete andare, mò ve trovate mò.
ACHILLE: Va bene, come volete voi.
FELICE: Bravo!
ALBERTO: Jammo dinto a vedé, se fossene ritirate.
FELICE: D. Albè, voi avete pensato a tutto, avite invitate gente assaje?
ALBERTO: D. Felì, io ve lo dicette, ccà a Puortece non conosco quase a nisciuno, pe parte mia venene no quatte cinche perzune.
FELICE: Quatto o cinche perzune? E che sogno?... che figura faccio... io pure aggio fatto degl'inviti, ma poche, poche... basta... mò vedimmo.... le paste, il marsala...
ALBERTO: È venuto tutte cose, sta llà.
FELICE: Il Buffè è pronto?
ALBERTO: Tutto pronto.
FELICE: Va bene...
ALBERTO: D. Achì, andiamo.
ACHILLE: Sono a voi. *(Viano ridendo a sinistra.)*
FELICE *(cacciando molti biglietti dalle tasche)*: Vide ccà quanta bighiette me so' rimaste... e dire che ierisera ne feci una bella distribuzione, o sia, mentre cammenavo li menave pe terra, embè, chille nisciuno li vuleva co tutto che so' gratis. D. Mimì, che ne dicite de sto pianoforte?
MIMI: Magnifico, armonioso e oscillante
FELICE: Eh chisto lo sciegliette io a Napoli, è della fabbrica Guillaume Loff di Londra. *(Prende il violino dal suo cassetto e lo pulisce)* E costato 2000 lire, vero pianoforte di concerto.
MIMI: Eh l'ho visto, l'ho visto.
FELICE: Toccateme no poco là.

SCENA QUARTA

Vincenzo e detti, poi Achille e Alberto indi Rusinella.

VICIENZO *(cha già è uscito, e trovasi in iscena)*: Ecco servito.

FELICE: Bravo! Mettete la guantiera su quel tavolino. *(Vincenzo esegue.)* Andiamo, D. Mimì, senza cerimonie.
MIMI: Per ubbidirvi. *(Va al tavolino.)*
FELICE *(a Vincenzo)*: Una sedia, animale una sedia!
VICIENZO No mumento, suonate. *(Dà la sedia a Mimì, poi via, guarda Felice.)*
FELICE: (Ccà pure va a fenì, che io abbusco da quaccheduno!) Don Mimì, mangiate bevete senza suggezione, siamo fra artisti.
MIMI: Grazie tante. *(Mangia a grossi bocconi.)*
FELICE: Nuje ogge avimmo da fà nu chiasso. Vi raccomando quella gabalettina prima del finale, un accompagnamento leggero. *(Accenna la musica della gabaletta.)*
MIMI *(mangiando)*: Non dubitate, farò tutto il possibile per contentarvi. *(Come se si affogasse.)*
FELICE: Chiano chiano. D. Mimì, mò v'affocate...
ALBERTO *(uscendo)*: Avete visto che argenteria, che oggetti rari?
ACHILLE: Esagerazioni, caro D. Alberto, tutto denaro sprecato.
RUSINELLA *(di dentro gridando)*: Non fa niente, passammo da ccà, è lo stesso!
NICOLINO *(di dentro come sopra)*: Arrivammo cchiù priesto.
FELICE: Eccoli qua, eccoli qua. *(Va in fondo a guardare. Mimì si alza, prende la guantiera e va dietro il pianoforte. Escono Rusinella, Caterina, Nicola e Luisella vestiti riccamente. Nicola in abito nero e gilè bianco, grossa catena d'oro con breloque, cappello a cilindro bianco, bastone con pomo d'oro, binocolo messo a tracollo, in mano ha dei fiori. Caterina veste in modo assai caricato, ombrellino di merletto bianco con lungo manico, anch'essa ha in mano dei fiori. Luigi veste in lunga livrea di cocchiere, tiene in mano il cappello con la coccarda; al soprabito, grossi bottoni dorati, portano guanti larghissimi.)* Finalmente vi dobbiamo aspettare più?
RUSINELLA: Mannaggia l'arma de Pompei, me sento co li gamme accise!
LUISELLA: Io non nce voleva venì, m'avite voluto portà pe forza.
RUSINELLA: Oh, notaro bello, a la fine ve site fatto vedé!
ACHILLE: Aggio d'avuto tanto che fà, bella mia. Comme jammo?
RUSINELLA: Non c'è male, tiramme nnanze.
ACHILLE: E la zia?
RUSINELLA: Sta saghienno, eccola ccà.
CATERINA *(uscendo)* Ah, bene mio, non sapevo che ero sto Pompeio, me sento li rine rutte. *(Ad Achille che saluta:)* Buongiorno. E po' tutte chelle pretecaghie, tutte chilli fuosse... che cosa insipeta.
ALBERTO: (Sentite, sentite).
NICOLINO: Io dico accussì comme da tant'anne non s'è trovato ancora no Sinneco che fà accuncià chillo paese, sempe tutte cose rutte, tutte cose sgarrupate! Che porcheria!
CATERINA: Ma che nce sta de bello, vorria sapé, mure e colonne rotte chesto è tutto? Seh, sta frische Pompei, mò nce vaco cchiù.
FELICE: Come va che m'avete dato l'onore d'entrare da qua?
RUSINELLA: P'abbrevià cammino, non nce fidaveme cchiù.
FELICE: Ma allora putiveve saglì da ccà, da la scala grande. *(Indica a destra prima quinta.)*

RUSINELLA: E zì zia che da llà non nce vò saglì, pecché dice che li grade songo troppo appese.
FELICE: Ah! Questo sì.
CATERINA: D. Alberto aiere dicette che saria buono che se facesse no discenzone, accussì non se salisce più per le scale. *(Seggono.)*
ACHILLE: Un ascensore, volete dire?
CATERINA: Già.
ACHILLE: Ah! sicuro, sarebbe comodo.
ALBERTO: Mò li tenene tutte li palazze.
NICOLINO: E ordinatelo subeto, che s'aspetta?
ALBERTO: Aspettavo l'ordine debba Contessina.
RUSINELLA: Ma che ordene e ordene, quanno se tratta de comodità, facite, ordinate, senza dirme niente.
ALBERTO: Va bene.
LUIGI: Eccellenza, la carrozza se po' levà in ordine?
RUSINELLA: Sì, leva, leva. *(Luigi via; i fiori li ha posti sopra una sedia, le donne si sono tolti i cappelli.)*
CATERINA: (Ah, ah, comme me fanno male sti stivalette). *(A Nicolino.)*
NICOLINO: (Ma che, te vanno stritte?).
CATERINA: (No poco ncoppa a lo cuollo de lo pede).
ACHILLE: E così, come vi trovate a Portici?
RUSINELLA: Eh! Non nce male, l'aria è bona, ma non nce sta quase nisciuno, la sera uno non se n'have che se ne fa. Lo juorno stammo no poco fore a la loggia, dicimmo quatte chiacchiere, po' quanno so' l'otto nce jammo a cuccà.
ACHILLE: Accussì priesto?
LUISELLA: Ma che vulita fà, scusate, nisciune conoscimmo, nisciuno nce vene a trovà. Quacche sera facimmo fa l'11 quanno lo professore piglia lo violino e se mette a sunà.
FELICE: Sì faccio qualche a solo, così, pe fà na cosa.
NICOLINO: E non dicite po' che la settimana passata facetteme fà l'una fore a la loggia, pecché, me mettette io co la chitarra e isso co lo violino, e che combinajeme neh? Se facette la folla accussì mmiezo a la via. Io cantaje la morte de maccarone!...
ACHILLE: Ah, bravo! (Che bella cosa!)
ALBERTO: (Avisseve avuto da stà ccà pe sentì che fischie avettene da vascio).
RUSINELLA: Lo mese che trase pigliammo possesso de n'auta villa che m'aggio accattata, dicene ca è bella assai, io non l'aggio vista ancora.
ACHILLE: E vuje v'accattate na proprietà senza vederla, e si po' non ve piace?
RUSINELLA: E che me ne mporta a me, io non me l'aggio accattata pe nce j ad abità, ma pe n'auto scopo.
ACHILLE: Ah! Ho capito...
RUSINELLA: Llà sapite chi nce sta de casa mo? La nobilissima signora Marchesa Fiore, col nobile figlio March. Fiore.
ACHILLE: Ah, va bene, va bene.
RUSINELLA: Ed io v'aggio mannato a chiammà pe ve fà vedé cierte cartoscelle che riguardano la Marchesa e il Marchesino.

ALBERTO *(piano ad Achille)*: (Le cambiali).
RUSINELLA: Quanno è ogge parlammo.
ACHILLE: Sarò a vostra disposizione.
NICOLINO *(accende un sigaro e ne offre uno ad Achille)*: Notà, fumate.
ACHILLE *(lo prende)*: Grazie. Che sigaro è?
NICOLINO: Avanos espanos.
ACHILLE: Bravo! Fumate avanos espanos? (Ah! Poveri denare de D. Prospero!)
RUSINELLA: (D. Abbè, l'avite visto a chill'assassino?).
ALBERTO: (No ancora, io non saccio che se ne fà tutta la jornata... ma aissera però facette na cosa che se riesce...).
RUSINELLA: (E che cosa?).
ALBERTO: (Mannaje dinta a na busta quatte bigliette d'invito a la Marchesa la mamma, co na carta de visita de D. Felice pe lo cuncierto che dà ogge, la vecchia è fanateca pe la musica, e so' sicuro che la vedite venì ccà nzieme co lo figlio).
RUSINELLA: (Si succede chesto, ve regalo mille lire).
ALBERTO: (E io ve ne ringrazio).
RUSINELLA: (Ma però si appura che ccà nce stongo io, chella non vene).
ALBERTO: (E comme l'appura? A Puortece tutte quante sanno che site la Contessina Cocomero).
RUSINELLA: (Ah, già...).
CATERINA *(a Nicolino lamentandosi)*: (Ah! Ah!).
NICOLINO: (Che d'è?).
CATERINA: (Li stivalette...).
NICOLINO: (E levatille).

SCENA QUINTA

Vincenzo e detti poi Ciccillo.

VINCENZO: Eccellenza, c'è fuori il Cavalier Francesco Ferri.
RUSINELLA: Ah, bravo! Fatelo penetrare.
VINCENZO: Favorite, favorite.
CICCILLO *(soprabitino nero stretto, gilè bianco, calzone nero che gli va un po' corto, colli alti, cappello a cilindro, grosso nodo alla cravatta con grossa spilla d'oro, bastone, guanti verdi, ha in mano un cartoccio)*: Signori miei. *(Stringe la mano a tutti.)*
NICOLINO: Cavaliere bello.
ACHILLE *(ad Alberto)*: (Chi è sta caricatura?).
ALBERTO: (È n'amico de Rusinella, era nu cocchiere d'affitto!).
ACHILLE: (Me ne era accorto).
CATERINA: Viene da Napole?
CICCILLO: Sì, siccome pe certi fatticelle miei, mi sono trovato alla stazione, per non aspettare il trammo me ne sono venuto colla ferrovia di terra. Ah, è no piacere, poche minute e s'arriva a Portici, po' co chilli belle cuscine in prima crasse! Una cosa però, dinto a lo vapore aggio avuto na quistioncella co no signore che m'è dispiaciuta no poco.

NICOLINO: (Lo vì lloco lo vì, nce simme!).
RUSINELLA: Te sì appiccecato?
CICCILLO: No, na piccola cosa. Io aggio apierto li fenestielle, pecché steve tutto surato e voleva risciatà no poco. Chillo è ghiuto e l'ha chiuse, io l'aggio apierte n'auta vota, chillo l'ha tornato a chiudere, io me so' seccato, l'aggio pigliato e l'aggio menato abbascio.
TUTTI: Uh!
NICOLINO: Ed è muorto?
CICCILLO: E che ne saccio, io non aggio guardato manco.
ACHILLE: E nisciuno se n'è accorto?...
CICCILLO: No, pecché chillo lo vapore correva, capite. Embè, quanno io me so' tuccato li nierve, che aveva da fà?
NICOLINO: E se sape, isso pecché non ha fatto sta li finestielle apierte.
CICCILLO: Basta, nennè, io t'aggio da fà vedé cose belle assai. Stammatina so' stato a la vendita ncoppa a lo Banco, e che m'aggio pigliato neh, rrobba che manco na principessa la tene, sta ccà dinto. *(Indica il cartoccio.)*

SCENA SESTA

Michele, e detti poi Vincenzo.

MICHELE: Professò, li segge so' venute, addò s'hanno da mettere? Stanno saglienno pure cierte signure da la scala grande.
FELICE: Sangue de Bacco, e comme se fa. Signori miei, se non vi dispiace, passate in un'altra stanza, si avvicina l'ora del concerto, si debbono situare i posti.
RUSINELLA: Ah, sicuro.... jamme a vedé dinto e po' venimmo. *(Si alzano.)* Notà, scusate.
ACHILLE: Ma niente, per carità.
RUSINELLA: Favorite. *(Indica prima porta a sinistra.)*
ACHILLE: Grazie. *(Entra.)*
ALBERTO *(a Luisella)*: Signorina, prego. *(Offrendole il braccio.)*
LUISELLA: Grazie. *(Via con Alberto.)*
CATERINA: Guè, Nicolì, vide, che lo primmo posto lo voglio io.
NICOLINO: Stalle zitta, jammo a vedé. *(Viano.)*
RUSINELLA: Ciccì, haje appurato niente de chillo birbante?
CICCILLO: Rusinella mia, non nce penza cchiù, aggio saputo che dimane a sera sposa, ccà a Puortece, se piglia a na figliola chiammata Nannina Patiemo, figlia de n'ausuraro.
RUSINELLA: Certo?
CICCILLO: Certissimo, non nce penzà, dimane a sera se firma lo contratto.
RUSINELLA: E bravo! e bravo!
CICCILLO: Penza a gudè, penza a li brillante, jammo, te voglio fà rimanè ncantato. *(La prende pel braccio e la conduce con se, nel frattempo Michele ha portato molte sedie che sistema con Felice come a concerto.)*
FELICE: Chi erano che haje viste saglì?
MICHELE: Na signora, no signore, e na signorina.
FELICE: Vicienzo addò sta. *(Chiama:)* Vicienzo, Vicienzo?

VINCENZO *(uscendo)*: Comandate.
FELICE: Mettetevi fuori alla sala, vicino alla porta, e riceveti i biglietti.
VINCENZO: Va bene. *(Via a destra prima quinta.)*
FELICE: Tu resta ccà.
MICHELE: Va bene.
FELICE: Damme chella sciassa. *(Michele la prende e glie la dà.)* Tiene mmane, stupido, me la vuò fà nfelà. *(Se la mette.)* Piglia la scopetta, pulezza no poco.
MICHELE *(esegue)*: (Vuje vedite addò me l'aspettava).
FELICE: D. Mimì, susiteve, e che diavolo, mò ve mangiate pure la guantiera.
MIMI: Eccomi qua. *(Si conserva del pane.)*
FELICE *(si infila dei grossi guanti bianchi, e va alla prima porta a destra)*: Pendi qua, pendi qua. Che veco, la Marchesa, la mamma de D. Errico, e chi l'ha mmitata a chesta? Meno male che non me conosce! *(Michele va e viene con altre sedie che situa in iscena.)* Favorisca, favorisca.

SCENA SETTIMA

Candida, Saverio, Annina e detti.

CANDIDA *(in elegante toiletta di mattina)*: Grazie, grazie. Credo che abbiamo anticipato?...
FELICE: Un poco veramente, ma non fa nulla.
CANDIDA: Voi siete il cameriere?
FELICE: Nonsignore, io sono il maestro, il cameriere è quello.
CANDIDA: Oh, scusate.
FELICE: Ma niente.
SAVERIO: La Marchesa Candida Fiore.
FELICE: Tanto piacere. *(Stende la mano a Candida, e saluta con la testa.)*
SAVERIO: Saverio Patierno. Mia figlia Annina.
FELICE: Fortunatissimo! *(A Michele:)* Bestia! levate la roba dalle mani dei signori.
MICHELE: Subito. *(Esegue.)*
CANDIDA: D. Saverio, regalate quest'individuo.
SAVERIO: Eccomi qua. *(Prende una moneta e la dà a Michele.)*
MICHELE: Grazie. *(Depone la roba sopra di una sedia.)*
SAVERIO: Marchesa, pare che vi divertite molto a questi concerti perché non ne mancate mai a nessuno.
CANDIDA: Sì, che volete, la musica è la mia passione.
SAVERIO: Bravissimo!
CANDIDA: E tu Nannina, sei amante della musica?
ANNINA: Eh così così
CANDIDA: Ma che hai? Perché stai tanto di cattivo umore?
ANNINA: Perché? E me lo domandate? Ve pare na bella cosa che Errico dopo due giorni che non s'è fatto vedé, stammatina è venuto pe no momento, e subeto se n'è scappato, mò nce ha lassato, e ha ditto che veneva cchiù tarde, che maniera è chesta?

CANDIDA: Figlia mia, tu ti devi persuadere che quello sta sempe occupato per affari, egli sta pensando a tutto ciò che è necessario domani sera per la firma del contratto.
SAVERIO: Vedete, Marchè, tutto quello che dite voi, sta bene, ma io me sono accorto che Errico sta sempre stunato, distratto, con Nannina parla sempre con una certa freddezza...
ANNINA: Freddezza? Ma quacche vota non me risponne nemmeno.
CANDIDA: Ecco qua, caro D. Saverio, dovete sapere che alle volte noi altri nobili sembriamo freddi, distratti, ma non è vero, è nel nostro carattere, è la serietà del nostro agire.
SAVERIO: Ma scusate, Marchè, ccà se tratta de non rispondere a una signorina, e me lo chiamate carattere di nobile? A me me pare che sia poca educazione.
ANNINA: (Ben fatto!)
CANDIDA: D. Savè, io sapete che vi dico? Non parlate di educazione in faccia a me, perché se no ci prendiamo collera seriamente, voi non sapete con chi avete che fare. Del resto, il contratto non si è firmato ancora, voi state sempre in tempo.
SAVERIO: Oh, chesto è certo. Ma mi dovete ritornare prima le trenta mila lire che avanzo da duje anne.
CANDIDA: Oh, si capisce, vi firmerò delle cambiali.
SAVERIO: E che ne faccio li cambiale voste?
FELICE: (Chiste se so' venute ad appiccecà ccà n'coppa!...) Signori, se volete trattenervi un poco nella stanza del buffè, potrò offrirvi qualche pasta, qualche bicchiere di Marsala.
CANDIDA: Oh, grazie.
FELICE: Prego, da questa parte. *(Candida via seconda quinta a destra.)*
ANNINA: Papà, io a chillo non lo voglio!
SAVERIO: Stalle zitta, lassa fà a me. *(Via no.)*
FELICE: Io volarria sapé proprio a chiste chi l'ha mmitate, o è stato D. Alberto, o pure hanno trovate li bigliette nterra. Ma guardate la combinazione, la Marchesa dinta a sta casa. *(Via appresso.)*
MIMI: Voglio vedé si me pozzo piglià nu pare de paste pur'io! *(Via appresso.)*

SCENA OTTAVA

Alberto, poi Errico, indi Rusinella.

ALBERTO: Sangue de Bacco, da lo balcone aggio visto che s'è mpezzalo Errico dinto a lo palazzo. Aggio avvisato pure a essa, m'aggio abbuscato mille lire. *(Alla porta.)* Oh, Errico, trase, trase.
ERRICO: Comme! tu staje ccà?
ALBERTO: Sì, sono il segretario del maestro. Finalmente t'aggio visto! che diavolo te ne vaje facenno? Addò vaje che non t'aggio potuto maje trovà?
ERRICO: Lassame stà, Albè, mannaggia li carte e chi l'ha mmentate; so' duje mise che non li pozzo piglià mmano perdo sempe!
ALBERTO: Ah! Perciò...

ERRICO: La matina vaco a Napole, a lo chillo, m'assetto con l'idea de stà na mez'ora, e passo la jornata llà ncoppe, senza che me n'addone nemmeno.. Figurati, la sera poi arrivo a Puortece arraggiato, nervoso, stanco, e aggio da accommincià a fà chiacchiere co mammà, che vò sapé addò so' stato, pecché non so' venuto a mangià, e fra le altre mie disgrazie, m'ha combinato no matrimonio co la figlia de n'usuraio, no certo D. Saverio Patierno, che nuje, in confidenza, nce stammo sotto pe paricchie migliaie de lire che nce ha mprestate. Capirai che ne viene per conseguenza che aggio da fà lo sentimentale, l'amoroso, l'appassionato, io... che saje comme la penso...
ALBERTO: Oh, oh, chesta è bella! *(Ridendo.)*
ERRICO: E ccà ogge, so' venuto pe doje ragioni, primmo pecché mammà, stammatina m'ha raccommannato de non mancà, si no la sposa se pigliava collera, e po' pecché, francamente, non teneva denare pe ghì a giocà.
ALBERTO: E chesta forse è stata la ragione cchiù forte! *(Esce Rusinella, e senza farsi vedere, traversa la scena e passa a destra.)*
ERRICO: Oh, ma dimme na cosa, chi è sto maestro de violino che nce ha invitate a sto concierto? Adda sta buono, pecché aggio visto na bella sala, servitori in livrea...
ALBERTO: Chesta ccà, haje da sapé, che non è la casa soja, è la casa de na figliola ricchissima, che pochi mesi fa, entrò in possesso di una grande eredità.
ERRICO: Ma comme se chiamma, chi è?
RUSINELLA: So' io!
ERRICO: Che! Rusinella!
ALBERTO Comme! La canoscive?!
RUSINELLA *(fa segno ad Alberto di andarsene, Alberto via a sinistra)*: So' io... so' Rusinella, so' chella povera figliola d'Averza che ghieva vennenno l'asprinia, e che vuje non avite pensato cchiù, che ve la site scordata addirittura! St'incontro non ve lo potiveve mai aspettà, v'ha fatto maraviglia, v'ha fatto na sorpresa? A buje, ma a me no, io lo ssapeva che ve ncontrava, io lo ssapeva che no juorno o n'auto nce sarrieme viste, pecché si vuje v'ireve scurdato de me, io no, io me so' sempe ricordato de vuje, non è passata mai n'ora senza che non avesse pensato a la nfamità che m'avite fatto!
ERRICO: Siente, Rusine... io...
RUSINELLA: Vuje avite fatto chello che ve dicette io: vedisteve na guagliona che ve piacette, e dicisteve mò me spasso no poco... le conto no sacco de chiacchiere chesta se li crede, nce faccio l'ammore na quinnicina de juorne, po' la basso e me ne vaco; ma io però ve l'avissaje, ve dicette: Signurì, io non faccio pe buje, lasciateme stà, pensatece buono, che vuje non state cchiù quieto. Ve lo ricordate? e assicurateve che mantengo la promessa — Lo Cielo è ghiusto, e m'ha dato li mezze pe me vendicà — Tutte li cambiale voste e de la Marchesa li tengh'io, so' ghiuto mettenno li recchie pe li pertose, so' ghiuto scavanno cose che non ve li potite imaginà. N'auta figliola, vedennose a chesta posizione, avarria pensato solamente a se spassà, a godè, a mangià buono, ma io no, io lo juorno, la sera, la notte, aggio pensato a una sola cosa, comme me puteva vendicà — Dimane a sera dice che spusate, che avite da firmà lo contratto de matrimmonio co D. Nannina Patierno? Embè, vi giuro, D. Errì, che dimane a sera vuje non spusate, a rischio de qualunque cosa!
ERRICO: Rusinè, siente, tu haje ragione. Ma io non so' tanto infame quanto tu me cride.

Nuje siccomme non teneveme cchiù li mezze de na vota, io m'avette d'allontanà da te pecché non te puteva spusà; e mo sto matrimmonio l'ha combinato mammà... pecché... ma quanta cose t'aggio da dicere... tu hai potuto vedé in che posizione stamme.

SCENA NONA

D. Felice, D. Saverio, Candida, Annina, Mimì e detti.

FELICE *(alla Marchesa)*: Vi prego, signora, accomodatevi. Signorina, prendete posto. *(La Marchesa, Annina e Saverio prendono posto.)*
CANDIDA: Errico, siedi anche tu.
ERRICO: (Vuje vedite lo diavolo che va combinanno!). *(Siede.)*
FELICE *(prende il violino e lo pulisce, poi vede Alessio che viene)*: (Sangue de Bacco sta trasenne Alessio, lo vaccaro! Vì comme s'è combinato?). *(Alla porta).* Avanti, avanti. *(Esce Alessio calzone nero, gilè bianco, sciassa strettissima, colli alti e cappello a tubo stretto, guanti larghi, s'inchina e va a sedere. Candida lo guarda attraverso la lente.)* S'accomodi, prego. Michele, prendete il cappello. *(Michele esegue. Escono Concetta e Pascarella in toilette caricate.)* Avanti, signorine, avanti — prego, accomodatevi. *(Escono tre tipi di signori.)* Qua, qua, ecco le sedie — Michele, i cappelli. *(Michele esegue.)*
CANDIDA: (Ma che razza d'invitati sono questi!).

SCENA DECIMA

Caterina, Luisella, Achille, Alberto, Nicolino, Ciccillo, e detti, poi due Signori.

ACHILLE: Neh, che se dice, se fa sto concerto? *(Vedendo gli altri saluta.)*
ALBERTO: Ci siamo, sapete.
CICCILLO: Jammo, professò.
CATERINA: Musica!... Musica!...
NICOLINO: Vogliassimo sentire cose belle!
LUISELLA: Cose stuzzicanti! *(Vanno a sedere tutti a destra, meno Luisella che siede a sinistra vicino a Rusinella.)*
FELICE: Compatirete spero. *(Escono altri due signori, Michele si prende i cappelli e i due signori seggono.)*
CICCILLO *(ad Errico dandogli la mano).*
ERRICO: Buongiorno. (Chisto è chillo lazzarone che io vattette a Napole abbascio a la villa!).
CANDIDA: (D. Savè, questa gente non mi è nuova, non mi posso ricordare chi sono).
SAVERIO: (Marchè, questi sono gli amici e i parenti di quella tale innamorata di vostro figlio, e chella, la vedite, è proprio essa. Me pare che D. Errico ne poteva fà a meno de nce fà venì ccà, mi ha fatto un inganno!).
CANDIDA: (Voi che dite! Non è possibile!).
ALBERTO: (Notà, ccà sta D. Errico, nzieme co la mamma e la sposa, se prepara na brutta trubbea!...).

ACHILLE: (Dateme lo cappiello mio, è buono che lo tengo a manese!). *(Felice attacca il pezzo e Mimì suona.)*
LUISELLA *(a Rusinella)*: (Ma comme se so' trovate ccà?).
RUSINELLA: (D. Alberto l'ha mannate quatte bigliette d'invito a nomme de Feliciello).
LUISELLA: (Ha fatto buono, caspita, che bella soddisfazione!).
FELICE *(suona)*.
RUSINELLA *(si alza, gira pel fondo, e va a segersi dietro a Candida)*: Marchè, me conoscite io chi songo?
CANDIDA: Sì, vi conosco, ma io non credeva di trovarvi qua, altrimenti non ci saremmo venuti.
SAVERIO: N'avarrieme fatto a meno.
RUSINELLA: Stalle zitto tu, pecché si no a te te faccio piglia a cauce!
SAVERIO: A me?
RUSINELLA: Sì, a te!
SAVERIO: (Ma vedete nu poco io che debbo soffrire!).
RUSINELLA: Vedite, vuje non nce sarrisseve venuta, credennove che io fosse stato sempe na ciandella, na pezzente, ma mò è tutt'auto, mò so' ricca, la posizione mia è cambiata.
CANDIDA: Sarà cambiata come mezzi, ma come nome, cara mia, è sempre quella.
RUSINELLA: Ah, già se capisce, io non pozzo essere mai degna de lo figlio vuosto, ma chella che se sposa non è nemmeno na bella cosa, cara Marchesa, è la figlia de n'ausuraro puorco e vuje chiudite l'uocchie, pecché state bastantemente paccariata.
CANDIDA: Oh! Questo è troppo! *(Alzandosi.)* D. Saverio, andiamo via; Errico dà il braccio alla signorina. *(Annina e D. Saverio si sono alzati.)*
ERRICO: Ma mammà...
CANDIDA: Dà il braccio alla signorina ti dico, via! *(Saverio Errico e Nannina viano prima porta a destra.)* Ciandella!... sempre ciandella!... *(Via appresso.)*
RUSINELLA: A me?!... *(Tutti si sono alzati, la trattengono.)*
LUISELLA: Rusinè...
CICCILLO: Che buò fa?...
ALBERTO: Calmatevi...
RUSINELLA: No, niente, niente. Errì, tu dimane a sera non spuse, s'addà perdere lo nomme mio! *(Via a sinistra, tutti la seguono, meno Alessio, Concetta e Pascarella che si sono addormentati.)*
ACHILLE *(svegliandosi)*: Guè, piccerè... *(Svegliando Concetta e Pascarella)* ccà se ne so' ghiute tutte quante... sarrà tarde, io tengo li vacche sole...
CONCETTA: E ghiammoncenne. *(Viano a destra.)*
Da che Felice ha incominciato a suonare, tutta la scena fra Rusinella e Candida deve essere eseguita a bassa voce, e questo fino a che vanno via tutti. Felice in principio ha suonato con la faccia al pubblico, ma dopo poco volta le spalle. Andati tutti via, suonando, torna a voltarsi, vede che non c'è nessuno va via per la prima porta a destra per vedere che è successo. Mimì, dopo poche battute, si alza e fa come Felice, un poco prima di giungere alla porta, cala la tela.

Fine dell'atto terzo

ATTO QUARTO

Gran terrazza In casa della marchesa Candida. In fondo scala che si suppone scenda in giardino, prospetto intorno con balaustre di marmo. A sinistra porta che dà nell'interno dell'appartamento. A destra prima quinta porta di entrata. A seconda quinta trillace coverto di fiori ed erba con porta. A destra vicino al parapetto di fondo vi sarà preparato un buffet. Illuminazione completa a luce elettrica di lampadine a diversi colori, l'apparecchio è situato sul muro di destra.

SCENA PRIMA

Giacomo, Totonno e Biase.
All'alzarsi della tela di dentro a destra si sente suonare dall'orchestra un valzer.

GIACOMO (*terminata la musica, alla porta prima quinta a destra*): Ma cheste so' cose de pazze, sapite. Stamme ccà da n'ora e no quarto, e no s'è visto ancora nisciuno invitato. Sule li musicante so' venuto mez'ora fa, e stanno sunanno pe cunto loro, nce stanno spassanno a nuje.
TOTONNO: È capace che non vene nisciuno?
GIACOMO: Tu sì pazzo, non po' essere; chella la Marchesa ha fatto tanti inviti, io stesso n'aggio portato na quantità stammatina, e po' sarria n'offesa che le faciarria tutta la nobiltà, ched'è, sposa lo figlio, so' invitate, e non nce venene?
BIASE: Manco lo Notaro è venuto ancora.
GIACOMO: Va trova che sarrà succieso. (*Di dentro a sinistra una forte scampanellata elettrica.*) La Marchesa nce chiamme, jammo a vedé che bò. (*Via a sinistra.*)
TOTONNO: Chella sà comme sta arraggiata. (*Via, Biase lo segue a sinistra.*)

SCENA SECONDA

Rusinella, Alberto, Ciccillo, Felice, Luigi e Michele.

RUSINELLA (*dalla scala con ricca mantella di seta*): Saglite, saglite, simme arrivate.
CICCILLO (*dalla scala*): Non ve mettite paura, nce stongo io cca.
ALBERTO: Ma diciteme na cosa, comme cancaro avite fatto pe fà scomparì lo guardaporta de la villa?
RUSINELLA: Chillo non tene mugliera, non tene nisciuno, ogge l'aggio fatto venì a mangià da me, e l'aggio fatto bevere na bona bottega de vino.
FELICE: Co na cartellina da dinto che nce avevo miso io.
ALBERTO: E che era?
FELICE: Oppio. (*Indica la quantità.*) Chillo mò dorme fino a dimane matina, e non se sceta manco co li cannonate.

RUSINELLA: Po' simme venute io e Feliciello, nce avimmo arrubbato la chiave, avimmo chiuso lo canciello, ed eccola ccà. *(La mostra.)*
ALBERTO: E mò che simme venute io e D. Ciccillo, che faciveve abbascio a lo ciardino?
RUSINELLA: Nce steveme facenno no sacco de rise, co tanta gente che so' venute, e se ne so' ghiute n'auta vota.
LUIGI: Io aggio ditto a tutte quante comme m'avite ditto vuje: la Marchesa è indisposta, non se sposa cchiù!
RUSINELLA: Bravo!
LUIGI: Lo cchiù ntussucuso è stato lo notaro, non se ne voleva j. Ma comme, io aggio portato lo contratto, io tengo tutto pronto, aggio fatta tanta fatica...
ALBERTO: Ma sentite, so' cose che sapite pensà sulo vuje! *(Ride. Di dentro si sente qualche accordo d'orchestra.)*
RUSINELLA: Comme! Li professore de musica stanno ccà? E pe dò so' trasute?
FELICE: Sangue de Bacco, saranno venuto primme de nuje!...
RUSINELLA *(dando il portafoglio a Felice)*: Tiene, paghele e mannannille.
FELICE: Sarete servita.
RUSINELLA: Mò che ghiesce, si non nce truove ccà, stammo abbascio a lo ciardino, sotto a lo battere.
FELICE: Sta bene. Sti rafanielle addò li vulite mettere? *(Caccia molti ravanelli.)*
RUSINELLA: Llà, dinto a li piatte, ncopp'a lo buffè.
FELICE *(esegue)*: Ecco fatto — comme stanno belle — vado dai professori. *(Via a destra nel trillace — la musica suona una polka molto piano.)*
ALBERTO: E D. Nicolino, la Zia vosta, D. Achille, Luisella, addò stanno?
RUSINELLA: Venene cchiù tarde, so' ghiute pe n'auto servizio. Basta, movimmece mò. D. Albè, vuje nzieme co Luigi, jateve a mettere vicino a lo canciello, e non arapite a nisciuno, sà, solamente a li nuoste.
ALBERTO: Oh, ve pare.
LUIGI: Manco si me sparene. *(Viano per la scala.)*
RUSINELLA: Ciccì, mettimmoce llà dereto e redimmo no poco.
CICCILLO: Ma sì proprio na diavolella! *(Si nascondono a sinistra dopo la porta, la musica cessa di botto.)*

SCENA TERZA

Felice, D. Carlo, e detti nascosti.

CARLO *(da direttore d'orchestra)*: Sentite, ma voi siete curioso, sapete: voi credete che sia una cosa facile: astipateve li strumente e ghiatevenne, come lo possiamo fare questo?
FELICE: Ma perché?
CARLO: Come perché, me vulita fà ncuità co la Marchesa, io songo lo Direttore, chella co me se la piglia.
FELICE: Ma quando io vi spago, e vi pago bene...
CARLO: Ma è sempre una brutt'azione che commetto, io sono un galantuomo, voi per

chi mi avete preso?
FELICE: Ma scusate, voi quanto avete combinato con la Marchesa?
CARLO: Dieci lire a persona fino a mezza notte.
FELICE: Che miseria! E quanti siete?
CARLO: 12 persone e io da 13.
FELICE: Sarebbero 130 lire?
CARLO: Perfettamente!
FELICE: E io ve ne dò 200 basta che ve ne jate mò.
CARLO: Ma non è possibile, caro signore, noi che figura facciamo, e poi, perché ce ne volete mandare? Abbiamo sonato male forse?
FELICE: Nonsignore, quello è uno scherzo che vogliamo fare con lo sposo.
CARLO: Ah, ho capito, ma noi non lo possiamo fare.
FELICE: Vi dà 300 lire.
CARLO: Non è quistione di denari, è quistione d'amor proprio!
FELICE: Vi dà 500, lire 650, 50 lire pedono...
CARLO: 50 lire pedono?... Ma gl'invitati poi che diranno?
FELICE: Non nce sta manco na gatta, non è venuto nisciuno.
CARLO: Ah, non nce sta nisciuno?... Li denare addù stanno?
FELICE (aprendo il portafoglio e cacciando il danaro): Eccoli qua.
CARLO (li prende): Non nce penzammo cchiù. (Al trillace.) Belli figliù, jammoncenne!... (Escono dal trllace 12 comparse con strumenti sotto.) Va bene, siete contento?... Buonanotte e divertitevi. (Via per le scale le 12 comparse lo seguono.)
FELICE: E chesto pure è fatto. (Ciccillo e Rusinella ridono.) Ah, state lloco? Bravo!

SCENA QUARTA

Totonno, e detti.

TOTONNO (dalla sinistra con Biase): Puozze passà no guajo! Chella nce l'have co li mmitate e se la piglie co nuje.
FELICE: Scusate, voi siete i servitori della Marchesa?
TOTONNO: Per servirvi. Voi siete un invitato? Favorite.
FELICE: No momento... Sto pensando che aveva fatto fare al mio fioraio un buchè per la sposa, e quella bestia mi ha detto che non ha per chi mandarlo. Mi sento una rabbia, darei pure venti lire a chi me l'andasse a prendere.
TOTONNO: Ma è gruosso neh signò?
FELICE: È grandissimo.
TOTONNO: Allora si vulite nce jammo nuje, addò è?
FELICE: Mi fareste un gran favore qui, all'angolo della strada. Venite con me.
TOTONNO: Jammo abbuscammece ste vinte lire.
FELICE: (Mò dongo l'ordine che non li facessene trasì cchiù! Andiamo, venite). (Via con Totonno e Biase per le scale.)

SCENA QUINTA

Errico, Annina e detti.

ANNINA *(in abito da festa)*: È inutile caro Marchesìno, voi perdete il tempo, non mi convincete più. Vuje ve credite che io so' papà che se fa mbruglià facilmente, io no, io capisco, e me so' accorta che chella figliola ve sta sempe dinta a lo core, e a me non me spusate co piacere.
ERRICO: (La guagliona tene lo naso fino!). Ma pecché, scusate, da che ve ne siete accorta?
ANNINA: Come da che me ne sono accorta? Da tutto chello che avite fatto, da tutto chello ch'è succieso fino a mò... Chella figliola D'Aversa che mannave gente a Napole pe ve trovà, e pe ve fà purtà mmasciate. Vuje dicisteve che l'avìveve lassata? Invece non era vero, anzi l'avite affittata na casa ccà a Puortece, l'avite nobilizzala, e aissera me facite j llà ncoppa pe me fà ncuntrà cu essa, e pe fà succedere chello che succedette! A papà avite potuto dìcere che non ne sapìveve niente, che non sapìveve che steva llà, ma a me no, io non ve credo, non ve credo!...
ERRICO: (Vuje vedite io che guajo che aggio passato!).
ANNINA: Stasera, per esempio, de chello che sta succedenno, manco ne sapite niente? A chest'ora non se vede nisciuno ancora, lo Notaro manco è venuto. Parimme quatte mamozie dinto, io, papà, la Marchesa e buje, nce guardammo nfaccia senza dì na parola, è na bella cosa chesto?
ERRICO: E scusate, io che c'entro?
ANNINA: C'entrate, c'entrate, pecché site state vuje che non avite fatto venì lo Notaro, site state vuje che avite avvisate a tutte quante de non venì stasera.
ERRICO: Io?
ANNINA: Sì, vuje vuje, ma che ve credite che a me me fa dispiacere. Nient'affatto, anze io chesto vaco truvanno, voglio che se scombina tutte cose pecché lo carattere vuoste a me non me piace...
ERRICO: Ma sentite...
ANNINA: Ch'aggia da sentì, non nce sta che sentì, ve site fatto conoscere bastantemente.
ERRICO: E parlate sempe vuje, e non ce penzammo cchiù!

SCENA SESTA

Candida, Saverio, Giacomo e detti.

CANDIDA *(in abito da festa dalla finestra)*: Errì, è venuto nisciuno o no?
ERRICO: Nisciuno.
CANDIDA: Ma queste sono cose inaudite, sono cose da non credersi. Che diavolo sarà succieso?... Vuol dire che attenderemo un altro poco, e poi firmeremo il contratto, così, fra di noi?
SAVERIO: Firmeremo il contratto? E il notaio dove sta?

CANDIDA: Ah, già, manca pure il notaio. Giacomino?
GIACOMO: Eccellenza.
CANDIDA: Che vuol dire che manca il notaio?
GIACOMO: E io che ne saccio, eccellenza.
SAVERIO: Marchè, scusate, io sono chiaro nelle mie cose, questo che succede, a me non mi persuade, ccà nce ha da stà quacche pasticcio.
CANDIDA: D. Savè, in casa mia pasticci non se ne fanno! Sono combinazioni, combinazioni che possono capitare a tutti. Il notaio si sara ammalato e perciò non ha potuto venire.
SAVERIO: E tutti gl'invitati pure so' cadute malate?
CANDIDA: Gl'invitati verranno più tardi. Si sà, sono tutti nobili, abituati così.
SAVERIO: Va bene... ma allora facile sunà nu poco, si no ccà morimmo, chesto che cos'è?
CANDIDA: Giacomino, dite all'orchestra che suonasse.
GIACOMO *(alla porta del trillace)*: Musica! Musica! Eccellenza, li professore d'orchestra non nce stanno cchiù.
CANDIDA: Possibile!... E dove sono andati?
GIACOMO: E che ne saccio, eccellenza.
CANDIDA: Saranno calati in giardino va a vedere. *(Giacomo via per la scala.)*
SAVERIO: Ma comme, chille stanno llà pe sunà, se ne vanno passianno dinto a lo ciardino?
CANDIDA: Questa sera tutti congiurano per farmi arrabbiare!
SAVERIO *(accorgendosi dei ravanelli, e prendendone un mazzo)*: Scusate, Marchè, questi sono i frutti che avete fatto preparare sulo buffe per gl'invitati?
CANDIDA: Come! Che vedo! Delle radici!
ERRICO: Possibile.
CANDIDA: E chi nce l'ha mise? *(Gridando:)* Totonno, Biase?... dove siete, imbecilli!
SAVERIO: Marchesì, scusate, questi sono insulti... sono cose che a me non si debbono fare, mia figlia non è giovine che si merita di essere trattata in questo modo.
ERRICO: Ma come voi credete...
SAVERIO: Che debbo credere, Marchesì, credo quello che vedo. Li rafanielle se danno a li puorce, e io ve faccio riflettere che non so' puorco, io me chiammo Saverio Patierno, e se non sono un nobile, sono un galantuomo e basta. *(Con forza, Ciccillo fa un forte fischio.)* Chesto per esempio, se fà abbascio Puorto, non già in casa di signori!...
ERRICO: Ma chi è stato?... *(Va guardando.)* Giacomino? Giacomino? *(Chiamando.)*

SCENA SETTIMA

Giacomino e detti poi Felice.

GIACOMO *(dalla scala)*: (All'arma vosta! Si non me steva zitto abbuscava appriesso). Eccellenza?
CANDIDA: E così, sei sordo?
GIACOMO: Eccellenza, li professore d'orchestra non nce stanno, se ne so' ghiute.

CANDIDA: Se ne sono andati? E perché?
GIACOMO: E io che ne saccio.
CANDIDA: Dimmi una cosa, chi ha messo queste radici sul buffè?
GIACOMO: Uh! Li rafanielle! E chi l'ha mise? chiste poco primma non nce stevene. *(Chiamando:)* Totonno, Biase?...
CANDIDA: Ma dove stanno quei due bifolchi?
GIACOMO: Stessene da chesta parte. *(Via a destra prima quinta.)*
ANNINA: (Papà, jammoncenne, sentite a me).
SAVERIO: Io vorria sapé proprio chi m'ha fatto lo fisco, pe farlo stà veramente a duvere!
CICCILLO *(che stava nascosto, esce)*: So' stato io, che m'avite da dicere?
CANDIDA: E chi vi ha fatto entrare a voi?... Uscite.
SAVERIO: E cchiù de no bazzarone non poteva essere!
CICCILLO: Non chiammà lazzarone che te chiavo na palla mmocca! *(Mettendo la mano in tasca.)*
ANNINA *(gridando)*: Uh! papà, io me metto paura!
CANDIDA *(gridando)*: Gente! correte!...
SAVERIO: Maniuolo!... Mariuolo!...
ERRICO: Aspettate, fermatevi.
FELICE *(viene dalla scala)*: Ched'è neh?... *(Senza essere veduto corre all'apparecchio elettrico e spegne tutto, la scena si oscura completamente tutti fuggono per la scena spaventati. Rusinella, nascosta, accende un fiammifero e subito s'innalza un pallone: nel mezzo vi è scritto a grandi lettere «Morte a Saverio Patierno».)*
LE DONNE: Ajuto! Ajuto!... *(Viano a sinistra con Errico.)*
CICCILLO: Eh! maniate de carugnune!...
SAVERIO: Aiuto, soccorso. *(Via.)*

SCENA OTTAVA

Giacomino, poi Caterina, Nicolino, Luisella, Achille e poi Alberto, Michele Luigi e Mimì.
GIACOMO *(con candelabro acceso)*: Ch'è succieso?
SAVERIO *(via a sinistra accompagnato da Giacomino, perché si regge a stento).*
FELICE *(andando all'apparecchi)*: La luce ritorna. *(Accende.)*
RUSINELLA: Bravo Feliciello!...
CICCILLO: Aggio fatta na bella cosa!...
ACHILLE *(dalla scala)*: Eccoci qua a noi.
CATERINA: Simme leste!
LUISELLA: Rusinella mia!
NICOLINO: Tutto è fatto.
RUSINELLA: Bravissimo!...

SCENA ULTIMA

Candida, Errico, Saverio, Annina, Giacomino e detti.

CANDIDA *(esce avanti, poi Errico, Saverio col cappello, tra Giacomino e Annina che lo sostengono)*: Che significa questo baccano? Che ardire è questo? Chi siete voi?
RUSINELLA: So' tutte amice mieje!
ERRICO: (Essa).
RUSINELLA: Io l'aggio fatto venì ccà, io aggio chiuso lo canciello, e non aggio fatto venì lo notaro e l'invitate, io aggio fatto mettere fà rafanielle ncoppa a lo buffè, io nn'aggio fatte j li professore d'orchestra...
CANDIDA: D. Savè, avete inteso?
SAVERIO: Ch'aggio da sentere, puzzate passà no guajo tutte quante!... *(Via con Annina, Giacomino li accompagna.)*
CANDIDA: Domani vi faccio una querela, grandissimi lazzaroni!... Per ora uscite tutti di casa mia!...
RUSINELLA: No, signò, chesta non è cchiù casa vosta, mò è casa mia.
CANDIDA: Casa tua?
RUSINELLA: Notà, parlate vuje.
ACHILLE: Sissignore, cara Marchesa, perché la signorina qui, ha comprata questa villa per 200 mila lire. Ecco qua l'istrumento. *(Lo mostra.)*
CANDIDA: Che sento!
RUSINELLA: E siccome lo patrone de casa avanzava sè mise de pigione, ve facette la causa pe lo sequestro e lo sfratto e la perdisteve, è vero Notà?
ACHILLE: Sissignore, cara Marchesa, e qua sta sentenza e precetto. *(Mostra le carte.)*
RUSINELLA: Po' siccomme tenìveve na dozzina de cambiale scadute, pe fà na pazzia, me l'accattaje tutte quante, è vero. Notà?
ACHILLE: Sissignore, cara Marchesa, eccole qua *(le mostra)* tutte protestate.
CANDIDA: (Che scuorno! Che scuorno!...).
RUSINELLA: Dunche vedite, che mò putarria dicere io a buje: Uscite di casa mia, ma pure non ve lo dico pe chella tale differenza che passa tra me e lo figlio vuosto! *(Tutti bravo, bravo.)*
CANDIDA: Che rovina, che rovina. *(Via.)*
ERRICO: Ah! Rusinella mia, io so' pronto a fà tutto pe te. *(Avvicinandosi.)*
RUSINELLA: E io ve ne ringrazio. Ve dicette che nun sarìsseve spusato e aggio mantenuta la parola! Nuje nce ne turnammo tutte quante a Aversa, e me spusarraggio a n'ommo che m'ha voluto bene veramente. Eccolo ccà Feliciello.
TUTTI: Bene, bravo.
ERRICO *(via disperandosi)*.
ACHILLE: Evviva la Contessina.
TUTTI: Evviva.
RUSINELLA: Ed ora fate entrare gl'invitati e che incominci il ballo.

(Cala la tela.)

Fine dell'atto quarto

FINE DELLA COMMEDIA

LI NIPUTE DE LU SINNECO
Da *Le Droit d'un aîné*, di Burani
Commedia in tre atti

Personaggi
Saverio, *oste*
Carmeniello, *garzone dell'osteria*
Nannina, *sua sorella*
Pasquale Guerra, *contadino*
Don Ciccio Sciosciammocca, *sindaco*
Silvia, *sua nipote*
Felice, *suo nipote*
Procopio, *custode dell'Educandato di Castellammare*
Concettella, *cameriera del sindaco*
Angiola, *direttrice dell'Educandato di Castellammare*
Giuseppina, Leopoldina, Adelina e Virginia, *educande*

ATTO PRIMO

Un sito di campagna a Pozzano; in fondo due muri con apertura in mezzo. A destra, grande palazzina con finestra praticabile sulla quale vi sarà scritto «OSTERIA». Fuori dell'osteria una tavola preparata, con intorno tre o quattro sedie rustiche; su una sedia un paniere pieno di fiori. A sinistra, altra palazzina con finestra praticabile; sulla facciata sarà scritto: ALBERGO DELL'ALLEGRIA.

SCENA PRIMA

Carmeniello prepara la tavola, disponendo le posate di stagno. Saverio entra e s'avvicina.

SAVERIO: Jamme, jamme. Avimmo mettere na tavola principesca! Sangue de Bacco, è stata proprio na fortuna pe me: lo nuovo sinnaco m'ha fatto sapé che stammatina vene a visità la trattoria mia. Naturalmente a me me conviene de farle trovà na colazione scicca! *(Osservando la tavola:)* Che so' sti posate? Cheste so' posate de stagno!
CARMENIELLO: E quale aggio piglià?
SAVERIO: Chelle d'argiento, animale! *(Carmeniello esce e torna con le posate d'argento.)*

Mò, si non me stevo attiento, lo sinnaco trovava le posate de stagno!
CARMENIELLO: E co sto panaro de fiori ch'aggia fà?
SAVERIO: Tu ti devi mettere areto a chella fenesta, nascosto dietro lo parapetto, e aspiette. Quanno io dico: «Signò, guardate lo cielo che ve mena!», tu pigli e butti i fiori ncapo a lo sinnaco.
CARMENIELLO: Va bene, aggio capito.
SAVERIO: Tiene a mente, quando io dico: «Signò, guardate lo cielo che ve mena!».
CARMENIELLO: Va bene.
SAVERIO: Tu t'avisse distrarre? P'ammore de lo cielo!
CARMENIELLO: Va bene. *(Esce a destra col paniere.)*
SAVERIO: L'aggia fà rimanè a bocca aperta. Dice che sto sinnaco è nemico assaje de li femmene... È stato bbuono ca l'aggio saputo, così si m'addimanna, dico che pure io la penso accussì...

SCENA SECONDA

NANNINA *(entra correndo dal fondo a destra, gridando)*: Ah! Mamma mia, m'ha accisa! *(Piange e porta una mano al viso.)*
SAVERIO: Commarè, che è stato?
NANNINA: Frateme m'ha vattuto... mò me sta venenno appriesso! Pe carità, chillo m'accide!
SAVERIO: Non avere paura... *(A Pasquale che entra con fisionomia stralunata:)* Compà, che cos'è?
PASQUALE: Niente, compà, cose da niente... *(A Nannina:)* Jammoncenne a casa.
NANNINA: No, non nce voglio venì! Compà, chillo m'accide!
PASQUALE: E nun strillà, pecché tu o strilli o non strilli, sempe lo stesso è. Io me so' miso ncapa de te ne levà da lo munno e te ne levo!
NANNINA: Uhhhh! Compà, compà, compà!
SAVERIO: Ma scusate, compare, pozzo sapé ch'è stato?
PASQUALE: Niente, compà, niente... M'ha levato quello che n'ommo tene cchiù caro ncoppa a la terra... Si m'avesse acciso sarría stato meglio! Io? Pascale Guerra, ommo conosciuto pe lo paese, ommo ca pe essere troppo onesto, voi lo ssapite, me so' muorto de famma... Dimane, quanno se sparge la voce, l'amice mieje nun me guarderanno cchiù nfaccia... a me? Nfama, scellerata, te voglio... *(Fa per battere Nannina.)*
NANNINA: Ah!!!! Compà, còmpà, compà!
PASQUALE: Mò che rappresenta cchiù la vita toja, doppo chello ch'hai fatto?
NANNINA: Nun è overo, compà, io non aggio fatto niente! Sentite sentite: stanotte, comma lo solito, stevo vicino a lo casale nosto, aspettanno a isso ca se ritirava. Quanno se so' fatte li ddoje, aggio accostate li pporte e me ne so' trasuta dinto. L'uoglio de la lampada s'era cunsummato, e quando è sonata la campanella de li tre so' rimasta all'oscuro. Io stavo tranquilla pecché sapevo che lo sabato Pascale se ritira tardi da la fatica... Che saccio comm'è stato, m'ha pigliato lo suonno e me so' addurmuta... quando tutto nziene aggio ntiso cammenà dinto a lo casale... Io, poverella, me credeva ch'era isso, e aggio dito: «Pascà, finalmente sì venuto! Non me ne fidavo cchiù d'aspettà.

Appiccia no fiammifero». Chillo, invece, non era frateme, compà... era no birbante che m'ha afferrata...
PASQUALE: T'ha afferrata...?
NANNINA: E m'ha vasata.
PASQUALE: Eh, t'ha vasata!
NANNINA: Questo è stato, compà! Mentre io strillavo, Pascale è trasuto e quanno ha appicciato lo fiammifero, lo birbante se ne era scappato. Isso l'è corso appriesso, ma non l'ha potuto trovà... È tornato a casa e m'ha dato tante mazzate che io non tenevo cchiù la forza de strillà.
PASQUALE: E mi trovo pentito che non t'aggio accisa.
SAVERIO: Va bbuono, compà, non la facite mettere cchiù paura... Alla fine, non c'è stato niente di male: un bacio!
PASQUALE: Un bacio! Nu vaso a sorema! Pe tutt'oggi aggia trovà chill'assassino. Non l'aggio potuto nemmeno vedé, pecché stevemo all'oscuro, ma non ce pensate, compà: io aggia mettere lo paese sotto e ncoppa, e si la sorte ma lo ffà ncuccià, o se sposa a mia sorella o l'accido. L'accido, ncoppa a l'anema de mamma mia!
SAVERIO: E non ve pigliate cchiù collera, mò ve facite venì na cosa...
PASQUALE (*a Nannina*): Cammina a casa, t'aggio ditto!
NANNINA E SAVERIO: Compà, compà, compà!
SAVERIO (*a parte*): Vuje vedite che guaio aggio passato! (*Avvicinandosi a Pasquale:*) Compà, faciteme no piacere a me: pe stammatina lassatela ccà, dinta a la casa mia; quanno po' è stasera, che ve site calmato un poco, ve la porto io stesso.
PASQUALE: Va bene, quanno sta co voi non trovo difficoltà.
SAVERIO: Jammo, jammo dinto, commarè. Non piangere cchiù, tutto s'acconcia...
NANNINA: Io non ne saccio niente. Io stevo all'oscuro... Aggio ditto: «Appiccia nu fiammifero...»
SAVERIO: E chillo s'è appicciato! (*Nannina entra nell'osteria, Saverio si avvicina a Pasquale:*) Compà?
PASQUALE: Jatevenne, mò, lassateme stà!
SAVERIO (*a parte*): È meglio che me ne vado. Questo se la dovesse piglià co me? (*Entra nell'osteria.*)
PASQUALE (*fuma di rabbia*): Mannaggia! Stongo avvelenato, avvelenato! (*Si mette a sinistra.*) Tengo lo beleno ccà! (*Indica la bocca.*)

SCENA TERZA

Di dentro si odono applausi e voci che gridano: «*Evviva 'o sinneco!*».

CICCIO (*di dentro*): Va bene, va bene, grazie! Salvatore, non fà venì nessuno appresso!
SALVATORE (*di dentro*): Va bene, Eccellenza. (*Di dentro ancora applausi e voci che gridano*: «*Viva 'o sinneco!*».)
CICCIO (*entra seguito dal segretario Alfonso e la guardia municipale Salvatore*): È n'affare serio, sà! Nun pozzo cammenà! (*Salvatore passeggia sul fondo, da guardia municipale.*)

ALFONSO: Illustrissimo, questo vi deve far piacere, perché vuole dire che il popolo vi ama, e giustamente, perché voi lo meritate sotto tutti i rapporti. Un uomo come voi, qui non c'è mai stato!
CICCIO: Vi ringrazio tanto tanto.
ALFONSO: Ma che ringraziare, è la verità! Voi avete un cuore nobile, sentimenti nobili... L'altro sindaco, invece, si faceva odiare da tutti, appunto per il suo carattere superbo. Voi no, voi siete nobile e democratico!
CICCIO: Basta, segretá, grazie tanto. *(A parte.)* Chisto è nu poco seccante, la verità! *(Ad Alfonso:)* Quell'uomo, però, non sò se ci avete fatto riflessione, m'ha visto e s'è voltato dall'altra parte. Non m'ha dato proprio confidenza.
ALFONSO: Possibile! Ma forse non sa che voi siete il sindaco. Aspettate un momento.
CICCIO: No, non ve ne incaricate, segretá: io non ci tengo.
ALFONSO: Ma ci tengo io, però! *(Si avvicina a Pasquale e lo guarda.) (Pasquale guarda lui con occhi stralunati; lazzi di paura, ma senza strafare.)*
PASQUALE: M'avite dicere quacche cosa?
ALFONSO: No, vi volevo dire che quel signore là è il nuovo sindaco...
PASQUALE: Lu sinneco nuovo? *(Si leva la coppola e si avvicina a Ciccio:)* Uh! Scusate, Eccellenza, non nce avevo badato pecché steva pensanno a cierte fatti de li mieje... e cierti fatti che voi, comme a sinneco, pure avisseve sapé... Ma non importa, ci penso io, io solo tengo lo coraggio de m'incarricà de sta cosa... pecché comme coce a me non coce a nessuno... E s'ha da perdere lo nommo de Pascale Guerra se pe tutt'oggi nun ne veco lo costrutto! *(Soggetto, poi.)* Bacio la mano a vostra Eccellenza. *(Esce.)*
CICCIO *(ad Alfonso)*: Io v'avevo pregato che non ci tenevo... ma voi afforza l'avite voluto sfruculià... Chi lo sa che gli sarà successo... si sarà contrastato co qualcheduno.
ALFONSO: Sono affari che non riguardano voi. Non ve n'incaricate. Dunque, Illustrissimo, stamattina voi volete proprio pranzare qui?
CICCIO: No, voi che dite: sono venuto per vedere questo sito che me ne parlavano tanto bene... dice che ci sta un buon bicchiere di vino. Assaggeremo qualche cosa, così, per colezione.
ALFONSO: Oh, guardate, io avevo fatto preparare il pranzo.
CICCIO: E avete fatto male, io non vi ho dato nessun ordine. Che pranzo! Vi pare, io oggi aspetto mio nipote Felice che viene da Milano: aggio fatto preparà certe squisitezze dal cuoco mio!
ALFONSO: Ah, bravo, avete un nipote?
CICCIO: Sicuro, tengo un nipote e una nipote. Se vi dico una cosa, voi mò non lo credete...
ALFONSO: Ma vi pare!
CICCIO: Tengo un nipote e una nipote, ma non li conosco, nessuno dei due, perché non l'aggio viste mai.
ALFONSO: Oh, questa è bella! E come, scusate? *(Seggono.)*
CICCIO: Ecco qua: mio fratello Ambrogio, buon'anima, da giovinotto s'innammuraje de na nzalatara.
ALFONSO *(sconcertato)*: Nzalatara?
CICCIO: Sì, un'erbivendola... Io, figuratevi, da quel giorno non lo volli più vedere e siamo

stati in urto per sette anni, durante i quali, mio fratello fece due figli co sta nzalatara: un maschio e una femmina. Arrivato co l'acqua alla gola venette da me dicendomi che voleva fare pace pecché, capite, steva disperato... Un momento che io me andai in camera mia a vestirmi, questo mio signore apre la scrivania e se piglia 40000 franchi, tutti titoli al latore.
ALFONSO: Possibile? Vostro fratello?
CICCIO: Mio fratello. Se pigliaje la nzalatara e se ne scappò. Io che potevo fare: si trattava di mio fratello, capite? Ma non lo vulette vedé cchiù, però. Seppi che tornò a Napoli, ma che poi se ne andò via n'ata vota pecché a Napoli morì la nzalatara.
ALFONSO: Ah, morì?
CICCIO Già a tre anne fa morì pure lui, a Milano.
ALFONSO: E i due figli dove sono morti?
CICCIO: I figli sono vivi! Se vi ho detto che oggi aspetto mio nipote...
ALFONSO: Già... Mi ero lasciato prendere dalla mortalità... Aspettate il nipote maschio, evvero?
CICCIO: Perfettamente. Lui restò a Milano per studiare, e vi dico che ha fatto profitto assai: conosce quattro lingue. Na vota m'ha scritto in francese, na vota in inglese... Na carta postale pure me la scrivette in milanese. Insomma, è istruito assaje.
ALFONSO: E la femmina?
CICCIO: La femmina? Seppi che il padre la lasciò nell'educandato che sta qui a Castellammare... ma quella là non ci penso nemmeno, non la voglio vedere. Chi lo sa come hanno saputo che io le so' zio e ogni tanto mi mandano lettere dicendomi che è insopportabile, che è disobbediente, che se ne vò ascì da llà dinto... Io non l'aggio manco risposto e si le vene ncapa de venì addò me, immediatamente le faccio taglià li capille, le faccio passà lo rasoio e la chiudo in un convento.
ALFONSO: Eppure io dico che se l'arrivate a vedere...
CICCIO: No, segretà, ve ne prego, non me ne parlate! Quella ha preso del sangue della madre: è na nzalaterella pur'essa. Appena arriva mio nipote Felice, lo metto in possesso di tutti i miei beni e a essa manco nu centesimo!
ALFONSO: Quello che fate voi sta ben fatto.
CICCIO: Chiamate sto padrone, va'.
ALFONSO: Ehi, padrone! Qualqueduno!

SCENA QUARTA

SAVERIO *(entrando in fretta)*: Comandate? Chi è?
ALFONSO: Come chi è? Qua sta il sindaco.
SAVERIO: Lo sinneco! Eccellenza, Illustrissimo, perdonatemi se non so' uscito a tempo: stevo preparanno tutto, appunto per vostra signoria illustrissima... Chi maje se poteva aspettà chesta fortuna! La trattoria, la locanda, e tutto chello che tengo, lo metto a disposizione dell'Eccellenza vostra, pecché site n'ommo de core, facite bene a tutte quante e perciò... Signò, guardate lo cielo che ve mena!
CICCIO: Che me mena?
SAVERIO *(guardando alla finestra)*: Comme, che ve mena... Ve mena quello che

meritate... tutto lo paese ve porta nchianto de mano... No sinnaco comme a vuje nun l'avimmo maje tenuto. E io che ve pozzo di? Signò, guardate lo cielo che ve mena!
CICCIO: Se po' sapé stu cielo che me mena?
SAVERIO *(a parte)*: Puozze sculà, chillo s'è addormuto llà ncoppe! *(A Ciccio.)* Noi siamo povera gente e quello che possiamo fare facciamo, ma tante volte s'accetta il cuore, il pensiero... Signò, guardate lo cielo che ve mena! *(Carmeniello si sveglia e getta i fiori, i quali vanno a cadere vicino alla porta dell'osteria, senza che Ciccio se ne accorga. A parte.)* Uh, l'ha menate llà sotto, puozze passa no guaio! *(A Ciccio:)* Guardate che v'ha menato lo cielo, signò.
CICCIO: Ah, i fiori! Grazie tanto, ma lo cielo l'ha menate llà dietro...
SAVERIO: Aggiate pacienza, Eccellenza. Io ve li volevo fare cadere in testa, ma po' aggio ditto: po' esse che se piglia collera.
CICCIO: No, che collera! Grazie tanto, sei troppo buono.
SAVERIO: È dovere, Illustrissimo, è dovere. Dunche, Eccellenza, ve piace de mangià ccà fore?
CICCIO: No, che mangià... Grazie tante, nui simmo venute p'assaggià lo vino che m'hanno ditto ch'è bbono assaje. Tiene na stanzetta separata?
SAVERIO: Tutto chello che comandate, Illustrissimo. Favorite, Eccellenza. Accomodatevi, Eminenza.
CICCIO: Mò so' addiventato cardinale, mò... *(Chiamandolo:)* Salvatore?
SALVATORE: Comandate. *(Si mette sull'attenti con la mano al berretto.)*
CICCIO: Cala sta mano. Vai al palazzo e se caso mai arrivasse o fosse già arrivato mio nipote, me lo fai subito sapere.
SALVATORE: Va bene, Eccellenza.
CICCIO: Tu mò hai capito? Nun te stunà, comme faje sempe.
SALVATORE: Nonsignore, Comandate, Eccellenza. *(Mano al berretto.)*
CICCIO: Ho già comandato! Quanta vote t'aggia dicere? Vai al palazzo...
SALVATORE: Va bene.
CICCIO: Cala sta mano.
SALVATORE: Sissignore. *(Si volta e va sul fondo parlando fra sé.)*
CICCIO *(ad Alfonso)*: Sto pover'ommo s'è giocato pe tre anni di seguito una quaterna, e non l'era uscito mai niente. Due settimane fa non se l'ha giocata e ascettero tutte e quattro li numere... Perciò s'è miezo scimunito.
ALFONSO: Poveruomo, ha ragione. *(Salvatore passeggia.)*
CICCIO: Sta passianno lo leone dinto a la gabbia! Salvatò?
SALVATORE *(avvicinandosi e facendo il saluto)*: Comandate, Eccellenza.
CICCIO: Cala sta mano. Sto raccontando l'affare della quaterna...
SALVATORE: Eh, 1, 21, 50, e 83...
SAVERIO: E quello mò muore!
CICCIO: E questo fa sempre. Io gli dò qualche ordine, e lui: «Uno, ventuno, cinquanta e ottantatre!» Dunque, hai capito quello che t'ho detto?
SALVATORE: Sissignore. *(Fa il saluto.)*
CICCIO *(gridando)*: Cala sta mano... Mò te la faccio j nterra! Vai al palazzo.
SALVATORE: Subito... *(Se ne va in fondo e passeggia.)*

CICCIO: Segretà, venite: vediamo se è vero che il vino che si beve qua, è tanto buono.
SAVERIO: Se è buono, addiventa più buono mmocca a vostra Eccelllenza.
CICCIO: Se è buono, è buono mmocca a te, mmocca a me, mmocca a tutte quante! *(Entra nell'osteria seguito da Alfonso.)*
SAVERIO *(che stava per entrare anche lui, ma è stato chiamato da Salvatore)*: Che vulite?
SALVATORE: Io, a quest ora, non sarría guardia municipale, sarrìa nu principe! Pe tre anne me li so' giocati sempe...
SAVERIO: Scusate, tengo lo sinneco dentro...
SALVATORE: E chi sarría stato lo sinneco di fronte a me? Nu pilo... Un pelo! E io sarría stato no trave.
SAVERIO: Embè, che nce vulita fà? Invece mò isso è nu travo e vuje site nu pilo.
SALVATORE: Lo cielo, accussì ha voluto... Ma pecché, pecché, pecché... uno, ventuno, cinquanta e ottantatre... *(Via per il fondo.)*
SAVERIO: Chisto me fa ascì pazzo pure a me! *(Entra nella trattoria.)*

SCENA QUINTA

Entra da fondo Achille, portando in mano una sacca da notte e una valigia. Indossa un costume estivo di colore chiaro. Si guarda intorno più volte.

ACHILLE: Silvia, Silviè, vieni, qua non ci sta nessuno, non ti mettere paura.
SILVIA *(entra, in costume da educanda)*: Mamma mia, il cuore mi batte comme a che... Me ne voglio tornà al collegio...
ACHILLE: Ma perché tanta paura? Allora vuol dire che non mi vuoi bene affatto, che non credi a quello che t'ho detto... che insomma non senti affezione per me?
SILVIA: E se non avessi sentito affezione pe te non avarría fatto chello c'aggio fatto.
ACHILLE: Ma allora nun fà accussì: coraggio, si no me faje avvilì pure a me... e statevi bene!
SILVIA: Devi capire il mio stato d'animo... Non è stato facile per me, fuggire dal collegio. Siamo scese come al solito in giardino... chi rideva, chi leggeva, chi pazziava, chi faceva mazzolini di fiori... Tutte le compagne mie stavano in allegria, sol'io tremmavo comme a na foglia e sudavo freddo pensanno a chello che aveva fà... Zitto zitto me so' nascosta dietro a n'albero. Pe fortuna lo guardiano s'è juto a accattà nu sigaro addo lo tabaccaro de rimpetto... Io ho colto l'occasione e me ne so' scappata. Ma mi devi credere, però: io pe la strada correvo e piangevo! So' stata dodici anni chiusa llà dentro... Chella nun era na direttrice, era na mamma... e chelle pe me nun erano cumpagne, erano sore! *(Quasi piangendo:)* E io l'aggio lassate accussì, senza darle l'ultimo bacio... me pare che questa sia una prova che sento affezione per te!
ACHILLE: Hai ragione Silvia mia! Ma non dubitare, io te voglio bene assai e ti renderò felice.
SILVIA: Bada però, che dobbiamo fare tutto quello che abbiamo stabilito: tutto chello che te scrivette iere dinto a la lettera.
ACHILLE: Sissignore, eccola qua. *(Caccia la lettera.)*

SILVIA: E che dice?
ACHILLE *(legge)*: «Domani fuggirò da questo luogo e verrò da te come tu desideri, ma ricordati che devi accompagnarmi prima da mio zio, il sindaco di Pozzano. Tenterò tutti i mezzi per farmi perdonare da lui ma se non mi vuole ricevere, se assolutamente non mi vuole più riconoscere, allora verrò con te a Napoli, dove spero che manterrai le tue promesse».
SILVIA: Hai capito?
ACHILLE: Ma sicuro, farò tutto quello che vuoi tu, bellezza mia.
SILVIA: Quanno zizìo m'avarrà perdonato, dopo nu paio de giorne te presiente tu e sposammo lesto lesto.
ACHILLE: Perfettamente! Se invece tuo zio non ne vò sapé, ccà. *(Indica le valige)* tengo tutta la robba mia, aizammo ncuollo e ce ne jamme. Ti porterò a Napoli, a casa di mia madre e là ci sposeremo. Mò me voglio nfurmà sto sinneco addò sta de casa, ma prima voglio posare un momento ste valigie, ti voglio fare riposare un poco... Ah, qua ci sta n'albergo... *Albergo dell'Allegria.* Bravissimo! *(Alla porta dell'albergo.)* Ehi, qualcheduno, albergatore!

SCENA SESTA

SAVERIO *(esce dalla porta dell'osteria e entra in scena)*: Eccomi qua: che comandate?
ACHILLE: Io ve chiammo da nanze e vui me responnite da reto?
SAVERIO: Stavo nell'osteria perché all'albergo e l'osteria so' tutto na cosa.
ACHILLE: Voi siete l'albergatore?
SAVERIO: Sissignore. Comandate qualche cosa?
ACHILLE: Sì, una stanza per poche ore, perché partiamo subito.
SAVERIO: Poche ore? Sempre na giornata pagate.
ACHILLE: Quello che volete voi, purché faccio riposare mia sorella.
SAVERIO: Ah... quella v'è sorella... là, là!
ACHILLE: Sissignore: sorella, là, là.
SAVERIO: Va bene. *(Chiama:)* Carmeniello!
CARMENIELLO *(entrando)*: Comandate?
SAVERIO: Porta questi signori nella stanza numero 3.
CARMENIELLO: Va bene, venite con me. *(Prende le valigie e entra nell'albergo.)*
ACHILLE: Và, Silviè, riposate, io mò m'informo sto sinneco addò sta e po' te vengo a piglià. *(Fa entrare Silvia in albergo.)*
SAVERIO *(a parte, ma in modo che Achille senta)*: Afforza ce vonno mbruglià... fratello e sorella... Se credene ca simmo pacchiane, simme scieme...
ACHILLE: Albergatò, sapete che c'è di nuovo? Mò, invece de ve pagà, ve faccio na cauciata!
SAVERIO: E pecché?
ACHILLE: Ma come, dovete sempre malignare! Statte a vedé che non possono viaggiare un fratello e una sorella... Tenete, queste so' cinque lire.
SAVERIO *(prende la moneta)*: Fratello e sorella.
ALFONSO *(sopraggiunge in fretta)*: Neh, padrone, e che avete fatto? Quello vi sta

chiamando!
SAVERIO: Sissignore, scusate, eccomi qua. *(In fila la porta dell'osteria.)*
ACHILLE *(sorpreso)*: Caro Alfonsino!
ALFONSO: Guè, Achille mio, e come mai da queste parti?
ACHILLE: Per certi affari miei particolari... E tu come ti trovi qua?
ALFONSO: Eh, mio caro, io oggi non sono più quel giovane scapestrato che tu hai conosciuto a Castellammare... Oggi tengo un posto importantissimo!
ACHILLE: E che posto?
ALFONSO: Sono il segretario del sindaco. *(Carmeniello esce dall'albergo e entra nell'osteria, mentre Silvia appare alla finestra dell'albergo.)*
ACHILLE: Lo segretario de lo sinneco? E quale sindaco?
ALFONSO: Oh bella, il sindaco di questo paese, il barone don Ciccio Sciosciammocca.
ACHILLE: Possibile! E tu sei il segretario?
ALFONSO: Io, sì... Perché, che d'è?
ACHILLE: No, niente... Allora tu mi puoi dire dove abita sto sindaco?
ALFONSO: Sicuro! Ma perché lo vuoi sapere?
ACHILLE: Perché... Alfonsì, io te dico tutto, ma tu mi devi promettere di non dire niente a nessuno.
ALFONSO: E ti pare...
ACHILLE: Devi sapere che io faccio l'amore appunto co la nipote de sto sinneco, la quale stava chiusa dinto all'Educandato de Castellammare...
ALFONSO: Già sicuro: me l'ha detto.
ACHILLE: Tre mesi fa, appena arrivato alla villa che teniamo a Castellammare, l'ho vista che passeggiava dinto a lo giardino... la fenesta de la cammera mia affaccia sul giardino del collegio. Che ti debbo dire, amico mio: me ne innamorai talmente che tu non puoi credere. Ogni giorno le scrivevo una lettera e la buttavo dentro a un'aiuola, e la risposta, quanno era la sera, lei me la faceva trovare mmiezo a la strada pecché la passava da sotto lo canciello.
ALFONSO: Bravissimo!
ACHILLE: Mò stamatina se n'è scappata da là dentro e la tengo co me. Povera giovane, primma de venì a Napoli co me, vuole vedere lo zio e tentare tutti i mezzi per farsi perdonare.
ALFONSO: Niente, amico mio cerca di farle levà stu pensiero, per carità!
ACHILLE: Ma perché?
ALFONSO: Perché lo zio non la vò sentì nemmeno nominà. Poco primma questo m'ha detto: «Se mia nipote si permette di venire da me, immediatamente le faccio taglià li capille e la chiudo in un convento», *(Silvia si mostra addolorata.)*
ACHILLE: Nientedimeno! Questo ha detto?
ALFONSO: E tu me consigliarrisse de non la fà presentà?
ALFONSO: Se capisce, se no è peggio! Ha detto che tutta la robba soja la vuole lasciare a suo nipote Felice che stava a Milano e che stammatina arriva qua; che lo deve mettere in possesso di tutti i suoi beni, e alla nipote manco nu centesimo!
ACHILLE: Ed è na cosa ben fatta, questa?
ALFONSO: Lo sò, ma che ci vuoi fare... Intanto vide che cos'è la fortuna: chillo mò arriva

sto Felice e lo zio senza che lo conosce, senza che l'ha visto maje, lo fa padrone di tutta la robba soja... Famme trasì dinto, se no può essere che si piglia collera.
ACHILLE: Chi?
ALFONSO: Il sindaco.
ACHILLE: Il sindaco sta là dinto?
ALFONSO: Eh, se sta mangiando na costata e s'ha bevuto già no litro de vino.
ACHILLE: E che ne dici... se mò vedesse la nipote...
ALFONSO: Non ci pensare nemmeno. So' sicuro che si mò la vedesse la faciarrìa taglià li capille e la farebbe chiudere in un convento... Io saccio comme la pensa. Si tu la vuò bene veramente, pigliatèlla e puortatèlla a Napoli. Statte bbuono. *(Infila la porta dell'osteria.)*
ACHILLE: E bravo, vì che bella nformazione aggia avuta! Se nce lo dico a Silvia chella certo non lo crede.
SILVIA *(dalla finestra)*: Ci credo, ci credo, perché l'aggio ntiso io stessa.
ACHILLE: Ah, stavi llà... E già che hai sentito tutto, dimme, che vuoi fare? Jammoncenne a Napoli, siente a me: chillo si appura che staje qua, siamo rovinati. Hai sentito, ti piglia e ti chiude in convento. Tu aspetta là, io mò vado a piglià na bella carrozza e ce ne andiamo haje capito?
SILVIA: Va bene, faccio chello che vuò tu.
ACHILLE: Io mò vengo. *(Esce dal fondo.)*
SILVIA: No, no... Primma d'andare a Napoli io devo tentare tutti i mezzi per parlare a zizìo... E si potesse... *(Si ritira dalla finestra.)*

SCENA SETTIMA

FELICE *(entra trafelato e stanco)*: Mamma mia, aiutatemi, io mò moro! Non me ne fido più de correre... Vuj vedite che guaio aggio passato stanotte! Ieri sera arrivaje a Castellammare doppo a nu viaggio de ventisette ore! Tenevo famme, sete... Trovaje na taverna, me mpezzaje e me facette nuovo nuovo! Miezo stunato de vino addimmannaje: «Neh, scusate, per andare a Pozzano?», e lo tavernaro: «Da quella parte, però badate: è na bella cammenatella». E se facette na risata... La serata era bbona, e io tenevo genio de cammenà, pure per schiarirmi un poco la mente. Ma che vuò arrivà: camminaje cchiù de n'ora e mmeza... La notte era scesa e vi dico la verità, me mettevo paura. «Anima di papà mio, aiutatemi voi!» Dicenno chesto me trovaje vicino a no casale co na senghetella aperta. Entro, per domandare almeno dove mi trovavo, ma subito me so' ntiso afferrà da na mano morbida e po' na vocella accussì aggraziata m'ha ditto: «Pascà finalmente sì venuto! Appiccia nu fiammifero», io che saccio, o è stato lo vino o ch'è stato... lo fiammifero s'è appicciato overo! Me l'aggio abbracciata e vasata. Quella s'è messa a strillà. È trasuto lo frate... «Chi è, chi ci sta qua dinto? Me voglio mangià lo core!» Pe scappà, aggia aperta na porta: era n'armadio. Finalmente aggio trovato la porta vera, me so' miso a correre, e curre, curre curre... Io sto correnno da stanotte: tengo la gola arsa! Potesse avé nu bicchiere d'acqua, tengo na sete! *(Bussa sul bicchiere.)*

SCENA OTTAVA

SAVERIO *(accorrendo)*: Comandate?
FELICE: Abbiate pazienza, scusate, se potesse avé nu bicchiere d'acqua?
SAVERIO: Acqua? Qua acqua non ne tenimmo. Se la volete nu buono bicchiere di vino ve pozzo servì.
FELICE: No, no! Io voleva acqua.
SAVERIO: E l'acqua non ce l'ho. Se volete, dovete andare da quella parte *(indica a sinistra in fondo),* passate la grotta, trovate la strada nova, cammenate sempre diritto, di faccia trovate la fontana e bevite.
FELICE: Grazie tante. *(Fa per andare, poi si ferma.)* Ma dimme na cosa, sta lontana sta fontana?
SAVERIO: Tre miglia.
FELICE: Addò! Io non faccio manco tre passe! Allora portame miezo litro de vino e na pagnottella.
SAVERIO: Vi volete fare la zuppetta?
FELICE: Eh, mi voglio fare la zuppetta.
SAVERIO: Va bene. *(Chiamando:)* Carmeniè!
CARMENIELLO *(di dentro)*: Che comandate?
SAVERIO: Porta miezo litro de vino e na pagnottella.
CARMENIELLO *(di dentro)*: Va bene.
SAVERIO: Assettàteve. Mò ve faccio assaggià nu vino che non l'avete provato ancora.
FELICE: Eh, da queste parti si fa buon vino.
CARMENIELLO *(entrando)*: Ecco il vino e la pagnottella. *(Posa tutto sul tavolo e via.)*
SAVERIO: Signò, provate sto vino e dicitemi la verità. *(Felice versa il vino nel bicchiere e fa per bere.)* Comm'è?
FELICE: E mò, si non lo provo... *(Beve.)* Magnifico, se sente proprio l'uva mmocca.
SAVERIO: È vino comme l'ha fatto la mamma.
PASQUALE *(di dentro)*: Compà, compare mio... mo moro de contentezza!
SAVERIO: Ch'è stato?
PASQUALE *(entrando)*: Faciteme assettà nu poco.
SAVERIO: Ccà sta la seggiola, assettàteve.
PASQUALE *(a Felice)*: Permettete? *(Siede.)* Compà, aggia avuto dinto a li mmane chella carogna de stanotte? *(Felice che aveva messo in bocca un pezzo di pane, resta col boccone in bocca; lazzi dei tre.)*
SAVERIO: Compà, veramente? E addò sta?
PASQUALE: Addà arrivà oggi e si deve presentare allo zio, e lo zio sapete chi è?
SAVERIO: Chi è?
PASQUALE: È lo sinneco mperzona! *(Felice fa la tarantella col coltello nel piatto; lazzi dei tre; Pasquale dice piano a Saverio:)* Compà, sentite, asseconnammolo: chisto adda essere nu povero giovane, malato de nierve, nevrastenico...
SAVERIO *(piano)*: Aggio capito, va buono. *(Forte:)* Lo sinneco?
PASQUALE: Eh, lo sinneco.
SAVERIO: E comme l'avite appurato?

PASQUALE: È stato lo cielo, compare mio! Poco primme so' andato a casa, e vicino a lo lietto, nterra, aggio trovato sto portafoglio. *(Felice, c.s., fa tarantella col coltello nel piatto; lazzi dei tre.)* Sulamente lo suo poteva essere... L'aggio aperto e nce aggio trovato ddoje lettere de lo zio. Dice che l'aspetta qua il giorno 25 agosto: oggi 25 n'avimmo, dunque ogge adda arrivà... Po' ce stanno 15 lire e questi biglietti de visita. Se chiamma Felice Sciosciammocca. *(Lazzi di Felice.)*
SAVERIO: Sissignore, lo sinneco accussì se chiamma. Avite visto buono, neh, cumpà?
PASQUALE: Comme, chesto che cos'è... Leggete voi stesso.
SAVERIO *(prende il biglietto e lo guarda)*: E io non saccio leggere... *(Lo restituisce a Pasquale.)*
PASQUALE: Signò, scusate, qua come dice? *(Dà il biglietto a Felice.)*
FELICE *(legge)*: Fel... Fel... Felice Sciosciammocca.
PASQUALE: Avete visto?
SAVERIO: E voi mò che pensate di fare?
PASQUALE: Comme che penso di fare? Mò mi vado a piazzà sotto lo palazzo de lo sinneco e non mi muovo. Appena arriva lo nipote, una de li ddoje: o se sposa a sorema, o le dongo na cortellata ncanna. *(Lazzi.)*
SAVERIO: E avite ragione, accussì se mparano a rispettà le figliole oneste.
PASQUALE: Compà, ma vedite la combinazione... lo nipote de lo sinneco?
SAVERIO: E figuratevi che lo sinneco s'ha chiammata a Nannina e ha voluto sapé chi era...
PASQUALE: Pecché, lo sinneco addò sta?
SAVERIO: Sta dinto, è venuto a pruvà lo vino mio. *(Meraviglia di Felice.)*
PASQUALE: Ah, neh? Allora mò trase pur'io e senza che se ne accorge me metto appresso a isso come una sentinella. Addà arrivà lo nepote!
SAVERIO: Sicuro, dicite buono.
PASQUALE: Jammo, compà, trasimmo. *(Soggetto e entra nell'osteria.)*
SAVERIO: Voi vino non ne volete più? *(Lazzi di Felice; Saverio a parte.)* Uh, e a chisto le sta venenno na cosa!
FELICE: Quanto pago?
SAVERIO: Undici soldi. *(Felice caccia la moneta e fa lazzi nel piatto.)* Che ve vulita fà, n'ata tarantella?
FELICE: Questi so' 12 soldi, nu soldo a voi.
SAVERIO: Grazie tanto. *(Prende il danaro e via.)*
FELICE: E comme faccio, comme me presento cchiù da mio zio... Quello m'ha scritto che mi voleva mettere in possesso di tutti i suoi beni appunto perché aveva saputo che io ero un giovane serio... se appura sto fatto, è capace che lascia tutto a mia sorella, la quale non ne ha bisogno perché vive ritirata... Mò ziemo sta llà dinto, io me potarrìa presentà... Eh, e comme me presento, co la sentinella vicino... Aspetta, mò gli scrivo nu biglietto... *(Scrive:)* «Amato zio, colgo l'occasione che un amico si reca costà, e vi scrivo questo biglietto per dirvi che mi trovo in letto con una forte febbre». E io mò freva tengo! «Spero fra otto giorni potervi abbracciare. Vostro nipote Felice»...

SCENA NONA

FELICE *(vedendo Carmeniello uscire dall'osteria, mentre Silvia compare alla finestra)*: Giovinò, scusa famme nu piacere. Dentro ci sta il sindaco?
CARMENIELLO: Sissignore.
FELICE: Allora dalle sto biglietto.
CARMENIELLO: E chi nce lo manna?
FELICE: Lo nipote che sta a Milano. Siccome dovevo venire qua per affari, m'ha cercato lo piacere di portare sto biglietto a lo zio.
CARMENIELLO: Va bene. *(Se lo prende. Felice soggetto.)*
FELICE: Io me ne vado, ti raccomando.
CARMENIELLO: Non dubitate. *(Felice via a destra per il fondo.)* Mò certo m'abbusco na meza lira.
SILVIA *(uscendo dall'albergo)*: Guè, pss... Addò vaje?
CARMENIELLO: A portà no biglietto a lo sinneco.
SILVIA: Bravo! Vai a portare un biglietto al sindaco senza sapé che dice... E si nce stanno scritti insulti, male parole? Che vuò passà nu guaio?
CARMENIELLO: Vui che dicite?!
SILVIA: Famme vedé. *(Legge piano fra sé:)* Mamma mia. Mò facive colezione, pranzo e cena! *(Fa gesto di botte.)*
CARMENIELLO: Pecché? Pecché?
SILVIA: Comme pecché? Qua dice: «Signor sindaco, voi siete una rapa e avete voluto essere sindaco per rubare perché siete nu marioncello»... Hai capito?
CARMENIELLO: Mamma mia! Eh... mo m'abbuscavo sta meza lira!
SILVIA *(lacera il biglietto)*: Vattènne dinto, e non dire niente, sà?
CARMENIELLO: Io non arapo manco la vocca. *(Via nell'osteria.)*
SILVIA: Aggio fatto la penzata... Caspita, mio fratello arriva tra otto giorni... ziemo non conosce né a me né a isso... Mò te faccio abbedè che combino! *(Via nell'albergo.)* *(Procopio entra dal fondo a destra; è stanco, con fisionomia pallidissima; porta un lungo soprabito con bottoni di metallo bianco e tutto abbottonato, collo con cravatta nera, coppola del medesimo colore del soprabito con lunga visiera e scritto «Custode»; calzone stretto, scuro.)*
PROCOPIO: Anema de moglierema Catarina, aiutami tu! Aggio passato lo guaio, e tutto pecché? Pe me j a comprà nu sicario... Non ce fosse mai juto! Ma pure se non ci andavo, quella s'era messa in testa di scappà? E se non era ogge era dimane... Anima de moglierema Caterina, e io comme faccio? La direttrice ha detto: «Andate, correte, appurate dove sta la ragazza, altrimenti guai a voi! Voi l'avete dato braccio forte, voi eravate d'accordo con lei, voi vi siete fatto vincere dal danaro». A me? A Procopio Ciaramella questo insulto? A un uomo onesto! Dunque allora, che significa? Che io, mediante una ventina di lire ch'aggio avute, nn'aggia fatta fuì? Oh, Caterina mia, aiutami tu!
SALVATORE *(che si trova uscendo dal fondo con lettera)*: Che cos'è, neh, vi sentite male?
PROCOPIO: No, niente, grazie, troppo buono. Stavo parlando con mia moglie, Caterina.
SALVATORE: E addò sta?

PROCOPIO: Addò sta? Sta llà, in Cielo. È morta da due anni, mi voleva tanto bene. Quando mi succedeva qualche disgrazia, essa cercava di darmi coraggio, mi compativa, mi asciugava le lacrime.
SALVATORE: Ma perché, scusate, mò avete avuto qualche dispiacere?
PROCOPIO: Nu dispiacere gruosso assai, una rovina! Dovete sapere che io sono il custode dell'Educandato che sta a Castellammare. Stammattina, come al solito, le figliole so' calate in giardino per passeggiare... Io me so' ghiuto a piglià nu sicario dal tabaccaro dirimpetto... In questo frattempo un'educanta, nientemeno, se n'è scappata... e fra l'altre cose, giusto la nipota de lo sinneco se n'è scappata! Capite? Tengo ragione di piangere?
SALVATORE: Ih? non è stata na gran cosa, non sapeva che era succieso.
PROCOPIO: Comme ! Chille vònno la figliola da me! Hanno ditto ca io l'aggio dato braccio forte.
SALVATORE: Ihhhhhh!
PROCOPIO: Ma lo capite che io passo nu guaio, che me ne cacciano?
SALVATORE: Ihhhhhh! So' tutte cosarelle de niente nfaccia a la disgrazia che aggio passato io!
PROCOPIO *(a parte)*: Questo è n'ato disgraziato!
SALVATORE: A voi se n'è scappata una, a me se ne scapparono quatte!
PROCOPIO: Salute! Quattro? E ll'avite passata liscia?
SALVATORE: Liscia? Me steva piglianno la morte! So' stato otto giorni senza parlà, e mò so' rimasto che quanno è la notte, dormo co n'occhio chiuso e n'ato apierto.
PROCOPIO *(a parte)*: Quanto adda essere brutto la notte, chisto!
SALVATORE: Capite, m'ha toccato la nervatura!
PROCOPIO: Avete ragione, ma scusate, voi poi nintemeno ve ne facite scappà quatto?
SALVATORE: Erano tre anni che io me l'accarezzavo... Ogni settimana mi privavo de lo pane pe lo dà a loro... Due settimane fa m'ero seccato. Dicette: «Vattènne, nun me ne voglio ncarricà cchiù» Quanno fuje lo sabato, bell'ommo mio cheste so' cose d'ascì pazzo! Quanno fuje lo sabato, ppppà tutte e quatto!
PROCOPIO: Che cosa?
SALVATORE: Che cosa? 1, 21, 50 e 83.
PROCOPIO: Ah, voi parlate di quattro numeri?
SALVATORE: Sissignore!
PROCOPIO *(fa la mossa)*: Mò te sòno no schiaffone! Io me credevo che parlava di quattro figliole che se n'erano scappate e chello se ne vene... 1, 21, 50 e 83... Ccà, si se mbroglia la facenna, si fanno na denunzia in questura, io me trovo mbriacato mmiezo a nu mbroglio che me pò mannà deritto deritto ngalera, e stu muorto frisco... 1, 21, 50 e 83... Mannaggia a la primma mamma, de la promamma de la stramamma de tutte le mamme de la promamme de l'anema de mammeta! Ehhhh, anema de muglierema Catarina, aiutame tu! *(Esce.)*
SALVATORE: Ih comme parla bello! A chest'ora sarrìa no signore, sarrìa padrone de 60.000 piezze! *(Addenta la lettera che ha in mano.)* Uh, a proposito, chesta è na lettera che va al sindaco, l'aggio trovata al palazzo e io mò la stavo straccianno!
VOCI *(dall'osteria)*: Evviva lo sinneco! Vivò!

SALVATORE: Viva lo sinneco! *(Entra nell'osteria.)*

SCENA DECIMA

SILVIA *(esce dall'albergo, vestita da uomo)*: Mò vedimmo se faccio lo colpo. Co li panne d'Achille sto bene. Chillo che sta ascenno sarà zizìo. Coraggio! *(Via.)*
FELICE *(entra dal lato destro)*: Chi sa se quello scemo l'ha data la lettera, chi sa Zizìo ch'ha ditto...
VOCI *(dall'osteria)*: Evviva lo sinneco!
FELICE: Stanno uscendo qua fuori... *(Entra nell'albergo, poi comparisce alla finestra.)*
CICCIO *(esce dalla porta dell'osteria, seguito da Alfonso, Pasquale, Saverio, Nannina e Salvatore)*: Grazie, grazie: ho passato un'ora proprio divertita. *(Pasquale lo segue.)*
SAVERIO: Vostra Eccellenza m'ha fatto un grande onore, e si me promettite de tornà, ve faccio trovà lo locale tutto rinnovato.
CICCIO: Bravissimo, e ti dico francamente ca tiene nu buono bicchiere de vino.
SAVERIO: È bontà vostra. *(Ad Alfonso:)* Segretà, io ce ne volarrìa mannà no barile a casa. Comme ve pare, s'avesse piglià collera?
ALFONSO *(a parte a Saverio)*: Sà che vuò fà? Mandalo a casa mia, io poi ce lo mando a lui, se no s'offende.
SAVERIO: Va bene.
CICCIO *(a Pasquale)*: Ma vuje venite appriesso a me?
PASQUALE: Sì, eccellenza, pecché ve voglio bene assaje.
CICCIO: Va bene, ma io non posso camminà co uno appriesso... Dunque, tu ti chiami Nannina?
NANNINA: Sì, Eccellenza. Sissignore.
SAVERIO: È la commarella mia, serva di vostra Eccellenza.
CICCIO: Bravo! È proprio na figliola aggraziata.
NANNINA: Grazie, Eccellenza.
CICCIO: Và, segretà, jammoncenne. Voglio arrivà fino alla stazione pe vedé si è venuto lo treno da Napoli. Chi sa che sarà successo, a quest'ora mio nipote Felice avvarrìa stà ccà.
FELICE *(dalla finestra, piano)*: E io sto ccà!
ALFONSO: Forse si sarà dovuto trattenere qualche poco a Napoli.
CICCIO: E andiamo a vedere. *(Fa per andare.)*
TUTTI: Viva lo sinneco!
SILVIA *(entra)*: Signori miei, scusate: Vorrei sapere il sindaco chi è...
SAVERIO: Comme chi è? L'addore non lo sentite? *(Mostra Ciccio.)*
CICCIO *(a parte)*: Già, comme fosse nu piatto de baccalà!
SILVIA: Voi!
CICCIO: Sì, io... Perché?
SILVIA: Signor sindaco rispettabile! *(Gli stringe la mano.)* Ma non vi dice niente questa stretta di mano? Il sangue non vi dice chi sono?
CICCIO: Aspetta... Forse tu sei...?
SILVIA: Vostro nipote Felice! Il vostro caro nipote. *(Lazzi di Felice.)*
CICCIO: Ah... qua, un abbraccio! *(Si abbracciano.)* Mò credo che sarraje stanco?

SILVIA: Eh, vi pare: vengo da Milano.
FELICE *(a parte)*: Uh... vène da Milano... *(Pasquale vorrebbe inveire, ma lo trattengono.)*
CICCIO: Ma che bel giovane! Don Alfonsino, dite la verità, che bella salute!
ALFONSO: E che bella presenza...
CICCIO: Caro Felice.
FELICE *(a parte)*: Che?
CICCIO: Tu sarai il padrone di tutta la mia roba!..
FELICE *(a parte)*: Mamma mia, mamma mia...
CICCIO: Adesso ce ne andiamo a casa, dove ho fatto preparare per te un magnifico pranzetto.
SAVERIO: Viva lo nipote de lo sinneco!
TUTTI: Evviva!
SALVATORE *(avvicinandosi a Ciccio)*: Eccellenza, scusate, mò che so' juto a lo palazzo, aggio trovata sta lettera per vostra Eccellenza, e siccome ncoppa dice «Di Premura», ve la dò. *(Felice dà un colpo di bastone sul cappello di Alfonso.)*
ALFONSO: Signor sindaco, mi hanno fatto un ferbone!
CICCIO: Che vi hanno fatto?
ALFONSO: Mi hanno menato una cosa in capa!
CICCIO: E va buono! *(Apre la lettera e legge:)* «Onorevole signore, verso le otto di questa mattina vostra nipote Silvia è fuggita dall'educandato e non abbiamo ancora notizie. Cercate con la vostra autorità di rintracciarla. La Direttrice»... Bravissimo, m'ha fatto immenso piacere! Tanta vote l'ha ditto fino a che l'ha fatto! Meglio accussì, mò spero che non mi seccheranno più. Io tengo nu solo nipote e si chiama Felice. Questa Silvia non appartiene a me, perciò non la voglio nemmeno sentire nominare. *(Straccia la lettera.)*
SILVIA: Sì, perché fa disonore al nostro cognome!
CICCIO: Vieni, nipote mio vieni! *(Via.)*
TUTTI: Viva lo sinneco, viva lo nipote de lo sinneco!
FELICE *(uscendo dall'albergo con gli abiti di educanda di Silvia sopra al braccio)*: Aggio trovato sti panne llà dinto; questi sono di mia sorella, e co tutto che m'è sorella, me combina chesto servizio! Ah, se io potessi... Benissimo! *(Va in fondo.)* Eh, cara sorella, te voglio fà vedé che te sape combinà questo fratello! Mò, mò ce penso io! *(Via nell'albergo.)*

(Cala la tela.)

Fine dell'atto primo

ATTO SECONDO

Salotto con porta in fondo e quattro laterali. Due mensole dorate con orologi e candelabri. Sulla mensola di sinistra una bottiglia di marsala e due bicchierini, campanello e scatola di cerini. Due poltroncine e due sedie dorate.

SCENA PRIMA

CONCETTELLA *(dal fondo)*: Quanto è simpatico lo nipote de lo sinneco... Da stammattina che è arrivato m'ha fatto stunà talmente che io non conchiudevo niente cchiù! Po' tene na maniera... tene na voce accussì aggraziata ca non se po' credere! Pe li servì a tavola, aggio rotto duje piatti e no bicchiere... Po' se dice ca li femmene fanno perdere la capa all'uommene! Ce stanno cierti giovinotti che ce fanno perdere la capa, li gamme e tutte cose! Ah, eccoli qua!

SCENA SECONDA

CICCIO *(entra, in veste da camera, seguito da Silvia)*: Dì la verità, Feliciè: te siente meglio?
SILVIA: Oh, meglio assai! È stato un pranzo proprio squisito.
ALFONSO *(che è entrato dietro agli altri due)*: Avete un cuoco magnifico, signor sindaco.
CICCIO: Và, assettammoce nu poco.
SILVIA: Io, vi dico la verità, ho mangiato con grande piacere... prima perché avevo una fame diabolica e poi per la gioia di avere abbracciato uno zio così buono e così affezionato. Quando vi ho veduto, credetemi, ho avuto una tale emozione che non sono scoppiato a piangere solo perché mi vergognavo.
CICCIO: Veramente?
SILVIA: In parola d'onore! Che volete, sono stato tanto tempo solo a Milano, senza un parente, senza un amico affezionato che potesse, in qualche momento, lenire le mie pene, calmare i miei dolori...
CICCIO: I tuoi dolori.,, e che dolori?
SILVIA: Che dolori? Oh, zio, e che domanda mi fate? Perdetti mia madre!
CICCIO *(ad Alfonso)*: La nzalatara!
SILVIA: Poi perdetti mio padre, il povero padre mio... ed eccomi solo nel mondo, orfano, senza un aiuto, senza un conforto... Quanti e quanti giorni sono stato digiuno e ho sofferto con pazienza, perché dicevo: «Verrà il momento che il fratello di mio padre si ricorderà del suo sventurato nipote!» *(Piange.)*
CICCIO *(piangendo)*: E mi sono ricordato, mi sono ricordato!
CONCETTELLA *(piangendo)* E se capisce che s'aveva ricordà!
CICCIO: Statte zitta tu! Tu non c'entri!
ALFONSO: State al vostro posto, voi!
CICCIO: Io non ti permetto sta confidenza.
CONCETTELLA: Signò, io me sento na cosa dinto a lo stommaco, io debbo sfogare!
CICCIO: E và a sfogare a la via de fore! Nipote mio, leviamo questi discorsi da mezzo: mò sono finite le tue pene... mò te faccio fà la vita de lo signore! Và, fumammece na sigaretta. *(Tira fuori un portasigarette, dà una sigaretta ad Alfonso, una a Silvia, ne prende una per sé; rivolto ad Alfonso.)* Avete fiammiferi?
ALFONSO: No, non ne tengo.
CICCIO: Vuje nun tenite mai niente! Concettella, i fiammiferi.

CONCETTELLA: E pecché?
CICCIO: Guè, pecché? Pecché vulimmo appiccià!
CONCETTELLA: Ah, scusate, steva pensando a n'auta cosa. *(Prende la scatola di cerini sulla mensola e la porge a Silvia.)* Eccovi servito.
CICCIO: Io te l'aggio cercata io! *(Toglie di mano a Silvia la scatola e accendono le sigarette.)* Parliamo un poco di Milano.
SILVIA *(a parte)*: Oh, mò viene lo mbruoglio!
CICCIO: Mi dicono che è una gran bella città.
ALFONSO: Oh, bellissima! Io ci sono stato due volte.
CICCIO: Feliciè, tu dove abitavi?
SILVIA: Io abitavo... Oh, tenevo una bella casa, ma quando era vivo papà abitavamo a quella strada così bella... non mi ricordo come si chiamava... quella bella strada lunga lunga... cioè non tanto lunga, così così... quella strada che ci sono quelle belle botteghe... botteghe da qua, botteghe da là...
ALFONSO *(a Silvia)*: Al Corso?
SILVIA: Già al Corso! Ah, là stavamo bene.
ALFONSO: Vedevate il Duomo?
SILVIA: Sì, lo Duomo steva llà bascio.
CICCIO: Dice che il Duomo è bello assaje?
SILVIA: Ih, così, così, non c'è male.
ALFONSO: Voi che dite, Don Felì, non c'è male? Quella è un'opera sorprendente, un'opera colossale.
SILVIA: Sì, questo non lo nego, ma a me non piace.
ALFONSO: Non vi piace?
CICCIO: Non gli piace, che volete, questione di gusti. A me, per esempio, la frittata con le cipolle non mi piace. *(A Silvia:)* E la galleria, come ti pare?
SILVIA: La galleria? *(Ad Alfonso:)* Scusate, quale sarebbe la galleria?
ALFONSO: Come, quale sarebbe? La galleria di Milano, dove c'è il caffè Biffi.
SILVIA: Ah, dove sta quel caffettuccio!
ALFONSO: Eh, caffettuccio! Quello è un grande caffè a quattro entrate!
SILVIA: Ah, sissignore. Ma che volete, ho studiato sempre, non teneva mai un'ora di libertà.
ALFONSO: Non avete visto nemmeno la Scala?
SILVIA: Oh, di scale sì, n'aggio visto assaje!
ALFONSO: Io dico la Scala, il Teatro Massimo!
SILVIA: E no, il Teatro di Don Massimo nun l'aggio visto.
ALFONSO *(a parte)*: Io volarria sapé che c'è stato a fà, a Milano!
SILVIA: Ma caro zio, mi avete detto che volevate passeggiare in giardino?
CICCIO: Sì, te voglio fà vedé che bella cosa, che belle piante... In mezzo ci ho fatto una capanna cinese... Te voglio fà consolà. Quella è tutta roba tua. Alfonsì; jate che io mò vengo. Vaco a scrivere na lettera a lo Notaro, pe dicere che venesse subeto co la carta bollata. E appena vene, te faccio donazione di tutto quello che posseggo.
SILVIA: Zio mio io avrei bisogno di parlarvi... vi dovrei dire una cosa che...
CICCIO: Forse non deve sentire nessuno?

SILVIA: Perfettamente.
CICCIO: Segretà, scusate: andate in giardino, mio nipote adesso verrà.
ALFONSO: Vado subito. *(Via.)*
CICCIO *(a Concettella)*: Vattenne fore, tu.
CONCETTELLA: Io pure me n'aggia j?
CICCIO: Eh, tu pure.
CONCETTELLA: Va bene. *(Dà un sospiro guardando Silvia.)* Ah! *(Via.)*
SILVIA *(parte)*: Voi vedete chella che vò da me!
CICCIO: Dunche, Feliciè, che m'haje da dicere?
SILVIA: Primma di tutto, volevo ringraziarvi di tutto quello che avete fatto per me, e che farete per l'avvenire. Voi dite che mi volete fare donazione di tutta la vostra roba... e credete con ciò di avermi fatto felice?
CICCIO: E che altro ti debbo dare? Quanno te dongo tutto cose...
SILVIA: Ed è appunto questo che io non voglio! Invece di tutte le vostre ricchezze, io ne desidero la metà.
CICCIO: La mmità? E io l'altra mmità che ne faccio? A chi la dongo?
SILVIA: La darete a Silvia, a quella povera sorella mia...
CICCIO: No, questo no! Non me ne parlare nemmeno, a essa non le voglio dà manco nu centesimo.
SILVIA: Ma perché?
CICCIO: Pecché m'hanno scritto sempe che è stata insopportabile, disubbidiente, capricciosa... Insomma, Felì, se io aggio voluto riconoscere a te che sì ommo, va bene, ma essa non posso, non la voglio riconoscere. *(A parte.)* Lui non lo sa che la mamma era na nzalatara e che mio fratello non s'è mai unito co lei in vincolo matrimoniale!
SILVIA: Dunque, assolutamente non le volete lasciare niente?
CICCIO: Manco nu centesimo!
SILVIA: Allora, caro zio, scusatemi, io rinunzio a tutto ciò che voi volete offrirmi. L'avrei accettato con piacere e sarei stato più contento se a mia sorella, al sangue mio, non le fosse mancato il pane. Fino a che stava chiusa nell'Educandato, va bene, non era tanto da compiangersi, ma adesso che è fuggita, e non sappiamo per quale ragione, adesso che la poveretta si vede sola, senza un appoggio, senza un aiuto, volete che io, suo fratello, la lasci in mezzo a una strada, senza averne compassione? Oh no, zio mio, non posso farlo, non mi sento la forza di abbandonare quella povera giovane. Domani chi sa che cosa ne potrà avvenire di lei... Potrà rovinarsi, potrà perdersi, e allora che cosa si dirà di voi, che si dirà di me! Oh che bravo zio, che buon fratello sono stati loro che hanno messo alla disperazione quella sventurata fanciulla. Oh, no, zio mio, date le vostre ricchezze a chi volete, a chi meglio vi piacerà, io mi contento di essere povero, povero come lei! *(Via.)*
CICCIO *(piangendo)*: Che cuore nobile! Che sentimenti nobili! Teh nu vaso! M'ha fatto venì nu nuozzolo nganna... Chillo se contenta de la mmità, abbasta ca l'auta mmità và a la sora... Scommetto che si era la sorella, s'avarría pigliato tutte cose essa!

SCENA TERZA

CONCETTELLA *(entrando)*: Signò, fore ce sta na figliola che vò parlà afforza co voi.
CICCIO: E chi è?
CONCETTELLA: Non me l'ha voluto dicere, ma si la vedite fa compassione: sta co lo fazzoletto mmane e sta chiagnenno.
CICCIO *(a parte)*: Quale sospetto... fosse mai... *(A Concettella:)* Fatela entrare. *(Siede.)*
CONCETTELLA *(che è uscita e rientra ora con Felice vestito da educanda come Silvia)*: Bella figliò, trasite, chillo llà è lo sinneco. *(Felice si getta ai piedi di Ciccio piangendo.)*
CICCIO: Pss... *(A Concettella:)* Uscite, voi. *(Concettella via.)* Alzatevi.
FELICE: Oh, no, zio mio. Mi alzerà quando mi avrete perdonata.
CICCIO: Mai, non vi perdonerà mai! *(La spinge.)* Voi non meritate il mio perdono, e non sò con quale ardire vi siete presentata a me, dopo quello che avete fatto!
FELICE: L'ho fatto ma senza voglia.
CICCIO: Ah, senza voglia?
FELICE: Ho mancato, sì è vero, ma ora ne sono amaramente pentita... Io non credeva di fare un gran male.
CICCIO: Ma ora che cosa volete da me?
FELICE: Niente, non desidero che due cose: esse perdonata da voi e abbracciare mio fratello!
CICCIO: Vostro fratello tiene troppo amor proprio, troppo decoro e non credo che vi abbraccerà.
FELICE: Oh, non dubitate, caro zio, mio fratello mi abbraccerà!
CICCIO: Ma perché ve ne siete fuggita dall'educandato? Voglio sapere la ragione, voglio sapere perché?
FELICE: Mille sono state le ragioni, zio mio, mille! Non me ne fidavo più, mi hanno messo con le spalle al muro... tutte le compagne contro di me, la Direttrice non mi poteva pariare.
CICCIO *(a parte)*: Eh! Pariare...
FELICE: Sì, sopportare... A me mi faceva fare tutti i servizi pesanti... e mò và scopa, mò và tira l'acqua... Teneva una mano così gentile, me l'hanno fatta fare piena di calli, guardate.
CICCIO: E chesta è mano da facchino!
FELICE: Po' trovàvene sempe la scusa che m'ero portata male e mi facevano stare digiuna, mi davano solamente pane e acqua. Come dovevo fare io, povera figliola? Stammatina, disperata e morta di fame, sono fuggita... Dove potevo andare? Fino a mò m'è venuto appriesso nu signore, ma poi, vedendo che non l'ho dato retta, se n'è andato. Zio mio, perdonatemi, mi moro di fame! *(Piange.)*
CICCIO: Pss, finitela! *(A parte.)* La nipote de lo sindaco che se more de fame! *(A Felice:)* Mi fa meraviglia questa cosa! Tutti dicono che in quell'educandato le ragazze sono trattate bene.
FELICE: Non è vero, zio mio, non è vero! Mangiamo sempre fagioli, ceci, aringhe e rape...
CICCIO: Come fossero carcerati!
FELICE: E la biancheria dei lettini ce la cambiano ogni mese.
CICCIO *(a parte)*: Mamma mia, povere figliole! *(A Felice:)* Basta non voglio sentire più niente. In ogni modo, avete fatto male a fuggire: una figliola onesta questo non lo fa!

FELICE: Perdonatami!
CICCIO: Per ora non posso dirvi niente. Non sò vostro fratello che cosa intende fare. Oggi è lui il padrone di tutto: io l'ho fatto donazione di tutta la mia roba.
FELICE: A chi?
CICCIO: A Felice, a vostro fratello.
FELICE: Ah! E alla sorella... cioè, a me?
CICCIO: A voi... a voi... niente!
FELICE: Veramente? *(Piano.)* Oh, che piacere!
CICCIO: Come avete detto? Ne avete piacere?
FELICE: Si capisce! E io appunto questo volevo, che lasciavate tutto a Felice. Oh, se aveste lasciata a me la metà, io l'avrei ceduta a lui... Ma che cosa ne facevo del danaro? Donna, sola, senza una persona che me lo avesse amministrato, in pochi mesi sarebbe tutto finito... Invece voi avete fatto benissimo di dare tutto a Felice e io sono sicura che egli non abbandonerà la sua misera sorella! *(Piange.)*
CICCIO *(a parte)*: Ma sangue di Bacco, chiste so' due angeli!
FELICE: Ma dov'è mio fratello? Dove sta? Lo voglio vedere.
CICCIO: Aspettate in quella stanza. Quando io vi chiamerà voi uscirete.
FELICE: Grazie, zio mio, grazie. Me more de fame?
CICCIO: Mò mange!
FELICE Me more de sete?
CICCIO: Mò beve! *(Felice via.)* Che bona figliola! Che bravi ragazzi! Chillo rinunzia alla metà pe la dà a essa, essa invece cede tutto a isso... che bella cosa! Un bacio pure a te, tieni! *(Manda un bacio.)*

SCENA QUARTA

SILVIA *(entra)*: Ebbene, zio, che cos'è, non venite in giardino?
CICCIO: Si, mò appunto venivo da te. T'aggia dicere na cosa, che sono sicuro ti farà piacere.
SILVIA: Che cosa?
CICCIO *(con precauzione)*: Indovina dinta a chella cammera chi ce sta?
SILVIA: Chi ce sta?
CICCIO: Ce sta Silvia, tua sorella.
SILVIA: Mia sorella? Possibile?
CICCIO: Sì, è venuta poco prima chiagnenno comme a che... te dico che m'ha fatto compassione... S'è menata a li piede mieje col domandarmi perdono di quello che aveva fatto. Mò sta là, dinto a chella cammera. Ha ditto che se n'è scappata dall'Educandato pecché la trattavano male, le facevano fare i lavori pesanti e la davano a mangià ceci, aringhe e rape!
SILVIA: Ah! perciò se n'è fuggita? *(A parte.)* E chesta chi cancaro sarrà?
CICCIO: Mò sta aspettanno che io la chiammo pecché te vò vedé. Ma si vide quanto te vò bene! Io, pe vedé comme la pensava, aggio fatto avvedé che già ti avevo fatto donazione di tutta la mia roba. Me credevo che essa n'aveva dispiacere. Niente affatto! Ha ditto: «Bravissimo, avete fatto bene a lasciare tutto a Felice!»

SILVIA: Ah, questo vi ha detto?
CICCIO: Chesto, sì. Me pare che sia na bell'azione. Aspetta, mò la chiammo. Tu fà vedé ca, come fratello, le faje nu rimprovero... Io pure, capisce, me so' mantenuto sulla mia. Po' essere che se n'è scappata per un'altra ragione e allora ci troviamo che non ci siamo troppo sbilanciati co lei. *(Va a destra, porta della stanza dov'è Felice.)*
SILVIA: Va bene. *(A parte.)* Io aggia vedé chi è sta figliola che me combina questo scherzo.
CICCIO: A voi, venite avanti. *(Entra Felice.)* Abbracciate vostro fratello.
FELICE: Ah fratello, fratello mio! *(Abbraccia Silvia.)* Ma che cos'è, tu mi accogli freddamente, tu non mi dici niente... Ma che ti ho fatto di male! Perché non mi stringi, perché non mi baci?
SILVIA *(a parte)*: Ma chesta chi è?
FELICE: Come ti sei fatto bello! Quando ci siamo lasciati eravamo piccolini piccolini, tu ci avevi ancora la pettola, ti ricordi? *(A Ciccio:)* Ci aveva la pettola! Oh, adesso sei un uomo... E a me, a me come mi trovi?
SILVIA: Oh, anche tu stai bene.
FELICE: Ma che sò... tu stai serio, freddo... forse stai in collera con me perché sono fuggita dall'educandato? Ah, lo sò, una buona figliola, una giovane onesta, questo non lo deve fare... E poi, la nipote del sindaco... Già tutti l'avranno saputo, chi sa che cosa avranno pensato di questa fuga! E che figura farà questo povero infelice, nessuno lo guarderà più in faccia... *(A Ciccio:)* Non è vero?
CICCIO: Si capisce!
SILVIA: Ma niente affatto, scusate! Perché quando si saprà che la nipote appena è fuggita dal collegio è andata dallo zio e questi l'ha perdonata, nessuno potrà dire niente.
FELICE: Ma bisogna vedere se lo zio la perdona!
SILVIA: Oh, la perdonerà.
FELICE: Oh, questo lo vedremo!
CICCIO: Ma tu vuò essere perdonata o no?
FELICE: Ma si... tanto da voi quanto dal mio caro fratello.
CICCIO *(a Silvia)*: Lei se n'è scappata perché la trattavano male, le facevano fà tutti i servizi pesanti e poi la facevano morì de fame. Se questa è la verità, noi vi perdoniamo. Comme te pare, Feliciè?
SILVIA: Perfettamente.
CICCIO: Vostro fratello penserà per la vostra dote e per il vostro avvenire. Egli voleva dividere con voi l'eredità, ed io così stavo facendo; però, riflettendo a quello che voi giustamente avete detto, ho deciso di lasciare tutto a Felice, di modo che, badate, adesso dipendete da lui.
FELICE: Si capisce, il fratello penserà per la sorella.
SILVIA: Ma no, zio mio, sarà meglio metà a me e metà a lei.
FELICE: No, io non voglio niente, date tutto a Felice.
SILVIA: Ma io tutto non lo voglio... voglio la metà.
FELICE: Ma che metà, o tutto o niente.
SILVIA: Allora date tutto a lei.
FELICE: Oh, guardate, ma io tutto non lo voglio!

SILVIA: Ma perché non vuoi accettare la metà?
FELICE: Perché non voglio niente.
SILVIA: E io nemmeno!
CICCIO: Oh, mò sta robba mia a chi la ddongo? Venita qua, si potrebbe fare in questo modo...

SCENA QUINTA

CONCETTELLA *(entrando)*: Signò, fore ce sta n'ommo che ve vò parlà. Dice ca se chiamma Don Procopio, il guardiano dell'Educandato.
SILVIA *(a parte)*: E chisto me conosce!
CICCIO: Il guardiano dell'Educandato?
FELICE *(a parte)*: Mò vèneno le mazzate!
CICCIO: Benissimo! Ho piacere di fare la sua conoscenza!
FELICE: Zizì, scusate, io non me voglio fà vedé.
CICCIO: Sì, dici bene. *(A Silvia:)* Feliciè, portati tua sorella. Vi fate una passeggiata in giardino.
SILVIA: Andiamo, sorella.
FELICE: Andiamo, fratello.
SILVIA *(piano)*: Tu in giardino m'haje fà capì chi sì?
FELICE *(piano)*: Io in giardino t'aggia piglià a pacchere! *(Escono.)*
CICCIO: A te, fà trasì a sta persona.
CONCETTELLA Subito. *(Via.)*
CICCIO: Le voglio dicere quatte parole a uso mio! Teneno pure lo coraggio de venì ccà. L'hanno misa co li spalle nfaccia a lo muro, a chella povera creatura!
CONCETTELLA *(entra seguita da Procopio)*: Favorite. Chillo è lo sinneco!
PROCOPIO: Grazie, Illustrissimo Signore...
CICCIO: Favorite, favorite, accomodatevi. Concettella, date una sedia al signore. *(Concettella dà la sedia.)*
PROCOPIO: Troppo buono, grazie. *(Siede.)*
CICCIO: Scusate, con chi ho l'onore di parlare?
PROCOPIO: L'onore è mio, per carità. *(A parte.)* Che bella maniera... lo signore sempe signore è! *(A Cicciò:)* Io mi chiamo Procopio Ciaramella, ai vostri pregiati comandi.
CICCIO: Preghiere sempre.
PROCOPIO: Sono il custode dell'Educandato che sta qui a Castellammare.
CICCIO: Possibile! Voi siete il custode dell'Educandato? Oh, sono proprio fortunato di aver fatto la vostra conoscenza!
PROCOPIO: Ma no, la fortuna è mia.
CICCIO: Concettella, date un bicchiere di marsala al signore.
CONCETTELLA: Subito.
PROCOPIO: Ma illustrissimo, queste sono mortificazioni!
CICCIO: Ma niente affatto, è dovere!
PROCOPIO: Grazie tante, troppo gentile. *(A parte.)* Che educazione, che nobiltà! *(Beve.)*
CICCIO: Concettella, ritiratevi. *(Concettella via.)* Dunque, perché vi siete incomodato,

che cosa dovete dirmi?
PROCOPIO: Ecco qua, signore. Io vengo da parte della Direttrice, la quale, poveretta, sta molto addolorata per il fatto che è successo. Dice che vi ha scritto una lettera, e bramerebbe sapere se avete fatto qualche cosa... se avete appurato niente. Io poi ero venuto per avere da voi un biglietto di raccomandazione appunto per la Direttrice, la quale sta infuriata assai contro di me e mi ha licenziato. Che c'entro io, pover'ommo? M'ero andato a prendere no sicario, in questo frattempo se n'è scappata... Giacché voi siete tanto buono, ma fate nu piccolo biglietino e così mi salvate.
CICCIO: Questo è tutto? La Direttrice sta addolorata...
PROCOPIO: Piena di dolori.
CICCIO: E vuole sapere se io ho appurato niente... E voi volete un bigliettino di raccomandazione per farvi rimanere là?
PROCOPIO: Sissignore, Eccellenza.
CICCIO: Te voglio dà tanta cauce e tanta cauce che t'aggia fà abballà pe mez'ora, a te e alla signora Direttrice, capisci? Sùsete da lloco, alzati! Sùsete da lloco te dico! Tene pure lo coraggio de venì dinto a sta casa mia, grandissimo svergognato! E dì a questa direttrice dei miei stivali che non se pigliasse cchiù l'ardire di scocciarmi co lettere e co «ambasciatori», pecché si no vaco llà e le mparo io comme se fa la Direttrice.
PROCOPIO: Ma signò...
CICCIO: Zitto non arapì la vocca che te piglio a paccare! Io saccio tutto. Chella povera figliola non ne poteva cchiù, l'era arrivata l'acqua nganna... e mo và scopa, e mò và a tira l'acqua... Che se credeva, la Direttrice, che chella era la serva dell'anema de la mamma? E po' dincello da parte mia, che i fagioli, i ceci, l'aringhe e li rape se l'ha da magnà essa, non l'ha da dà alle educande!
PROCOPIO: Ma qua rape?
CICCIO: Zitto, non parlà ca te dongo na seggia ncapo! *(Prende una sedia.)* Le voglio fà io no piattino comme se conviene, n'aggia fà na pubblicità de sto fatto, l'aggia fà mettere ncoppa a tutte li giornale! Se n'è scappata... Se capisce che se n'aveva scappà, ha fatto bbuono che se n'è scappata... E che aveva aspettà, che se moreva de famma? La biancheria a li lietti se cambia ogne mese! E tu, quanno te la cambie, ogne anno? Chesto addò se vede!
PROCOPIO: Ma nonsignore, eccellenza...
CICCIO: Statte zitto che te mengo la butteglia nfaccia!
PROCOPIO (a *parte*): All'anema de lo signore!
CICCIO: Vattènne tu, e dincello alla Direttrice che mia nipote sta qua e che perciò non si pigliasse più il fastidio di andarla cercando, hai capito?
PROCOPIO: Sissignore.
CICCIO: E quanno te ne vaje!
PROCOPIO: Eccomi qua... vi volevo dire...
CICCIO (*minacciandolo con la sedia*): Non voglio sentì niente! Jesce! *(Procopio scappa.)* Ah! Aggio sfucato! Aggio sfucato! *(Via.)*

SCENA SESTA

ALFONSO *(entra sconcertato)*: Io pe me non ho capito se quelli so' fratello e sorella o so' cani e gatti... M'hanno lasciato co la scusa che volevano andare a passeggiare, e se ne sono andati a litigare sotto al pergolato. Va trova perché...
CONCETTELLA *(entra seguita da una donna in nero)*: Favorite, favorite, accomodatevi,
ACHILLE: *(mascherato da donna con velo nero sulla faccia guanti e ventaglio)*: Grazie.
CONCETTELLA: Segretà, sta signora ha detto che è la Direttrice dell'Educandato. Ha saputo che la nipote de lo sindaco sta ccà e la vò vedé. Allora ce lo dite voi a Don Ciccio, chillo po' essere che sta occupato.
ALFONSO: Va buono, vattenne.
CONCETTELLA *(ad Achille)*: Chille è lo segretario de lo sinneco, parlate co isso. *(Via.)*
ALFONSO: Se la signora vuole attendere un momentino...
ACHILLE: Che signora, Alfonsì so' io! *(Si toglie il velo dalla faccia.)*
ALFONSO Che vedo! Achille! Oh, chesta è bella, vestuto da femmena... e pecché?
ACHILLE: Pe venì a vedé la nnammurata mia... Ma Alfonsì, pe carità...
ALFONSO: Oh, te pare... *(Ride.)* No, ma staje bbuono, sà!
ACHILLE: Quando tu stamattina m'hai detto: «Se la vuoi bene, portatela subito a Napoli», io l'ho lasciata all'albergo e so' andato a pigliare na carrozza. Quando so' tornato non l'ho più trovata. Figurati che preoccupazione! Ho pensato che era tornata al collegio, mi sono andato a informare e m'hanno detto che non s'era vista. Allora m'è venuto il pensiero che fosse venuta qua, da suo zio... «E che scusa trovo per entrare? Comme me presento? Un momento, mò faccio finta di essere la Direttrice!» Mi so' fatte mprestà sti panne dalla patrona de casa mia ed eccomi qua.
ALFONSO: Sangue de Bacco, è stata proprio na pensata magnifica. E quando vedi il sindaco che gli dici?
ACHILLE: Non te n'incarricà, l'invento quatte chiacchiere... Ma essa addà sta? Alfonsì fammela vedere, famme sto piacere...
ALFONSO: Sta in giardino, aspetta... *(Va a guardare in fondo a sinistra.)* Ah, eccola qua!
FELICE *(entrando)*: Neh, scusate, zizio addo sta?
ALFONSO: Non sò, forse starà nel suo studio. Qua c'è una signora che vi deve parlare.
FELICE: A me? *(La guarda, poi a parte.)* E chi è quella, la levatrice?
ACHILLE *(piano)*: Aspetta, Alfonsì, tu che fai? Chesta non è essa!
ALFONSO *(piano)*: Non è essa?
ACHILLE *(piano)*: No!
ALFONSO *(piano)*: Comme no? Tu fai l'ammore con la nipote del sindaco?
ACHILLE *(piano)*: Sì, ma non è chesta.
ALFONSO *(piano)*: E chi è?
ACHILLE *(piano)*: È n'ata.
ALFONSO *(piano)*: Voi vedete la combinazione! Io mò le stavo per dire: «Qua sta l'innammorato vostro!»
FELICE: Dunque, chi è che mi deve parlare?
ALFONSO *(piano ad Achille)*: Questa la Direttrice la conosce e capisce che non sei tu. Voltati da là. *(Lazzi.)* Ecco, signorina... *(A parte.)* Statte, aggio fatta la pensata! *(A Felice:)* Questa signora è la sorella della vostra Direttrice che è venuta qui per vedervi.
FELICE *(a parte)*: E si chesta me conosce?

ACHILLE *(ad Alfonso)*: Tu che hai fatto? E si chesta me sape?
ALFONSO *(piano)*: Non credo, che diavolo! *(Ad alta voce:)* Dunque, parlate, io vado dal sindaco a vedere se ha bisogno di me. *(Piano ad Achille:)* Ricordate mò, che se il sindaco ti vede, tu gli devi dire che sei la sorella della Direttrice!
ACHILLE: E si capisce.
ALFONSO: Permettete? *(Via.)*
FELICE *(a parte)*: Vuje vedite, aveva venì chesta pe me nguaià a me!
ACHILLE *(a parte)*: Io vorrìa sapé chesta chi è?
FELICE: Accomodatevi, vi prego. *(Gli dà una sedia e seggono con le facce voltate.)*
FELICE: Vostra sorella la Direttrice, come sta?
ACHILLE: Eh, non c'è male. E voi?
FELICE: Ih, così così.
ACHILLE: E voi siete proprio la nipote del sindaco?
FELICE: Sissignore, per servirla.
ACHILLE: Che volete, in mezzo a tante ragazze, non mi ricordo, ma mi pare che a voi non vi ho vista mai.
FELICE: Non sò, così mi pare.
ACHILLE: Io credo che voi non mi conoscete nemmeno?
FELICE: Io no. E voi nemmeno mi conoscete?
ACHILLE: Nemmeno.
FELICE: Ah, va bene! *(Si volta.)*
ACHILLE: Bravissimo! *(Si volta.)* E qui, in casa di vostro zio, vi trovate bene?
FELICE: Ah, benissimo! Figuratevi, quello non è uno zio, è una perla!
ACHILLE: Ma scusate, voi perché siete fuggita dall'Educandato?
FELICE: Non me ne fidavo più, cara signora. La Direttrice, scusate che v'è sorella, ma non sa trattare le ragazze.
ACHILLE: Scusate, mi pare, se non sbaglio, che voi a vostro zio non lo conoscete?
FELICE: No, non l'avevo mai visto.
ACHILLE: E, scusate... come vi chiamate voi?
FELICE: Io mi chiamò Silvia.
ACHILLE: Silvia! *(A parte.)* Sangue de Bacco, ma chisto è n'inganno! *(A Felice:)* Voi non siete Silvia, non siete la nipote del sindaco!
FELICE *(a parte)*: Mò vène lo mbruoglio! *(Ad Achille:)* E perché?
ACHILLE: Perché Silvia io la conosco benissimo! E adesso dirò tutto al sindaco.

SCENA SETTIMA

SILVIA *(entrando)*: Che cos'è, ch'è successo?
FELICE *(piano)*: Chesta è la sorella de la Direttrice, và dicere a zizio che io non songo la nepota. Arrepàra!
ACHILLE *(a parte)*: Silvia co i vestiti miei ncuollo!
SILVIA: Scusate, voi siete la sorella della Direttrice?
ACHILLE: Sissignore.
SILVIA: Ma che sorella! La Direttrice non tiene sorelle!

FELICE: La Direttrice non tiene sorelle!
SILVIA: Chiamate il segretario del sindaco.
FELICE: Subito. La Direttrice non tiene sorelle! *(Via.)*
SILVIA: Adesso sapremo subito chi siete.
ACHILLE *(togliendosi il velo)*: Silvia, mannaggia a te! So' io!
SILVIA: Che vedo!? Achille!
ACHILLE: Tu che hai fatto? Pecché sì venuta ccà? Pecché te sì vestuta da ommo?
SILVIA: Mò non ti posso dire niente, poi ti racconto tutte cose. Ma tu, pecché te sì vestuto da femmena?
ACHILLE: Pe venì dinta a sta casa, pe te vedé!
SILVIA: Statte zitto.
FELICE *(entrando con Alfonso)*: Ecco qua il segretario.
ALFONSO: Che cos'è?
SILVIA: Niente, la sorella della Direttrice, siccome non aveva mai visto mia sorella, così diceva che non era lei.
ACHILLE: Sicuro.
FELICE: Ma tu hai detto che la Direttrice non tiene sorelle...
SILVIA: Così mi credevo.
ALFONSO: Scusate, e Don Felice che ne sapeva? Niente!
SILVIA: Attendete in questa stanza, che fra poco vi farò parlare con mio zio.
ACHILLE: È stato uno sbaglio, lui si credeva... Addio, carina. *(Via.)*
FELICE: Addio carogna!
ALFONSO *(a parte)*: Io non capisco chisto che mbruoglio è! *(Ad alta voce:)* Adesso vado a farle io compagnia. Permettete? *(Entra appresso ad Achille.)*
FELICE: Prima avete detto che non era la sorella, e poi vi siete cambiata.. Sotto ci sta l'imbroglio...
SILVIA: Feliciè, fratello mio, mò te dico tutte cose: quello è l'innamorato mio, il quale per vedermi è venuto qua vestito da donna...
FELICE: L'innamorato vostro? Bravissimo! Mò vi combino un bel servizio co zizìo! Questo è il momento di scoprire gli altarini...
SILVIA: No, per carità, Feliciè, non fà chesto! Ma comme, quando poco fa, in giardino, m'hai detto che sei mio fratello io un altro poco morivo di gioia... E mò perché mi vuoi fare del male?
FELICE: Niente, non sento compassione! V'è piaciuto il pranzetto che stava preparato per me, e io pover'ommo me moro de famma... V'è piaciuto di presentarvi da mio zio e tentare di levarmi la metà delle sue ricchezze...
SILVIA: Ma io sono tua sorella, e la metà spetta a me.
FELICE: Ma pe piacere mio pero, non già con un inganno, come voi avete fatto! Mò non ce sta cchiù rimedio. Una delle due: o dite a zizìo che lasciasse tutto a voi, cioè a Felice suo nipote, o si no le dico tutte cose!
SILVIA: Questo mai! Se si tratta di stare soggetta a te pure per un centesimo, allora fà quello che vuoi tu, dì quello che vuoi tu, che non me ne importa niente! Poi vedremo zizìo come si regola.
FELICE: Va bene, vedremo zizìo come si regola. *(Chiamando:)* Zio... zio...

SCENA OTTAVA

PASQUALE *(di dentro, gridando)*: T'aggio ditto che voglio parlà co lo nipote de lo sinneco e non me ne vaco da ccà si nun ce parlo!
FELICE *(a parte)*: Mamma mia! Il fratello della ragazza!
CONCETTELLA *(entrando, a Silvia)*: Signurì, scusate, fore ce sta n'ommo co na figliola, dice che vonno parlà co vostra Eccellenza. C'aggia fà?
SILVIA: Vonno parlà cu me?
FELICE: Eh, tu sei il nipote del sindaco!
SILVIA: Va bene. Falli entrare.
CONCETTELLA *(alla porta)*: A vuje, trasite!
PASQUALE *(entrando con Nannina)*: Grazie tante.
SILVIA: Che cos'è, perché gridate in quel modo?
PASQUALE: Signuri, scusate; io pe tanto aggio strillato pecché sta figliola ha ditto: «Mò non potite parlà co nisciuno», e siccome se trattava de nu fatto necessario assaje, accussì aggio aizato nu poco la voce. Scusate.
SILVIA: Va bene. Voi dunque dovete dirmi qualche cosa?
PASQUALE: Sissignore, signurì, na cosa che me preme assaje.
SILVIA: Concettella, ritiratevi. *(Concettella via.)* Andiamo, parlate.
PASQUALE: Ma sta figliola, però...
SILVIA: Questa figliola è mia sorella.
PASQUALE: Scusate, signurì: è zitella?
SILVIA: Ma perché volete saperlo?
PASQUALE: Pecché, vedite, signurì, si è zitella non po' sentì.
SILVIA: Sorella, vi prego, ritiratevi.
FELICE: Io volevo sentì... Ah, m'ero scordato che so' zitella. *(Esce e fa capolino.)*
SILVIA: Dunque?
PASQUALE: Signurì, vedite a sta figliola? Questa è mia sorella.
SILVIA: Bravo, è una simpatica ragazza!
PASQUALE: Ve piace?
SILVIA: Sicuro!
PASQUALE: E a te, Nannì, comme te pare stu signorino?
NANNINA: Ma che addimanne me faje, frate mio! Me piace assaje, assaje!
PASQUALE: Brava, chesta era la primma cosa necessaria. Signurì, vui vedite sta figliola? Chesta v'ha da da essere mogliera.
FELICE *(a parte)*: E faje st'affare!
SILVIA: A me? *(Ride:)* Ah, ah, ah! Chesta è bella!
PASQUALE: Ched'è, signurì, vuje redite, ve facite na resatella?
SILVIA: Ma si capisce, perché sono cose curiose.
PASQUALE: Comme, so' cose curiose?
NANNINA: Ma frate mio, chillo non sape nuje chi simmo, pecché stevemo all'oscuro.
FELICE *(a parte)*: Siente a chell'auta, sìè!
PASQUALE: Ah, già! Signurì, chesta ccà è chella figliola de stanotte.

SILVIA *(con lo stesso tono)*: Quà figliola?
PASQUALE: Comme, non sapite? Quà figliola... Chella che steva dinto a lo casale allo scuro.
SILVIA: Quà casale...? Io non sò niente.
PASQUALE: Ah, non sapite niente? *(Fa il gesto di prendere un'arma.)*
NANNINA *(lo trattiene)*: Pascà!
PASQUALE: Statte zitta! Giovinò, parlammo no poco cchiù chiaro. Si tu...
SILVIA: Ma insomma...
PASQUALE: Si vuje site lo nipote de lo sinneco, io so' Pascale Guerra, giovane onorato fino alla cima dei capelli... Io fatico e magno, magno e fatico...
FELICE *(a parte)*: E chisto è cavallo d'affitto...
PASQUALE: E a chi tentasse de fà n'affronto a la casa mia, saria capace de scepparle lo core da lo pietto!
SILVIA: Ma io non sò voi che dite... non capisco le vostre parole... *(Un poco appaurata.)*
PASQUALE: Comme, io parlo accussì chiaro e non capite?
NANNINA *(piano)*: Pascà, chillo ha fatto la faccia bianca bianca, non lo fà mettere appaura... mò parl'io. *(A Silvia:)* Ma comme, signurì, non ve ricordate quanno stanotte site trasuto dinta a la casa mia e io, piglianneve pe frateme, pecché steveme all'oscuro, v'aggio ditto: «Guè, Pascà, te sì ritirato finalmente! Appiccia nu fiammifero»...
FELICE: All'anema de lo fiammifero!
NANNINA: Vuje, senza parlà, m'avite abbracciata, e m'avete dato nu bacio. Ero io, signurì, ero io chella figliola c'avite vasata!
FELICE: E ssì bbona, sà!
NANNINA: Po' è venuto Pasquale, s'è miso a strillà e vuje ve ne site scappato. Vuje site stato, signurì... non lo potete negare, pecché vuje site lo nipote de lo sinneco, vuje ve chiamate Felice Sciosciammocca... E sto portafoglio che avimmo trovato nterra vicino a lo lietto è vostro... ce stanno li bigliette da visita co lo nomme vostro, e ce stanno pure doje lettere che zizìo v'ha scritto a Milano.
FELICE *(a parte)*: E li quinnece lire?
NANNINA: Lo vedete, signurì, vuje acalate la capa... non lo potete negare... e allora pecché farme lo mmale a me poverella? Pasquale me voleva accidere, mentre io non ce aggio nisciuna colpa, nisciuna colpa! *(Piange, e piange anche Pasquale asciugandosi gli occhi con la manica della giacca.)*
FELICE *(a parte)*: Ha cacciato lo fazzoletto de batista!
PASQUALE: Credo che mò avarrate capito?
SILVIA: Va bene, tornate domani, io parlerò con mio zio.
PASQUALE: E tanto ce vo, pe parlà co sto zio vuosto? Ce parlate mò e nuje tornammo stasera.
SILVIA: Tornate stasera... Cercheremo d'aggiustare questa cosa.
PASQUALE *(sullo stesso tono)*: Cercheremo di aggiustare questa cosa... Non ce vò niente: o ve spusate a sorema, o ve chiavo na cortellata nganna! Ce simme capite? Stateve bene, ce vedimmo stasera. Jammoncenne. *(Fa per andarsene, poi torna.)* Dinto a lo portafoglio ce aggio trovato 15 lire...
FELICE *(a parte)*: Ah, mbè!

PASQUALE: Colle 15 lire m'aggio accattato no cortiello accussì. *(Mostra con la mano l'altezza.)*
FELICE *(a parte)*: S'è accattato lo pecoriello pe Pasca.
PASQUALE: O ve sposate a sorema, si no nganna ve lo chiave! Jammuncenne. *(Via Nannina che guarda Silvia con passione.)*
SILVIA *(a Felice che esce dalla destra)*: Oh, mò dimme che vuò combinà?
FELICE: Sorella, sorella mia!
SILVIA: Ah, mò me chiamme sorella tua? Benissimo! Mò te combino lo servizio... O dice a zizìo che me desse la mmità delle ricchezze soje, o le dico tutte cose.
FELICE: No, per carità!
SILVIA: Niente, non sento compassione!
FELICE: Ma io so' ommo... Facimmo tre quarte a me e nu quarto a te.
SILVIA: No miezo pedono! Ah, ecco ccà zizìo. Che vuò fà?
FELICE: Va bene, facinimo miezo pedono!

SCENA NONA

CICCIO *(con carta)*: Feliciè, questa è la donazione, mò vaco addo lo notaro mio e isso s'incarica de farla registrà, e de fà tutte cose. Tiene, lieggiatella: aggio rimasto tutto a te, tu poi penserai per tua sorella.
SILVIA: Ma scusate, io a mia sorella volevo darle la metà.
CICCIO: Mò accomminciammo n'auta vota?
FELICE: Mò cominciamo un'altra volta?
CICCIO: Tua sorella ha ditto che non vò niente?
FELICE: No, zizì ce aggio pensato meglio, facimmo metà per uno accussì ognuno se vede lo ssujo.
SILVIA: Perfettamente, è meglio così.
CICCIO: Cheste so' cose de pazze! Mò aggia fà la carta n'auta vota... Vì ca chesta è carta bollata, sà?
SILVIA: Non importa, zizì, facitela n'auta vota.
CICCIO: Va bene. *(Esce.)*
FELICE: Ora siete contenta?
SILVIA: Contentissima. *(Via appresso a Ciccio.)*
FELICE: Io mò aggio avuta perdere la mmità de la robba mia, pe causa e chillo cancaro de Pascale Guerra, mannaggia all'anema de la mamma!
ALFONSO *(entra, eccitato)*: Sangue de Bacco, lo nipote de lo sindaco è femmena vestuta da ommo, Achille m'ha ditto tutte cose... E chesta chi è? *(Fa precauzione, lazzi.)* Neh, scusate, bella figliola... diciteme la verità, io non dico niente: voi chi siete?
FELICE: So' na povera infelice, na povera disgraziata che per causa de nu fatto ca m'è successo stanotte aggio perzo mmità de la robba mia!
ALFONSO: Possibile? Ma chi siete?
FELICE: Non ve lo pozzo dicere ancora, perché se sta facenno na carta a la via de dinto... Non pozzo parlà. *(Concettella entra da fondo.)*
ALFONSO: Ma con me vi potete confidare, non abbiate paura. *(L'abbraccia.)*

FELICE: Lasciateme stà, non ve pozzo dicere niente. Stasera, in questa camera, saprete tutto.
ALFONSO: Va bene, non vi voglio forzare. Se avete bisogno di me, comandatemi pure. Per voi farò qualunque cosa!
FELICE: Grazie, grazie, amico mio! *(L'abbraccia e lo bacia, lasciando Concettella scandalizzata.)*
ALFONSO *(a parte)*: Uh, m'ha vasato!
FELICE *(a parte)*: Tiene mente, distratto aggio vasato a chisto!
ALFONSO: Dunque, stasera mi direte tutto?
FELICE: Sissignore, stasera.
ALFONSO: Dateme n'altro bacio.
FELICE: Sì, tenete. *(Lo bacia molte volte.)* *(Concettella fa segni con la mano che dirà tutto allo zio poi esce.)*
ALFONSO: Basta, basta... io mò moro! *(Cade sopra una sedia.)*
FELICE: Eh, hai fatto st'affare, hai fatto!

(Cala la tela.)

Fine dell'atto secondo

ATTO TERZO

SCENA PRIMA

SILVIA *(entra e chiama)*: Achì, Don Alfonso, uscite.
ALFONSO *(entra con Achille)*: Eccoci qua.
ACHILLE: Insomma, c'aggia fà? Io non me ne fido cchiù de stà co sti panne ncuollo... Mò mi vado a spogliare a casa, poi torno regolarmente e mi presento a tuo zio, dicendo che ti voglio sposare. Io non credo che farà difficoltà.
SILVIA: Ma no, è impossibile, Achille mio, questo non si può fare stasera, perché zizio ha detto che siccome s'è fatto tardi, dal notaio ci va domani mattina. Quando appura la finzione c'aggio fatto è capace che s'infuria, straccia la carta c'ha fatto e me faje perdere na fortuna.
ALFONSO: Già, dice bene.
SILVIA: Io direi, giacché non t'ha visto, pe mò vattènne, domani al giorno, po', quando la carta è legalizzata, quando tutto è fatto, te lo faccio sapé pe mezzo de Don Alfonsino. Tu viene, ci parli e o vuole o non vuole ha da consentì afforza. La paura mia era che mio fratello parlasse, ma fortunatamente non può parlà, pecché tene nu guaio ncoppa a li spalle.
ALFONSO: Vostro fratello? Aspettate, chi è vostro fratello?
SILVIA: Come chi è? Non l'avete capito ancora? È quello che sta qua, vestito da femmena... quello ch'ha ditto a zizio che era la nipote, che era io, insomma!
ALFONSO: Comme, come! Possibile? Quello è uomo?

SILVIA: Sissignore, è mio fratello.
ALFONSO: Uh, mamma mia! E io m'aggio fatto vasà da chillo!
ACHILLE: Te sì fatto vasà? *(Ride:)* Ah, ah, ah!
ALFONSO: E io sapevo chesto? Quello pareva proprio na femmena... Mannaggia all'anema soja! E mò addò sta?
SILVIA: Sta in terrazza co zizìo. Achì, vattènne, ce vedimmo dimane.
ACHILLE: Statte bbona. *(Fa per andarsene.)*
SILVIA: Aspetta, sento rummore... Chi è?
CONCETTELLA *(con candelabro acceso)*: Signurì, felice sera!
SILVIA: Felice notte.
CONCETTELLA *(vedendo Achille)*: Uh signò! Vuje state ancora ccà?
ALFONSO: Adesso se ne va, tornerà domani perché il sindaco è occupato.
ACHILLE: Sì, tornerà domani.
CONCETTELLA E comme, doppo aspettato tanto tempo se n'ha da j... Ah, ecco ccà lo signore.
ALFONSO *(a parte)*: Stateve bene!

SCENA SECONDA

CICCIO *(entra a braccetto con Felice)*: Mò faccio preparà na bella tavola in terrazza e là ceneremo stasera... Hai visto che bella luna sta uscendo?
FELICE: Zizì, pecché la luna quann'esce e rossa e po' se fa bianca?
CICCIO *(a parte)*: E io mò saccio chesto? *(A Felice:)* Pecché... quann'esce, esce allegra allegra, tutta beata, poi quando s'innalza vede le miserie del mondo, i peccati dei mortali e impallidisce.
FELICE: Ah, mò aggio capito... *(A parte.)* Vede i guai miei e se fa bianca!
CICCIO: Feliciè, tu stai qua? E questa signora chi è?
SILVIA: Questa signora... è sorella alla Direttrice dell'Educandato; era venuta per parlare con voi e per vedere mia sorella.
CICCIO: Ah, la sorella della Direttrice? Tanto piacere.
ACHILLE: Piacere è mio.
CONCETTELLA: Scusate, signò, a me me pare che la signora quando è venuta ha detto che era proprio la Direttrice.
ALFONSO: Nossignore, avete inteso male: ha detto la sorella della Direttrice.
ACHILLE: Sissignore, ho detto la sorella.
CICCIO: Voi dunque dovete parlarmi? Io pure debbo dirvi qualche cosa. Signori vi prego, ritiratevi un momentino. *(Silvia e Alfonso s'inchinano e escono a sinistra; Alfonso va via guardando Felice; Concettella via dal fondo; Felice fa per andare.)* Voi rimanete. *(Ad Achille:)* Accomodatevi, signora. *(Seggono.)* Parlate prima voi.
ACHILLE *(a parte)*: E io mò che dico? *(A Ciccio:)* Ecco qua, signor sindaco: avendo saputo che vostra nipote era fuggita dall'Educandato dove sta mia sorella come direttrice, sono venuta a domandare perché ha fatto questo. Quale è stata la ragione che l'ha spinta a fare un simile passo? Io sò che mia sorella le voleva tanto bene. Non è vero? *(A Felice:)* Ditelo voi stessa.

FELICE *(a parte)*: Chisto è cchiù mbruglione de nuje! *(Agli altri:)* Sì, mi voleva bene... io mò che debbo dire? Certamente per fuggire c'è dovuto essere una ragione. Non si fugge così.
ACHILLE *(a parte)*: Ma che imbroglione che è questo!
CICCIO: Vedete, signora, per parlare così la ragazza è segno che l'hanno dovuta mettere con le spalle al muro, se no non sarebbe fuggita!
FELICE: Oh, questo è certo!
ACHILLE: Ma signor sindaco, voi poi non dovete credere tanto facilmente a tutto quello che vi si dice. Io non posso parlare perché se no vi proverei con i fatti che tutto ciò che vi ha detto questa ragazza non è vero... Aprite gli occhi.
CICCIO: Come s'intende, aprite gli occhi?
FELICE: Oh, scusate, Donna... non mi ricordo come vi chiamate?
ACHILLE: Mi chiamo... Anna.
FELICE: Scusate, Donn'Anna: io a zizìo l'ho detto la verità, e voi parlando in questo modo fate capite che non siete venuta qua per parlare con lui e per vedere a me, ma forse per qualche altra ragione... Aprite le orecchie!
ACHILLE: Qualche altra ragione... Io perché dovevo venire?
FELICE: E io perché dovevo fuggire?
CICCIO: E io perché non debbo capire? *(Si alzano.)* Basta in ogni modo io ho voluto ritirarmi la ragazza.
ACHILLE: Oh, voi siete il padrone di fare quello che vi pare e piace.
CICCIO: Quando poi mi riesce, andrò a parlare direttamente con la Direttrice.

SCENA TERZA

SAVERIO *(di dentro)*: È permesso?
CICCIO: Chi è? Avanti.
SALVATORE *(con biglietto da visita)*: Illustrissimo, abbascio a lo palazzo s'è fermata na carrozza con parecchia gente dentro. Na signora m'ha dato sto biglietto de visita dicennome che se permettete v'avarria fà na visita. *(Consegna il biglietto.)*
CICCIO *(leggendo)*: «Angiola Maria Tropea, Direttrice dell'Educandato in Castellammare». La signora Tropea! *(Ad Achille:)* Vostra sorella.
ACHILLE *(a parte)*: E chesta ce mancava!
CICCIO: Justo iusto! Io ci volevo parlare... giacché è venuta, falla saglì, e la fai aspettare un momento qua.
SALVATORE: Subito. *(Via.)*
ACHILLE: Signor sindaco, io vi chieggo un gran favore: siccome sto contrastata con mia sorella da tanto tempo, così non mi vorrei fare vedere...
FELICE: State contrastata con vostra sorella? Sarebbe una bella occasione per riappaciarvi.
ACHILLE: No, no, non me voglio riappacià. *(A parte)* Mò le chiavo lo ventaglio nfaccia!
CICCIO: E come si fa?
ACHILLE: Me ne vado, ci vedremo un altro giorno. *(Fa per andarsene.)*
CICCIO: Ma scusate, quella mò v'incontra per le scale. Sapete che volete fare? Entrate in

questa camera e ve ne andrete dopo di lei.
ACHILLE: Ah, sicuro, grazie. *(A parte.)* Afforza aggia stà ccà. *(A Ciccio.)* Ma non dite che io sono venuta...
CICCIO: Non dubitate. *(Achille entra.)*
FELICE: Zizì; io nemmeno me voglio fà vedé dalla Direttrice...
CICCIO: Va bene, tu aspetti in terrazza. Vieni. *(Via a sinistra, seguito da Felice.)*
SALVATORE *(entra dal fondo)*: Favorite, favorite, da questa parte. *(Entra Angiola infuriata, facendosi vento col ventaglio; la seguono Virginia, Adelina, Leopoldina e Giuseppina, vestite da educande tutte uguali, con paglia; in ultimo entra Procopio anche lui infuriato e segue tutti i movimenti di Angiola; porta un cassettino con bottigline di odori e un soffietto; in tasca ha un biscotto nero.)*
ANGIOLA: Grazie infinite! *(Con lettera e raffioletti.)*
PROCOPIO: Grazie infinite!
SALVATORE: Il signor sindaco ha detto che aspettate un momento qua.
ANGIOLA: Va bene, aspetteremo. Noi non daremo tanto fastidio al signor sindaco... È quistione di chiarire dei fatti, è quistione di amor proprio! *(Passeggia.)*
PROCOPIO: Perfettamente: è quistione di amor proprio! *(Passeggia.)*
ANGIOLA: Statte zitto, tu.
PROCOPIO: Va bene.
SALVATORE *(mette le sedie dietro alle quattro educande)*: Permettete? Vui ve putite pure assettà.
ANGIOLA: No, grazie, stiamo all'impiedi. *(Alle quattro:)* Voi potete accomodarvi. *(Le quattro seggono tutte insieme con un sol movimento, e restano come statue.)*
SALVATORE *(a parte)*: Uh, quanto so' belle cheste! *(Ride e via.)*
PROCOPIO: Signò, voi vi dovete fare sentire, quello ha detto parole brutte assaje, ha detto parole che manco a na serva se mannarrìano a dì!
ANGIOLA: Ma m'ha chiamata proprio direttrice dei suoi stivali?
PROCOPIO: Sissignore. Eh, solo chesto... Tutto chello che v'aggio ditto.
ANGIOLA: Va bene. Vedremo se sono direttrice dei suoi stivali! Mi sento un tremito per tutte le carni... Mi gira un poco la testa... dammi il liquore anodino.
PROCOPIO *(prende una bottiglia e la dà)*: Eccovi servita. *(La donna odora e la restituisce.)* Un poco di vento. *(Esegue.)*
ANGIOLA: Sono cose che fanno dispiacere, credimi... Procopio, io vorrei piangere.
PROCOPIO: Ma si capisce, sono parole che offendono assai, e specialmente una donna come voi che tiene venti anni di servizio!
ANGIOLA: E in vent'anni, quando mai mi è successo una cosa simile? Dire, niente di meno che io faccio mangiare alle ragazze fagioli, ceci, aringhe e rape... Noi non sappiamo che cosa sono le rape.
PROCOPIO: No, io lo saccio.
ANGIOLA: Tu che c'entri. Ragazze, ditelo sul vostro onore: avete mai mangiato voi di questi cibi?
LE QUATTRO: Oh, mai, Mai! Mai!
ANGIOLA: E quali sono i frutti che avete sempre?
LEOPOLDINA: Mele...

ADELINA: Pere...
VIRGINIA: Aranci...
GIUSEPPINA *(forte)*: Ceràse...
PROCOPIO *(a parte)*: Prune pappagone a no soldo! Mò simme arrivate abbascio a lo mercato, mò!
ANGIOLA: E poi ha avuto il coraggio di diere allo zio che io le facevo tirare l'acqua, le facevo pulire i pavimenti... io! Ma se l'appura il governatore, io come farò? Va bene che mi conosce, che sa io come la penso... ma pure se non vuole credere tutto, qualche cosa crederà, e io che figura ci faccio?
PROCOPIO: Eh, signò, mò me scurdavo na cosa: ha detto che la biancheria ai lettini la cambiate ogni mese e a me ogne anno!
ANGIOLA: Ogni mese! Oh, ma questo è troppo, questi sono insulti positivi! E tu non l'hai risposto niente?
PROCOPIO: Che aveva rispondere? Quello n'ato ppoco me scassava na seggia ncapo!
ANGIOLA: Benissimo!
PROCOPIO: No, malissimo!
ANGIOLA: Vedremo se questo signor sindaco ripete ancora quello che ha detto... Mi sento una rabbia che non si può credere, vorrei sfogare come dico io... Guardate come sto tremando... Procopio, dammi l'acqua di Melissa.
PROCOPIO Subito. *(Esegue.)* Nu poco de vento sempe è buono. *(Esegue.)*
ANGIOLA: Io non sono abituata a queste emozioni, ho un cuore così sensibile che ogni piccola cosa mi fa impressione. Queste calunnie a me? A me che voglio bene a quelle ragazze come fossero mie figlie? E quando è venuto qualche loro parente con l'intenzione di ritirarsene qualcheduna, quella giornata io ho pianto, e che cosa gli ho detto sempre? Ditelo voi stesse.
LEOPOLDINA: Non me la togliete...
ADELINA: Non ve la prendete...
VIRGINIA: Non ve la portate...
GIUSEPPINA *(forte)*: Lasciatela stà!
PROCOPIO *(a parte)*: Datele nfaccia!
ANGIOLA: E adesso mi debbo sentire queste infamie! Fortunatamente si è trovato questo biglietto nel cassettino della signorina sua nipote e con questo biglietto l'illustrissimo signor sindaco saprà la vera ragione perché la tortorella è volata via!
PROCOPIO: Zitto, signò: eccolo qua!

SCENA QUARTA

CICCIO *(entra, e le quattro ragazze si alzano)*: State comode... Accomodatevi.,. Assettateve! *(A parte.)* Mò so' sorde? *(A un cenno di Angiola le quattro seggono.)* Ah, l'aveva dicere essa! *(Ripetere il cenno di Angiola; ad Angiola:)* Signora, vi prego, accomodatevi. *(Procopio dà le sedie; lazzi; lui siede in mezzo.)* Rispettabilissima signora, io avevo stabilito di venire domani da lei, e così avere una spiegazione del modo come è stata trattata Silvia mia nipote. Fortunatamente è venuta lei da me...
ANGIOLA: E con la stessa sua intenzione, cioè per farmi spiegare con quale ardire lei si

permette di dire a Procopio, qui presente, che io sono la Direttrice dei suoi stivali!
CICCIO *(alzandosi)*: Perché così è, Direttrì! Senza che vi vestite di carattere... Ardire e non ardire... Io tutto quello che ho detto, ho detto bene.
ANGIOLA *(alzandosi)*: Avete detto male, signor sindaco, e vi prego di non gridare con me, perché io non sono avvezza ad essere trattata in questo modo... Ricordatevi che sono una donna e sono una signora! *(Siede abbattuta.)*
PROCOPIO: Signò, signò!
ANGIOLA: Dammi l'aceto aromatico.
PROCOPIO: Subito. *(Esegue.)* Volete nu poco de vento?
ANGIOLA: No!
PROCOPIO: Sempe buono. *(Esegue.)*
CICCIO: Chella se ne vene, come lei si permette? Me permetto, sicuro!
ANGIOLA: È la prima volta in vita mia che mi succede questo... Quando mai...
PROCOPIO: Ma voi potete ragionare senza alterarvi. Sindaco, scusate, quella è sensibile, subito si accende.
CICCIO *(lazzo)*: La ragazza è venuta qua piangendo, col dirmi che era fuggita perché voi specialmente non la potevate pariare.
PROCOPIO: Uh, pariare!
CICCIO: Che d'è?
PROCOPIO: Niente.
CICCIO: Poi le facíveve tirà l'acqua, la facíveve scupà, e poi trovàveve la scusa che s'era portata male e la facíveve stà a pane e acqua.
ANGIOLA: Oh veramente? Questo facevo io? *(Ridendo:)* Ragazze, ma voi sentite? Ma come, non ridete? *(Le quattro ridono forte ad un cenno di Angiola.)* Basta! *(Le quattro smettono di colpo.)*
CICCIO *(a parte)*: S'è rotta la corda... *(A Angiola:)* Poi, che sò, ogni giorno fagioli, ceci...
ANGIOLA: Basta! Signor Sindaco, vi prego di ascoltarmi un poco...
PROCOPIO: Volete odorare qualche cosa?
ANGIOLA: No! Io capisco che voi avete creduto, e giustamente dovevate credere, a tutto quello che vi ha detto vostra nipote. Ma chi vi dice che non ha potuto mentire? Io posso provarvi due cose, la prima che non è vero affatto che io tratto le ragazze come dice lei, e la seconda che è fuggita per una ragione assai più importante di quella che v'ha detto.
CICCIO: E quale sarebbe sta ragione?
ANGIOLA: Un momento. Leopoldina, venite qua. *(Leopoldina si presenta.)* Dite al signore come vi trovate con me, come vi tratto io?
LEOPOLDINA: Oh, bene, bene assai, non abbiamo di che lagnarci. Mi fa meraviglia come Silvietta ha potuto parlare male della nostra buona Direttrice.
ANGIOLA: Grazie. *(Prende un raffioletto dalla borsa e lo dà a Leopoldina, che se lo mette in bocca e va a sedere mangiando.)*
CICCIO *(a parte)*: E incominciato il pasto delle belve!
ANGIOLA: Adelina, venite avanti. *(Adelina si presenta.)* Dite al signore come sono i vostri lettini.
ADELINA: Oh, bellissimi, morbidi, con biancheria sempre pulita e Silvietta diceva sempre: «Che buoni letti, che brava Direttrice!».

ANGIOLA: Grazie. *(Dà un raffioletto.)*
CICCIO *(a parte)*: La scigna ha avuto la porzione soja!
ANGIOLA: A voi, Virginia. *(Virginia si presenta.)* Dite al signore se è vero che io facevo tirare acqua e facevo spazzare alla vostra compagna Silvietta.
VIRGINIA: Oh, non è vero affatto! Noi non facciamo altro che studiare, ricamare e passeggiare. Non ci strapazza per niente la nostra buona Direttrice.
ANGIOLA: Grazie. *(Altro raffioletto.)* A voi Giuseppina. *(Giuseppina si presenta.)* Dite al Signore quante volte al giorno mangiate.
GIUSEPPINA: Quattro volte! La mattina alle sette: latte e caffè e pane. A mezzogiorno: carne e patate. Alle sei: riso, carne, uova e frutta. Alle dieci e mezza: insalata, salame, pane e mela.
PROCOPIO: A mezzanotte no prociutto accussì!
CICCIO: A mezzanotte te dongo nu provolone ncapo, si non te staje zitto!
GIUSEPPINA: Oh, non ci fa desiderare niente, la nostra buona Direttrice!
ANGIOLA: Basta grazie. *(Per prendere altro raffioletto.)*
PROCOPIO: Lasciate sta, signora: chesta me la governo io. *(Caccia di tasca un biscotto nero e lo dà a Giuseppina che lo mette in bocca e mangiando va a sederei)*
CICCIO: Va bene, tutto questo va bene... ma perché se n'è fuggita?
ANGIOLA *(alzandosi)*: Procopio, conducete un momento in sala queste ragazze.
PROCOPIO: Subito.
CICCIO: Perché scusate?
ANGIOLA: Perché non possono sentire quello che adesso vi dirà.
CICCIO: Allora fatele trattenere qua, nella sala da pranzo.
PROCOPIO: Va bene, Eccellenza. Ragazze, alzatevi. Su, all'impiedi! *(Le quattro si alzano in un solo movimento tutte insieme.)* Fianco sinist, sinist! *(Le quattro eseguono.)* In avanti marsh! *(Le quattro camminancì a passo di soldato ed escono.)*
CICCIO *(a parte)*: Ma che so', soldate?
PROCOPIO: Io debbo restare?
ANGIOLA: Sicuro!
PROCOPIO: Voleva tené compagnia alle piccerelle.
ANGIOLA: Nonsignore, state qua.
PROCOPIO: Va bene.
CICCIO: Dunque?
ANGIOLA: Quest'oggi, nel cassettino di vostra nipote si è trovato questo biglietto. *(Glielo dà.)* Leggete.
CICCIO *(legge)*: «Amata Silvia, cieco è l'amor mio per te... » *(A Procopio:)* Cieco...!
PROCOPIO *(a parte)*: Tu e la Direttrice!
CICCIO: «Domani ti aspetto alle nove lungo la strada nuova. Non essere più crudele con me. Fuggi da questo esilio. Io ti condurrò da tuo zio, come tu desideri, e se egli non ti vuol riconoscere verrai a Napoli con me e sarai mia per sempre! Ti aspetto. Il tuo eterno A». *(A Procopio:)* Il tuo eterno A!
PROCOPIO *(a parte)*: Ah! Capa de prò!
CICCIO: E chi è questo A?
PROCOPIO: La prima lettera dell'alfabeto.

ANGIOLA: Questo, poi, illustrissimo signor sindaco, non ve lo saprei dire. Siete convinto adesso perché è fuggita la ragazza, e perché vi ha detto tante bugie? Sono adesso la Direttrice dei vostri stivali?
PROCOPIO: E io il custode dei vostri scarponi?
CICCIO: Avete ragione, signora, e vi chiedo scusa delle parole che vi ho detto...
PROCOPIO: Ma un'altra volta riflettete bene le cose...
CICCIO: Statte zitto tu, animale! Pecché si tu nun te ive a piglià lo sicario, chella non se ne scappava... Signora, voi adesso mi dovete fare un gran favore. Dovete entrare un momento anche voi in quella camera. Quando vi chiamerò, voi uscirete.
ANGIOLA: Ma...
CICCIO: Fatemi questo favore, scusate. Voglio chiamare a lei e voglio vedere che mi dice di questa lettera.
ANGIOLA: Va bene. Vieni, Procopio. *(Esce.)*
PROCOPIO: Eccomi qua. *(A Ciccio:)* Pecché che volete fà?
CICCIO: Nun l'aggia dicere a te! Trase! *(Lo spinge; Procopio esce.)* Dunque, mi ha ingannato, m'ha portato pe li vicoli? Va bene! *(Suona il campanello.)* Voglio vedé che me dice, e che faccia fà, quando legge sta lettera!

SCENA QUINTA

CONCETTELLA *(entra)*: Comandate.
CICCIO: Andate a chiamare mia nipote Silvietta, ditele che la voglio io.
CONCETTELLA: La vulite ccà?
CICCIO: Sì qua!
CONCETTELLA: La nipote vosta?
CICCIO: Sì, mia nipote... Pecché, che d'è?
CONCETTELLA: Signò, io v'aggia dicere na cosa, na cosa seria assaje!
CICCIO: Seria assaje! Di che si tratta?
CONCETTELLA: Si tratta appunto de la nipote vosta.
CICCIO: E ch'è stato? Ch'è successo?
CONCETTELLA *(con precauzione)*: Na mezz'ora fa, io so' trasuta dinta a sta cammera pe combinazione e aggio trovata niantedimeno a essa che abbracciava e vasava a isso!
CICCIO: Isso chi?
CONCETTELLA: Non ve lo potite mai immaginà, Eccellenza! Lo segretario vuosto!
CICCIO: Possibile? Don Alfonsino? E hai visto proprio che abbracciava a Silvietta?
CONCETTELLA: Sissignore.
CICCIO: Sangue de Bacco, mi viene un sospetto... Fosse isso che... sicuro, isso ha scritto la lettera, perciò sta firmato A... cioè Alfonsino.. Oh, questo poi non me l'aspettavo... Bravissimo! *(A Concettella:)* Hai fatto buono che me l'haje ditto. Và a chiammà a Silvia.
CONCETTELLA: Subito. *(Fa per andarsene.)* Ah, signò, eccola ccà.
FELICE: Zizì, se n'è andata la Direttrice? Se n'è andata la Direttrice?
CICCIO: Sì, se n'è andata... Io però vi debbo parlare necessariamente. *(A Concettella:)* Andate a chiamare Don Alfonsino. *(Concettella s'inchina, poi esce.)*
FELICE: Zizì, che cos'è?

CICCIO: Che cos'è? *(Chiude la porta.)* E che voi mi avete ingannato! Voi non siete fuggita dall'Educandato perché vi trattavano male, non è vero che mangiavate fagioli, aringhe, e rape... siete fuggita invece per coprirmi di disonore e di obrobrio! Non è vero che vi avevano messo con le spalle al muro: siete fuggita per darvi in braccio al vostro seduttore!
FELICE: Oh, no, zio, non è vero!
CICCIO: Ah, non è vero? Ebbene, ditemi che significa questa lettera?
FELICE *(la prende e la scorre con gli occhi)*: Ma io non sò che cos'è questa lettera... Non sò chi l'ha scritta...
CICCIO: Ah, non lo sapete? E allora ve lo dico io: questa lettera ve l'ha scritta Don Alfonsino, il mio segretario!
FELICE: Don Alfonsino? *(A parte.)* Ma quello nun me vò lascià mpace, sà!
CICCIO: Sì, che una mezz'ora fa avete abbracciato e baciato, in questa stanza! Potete dire che non è vero neanche questo? *(Felice abbassa la testa.)* Vergogna, disonore della mia casa!
FELICE: Oh, zio mio!
CICCIO: Andate! *(Lo spinge.)*

SCENA SESTA

SILVIA *(entrando seguita da Alfonso e Concettella)*: Che cosa c'è?
ALFONSO: Ch'è successo?
SILVIA: Sorella mia...
CICCIO: Non la chiamare più sorella! Essa non merita più questo nome. Concettella, portatela nella stanza da letto.
CONCETTELLA *(a parte)*: Poverella, mò me fa compassione. *(A Felice:)* Signurì, vulite venì dinta a la cammera de letto?
FELICE *(guarda Concettella)*: Jammo! Jammo! *(Via con Concettella.)* *(Alfonso e Silvia ridono.)*
CICCIO: Io non capisco che significa sta risata. Don Alfonso, uscite dalla mia casa e non ci mettete mai più il piede!
ALFONSO: E perché?
CICCIO: Perché? E avete il coraggio di domandarmelo?
ALFONSO: Ma se non ho fatto niente, scusate.
CICCIO: Ah, credete che non sia niente abbracciare e baciare mia nipote?
ALFONSO: Ah, ho capito! *(Ride.)*
CICCIO: E ride! Ma cheste so' cose da coltellate! Siete stato voi che l'avete fatta fuggire dal collegio scrivendole questo biglietto.
ALFONSO *(prende il biglietto, lo guarda; Silvia guarda anche lei)*: Ah!
SILVIA: Lo biglietto d'Achille!
CICCIO: Chi è st'Achille?
SILVIA Chi è Achille?
CICCIO: Io voglio sapé pecché haje ditto Achille?
SILVIA: Ma io non ho detto Achille!

CICCIO *(gridando)*: Hai detto Achille, càttera! Guè, chiste afforza me vònno piglià pe scemo!
ALFONSO: Basta, signor sindaco, non vi pigliate più collera, questo è un imbroglio che domani vi si chiarirà.
CICCIO: Che domani! Io voglio sapere tutto in questo momento, e prima di ogni altra cosa, vi ripeto, uscite dalla casa mia e non ci accostate più.
ALFONSO: Ma signor sindaco... dovete sapere... *(Silvia gli tira il soprabito per fargli capire che non deve rivelare niente.)*
CICCIO: Non voglio sapere niente! Uscite!
ALFONSO: Io mi trovo... *(Silvia come sopra.)*
CICCIO: Vi ho detto uscite!
ALFONSO: Ecco qua... *(Silvia come sopra.)* Oh, basta! Abbiate pazienza, scusate io non me pozzo stà cchiù zitto, non ho detto niente fino a mò pecché non s'era imbrogliata la cosa fino a questo punto... Ma mò si tratta di amor proprio, si tratta del pane e col pane non si scherza, bella figliò!
CICCIO: Bella figliò...? Come s'intende?
ALFONSO: Sissignore, bella figliò, perché dovete sapere che questo non è un uomo, ed è appunto vostra nipote Silvia.
CICCIO: Come?
ALFONSO: E quell'altra, quella che voi avete detto che io ho abbracciato è invece Felice, vostro nipote.
CICCIO: Possibile? E pecché sto cambiamento?
SILVIA: Per nessuna cosa di male, zizì. Avendo sentito stammatina che voi non mi volevate neanche vedere, ho pensato di presentarmi a voi vestita da uomo e fingere di essere Felice che voi aspettavate da Milano.
CICCIO: Vuoi dire allora che tu sei scappata dal Collegio? E sta lettera chi te l'ha scritta?
ACHILLE *(che già faceva capolino si presenta alzandosi il velo)*: Gliel'ho scritta io, signor sindaco.
CICCIO: Voi! La sorella della Direttrice co li mustacci... Chiste quanta mbruoglie hanno fatto dinta a la casa mia? Voi dunque chi siete?
ACHILLE: Achille Fardini, ai vostri comandi. Amo vostra nipote immensamente e me la voglio sposare.
CICCIO: Achille Fardini? Siete parente al Giudice Fardini?
ACHILLE: Parente? È mio padre?
CICCIO: È vostro padre! Ah, benissimo, è tanto amico mio! *(Gli stringe la mano.)* Ma scusate, perché ve site combinato accussì?
ACHILLE: Per entrare in questa casa e vedere Silvia.
CICCIO: Ah! Pe cchesto quanno è venuta la Direttrice non v'avite voluto fà vedé? Mò capisco.
SILVIA: Zio mio, mi perdonate?
CICCIO: Va bene... è stato uno scherzo che è riuscito proprio a meraviglia. Ma chill'assassino de Felice, pecché s'è vestuto da femmina?
SILVIA: Pecché, poveriello, non se poteva presentà da ommo, pe causa de nu guaio che ha fatto stanotte.

CICCIO: E che guaio?
SILVIA: Dinto a l'oscurità ha baciato e abbracciato na figliola, po', scappando, ha perduto lo portafoglio dove ce steveno due lettere vostre e i biglietti da visita suoi... Il fratello della figliola l'ha trovati...
CICCIO: Basta, aggio capito tutte cose... Bravissimo! E come m'ha saputo bene cuffià, come ha saputo fingere... Mi faceva l'ingenua, voleva sapere pecché la luna quann'esce è rossa e po' se fà ianca... *(I tre ridono.)* Le voglio arapì la capa e ce la voglio fà rimanè rossa pe no mese! Adesso vi faccio vedere come sarà lui stesso a confessare tutto.
ALFONSO: E che volete fare?
CICCIO *(a Silvia e Alfonso)*: Andate di là e ditegli che io la voglio, ma senza dirle che sò già tutto.
ALFONSO: Va bene, ho capito. *(Via con Silvia ridendo.)*
CICCIO *(ad Achille)*: Vuje nun ve muvite da ccà, calateve lo sipario e fate n'ato ppoco la femmena.
ACHILLE: Va bene! *(Cala il velo.)*
CICCIO *(alla porta, e chiama Angiola)*: Signò, venite ccà! Pure li piccerelle.

SCENA SETTIMA

ANGIOLA *(Procopio e le quattro educande la seguono)*: Eccomi qua!
CICCIO: Signò, voi mi dovete secondare a uno scherzo che voglio fà. Mò che esce mia nipote, siccome voi non la riconoscete pecché è ommo vestita da femmena...
ANGIOLA: Come?!
CICCIO: Sissignore. È un imbroglio, na pazziella che m'hanno fatto. Io ho scoperto tutto, e voi mò m'avita fà chistu piacere: andatevene di là e quando io vi chiamo voi vi presentate insieme a queste ragazze e fate finta che la riconoscete e che naturalmente volete farla ritornare con voi all'Educandato.
ANGIOLA: Va bene, ho capito.
CICCIO: Voi ragazze avete capito?
LE QUATTRO: Sissignore. *(Ridendo.)*
CICCIO *(ad Achille)*: Poi uscite voi, e nel vedere la Direttrice direte: «Oh sorella, sorella mia!».
ACHILLE: Va bene.
ANGIOLA: E questa signora chi è?
CICCIO Questa nemmeno è donna... È un amico mio.
ANGIOLA *(ride)*: Ah, ah, ah! Ma che stiamo in Carnevale?
CICCIO: Zitto, stanno venendo, andate andate... *(Tutti escono da dove sono entrati.)*
ALFONSO *(entra)*: Signor Sindaco, eccola qua: non ci voleva venire.
SILVIA *(entra portando per mano Felice)*: Caro zio, ecco qua mia sorella: aveva paura di venire da voi. *(Concettella, che è con loro, esce dal fondo.)*
CICCIO: Paura? E perché questa paura? Se ho detto quelle parole poco prima è stato perché ti voglio bene assai. Vieni qua, Silvietta mia, tu non hai nessuna colpa. Don Alfonsino non doveva mai fare quello che ha fatto.
ALFONSO: Ma signor Sindaco...

CICCIO: Basta! Vi siete approfittato della debolezza di questa povera ragazza! Perché quando ti ha abbracciata non l'hai detto a me?
FELICE: Perché ho avuto vergogna, zio mio.
CICCIO: Va bene, io ti ho troppo strapazzata ingiustamente, e per darti un compenso ho deciso di cambiare un'altra volta la donazione e lasciare tutto a te, Silvia mia!
SILVIA: Bravissimo!
FELICE *(a parte)*: Ma che bravissimo...
CICCIO: Però voglio assolutamente che tu baci la mano alla tua Direttrice, le chiedi perdono di quello che hai fatto e ritorni con lei al collegio.
FELICE *(a parte)*: E staje frisco!
CICCIO: Ah, eccola qua. Venite, signora Direttrice!

SCENA ULTIMA

ANGIOLA *(entrando)*: Eccomi a voi, signor sindaco. *(Procopio e le quattro educande la seguono.)*
CICCIO: Signora, io vi presento mia nipote Silvietta, erede universale di tutte le mie ricchezze. Essa è pentita di quello che ha fatto ed è pronta a ritornare con voi.
ANGIOLA: Oh, bravissima! *(Si accosta a Felice.)* Adesso, bambina mia ti voglio più bene di prima. Il pentimento è una gran bella cosa. *(Alle educande:)* Ragazze, state allegre: la vostra compagna affezionata ritorna fra di voi.
LEOPOLDINA *(avvicinandosi a Felice)*: Brava, brava Silvietta! Ci hai fatto un gran piacere.
ADELINA: Senza di te si era perduto il brio!
VIRGINIA: Non si scherzava più.
GIUSEPPINA: Ti giuro che ho pianto! Io ti volevo bene come una sorella, ma ora che ritorni sento che ti amerò ancora di più!
FELICE *(a parte)*: O cheste so' pazze o io me so' mbriacato!
ACHILLE *(entrando)*: Sorella, sorella mia! *(Abbraccia Angiola.)*
ANGIOLA: Cara sorella!
FELICE *(a parte)*: Ch'aggia fà, sorella! *(Alla Direttrice:)* Come, questa vi è sorella?
ANGIOLA: Sicuro!
FELICE *(a parte)*: Ho capito tutte cose.
PROCOPIO: Basta, la carrozza sta abbascio, vogliamo andare?
CICCIO: Ma si capisce, deve venire con voi.
ANGIOLA: Stasera deve dormire al collegio. Vieni Silvietta, vieni.
FELICE: Eccomi, vengo... Addio, caro zio. *(Sorpresa generale.)*
CICCIO: Addio nipote mia... chi sa se ci vedremo piu...
FELICE: Eh, chi lo sà... *(Si avvia abbracciando le educande.)*
ANGIOLA *(a Ciccio piano)*: Neh, e che facciamo? Quello viene! Io tengo tante ragazze...
CICCIO: Sangue de Bacco, ma è tremendo! *(A Felice:)* Neh, assassì, vieni qua, dove vuoi andare?
FELICE: Con le compagne a dormire in collegio.
CICCIO *(prendendolo per l'orecchio)*: Ti voglio fare andare a dormire all'ospedale a te! *(Lo porta avanti.)* Mbruglione che sì! Io saccio tutte cose, mi hanno detto tutto!

FELICE: E all'ultimo volevate mbruglià a me?
TUTTI *(ridono)*: Ah, ah, ah!
ANGIOLA: Ma vostra nipote perché sta vestita da uomo?
CICCIO: Per venire da me, sapendo che io non l'avrei perdonata, dopo di essere fuggita.
ANGIOLA: Ma adesso ritorna al collegio, però?
CICCIO: No, perché sposa questo giovine. *(Indica Achille.)*
SILVIA: Oh, che piacere!
FELICE *(alla Direttrice)*: Se sposa a vostra sorella...
TUTTI: Ah, ah, ah! *(Ridono. Intanto entra Concetta, seguita da Pasquale e Nannina.)*
CONCETTELLA: Trasite! Qua sta il Sindaco!
PASQUALE: Servo vostro, Eccellenza.
SILVIA *(piano allo zio)*: Zizì, chella è la figliola che Felice ha baciato stanotte...
CICCIO *(piano)*: Ah, la commarella de lo tavernaro.
NANNINA: Bacio la mano.
PASQUALE: Signò...
CICCIO: Sò tutto. Mio nipote Felice sposerà tua sorella.
PASQUALE: Grazie, Eccellenza!
FELICE: Zizì, diteme na cosa... Voi la donazione veramente l'avete cambiata?
CICCIO: Nonsignore, sta tale e quale come stava: metà per uno!
FELICE: Ah, mò va buono! Noi siamo fratello e sorella e qualunche cosa dobbiamo fare sempre metà a me e metà a lei.
SILVIA: Qualunque cosa?
FELICE: Qualunque cosa...
SILVIA: Pure se si tratta di un applauso?
CICCIO: No, l'applauso dobbiamo fare un poco per uno.

(Cala la tela.)

Fine dell'atto terzo.

FINE DELLA COMMEDIA

LU MARITO DE NANNINA
da *115, rue Pigalle*, di Bisson
Commedia in tre atti

Personaggi
D. Nicola Paletta
D. Ciccillo
D. Felice, *detto* Celestino

Bernard
Federico
Leone
Nannina
Elena
Teresina
Pascarella
Biase
Francisco

ATTO PRIMO

Camera in casa di D. Nicola, porta in fondo 4 porte laterali, 2 console con sopra orologi, sedie ecc. Tavolino con occorrente e campanello - vari mobili sparsi in scena.

SCENA PRIMA

Biase e Francisco, poi Nicola di dentro, poi Ciccillo, poi Bernard, indi Nicola, Biase e Francisco.

BIASE *(viene dalla strada con grosso involto di panni)*: Mamma mia, mò more, io non me fido cchiù, chesta si chiamma accidere la gente.
FRANCISCO *(venendo dal fondo a sinistra con 2 candelabri in mano)*: Bià, và dinto che lo signore te vò, fà ampressa.
BIASE: Haje d'aspettà tu e isso, pecché io non songo de fierro, sto facenno lo facchino da che è schiarato juorno.
FRANCISCO: E io non sto facenno lo stesso?
BIASE: Ma che bò fà dinta a chella cammera de lietto?
FRANCISCO: Comme non haje ntiso, siccome chella è la cammera cchiù granne, n'ha luvato lo lietto, la toletta, li commò, tutte cose, e stasera llà fa la festa da ballo.
BIASE: Mannaggia l'arma de la mamma.
NICOLA *(di dentro)*: Biase, Biase.
FRANCISCO: Eccomi qua Eccellenza.
CICCILLO: È permesso?
BIASE: Favorite, favorite, accomodatevi. (*Viano pel fondo a sinistra.*)
CICCILLO: Che d'è, che è stato, chillo pecché fujeve... accomodatevi; e addò m'assetto, cca sta tutta st'ammoina mmiezo. Vorria, sape con precisione a che ora si pranza, perché tengo certe visite necessarie che non potrei mancare. Si se mangiasse alle sei, sarebbe buono, tenarria tutto lo tiempo. Moglierema starria ccà, e io con la scusa delle visite, jarria a trovà no poco a Teresina mia che non la vedo da due giorni... quanto è bona; ma D. Nicola addò sta?
BERNARD *(dalla sinistra)*: Biase, qualcheduno...
CICCILLO: (Uh! Sta faccia non m'è nova...).

BERNARD: Buongiorno... (Chisto non me ricordo chi è). S'accomodi signore.
CICCILLO: E dove m'accomodo, scusate.
BERNARD: Ecco qua, *(gli dà una sedia)* io non capisco perché questa camera sta così in disordine. Il signore chi è?
CICCILLO: Sono amico stretto di D. Nicola, il padrone di casa, mi chiamo Francesco Tarantella, Dottore in Medicina.
BERNARD: Piacere tanto.
CICCILLO: E lei?
BERNARD: Io sono lo sposo di Nannina, la figlia di Don Nicola.
CICCILLO: Oh, bravissimo. Il mio amico Nicola, vostro suocero, amico mio da tanti anni ieri mattina venne fino a casa a invitarmi con mia moglie, tanto per il pranzo di quest'oggi, quanto per la festa di questa sera.
BERNARD: Oh, sarà un onore per noi.
CICCILLO: Io voleva domandare una cosa a D. Nicola... siccome tengo diverse visite... vorrei sapere.
NICOLA *(dal fondo a sinistra con 2 quadri, un candelabro, ed un martello in mano)*: Jammo, jammo, puzzate sculà, vuje che avite stammatina, ve movite a no. *(I 2 servi escono con scala.)*
CICCILLO: D. Nicola rispettabile.
NICOLA: Ah, D. Ciccio bello... genero mio.
BERNARD: Caro suocero.
CICCILLO: Io volevo sapere...
NICOLA: Perdonate, mò non ve posso dir niente... sto preparando la galleria per questa sera. *(Via a destra i servi lo seguono.)*
CICCILLO: M'ha tignuta la mano, chillo sta tutto spuorco...
BERNARD: Che volete, è uno stravagante, ma è tanto di buon cuore.
CICCILLO: Oh, questo è vero.
BERNARD: Accomodatevi.
CICCILLO: Grazie. Scusate, mò che me ricordo, voi siete quel giovine che fino ad un mese fa, ogni giorno verso le quattro scendevate dal palazzo, strada Speranzella N. 19?...
BERNARD: Sissignore... e scusate, voi siete quell'uomo, che fino ad un mese fa, ogni giorno, in punto le 4, quanno io asceva da chillo palazzo, vuje trasiveve?
CICCILLO: Sissignore.
BERNARD: E comme va che quanno io asceva vuje trasiveve?
CICCILLO: E vuje perché asciveve quanno io traseva?
BERNARD *(ride)*: Ah, ah, aveva da essere na cosa.
CICCILLO *(ride)*: Ah, ah, questo è certo, perché succedeva ogni giorno.
BERNARD: E volete vedere che io indovino voi a chi andavate a trovare in quel palazzo? La signorina D.a Teresina, la simpatica modistella.
CICCILLO: Pss, per carità, io sono ammogliato.
BERNARD: Oh, vi pare.
CICCILLO: E voi pure andavate da lei?
BERNARD: Si, ma appena conobbi Nannina, non ci andai più... e voi ci seguitate ad andare?

CICCILLO: No, è finito tutto, non ci sono più passato da là.
BERNARD: Ma che volete, era una giovine simpatica.
CICCILLO: Oh, ma simpaticona... io ci aveva perduta la testa, sapete... se n'ha mangiate denare de li mieje chella guardaporta.
BERNARD: Pascarella, Pascarella?
CICCILLO: Pascarella.
BERNARD: Io in quel palazzo ci ho abitato 5 mesi, già, mi presi una camera mobigliata al primo piano, per starle più vicino, e mi cambiai nome, mi facevo chiamare Luigi Porro... Capite...
CICCILLO: Ho capito. *(Dalla destra si sente un forte rumore.)*
BIASE *(di dentro gridando)*: Eccellenza che avite fatto.
NICOLA *(c.s.)*: Aggio fatto l'arma de mammeta, pecché non tenive la scala.
BIASE *(c.s.)*: L'aggio tenuta.
NICOLA *(c.s.)*: Statte zitto! *(Si sente un forte schiaffo.)*
BERNARD *(a Francisco che esce)*: Che è stato?
FRANCISCO: È caduto lu signore da coppa a la scala, è ghiuto nterra, e s'è scummato de sango. *(Via pel fondo.)*
BERNARD: Oh, diavolo!
NICOLA *(uscendo con Biase)*: Jammo dinta a la cucina, tira no cato d'acqua fresca. *(Ha il fazzoletto e il naso pieno di sangue.)*
CICCILLO: D. Nicò...
BERNARD: Suocero mio...
NICOLA: Niente, è cosa de niente, so' caduto da sopra a la scala, m'è uscito no poco de sangue dal naso... è stato buono, pecché io teneva nu poco de dolore de testa.
CICCILLO: Ma fateci qualche cosa.
BERNARD: Ve siete fatte male assaje?
NICOLA: Ma niente, vi ho detto che è cosa de niente, e poi ad un'altra mezz'ora, mia figlia va al Municipio a sposare, me pozzo incaricare de sta piccolezza, che me ne mporta, so' caduto, salute a nuje, me so' fatto male, e che me ne preme, e poi io tengo tanto sangue che fa che ne butto no poco. *(Via pel fondo a sinistra col servo.)*
CICCILLO: E ghiettene pure no cato.
BERNARD: Ma dite la verità, non è un originale?
CICCILLO: È no pazzo avite da dicere.
BERNARD: Permettetemi, vado a mettere in ordine alcune cose. Io sono avvocato, se avete bisogno di me, comandatemi pure.
CICCILLO: Grazie, troppo buono, e vi auguro col prossimo matrimonio, salute e felicità.
BERNARD: Quello che non successe col primo.
CICCILLO: Ah, avete avuta già una moglie?
BERNARD: Sì, e la perdetti due anni fa, morì repentinamente dopo sei mesi che l'aveva sposata.
CICCILLO: Oh, povera giovinetta.
BERNARD: No, non era una giovinetta, teneva 54 anni.
CICCILLO: Ah!
BERNARD: Sì, la sposai perché teneva un po' di dote, ma poca roba sapete, e dopo la

sua morte sono stato nell'inferno con un suo nipote, che voleva per forza denaro, dicendo che era la sua porzione, se no faceva, diceva... quasi, quasi è andato dicendo che io feci morire la zia, tanto della collera che le davo, per poter rimanere io padrone di tutto... un ammasso di calunnie, sapete, le solite cose.
CICCILLO: Ah, si capisce.
BERNARD: Dunque a rivederci fra poco.
CICCILLO: A rivederci... a proposito non mi avete detto il vostro nome.
BERNARD: Errico Bernard.
CICCILLO: Errico Bernard! Il nome de chillo che sparaje la mugliera giusto nel palazzo dove sta Teresina Strada Speranzella N. 19 e po' fuje condannato a quattr'anne... e chisto, o è isso, o è nome e cognome che se confronte!

SCENA SECONDA

Elena, Federico e detto poi Nicola.

ELENA *(dal fondo)* : Che veco! Mariteme!
FEDERICO *(uscendo)*: Elena?
ELENA *(zitto)*: D. Ciccì, state ccà?
CICCILLO: Oh, moglia mie, e ched'è, già sì venuta.
ELENA: E se capisce, si no che facimmo vedé che venimmo proprio a ora de tavola, siccome a la casa non aveva che fa, me so' vestuta e so' venuta, non credo che v'ha fatto dispiacere, e po' voglio vedé a Nannina primma che va a lo Municipio.
CICCILLO: Va bene, D. Federì, e vuje che facite ccà?
FEDERICO: Comme che faccio, io sono amico stretto dello sposo, aierisera D. Nicola mi ha invitato, ed eccomi qua. Allargo del Mercatiello, mentre venivo qua ho trovata la signora, e ho creduto mio dovere di accompagnarla.
CICCILLO: Grazie tanto, troppo buono.
FEDERICO: Niente per carità.
ELENA: Ma aggio visto che fino a ccà a piede non se po' venì, nc'è sta sagliuta che stanca proprio.
FEDERICO: Sì, ma poi quando si è arrivato, si gode un'aria bellissima. Del resto, se me l'avreste detto, potevamo pigliare una vettura.
ELENA: Oh, sarebbe stato troppo incomodo.
FEDERICO: Ma che incomodo, era un dovere. Basta, sarà per un'altra volta.
CICCILLO: Troppo gentile, grazie. Dunque moglie mia va da Nannina che forse ti starà aspettando. Io vado a fare un paio di visite e torno subito.
ELENA: Venite priesto, ve raccomanno. Con permesso? *(Via a sinistra prima porta.)*
FEDERICO: Avete una buona e gentile consorte.
CICCILLO: Vi piace?
FEDERICO: Ah, molto.
CICCILLO: A vostra disposizione (mò steva dicenno a vostra disposizione) ai vostri comandi. A rivederci.
FEDERICO: Statevi bene *(Ciccio via)*, mò vedimmo si arrivo a chello che dico io. O Elena

corrisponde all'amor mio, o faccio na rovina. Essa ha ditto che vò essere tornate li lettere che m'ha scritte, avarria da essere pazzo, chelli lettere non l'have.
NICOLA *(dal fondo)*: S'è stagnato.
FEDERICO: Che cosa?
NICOLA: Acqua fresca e aceto, è finito tutto.
FEDERICO: Ma che cosa?
NICOLA: Ah, già, voi non sapete niente, io so' caduto e me so' scummato de sango.
FEDERICO: Uh! Siete caduto e dove?
NICOLA: Qua, nella galleria, pe mettere no quadro so' caduto da sopra la scala... ben, ma non diamo retta. Ma ho fatto una sala da ballo magnifica, era l'unica stanza che teneva più grande, ho levato tutti i mobili, capite, mi è costato un poco di fatica... ma che fa, io per quella figlia mia, voglio fare tutto.
FEDERICO: D. Nicò, scusate, voleva domandarvi una cosa, come va che avete combinato sto marimonio così in 20 giorni?
NICOLA: Vi dirò, ci sono state diverse ragioni, prima di tutto a Nannina l'è piaciuto, e ha detto papà facciamo presto presto; è una...
FEDERICO: Che cos'è?
NICOLA: No, lo naso scorre n'ata vota, e che me ne preme non ve n'incaricate.
FEDERICO: (Non me passa manco pe la capa).
NICOLA: Seconda, questo giovane che l'ha voluta... *(Va alla porta in fondo e grida.)* Acqua! Acqua!
FEDERICO: (Se sta abbruscianno la casa).
NICOLA: Credo qualche altra piccola venetta. Noi dentro al naso, abbiamo 13 vene grandi e 65 piccole.
FEDERICO: (E chesta è na coscia).
NICOLA: Guè, ma vi comme scorre... parlammo, non date audienza.
FEDERICO: (Dalle dà, comme chillo me scorresse a me).
NICOLA: Dunque, seconda, questo uomo, che l'ha voluta, è un bravissimo avvocato, e siccome io tengo una causa da tre anni, me la farò difendere da lui, e così sarò sicuro di guadagnarla.
FEDERICO: Ho capito.
NICOLA: Terza, questo ve lo dico in confidenza... *(C.s.)* Acqua! Acqua! Nannina mia figlia, è bella quanto mai, sissignore bella assai, ma non tiene più 15, 16 anni, tiene 22 anni, e capirete bene, che se non la marito mò quanno la marito?
FEDERICO: Oh! Questo è certo.
NICOLA: Chill'assassine và trova addò stanno, pure è buono che s'è stagnato.
FEDERICO: Ma D. Nicò scusate, a me mi pare che due mesi fa vostra figlia si doveva sposare un certo Celestino Burzillo.
NICOLA: Ah, sicuro, era tutto combinato, e la casa della sposa, camera da letto, galleria, corredo, era tutto comprato per lui.
FEDERICO: E poi?
NICOLA: E poi che? Due mesi fa lo sposo cadde ammalato, andò a prendere un po' d'aria a Castellammare, l'abbiamo aspettato più di un mese, non s'era rimesso, che aveveme da fà, capitaje st'occasione e strignetteme li sacche.

FEDERICO: Ma come non vi ha scritto nemmeno?
NICOLA: Sì, m'ha scritto diverse lettere, ma io l'ho risposto una sola volta, e poi non me ne sono incaricato più, capite, essendosi presentato un'altro, e quest'altro è avvocato, sapete che vuol dire avere un genero avvocato.
FEDERICO: Ah, sicuro.
NICOLA: Io mi vado a comporre, perché fra poco si va al Municipio, permettete. *(Via a destra prima quinta.)*
FEDERICO Fate pure Ah, ha, sto D. Nicola è proprio curiuso. Ma Errico non lo vedo! Sangue de Bacco, è na cosa curiosa tutti gli amici se credono che questo Errico Bernard fosse chillo Bernard che sparaje la mugliera, mentre chillo è nome e cognome che si confronta.

SCENA TERZA

Bernard e detto.

BERNARD: Guè Federì.
FEDERICO: Carissimo Errico come staje?
BERNARD: Non c'è male. Tu sarai dei nostri certamente?
FEDERICO: Sì, ieri sera D. Nicola m'invitò, e te pare che io potevo mancare a questa festa. Solamente pe te dì la verità, sono rimasto sorpreso, come tu nemico del matrimonio, tu che quanno murette mogliereta, giurasti di non vedere più done, tutto nzieme tu nzure n'ata vota.
BERNARD: Si, haje ragione amico mio, ma che vuoi, l'aggio d'avuto da fà, pe forza. Tu capisce che Nannina me porta 200 mila lire in dote, più D. Nicola è ricchissimo, non tene chell'unica figlia, e quanno more capirai...
FEDERICO: Aggio capito, è stato n'affare che haje fatto.
BERNARD: Caro amico, tu devi sapere che io da che aggio avuto la laurea, non m'è capitata ancora na causa, sto così senza far niente. A D. Nicola faccio a vedé che vaco che vengo dal Tribunale, ma in effetti non aggio potuto trovà no cane, che m'avesse affidato n'affare qualunque.
FEDERICO: E che te ne mporta, tu mò che spuse non hai bisogno di nessuno, ci vogliamo divertire.
BERNARD: A proposito, quacche ghiuorno de chiste viene ccà, io tengo no bello giardino, nce sta lo bersaglio, nce spassammo a tirà nu poco, comme fecevemo quatte anne fa, te ricuorde?
FEDERICO: Comme non me ricordo, io però te vinceva sempe.
BERNARD: Eh, ma mò me so' perfezionato.
FEDERICO: Vedremo. Tiene no paro de pistole bone?
BERNARD: Ho ordinate doje pistole a D. Peppino l'armiere e non saccio comme va che non me l'ha mannate.

SCENA QUARTA

Elena e detti poi Nicola prima dentro poi fuori.

ELENA: Mio caro D. Errico.
BERNARD: Oh, signora.
ELENA: Nannina ve manno a dì che ghiate no momento dinto, pecché vò sapé si lu cappiello che s'ha mise ve piace, poi dice che è tutta pronta e che avvisate D. Nicola che se spicciasse.
BERNARD: Subito. *(Alla prima quinta a destra grida.)* Papà sbrigatevi perché ci siamo.
NICOLA *(di dentro)*: Eccomi qua, no momento, me sta scorrenno lo naso.
BERNARD: Ancora le scorre lo naso. Dunque andiamo da Nannina venite. *(Via prima porta a sinistra.)*
FEDERICO: Elena mia.
ELENA: D. Federì ve prego, lasciatemi stà, me che me vulita fà passà nu guaio?
FEDERICO: Vi amo troppo, sono pazzo per voi.
ELENA: Si vuje site pazzo, io no, io tengo tre dete de cervelle, io ho capito, vuje state facenno chesto pe me fà truvà dint'a nu guaio, e farme spartere da mariteme, ma non ne cacciate niente però.
FEDERICO: Ma nonsignore, pecché avite penzato chesto.
ELENA: Pecché? Pecché ne facite addunà a tutte quante, ogne sera ve presentate a la casa, la matina ve facite truvà a lo bagno. Mò per esempio m'avite voluto pe forza accompagnà ccà, e io ve l'aggio ditto, llà po' essere che trovammo a mariteme, e accossì è stato. Ve pare che io pozzo stà co sta paura ogne momento.
FEDERICO: Embè io non lo faccio cchiù, mi dovete compatire. Ma io vi voglio bene assaje.
ELENA: E giacché me vulite bene, restituiteme chelle doje lettere che tenite.
FEDERICO: Ma pecché li volite, pe quà ragione?
ELENA: Zitto D. Nicola. *(Via a sinistra Fed. la segue.)*
NICOLA *(con cappello e tubo a larghe falde, sciassa nera, alto collo e guanti di filo bianco)*: Eccomi qua. Questa è la più bella giornata della mia vita. Mi ricordo due mesi fa, mentre steva tutto pronto comme sto mò, e aspettaveme lo sposo, venette invece na lettera addò diceva che l'era venuta la febbre e s'era coricato. Nce avettemo da spuglià tutte quante n'auta vota. Ma co chisto non succede però, chisto tene na salute de fierro. E pure, che saccio, faccio tanta ammoine quanno s'ha da mmaretà Nannina... e appena giunge il momento che si deve andare al Municipio, me vene no nuozzolo nganna... vorrei piangere... già se capisce che stasera debbo piangere... o voglio o non voglio, si no che faccio vedé.

SCENA QUINTA

Biase, e detto, poi Francisco e Felice.

BIASE: Signò, signò.
NICOLA: Che è stato?
BIASE: Eh, che è stato! Sapite chi sta saglienno?

NICOLA: Chi sta saglienno?
BIASE: Eh, chi sta saglienno! Non ve lo ppotite maje imaginà.
NICOLA: Chi arma de mammeta sta saglienno?
BIASE: Nientemeno lo sposo de la signorina, chillo che s'aspettava duje mise fa.
NICOLA: D. Celestino Burzello?
BIASE: D. Celestino Burzello!
NICOLA: E che aggio da fà, me vene accompagnà pur'isso a lo Municipio.
BIASE: Vuje che dicite Eccellenza, chillo ha portato scatole, rroba, starrà co la capa che vene a spusa.
NICOLA: Eh, vene a spusà, se ne fosse addunato da n'ato anno.
BIASE: Ma chillo v'ha scritto Eccellenza, site stato vuje che non l'avite risposto.
NICOLA: Io sapeva chesto, e comme se fa mò.
BIASE: Eccolo ccà, sta trasenno.
FRANCISCO *(annunziando)*: D. Felice Sciosciammocca.
NICOLA: Oh, D. Felice, favorite, favorite.
FELICE *(con 2 scatole, una grossa ed una piccola e scatolino con coppola)*: Caro padre.
NICOLA: Accomodatevi. Pigliate quella roba. *(Ai servi.)*
FELICE: Grazie, mettetela qua. *(I servi eseguono e viano.)*
NICOLA: E così, come state, state bene?
FELICE: Eh, non nc'è male, ma l'ho avuta tremenda sà. Come sto, molto delicato, è vero?
NICOLA: No, state come prima, non ci sembra affatto che avete avuta una malattia.
FELICE: Eh, lo dite per cerimonia, io so' stato rovinato. A casa mia ogni sera c'erano sei professori.
NICOLA: Ah, bravo, faciveve no poco de musica?
FELICE: Musica... eh, musica.
NICOLA: Voi avete detto sei professori.
FELICE: Sei medici, sei celebrità. Tutti i giorni consulto; na sera se contrastajene tutti e sei medici, e se dicettene nu cuofene de maleparole.
NICOLA: E perché?
FELICE: Perché s'erano imbrogliati, capite, chi diceva na cosa, chi diceva n'auta.
NICOLA: Il solito. Ma che avete avuto?
FELICE: E chi ne sape niente, è stata una malattia complicata. Incominciò con la febbre, quel giorno che doveva venire qua per andare al Municipio.
NICOLA: Sicuro.
FELICE: Da quel giorno non ho avuto più bene. Tutta la notte con la febbre. Papà, scusate, perché avete i guanti.
NICOLA: Stava uscendo per andare a fare una visita.
FELICE: Ah, e che visita, mò so' venuto io, v'aggio da raccontà tanta cose, levateve sti guante, levateve lo cappiello po' se ne parla.
NICOLA: (Eh, po' se ne parla). Ma vedete quella è una visita di premura.
FELICE: Ma ci potete andare più tardi?
NICOLA: Eh, non tanto... basta.
FELICE: Dunque, come vi stavo dicendo, tutta la notte stetti con la febbre, la mattina appresso mi sento tutto dolori, ma dolori tremendi, e stetti tutta la giornata così, in

letto, senza muovermi, aspettava che me passavano, niente, la mattina appresso mi svegliai con una gamba un poco intorzata, allora dissi, e di che si tratta, su quel gonfiore mettette lo dito, po' lo levaie e rimanette lo fuosso, no fuosso così *(fa segno con le dita)*, metto lo dito appresso e rimanette n'auto fuosso, doje fosse.
NICOLA: (Lo miezo e lo sujo).
FELICE: Eh, scusate, incominciati a me mettere paura, chiamai i medici, e llà per là senza perdere tempo, pigliajene la gamba e me facettere na strofinazione de pomata de bella donna, po' me mettettere 10 mignatte, poi dopo sei carte senapate, poi l'arravogliaine dinta a la semi di lino...
NICOLA: (E la mannajene a lo furno).
FELICE: Ma la fecere stare 10 giorni, dopo 10 giorni sgravogliaje, e che ascette neh.
NICOLA: Me l'immagino.
FELICE: Indovinate sta gamma mia che pareva?
NICOLA: N'uosso de presutto.
FELICE: Un orrore... non si conosceva più, mò mi sono guarito però è rimasta nu poco più corta e sò io che ho passato, perché poi stavo solo senza nessuno.
NICOLA: Ma come, con quella sorella vostra, non vi siete potuto rappacciare?
FELICE: Chi, Teresina? No, non ci pensate, sono tre anni che stiamo divisi, non la voglio vedere più. Mò ho saputo che fa la modista a la strada Speranzella N. 19, ma chi la cura, per me non la guardo in faccia, fa vergogna alla nostra famiglia.
NICOLA: Ma sempre vostra sorella è, perché la dovete tenere lontana?
FELICE: No, papà non me ne parlate, ognuno sa i fatti suoi, adesso sto bene, e debbo pensare ai fatti miei. Dunque Nannina come sta? Si mantiene sempre così bella, così fresca?
NICOLA: Eh, non nc'è male.
FELICE: Io poi vi ho scritto tante lettere, e voi mi avete risposto una sola volta.
NICOLA: Che volete, sono stato tanto occupato.
FELICE: Non fa niente, vi perdono. Noi mò ci daremo da fare, e lesto lesto combinammo tutte cose.
NICOLA: Che cosa?
FELICE: Guè che cosa, come, il matrimonio.
NICOLA: Ah, già: (Io mò comme me l'aggio da dicere a chisto).
FELICE: Ma che sò papà, io ve vedo nu poco freddo, pare comme si nun nce avisseve cchiù piacere.
NICOLA: No, anzi è perché non dovrei avere piacere, sapete che cos'è, siccome voi non mi avete prevenuto...
FELICE: Eh, ho voluto farvi una sorpresa, forse v'è dispiaciuto?
NICOLA: Che dispiaciuto, per carità, anzi.
FELICE: Nannina quanno me vede resterà meravigliata, io ho pensato sempre a lei, e essa papà che faceva, domandava di me?
NICOLA: Sicuro... specialmente i primi 15 giorni... perché poi... capite...
FELICE: Eh, lo sò, quando uno sta lontano. Io l'ho portato un bell'abito di seta, ed un cappello di ultima moda, voglio credere che l'accetterà con piacere.
NICOLA: Oh, vi pare. (Voi vedete la combinazione, io come faccio).

FELICE: A voi poi, siccome siete amante di coppole per casa, ve ne ho portata una, eccola qua. *(La dà.)*
NICOLA: Ah, bellissima, velluto di seta tutta ricamata in oro.
FELICE: È oro fino. Sta coppola me costa 75 lire sapete.
NICOLA: Eh, si vede, e poi dalle vostre mani non poteva venire che una cosa scicca. *(Se la prova)* e mi sta a pennello. *(Se la leva, se la pone in tasca, e si mette il cappello.)* Vi ringrazio tanto tanto, è stato proprio un bel pensiero che avete avuto.

SCENA SESTA

Bernard, Federico, Nannina, Elena e detti poi Biase.

BERNARD: Eccoci qua.
ELENA: Tutti pronti.
NANNINA: Buongiorno papà. (Che veco D. Celestino).
FEDERICO: Scusate, ma voi non avete pensato ai testimoni, uno sono io, e l'altro?
BERNARD: Oh, è cosa di niente, un testimone si trova sempre. Vorrei sapere solamente se la carrozza è pronta. *(Suona il campanello.)*
BIASE: Comandate.
BERNARD: La carrozza è venuta?
BIASE: Sissignore Eccellenza, sta abbascio da mez'ora. *(Via.)*
FEDERICO: E dopo che non fosse venuta, il Municipio sta poco distante.
ELENA: Jammo Nannì, venite D. Nicò.
BERNARD: Andiamo venite.
NICOLA: Abbiateve che io mò vengo, 5 minuti.
BERNARD: Vi aspettiamo in carozza?
NICOLA: No, no, andate al Municipio, io mò vengo a piedi appresso a voi.
FEDERICO: Ma perché dovete venire a piedi, vi aspettiamo.
NICOLA: Nonsignore, mi piglio na carrozzella, jatevenne.
BERNARD: Fate presto. *(1 4 viano pel fondo. Pausa.)*
NICOLA: D. Celestì, voi qua vedete un povero uomo, un povero padre, che non ha come scusarsi verso di voi. Io ho torto, ho mancato, non doveva fare quello che ho fatto, ma è stata una combinazione, la situazione.... la tentazione, che ha messo mano in quest'affare, e ha fatto sì, che ha dovuto succedere tutto quello che è successo.
FELICE: Ma che è successo?
NICOLA: Io ve lo dico, ma mi dovete giurare che non vi pigliate collera?
FELICE: Sissignore.
NICOLA: Parola d'onore?
FELICE: Parola d'onore!
NICOLA: Ebbene sappiate che mia figlia Nannina, adesso è andata al Municipio a sposare quel giovine.
FELICE: Voi che dite!
NICOLA: La verità. Un mese fa questo giovane, venne a chiedermi la sua mano, io credendo che la vostra malattia fosse durata assai, acconsentii, e fu tutto stabilito.

FELICE: Ma scusate, queste sono cose da fà venì n'accidente a uno! Come, io cado ammalato, vi scrivo e non mi rispondete, vengo qua col pensiero di vedere a Nannina, di sposare subito, e invece trovo che un altro se la sposa.
NICOLA: M'avite data la parola d'onore, che non ve pigliaveve collera.
FELICE: No, e che collera, quando ho detto parola d'onore, basta. Solamente m'ha fatto impressione de sentirlo llà una botta, perché certamente me potevate mandare una lettera, e dirmi sai, non pensare più a Nannina, perché Nannina se la sposa un altro. Allora io m'accuitava de pensiero, non venivo qua con quell'idea. Ma ve pare na cosa de niente vedere Nannina dopo due mesi, Nannina che io ho voluto tanto bene, che, avanti agli occhi miei va a sposare un altro... Ma abbiate pazienza sono cose che fanno dolore.
NICOLA: Ma mò ve pigliate collera?
FELICE: Ma che collera... sto parlando... sarebbe bello mò me metto a abballà. Ma scusate Nannina poi ha accettato con piacere quest'altro?
NICOLA: Eh, sapete, ordinato da me...
FELICE: Già ordinato da voi, ha creduto di obbedire... bravissimo... che bel cuore, che belli sentimenti. E io mi lagno di mia sorella Teresina che fa l'amore con 4 o 5 persone... ma dopo questi fatti, mia sorella è un angelo.
NICOLA: D. Celestì, vi prego di non offendere.
FELICE: No, che offendere, me ne guarderei bene... voglio dire mio caro papà... caro D. Nicola, che queste non sono azione che si fanno, senza rispondere a lettere, senza informarsi se questa persona si è ristabilita o no, dopo appena un mese si combina un altro giovine, e si fa sposare alla figlia, ma mio caro D. Nicola, queste sono lazzarate. E che ve credieve de trattà co quacche facchino.
NICOLA: Ma scusate, chesta è collera che ve state piglianno?
FELICE: È collera si, ma non per nessuna ragione, per l'insulto che ho ricevuto, io non mi meritava questo affronto. E poi vi posso dire che un giovine come me, non lo troverete. Stammatina per tutti i magazzini so' ghiuto giranno per trovare quell'abito di seta e quel cappello, e ho girato tutto Napoli per trovare quella coppola vostra.
NICOLA (*prende la coppola*): Ma io sono pronto a restituirla.
FELICE Vi ringrazio, la coppola ve l'ho data e non la riprendo più, appunto per farvi vedere, quanto sono galantuomo, e che non mi sono pigliato collera affatto. È rabbia capite, non è collera, c'è una differenza dalla rabbia alla collera. Mi vorrei vendicare, ecco tutto.
NICOLA: Ma che vendicare voi siete tanto buono, siete giovane e certamente non vi può mancare una bella figliuola.
FELICE: Oh, questo è certo, mò che vengono dal Municipio, essendo io adesso un amico di famiglia, mi farò un pregio di regalare quell'abito e quel cappello alla sposa, sempre col permesso dello sposo.
NICOLA: Oh, vi pare, l'accetteranno con piacere.
FELICE: Ma lo sposo chi è?
NICOLA: No, è un bravo giovine, istruito, un certo Bernard.
FELICE: Bernard!
NICOLA: Bernard?
FELICE: (Sangue de Bacco, fosse chillo che accedette la mogliera). E me pare che questo

Bernard è vedovo?
NICOLA: Sissignore, me l'ha detto, dice che la moglie morì di subito.
FELICE: Così vi ha detto lui? Morì subito, ma non di subito.
NICOLA: Come s'intende?
FELICE: Niente... poi vi farò sapere... Bernard?... ah, è un galantuomo... avete trovato un bel partito per vostra figlia. (A la casa aggio da tenere lo giornale che portava l'articolo de chillo fatto... io me l'astipaje pecché me leggeva lo rumanzo... silo trovasse...) mò ci vediamo, vado fino a casa e torno... voi andate al Municipio, andate a mettere la vostra firma, e dopo messa la firma ci vedremo qua, se permettete?
NICOLA: Ma voi siete il padrone. *(Felice via pel fondo.)* Povero giovane, lo dispiacere l'ha toccata la capa. Ha ditto che la mugliera de chillo morette subito, e non de subito... e che significa? Basta, lassamene j, chille me stanno aspettanno. *(Chiama:)* Biase.

SCENA SETTIMA

Biase, Francisco, e detto poi Ciccillo.

BIASE: Eccoci qua...
FRANCISCO: Comandate...
NICOLA: Nuje a n'auto poco stamma ccà, t'araccomanno de preparà na bella tavola. Non te scordà de mettere li piattine de rinforzo, sale, pepe, palicche.
BIASE: Va bene Eccellenza.
NICOLA: Mettite la sciampagna sotto la neve, e li frutte dinta a l'acqua fresca.
BIASE: Se capisce.
NICOLA: E avisate lo cuoco, che facesse tutto buono, perché io non voglio scomparire.
BIASE: Va bene, Signò e co D. Felice Sciosciammocca che avite fatto.
NICOLA: S'è fatto capace, se n'è ghiuto, po' ha ditto che torna, m'ha ragalato pure na bella coppola... che s'ha da fà, non è stata colpa de nisciuno, è caduto malato... aspettaveme a isso... dunque, avite capito, stateve attiento de fà tutto esatto, perché stasera sarete regalati da me, e dallo sposo... lo sposo credo, che ve darà na lira pedono.
BIASE: (Vì che bella cosa).
CICCILLO D. Nicola rispettabile.
NICOLA: Oh! caro D. Ciccillo, io vado al Municipio, perché me stanno aspettanno, voi che fate, venite?
CICCILLO Se credete D. Nicò, aspetto qua, voglio riposarmi no poco, che da stammatina non me fido cchiù de cammenà.
NICOLA: Va... fate il vostro comodo. Dunque, attenziò! *(Via.)*
CICCILLO: Ma ched'è, comanne li sarvizie?
BIASE: E che ne volite sapé, chillo pe stu matrimonio poco manca e non esce pazzo. Stanotte nun ha dormito.
FRANCISCO: Permettete signò. (*Viano pel fondo uno a destra l'altro a sinistra.*)
CICCILLO: Dopo tutto ha ragione, chella figlia è bona assaje, stasera volarria essere io lo sposo... chesta ccà è la cammera de lietto. *(Guardando nella primaporta a sinistra.)* Che bella cosa. *(Entra nella detta camera.)*

SCENA OTTAVA

Francisco e Teresina.

TERESINA: Giovinò, nun me fa perdere la capa, si lo ffaje apposta, dimmello.
FRANCISCO: Ma scusate, vuje jate trovanno a uno, che non sta de casa ccà, e non è venuto maje.
TERESINA: È impossibile, perché aiere a lo juorno steva affacciato a lo balcone.
FRANCISCO: Ma quà balcone?
TERESINA: Lo balcone che sta proprio ncapo a lo palazzo appartene a sta casa?
FRANCISCO: Sissignore.
TERESINA: Embè comme dice che non nce vene?
FRANCISCO: Scusate vuje avite ditto che se chiama Luigi Porro?
TERESINA: Eh.
FRANCISCO: E sto Luigi Porro non lo conoscimmo.
TERESINA: Ma allora comme và che steva fore a lo balcone?
FRANCISCO: Avisteve da piglià quacche sbaglio.
TERESINA: Tu quà sbaglio, io ccà tengo lo ritratto, chillo che steva fore a lo balcone, è chisto ccà. *(Lo fà vedere.)*
FRANCISCO: Ah, va bene, ma chisto ccà non se chiamma Luigi Porro, chisto è lo sposo de la signorina, si chiamma D. Errico.
TERESINA: Ah, se sposa la signorina?
FRANCISCO: Sissignore, mò so' ghiute a lo Municipio.
TERESINA: Ah, bravo Allora lo voglio aspettare, perché l'aggio da parlà de na cosa necessaria.
FRANCISCO: Va bene. Assettateve.
TERESINA: Dunque se chiamma D. Errico?
FRANCISCO: Sissignore.
TERESINA: E a me m'avevene ditto che se chiammava D. Luigi.
FRANCISCO: Nonsignore, D. Errico.
TERESINA: Va bene.
FRANCISCO: (Quacche antica fiamma de lo sposo, mò siente la risa). *(Via.)*
TERESINA: E bravo il Sig. Luigi Porro, pecchesto da no mese non s'è fatto cchiù vedé. Vì che belli galantuommene che stanno ncoppa a la terra. Comm'era facile a fà promesse, giuramenti, e io comme a na stupita l'aggio creduto, s'ha cagnato pure lo nomme... e bravo! ... già chillo facette murì la mugliera de subeto tanto de la collera che le deva. Ih ch'assassino. Primma de tutto aggio da mannà na lettera anonima a lo padre de la sposa, e l'aggio da dì tutte cose, po', quanno è ogge che vene D. Ciccillo lo miedeco, le dico che cacciasse li carte pecché voglio spusà lesto lesto... è no poco viecchio, e che fa, almeno so' sicura de la riuscita; e che fa... va bene.

SCENA NONA

D. Ciccillo, e detta.

CICCILLO: Quanto sta acconciato bello chillo lietto. Che poesia.
TERESINA: (Che beco, D. Ciccillo!).
CICCILLO: Guè, Teresì, e tu che cosa fai qua?
TERESINA: Uh! D. Ciccì, vuje state ccà, oh, che piacere, mò proprio steva parlanno de vuje, na compagna de la mia m'ha dato l'indirizzo de sta casa, dicennome che la signora jeva trovanno a na modista.
CICCILLO: Proprio per questa ragione sei venuta?
TERESINA: E pe quale ragione aveva da venì, siccome me trovo senza fatica, vaco trovanno de m'abbuscà quacche cosa. Ma mò, doppo che sta signora non vò niente, io pure so' contenta, pecché dint'a sta casa aggio trovato a buje, a buje che ve voglio tanto bene.
CICCILLO: (Ma comme mbroglia la gente chesta, è n'affare serio). Dunque vale a dire, che tu a me me vuò bene assaje?
TERESINA: Ma se capisce?
CICCILLO: Vuoi bene solamente a me?
TERESINA: Solamente a buje.
CICCILLO: E nessun'altro?
TERESINA: Nisciun'auto.
CICCILLO: Menzogna! Impostura! Sappiamo tutto signora Teresina, voi mi avete fino adesso ingannato, mi avete imbrogliato, anzi impapocchiato... e che ve credìveve che non s'appuravene le cose, abbiamo tutto scoverto. Chi era quell'uomo che quanno io asceva, isso traseva, e quanno io traseva, isso asceva?
TERESINA: Ah, l'avite saputo?
CICCILLO: Si, l'ho saputo.
TERESINA: Bravo! Ma non v'hanno ditto chill'ommo chi era?
CICCILLO: E chi era? Parlate.
TERESINA: Era n'amico de fràteme Celestino, che ogni ghiuorno me veneva a dicere, che avessa fernuta sta cosa, che non conveniva a stà divise frate e sora, e che me avesse fatto pace.
CICCILLO: Ah, era un amico di vostro fratello?
TERESINA: Sissignore.
CICCILLO Menzogna! Impostura! Quell'uomo era il vostro amante di cuore, quell'uomo era il preferito, ed io era il povero rimbambito.
TERESINA: Ma nonsignore, chisto è no sbaglio.
CICCILLO: Niente non sente chiacchiere.
TERESINA: Ma almeno...
CICCILLO: Niente, mi avete ingannato, uscite!
TERESINA: Guè, oh, e tu che arma de mammeta t'haje fatte afferrà, che ti cride che haje da fà co quaccheduna de miezo a la strada, mò me faje vutà li canchere, te chiavo no sordeglino, e felicenotte, vì comme s'ammoina, comme fosse no giovanotto de 15, 16 anne, no viecchio tutto tignuto, fa tanta chiacchiere. Chillo mmece de dicere: sà, io te ringrazio che tu m'haje fatto saglì ncoppa a la casa toja, va trovanno, io asceva, isso

traseva. Mò sà che te dico, non nce passà cchiù da la parte de la speranzella, e si vuò passà non guardà ncoppa a la fenesta mia, pecché io no scengo co no staccariello, te faccio no paliatone nummero uno... tu mi haje capito?
CICCILLO: Sissignore.
TERESINA: Stu viecchio tignuto tutto inverniciato tutto pittato fa tanta chiacchiere. Nun lo vide che staje a la calata de Tribunale? Sciù pe la faccia toja. Bè. *(Via pel fondo.)*
CICCILLO: Ma a me pure me prode la capa... me vaco a piglià tanta collera, io so' nzurato, che me ne preme che io esco e n'auto trase. Mò me so' messo a la posizione de non passà cchiù pe la speranzella. Chella è capace de scennere veramente co lo staccariello. Si sapeva non me n'incarnicava.

SCENA DECIMA

Nicola, e detto poi Felice.

NICOLA *(esce asciugandosi le lagrime, siede nel mezzo del palcoscenico, si toglie il cappello e si mette la coppola, poi piange).*
CICCILLO: (Uh! Avarranno vattuto a D. Nicola). D. Nicò, che cos'è? *(Nicola colla mano gli fa segno di aspettare e seguita a piangere.)* Ma ch'è stato? *(Medesimo lazzo.)*
NICOLA *(piangendo)*: M'ha fatto impressione nel vedere il Vice Sindaco con la fascia, m'ha detto: accomodatevi, senza di voi non si può far niente, voi in quest'affare, siete un personaggio interessante: Grazie troppo buono, po' ha ditto nfaccia a Nannina: Signorina Nannina accettate per vostro legittimo sposo il Sig. Errico Bernard? Sissignore... che buona figliola., non s'è maje negato a niente.
CICCILLO: (Ma che animale!).
NICOLA: M'è scappato no pianto, che non me lo poteva più trattenere, aggio salutato lo Vice sinneco, m'aggio pigliata na carrozzella, e me ne so' venuto, loro stanno venenno appriesso.
CICCILLO: Ma non piangete più, mò ve facite venì na cosa.
NICOLA: Che volete, sono padre, m'aggio crisciuta chella figlia proprio co li mollechelle.
CICCILLO: Avete una bella coppola, mò ve l'avete comprata?
NICOLA *(piangendo)*: No, m'è stata ragalata... *(Poi senza piangere e cambia tono.)* Sta 75 lire sà.
CICCILLO: Mi piace è bella assai.
NICOLA: È capitata proprio a proposito, stammatina vengono gente a mangiare fa bella, capite. A proposito io steva chiagnenno. *(Piange lazzi.)*
CICCILLO: Sicuro, ma statevi allegramente questo che cos'è, oggi è giorno di allegria.
NICOLA: Sì, avete ragione, debbo far forza a me stesso.
FELICE *(con giornali)*: Signori buongiorno.
CICCILLO: Che ghiate vennenno giornali. *(Lazzi.)*
NICOLA: Oh, siete ritornato?
FELICE: Sì, perché vi debbo parlare necessariamente, ma a voi solo.
NICOLA: Di che si tratta?
FELICE: Non vi posso dir niente, dobbiamo stare a quattr'occhi.

NICOLA: D. Ciccì, scusate, passate un momento nella mia stanza, quanto parlo no momento co sto giovine.
CICCILLO: Fate il vostro comodo, anzi mò vado ad incontrare gli sposi. Permettete? *(Via pel fondo.)*
NICOLA: Dunque che cos'è?
FELICE: Siete stato al Municipio?
NICOLA: Sissignore.
FELICE: Avete firmato?
NICOLA: Sissignore.
FELICE: Avete fatto tutto insomma, vostra figlia s'è maritata?
NICOLA: Sissignore, mò venene.
FELICE Ah! D. Nicò, aggio avuta na bella soddisfazione. Sapete chi avete dato a vostra figlia? L'avete dato un'assassino, un carnefice, un uomo che è stato quattro anni in galera.
NICOLA: Don Celestì, voi che dite!
FELICE: Che dico? Incominciate a leggere. *(Prende un giornale.)* Qua.
NICOLA *(legge)*: «La tragedia della strada Speranzella N. 19, una giovane bellissima, dai capelli biondi, si è trovata uccisa nella sua camera da letto, per ora non si è saputo altro, che è la moglie di un certo Bernard».
FELICE: Leggete qua. *(Da altro giornale.)*
NICOLA *(legge)*: «L'uccisore della donna alla strada Speranzella N. 19, è stato proprio il marito Bernard, si dice per ragione di gelosia, c'è chi asserisce che questo Bernard sia sempre stato un pessimo soggetto. Il certo è, che la povera moglie, fu uccisa mentre dormiva, con due colpi di pistola. Ora sappiamo che un parente della povera vittima, va in cerca dell'assassino, per farne la più aspra vendetta».
FELICE: Leggete qua. *(C.s.)*
NICOLA *(c.s.)*: «L'assassino Bernard, è nelle mani della giustizia, è un giovine a 32 anni, piuttosto simpatico, essendo stato interrogato sul fatto, ha risposto: che la passione non gli ha fatto riflettere il male che faceva». Che ho letto mai!... povera figlia mia!
FELICE: È stato 4 anni in galera, mò pe se piglià la dote de chella povera figliola, se l'è venuta a sposare, quanno è passata na settimana, spara pure a essa.
NICOLA: Povera creatura; ma perché non me l'avete detto prima?
FELICE: Eh, per vendicarmi, voi mi avete trattato di quella maniera.
NICOLA: Si, ma io farò un chiasso, io salverò quella povera figlia, io romperò questo matrimonio!
FELICE: Eh, mio caro, mò non potete fare niente più.

SCENA UNDICESIMA

Bernard, Federico, D. Ciccillo, Nannina, Elena, Francisco, e detti e Biase.

(Di dentro si sente gridare.) Vivano gli sposi!
NICOLA: Ah, eccoli qua.
FEDERICO: Tutto è fatto.

CICCILLO: Adesso bisogna augurare, salute, e figli maschi.
ELENA: Non tanta figlie però, no mascolo e na femmena.
BIASE: Salute pe mill'anne Eccellenza.
FRANCISCO: Puzzate mpruferà.
BERNARD: Grazie a tutti. Ma Nannì, che cos'è, non saccio comme te veco.
NANNINA *(che nell'uscire si è buttata nelle braccia di Nicola: quasi piangendo dice)*: Niente, non saccio io stessa che cos'è, vorria chiagnere e ridere dint'a uno momento. Papà, pecché nce haje lassato e te ne sì ghiuto? Mez'ora so' stata lontana da te, e m'è paruto no secolo. *(Guardandolo.)* Ma che d'è papà, tu pure pare che staje chiagnenno... ma dunque avarraggio fatto male de me mmarità?
NICOLA: Ma no figlia mia, io non sto chiagnenno... sai è la troppa gioia. *(Piange.)*
ELENA: Ma D. Nicò, fernitela, ogge bisogna ridere, bisogna stà allegramente.
FEDERICO: Bisogna mangiare, e bere sciampagna.
BERNARD: Ma si, che significa sto pianto, che diavolo papà, me sembra na criatura, io capisco, sissignore, che ogni padre sente dispiacere di lasciare la figlia, ma voi siete un uomo, e a piangere di questa maniera, non sta.
NICOLA: (Io non lo credo ancora... me pare nu suonno... Quell'uomo, capace... me ne voglio assicurare io stesso). Si avete ragione. Signori... Vi prego però di ritirarvi un momento, quanto dico due parole a mio Genero. *(Tutti s'inchinano e viano prima porta a sinistra. Nannina bacia la mano al padre e via.)*
BERNARD: (Auffà, comme me secca sto padre, mò so' spusato mò, e difficilmente lo soffro). *(Queste parole le dice mentre i suddetti vanno via, Federico fa per uscire.)*
NICOLA: No, voi restate.
BERNARD: Dunque che dovete dirmi?
NICOLA: Debbo dirvi signore, che voi mi avete ingannato, che se sapevo tutto il vostro passato, non avrei mai acconsentito a farvi sposare mia figlia.
BERNARD: Il mio passato? Ma spiegatevi, io non comprendo.
NICOLA: Ah, non comprendete? Ricordatevi signore quello che avete fatto nel palazzo alla strada Speranzella N. 19.
BERNARD: (Sangue de Bacco, ha appurato lo fatto de Teresina). *(Resta avvilito.)*
NICOLA: Ah, siete rimasto avvilito, non avete il coraggio di alzare la fronte?
BERNARD: Coraggio? Voi che peso ne state facenno.
NICOLA: Come, ne faccio un peso? E che credete che sia niente. E se per voi è niente signore, per la mia famiglia è assaje, perché non dirmelo prima, perché prima di sposare non mi avete detto tutto?
BERNARD: Ma queste sono cose nuove sapete, come, io prima di sposare vi veniva a raccontare quel fatto? Allora non se ne sarebbe combinato niente?
NICOLA: E si capisce, caro signore, vi avrei messo alla porta. Dunque, credete che avete fatta una bella cosa?
BERNARD: Ma niente affatto, chi vi dice questo.
NICOLA: E allora perché l'avete fatto?
BERNARD: Perché... perché la passione non mi fece riflettere il male che faceva.
FELICE *(a Nicola)*: L'istesse parole che dicete ncoppa a la guardia.
NICOLA: Bravo, la passione non vi fece riflettere il male che facevate... che bella

discolpa... ma il male che avete fatto a me però, l'avete riflettuto?
BERNARD: (Auffà, mò m'accummencia a tuccà li nierve).
NICOLA: Ora, tutto è fatto, e non c'è più rimedio, è stata una disgrazia per la mia famiglia. Con Nannina però non uscirete mai!
BERNARD *(offeso)*: Oh! E perché?
NICOLA: Perché quella povera ragazza potrebbe spaventarsi incontrando quel parente di vostra moglie che vi va cercando.
BERNARD: (Lu nepote de muglierema, pure chesto ha saputo).
NICOLA: Credo che avete appurato che quell'uomo vi cerca per ogni dove?
BERNARD: Ma sì, lo sò. *(Mezzo infastidito.)*
NICOLA: Ah, lo sapete dunque non lo negate?
BERNARD: Ma che negare, signore, io non nego niente, è un parente di mia moglie, ed io non ho affatto paura di lui. Il mio passato è passato, e non se ne parla più, il presente non è cosa che riguarda voi, riguarda me, quindi vi prego di badare ai fatti vostri, come io baderò i miei. Nannina uscirà con me, e sempre che voglio io, oggi non è più vostra figlia, è mia moglie, comando io sopra di lei! *(Via prima porta a sinistra.)*
NICOLA *(cade sopra una sedia quasi piangendo)*: Povera figlia mia!
FELICE: Ah!... son vendicato. (Si *mette il cappello, prende 1e 2 scatole, e fa per andar via — Pausa — guarda Nicola, gli si avvicina, gli leva la coppola e via pel fondo.)*

(Cala la tela.)

Fine dell'atto primo

ATTO SECONDO

L'istessa scena del primo atto.

SCENA PRIMA

Nicola, Biase e Francisco, poi di nuovo Biase, indi Felice.

NICOLA *(esce dalla destra va in fondo e chiama)*: Biase.
BIASE: Comandate Eccellenza.
NICOLA *(con precauzione)*: Lo sposo non nce sta?
BIASE: Nossignore, è uscito a primma matina. Potevene essere li 6 e 1/2
NICOLA: Li 6 1/2! E addò sarrà ghiuto a chell'ora?
BIASE: Po', steva tanto di cattivo umore, so' ghiuto pe le dicere, Eccellenza ve ne jate accossì, volite nu poco de café: non voglio niente, non mi domandate niente.
FRANCISCO: Pareva tanto buono quanno faceva l'ammore co la signorina, appena se l'ha sposata, è addeventato n'urzo.
NICOLA: E se capisce, pecché mò non se po' fà niente cchiù. Ah! Vorria che mò fosse approvato lo divorzio, o pure invece de stà a Napole, volarria stà in Inghliterra, lo

faciarria fà marenna.
BIASE: A proposito Eccellenza, mò me scordava, poco primma, è venuto nu guaglione, e ha portata sta lettera pe buje. *(La dà.)*
NICOLA: E chi la manna?
BIASE: Chesto non l'ha voluto dicere, me l'ha lassata e se n'è ghiuto.
NICOLA: Va bene, vattene, e ricordatevi di sorvegliare sempre lo sposo.
BIASE: Va bene Eccellenza.
NICOLA: Non appena vedete che se mparoliasse no poco co Nannina, correto subito a chiamarmi.
BIASE: Va bene.
FRANCISCO: Non dubitare. *(Viano.)*
NICOLA *(legge)*: «All'Egregio Signor Nicola Paletta. Sue mani. Riservata. Urge»... E che d'è neh, no carattere che io non conosco... Guè, vi comme trema sta mano. *(Apre e legge:)* «Signore. Credendo di fare un bene a vostra figlia, l'avete rovinata, il marito che l'avete scelto, è un birbante, un assassino, io che vi scrivo, sono una povera donna da lui barbaramente ingannata. Questo matrimonio l'ha fatto per mangiarsi la dote di quella povera fanciulla. Statevi attento però, perché egli è capace di farla morire come fece morire la sua prima moglie. Vi saluto». Mamma mia!... io aggio passato l'ultimo guaio! Povera creatura, povera disgraziata! Stateve attiento, e che m'aggio da stà attiento, cchiù de chello che faccio non pozzo fà, li stongo sempre appriesso... So' due giorni che aggio perduta la pace. Chi si poteva immaginare de passà chisto guaio.
BIASE: Signò, fore nce sta D. Celestino Burziello, dice che si permettete, v'avarria da parlà.
NICOLA: Fatelo entrare.
BIASE: Favorite. *(Felice si presenta.)*
NICOLA: Venite, voi siete sempre il padrone, non avete bisogno di essere annunziato.
FELICE: Troppo buono, grazie. *(Biase via.)*
NICOLA: Figlio mio *(Abbracciandolo.)* Tu dovevi essere il marito di mia figlia. *(Piange.)*
FELICE: Ma fatevi coraggio, che è stato?
NICOLA: *(Dandogli la lettera)*. Leggete.
FELICE *(dopo letto)*: Povero padre, povera figlia. Sentite Don Nicò, io stammatina ho fatta una bella cosa. Sono andato al palazzo Strada Speranzella N. 19, m'ho chiamato la figlia della guardaporta, una certa Pascarella e l'ho fatta venire con me dicendola che voi le dovevate parlare.
NICOLA: Io? E che parlo a fà co la figlia del guardaporta?
FELICE: Come, per sapere meglio il fatto, figuratevi, quella sa tutta la storia, pecché furono portata per testimone la mamma e la figlia.
NICOLA: Ah, già pe sapé quale fu la ragione che isso s'appiccecaje co la mugliera.
FELICE: Perfettamente.
NICOLA: Addò sta, sta fore?
FELICE: Sissignore.
NICOLA: E chiamatela.
FELICE *(va in fondo e chiama)*: Pascarè, Pascarè!
NICOLA: Ma che è na crapa?

SCENA SECONDA

Pascarella, e detti.

PASCARELLA: Buongiorno eccellenza signò.
NICOLA: Favorite, accomodatevi.
PASCARELLA: Grazie.
FELICE: Questa è una buona ragazza sapete, incapace di dire una bugia.
PASCARELLA: Grazie, è bontà vosta.
NICOLA: Ma voi la conoscete?
PASCARELLA: Comme, sto signore, è lo frate de la modista che sta a lo primo piano, de lo palazzo addò mammà sta pe guardaporta.
NICOLA: Ah, llà sta vostra sorella?
FELICE: Sissignore, ma non me la chiamate sorella pecché me piglio collera.
NICOLA: Ah, già, voi ci state contrastato.
PASCARELLA: Ma facitece pace signori, povera figliola, sta sola senza nisciuno non fa auto che chiagnere sempe.
FELICE: Ci ha colpa lei, la sua condotta non mi piace.
NICOLA: Basta, bella fè, tu sai perché ti ho mandato a chiamare.
PASCARELLA: Nonsignore.
NICOLA: Vogliamo essere raccontato quel fatto che succedette dinto a lo palazzo tujo; de chillo tale, che accedette la mogliera co duje colpe de pistola.
PASCARELLA: Ah! Lo fatto de Bernard?
NICOLA: Già.
PASCARELLA: E pecché lo bolite sapé?
NICOLA: No, così, per curiosità.
PASCARELLA: Signore mio, chillo era no birbante, no galiota, jeva truvanno lo pilo dint'all'uovo, pe se levà chella poverella da nanze all'uocchie. Ah, pare che mò la veco, teneva na trezza de capille bionde, l'arrivavene ccà bascio, po' era tanta affezionata, tanta de core a me me voleva bene comme fosse stata na sora soja. Ogne matina che saglieva ncoppa, e le puntava lo bicchiere de latte, e essa mò me deva na vunnella, mò na cammicetta... povera signorian, l'ultime parole li dicette dinta a li braccia e mamma mea... io more, ma more innocente, mariteme se crede che l'aggio tradito, ma io ti giuro che non tengo nisciuna colpa. Signore mio, chella jurnata io e mammema chiagnetteme tanto e tanto, che s'abbuffajene l'uocchie accossì.
NICOLA: Ma quale fu la ragione, pecché l'accedette?
PASCARELLA: Mò ve dico io sìgnò. Chillo nce steva no giovene studente a fianco de casa lloro, chisto ccà ncuitave sempe la signorina, se faceva truvà sempe mmiezo a li grade, le scriveva sempe bigliettine, e chella povera signorina mia, non lo rispondeva maje. No juorno, mentre essa le steve dicenno vicino a la porta: lasciateme stà faciteve li fatte vuoste, non me ncuitate cchiù, tutto nziemme se truvaje sagliendo lu marito, figurateve, chillo se ne scappaje da na parte, e essa da n'auta. Ora mò, la signorina se credeva che lo marito avesse fatto no chiasso doppo sto fatto.

NICOLA: Eh, me pare.
PASCARELLA: Niente, se stette zitto e non le dicette niente, doppo duje juorne... oh, sentite signò chesto fuje tremendo... se ritiraje e le purtaje no bello braccialetto co li lettere soje ncoppa... essa, figurateve tutta contenta... quanno fuje la notte, che chella poverella steva dormenno, lo scellarato, pigliaje la pistola e l'accedette.
NICOLA: Che infame, nel sonno!
FELICE: Avete capito?
NICOLA: Si, ma io non dormirò più però, io sorveglierò quella povera tortorella. Don Celestì, non mi lasciate sapete, voi siete solo, non avete nessuno, statevi con me, io vi tratterò come un figlio, accossì simme duje. Quanno vuje state scetato io dormo, e quanno io dormo vuje state scetato.
FELICE: Allora sto scetato sempre io. *(Lazzi.)*
PASCARELLA: Neh, ma pecché che è stato.
FELICE: Chillo tale Bernard, che accedette la mugliera, s'ha sposatta la figlia de sto poverommo.
PASCARELLA: Uh! Mamma mia, vuje che dicite e comme v'è venuto ncapo? Forse non sapiveve niente? Povera figliola che nc'è capitata. Dicitencello che non guardasse nfaccia a nisciun'ommo, pe carità.
NICOLA: Oh! Per questo ne posso essere sicuro, mia figlia è un angelo.
PASCARELLA: Basta signò, io me ne vaco, m'avite da dà comanne.
NICOLA: Grazie, statte bona.
FELICE: Io poi domani te regalo.
PASCARELLA: Grazie tanto, stateve bene. *(Via pel fondo.)*
NICOLA: Chi birbante, regalarle primme no braccjaletto e po' acciderla.. come si può fare, a sangue freddo. Dunque don Celestì, voi volete stare con me? Io ve do mangiare, dormire, e na trentina de lire a lo mese.
FELICE: E che m'avite pigliato pe servitore, nonsignore, denare non ne voglio, me date solamente l'alloggio, il vitto. *(Lazzi.)*
NICOLA: Io Vi dò tutto quello che volete, basta che non mi lasciate solo.
FELICE: Va bene, anze D. Nicò, vogl'j no momento a la casa, ve vaco a piglià chella coppola, l'altro jeri, corrivato capite, me la pigliaje n'ata vota, ma quella è vostra.
NICOLA: Lasciate sta, non ve n'incaricate.
FELICE: Nonsignore, io mo vengo e ve la porto. *(Via pel fondo.)*
NICOLA: Che bravo giovine, quanto feci male a non aspettarlo.

SCENA TERZA

Nannina, e detto.

NANNINA: Papà, buongiorno.
NICOLA: Oh, figlia mia, comme staje, staje bona?
NANNINA: Si papà, ma tu però non staje comme stive primme, da che mi so mmaritata, staje tanto de cattivo umore pare che vuò chiagnere sempe, ma pecché, pe quà ragione?

NICOLA: Ecco qua figlia mia, papà tuo ti dice la verità, avarria avuto cchiù piacere si t'avisse sposato a don Celestino.
NANNINA: E pecché?
NICOLA: Pecché?... che saccio, è no buono giovene.
NANNINA: E che Errico è cattivo forse, me vò tanto bene, e po' tu lo ssaje, io a don Celestino me l'avarria sposato pe fà piacere a te, mò no pecché l'avesse voluto bene. Errico è distinto, gentile, veste in moda, mentre don Celestino me pareva nu scemo, no stonato, se mbrogliava a parlà, insomma non era buono a niente.
NICOLA: E pure, figlia mia, quello ti avrebbe fatto felice. Basta, non ne parliamo cchiù, mò è fatto mò. Dimme na cosa, maritete dice che è asciuto presto stamattina.
NANNINA: Si papà, tanto priesto, che non l'aggio ntiso nemmeno tu lo ssaje, io tengo lo suonno pesante.
NICOLA: E questo è male figlia mia, quanno duorme, cerca de sta lesa.
NANNINA (ridendo): Ah, ah, chesto è bello, stongo lesa, e io quanno nce so' addormuta saccio chesto.
NICOLA: (Che innocenza). E aissera non te dicette addò jeva stammatina?
NANNINA: No, non me dicette niente.
NICOLA: Figlia mia, qualunque cosa te dice tuo marito, non lo risponnere maje, di sempe ca sì, non lo contradire in niente, e se vedisse qualche giovinotto, non lo guardà nemmeno.
NANNINA: Oh, chesto se capisce.
NICOLA: E quanno vide che sta pe se nfucà, lassalo e curre subito addò me, hai capito? Quanno duorme cerca de sta lesa. *(Via a destra.)*
NANNINA Io non saccio capì papà che have dall'autriere, si m'avesse spusato no brigante, manco potarria parlà de chella manera.

SCENA QUARTA

Bernard, e detta poi Elena.

BERNARD *(dal fondo)*: Mia cara Nannina, eccomi di ritorno.
NANNINA: Oh, finalmente sì venuto.
BERNARD: So' ghiuto pe n'affare interessante che riguardava te, ma mò però aggio da piglià na carrozzella, e aggio da correre n'auta vota a Toledo.
NANNINA: E pecché?
BERNARD: Pecché mò che sò venuto, aggio trovato sta lettera abbascio a lo palazzo, guarda è de lo compare mio, l'avvocato Grillone, lo quale me dice venite subito da pe perché tengo d'affidarvi una causa importantissima. Capirai Nannina mia, che non posso perdere un momento di tempo, si tratta di un affare, che me ne po' portà n'auti ciento appriesso.
NANNINA: Haje ragione, ma che vuoi da me, io te vularria tené sempe vicino.
BERNARD: E io pure, ma quanno se dà quacche combinazione non nc'è che fà. Guarda mò si te piace sta cosa che t'aggio portata. *(Caccia un astuccio e lo dà.)*
NANNINA: Hu! No braccialetto, quanto è bello.

BERNARD: Te piace?
NANNINA: Assai assai, veramente di gusto. Ah, ncoppa nce stanno li lettere meje.
BERNARD: E pecchesto so' asciuto a chell'ora stammatina, l'orefice lo teneva da tre ghiuorne mmano, pe causa de chelli doje lettere.
NANNINA: Oh, Errico mio, quanto te voglio bene.
BERNARD: Nannì, dimme na cosa, patete che have, me lo veco sempe attuorno, so' privo de j dinta a na stanza, che isso subeto vene appriesso, po' me guarda co cert'uocchie, che te dico fra momenti me fa paura.
NANNINA: Niente, Errico mio, non nce badà; chillo è carattere, non lo fa pe male.
BERNARD: Va bene, ma a tenerlo sempre ncoppa a la noce de lo cuollo, è n'affare serio.
NANNINA Chillo po' capisce, so' li prime juorne, appriesso non lo farrà cchiù.
ELENA: Signori buongiorno.
NANNINA Oh, amica mia.
ELENA: E così, come state?
BERNARD: Non nc'è male, grazie.
ELENA: Me so' trovata a passà da ccà e te so' venuto a fà na visita te dispiace?
NANNINA: Ma che, anze m'haje fatto piacere.
BERNARD: Dunque Nannì, io vaco e torno subeto, subeto.
NANNINA: Non più che una mezz'ora.
BERNARD: Mezz'ora va bene. Signora con permesso. *(Via pel fondo.)*
NANNINA: Amica mia guarda che bello braccialetto m'ha portato Errico. *(Lo fa vedere.)*
ELENA: Ah, sicuro, è bello assai Nannì, io so' venuto pe te cercà no gruosso piacere.
NANNINA: Ch'è stato, parla.
ELENA: Tu sai già, comme te dicette, che chillo cancaro di D. Federico, me vò ncuità pe forza. Siente aissera che me combinaje. Potevene essere l'unnece, Ciccillo mariteme ancora s'aveva da retirà, io stava affacciata dalla fenestella de la cucina, lo vedette passà, pecché ogne sera lo struje chillo vico, e le dicette: D. Federì, pe ccanità, si me vulite bene, tornateme chelli lettere meje. Sissignore, li tengo dinta a la sacca, facìteme saglì. Capisci?
NANNINA: Voleva saglì l'amico.
ELENA: No, scusate, io non ve pozzo fà saglì, mò ve calo lo panaro e accossì me li date. Va bene dicette isso; infatti, acalaje lo panaro, jammo facìte ampressa ecco ccà li lettere, tirate. Nannina mia mentre steva tiranno, vene mariteme, che staje facenne lloco? Io figurete, n'auto poco moreva. Che staje tiranno? So' li frutte pe stasera, va te spoglià mò vengo, no, voglio tirà io... Mamma mia, so' perduta, se mettette a tirà e andevina dinta a lo panaro che nce trovaje?
NANNINA: Le lettere?
ELENA: Lo bocchino de D. Federico, co tutto lo sicaro appicciato. Tutto chello che è succeduto, te lo puoi immaginare. Avimmo fatta la nottata chiara chiara, non sapeva cchiù che le dicere pe lo capacità.
NANNINA: Oh, povera amica mia, haje ragione, ma cerca de parlà cu sto D. Federico, e levatillo da tuorno na vota pe sempe.
ELENA: No, cara Nannina, io non nce voglio parlà cchiù, non lo voglio vedé cchiù, perciò te so venuto a cercà no gran piacere. Chillo stammatina certo vene ccà, chiammatillo tu

e dincello, che non me ncoietasse cchiù, che stanotte a la casa mia nc'è stato l'inferno, e li lettere meje che tene, te li faje dà a te. Agge pacienzia, Nannina mia, io solo co te me confido, pecché saccio che mè vuò bene assaje.
NANNINA: Va bene, non te n'incarricà, nce penzo io.

SCENA QUINTA

Federico e dette poi Felice.

FEDERICO *(da dentro)*: È permesso?
ELENA: Eccolo ccà, se capisce, chillo è venuto appriesso. Nannì, io non me voglio fà vedé, famme lo piacere, parlece mò.
NANNINA: Va bene, trase ccà dinto... *(La fa entrare prima porta a sinistra.)*
FEDERICO *(c.s.)*: È permesso?
NANNINA: Favorite, favorite D. Federì.
FEDERICO: Grazie, signora Nannina. E così, come state?
NANNINA: Non nc'è male.
FEDERICO: Errico non nc'è?
NANNINA: Nossignore, è uscito, ma fra poco verrà.
FEDERICO: L'altro ieri mi disse che fossi venuto qualche volta per divertirci un poco a tirare due colpi al bersaglio, se permettete l'attendo qui.
NANNINA: Ma si, voi siete il padrone.
FEDERICO: Grazie. Scusate signò, poco prima è venuta a farvi visita D.ª Elena la moglie del Dottore?
NANNINA: Sissignore D. Federì, è venuta e m'ha contato tutto lo fatto d'aiersera; m'ha ditto tutte cose, stanotte non ha dormuto per causa vosta.
FEDERICO: E perché?
NANNINA: Come perché, vuje le jate a mettere lo bocchino co lo sicaro dinta a lo panaro, lo marito venette a tiempo, volette tirà isso, e ve potite figurà che succedette.
FEDERICO: Oh, vedete la combinazione, io volette fà no scherzo.
NANNINA: Eh, bello scherzo veramente, D. Federì, se mi stimate veramente, se sentite amicizia per mio marito, mi dovete fare un gran favore. Non ncuietate cchiù a chella poverella, lasciatela stà.
FEDERICO Questo era tutto? Non dubitate che da oggi in poi la signora Elena per me non esiste più.
NANNINA: Mi date la vostra parola d'onore?
FEDERICO *(dandole la mano)*: Sul mio onore.
NANNINA: Bravissimo. Mò nce sta n'auta cosa. M'avite da tornà chelli lettere che tenite.
FEDERICO: Pure questo?
NANNINA: Sissignore. *(Comparisce Felice.)* Mio caro D. Federico, quando una donna è maritata, si mette paura di qualunque cosa, voi siete un giovine di talento, e certe cose le comprendete benissimo.
FEDERICO: Va bene. Giacché questo vi fa piacere, per voi faccio qualunque cosa.
NANNINA *(stringendogli la mano)*: Vi ringrazio tanto tanto. E quanno me li portate?

FEDERICO: Quando volete voi, anche stasera.
NANNINA: No, don Federì, ha da essere mò proprio, jate no momento a la casa e portatemelle.
FEDERICO: Prontissimo.
NANNINA: Ma facite priesto però, perché si vene mariteme non potimmo fà niente cchiù.
FEDERICO: Fra un quanto d'ora sarò qui. *(Le bacia la mano e via.)*
NANNINA: Sperammo che Errico tricasse cchiù de mez'ora. *(Via a sinistra.)*
FELICE: Sangue de Bacco, ccà chesto nce sta sotto!... Mannaggia l'arma de mammeta!... eh, e mò faje marenna... guè, chella so' duje juorne che è sposata, e già si ha trovato il soprannumero... povera infelice, e chella è morta, mò è sparata pur'essa.

SCENA SESTA

Nicola e detto poi Biase.

NICOLA: Don Celestino che cos'è?
FELICE: D. Nicola mio, è succieso lo guaio... povera casa vosta.
NICOLA: Ch'è stato?
FELICE: Ho scoverto una cosa che non poteva mai immaginare. Mò che so' venuto, aggio trovato a Nannina vostra figlia che parlava nientemeno co no giovinotto.
NICOLA: Voi che dite! E che dicevano?
FELICE: Essa diceva: mio caro D. Federico quando una donna è maritata se mette paura de qualunque cosa. Isso ha ditto: Va bene, io pe ve fà piacere faccio tutto. Essa pò l'ha ditto: jate a la casa e portatemelle mò proprio.
NICOLA: Che cosa?
FELICE: E io che ne saccio. Isso diceva: Ve lo porto stasera, essa diceva: Nonsignore me l'avite da portà mò, e facite ampressa, pecché si vene mariteme nun putimmo fà niente cchiù.
NICOLA: Possibile!
FELICE: Possibilissimo! Capirete, che si l'appura lo marito, chella è sparata primma de stasera.
NICOLA: E se capisce: Uh! Mamma mia, e chella li lume l'ha perdute. Comme l'ha chiammato D. Federico?
FELICE: Già, caro D. Federico.
NICOLA: Uh! E chillo è amico stretto de lo marito, l'ha potuto mannà pur'isso, pe vedé la mogliera come la penzava.
FELICE: E se capisce.
NICOLA: Ah, giovine disgraziata.
FELICE: Chillo mò lo marito saparrà tutte cose e se sta zitto.
NICOLA: Già come facette coll'auta mugliera.
BIASE: Signò, è benuto n'ommo, e ha portato sto cascettino, diretto al Signor Bernard. Ha ditto, consegnatelo proprio mmano a isso. Ch'aggio da fà?
NICOLA: Miettelo llà ncoppa. *(Indica il tavolino.)*

BIASE: M'ha consegnato pure la chiavetella, chesta è essa. *(La mette sul cassettino e via.)*
NICOLA: No cascettino co la chiavetella?... e che nce starrà dinto?
FELICE: Volimmo vedé?
NICOLA: Vedimmo. Mentre io arapro, vuje facite la spia si vene isso. *(Felice va in fondo. Nicola apre il cassettino, prende una pistola, poi la rimette subito al suo posto, chiude di nuovo e cade sopra di una sedia quasi svenuto.)*
FELICE: D. Nicò... D. Nicò... ch'è stato? Avite visto che nce sta llà dinto? *(Nicola gli fa segno di andare a vedere. Felice va a vedere e fa lo stesso di Nicola.)*
NICOLA: Povera casa mia! Jammo a chiamà li carabiniere... andiamo alla Questura.
FELICE: E che nce jammo a fà a la Questura? Non lo ssapite chille comme ve risponnene: Non possiamo far niente, fatevi prima sparare e poi venite qua.
NICOLA: E come si fa, come si ripara a questo guaio. *(Passeggia infuriato Felice lo segue.)*

SCENA SETTIMA

D. Ciccillo, e detti poi Elena e Nannina.

CICCILLO *(tiene in mano un bocchino col sigaro)*: D. Nicolino rispettabile. Mi scuserete se sono venuto ad incomodarvi. Io non tengo parenti, non tengo nessuno. Quando mi piglio collera ho bisogno di qualche amico che mi confontasse; ho passata la più grande disgrazia che può capitare ad un uomo.
NICOLA *(non badandolo)*: Accomodatevi.
CICCILLO: Nientemeno, mia moglie, quella donna che io credevo un Angelo caduto da Cielo, mi ha preferito ad un altro che io non conosco.
NICOLA: Quella povera creatura, non volendo, ci sarà caduta.
CICCILLO *(credendo che Nicola parla del fatto suo)*: No, essa nce aveva piacere, si no non avarria calato lo panaro, fortunatamente che io arrivaje a tiempo e scovrì tutto. Tiro lo panaro ncoppa, e che nce trovo dinto neh? Sto bocchino co sto sicarro. Figurateve che succedette a la casa mia. Essa la birbante, non tenette lo coraggio de risponnere na parola, io vurria pagà pure mille franche, pe sapé chi ha mise lo bocchino dinto a lo panaro de moglierema.
NICOLA: Mò chelli pistole l'annasconnimme, pare che così lui resta disarmato. *(Prende il cassettino.)*
FELICE: E Si chillo po' li va trovanno, che dicite?
NICOLA: Dicimmo che nisciuno ha portato niente.
CICCILLO *(va appresso a Felice e Nicola)*: Essa sapite che scusa trovaje? Dicette ma non era vero però, pecché io scennette e trovaje che lo fruttaiuolo steva chiuso, e mmiezo a la strada, proprio sotto la fenesta addò steva affacciata essa, nce tnovaje tanta sputazze. Questo che significa che l'amico fumaje pe na mez'ora, po' doppo avette da dicere: tiene, fume nu poco tu. *(Nicola e Felice entrano a destra, Ciccillo li segue.)*
NANNINA: Dunque statte bona e non nce penzà cchiù, viene ogge e te faccio trovà li lettere.

ELENA: Nannina mia, te ringrazio tanto tanto, sai, so' cose che ponno capità a chiunque. Statte bona, nce vedimmo ogge.
NANNINA: Statte bona. Tu diciarraje buono cara mia, ma cheste so' cose che capitano solamente a chi non tene cervelle, e a chi non vò bene lo marito. *(Vedendo venire Nicola:)* Uh! Papà, t'aggio da fà vedé na bella cosa. *(Felice esce appresso a Nicola.)*

SCENA OTTAVA

Nicola, Felice, poi D. Ciccillo, e detta poi Francisco.

NICOLA: Pss. zitta, mettetevi là.
NANNINA: Ch'è stato?...
NICOLA: Che è stato? E me lo domandate pure, giovine disgraziata, giovine perduta.
NANNINA: Papà, e pecché mi dice sti parole?
NICOLA: Perché? Perché sappiamo tutto, abbiamo scoverto tutto. Poco prima stavate parlando qui da solo a sola con D. Federico, l'amico di vostro marito, potete negarmelo?
NANNINA: Ah, l'avite visto?
NICOLA: Si, l'abbiamo visto, e voglio sapere subito che cosa stavate dicendo tutti e due... parlate, e ditemi la verità.
NANNINA: Sissignore, steveme dicenne (o marito) *(comparisce D. Ciccillo, Nannina lo vede)*. Steveme dicenno, che Errico me vò bene, che penza sempe a me, e D. Federico me diceva: vogliatelo bene signora Nannina, vogliatelo bene, perché egli se lo merita. Oh, ve pare, l'aggio risposto io, lo voglio bene assai assai, doppo de papà vene isso. Po' l'aggio fatto vedé stu bello regalo che Errico m'ha fatto stammatina. *(Caccia l'astuccio dalla sacca.)* Guarda papà, guarda quanto è bello. È no braccialetto co li lettere meje ncoppa.
NICOLA *(sorpreso)*: Che!... Lo braccialetto.
FELICE: Stanotte more!
NANNINA: Ch'è stato papà?
NICOLA *(tremando)*: Sto braccialetto te l'ha dato mariteto?
NANNINA: Sissignore.
NICOLA: Vattenne dinto, assettete a no pizzo, e non te movere.
NANNINA: Ma pecché?
NICOLA: Zitto! Pecché così voglio io. *(Chiama Francisco.)*
FRANCISCO: Comandate.
NICOLA: Segui mia figlia, statte dinta a la cammera soja e si vide che le scappa lo suonno, scetela.
NANNINA: Ma papà.
NICOLA: Silenzio! Andate! *(Nannina via Francisco la segue.)*
CICCILLO: D. Nicò, ma che è successo?
NICOLA: Pure lo braccialetto, e che altro vogliamo vedere.
FELICE: Chillo lo marito sape tutte cose, chillo tale l'ha mannato isso.
CICCILLO: Avete fatto piangere quella povera figliola... la potesse calmà no poco. *(Via nella camera di Nannzna.)*

FELICE: Quanno vuje ve site nfucato, essa non aveva che risponnene, ha ditto che stevene parlanno de lo marito, non è vero, quello che v'ho detto io, è la verità, ve lo giuro sul mio onore.
NICOLA: Non nc'è bisogno di giurare, vi credo, e poi llà se vedeva da la faccia ch'ha fatto.

SCENA NONA

Federico, e detti poi D. Ciccillo.

FEDERICO: Signor Nicola buongiorno.
NICOLA: (Ah, eccolo ccà).
FELICE: (Mò l'ha portata chella cosa).
FEDERICO: E così, come state, state bene?
NICOLA: Non nc'è male! Signore, voi giungete a proposito. Sappiate che il vostro agire, non è da uomo onesto, ma invece e da svergognato, da traditore.
FELICE: (Bravo...).
FEDERICO: Oh, signor Nicola!
NICOLA: Si, da traditore. E così che voi stimate l'amicizia. Mia figlia, mi ha tutto svelato. *(A Felice:)* (Dicimmo accossì). Dunque, vale a dire, che la vostra amicizia è falsa, fingete di essere amico del marito, per potere poi, comodamente, corteggiare la moglie!...
FEDERICO: (Comme l'è venuto ncapo a chella che lo dicere a chisto).
NICOLA: A voi questa vi pare una bella cosa? Io invece lo chiamo tradimento!
FEDERICO: Ma caro D. Nicola, allora sarebbe finito il Mondo, se sà, ognuno tenta, l'uomo è cacciatore.
NICOLA: Ah, li venite a caccià dinta a la casa mia.
FEDERICO Vostra figlia poi ne poteva fà a meno di dirvi tutto, già a me non me mporta niente, pecché doppo che l'appura lo marito, io me lo dico: Sà, chella fuje essa che me ncuietaje la primma vota.
FELICE: (Ma che spudoratezza!).
NICOLA: Basta signore, non voglio sentire più niente, vi ho troppo conosciuto. Mi volete dire che cosa le siete andato a prendere a casa per portarle?
FEDERICO: Sissignore, le sono andato a prendere. *(Compare Ciccillo, lo marito)* le so' andato a prendere certe cose che a voi non vi riguardano.
NICOLA: Ah, non mi riguardano. Benissimo, vi farò vedere se non mi riguardano?... Per ora signore vi prego di uscire da questa casa, e di non metterci mai più il piede.
FEDERICO: Ma perché?
NICOLA: Perché così voglio io, e basta!

SCENA DECIMA

Bernard, e detti, poi Nicola e Felice.

BERNARD: Che cos'è, che è successo?

FEDERICO: Io non sò, è tuo suocero che mi scaccia da questa casa, come se io fosse un ladro.
NICOLA: Altro che ladro, uscite signore!
BERNARD: Ma perché deve uscire?
NICOLA: Perché... perché... Così voglio io, e basta!
BERNARD: Ed io invece, voglio che resti e venga sempre che vuole. Signor suocero, voi dimenticate, che questa oggi è casa mia, quindi sono libero e padrone di ricevere chi mi pare e piace.
NICOLA: Benissimo, abbiamo capito tutto signore, abbiamo capito l'accordo; ma io però andrò a parlare con chi si deve, e farò punire tanta infamia, tanta bricconata, avete fatta la conserva? Va bene. *(Via a destra.)*
FELICE: Abbiate pazienza, queste sono cose che non si fanno. *(Via appresso a Nicola.)*
BERNARD: Chist'auto che stà sempe dinta a sta casa, non aggio capito ancora chi è. Ma a te pecché te ne voleva caccià?
FEDERICO: Niente, pe na cosa che a isso non riguardava affatto. Mò non te pozzo dicere niente, ogge te conto tutte cose.
BERNARD: Ma io la aggio ditto ca chillo pazzo ha da essere.
CICCILLO: Sta arraggiato de na maniera che non se po' credere.
FEDERICO: Basta, Errì l'armiere t'ha portato chelli pistole?
BERNARD: No, fino a mò non me l'ha portate ancora.
FEDERICO: Allora quanno è ogge porto li mmeje, che pure so' belle e nce spassammo no poco: Statte buono.
BERNARD: A rivederci... *(Si stringono la mano.)*
FEDERICO: D. Ciccillo rispettabile. *(Via.)*
CICCILLO: Carissimo amico, aspettate me ne scendo con voi. Arrivederci. *(Via.)*
FEDERICO *(a Bernard)*: Dunque ogge vedimmo si è overo che te si perfezionato. *(Via.)*
BERNARD: Seh, mò tengo proprio lo bersaglio da la parte de la capo, lo compare mio ha scelto me per difendere una causa importantissima.
CICCILLO: E di che si tratte?
BERNARD: Si tratta di un marito, che avendo trovata la moglie unita con l'amante, ha cacciato il fioretto che teneva nel bastone, e l'ha infilati a tutt'e due.
CICCILLO: A uso fecatielle. D. Errì, e ne passa niente?
BERNARD: Eh, chi lo sà, io per me farò tutto il possibile di aiutarlo, se ci sono documenti che provano la infedeltà della moglie, ritenere che se n'esce libero e franco.
CICCILLO *(da sé)*: E io li documente li tengo. Lo bocchino co lo sicarro. *(Forte:)* D. Errì, scusate, lo bocchino è documento?
BERNARD: Quà bocchino?
CICCILLO: Ecco qua, uno per esempio, che tire no panaro, già vuje lu fatto nun lo sapite. La Mugliera sta tiranno lo panaro, lo marito vene a tiempo, dice neh, mugliera mia che staje tiranno? Niente marito mio, so' li frutte per la cena, va dinto, và te spoglia. Nonsignore, voglio tirà io. Lo marito tira, e dinto a lo panaro nce trova lo bocchino co lo sicarro... dico io mò, sto bocchino è documento?
BERNARD: Ma è stato proprio sto bocchino lloco?
CICCILLO: Sissignore.

BERNARD: E a voi è successo il fatto?
CICCILLO: Sissignore.
BERNARD: Eh, sapete, avete avuto un indizio, ma documento non si può chiamare. E poi, io credo che qualcheduno ha dovuto scherzare, vostra moglie non è donna capace.
CICCILLO: Lo credete?
BERNARD: Ne sono sicuro.
CICCILLO: In ogni modo io mò starò in guardia, e se m'accorgo di qualche piccola cosa, ve lo faccio sapere.
BERNARD: Va bene.
CICCILLO: A rivederci D. Errì, me vaco a riposà no poco, pecché stanotte aggio fatta la nottata chiara chiara, pensanno a lo bocchino dinto a lo panaro de muglierema. *(Via pel fondo.)*
BERNARD: Ecco qua un altro infelice, ma chisto è cosa de niente, la causa che vado a difendere è terribile. No marito che coglie la mogliera nzieme co lo nnammurate, scusate, è cosa che uno adda passà pe forza no guajo... Sangue de Bacco se la potesse vingere, sarria no bello piacere, cheste so' li cause che fanno acquistà nome. Già là tutto dipende dall'arringa. Bisogna fare tutto il possibile di commuovere i giurati... per esempio, se mi riesce, vorrei dire così: Signore giurati, guardate un poco quell'uomo che è seduto là, sullo sgabello dei rei, riflettetelo bene, esaminate bene il suo sguardo, come l'ho esaminato io... sì, io sono andato a trovarlo nel carcere, e quanto l'ho interrogato sul fatto, mi ha detto queste parole. *(In questo frattempo compaiono Nicola e Felice. Bernard prende il fazzoletto, si asciuga gli occhi e poi dice.)* No... no, io non sono colpevole, amavo mia moglie quando si può amare la vita, per lei avrei fatto qualunque cosa, io non sognavo che lei, non viveva che per lei. Ogni suo desiderio era un ordine per me. Ma quando mi si è presentato innanzi agli occhi il tradimento, quando mi son visto rubare il cuore di questa donna! Quando quest'angelo, che tale io la credevo, non era più mio, oh, allora una benda mi è caduta sugli occhi... e che cosa ho pensato? Non è più mia? Ebbene non sarà di nessuno, io l'ucciderò!
NICOLA *(avanzandosi)* Ah! no! Uccidete prima questo povero vecchio. *(Cade sopra di una sedia svenuto.)*
BERNARD: Chi è, che è stato? Ma che è successo?
NICOLA: Vuje avite ditto che vulite accidere mia figlia.
BERNARD: Io voglio uccidere la figlia?... Ah! Forse quanno parlava... Mannaggia all'arma vosta, non sapeva che era... jateve a fà squarta tutte e dueje! *(Via pel fondo.)*
NICOLA: Corriamo! Corriamo! Biase! Biase!

SCENA UNDICESIMA

Nannina, Francisco, Biase e detti.

NANNINA: Che è stato. Uh! Papà mio, e che l'è venuto? papà, papà. *(Gridando.)* Qualcheduno.
BIASE: Che cos'è, che è succieso.
NICOLA: Figlia mia, Don Celestì, jammo ncoppa a la guardia. E tu pure haje da venì,

comme staje mò.
NANNINA: Ma pecché neh papà?
NICOLA: Pecchesto. Jammoncenne. Don Celestì portatevella. *(Si avvia con i servitori.)*
FELICE: Vostro marito stanotte ve spara.
NANNINA: Possibile!
FELICE: Possibilissimo. Jammo, facite priesto. *(Se la mette sotto il braccio.)* Duje mise fa avevemo da j a lo Municipio, mò jammo ncoppa a la guardia.
TUTTI: Alla guardia. *(Viano pel fondo.)*

(Cala la tela.)

Fine dell'atto secondo

ATTO TERZO

La medesima scena.

SCENA PRIMA

Biase, Elena, poi D. Ciccillo.

BIASE: Favorite, favorite, chille poco ponno tricà, mò li vedite venì. *(Via.)*
ELENA: Ma so' ghiute lontane assaje?
BIASE: Nonsignore, ccà vicino, assettateve nu poco. *(A Ciccillo:)* Signò, trasite. *(Ciccio entra. Biase via.)*
CICCILLO: E così, vogliamo far pace o no?
ELENA: Niente, non ve voglio vedé manco pittato. Birbante assassino, aggio fatta chella nottata pe causa vosta *(piange)* accossì se trattene li cane, non già na mugliera che v'ha voluto tanto bene.
CICCILLO: (Io l'aggio ditto, sempe accossì succede, all'ultimo io aggio tuorto e essa have ragione). Ma Elenuccia mia, io m'aveva da piglià collera pe forza, chi è stato che ha mise sto bocchino dinto a lo panaro?
ELENA: Comme chi è stato, io me pare che ve l'aggio ditto, è stato qualcheduno che l'ha fatto pe me fa ncuità co buje. E tutto chesto pecché? Pecché io non tengo a nisciuno, non tengo mamma, non tengo padre, non tengo no frate che me potesse difendere in qualche occasione, perciò tutte quante se ne pigliene, ma n'auta vota che sospettate na cosa de chesta, io me ne vaco, me metto a cammarera, me metto a servì, ma nnanze a buje non nce stongo cchiù.
CICCILLO: Nonsignore, questo non accadrà più, votete da ccà, facimmo pace.
ELENA: Jatevenne, mò sto attaccata de nierve se ne parla dimane.
CICCILLO: Dimane! E io stongo n'auta nottata appiccecata co ttico? È impossibile.
ELENA: E che volite da me, n'auta vota non lo facite cchiu.

SCENA SECONDA

Federico, e detti poi Nannina.

FEDERICO: Oh, signori, vi saluto. *(I due non rispondono.)* Lo servitore m'ha ditto che so' asciute tutte quante, non sapete dove sono andati? Che è successo D. Ciccì, state contrastati? *(Nell'uscire porta un cassettino che posa sulla conzola.)*
CICCILLO: Ho preso un piccolo sbaglio per ragione di gelosia, adesso mi sono andato a sottomettere, l'ho pregata, l'ho chieste scusa, e essa niente, non vò fà pace. D. Federì vedete voi?
FEDERICO: Aspettate. Signora Elena, ve ne prego io, finite questa cosa. Vostro marito se è geloso, è segno che vi vuol bene assai, la gelosia sapete, è figlia dell'amore.
ELENA: (Li lettere l'avite portate?).
FEDERICO: (Sissignore, mò nce li dongo a Nannina, ma vi ricorderete di me qualche volta?).
ELENA *(spezzando il discorso)*: Va bene, non ne parlammo cchiù, vuje me prommettite de non sospettà cchiù de me?
CICCILLO: Mai più. Abbraccieme, moglie mia. *(Si abbracciano.)*
FEDERICO: Avite visto, si non veneva io, non se faceva niente.
CICCILLO: D. Federì, vi prego di accettare questo bocchino, lo terrete per mio ricordo.
FEDERICO: Oh, vi ringrazio, l'accetto con piacere. *(Si prende il bocchino.)*
ELENA: (Che faccia de cuorno).
FEDERICO: Mò diciarria jammoce a fà na passiata abbascio a lo ciardino, pigliammo no poco d'aria.
CICCILLO: Si, dite bene. *(A Elena:)* Vuò venì?
ELENA: Fate primme vuje, io aspetto a Nannina, quanno vene, scengo co essa.
FEDERICO: Allora jammo nuje D. Ciccì. (Voglio vedé si me pozzo fà mprestà nu centenaro de lire). *(Si mette Ciccillo sotto il braccio.)*
CICCILLO: Te raccomanno viene ampressa. Te faccio trovà no mazzettino de tutte gelsummine e rose the.
FEDERICO: Ah, bravo. Allora sapite che facimmo? Quanno vuje avite fatto lo mazzetto...
CICCILLO: Lo menammo dinto a lo bollito.
FEDERICO: Nonsignore, quanno vuje avite fatto lo mazzetto, io la vengo a chiamare. Jammoncenne. *(Viano pel fondo a sinistra.)*
ELENA: Seh, e io piglio e vengo co ttico, staje frisco. Vì che faccia tosta.
NANNINA: Mamma mia che scuorno, che scuorno.
ELENA: Guè Nannì, che è stato?
NANNINA: Papà ha voluto j pe forza ncoppa alla sezione, m'ha voluto portà pure a me, llà nce stevene tanta gente, tanta guardie.
ELENA: Ncoppa a la Sezione, e pecché.
NANNINA: Pecché dice che Errico stanotte m'ha da sparà.
ELENA: E pe quà ragione?
NANNINA: E io che ne saccio. So' duje juorne che papà non è cchiù isso, sbarea sempe, io aggio appaura, Elena mia che papà nzieme co Don Celestino so' asciute pazze. Dico il

pecché Errico m'ha da sparà, chillo me vò tanto bene.
ELENA: Ma che sparà, tu che dice, avarranno pigliato quacchè sbaglio, siente a me.
NANNINA: E chesto l'aggio ditto pur'io, ma lloro niente, non se fanno capace.

SCENA TERZA

Nicola e D. Felice, poi Biase, Teresina e Pascarella.

NICOLA: Che fate voi qua, andate dentro.
NANNINA: Ma papà...
NICOLA: Zitto! Dentro!
FELICE: Quando il padre dice dentro, dentro.
ELENA: (Haje ragione Nannina mia, chiste tenene tutt'e dueje l'uocchie de pazze). *(Viano a sinistra.)*
NICOLA: D. Celestì, avimmo avuta na bella soddisfazione.
FELICE: Ma quanno l'Ispettore v'ha chiammato e v'ha parlato zitto zitto, che v'ha ditto?
NICOLA: Ha ditto jatevenne sicuro, pecché mò ve manno 4 guardie sotto a lo palazzo vuosto, e non le faccio movere, po' a n'auto ppoco me manno a chiammà a isso pe n'aute 2 guardie, e mi deve dare conto e ragione di tutto quello che sta facendo.
FELICE: Eh, e mò fa maremma... Mannaggia all'arma de la mamma, guè, chille li mogliere l'aveva pigliate pe quaglie.
NICOLA: Mò trasimmoncenne dinto, e non facimmo vedé, aspettammo isse che dice quanno have la chiammata dall'Ispettore.
FELICE: Ah, ma D. Nicò, diteme ma cosa nuje quanno mangiammo, io tengo appetito.
NICOLA: Ma ve pare, è momento de mangià, chisto, quanno è stasera se ne parla.
FELICE: Stasera! E io fino a stasera more. *(Viano a destra.)*
BIASE: Sissignore, D. Felice mò proprio s'è retirato, pecché so' ghiute a fà no servizio. Chillo mò starrà dinto, si volite ve lo chiammo.
PASCARELLA *(a Teresina che è uscita con loro)*: Che dicite D.ª Teresì, lo volite fà chiammà?
TERESINA: No Pascarè, a chiammarlo no, vorria combinà de n'auta manera, pe non fa vedé che so' ghiuta io addo isso.
PASCARELLA *(a Biase)*: Neh, aspettate no momento, aggiate pacienza.
BIASE: Facite li fatte vuoste.
PASCARELLA *(a Teresina)*: Ma che ve ne mporta a buje, scusate, che è fatto qualche estraneo, v'è frate a la fine, e pò sentite a me D.ª Teresì, rappaciateve co lo frate vuosto; non facite parlà cchiù la gente, che facite state sempe sola, avite visto comme v'hanno trattata chille che hanno fatto l'ammore co buje; si stiveve mpace co D. Felice, non credo che vi trattevene comme v'hanno trattata. Dunque che bolite fà?
TERESINA: Aspetta Pascarè, io aggio penzato ma cosa, haje da sapé che ccà ncoppa, nce sta de casa chillo tale Don Luigino Porro, che faceva l'ammore co mmico, te ricuorde.
PASCARELLA: Comme non mi ricordo.
TERESINA: Embè, chillo non se chiamma D. Luigi se chiamma D. Errico, e s'è nzurato, capisce lo birbante!

PASCARELLA: S'è nzurato?
TERESINA Già... io mò sà che faccio, parlo co isso, e le dico che me facesse fà pace co Feliciello, si no vaco da la mugliera e le conto tutte cose, comme te pare?
PASCARELLA: Eh, na vota che tenite sto mezzo.
TERESINA *(a Biase)*: Bell'ò dimme na cosa, D. Errico nce sta?
BIASE: Nonsignore, ma chillo mò lo vedite venì.
TERESINA: Allora io mò vaco a fà n'auto servizio, pò torno, e si lo guardaporta me dice che s'è retirato, saglie e aspetta fore a la saletta, tu me lu chiamme e le dice che l'aggio da parlà necessariamente.
BIASE: Va bene.
TERESINA: Pascarè, jammoncenme, po' nce vedimmo a lo palazzo, e grazie tanto.
PASCARELLA: Ma che ringrazià, io vaco trovanno che state cuieta, bell'ò statte buono.
BIASE: Stateve bene. *(Viano pel fondo a destra.)*

SCENA QUARTA

Federico, poi Nannina, poi Nicola e Felice, poi Bernard, indi Ciccillo.

FEDERICO: L'aggio menata la stoccata, ha ditto che mò non li tene; dimane me li dà, quanno è dimane me mposta sotto a lo palazzo sujo; ma quanto è seccante, parlà sempre de na cosa.
NANNINA: D. Federì, m'avete portate chelli là?
FEDERICO: Sissignore. Ma vuje pecché avite ditto tutte cose a papà.
NANNINA: Che cosa?
FEDERICO: Che io faceva l'ammore co la mugliera de D. Ciccillo.
NANNINA: Io? Aggio ditto chesto, quanno maje. *(Comparisce Nicola e Felice.)*
FEDERICO: E comme va che D. Nicola sape tutto?
NANNINA: E chi ne sape niente... facite priesto, dateme chelli lettere.
FEDERICO: Cheste so' lloro, tenite. *(Gliele dà.)*
NICOLA *(si avanza e strappa le lettere dalla mano di Nannina)*: A me quelle lettere!
NANNINA: Ah, no papà.
NICOLA: A me quelle lettere, ti dico!
BERNARD: Che è stato, ccà s'allucca sempe.
CICCILLO: Che è successo?
NICOLA: Niente... niente, questa volta non è stato proprio niente. *(Piano a D. Ciccillo e con fretta.)* (D. Ciccì, stracciate sti lettere pe ccarità!) *(Dà le lettere a Ciccillo il quale le lacera subito.)*
BERNARD: Ma Nannì, che è stato, perché staje accossì? Ma parla, io voglio sapere di che si tratta. D. Nicò perché stavate gridando?
NICOLA: Domandatelo al vostro caro amico.
FEDERICO: Testimone?
CICCILLO: E che testimone?
BERNARD: Chille so' duje pazze, che ne volite sapé, io n'ora fa me steva passanno la difesa che debbo fare per quella causa che tengo, chille so' venute a tiempo, e se

credevano che io voleva accidere a Nannina. *(Tutti ridono.)* Mò và trova che auto sarrà succieso, jammo a sentì Nannina che dice. E ghiammoce a spassà no poco. A proposito tu hai portate li pistole?
FEDERICO: Sicuro, eccole ccà.
BERNARD: E ghiammo. *(Via con Federico)*, non li danno udienza chille so' pazze.
FEDERICO: E no fatto, dice buono. *(Viano pel fondo.)*
CICCILLO: No, chillo D. Nicola veramente è ghiuto mpazzia, allucche sempe, sta sempe arraggiato, po' m'ha fatto straccià chelli lettere, va trova che mbroglie sarrà. Mò vado a vedere come tirano al bersaglio. *(Via.)*

SCENA QUINTA

Biase, Leone, e detto, poi Nicola e Felice.

BIASE: Favorite, favorite, accomodatevi.
LEONE: Grazie, non voglio sedere.
BIASE: Dunque mi avete detto che vi chiamate?
LEONE: Leone Mitraglia.
BIASE: E volete parlare con D. Nicola Paletta.
LEONE: Perfettamente.
BIASE: Attendete un momento che mò ve lo chiamo. *(Via a destra.)*
CICCILLO: (Mamma mia che brutta faccia che tene chisto, va trova chi sarrà).
LEONE: Quale felicità se fosse lui. Trovarlo, dopo 6 anni di lagrime e di dolori. Vile, io gli dirò, le mille volte vile. *(Ciccillo spaventato entra a sinistra inchinandosi.)*
BIASE: Ecco qua; questo signore. *(Escono Nicola e Felice, Biase via.)*
NICOLA: Voi signore dovete parlarmi?
BIASE: Signò, signò.
NICOLA: Che c'è.
BIASE: M'hanno portato st'attrezzo pe vuje. *(Via.)*
LEONE: Si, debbo domandarvi una cosa... ma quel signore chi è?
NICOLA: È un amico mio strettissimo, potete parlare liberamente.
LEONE: Io sono Leone Mitraglia, sono il fratello di Virginia Mitraglia di quella giovine infelice, che sei anni fa, mentre dormiva fu assassinata da suo marito.
NICOLA: (Sangue de Bacco, chisto è chillo tale parente). Vi prego, accomodatevi.
LEONE: Grazie. *(Seggono.)* In me non vedete un uomo, o signori, vedete una tigre, che disperata nel deserto, va in cerca di una preda per diffamarsi e per dissetarsi. Dopo 4 giorni che mia sorella era maritata partii per Genova, dove mi aspettavamo affari di commercio. Saputo la disgrazia, corsi così in Napoli, ma non trovai nessuno, nemmeno un'immagine della mia povera Virginia. *(Col fazzoletto si asciuga le lacrime),* giurai vendetta sul traditore, e se in quel momento l'avessi potuto avere nelle mani, gli avrei strappato dal petto quel cuore di vipera. Si trovava in prigione... obbligato a partire, ritornai a Genova, poi a Marsiglia, e così di Città in Città, ma sempre col pensiero di vendicarmi. Sono sei giorni che mi trovo in Napoli, stamane son passato per quel fatale palazzo dove abitatava mia sorella, e la portinaia m'ha detto che Bernard stava qua ed

aveva sposata vostra figlia. Signore, ditemi se tutto questo è vero, ditemi se veramente, dopo 6 anni, io mi trovo vicino a Bernand?...
NICOLA: Ecco qua signore... (che facimmo?).
FELICE: (E che bolite fà, dicitencello, chillo l'accide, e nce lo levammo da tuorno).
NICOLA: (E mia figlia?).
FELICE: (Me la sposo io).
NICOLA: Io povero padre... dovete sapere... che stavo all'oscuro di tutto, se avessi saputo qualche cosa...
LEONE: Ma dunque è vero la portinaia non m'ha ingannato. E dov'è Bernard? *(Si alzano.)* Dov'è?
NICOLA: Ecco qua signore, io ve lo dico, ma che cosa intendete di fare, riflettete che state in casa mia.
LEONE: Sono un gentiluomo, saprò regolarmi, lo sfiderò, e deve battersi alla pistola, alla distanza di un fazzoletto, e tiriamo insieme.
FELICE: E po' morite vuje pure.
LEONE: Si capisce, ma morirò contento di aver fatto provare a lui quello che fece lui provare a mia sorella.
NICOLA: Caro signor Leone, io da che ho saputo il fatto, non conchiudo più, me metto paura che non avesse da fà l'istesso a mia figlia.
LEONE: Oh, state pur tranquillo, non avrà questo tempo.
NICOLA: Mò stammo parlando tutti e due, e io sto con un pensiero che non potete credere.
LEONE: Avete ragione, quel vile, quel birbante, sarebbe capace di farlo un'altra volta. Povera Virginia, la portinaia mi riferì le sue ultime parole: al primo colpo mi svegliai... mi trovai piena di sangue... mi aveva ferita alla spalla... Ah! Per pietà, io gli dissi... e, impugnata un'altra pistola... *(Di dentro si sente un forte colpo di pistola.)*
NICOLA: Ah, mia figlia!
FELICE: L'ha fatta.
NICOLA: Gente, correte *(gridando:)* arrestate l'assassino!

SCENA SESTA

Biase, Francisco, Elena e Ciccillo, poi gli altri 4 personaggi, Federico, Leone, Bernard e Nannina.

TUTTI: Che è stato, che è successo?
NICOLA: Correte, mia figlia è stata sparata!
LEONE: Ma dov'è l'assassino! *(Di dentro altro colpo di pistola.)*
FELICE: Mò l'ha accisa... *(Nicola cade sopra una sedia.)* Ah!
NICOLA: Figlia mia. *(Tutti corrono pel giardino, meno Nicola e Felice.)*
FELICE: Infame scellerato, sparare a quella povera figliola senza nessuna colpa, e mò che la sagliene ccà ncoppa chi se fide de la guardà, chiena de sango, co la capa appesa... mò te faccio vedere io. *(Entra a destra.)*
NICOLA *(alzandosi)*: Figlia mia!... fatemela vedere per l'ultima volta... la voglio benedire.

(Va pel fondo e fa il segno della benedizione.)
FELICE *(con 2 pistole)*: D. Nicò, tenite, una pedono, chillo da ccà ha da passà, non avite paura che non ne passammo niente.
NICOLA *(prende una pistola)*: E la forza chi me la dà. *(Si situano uno a destra e l'altro a sinistra vicino alla porta difondo. Tutti vengono in iscena uno dietro l'altro, ridendo, solo Leone esce serio.)*
CICCILLO *(ridendo)*: D. Nicò... all'arma vosta, guèh.
BIASE *(c.s.)*: Signò..: Vì pe nce... *(Francisco fa l'istesso e fugge. Leone esce disperandosi.)*
FELICE: Non è isso. (Mò steva sparanno a lo lione).
ELENA *(c.s.)*: Che cosa curiosa... neh, e che d'è?
FEDERICO *(c.s.)*: Ma sentite... all'arma vosta!
NANNINA: Papà, papà... *(Per la sorpresa cadono le pistole dalle mani di Felice e Nicola.)*
NICOLA: Come tu sì biva?
NANNINA: Ma si papà, tu che haje creduto?
BERNARD: Ma che diavolo è stato?
NICOLA: Voi non avete sparata mia figlia? Come sparaste la prima vostra moglie.
BERNARD: Ma che dite, noi stiamo tirando al bersaglio.
LEONE: Questo signore, non è quel Bernard dell'omicidio!
NICOLA: Comme, non è isso?!
FEDERICO: Nonsignore, quello è cognome che si confronta.
NICOLA: E chillo parente de la mogliera vosta che ve jeva trovanno?
BERNARD: È un suo nipote, che vorrebbe sempre denaro.
NICOLA: E lo cascettino co li pistole, che è venuto diretto a buje?
BERNARD: Erano le pistole appunto, che ci servivano pel tiro al bersaglio.
NICOLA: E sta lettera che aggio ricevuta? *(La dà.)*
BERNARD: (Che beco, lo carattere de Teresina!). E questa lettera vi è stata mandata, perché credevano che io era quell'altro Bernard. *(Tutti ridono.)*
NICOLA *(a Felice)*: Don Celestì, vuje che m'avite combinato?.
FELICE: (E io, sapeva chesto). Ccà si coincideva così bene.

SCENA ULTIMA

Biase e detti poi Teresina.

BIASE *(a Bernard)*: Signorì, fore nce sta na figliola, dice che v'ha da parlà necessariamente.
BERNARD: A me? Signori permettete. *(Via pel fondo e torna subito.)* (Sangue de Bacco, chella è Teresina!). Il servitore ha sbagliato, vuole a voi. *(A Ciccio.)*
CICCILLO: A me? E chi è? Signori permettete. *(C.s. poi esce.)* (Uh! Mamma mia, chella è Teresina!). Ma voi credo che state dormendo, non vuole a me, vuole a quel signore. *(Indica Felice.)*
FELICE: A me? e chi è? Signori permettete. *(Via pel fondo .)*
NICOLA: Ma insomma se po' appurà sta femmena a chi và?
ELENA: Pare na cosa curiosa. *(Felice esce e Teresina dietro di lui.)*

TERESINA: Ma che d'è, tutte quante me vedete e se ne fujene, comme se io fosse na diavola. Io non so' venuta pe nisciuna ragione, so' venuta pe fà pace co frateme Celestino. E si non pò essere, me ne vaco n'ata vota. *(Queste parole le dice con intenzione guardando Ciccillo e Bernard.)*
NICOLA: Ah! Questa è vostra sorella?
FELICE: Per servirvi.
NICOLA: Via finite questa cosa.
BERNARD: Ve ne prego anch'io.
NICOLA: Alla fine vi è sorella.
FELICE: E faje l'ammore cchiù co nisciuno?
TERESINA: Non nce pemzà, me so' mparata, da oggi in poi araparragggio tanto no pare d'uocchie. *(Guardando i due.)*
FELICE: Allora vieni fra queste braccia, sorella mia. *(Eseguono.)*
NICOLA: Bravissimo, adesso non sarete più criticato dal pubblico, sarete applaudito.
FELICE: Lo credete?
NICOLA: Ne sono sicuro.
FELICE: Speriamo.

(Cala la tela.)

Fine dell'atto terzo

FINE DELLA COMMEDIA

TETILLO 'NZURATO
Commedia in quattro atti

Personaggi
Felice
Adelina
Attanasio
Dorotea
Lorenzo
Amalia
Leonardo
Michelina
Pasquale
Marietta
D. Raffaele
Arturo

Rosina
Achille
Carluccio, *servo*
Ciccillo
Biasiello
Un facchino che non parla

ATTO PRIMO

Camera in casa di Felice. Le porte laterali ed una in fondo. In fondo a destra dello spettatore una finestra. Mobilia dorata, occorrente da scrivere, campanello, foglietti, ed enveloppe.

SCENA PRIMA

Carluccio e Amalia, poi Leonardo.

AMALIA *(dalla prima dello spettatore):* Carlù, è venuto?
CARLUCCIO *(dal fondo):* Sissignore signorì, sta fore.
AMALIA: Fallo trasì.
CARLUCCIO: D. Leonà trasite.
LEONARDO: Commarè che cos'è, pecché m'avite mannato a chiammà co tanta premura?
AMALIA: Carlù, vattenne, e ricordete chello che t'aggio raccomannato.
CARLUCCIO: Nun dubitate signorì, nisciuno saparrà niente. *(Via.)*
AMALIA: Compà, io aggio abbesuogno assolutamente de vuje.
LEONARDO: Di che si tratta?
AMALIA: Vuje sapite che la sora cucina de Lorenzo mariteme, s'è mmaretata da nu mese, e s'ha pigliato lo figlio de nu certo D. Attanasio.
LEONARDO: Sì, sì, lo ssapette, ma non potette assistere a lo matrimonio pecché me trovava a Salierno pe cierte affare, e po', la verità, manco nce sarrìa venuto, pecché non conosco né la sposa, e né lo sposo.
AMALIA: Oh vuje sarrisseve stato lo padrone.
LEONARDO: Oh, grazie tanto. Dunque?
AMALIA: Dunque, stu D. Feliciello, che accossì se chiamma lo sposo, è stato nu stravagante, nu capricciuso, avvezzato male da la famiglia, nun ha voluto ncuorpo de fà niente, e pe ghionta de ruotolo è ghiuto appriesso a tutte li femmene, e ha fatto nu cuofene de strambezze. Siccome mariteme è assaie amico de lo padre, combinaiene de le fa spusà sta cognata mia, la quale v'assicuro compà, e na perla, tine tutte le virtù del mondo, è stata 5 anni in ritiro, e veramente non se sarrìa mmeritato a chillo pe marito.
LEONARDO: Ma pecché, forse seguita a fà chello che faceva na vota?
AMALIA: Chesto ccà nun lo saccio; isso però pare na pecora, dice che non sarrìa capace de fà niente cchiù, che va pazzo pe la mogliera, che è pentito de chello c'ha fatto, ma a

me, compà, a me, non me fa capace, vuje sapite che io non so' scema.
LEONARDO: Ve site accorta de quacche cosa?
AMALIA: Vedite, spusajene a Surriento, doppo 8 juorne dicette che non se fidava de stà accussì solitario, che se senteva chiudere la vocca de lo stommaco, tanto che Lorenzo maritemo fuje obbligato d'affittà sta casa a Napole.
LEONARDO: E ccà è bello, ccà facite casa e casino.
AMALIA: Dicite la verità, compà, non è nu bello sito?
LEONARDO: Eh, vuje pazziate, Mergellina, aria pura, aria netta.
AMALIA: Embè, chillo pure dice che non se fide de stà, pecché è solitario, non vede nisciuno.
LEONARDO: Allora se ne jesse abbascio Puorto de casa!
AMALIA: Pò stà nu pare d'ore fore de casa senza avè che fà. La mogliera la tratta bona, le fa nu munno de cerimonie, e chella poverella se lo crede, ma io non ne songo certo però. Compà, vuje m'avarrisseve da fà nu gruosso piacere.
LEONARDO: Dicite commarè.
AMALIA: Vuje pe nu pare de juorne, nun m'avita essere cchiù compare, invece avita essere lo servitore de sta casa.
LEONARDO: Commarè, vuje che dicite, io so' no galantomo.
AMALIA: E io pecchesto me so' servuto de vuje, avita fà vedè che site nuovo servitore che maritemo ha pigliato, po', quanno rimanite sulo cu isso le dimmannate tanta cose, cercate de scepparle rroba da cuorpo, facite vedè che site de la parte soja, capite, a vuje pò non nce vonno tanta spieghe.
LEONARDO: Io aggio capito, ma commarella mia, comme faccio, vuje sapite che io so' usciere de lo tribunale, comme pozzo mancà 2 juorne?
AMALIA: No, compà, vuje non v'avite negà; senza offesa, si me facite stu piacere, io ve regalo 100 lire.
LEONARDO: Nonsignore, e pecché, ve pare commarella mia.
AMALIA: Stateve zitto, non ne parlammo cchiù, mò ve vaco a piglià la livrea, levateve lo soprabito.
LEONARDO: Ma commarè, io non posso.
AMALIA: Uh, mò la putarrisseve fernì!
LEONARDO: Ma lo cumpare lo ssape?
AMALIA: Lorenzo sa tutto, l'aggio ditto tutte cose.
LEONARDO: Ma sentite, vuje me facite nquità co lo tribunale.
AMALIA: Non avite paura che nun ve nquitate, levateve lo soprabito che mò ve vaco a piglià la livrea.
LEONARDO: Ma sentite... Sangue de Bacco, era meglio che non nce veneva. Vuje vedite che guaio ch'aggio passato. Comme faccio co lo tribunale? Eh, sulo co lo tribunale, e cu muglierema comme la combino? chella è accussì gelosa, dimane fanne 3 mise che me l'aggio sposata, e già manco 2 juorne da la casa, e io stongo 2 juorne senza vedè a Michelina mia? E si quaccheduno, vedenno che io non nce stongo accommencia a fà lo grazioso, chella è na modista, sti canchere de giovinotte quanno sentene modiste, sentene lo pane... no, è impossibile, mò nce lo dico a la commarella, non pò essere.

SCENA SECONDA

Amalia e detto.

AMALIA *(con livrea):* Jammo compà.
LEONARDO: Commarè, io non ve pozzo serví.
AMALIA: Oh, compà, mò me facite piglià collera mò, è la prima vota che ve cerco nu piacere. *(Gli leva il soprabito e gli mette la livrea, il soprabito lo mette sopra una sedia.)*
LEONARDO: Ma capite che io...
AMALIA: Che io e io, chesta è na cosa de niente, dimane a chest'ora ve ne jate.
LEONARDO: Dimane! E stanotte addò dorme?
AMALIA: Dormite cca.
LEONARDO: Dorme ccà? Vuje pazziate, io so' nzurato.
AMALIA: E che fa, pe na nottata.
LEONARDO: Vuje pazziate... Commà, nun è cosa, stateve bene. *(Ra.)*
AMALIA *(ridendo):* Addò jate?
LEONARDO: Me ne vaco.
AMALIA: Ve ne jate? Seh, ve nejate, io aggio dato l'ordene a lo servitore e a lo guardaporta che non v'hanno fà ascì.
LEONARDO: Oh, commarè, scusate chesto non sta.
AMALIA: Va buono, fernitela, nu piacere de niente, va jatevenne fore a la sala!
LEONARDO: Vui li vedite, n'usciere de tribunale fore a la sala!
AMALIA: Chillo mò se ritira Feliciello, io ve ce presento, po' facite chello che v'aggio ditto, jate, jate.
LEONARDO: Ma comme, vuje mo...
AMALIA *(spingendo):* Jate, jate, e comme site ncucciuso! *(Leonardo: via fondo.)* Mò vedimmo se io riesco ad appurà quacche cosa. *(Via 1ª a sin.: Leon.: esce di nuovo.)*
LEONARDO: Addò sta, se n'è ghiuta? Aggio pensato d'avvisà a Michelina, si no chella sta npensiero, mò le faccio na lettera, e nce la manno pe la posta... *(Siede e scrive:)* "Michelinuccia mia. Fino a domani al giorno io non mi posso ritirare, per causa di una combinazione che si è data, quando verrò ti dirò tutto. Stasera quando finisci di lavorare, ritiriti dritta dritta a casa. Stanotte pensa a me, che io penso solamente a te...".

SCENA TERZA

Adelina e detti, poi Felice.

ADELINA *(dalla seconda a sin):* (E chillo chi è?).
LEONARDO *(seguita a scrivere):* "Accetta un bacio ed un abbraccio dal tuo affezionatissimo marito Leonardo".
ADELINA: Voi chi siete? Che stavate facendo là?
LEONARDO: (Oh, e mò che le dico a chesta). Vedete, io sono il nuovo servitore.
ADELINA: Il nuovo servitore? E ve pigliate l'ardire da metterve là a scrivere comme fosse casa vostra?

LEONARDO: Ma vedete...
ADELINA: Andate in sala incominciate molto male a fare il vostro dovere.
LEONARDO: Ma vedete io...
ADELINA: Uscite, vi dico!
LEONARDO: (Vuje vedete che me tocca a soffrì!). *(Via fondo.)*
ADELINA: Vuje vedete che scostumato! Comme va che Feliciello non s'è ritirato ancora? Ah, quanto lo voglio bene, e quanto me vò bene isso a me! Non capisco pecché Lorenzo e Amalia nun lo ponno vedè tanto, chillo è accussì buono, accussì affezionato.
FELICE *(d.d. dal fondo):* Va bene, ho capito, adesso non vi posso dare udienza.
ADELINA: Ah, lo vì ccà... Aspetta, non me voglio fa vedè. *(Si nasconde seconda a sin.)*
FELICE *(uscendo):* Nun voglia maje lo Cielo steva moglierema affacciata; chella cancara de lavannara sempe che me vede passà se mette a ridere, e la combinazione sempe che passo io, sta lavanno, chella posizione me ne fa j de capa, non me so' fidato da me lo tenè cchiù, l'aggio ditto quanto sei bona l'aggio dato nu pizzeco e me ne so' scappato. *(Adelina si pone dietro a Felice egli copre gli occhi con le mani.)* Chi è Amalia... *(Toccando le mani di Adelina.)* Mia moglie.
ADELINA: Vostra moglie.
FELICE: (Avesse ntiso lo fatto de la lavannara).
ADELINA: Dove site stato?
FELICE: (Meno male nun ha ntiso niente!). M'ho fatta na passeggiata.
ADELINA: E già... ogni mattina andate a passeggiare.
FELICE: Adelina mia, dinta a la casa io che nce faccio?
ADELINA: Comme che nce faje? Staje vicino a me, parlammo de tanta belle cose, nce contammo quacche cunto, nce facimmo na partita a scopa, cu me nun vuò giocà maje.
FELICE: Adelina mia, quanno non c'è interesse, io non nce trovo sfizio.
ADELINA: Fra marito e mogliera non ci dev'essere. Se io guadagno te dà 6 nzengarde sopra al naso.
FELICE: Vì che piacere! Na decisione che vince, me faje tanto nu naso!
ADELINA: E poi ce so' tanta divertimenti in casa. Io sono, e tu cante... e pò, e pò, che saggio, quanno nu marito vò bene a na mugliera, non se secca maje de starle vicino, tu invece te pare mill'anne d'ascì, quanno io te parlo tu staje sempe stonato, staje sempe dinta a la luna, ma io vorria sapè a che pienze.
FELICE: Haje ragione, sì, Adelina mia, haje ragione, ma io ho vergogna di dirti perché sto così.
ADELINA: Ah, dunque, nce sta na ragione?
FELICE: C'è, c'è la ragione. Adelina mia, pure l'avarrisse avuta da capire, tu non ti hai sposato un giovane senza padre e senza madre, ti hai sposato l'idolo di due vecchi genitori, hai tolto il cacciuttiello allora figliato dalla rana, ce l'hai strappato mentre ancora zucava. Credi tu che io possa stare allegramente, abituato a vedere a mammà e a papà ore e momenti, ma non li veco cchiù pe la casa, me vene a mente quanno me suseva a la matina, quanno a tavola mangiava cu lloro, la sera prima di andare a letto, mi andava a pigliare la benedizione paterna e materna. Adesso, dimmi, dove me vado a fà benedì? Quando te dico che voglio andare a passeggiare, invece corro da loro, quanno sto stunato, sto stunato pecché penza a lloro. Adelina mia, è una debolezza, ma

che vuoi, amo troppo i miei genitori. *(Prorompe in pianto.)*
ADELINA: Oh, haje ragione, perdoneme se so' stata io la causa de farte dispiacere. Da questi sentimenti io non ti distolgo certo, me lo potive dicere primme però.
FELICE: Ho avuto vergogna.
ADELINA: Ma che vergogna, fra marito e mogliera non nc'ha da essere vergogna. E dimme na cosa, primma vuò bene a mammà e papà, e doppo de papà e mammà chi vene?
FELICE: La lavannara.
ADELINA *(subito):* La lavannara! E che c'entra la lavannara.
FELICE: No, vuleva dì, è venuta la lavannara a portarme le cammise.
ADELINA: Nuje stamme parlanne de na cosa, che te ne mporta de la lavannara, che è non tiene cchiù cammise!... Lo bì, Felì tu te stuone.
FELICE: (All'arma de la capa, aggio ditto la lavannara!). Doppo vieni tu, vieni tu moglierella mia cara cara.
ADELINA: Feliciello mio, caro caro. *(S'abbracciano.)*

SCENA QUARTA

Amalia e detti, poi Carluccio, indi Leonardo.

AMALIA: Oh, brave, brave, accussì ve voglio.
FELICE: Oh, Amalia.
AMALIA: Feliciè, te sì ritirato cchiù tarde stammatina?
ADELINA *(piano ad Amalia):* (È ghiuto a trovà la mamma e lo padre, puveriello!).
AMALIA *(c.s.):* (Te l'ha ditto isso?).
ADELINA *(c.s.):* (Sì).
AMALIA *(c.s.):* (Ah, va bene). Adelì, dinto sta la sarta, t'è venuta a misurà la veste, và, che te sta aspettanno.
ADELINA: Vaco. Feliciè, aspetteme che io mò torno.
FELICE: Và moglierella mia bella bella. *(Ade: via.)*
AMALIA: Dunche Feliciè, sì stato da papà e da mammà?
FELICE: Sì, pecché non me fidava de stare senza vederle.
AMALIA: E che t'hanno ditto?
FELICE: M'hanno dimandate tante cose, m'hanno dimandato il matrimonio come mi porta.
AMALIA: E tu che l'haje risposto?
FELICE: E che le doveva rispondere, Amalia mia, l'aggio ditto che sono felice, che la mia vita è cambiata, che incomincio adesso a provare quella pace, quella felicità, che io non aveva ancora conosciuta, maledico il passato, e giuro di essere marito fedele e affezionato a quell'angelo di Adelina, che il Cielo mi ha mandato per farmi pentire di tutto ciò che ho fatto.
AMALIA: (Parla de na manera, che quase quase credo d'esserme ngannata). *(Suona il campanello.)*
CARLUCCIO: Comandate.

AMALIA: Dì a Battista, lo nuovo servitore, che venisse mò ccà.
CARLUCCIO: Subito. *(Via.)*
FELICE: Ah, è venuto il nuovo servitore?
AMALIA: Sì, è nu buon'ommo, steva cu n'amico de Lorenzo, siccomme ha avuta partì, nce l'avimmo pigliato nuje.
FELICE: Oh, bravo, avete fatto bene. Già, tutto quello che fate voi, sta ben fatto.
LEONARDO *(si presenta sotto la porta. Amalia: gli fa dei segni a concerto).*
AMALIA: Avanti.
LEONARDO: Comandate Eccellenza.
AMALIA: Battista, questo signore è lo sposo, è il padrone della casa, ti raccomando di servirlo a dovere, e non farlo piglià collera, di obbedirbo in tutto e per tutto. Una piccola sua lagnanza, uscirai subito da questa casa.
LEONARDO: (E quanno, dico io!).
AMALIA: Nce simme ntise?
LEONARDO: Va bene Eccellenza.
AMALIA: Feliciè, io me ne vaco dinto. (Dille quacche cosa tu, certamente a te ha da cuntentà). *(Via.)*
FELICE: Battista, Battista... Battì... *(Vede Batt. che fa dei segni di disperazione.)* Batti...
LEONARDO: Uh! Scusate, steva sopra a pensiero. (Io sapeva che me chiammava Battista).
FELICE: E sì accomminciammo buono! Voi dovete stare attento, pecché io non nce metto niente e ve faccio na cauciata.
LEONARDO: (E chesto nce mancarria, n'usciere de Tribunale avè pure na cauciata!).
FELICE: Si tu faje tutto quello che dic'io, e vedo che me vuò bene, assicurati che non ti mancherà niente.
LEONARDO: Grazie Eccellenza.
FELICE: Io poi non sono uno di quei padroni superbiuse, severi, arraggiuse, sono buono, compassionevole, affezionato.
LEONARDO: Bravo, a me accossì me piace.
FELICE: Dimme na cosa, sì nzurato?
LEONARDO: Io? Nonsignore.
FELICE: Beato te!
LEONARDO: E chesto nce mancava, na mogliera vicino, na femmena che te la vide appriesso ore e momente. Io dico che chi se nzora, fa l'ultima bestialità.
FELICE: Tiene, chesta è na carta de 5 lire.
LEONARDO: E pecché, signorì?
FELICE: Pecchesto, te voglio dà 5 lire, nun so' padrone?
LEONARDO: E io ve ringrazio.
FELICE: Haje ditto na parola che và 1000 lire!
LEONARDO: Ecco ccà, vuje mò m'avite data sta 5 lire, chesta pe me è na somma, chesta m'abbasta 15 juorne, si lo cuntrario, tenesse vicino nu guaio de mogliera, non m'abbastarria manco n'ora, e pò scusate, sì io songo tanto ardito.
FELICE: No, parla, parla, tu me staje consolanno!
LEONARDO: Haje da dà cunto addò vaje, addò nun vaje, a che ora te retira, a che pienze,

quanto haje spiso, senza dì po' chella zucatura continuata: me vuò bene, pienze sulo a me, pecché haje guardato nfaccia a chella, ah, è na cosa che te fa morì primme de li juorne tuoie! Va tanto la vita indipendente, 4 - 5 nnammorate a lo pizzo, campagnate, carrozziate, divertimenti, mo cca, mò llà, senza penziere, senza seccature.
FELICE: Damme nu bacio. *(Lo bacia.)* Haje fatto marenna?
LEONARDO: No ancora.
FELICE: E ghiammo a fà marenna jà! *(Se lo prende a braccetto e viano fondo a sinistra.)*

SCENA QUINTA

Carluccio e Pasquale, poi Lorenzo.

CARLUCCIO: Favorite, favorite.
PASQUALE: Dunque D. Lorenzo nemmeno oggi ci sta?
CARLUCCIO: Nonsignore, chesta nun è ora soja, si lo vulite aspettà.
PASQUALE: Sicuro che l'aspetto, so' 3 giorni che vengo fino a qua inutilmente, ogge ccà faccio scurà notte.
CARLUCCIO: Facite comme ve piace.
LORENZO *(d.d.)*: Carluccio, Carluccio.
CARLUCCIO: Ah, eccolo ccà che vene.
LORENZO *(esce)*: Carlù, va te piglia chella canesta e chelli scatole che stanno fore, e portele dinta a la cammera mia.
CARLUCCIO: Subito. *(Via.)*
LORENZO: Oh, maestro rispettabile!
PASQUALE: D. Lorenzo garbatissimo!
LORENZO: Me pare che venisteve pure ajere?
PASQUALE: Venni ieri, e venni pure l'altro ieri, e senza mai trovarvi.
LORENZO: Accomodatevi, maestro.
PASQUALE: Grazie tanto. *(Seggono.)*
LORENZO: Dunche che m'avita dicere?
PASQUALE: E voi non lo sapete?
LORENZO: Ah, quell'affare llà, e buje ancora nce pensate?
PASQUALE: Ancora nce penso! Nc'aggia pensà pe forza. Dopo di quella mattina che voi in casa di D. Attanasio, me facisteve vedè lo ritratto de muglierema, e pò quanno trasetteme dinto a mangià, me lo sceppasteve da mano, credennove che io lo faceva vedè a la mugliera vosta, siccomme assolutamente non me volisteve fà lo testimonio, io non me n'incarricaje, ma però cessai di mandarle il mensile.
LORENZO: Bravissimo!
PASQUALE: Eh! bravissimo, voi sapete quella faccia tosta che coraggio ha avuto, sapete che m'ha fatto?
LORENZO *(ridendo)*: Che v'ha fatto?
PASQUALE: M'ha citato, ha avuta l'abilità di citarmi. *(Lorenzo ride.)* No, D. Lorè, nun ridete, che me fate indisporre. Mò non è più il caso di pigliarla a pazzia, voi sarete tanto buono di favorire con me dall'avvocato mio, e dirgli l'affare de lo ritratto.

LORENZO: Oh, maestro, sto penziero levatavillo da capo! Ve pare, io me metto a fà lo testimonio, ne metto mmiezo a sti rotola scarze.
PASQUALE *(alzandosi):* No, D. Lorè, vuje m'avita fà lo testimonio, pecché si no, v'assicuro, ve faccio piglià collera.
LORENZO: Uh! Maestro, mò m'avite seccato bastantemente.
PASQUALE: Ah! V'aggio seccato? E va bene. Dunque io aggia essere citato, aggia perdere na causa, debbo passare un guaio, e non debbo essere aiutato da voi? Va bene... va bene!
LORENZO: Vi prego de nun nce accustà cchiù cca, perché non vi ricevo.
PASQUALE: Non mi ricevete? E che m'avete preso per qualche mondezzaio! Io sono un galantuomo. Non ci vengo più, ma vi assicuro che ve ne pentite, perché io sò dei fatti che vi fanno rabbrividire.
LORENZO: Rabbrividire?
PASQUALE: Sì, rabbrividire! Quella tale innammorata di Tetillo, Tetillo, vi ricordate che io chiusi nella camera di D. Attanasio, castagna, che D. Attanasio, avanti di voi, voleva dire che era nero sapete chi era?
LORENZO: Sentiamo chi era?
PASQUALE: Era vostra moglie!
LORENZO: Mia moglie!
PASQUALE: Collega carissimo, stringiamoci la mano e viviamo insieme. Io abito S. Liborio n. 21, se avete bisogno di me venite e ci metteremo d'accordo!
LORENZO: Ma...
PASQUALE: Ci metteremo d'accordo! *(Via fondo.)*
LORENZO: Mogliérema! E io facette chella figura. Pecchesto Amalia ha avuta tanta premura de fà casa aunite co lo sposo, pecchesto ha fatto venì lo cumpare e l'ha fatto fingere servitore pe fà sorveglià a Feliciello, pe nce potè parlà cu sicurezza, lo cumpare fa la spia, e loro chiacchiareane cu tutta la comodità. Ah! Nfama birbante! E me fa la casta panella, me fa la semplice, la voglio accuncià io la voglio! Mò faccio vedè che non saccio niente, faccio l'indifferente, e quanno li trovo ncastagna, me regolo a modo mio! *(Via a sinistra.)*

SCENA SESTA

Carluccio e Arturo, poi Felice e Carluccio.

CARLUCCIO: Accomodatevi qua, vaco avvisà lo signorino. *(Via fondo a s.)*
ARTURO: Nun voglia maje lo Cielo e la mugliera appurasse io pecché so' venuto! Ma che bestia se va a nzurà! A me dicette che la sera all'8 se va a cuccà. Ah, ah, ah, comme fosse nu guaglione de 10 anne, povero stupido!
FELICE *(d.d.):* Chi è che me vò?
CARLUCCIO: Un signore da questa parte.
FELICE *(fuori):* Che beco! Arturo! L'amico mio! *(Carlo attraversa la scena e via.)*
ARTURO: L'amico tuo. *(Si baciano.)*
FELICE: Comme staje? Non nce vedimmo da paricchie juorne.

ARTURO: Eh, è quase nu mese, nce vedetteme lo juorno doppo che spusaste.
FELICE: Ah! na vota non era accossì, nun puteveme stà nu juorno senza vederce, te ricuorde?
ARTURO: Comme nun me ricordo, ma allora jre scordato.
FELICE: E che vuoi dire, pecché me so' rìzurato nun ce avimma da vedè cchiù.
ARTURO: E se capisce, pe necessità, pecché quanno tu staje libero io aggio che fà, tu me diciste che può sta fore de casa sulo la matma dall'11 fino all'una, e a chest'ora appunto io sto occupatissimo ncoppa a lo studio e zizio la sera io so' libero e faccio chello che voglio io fino a li 2 doppo mezanote, tu invece all'8 te vaje a curcà comme li galline. *(Ridendo.)* Dunche comme nce potimmo vedè.
FELICE: Haje ragione, compagno mio, haje ragione. *(Vedendo che Art. seguita a ridere.)* Ma non ridere che m'indisponi!
ARTURO: Dì, la verità, mogliereta si la sera nun te curche priesto te le sona?
FELICE: Che dice, nun me jeva a curcà e me vatteva... ncoppa... e chesto nce mancava! No, io de moglierema nun me pozzo lagnà, me vò bene, anze me vò troppo bene, io volarria che le fosse antipatico, la quistione Arturo mio, che io me so' nzurato da nu mese, e già me so' seccato, io nun saccio fanno chilli marite che stanno 25 - 26 anne co la mugliera.
ARTURO: A questo ci devi arrivare anche tu.
FELICE: Addò, io more! Quanta seccature, quanta convenienze, che sbaglio, che sbaglio!
ARTURO: Ma se capisce, vuò mettere quann'uno è sulo, nun ha da dà cunto a nisciuno. Te ricuorde che giorni felici abbiamo passati insieme?
FELICE: Comme nun me ricordo! E Marietta comme sta?
ARTURO: Sta bona, ma da che s'è mmaretata, nun la pozzo vedè tanto spisso.
FELICE: Ah, s'è mmaretata?
ARTURO: Già, s'ha pigliato n'usciere de Tribunale, nu certo D. Leonardo.
FELICE: E tu lo cunusce?
ARTURO: No, nun l'aggio visto maje, disgraziatamente nun l'aggio potuto maje vedè; e si vide la sera comme so' curiuse, io passeo sotto a lo balcone de Michelina, e chiunque me tene mente, io me credo che è lo marito, t'assicuro che m'aggio pigliato diverse semmentelle.
FELICE *(ridendo):* Ah, ah, ah! Eppure quanto sono piacevoli chelle semmentelle, quelle paure, quell'amore contrastato. Ah! Quanto pagarria pe passa n'at'ora assieme comme la passaveme na vota.
ARTURO: Siente, io pecchesto so' venuto, si vuò passà na serata veramente scicca, haje da venì tu pure stasera a la festa de ballo che dà nu certo D. Rafele, addò vanno pure Marietta e Michelina.
FELICE: Na festa de ballo!
ARTURO: Già! Siccomme ogge è stato lo nomme de la figlia, ch'è pure modista, stasera dà na festa de ballo, capisce, na festa de ballo de tutte modiste e giovinotte, nc'è da passà na serata divertita assai.
FELICE: Ma comme faccio?
ARTURO: Stammatina appunto, avimmo parlato de te. Loro dicevene: ah, pecché nun vene pure Feliciello... Chelle nun sanno niente, capisce, vide quanto che Marietta ha

scritto doje parole ncoppa a nu biglietto de visita, io nun me lo voleva piglià, ma chella m'ha mise cu li spalle nfaccia lo muro. *(Lo dà.)*
FELICE: Addò sta? *(Legge:)* "Marietta Cerasella. Corso Vittorio Emmanuele n. 104, 20 piano". E che d'è?
ARTURO: Da reto.
FELICE *(legge)*: "Se ancora mi ami un poco, vieni questa sera, ti aspetto". No, io vengo, assolutamente vengo! *(Lascia il biglietto sopra la sedia.)*
ARTURO: Viene? E comme faje cu muglierata?
FELICE: Nun te n'incarricà, io vengo, doppo che m'avesse da cadè lo munno ncuollo, io là aggia essere stasera.
ARTURO: Nce lo pozzo dà pe certo?
FELICE: Pe certissimo, nun nce penza, ma nun te ne j ancora, cercammo nzieme de trovà quacche scusa.
ARTURO: Già, dice buono? Basta, tiene nu fuglietto e n'evebopp?
FELICE: Sì, sta là ncoppa, pecché che buò fà?
ARTURO: Mentre tu pienze, io voglio fà nu biglietto a Michelina, e le voglio dicere che stasera nun facesse venì cchiù gente estranea, po' essere la combinazione quaccheduno te conosce.
FELICE: Già, già, dice buono!
ARTURO: Accossì le faccio sapè che tu viene stasera, chelle sa che chiasso che farranno. *(Si mette a scrivere:)* "Michelina mia cara cara. Finalmente stasera avremo con noi Feliciello, avvisa pure a Marietta, cercate di non fare venire persone estranee, perché verremo insieme senz'altro. Ci vedremo stasera. Ama sempre il tuo fedele Arturo". *(Piega la lettera, la mette nell'eveloppe e fa il sopraccarta.)* "Alla mia cara Michelina. Corso Vittorio Emanuele n. 96." Tiene na persona sicura che porta mò proprio sta lettera al suo indirizzo?
FELICE: Sì, tengo lo servitore nuovo ch'è venuto stammatina, nu certo Battista, nu buon'ommo. *(Chiama.)* Battista.
ARTURO: Ma è sicuro?
FELICE: Oh, sicurissimo, non nce penza! *(Chiama di nuovo.)* Battista.

SCENA SETTIMA

Leonardo e detti, poi Carluccio.

LEONARDO: Comandate.
FELICE: Battì, vide chillo signore che vò.
ARTURO: Portate subito questa lettera al suo indirizzo, pigliateve la carrozzella andare e venire per fare più presto. *(Gli dà una lettera.)*
FELICE: Ma Battì, silenzio, pecché è affare scuonceco.
ARTURO: È affare delicato, capisce.
LEONARDO: Aggio capito, e nu nghippo!
ARTURO: Bravo, vi comme lo ssape, è proprio nu nghippo!
LEONARDO *(p.a. legge il sopraccarta)*: (Che! moglierema!!).

FELICE: Ch'è stato?
ARTURO: Ch'è succiesso?
LEONARDO: Niente, niente, nu dulore sotto a la panza! (Mò m'aggia sta zitto, e quanno è lo momento l'aggia rompere li gamme!) Nu dolore sotto a la panza!
FELICE: E comme t'è venuto stu dulore sotto a la panza? *(Contraffacendolo.)*
LEONARDO: Dunche sta lettera l'aggia portà proprio mmano la signorina Michelina?
ARTURO: Nun alluccà! Proprio mmano a essa.
LEONARDO: Va bene. Nu dulore sotto a la panza! *(Mettendosi le mani sulla pancia, va via sempre gridando.)* Nu dulore sotto a la panza! *(Via.)*
ARTURO: Pover'ommo, me dispiace. Va trova che s'ha mangiato?
FELICE: Niente, ha fatto colezione co me.
ARTURO: Veramente è nu buon'ommo?
FELICE: Ah, è na pasta de mele!
ARTURO: Dunche che pienze de fà? Che scusa truove?
FELICE: E che saccio, damme tu nu consiglio.
ARTURO: Ammiente che patete sta malato, e che te manna a chiammà pe te vedè.
FELICE: È impossibile, io aggio ditto che stammatina so' stato là.
ARTURO: E che vuol dire?
FELICE: Non pò essere, pecché allora volarriene venì pure lloro pe sapè de che se tratta, me vuò mparà la mbruoglia a me?
ARTURO: Già, dice buono.
FELICE: Avarrieme da fà vedè, per esempio...
CARLUCCIO *(con lettera):* È permesso?
FELICE: Avanti Carlù.
CARLUCCIO: Signorì, n'ommo ha portata sta lettera per D. Lorenzo, nce lo date vuje?
FELICE: Va bene mò nce la do io. *via. (Carlo via. Guarda il sovraccarta)* Lo caràttere de papà!
ARTURO: Dunche che stive pensanno?
FELICE: È papà che scrive a Lorenzo.
ARTURO: Eh, mò me fa parlà.
FELICE: No, te voleva dì, che fra le altre infelicità, haje da sapè, che papà ogne 3 o 4 juorne manna na lettera a Lorenzo pe sapè io come me porto.
ARTURO: A uso de collegio, nce manna lo rapporto! *(Felice apre la lettera.)* Che haje fatto? Haje aperta la lettera?
FELICE: Seh, chesta sarà la prima, io ccà saccio l'affare de tutte quante!
ARTURO: Bravo, te ne faccio i miei complimenti!
FELICE: Voglio vedè che dice. *(Legge sottovoce:)* No, nun è affare mio!
ARTURO: Embè, nun è affare tuo? Nun la leggere.
FELICE: L'aggio aperta mò, la voglio leggere. *(Legge:)* "Mio caro Lorenzo. Siccome diversi amici miei di Casoria mi hanno invitato stammatina a bere un magnifico bicchiere di vino con loro, io ho accettato, e da qui ad un'ora parto. A Dorotea mia moglie non l'ho detto che vado a Casoria per bere il vino, altrimenti quella trovava mille opposizioni, e siccome trattandosi di una cena, passerà senz'altro la serata, e ritornerò domani, per tutte queste ragioni io l'ho detto che debbo venire con te per la compra di una masseria a

Casoria. Quindi se tu vuoi venire ad assaggiare il vino, vieni, che mi fai piacere. Se al contrario non vuoi venire, ti prego per questa sera di non stare in casa, per chi sà venisse Dorotea, anzi dirai a tua moglie, a tua sorella e a mio figlio, che parti per Casoria con me, fingerai di partire e ritorni in casa alle 11, ora in cui non può venire più mia moglie. Spero che mi farai questo favore. Aspetto la risposta nel Caffè alla Torretta: Tuo affezionatissimo amico Attanasio".
ARTURO: Papà pure fa li mbruoglie ovè?
FELICE: Statte, aggio fatto na magnifica penzata.
ARTURO: Che penzata?
FELICE: Mò vide, assettete a chillo tavolino e scrive. Beato papà che ha mannata sta lettera. Bene, bene, scrive Artù. *(Art.: scrive e lui detta:)* "Carissimo D. Lorenzo. Vi prego di lasciare tutto e venire in questo momento da me, si tratta di un affare serio, e ho bisogno assolutamente del vostro aiuto. Vi aspetto subito, senz'altro. Non fate sapere niente a mio figlio Tetillo. La vostra amica Dorotea".
ARTURO: Mammeta?
FELICE: Sì, mammà!
ARTURO: E pecché?
FELICE: Famme stu piacere miette a mammà, tu saje chello che tengo ncapo io?
ARTURO: Metto a mammeta, a soreta, chello che buò tu! *(Esegue.)*
FELICE: Chiude la lettera e fa la sopraccarta. *(Art.: esegue.)* "Al signor Lorenzo del Buono. Urgentissima". *(Si prende la lettera.)* Artù, vattenne mò, e tuorne a n'auto quarto d'ora tutto currenno, e me dice che papà è stato arrestato mmiezo Toledo.
ARTURO: Tu che dice!
FELICE: Fa chello che dico io e non te n'incarrica, che l'hanno pigliato per mariuolo e sta ncoppa a la Questura.
ARTURO: Tu sì pazzo, tu che me vuò fà fà?
FELICE: Siente chello che dico io, si me vuò fà venì a la festa stasera, chesto haje da fà.
ARTURO: Io faccio chello che dice tu. Dunque a n'atu quarto d'ora io vengo.
FELICE: Sì. Ma con quella naturalità ca li femmene se l'hanna credere, pecché tu quanno tuorne me truove unite cu lloro.
ARTURO: Va buono, nun te n'incarricà.
FELICE: Và, nun perdere cchiù tiempo.
ARTURO *(via fondo)*: Vaco.
FELICE: La primma cosa mò, n'aggia fa j a Lorenzo, accossì li femmene non se ponno movere e pozzo fà chello che voglio io. *(Chiama.)* Carluccio?
CARLUCCIO: Comandate.
FELICE: Io ci ho pensato meglio, cu Lorenzo ci sto poco in freddo, sta lettera c'ha portata quell'uomo, datecela voi.
CARLUCCIO: Va bene. *(La prende.)*
FELICE: Si quaccheduno me va trovanno, io sto abbascio a lo giardino. *(Via fondo a sinistra.)*
CARLUCCIO: Ah, ecco ccà D. Lorenzo.

SCENA OTTAVA

Lorenzo e detto, poi Adelina ed Amalia, indi Felice.

CARLUCCIO: Signorì, poco primma n'ommo ha portata sta lettera pe buje. *(Lorenzo la prende. Carl.: via.)*
LORENZO *(apre la lettera e legge ad alta voce)*: Sangue di Bacco, e che sarrà? Venite subito, affare serio, non fate sapere niente a mio figlio. Fosse succiesso quacche disgrazia ad Attanasio? Uh! Mamma mia, lasseme correre. *(Chiama.)* Carluccio?
CARLUCCIO: Comandate.
LORENZO: Va me piglia lo cappiello, fa priesto!
CARLUCCIO Subito. *(Via a sinistra.)*
LORENZO: È impossibile, nun pò essere cosa bona. D. Dorotea nun m'ha scritto maje, quacche disgrazia è stata! Mò me piglio na carrozzella e faccio uno zumpo!
CARLUCCIO *(con cappello)*: Ecco servito.
LORENZO: Dì a la signora che io mò torno e si trico che mangiassero. *(Via fondo.)*
ADELINA: Carlù, Feliciello addò sta?
CARLUCCIO: È ghiuto abbascio lo giardino.
AMALIA: Carlù, Lorenzo addò è ghiuto?
CARLUCCIO: Nun lo saccio, signorì, n'ommo l'ha portato nu biglietto, isso l'ha liggiuto, pò m'ha chiammato, ha voluto lo cappiello de pressa, e se n'è scappato, dicenno: Dì a la signora che si trico mangiasse.
AMALIA: E che sarrà?
ADELINA: Carlù, dì a Feliciello che venesse mò proprio acca.
CARLUCCIO: Subito. *(Via fondo a sin.)*
AMALIA: N'ommo l'ha portato nu biglietto, isso se n'è scappato de pressa. *(Sulla sedia vede il biglietto di visita che Felice ha dimenticato e lo prende.)* "Marietta Cerasella." *(Legge di dietro:)* "Se ancora mi ami un poco, vieni questa sera ti aspetto". Ah! Nfame assassino! Chisto sarà stato lo biglietto che ha avuto, e mò correnno, là sarrà ghiuto.
ADELINA: Amà, ch'è stato?
AMALIA: Niente, niente, Adelina mia, è chillo nfame de Lorenzo che me n'ha fatta n'auta, na certa Marietta Cerasella.
ADELINA: Povera Amalia, comme nce sì capitata!
FELICE: Adelina mia, m'haje fatto chiamare? *(Carl.: attraversa la scena e via.)*
ADELINA: E sì, statte nu poco vicino a me, me scappe sempe! Assettete, parlammo nu poco.
FELICE: Sì, Adelina mia, io per tanto steva abbasso al giardino, perché me credeva che tu là fosti venuta.
ADELINA: Ah, chesta è bella, io aspettava a te, e tu aspettava a me.
FELICE: E Lorenzo addò sta?
AMALIA: Lorenzo, Lorenzo, è andato per un affare di gran premura, è andato a trovare questo amico. *(Dà il biglietto a Felice.)*
FELICE: Pecché, nun puteva j a truvà n'amico! *(Guarda il biglietto.)* (Mamma mia! Lo biglietto de Marietta!)
ADELINA: Felì, ch'è stato?

FELICE: Niente! *(Gridando:)* un dulore sotto a la panza! (E chiste addò l'hanno pigliato stu biglietto!)
AMALIA *(riprende il biglietto):* Dite la verità, non è un affare di premura?
FELICE: Sentite, io no sò quell'omo quando finisce de fà bestialità.
ADELINA: Feliciè ch'è stato, Amalia parla de na manera?
FELICE: Niente, niente, Adelina mia, sono cose che tu non devi sapere, tu sei un fiore, tu sei un gioiello, ed io te voglio troppo, troppo bene...
AMALIA: (Ed io aggio dubitato de Feliciello. So' stata veramente na bestia!).

SCENA NONA

Arturo e detti, poi Attanasio e Carluccio, indi Leonardo.

ARTURO *(correndo):* Signori miei scusate...
ADELINA: Chi è?
FELICE: Oh, Arturo, amico mio, da quanto tempo non ci vediamo. Vi presento l'amico mio Arturo Giacchetti, laureato in legge. Adelina mia moglie. Amalia mia cognata. *(Cerimonie reciproche.)*
ARTURO: Mi dispiace però di essere venuto a dare una notizia che vi farà dispiacere, abbenché sia cosa da niente.
FELICE: Ch'è stato?
AMALIA: Parlate.
ARTURO: Mezz'ora fa, mentre io camminava per Toledo, ho visto una folla di gente che correva appresso ad un uomo condotto da 2 guardie di P.S., la curiosità mi ha spinto a vedere chi era quel manigoldo, son corso anch'io, mi sono avvicinato a quell'uomo, e indovinate chi era?
I TRE: Chi era? *(Gridando.)*
ARTURO: D. Attanasio tuo padre che io conosco tanto!
FELICE: Papà!
AMALIA: D. Attanasio!
ADELINA: Possibile!
ARTURO: L'avranno scambiato per qualche ladro. Egli D. Attanasio, m'ha visto, e m'ha detto che fosse venuto subito ad avvisare suo figlio.
FELICE: Uh! Povero papà! Io voglio correre, lassateme correre, và Adelì, va me piglie lo cappiello, lo scemis e quacche cosa de denare, sempe ponne servì.
ADELINA: Sì, sì, Feliciello mio! *(Via.)*
AMALIA: Io te vaco a piglià lo cappiello. *(Via.)*
ARTURO: Me so' portato buono?
FELICE: Benissimo!
ATTANASIO *(d.d.):* Va buono, va buono, aggio capito, ma io voglio parlà co la mugliera.
FELICE: Che! la voce de papà! Comme facimmo!?... Zitto, aggio pensato! Tu va dinto a dà chiacchiere a chelle doje. *(Art.: entra a sinistra.)*
ATTANASIO *(fuori):* Aggio aspettato mez'ora dinto a lo cafè nun me fido cchiù! Mò nce lo dico che me ne vaco. Guè, Feliciè.

FELICE: Oh, papà state ccà, è stato il Cielo che vi ha mandato non sapete la disgrazia che ha colpita sta povera famiglia. Amalia sta sopra al letto, na convulzione le và e n'auta le vene.
ATTANASIO: Pecché, ch'è stato!
FELICE: N'ora fa Lorenzo s'è appiccecato dinto a lo bigliardo cu nu giovene, ha miso mano a lo revolvere, e l'ha sparato 3 colpe, l'hanno arrestato e l'hanno portato ncoppa a la Questura, isso m'ha raccommannato che ve l'avesse ditto a buje, acciò lo jate ad ajutà! Corrite papà, non perdite cchiù tiempo.
ATTANASIO: E io che nce pozzo fà! Ah! povero Lorenzo ha passato lo guaio!
FELICE: Jate, jate papà!
ATTANASIO: Vaco, vaco! *(Via fondo.)*
FELICE: Io mò moro, io mò moro! *(Via a sin.: entr.: Carl. e Att.)*
ATTANASIO: È vero che Lorenzo ha sparato 3 colpe de revolvere a nu giovinotto?
CARLUCCIO: Nonsignore, vuje site pazzo!
ATTANASIO: Comme nun sta ncoppa a la Questura?
CARLUCCIO: Quanno maje, signò vuje che dicite!
ATTANASIO: Va buono, vattenne, tante grazie. *(Carlo via.)* Mannaggia l'arma de la mamma, chesta è n'ata mbroglia che ha fatto, va trova pecché ha ammentata sta buscia. Aspetta, mò m'annasconno ccà dinto. *(Via prima a destra.)*
LEONARDO *(dal fondo con lettera):* Mannaggia l'arma vosta! Vì che nce sta scritto dinta a sta lettera! Vi che m'hanno combinato! No, io me ne voglio j mò proprio, aggia j a casa! *(Si leva la livrea e si mette il suo soprabito.)* Venene da chesta parte, nun me voglio fa vedè. *(Si nasconde prima a d.)*

SCENA DECIMA

Felice, Adele, Amalia, Arturo e detti.

FELICE: Povero papà mio, povero papà mio!
AMALIA: Corrite, facite priesto, facitece sapè quacche cosa.
FELICE: L'hanno dato questa taccia a papà, a quell'uomo che ha dato saggio dell'essere suo! *(Piange.)*
ADELINA: Nun chiagnere, Feliciello mio!
FELICE: Hanno levato l'onore a mio padre, hanno levato l'onore a mio padre! *(Viano fondo. Att.: e Leon.: fanno capolino.)*

(Cala la tela.)

Fine dell'atto primo

ATTO SECONDO

La medesima decorazione.

SCENA PRIMA

Attanasio, indi Amalia e Adelina.

ATTANASIO: Io mò vorria proprio sapè chillo pecché ha ammentata sta mbroglia, ha ditto che Lorenzo ha dato 3 colpe de revolvere a nu giovinotto, e mò isso addò jeva cu chill'atu mbrugliuncello. Eh, io lo diceva nun lo nzurammo, che chisto fa peggio, nun me vulettero sentere. Ah, sta trasenno Amalia e Adelina, lo vurria aiutà quanto cchiù pozzo, ma nun saccio che ha combinato. Basta me regolo seconne l'addimanne che me fanno.
ADELINA: Che veco papà!
AMALIA: D. Attanasio!
ADELINA: Uh, che piacere!
AMALIA: E comme, dicene che v'avevano afferrato pe mariuolo e stiveve ncoppa a la Questura.
ATTANASIO: (Già, jeva arrubbanno mucatore!).
ADELINA: Nun site state arrestato?
ATTANASIO: Io, sissignore, e a vuje chi ve l'ha ditto?
AMALIA: Poco primma, è venuto nu giuvinotto, n'amico de Feliciello, nu certo Arturo, e ha ditto che vuje site stato arrestato pe mariuolo mmiezo Toledo.
ATTANASIO: Ah, Arturo ve l'ha ditto? gnorsì, e proprio così è stato il fatto, è stato nu scambio, m'hanno arrestato invece de n'ato, so' ghiuto ncoppa a la Questura ma po' subito me ne so' scise, e lo primmo pensiero è stato chillo de correre cca.
AMALIA: E quanno site venuto?
ADELINA: Nuje nun v'avimmo visto.
ATTANASIO: So' venuto quanno vuje stiveve dinto, e appena aggio visto che stiveve ascenno cu Feliciello e Arturo, me so' annascunnuto dinta a chella cammera.
ADELINA: Uh! E pecché avite fatto chesto, pecché nun v'avite fatto abbedè?
ATTANASIO: Pecché aggio voluto vedè Feliciello che faceva, se ne mostrava dispiacere, e così vedere se doppo nzurato, me vò bene, quanto me voleva bene prima.
AMALIA: Oh! vuje che dicite, D. Attanà, chillo s'è precipitato.
ATTANASIO: L'aggio visto, l'aggio visto!
ADELINA: Appena chillo giovinotto l'ha ditto che jeve stato arrestato, nun vedeva la via de scappà.
ATTANASIO: E bravo e bravo... vogliatelo bene che chillo è nu bravo giovinotto. (E lo primmo galiota, l'aggia rompere li gamme nu juorno de chisto!)
AMALIA: Intanto chillo mò va ncoppa a la Questura e non ve trova.
ATTANASIO: E che fa, se ne vene n'ata vota. A proposito, Lorenzo addò sta?
AMALIA: Lorenzo ha avuto nu biglietto e se n'è scappato de pressa.
ATTANASIO: (Forse la lettera mia). E nun sapite addò è ghiuto?
AMALIA: Io lo saccio addò è ghiuto, e quanno vene il signor D. Lorenzo mi deve dare delle spiegazioni.
ATTANASIO: (Vuò vedè che chesta ha lette la lettera mia e va trova che se crede!). Ma D. Amà, non credete poi... là se tratta de nu bicchiere de vino buono, na cenolella con

degli amici.
AMALIA: Già, con degli amici, e delle amiche!
ATTANASIO: Delle amiche?
ADELINA: Eh!
AMALIA: D. Attanà, me dispiace che site vuje e parlate de chesta manera, fra gli amici ci è pure una certa Marietta Cerasella.
ATTANASIO *(ad Adel.):* Marietta Cerasella?
ADELINA: Eh!
ATTANASIO: Eh, che!
AMALIA: D. Attanà, scusate, questo poi da voi non me l'avrei mai aspettato, un uomo della vostra età commette e permette che n'ommo nzurato lassa la mugliera e va... Oh, scusate, ho perduta tutta la buona opinione che io aveva di voi. *(Via.)*
ATTANASIO: Adelì, figlia mia, chella che dice, io nun aggio capito niente!
ADELINA: Eh, nun avite capito niente, e pecché avite ditto: la cenolella, gli amici, le amiche.
ATTANASIO: Ma chi ve l'ha ditto le amiche... lo state dicenno tu l'ha ditto essa.
ADELINA: Vuje manco nce parite, site fatto viecchio e ghiate ancora appriesso a li ceraselle.
ATTANASIO: No, vaco appriesso a li percoche!
ADELINA: Va trova che nce tenite ncuorpo?
ATTANASIO: Oj neh, io ncuorpo nun nce tengo niente! Sta Marietta Cerasella chi la conosce!
ADELINA: Io mò che ne saccio, che vulite che ve dico, quacche cosa nc'ha da essere, Amalia non è femmena che se nganna.
ATTANASIO: E s'inganna sicuro, pecché sta Marietta Cerasella io mò la sento annommenà. Dì la verità, Amalia ha liggiuta la lettera che io aggio mannata a Lorenzo?
ADELINA: Avite mannata na lettera a Lorenzo? Io non ne saccio niente.
ATTANASIO: Comme, l'affare de Casoria, la compra de la massaria?
ADELINA: Nonsignore, chesto Amalia nun lo ssape.
ATTANASIO: Ah, nun lo ssape? E va buono, allora chella pecchesto ha parlato accossì. Lo biglietto ch'ha avuto Lorenzo, nce l'aggio mannato io, e chella la mugliera s'ha creduto che nce l'aveva mannato sta Marietta Cerasella. Noi dobbiamo andare io e Lorenzo a Casoria per la compra di una masseria, hai capito?
ADELINA: Aggio capito.
ATTANASIO: Chillo Lorenzo, sarrà ghiuto primma a fà quacche servizio e poi veneva a lo cafè addò l'aggio dato l'appuntamento, chillo mò là me starrà aspettanno. Adelì, va dinto addò Amalia e dincello, che non pensasse a male, perché il marito sta con me.
ADELINA: Va bene, va bene... io chesto voleva dicere, papà a quell'età jeva facenne ancora scostumatezze. *(Via.)*
ATTANASIO: Va trova chillo cancaro de Lorenzo che pasticcio avarrà fatto, chi sarrà sta Marietta Cerasella? Li scappatelle ogni marito l'ha da fà, ma s'hanna sapè fà, chillo se fà appurà ca la Cerasella... basta, lasseme j lo cafè, che chillo là me starrà aspettanno. *(p.a.)* Che beco! Muglierema nzieme cu Feliciello e Arturo, si chella me vede mò nun me fa j cchiù a Casoria, mò m'annasconno ccà dinto, quanno loro so' trasute, io me ne vaco.

(Via seconda a destra.)

SCENA SECONDA

Dorotea, Felice e Arturo, poi Adelina.

DOROTEA: Scusate, perdonate, aggiate pacienza, vuje sarrate la corona de la capa mia, ma non ve credo, pecché quanno v'aggio ncuntrato mmiezo a la strada me volìveve scanzà? Pecché volìveve fà vedé che nun m'avìveve vista?
FELICE: Mammà, vuje v'ingannate, ma ve pare, io facevo questo a voi.
ARTURO: Assicuratevi pure signora, noi andavamo su la Questura per vedere che cosa era successo a D. Attanasio.
FELICE: Ma sì mammà, questa è la pura verità. (Vuje vedite la combinazione, avevamo trovà justo a mammà de faccia!)
DOROTEA: Ve credarrìa, si nun sapesse che carnette site state pe lo passato, e quanta mbroglie site jute facenno tutte e duje. Maritemo nun è ommo d'essere arrestato.
FELICE: Ma comme mammà voi credete...
DOROTEA: Io credo tutto e non credo niente. Mò chiammammo Adelina, si Adelina dice che veramente a Questura stìveve jenne, allora nce pigliammo na carrozzella e ghiamme tutte e 3 a vedè che l'è succieso a chillo povero Attanasio.
FELICE: (E tutte e 3 là ncoppa avimma da j, nce pigliene pe pazze!).
DOROTEA: Ma sempe voglio parlà prima cu Adelina, a me nisciuno me lo leva da capo che stammatina l'avite fatta piglià collera.
ARTURO: Sentite signora, io veramente non mi credeva, che voi tanto amica di mia madre, voi che conoscete in fondo la mia, avreste calcolato me un amico falso, cattivo, imbroglione. *(A Felice:)* Neh, siamo imbroglioni noi?
FELICE: (No, simme quacch'ata cosa!).
ARTURO: Vi assicuro che da oggi in poi, in questa casa non ci metterò più piede, e Felice vostro figlio farò come non mi fosse stato mai amico. Perdonami, ma è il cuore, l'amor proprio che mi spinge a questo. Vi saluto. *(Via.)*
FELICE: Siete contenta? Mi avete fatto perdere il più caro degli amici.
DOROTEA: Vattenne caro amico, tu haje da ringrazià lo Cielo che nun te tratta cchiù.
ADELINA: Uh! Mammà state ccà?
DOROTEA: Sì, figlia mia, benedetta puozz'essere. E accossì, Tetillo comme te porta?
ADELINA: Ah, non me pozzo lagnà, mamma mia, me vò bene cchiù è chello che me credeva.
DOROTEA: Bravo, bravo, io chesto voglio sentere sempe.
FELICE: Avete visto?
DOROTEA: E va bene.
ADELINA: Mammà, avite saputo che papà Attanasio è stato arrestato pe scambio?
DOROTEA: Sì, aggio incontrato a Tetillo, e m'ha ditto che lo jeva a trovà ncoppa a la Questura, io pe esserne cchiù certa, aggio voluto venì primme ccà.
ADELINA: E avite fatto buono, anze nun saccio comme nun l'avite ncuntrato.
DOROTEA: A chi?

ADELINA: A papà Attanasio.
DOROTEA: Pecché, è stato ccà?
ADELINA: Sissignore, appena è ghiuto ncoppa a la Questura subeto se n'è sciso... *(Lazzi di Felì.: che urta Dor.)* ed è venuto subeto ccà pe nun nce fa stà npensiero, e mò è ghiuto a trovà a Lorenzo, e so' ghiute nzieme a Casoria, che saccio, pe la compra de na massaria.
DOROTEA: Ah, si me l'ha ditto.
FELICE: (Mò nun capisco niente cchiù, papà veramente è ghiuto ncoppa a la Questura, è ghiuto a Casoria cu Lorenzo, e io l'aggio ditto che Lorenzo aveva dato 3 colpe de revolvere a nu giovinotto!).

SCENA TERZA

Lorenzo e detti, poi Attanasio, indi Carluccio.

LORENZO: Io non saccio proprio... Oh D. Dorotè vuje state ccà. *(Sorpresa di Felice.)*
DOROTEA: E buje state ccà, nun state a Casoria?
LORENZO: Seh, steva Averza!
DOROTEA: Attanasio addò sta?
LORENZO: E io saccio chesto?
DOROTEA: Comme, vuje nun avìveve da j cu isso a Casoria pe la compra de na massaria?
LORENZO: Quà massaria, vuje site pazza!
DOROTEA: Ah, briccone, m'ha mbrugliato, ve trova addò è ghiuto e pecchesto l'hanno arrestato!
FELICE: (Meglio!).
LORENZO: Vuje mò m'avita dicere pecché m'avite mannato a chiamà, e m'avite fatto venì fino a casa vosta e nun v'aggio trovata?
DOROTEA: A me? Vuje sarrate pazzo!
LORENZO: Oh, scusate, vuje m'avite mannato stu biglietto. *(Lazzi di Felice, urta Lorenzo.)*
DOROTEA *(si prende il biglietto)*: Scusate chisto nun è carattere mio.
LORENZO: Dunche stu biglietto nun me l'avite mannato vuje?
DOROTEA: Nonsignore.
LORENZO: Chesto so' cose proprio de fà ascì pazzo! E chi me l'ha mannato?
FELICE: Lasseme vedè. *(Prende il biglietto e lo vede.)* Ma chi l'è produto la capa? *(Attanasio in ascolto.)*
LORENZO: Io saccio a chi l'è produto la capa, hanno voluto fà la pazziella, ma io nun pazzeo cu nisciuno, pecché se spassene cu me nun saccio.
DOROTEA: Intanto, me fa meraviglia, vuje avìveve da stà a Casoria cu maritemo, avìveve la comprà da massaria... jammo dinto piccerì, jammo dinto, jammo a vedè Amalia che fa... la lettera, a Casoria, la massaria. *(Att.: fa capolino.)* D. Lorè, dicite a maritemo che quanno vene l'aggia fà na faccia de schiaffe, proprio comme si conviene.
LORENZO: Ma D. Dorotè...
DOROTEA: Dicitele chesto, e niente cchiù! Picceri, jammo dinto va. Tetì, damme la mano. *(Lo prende per la mano.)*

LORENZO: (Mò lo porta a la scola!). *(I due viano. Fel.: nell'andar via con segni di bocca, rimprovera Lorenzo.)* E chillo ch'arma de la mamma vò! Cheste so' cose che succedono solamente a me! Io vorria sapé proprio sta lettera chi cancaro l'ha mannata!
ATTANASIO *(uscendo):* Mannaggia l'arma de mammeta!
LORENZO: De mammeta e de pateto!
ATTANASIO: Comme, cu tutta l'amicizia me faje chisto piattino.
LORENZO: Quà piattino?
ATTANASIO: Dinta a la lettera che t'aggio mannata, che diceva?
LORENZO: Quà lettera?
ATTANASIO: Dinta a la lettera che t'aggio mannata, che diceva?
LORENZO: Quà lettera?
ATTANASIO: Comme, la lettera che t'aggio mannata, addò te diceva l'affare de Casoria.
LORENZO: E chisto sbarea pure cu Casoria, io nun aggio ricevuta nisciuna lettera!
ATTANASIO: E comme va, io l'aggio mannata pe Jennariello lo giovene de lo cafettiere, lo quale, doppo nu poco è tornato, e m'ha ditto che l'aveva consegnata a mmano a nu servitore.
LORENZO: Aspetta. *(Chiama:)* Carluccio?
CARLUCCIO: Comandate.
LORENZO: Stammatina n'ommo ha portata na lettera pe me?
CARLUCCIO: Sissignore, chella che v'aggio data.
LORENZO: E oltre de chella nisciun'ata?
CARLUCCIO: Nonsignore.
LORENZO: Va buono, vattenne. *(Carl.: via.)* Haje visto? Io stammatina una lettera aggio avuta ed è stata chesta.
ATTANASIO *(legge):* E chesta ched'è?
LORENZO: E che saccio, quaccheduno m'ha fatta la pazziella!
ATTANASIO: Io perdo la capa!
LORENZO: L'aggio perduta io nfino a mò! Attanà, mò avimma da parlà nu poco io e ttico.
ATTANASIO: Io e ttico?
LORENZO: Sì, io e ttico. A te che mi parli tanto d'amicizia, io voglio dimandà na cosa.
ATTANASIO: Che cosa?
LORENZO: Te ricuorde 4 mise fa, quanno a casa toja venette la nnammurata de Tetillo, e lo maestro la facette annasconnere dinta a cammera, e po' tu ne la faciste fuì, senza farvela vedé, te ricuorde?
ATTANASIO: Sì, me ricordo.
LORENZO: Me sapisse a dicere chella femmena chi era?
ATTANASIO: Chi era... era... nun me lo ricordo.
LORENZO: Ah, nun te lo ricuorde? Mò te lo faccio ricurdà io. Chella femmena era Amalia, moglierema.
ADELINA: Nonsignore; chi te l'ha ditto?
LORENZO: Chi m'ha ditto, nun me poteva dicere buscie. Capirai, caro Attanasio, che io aunito cu Feliciello nun nce pozzo stà cchiù, tutto me poteva credere, fuor ché m'avesse fatto chesto.
ATTANASIO: Ma Lorè, non credere a li male lingue, io t'assicuro che non era moglierata.

LORENZO: Tu che dice, nun era moglierema? Ah, statte, essa vene da chesta parte, mò te faccio vedé comme me lo faccio confessà da essa stessa, tu nun te fà vedé, trase là dinto. *(Attanasio entra a destra.)*

SCENA QUARTA

Amalia e detto, poi Carluccio e Marietta.

AMALIA: Oh, signor Lorenzo.
LORENZO: Signora Amalia.
AMALIA: Comme va, vuje state ccà, aviveve da stà a Casoria.
LORENZO: (Mannaggia l'arma de Casoria!).
AMALIA: Comme va, nun nce site jute cchiù?
LORENZO: Senza che me vennite chiacchiere, io saccio tutto!
AMALIA: Sapite tutto, e che sapite?
LORENZO: Chillo juorno, a casa de D. Attanasio, quanno lo maestro v'annascunnette dinto a la cammera, e pò D. Attanasio ve facette fuì?
AMALIA: Ah, chillo fatto l'avite appurato?
LORENZO: Sì; l'aggio appurato, birbanta, faccia tosta!
AMALIA: Guè, bade comme parla sà, m'avisse pigliata pe una de chelli femmene che cunusce tu?
LORENZO: Io voglio sapè pecché t'annascunniste dinta a chella cammera?
AMALIA: Pecché Feliciello me dicette che tu ire juto ncampagna cu na figliola, e io pe sorprenderla me facette accompagnà da isso; quanno tornaje, truvaje a n'ommo che ve facette spaventà, che mi facette tanto na capo, che s'era appurato tutto, ch'avevano pensato a male, tu veniste ntiempo, e io pe nun me fà vedé accossì agitata m'annascunnette.
LORENZO: Ah! Dunche Feliciello te dicette che io era juto ncampagna cu na figliola?
AMALIA: Già, e io pecchesto nce jette, capisce, briccone, tu nun te sarrisse mmeritata a me pe mugliera, assassino!
LORENZO: Oh, basta Amalia!
AMALIA: Che basta e basta, tu haje ditto che sapive tutto? Invece io saccio tutto. N'ommo t'ha portato nu biglietto, na certa Marietta Cerasella, e tu te lo si scurdato ccà. Sta vita che faje, a me nun me piace affatto. Dimane dinta a sta casa, nun nce stongo cchiù! *(Via.)*
LORENZO: Marietta Cerasella! Possibile!
CARLUCCIO *(introducendo Mar.)*: Eccolo là, chillo è D. Lorenzo.
MARIETTA: Va bene. *(Carlo via.)* D. Lorè, vuje scusate.
LORENZO: D. Mariè, vuje ccà, sangue de Bacco! *(Va a chiudere le porte vedendo che Att. fa capolino.)* Trase dinto. *(Chiude la porta.)* Che site venuto a fà ccà?
MARIETTA: D. Lorè, vuje m'avita sentere pe mez'ora.
LORENZO: Vuje site pazza, io nun ve pozzo sentere manco 2 minute chella sta moglierema dinto.
MARIETTA: E che fa io nun so' venuta pe nisciuna cosa de male.

LORENZO: Vuje poco primma m'avite mannato nu biglietto?
MARIETTA: A me? Sarrate pazzo, io mannava nu biglietto a buje?
LORENZO: Chisto che mbruoglio è! Basta, vuje che site venuto a fà?
MARIETTA: Vuje avite sapè che maritemo, quanno vedette lo ritratto mio mmano a buje, pe dispietto nun me mannaie cchiù le 100lire lo mese, che isso me dava. Io me consigliaje cu n'avvocato, lo quale me dicette che l'avesse citato, io l'aggio fatto, ma però D. Lorè, vuje m'avita dà assolutamente chillo ritratto, pensate che io aggio miso lo munno sotto e ncoppa pe potè appurà la casa vosta, l'aggio appurato finalmente e so' venuta, senza abbadà a pericole, senza abbadà a niente.
LORENZO: Vuje pazziate, e si ve vede muglierema... jatevenne!
MARIETTA: Io me ne vaco, sissignore, ma dateme primma lo ritratto.
LORENZO: Sangue de Bacco, sento venì gente. *(Va alla porta di fondo.)* (Mbomma, lo marito!) Annasconniteve ccà dinto D. Mariè, che mò ve porto lo ritratto.
MARIETTA: Io non me movo da ccà. *(Lor.: la spinge prima a d. e chiude.)*
LORENZO: Vuje vedite la combinazione! *(Entra seconda a sin.)*

SCENA QUINTA

Pasquale, poi Felice, poi Michelina, poi Carluccio, poi Leonardo, indi Amalia, Dorotea, Felice e Lorenzo.

PASQUALE: Eh, sangue de Bacco, ccà è venuta, da lontano songo venuto appriesso, senza che essa se n'è addonata, s'è mmoccata dinto a stu palazzo, o a Feliciello, o a D. Lorenzo, e venuta a trovà certamente. Mò vedimmo si songo ommo de trovarla ncastagna. Lo servitore m'ha ditto, che ccà è trasuta, ccà ha da stà. Venene gente, mò m'annasconno ccà dinto. *(Entra prima a sin.)*
FELICE *(uscendo):* Voi vedete la combinazione, stasera che me puteva spassà nu poco... aveva combinato accossì bello, vaco a ncuntra justo a mammà de faccia! Ma io stasera cade lo munno, là aggia essere! Io me corco, quanno tutte quante se so' addurmute, me soso e me ne vaco.
MICHELINA *(dal fondo):* Uh! D. Feliciè state ccà?
FELICE: All'arma vosta! *(Chiude la seconda porta a sin.)* D. Michelì che site venuta a fà ccà?
MICHELINA: D. Feliciello mio, chillo l'amico vuosto Arturo m'ha rovinata, vuje che cancaro avite fatto?
FELICE: Ma ch'è stato?
MICHELINA: Chillo, Arturo, m'ha mannata na lettera pe mezzo de maritemo, addò diceva: Stasera finalmente verrà Feliciello, non invitare più gente, pò tanta parole amorose, all'ultimo, il tuo fedele amante. Chillo m'ha fatto nu guaio, maritemo ha fatto revuta la casa, io aggio negato tutte cose, me so' mise a chiagnere, po' aggio fatto vedé che me ne jeva da ziema, e so' curruta ccà.
FELICE: Dunche mariteto è Battista lo servitore?
MICHELINA: Quà Battista? Chillo se chiama Leonardo, è usciere de lo Tribunale.
FELICE: Allora Battista l'ha dato a mariteto?

MICHELINA: E io che ne saccio!
FELICE: Chisto che mbruoglio è! E comme sapive che io steva ccà?
MICHELINA: Arturo me lo dicette, che stiveve de casa a lo Lione a Posilleco N. 49. So' venuta acciò vuje dicite ad Arturo che dicesse che nun era io, era n'ata Michelina, pe carità, si no io so' perduta!
FELICE: Va buono, nun te n'incarricà. Sento rummore. *(Va a spiare in fondo.)* Sangue di Bacco, Carluccio lo servitore, mò è l'ora de la tavola, hanno da passà tutte quante da ccà. Michelì, sà che buò fà, annascunnete dinta a chella cammera quanno è lo mumento te faccio scappà. *(Spinge Mich. seconda a dest.: mentre sta per chiudere la porta esce Carlo.)*
CARLUCCIO: La tavola è pronta.
FELICE: La tavola è pronta. Signori a tavola. *(Entra seconda a sin.)*
LEONARDO *(uscendo)*: Essa s'ha negato tutto cose, s'è mise pure a chiagnere, io però aggio pensato de dì a chillo tale che m'ha data la lettera: La signora Michelina ha detto che v'aspetta senza meno stasera, accossì me pozzo accertà de tutto. Ma pe fà chesto però, aggia seguità a fà lo servitore dinta a sta casa. *(Si leva il soprabito e si mette la livrea.)* Stasera me mposto sotto a lo palazzo, appena lo veco assummà, le dongo una mazzata, e l'arape tutto chesto! *(Escono Amalia, Adelina, Dorotea, Felice e Lorenzo.)*
AMALIA: D. Dorotè, mò ve trovate, mangiate cu nuje.
DOROTEA: Ma vedite, a me po' chi m'accompagna a casa?
ADELINA: Comme chi v'accompagna, v'accompagna Lorenzo.
LORENZO: Ma si capisce!
AMALIA *(a Leon.)*: (Cumpà, nce stanno novità?)
LEONARDO: (Uh! Avite voglia!)
ADELINA: Jammo, jammo! *(Tutti vianno meno Fel.: e Lor.:fanno lazzi per fare entrare l'uno e restare l'altro, indi Lor.: via.)*
LORENZO: (Comme faccio pe dà lo ritratto a chella!) *(Via.)*
FELICE *(a Leon.)*: Tu pò che arma de mammeta haje fatto? La lettera che t'ha dato Arturo pe darla a Michelina, l'haje data mmano lo marito. *(Via Leon.: appresso.)*

SCENA SESTA

Michelina e Attanasio, indi Marietta, poi Leonardo, poi Pasquale, poi Attanasio, infine prima Marietta e poi Michelina.

ATTANASIO: Ma comme vuje mò nun la vulite fernì?
MICHELINA: Io non songo io, signò, è isso che me nquieta, è isso che me fa truvà mmiezo a tanta mbruoglie. Quanno era zetella, sissignore, nce faceva ammore, ma da che me so' mmaretata, nun l'aggio guardato cchiù nfaccia, credeteme. *(Esce Marietta.)*
MARIETTA: Guè Michelì, tu staje ccà? *(Gridando.)*
MICHELINA: Guè Mariè, e tu che faje ccà? *(c.s.)*
MARIETTA: Po' te conto. *(c.s.)*
ATTANASIO: All'arma vosta! Guè, s'hanno ncontrato dinto a la villa, vì comme strillene! Jatevenne, nun ve facite vedé!

MARIETTA: Signò, scusate.
ATTANASIO: Jatevenne! *(Le spinge. Mich.: va avanti per andare pel fondo giunte alla porta Mich.: vede il marito.)*
MICHELINA: Uh! Maritemo! *(Attan.: la fa fuggire per la prima a d.)*
ATTANASIO: Vuje vedite che guaio aggio passato! *(Entra appr.: e chiude.)*
LEONARDO: Chillo s'è miso a tavola, nun l'aggio potuto addimannà niente. La lettera l'aggio dato a mmano a lo marito? Eh! Ccà mbruoglio nc'è sotto!
PASQUALE *(caccia la testa fuori la porta)*: Uh! D. Leonardo.
LEONARDO: D. Pascà, state ccà?
PASQUALE: E vuje ch'avite fatto, avite lasciato de fà l'usciere?
LEONARDO: Nonsignore.
PASQUALE: Io ve veco co la livrea ncuollo, avite fatto avanzamento!
LEONARDO: E nu piacere ch'aggio fatto la commarella mia, m'aggio d'avuto fingere servitore pe scommiglià li mbruoglie de nu certo D. Feliciello.
PASQUALE: Ah, D. Feliciello Sciosciammocca, lo conosco, lo conosco!
ATTANASIO *(piano a Leo)*: (Chisto pure ccà!). Maestro bello!
PASQUALE: Uh! D. Attanasio.
ATTANASIO *(piano a Leonardo)*: (Date chiacchiere lo maestro, quando faccio fuì la mogliera che sta là dinto).
LEONARDO: (Nientemeno!). D. Pascà, io ve volarria addimannà na cosa. Quanno lo marito se sparte co la mugliera, la roba de la casa fanno mmità pedono? *(In questo frattempo Marietta è andata via pel fondo.)*
PASQUALE: E si capisce benissimo!
ATTANASIO: Accossì me pare pure a me. *(Piano a Pasquale.)* (Maestro, date chiacchiere a chisto, quando faccio fuì la mugliera chesta là dinto!)
PASQUALE: (Ndranchete Ndrà!). Ditemi na cosa D. Leonà, essa dote ve n'ha portata?
LEONARDO: Manco nu soldo! *(In questo frattempo Michelina è andata via pel fondo.)*
PASQUALE: Allora va bene, allora va bene! *(Attanasio ch'è rimasto sotto la porta, guarda i due, e dà in uno scroscio di risa, li saluta con le mani e via. I due si guardano e ridono, si fanno dei segni come a concerto.)*-

(Cala la tela.)

Fine dell'atto secondo

ATTO TERZO

Camera in casa di D. Raffaele, 3 porte laterali ed una finestra. In fondo a sinistra una tavola con grossa guantiera di dolci, bicchieri e bottiglie di vino forastiero. In fondo a destra altra tavola con palettò, scemise, cappelli, bastoni e ombrelli degl'invitati. Alla porta in fondo vi saranno ai 2 lati 2 garselle accese con sopra 2 grossi piretti divino, bottiglie divino e bicchieri. Vicino alla credenza vi sarà una cesta grande con freselle e taralli. Sedie ecc. ecc.

SCENA PRIMA

All'alzarsi della tela di dentro a destra si sente suonare un concertino di quadriglia ad una voce che chiama la quadriglia, dal fondo vice:

LEONARDO *(con chiave):* D. Pasquà, nun ve muvite mai da vicino a me.
PASQUALE: E voi pure. Noi stasera dobbiamo stare sempre uniti, acciò nell'occorrenza voi potete fare il testimonio a me, ed io lo faccio a voi.
LEONARDO: Intanto, nun aggio potuto truvà cchiù chillo cancaro de giuvinotto che me dette la lettera pe muglierema; io aveva pensato de purtarle pure la risposta, pe poterlo cogliere ncastagna.
PASQUALE: Eh! La pensata era buonissima.
LEONARDO: E nun l'aggio potuto truvà, ma chillo stasera ccà vene. A Michelina moglierema l'aggio chiusa da dinto, e chesta ccà è la chiave, nun tengo paura de niente, a essa l'aggio ditto che non me ritirava stanotte, che ghieva a scrivere nu pruciesso cu n'avvocato.
PASQUALE: Beato voi, state a pensiero quieto!
LEONARDO: Io nun saccio vuje comme putite sta ccà, mentre la mugliera vosta sta dinto, sta abballanno e se sta sfrenanno mmiezo a tanta gente.
PASQUALE: La mia posizione è diversa de la vostra, caro D. Leonardo. A voi è amore, a me è quistione di 100 lire al mese che voglio sparambiare. Quella abballa, la legge non ci trova difficoltà. È una festa da ballo che ha dato un galantuomo. A mè me serve l'articolo 150, pecché, comme a nu stupito, quanno me spartette nun me servette de lo 158, e essa me presenta sempe lo 142, ma si nccoccio lo 150, ppà, me presente co lo 156.
LEONARDO: Io nun aggio capito manco na parola!
PASQUALE: Ah, capisco io. *(D.d. si sentono delle voci: Valzer, Valzer — indi la voce di Michelina: Maestro un bel valzer.)*
LEONARDO: A mè me pare ch'aggio ntiso la voce de muglierema!
PASQUALE: Oh, D. Leonà, voi che dite, voi tenete la chiave dentro a la sacca.
LEONARDO: D. Pasquà, jammo dinto.
PASQUALE: D. Leonà, vuje site pazzo, chella me vede muglierema, e io fernesco de cucinà. E poi, se veramente vostra moglie sta dentro, cosa che io credo impossibile, che fate, fate un chiasso, e non potite scommiglià l'affare di quel giovinotto, perché quello ve può dire io non lo conosco, so' stato invitato a questa festa da ballo, e so' venuto pur'io.
LEONARDO: Già, avete ragione, che volete, io a sangue caldo non ragiono. Allora D. Pasquà, fateme nu favore, jammo nu mumento a casa.
PASQUALE: Vuje mò v'avite mise stu penziero ncapo, e si nun ghiammo vuje nun la fernite cchiù, jammoncenne!
LEONARDO: Nuje mò facimmo lesto lesto! *(Viano fondo.)*

SCENA SECONDA

Arturo e Marietta, poi Michelina.

ARTURO *(con Marietta sotto al braccio)*: Mariè, te vuò mangià nu piezzo de dolce?
MARIETTA: No, voglio nu bicchierino de rosolio. *(Art.: le mette il rosolio e lei beve.)* Grazie. Dunche Feliciello non ha potuto venì?
ARTURO: Marietta mia, tu che ne saje, chillo tene na mamma ch'è n'affare serio! Nuje aveveme combinato tutte cose, steveme pure venenno, quando tutte nzieme, nc'è venuta la mamma de faccia, nce n'avimmo avuta saglì n'ata vota, e stata inutile ogni scusa, ogni stratagemma, essa tosta, a non credere niente.
MARIETTA: Ma certamente si veneva ccà stasera, non c'era niente de male.
ARTURO: Lo capisco, ma nun saje chella comme tene a chillo figlio, poco manca e lo mette sotto a na campana! *(Mar.: ride.)* Ma io credo che chillo stasera ccà vene, pecché nce steva troppo ncanato.
MARIETTA: Ah, ah, si vene nce n'avimma fà rise!
ARTURO: A proposito, Mariè, Michelina stasera pecché non me dà confidenza, non me guarda nfaccia, vaco pe m'accustà e se ne scappa?
MARIETTA: Ma comme, tu non saje niente?
ARTURO: No, nun m'ha voluto dicere manco na parola.
MICHELINA: Mariè, viene dinto, te vonno.
ARTURO: Micheli, pozzo sape...
MICHELINA: Mannaggia l'arma de mammeta, ma tu me vuò lassà j o no? Comme, me combine chillo piattino? Me manne la lettera pe mezzo de maritemo, pe me fà nquietà? Ma tu haje voglia de fà, haje voglia de dì, che cu mmico nun ne cacce niente! Io te l'aggio ditto tanta vote che primma era na cosa e mò n'è n'ata, primma era zetella, e mò so' mmaretata, e pò, grazie de lo Cielo, aggio trovato nu marito che nun me dà l'ombra de dispiacere, a te nun te pozzo dà retta, fatte de fatte tuoje, quanta vote te l'aggia dicere.
ARTURO: Ma Mariè, vide chella comme parla.
MARIETTA: E me pare ch'have ragione.
ARTURO: Comme have ragione, io l'aggio mannata la lettera pe lo servitore de Feliciello, e nun saccio comme pò è capitata mmano a lo marito, io lo marito nun lo conosco.
MICHELINA: Vattenne, cheste so' scuse, tu haje fatto apposta, tu l'haje fatto pe me fà truvà mmiezo a nu mbruoglio, ma non ne ricave niente, chillo me vò bene, e tu schiatte!
ARTURO: Uh! Michelì, tu comme la tire a luongo, e sì, mò comme nce stisse sulo tu ncoppa a lo munno, comme stasera nun nce stessene cchiù figliole dinto, t'aggio ditto che nun ne saccio niente, nun me vuò credere, saluta a la fibbia! Oh, mò m'haje seccato mò! *(Via.)*
MICHELINA: Oh, mò so' contenta, che m'aggio levato nu pisemo da coppa a lo stommaco!
MARIETTA: Haje fatto buono, Michelina mia, tu te sì mmaretata, haje trovato un buon'ommo, te vò bene, e ringrazia lo Cielo, mò de chiste tiempe le marite vanno fuienno, l'uommene se so' mparate, vonno fà ammore, parlene cu papà, cu mammà, pigliene de tiempo n'anne, si attocca pure 3 anne, appena se sta accostanno l'epoca de lo sposalizio, spariscene, nun li truove cchiù. Ah! Quanto me trovo pentita che nun aggio

saputo tenè caro chillo che teneva. A proposito tu po' comme haje fatto pe venì ccà stasera?
MICHELINA: Ah, nun saje ch'aggio combinato? Leonardo, mariteme, a li 9 se n'è ghiuto, dicennome che stanotte nun se retirava, pecché aveva j a scrivere in casa de n'avvocato, m'ha chiusa da dinto e s'ha portata la chiave, io aggio ditto: comme faccio, justo justo chillo nun se retira, tutte quante vanno la festa de ballo de D. Rafele, e io sola aggia sta cca. Oh, chesto poi non sarrà maje! Haje da sapè che nuje dinta a la cucina tenimmo nu mezzanino, lo quale tene nu fenestiello che corrisponde mmiezo a li grade, io aggio aricettato la cammera, me so' vestuta, e me ne so' asciuta pe là dinto.
MARIETTA: Ah, ah, chesta si ch'è curiosa!
MICHELINA: Appena sta facenno juorno, me ne vaco e me mpizzo n'ata vota pe dò so' asciuta.
MARIETTA: E si mariteto se ritira primma de te?
MICHELINA: Ah, è impossibile, io lo ssaccio, sempe che va a scrivere da chill'avvocato se ritira verso li 7, 7 e meze de la matina.
MARIETTA: Allora va buono, e ghiammo abballà là!
MICHELINA: Jammo, jammo! *(Viano.)*

SCENA TERZA

Raffaele, Attanasio ed un Facchino che porta in testa una grossa guantiera, con entro grosso cartoccio bianco, come se fosse un gattò per 16 persone.

RAFFAELE *(col facchino):* Miettelo ncoppa a la tavola, dinta a chella cammera, e battenne, ca po' nce vedimmo a lo magazzino. *(Facch.: entra seconda a sin.:poi esce e via fondo.)* Trase, trase Attanà, che veramente m'haje dato nu piacere gruosso assaje.
ATTANASIO: Tu nun te puoi credere io quanto so' contento che t'aggio trovato, che t'aggio visto doppo 17 anne.
RAFFAELE: Damme n'atu vaso.
ATTANASIO: Pure mille. *(Si baciano.)*
RAFFAELE: Assettammoce nu poco, e arricordammece de li tiempe antiche.
ATTANASIO: Ah! Chilli tiempe nun tornene cchiù.
RAFFAELE: E pecché nun tornene cchiù? No, amico mio, haje da sapé che io nun me so' mosso da chella vita che faceva, e non me scorde maje che lo nonno mio era putecaro, pateme era putecaro, io so' putecaro, e voglio murì putecaro. Me piace de faticà, e me piace pure de me spassà. Quanno capita lo tuocco me lo vaco a fà, la campagnata nun la rifiuto, na carrozziata... Ah, me recreo! Quanno s'ha da faticà, fatico sà, e manco nu giovinotto!
ATTANASIO: Ah, viate a te, quanto pagarria pe fà la vita che faje tu! Ma nun la pozzo fà, pecché muglierema vò che io parlo pulito, che faccio lo signore, che leggo le giornale.
RAFFAELE: Ah, ah, tu mò vide la combinazione, vuje tante amice, e a mogliereta io nun la cunosco.
ATTANASIO: Io te ncuntraje 4 anne doppo spusato, te dicette vieneme trova, pò nun t'aggio visto cchiù.

RAFFAELE: Eh, amico mio, tanta disgrazie una ncoppa a n'ata, nun m'hanno fatto penzà a niente cchiù, chill'anno primme me morette fratemo Saverio.
ATTANASIO: Uh! È muorto lo si Saverio? Che bello sapunaro ch'avimmo perduto!
RAFFAELE: Eh, quanno se metteva la sporta sotto chillo, tutte ll'ate sapunare s'è metteva dinto a la sacca! Pò, me morette mogliarema Lisabetta.
ATTANASIO: Ah, già, tu me diciste che t'ire nzurato.
RAFFAELE: N'angelo de figlia, Attanà, na perla, figurete, me rummanette na criatura, na peccerella de 3 anne, che mò è grossa, si la vide, nò pecché m'è figlia, è na bella figliola, po' virtuosa, cu chelli mmane pitta lo sole, fa la modista, serve le meglie case napolitane, lucra bene, tutto chello che s'abbusca se l'astipa pe la dote. Ogge è stato lo nomme sujo, ha voluto fà na festa de ballo, ha mmitate a tutte li compagne soje, e se spassene, abballano, zompene — so' figliole, che nce vuò fà!
ATTANASIO: E nun haje penzato a te nzurà n'ata vota?
RAFFAELE: Nun voglia maje lo Cielo, chella si lo sente soltanto me zompa nfaccia! Io te dico la verità, tenarria lo pensiero de farlo... ma comme faccio, chella lo cchiù poco faciarria revutà la casa! Basta, Attanà, vivete nu bicchiere de vino, ricordammece lo passato — ma stu vino me l'aggio fatto venì apposta da Nola, chesto ccà se l'hanna vevere soltanto l'amice, na cosa troppo scicca! *(Versa il vino nel bicchiere.)* Guarda Attanà, lo culore de lo granato. Vive. *(Beve.)*
ATTANASIO *(beve)*: Lo granato. (Chesto è acito!) Dimme na cosa Rafè, stu vino lo tiene sulo pe l'amice?
RAFFAELE: Se capisce.
ATTANASIO: (E chisto a li nemice va trova che nce have da dà!). Buono. *(Posa il bicchiere.)*
RAFFAELE: Attanà, volarria proprio conoscere mugliereta, a la verità!
ATTANASIO: Non te faciarria troppo piacere, siente a me!
RAFFAELE: Pecché?
ATTANASIO: Pecché chella la penza de na manera che nun fa pe te. Vò fà la nobile, tutte cose le fanne scuorno, so' privo dinta a la casa d'arapì la vocca! Figurete, cierti amici miei, stasera m'avevano invitato a Casoria pe na cena pe me fà assaggià nu bicchiere le vino, proprio naturale — embè, aggiò avute ammentà che ghieva a Casoria pe la compra de na massaria, si no chella nun me faceva j. *(Raff: ride.)* Eh, tu ride, nun voglia lo Cielo e chella mò sapesse che io sto ccà.
RAFFAELE: Ma pò a Casoria, nun nce sì ghiuto cchiù?
ATTANASIO: E no, pecché pe certe combinazione che se so' date, aggio perzo tiempo, s'è fatto notte e nun nce aggio pututo j cchiù. Me steva ritiranno a casa, penzanno che scusa aveva truvà, quando aggio truvato a te de faccia, io nun t'aveva conosciuto.
RAFFAELE: Ma io si però, perché la tua fisonotua m'è rimasta a memoria.
ATTANASIO: (Eh, la fisonotua!).
RAFFAELE: Allora io diciarria stanotte statte ccà, mò nce ne jammo dinto, vedimmo nu poco come abballane, po' te faccio vevere na presa de rosolio scicca, e a n'atu poco nce ne jammo a fumà na pipparella fora a la loggia, e vedimmo schiarà juorno. Dimane te retira, e dice a mugliereta che sì stato a Casoria.
ATTANASIO: Eh, mò me trovo mò, a chello che ne vene vene!

RAFFAELE: Jammoncenne, nun te n'incarricà! *(Viano seconda a d.)*

SCENA QUARTA

Felice, poi Raffaele.

FELICE: Sangue de Bacco, tanto aggio fatto che pure ccà so' venuto... mò moro, nun me fido cchiù de correre, ma nce l'aggio fatto caspita: Felì, jammece a cuccà — jammo mugliera mia, erano all'8 e meze, vedete un giovine all'8 e meza pò tenè suonno, e po' stanno cu chillo pensiero ncapo. Che buò durmì... me so' curcato pe nun le dà sospetto de niente, quanno aggio visto che durmeva a suonno chino, zitto zitto, so' scise, me so' vestuto, e me ne so' scappato, ma cu li panne che teneva pe la casa però, e comme faceva? Lo cumò comme l'arapeva, si faceva rummore chella po' essere che se scetava e felicenotte — me so' miso a correre pe la strada comme a nu pazzo, chille duje guardie m'hanno pigliato pe mariuolo, m'hanno afferrato e m'hanno addimmannate tanta cose, dove andate? io sono un galantuomo, vado a na festa de ballo. Comme, a na festa da ballo, e andate di questa maniera? Scusate, ma cheste so' cose curiose, e se io nun tengo che me mettere, e si nun aggio avuto tiempo de me vestì, volete entrare nei fatti miei. Basta, dopo tanta chiacchiere, se ne so' ghiute, e io me so' mise a correre n'auta vota, finalmente so' arrivato — ma comme faccio, comme me presento dinto de chesta manera, che figura faccio, aspetta ccà ncoppa stanne diverse scemise, mò me ne metto una de chiste, si quaccheduno lo conosce ch'è lo suio io dico: Oh, scusate, ho sbagliato.., me credeva ch'era il mio. *(Si mette lo scemise con lazzi.)* Me va nu poco largo, nun fa niente, pare sempe meglio de comme steva primmo. Stu cappiello è meglio de lo mio... mò poso chisto, e me piglio chisto. *(Si mette un cappello alto e mette il suo sul tavolo.)* Me pare nu cucchiere appadronato!
RAFFAELE *(esce, va a prendere la guantiera dei dolci e fà per andare da dove è uscito, vede Felice)*: Voi chi siete?
FELICE: Sono un signore qualunque.
RAFFAELE: E chi vi ha invitato?
FELICE: M'ha invitato n'amico mio.
RAFFAELE: N'amico vuosto? E addò sta st'amico vuosto?
FELICE: Non lo sò, forse sarà venuto prima, starà dentro.
RAFFAELE: Starà dentro? E ccà che stiveve facenno?
FELICE: Stava aspettando chi sa usciva.
RAFFAELE: E nonsignore, favorite dentro, qua che nce fate. (Fosse nu mariuolo!) Trasite, trasite, cca, che nce facite. *(Guardandolo sospettoso.)* (La faccia de mariunciello la tene!) *(Via.)*
FELICE: E chisto pure pe mariunciello m'ha pigliato! Và, lasseme trasì dinto, che me parene mill'anne che veco a Marietta. Eccomi signori. *(Via.)*

SCENA QUINTA

Pasquale e Leonardo, poi Raffaele e Michelina.

PASQUALE: D. Leonà, riflettete bene le cose.
LEONARDO: Non nc'è che riflettere, voglio fà un streverio, voglio fà correre la. cavallaria!
PASQUALE: Ma pensate che questa non è casa vostra.
LEONARDO: E che me ne mporta a me — birbanta, assassina! Comme, io la rimmane chiusa da dinto, e io la chiave co la tengo a fà! *(Pasq. ride.)* D. Pascà nun ridete, che me fate fà lo pazzo!
PASQUALE: No, io rido pecché tenite la chiave dinta a la sacca.
LEONARDO: Sì, ma io non me la tengo però! Ah! zitto, zitto D. Pasquà... essa vene da chesta parte sotto a lo vraccio de nu viecchio.
PASQUALE:. Ah, chillo è D. Rafele lo padrone de casa.
LEONARDO: Annasconniteve D. Pascà, ve voglio fà vedé comme me regolo io, ve voglio fà vedè che l'aggia dicere!
PASQUALE: Non v'alterate tanto, vi potete compromettere! *(Via prima a sin.: Leon.: va verso destra.)*
RAFFAELE *(porta a braccio Mich.):* Vi voglio offrire una presa di rosolio a doppia crema.
MICHELINA: Grazie.
RAFFAELE: Mi dispiace che sono un cavaliere servente un poco vecchio, ma non fa niente, si dice: gallina vecchia, fa buon brodo.
LEONARDO: (Te voglio fà ascì io lo brodo de lo mellone!).
MICHELINA: (Che! maritemo!). D. Rafè, chillo è maritemo!).
RAFFAELE: (E che d'è, ch'è diavolo!).
LEONARDO: Voi non mi aspettavate in questa casa a quest'ora? Donna infame! Donna senza rossore!
RAFFAELE *(Pasq.: fa capolino):* Ma che significano queste parole?
LEONARDO: Ho ragione! L'aggio chiusa da dinto, essa se n'asciuta ed è venuta ccà! Birbante! Cammina a casa... si no te piglio a schiaffe!
MICHELINA: Tu a chi piglie a schiaffe, a chi? Mò veramente te scomma de sangue! Vuje vedite che aggio passato io poverella nnanze a stu mamozio de Pezzule!
PASQUALE: (Uh! mamozio!).
MICHELINA: Nun me vò fà j a nisciuna parte, nun me vò fà uscì de la casa, so' 3 mise che simme sposate, m'avesse portato maje a quacche divertimento, nun pozzo ascì manco fore a lo balcone pecché piglia gelosia. Stammatina se n'è venuto cu na lettera, e m'ha dato chello poco de tuosseco! Stasera, è venuta la figlia de D. Rafele e m'è venuta a piglià, steva la porta chiusa, me ne songo asciuta pe lo fenestiello de la cucina, e so' venuta in casa di un galantuomo, capisci.
RAFFAELE: Troppo buona!
MICHELINA: Chillo piglia e have l'ardire de dì: te piglio a schiaffe, nun lo dì n'ata vota sà, nun te credere che io so' sola, e nun tengo a nisciuno, pecché me difendo io stessa!
LEONARDO: Ma io songo...
RAFFAELE: Na bestia! *(Pasq. ride.)* Perché quando avevate appurato che vostra moglie stava in casa mia, v'aviveve da stà zitto. Vostra moglie stava in casa de nu putecaro onesto... di un gentiluomo, nun aviveva dì donna senza rossore, pecché cu sta parola

avete pungiuto pure a me!
PASQUALE: *(Uh! Pungiuto!).*
RAFFAELE: Pecché vò dicere che chi vene dinta a la casa mia non tene rossore... Che non sta, non sta!
LEONARDO: Ma io...
RAFFAELE: E che io e io, stateve zitto, quanno nun sapite fà lo marito nun ve nzurate, nun nfelicitate na povera figliola, che pe se j a divertì nu poco, se n'avuta fuì pe dinto a lo fenestiello de la cucina, a uso de na gatta marzaiola! È venuta stasera a ballà nu poco in casa mia, che male nce sta? Fusseve venuto pure vuje che ireve ricevuto cu tutto lo piacere.
MICHELINA: No, D. Rafè, vedite, io ve dico la verità, se seguita a trattarme de chesta manera, io me voglio spartere... pecché non me fido de fà sta vita, io songo certa che ne piglio na malattia e me ne moro! Si sapisseve stammatina che parole m'ha ditto, senza ragione, innocentemente, m'ha fatto chiagnere pe 3 ore de seguito... chesto pecché io non tengo né mamma e né patre! *(Piange. Raff: anche piange con lazzi.)*
LEONARDO: Ecco ccà, mò chiagne, sape che io non me fido de vederla chiagnere... agge pacienza, nun lo faccio cchiù, aggio mancato... io me credeva che non t'era venuta a piglià la figlia de stu signore — meh, nun mporta, facimmo pace. *(Baci.)* Nun chiagnere cchiù!
MICHELINA: E lo faje cchiù?
LEONARDO: Nonsignore, nun lo faccio cchiù!
RAFFAELE: Và, facite pace! *(Bacia la mano a Mich.)*
LEONARDO: Jammo a franco, D. Rafè!
RAFFAELE: E che male nce sta, io songo affezionato!
LEONARDO: E voi di questa età, ve pigliate ancora passagge! Mugliera mia cara cara! *(L'abbraccia.)*
RAFFAELE: Và, jatevenne dinto, che mò me porto pure a isso.
MICHELINA: Grazie tanto, D. Rafè! *(Via.)*
RAFFAELE: Venite ccà, beviteve nu bicchiere de vino. *(Gli dà a bere.)*
LEONARDO: Mille grazie. *(Beve.)*
RAFFAELE: Vostra moglie è na bona figliola, e io saccio che ve vò bene.
LEONARDO: Ch'aggia fà, io so' geluso, ogne pilo lo faccio trave.
RAFFAELE: Avite ragione, ma capite, ogne tanto la mughiera s'ha da fà spassà. Se nun la facite spassà vuje, neh, chi vulite che nce la porta, se nun la facite divertì vuje, neh, chi vulite che la fà divertì?
LEONARDO: Neh, vuje che vulite da me? *(Viano seconda a destra.)*
PASQUALE *(viene avanti)*: Io mò moro da le risa! Ma chillo è proprio nu turzo de carcioffola, voleva fare, voleva dire... buffone!

SCENA SESTA

Felice, poi Lorenzo, indi Arturo.

FELICE: Sangue de Bacco! Chillo sta papà dinto, mò è trasuto pure Battista lo servitore,

meno male che nun m'hanno visto... comme canchere se trovene ccà ncoppa? *(Si volta e vede Pasq.)* Uh! Lo maestro.., e comme la combino! *(S'alza il bavero del soprabito.)*
PASQUALE: Che veco! Sta trasenno D. Lorenzo, certo vene pe parlà cu mughierema... mò è lo momento! *(Entra prima a sin.)*
LORENZO *(entra)*: Ccà ha da essere!
FELICE: (Lorenzo! Peggio! Ma che d'è, stanno tutte ccà ncoppa!).
LORENZO: Comme avarria fà pe parlà cu Marietta, pe darle lo ritratto, accossì me la levo da tuorno, si no chella pò essere che vene n'ata vota a casa, e me fà nquità cu mugliarema. *(A Felice:)* Signore, scusate... sapete se dentro... signore... sapete...
FELICE *(senza voltarsi)*: La festa da ballo da quella parte, la festa da ballo da quella parte! *(Cambiando voce e con le spalle voltate via fondo a sin.)*
LORENZO: Vì che ata educazione tene chill'ato! *(D.d. si suona.)* Mò me mpizzo mmiezo a la folla, e quanno me vene a taglio nce lo dongo. *(Entra.)*
PASQUALE: Sangue de Bacco, chillo mò certo va a parlà cu mughierema... e io nun pozzo sentere... Aspetta, stanno sti soprabiti, si putesse trasì dinto senz'essere conosciuto. *(Si mètte un lungo scemise bianco ed il cappello che ha lasciato sul tavolo Felice — entra di galoppo a passo di musica che suona dentro.)*
FELICE: Voi vedete la combinazione, papà, Battista, Lorenzo, lo maestro, tutte quante ccà ncoppa! E dinto chi nce trase, tengo nu triemmolo dinto a li gamme e nun saccio che d'è!
ARTURO: Guè Felì, ch'haje fatto, te ne sì ghiuto?
FELICE: E se capisce, tu pazzie, chillo sta papà dinto!
ARTURO: Tu non saje niente? Lo servitore tujo Battista, saje chi è?
FELICE: Chi è?
ARTURO: E lo marito de Michelina.
FELICE: Tu che dice!
ARTURO: Nun è overo ch'è servitore, s'è finto tale e non se chiama Battista, se chiamma Leonardo, sta finzione nce l'ha fatta fa D. Amalia, pe potè scommiglià quacche mbroglia toja.
FELICE: Possibile! E a te chi te l'ha ditto?
ARTURO: Isso stesso, mò proprio! Uh! Nuje simme diventate amice. *(Ridendo.)* Ah, ah, io l'aggio dittò che la lettera nun ghieva a la mughiera, jeva a n'ata Michelina che sta de casa dinto o stesso palazzo sujo.
FELICE: E isso se l'ha creduto?
ARTURO: Sicuro!
FELICE: Uh! Arma de lo pastenacone!
ARTURO: Jammo, viene dinto, jammoce a spassà!
FELICE: Tu sì pazzo! Chillo sta papà dinto, io abbusco abballanno, abballanno!
ARTURO: Cirche de nun te fà vedé.
FELICE: Nun nce penzà, io dinto nun nce trase cchiù!
ARTURO: Allora vaco abballà io! *(Entra.)*
FELICE: Va, va, abballa tu, va ti diverti, mannaggia lo mumento che me so' nzurato, mannaggia... Che veco! Papà vene da chesta parte cu na figliola pe sotto a lo vraccio, voglio sentì che dicene. *(Si nasconde prima a sin.: e fa capolino.)*

SCENA SETTIMA

Attanasio e Rosina.

ATTANASIO: Qua, qua, vi voglio servire io stesso. *(Gli offre un tarallo che prende dalla sporta.)* Ve piacene chiste?
ROSINA *(lo prende):* Grazie tanto.
ATTANASIO: Stiamoci un poco qua... là nc'è troppa folla, ci fa un caldo che se more!
ROSINA: Sì, sì, è vero io sto tutta sudata!
ATTANASIO: Come vi chiamate?
ROSINA: Rosina a servirvi.
ATTANASIO: A favorirmi sempre... il nome ci sta adattato con la persona, pecché vuje site na vera rosella de maggio!
ROSINA: Ah, è bontà vostra!
ATTANASIO: No, è quello che è... voi siete la più bella di quanto ce ne sono dentro. E diteme na cosa, fate l'amore?
ROSINA: Io? Nonsignore.
ATTANASIO: Eh, nonsignore... sissignore... e impossibile che una ragazza come voi non fà l'amore... Ah! Se così fosse veramente, io sarei capace di fare tutto per voi, perché che sò, appena vi ho visto sono rimasto incatenato, magnetizzato, affascinato...
FELICE: (Ah! Vecchio scostumato!).
ATTANASIO: Sono un poco avanzato, è vero, ma che fa, il cuore non è mai vecchio... diteme na cosa, se io ve dicesse che vi amo, vi amo perdutamente, voi che mi rispondereste?
ROSINA: Vedete, mò nun pozzo rispondere niente, me sento girà la testa, sento un caldo che mò moro!
ATTANASIO: Allora venite a piglià nu poco d'aria fora a la loggia vedete che ve passerà tutto. *(Le cinge la vita col braccio.)* Angioletto mio, vita mia, tesoretto mio! *(Viano fondo a sinistra. Felice con lazzi va appresso.)*

SCENA OTTAVA

Pasquale, poi Lorenzo e Marietta, indi Felice.

PASQUALE: Se la sta carrianno da chesta parte, mò vedimmo si faccio lo colpo! *(Entra prima a sin.: e fa capolino.)*
LORENZO: D. Mariè, venite ccà, llà nce sta troppa folla, po' essere che nce vedene. *(Con ritratto.)*.
MARIETTA: M'avite portato lo ritratto?
LORENZO: Sissignore, chisto è isso, io ve lo dongo, ma v'assicuro che me levate la cosa la chiù cara pe me!
MARIETTA: Vuje site nzurato, teniteve cara la mugliera vosta.
LORENZO: Ma pozzo almeno sperà che penzate qualche volta a me?

MARIETTA: Ma scusate, che penzo a fà a buje, vuje site nzurato io so' mmaretata, sarrìa nu pensiero proprio inutile.
LORENZO: Vale a dicere, che io m'aggia scordà interamente de vuje?
MARIETTA: Interamente! Mio caro D. Lorenzo, me pare che io ve l'aggio ditto cchiù de na vota, pe tanto ve facette trasì dinto a puteca mia, pecché nun sapeva che jreve nzurato, eppure, si ve ricordate, ve diceva sempe ch'era tiempo perzo, che nun ne cacciaveve niente, perché io era maritata. Na sera vuje pe forza ve pigliasteve lo ritratto mio da faccia a lo muro, lo quale ritratto ha fatto crede a mariteme chello che nun era. D. Lorenzo mio, io aggio sofferto assaje, e giustamente, pecché nun aveva trattà a chill'ommo comme l'aggio trattato, aggio visto ch'aggio fatto male, lo marito s'ha da tené caro, e po', chillo marito che pozzo dicere che me voleva bene veramente, io v'assicuro che da ché me so' spartuta da maritemo, che saccio, lo munno me pare n'ata cosa, pare sempe che uno me dice dinto a recchia: haje fatto male!!... pare che tutte chille che me guardene, nun me guardassero co piacere. E pò, caro D. Lorenzo, chi ommo me tratta con sincerità... cu affezione, nisciuno? Aggio capito troppo sta cosa, v'assicuro che mò voglio bene a maritemo, pecché mò saccio che significa marito, mò saccio che significa a sta senza n'ommo che te vò bene veramente. *(In tutto questo discorso Pasquale s'intenerisce a poco a poco.)*
LORENZO: Ah, ah, ah... D. Mariè, e vuje quanno maje avite parlato accossì?
MARIETTA: Maje, pecché maje aggio capito lo mmale che aveva fatto!
LORENZO: Allora nun ne parlammo cchiù... stateve bene, e salutatemi tanto tanto il vostro affezionato Pasqualino. *(Via fondo.)*
MARIETTA: Oh, pare che mò se sarrà fatto capace na vota pe sempe! *(Per entrare Pasq.: le va di faccia.)* (Che! Maritemo!)
PASQUALE: No, il vostro ammiratore, voi avete un cuore di pastafrolla! Ho inteso tutto, mi avete commosso fino ai capelli!
MARIETTA: Ma io...
PASQUALE: Zitto! Non voglio sentire più niente. *(Le bacia la mano.)* Andate a ballare.
MARIETTA: Comme! e vuje?
PASQUALE: Io ve lo permetto! Andate a ballare. Da questa sera vostro marito ritornerà nelle vostre braccia!
MARIETTA: Oh! Che piacere! *(Entra.)*
PASQUALE: Cara, carella, carogna... mò la chammava carogna. Con quelle parole mi hai toccato il cuore! *(Di dentro si sente suonare un valzer, dal fondo comparisce Felice e resta sotto la porta con i capelli in disordine.)*
FELICE: Maestro?
PASQUALE: D. Felice!
FELICE: Potete perdere 5 minuti?
PASQUALE: Per fare che?
FELICE: Per vedere una cosa!
PASQUALE: Che cosa?
FELICE: Mio padre lo credete un galantuomo?
PASQUALE: Sicuro!
FELICE: No! È un porco!

(Cala la tela.)

Fine dell'atto terzo

ATTO QUARTO

La scena rappresenta una serra di fiori, 4 porte laterali ed una in fondo. Tavolini e sediolini di giardino.

SCENA PRIMA

Amalia ed Adelina.

AMALIA *(trasportando Adel.:pel fondo):* Ma viene ccà, Adelina mia, tu m'haje ntiso sempe, mò che saccio nun me daje audienza, e sieguita a te piglià collera.
ADELINA: Amà, ma tu sì curiosa, comme, io me sceto, nun me trovo a mariteme vicino, lo vaco trovanno pe tutta la casa, nun lo trovo, nun saccio che se n'è fatto, e vuò che stongo de buon'umore, e nun me piglio collera. Aggio pacienza, cheste sò cose che se dicene pe calmà na persona, ma nun se sentene!
AMALIA: Ma viene ccà, conteme lo fatto, ve fusseve appicccecato aissera?
ADELINA: Addò, maje comm'aissera, nce simme curcate cu tanto buon'umore, dinto a lo lietto nce avimmo parlato de tanta belle cose, isso po' doppo na mez'ora me dicette: Adelì, perdoneme si m'addormo, pecché nun me fido de tené cchiù l'uocchie aperte, io pure steva stanca e nce addormetteme. Stammatina, quanno me sò scetata, sò ghiuta pe vedé, e a lo pizzo sujo, mmece d'isso, nce steva nu cuscino commigliato co lo lenzulo. Figurete, nun sapeva a che penzà, sò scesa, me credeva che steva dinto all'ate cammere, sò ghiuta vedenno e nun l'aggio trovato a nisciuna parte!
AMALIA: Vuje vedite, ma nun te piglià collera, siente a me, quacche combinazione se sarrà data — embè, Lorenzo mariteme nun è stato pure fore le casa fino a li 3 doppo mezanotte.
ADELINA: Ma Lorenzo è stata n'ata cosa. Lorenzo ascette aissera, e s'è ritirato stanotte; ma Felice no, Felice se cuccaje, pò s'avetta sosere e se n'ascette. Và trova addò sarrà ghiuto lo galantuomo! Lorenzo frateme me lo diceva: Adelì, sora mia, nun te lo piglià, pecché chisto doppo nu mese accommencia a te fà piglià collera, e accussì è stato! Io me credeva che me voleva bene, me credeva che ghieva pazzo pe me... Ah! Nfame, nfame! *(P.a. a s.)*
AMALIA: Ma viene ccà, Adelì...
ADELINA: Amà, lasseme stà, lasseme sola... voglio sfucà, voglio chiagnere sola. Te volarria vedè a te nella mia posizione; comme, na mugliera doppo nu mese sposato, se vota dinto a lo lietto e nvece de lo marito trova lo cuscino, agge pacienza, sò cose troppo dolorose! *(Via piangendo.)*
AMALIA: Have ragione poverella, chi la pò dà tuorto!

SCENA SECONDA

Leonardo e detta.

LEONARDO: Commarè, state ccà? Ve sò venuto a portà na bella notizia.
AMALIA: Che notizia? De Feliciello che me dicite?
LEONARDO: Commarè, chillo sta facenno mbroglie a muzzo! Stanotte steva a na festa de ballo, addò nce stevene tanta figliole.
AMALIA: Ah... e buje comme lo ssapite?
LEONARDO: Lo saccio pecché là nce steva pure muglierema, la quale fuje mmitata da lo padrone de casa.
AMALIA: E Feliciello v'ha visto?
LEONARDO: Nun saccio si m'ha visto, ma io aggio visto a isso però.
AMALIA: Birbante, birbante!
LEONARDO: Po' commarè, aggio visto pure a n'ato ma... non volarria essere annommenato.
AMALIA: Chi avite visto?
LEONARDO: Lo cumpare D. Lorenzo.
AMALIA: Che! Mariteme!
LEONARDO: Faciteve sentere commarè, chesto che cos'è — vuje nun site femmena d'essere trattata de chesta manera.
AMALIA: Sì, avite ragione... l'aggia lassà, nun l'aggia vedé cchiù! Briccone, birbante!
LEONARDO: No, commarè, chesto nun lo voglio!
AMALIA: Niente! Stammatina è l'ultima jornata che le stongo vicino! *(P.a.)*
LEONARDO: Ma sentite... *(Am.: via seconda a sin: Leon.: la segue.)*

SCENA TERZA

Felice, Ciccillo e Biasiello, poi Adelina.

FELICE *(caccia la testa per vedere se c'è alcuno, poi chiama a Bias.):* Venite ccà. *(I 2 entrano.)* Guè gagliù, portateve buone.
BIASIELLO: Nun dubitate.
FELICE: Pecché si no li 5 lire che v'aggio date, me ne sconto cauce! Ricordateve tutte chello che v'aggio ditto.
CICCILLO: Sissignore.
FELICE: Abbascio a lo palazzo v'aggio fatta la lezione, rifriscammece la mente. Quanno io arapo lo portafoglio e veco che da li denare che nce mancano 50 lire, vuje che avita dicere? *(Cicc.: e Bias.: si guardano.)* Già ve site scurdate, puzzate passà nu guaio! Gagliù, io ve sciacco, da voi dipende de nun farme passà nu guaio! Quanno dico che me mancano 50 lire, vuje avita dicere: Nonsignore, signò, tanto nce stevene.
CICCILLO: Ah, gnorsì!
FELICE: Io po' dico: Nonsignore, mariunciello, nce ne stevene 200 nce ne vonno 50,

posate le 50 lire, si no ve porto ncoppa a la Questura. Vuje che dicite?
CICCILLO *(a Bias.):* Ch'avimma dicere? *(Bia.:fa segno di non ricordare.)*
FELICE *(dà uno schiaffo a Cicci.):* Puzzate sculà, v'avite scordato pure chesto! Avite da dicere: Ecco ccà, signò, pigliatavelle, nun nce facite passà nu guaio pe carità!
CICCILLO: Nun lo voglio dicere, pe 5 lire, aggia fà la parte naturale, aggia essere chiammato mariuolo, e aggia avè pure nu schiaffo, nun nce pozzo ascì!
FELICE: Me sta venenno la tela co la credenza! Viene ccà!
BIASIELLO: Ecco ccà, signò, pigliatevelle, nun nce facite passà nu guaio pe carità!
FELICE: Benissimo! Tiene, cheste sò li 50 lire, quanno sentite la parola Questura, me le daje. *(Dà 50 lire.)*
CICCILLO *(p.a.):* Anze, pe ve fà vedè, faccio la cosa cchiù naturale.
FELICE: Che buò fa?
CICCILLO: Me ne jesse e po' venesse co la carta de 50 lire *(p.a.)*.
FELICE: Nonsignore statte ccà, me ne jesse e po' venesse — acciò se ne jesse e nun venesse cchiù!
BIASIELLO: Che dicite, chillo fa la cosa cchiù naturale.
FELICE: Nun voglio fà cose naturale. Mettiteve ccà e nun ve movite. Mò vedimmo si nce riesco, aggio trovata na scusa che se l'ha da credere pe forza. Ah, statte, la vì ccà mughierema... Gagliù, nce simme, attiento! Cielo mio aiutame tu!
ADELINA: Vi siete ritirato finalmente!
FELICE: Moglie mia, sentimi per soli 5 minuti!
ADELINA: Nun fà lo tragico, che nun ne cacce niente!
FELICE: Che tragico! Mogliera mia, mò te conto lo fatto, mò siente ch'aggio passato io povero infelice stanotte!
ADELINA: E chilli doje chi songo? Uscite! *(Soggetto.)*
FELICE: Mò siente... Haje da sapé, Adelina mia, nun pozzo manco parlà, mò moro... ma ve voglio acconcià io! *(Vedendo che Cicc.: ride.)* (Nun ridere, mall'arma de mammeta!) Stanotte verso li 2 e meze, mentre steva dormenno, me so scetato tutto nzieme... aggio ntiso nu rummore da la cammera de fore comme fosse caduta na seggia... me sò miso a sentere meglio, e senteva comm'avessero cammenate gente... e chi pò essere? Lorenzo è asciuto, Amalia sta durmenno... Uh! mamma mia, e chi sarrà, fossene mariuole? Sò sciso da lo lietto, m'aggio pigliato lo revolvere, sò ghiuto fore, e aggio trovato questi due assassini che scravaccavano pe la fenesta che sporge dinto a lo giardino, io cu nu curaggio sopranaturale li sò curruto appriesso pe vedé che s'avevano arrubbato pe le fà arrestà, loro hanno scravaccato lo muro de lo giardino e io appriesso, m'hanno fatto correre pe nu pare d'ore, n'atu poco schiattava ncuorpo! Finalmente, quanno è stato passato lo Serraglio, se sò mpizzate dinto a nu vascetiello, addò nce steva na vecchia de na settantina d'anne, era la mamma... è vero, era vostra madre? La quale sentendo che loro diceveno: Mammà, aiutatece, simme state scopierte, me s'è afferrata vicino a li gamme e s'è mise allucà... Signò, pe carità, nun li facite arrestà, chiste me sò figlie, signò, vuje m'arroinate, nun mporta, lo Cielo ve lo renne ncoppa a la salute, io sò na povera vecchia! M'ha fatto venire tale compassione che non puoi credere? Aggio ditto a loro: io me sto zitto per vostra madre, per questa povera vecchia, capite, pecché se no ve faccio andare in galera... ncoppa a la casa che v'avite arrubbato? Niente signò, sulo

stu portafoglio che nun avimmo apierto ancora. *(Caccia il portafoglio.)*
ADELINA: Oh, lo portafoglio che steva dinto a scrivania!
FELICE: Me l'hanno consegnato, e me ne steva jenno, ma po' aggio penzato: e mò che dico a moglierema, che dico a Lorenzo, se ponno credere che io va trova addò sò stato... no, io nun ve faccio niente, nun ve denunzio la Questura, ma avita venì cu me però, la casa mia, pe fà vedè a tutti la verità, accussì me l'aggio portate, loro non nce volevano venì, la vecchia nun me li vuleva fà portà, ma io l'aggio ditto: si nun venite, mò vaco ncoppa a la Sezione e ve faccio arrestà sotto lo colpo, accussì sò venute.
ADELINA: Uh! Feliciello mio, te sì mise a rischio d'avè na curtellata!
FELICE: Eh, ma io non era stupito, sò scise prevenuto! Gente depravata, orrore della Società, questa è stata la professione che v'ha mparato papà! Ringraziate lo Cielo che sò stato io, ma vuje ngalera finite i vostri giorni! A proposito, saje quante nce stevene dinto a lo portafoglio?
ADELINA: 200 lire, nce li mettette io aiere.
FELICE: E cheste sò 150!
ADELINA: No, hanno essere 200!
FELICE: Ah, birbante, m'avite ditto che nun l'avite apierto ancora!
CICCILLO: Nonsignore, signò tanto nce stevene.
FELICE: Posate li 50 lire, si no vaco a ricorrere a la Questura.
CICCILLO: Nuje nun avimmo pigliato niente!
BIASIELLO: Nuje nun l'avimmo manco viste! *(Piangendo.)*
FELICE: Vado a ricorrere a la Questura!
CICCILLO: Io nun tengo niente!
FELICE: A la Questura! (La carta li 50 lire addò stà!)
CICCILLO: Ecco ccà, chesta è essa.
FELICE: Lassa! *(La prende.)* (Vì che paura, veramente se steva piglianne li 50 lire?) Jatevenne! *(Dà un calcio a Cicc.: i 2 viano.)*
ADELINA: Feliciello mio, me figuro che paura che t'avarraie miso!
FELICE: Nun ne parlammo, Adelina mia, non ne parlammo, songo vivo pe miracolo!
ADELINA: Ma tu però, quanno avive ntiso lo rummore, me putive scetà.
FELICE: Io voleva farlo, ma po' aggio penzato: chesta se spaventa, se mette paura, le po' venì na cosa?
ADELINA: Ah, marito mio caro caro... io pe te dì la verità, aveva dubitato nu poco de te, aveva fatto mille pensiere... Uh! Feliciè, io nun nce aveva badato... sto soprabito nun è lo tujo?
FELICE: Ah! no... pecché io sò sciso maneche de cammisa; te pare, poteva penzà a me mettere lo soprabito.
ADELINA: Uh! pure lo cappiello nun è lo tujo! E chi te l'ha dato?
FELICE: Chi me l'ha dato? Me l'aggio fatto mprestà a prima matina da n'amico mio che sta de casa a Foria.
ADELINA: Povero Feliciello, vedite ch'ha passato! *(Chiama.)* Amà, viene ccà, Feliciello è venuto!

SCENA QUARTA

Amalia, Leonardo e detti.

AMALIA: Ah, è venuto?
LEONARDO: E tornato?
FELICE: (Lo vì lloco lo vì, chisto stanotte è venuto pe me fà la spia! Meno male che io aggio visto a isso, e isso nun m'ha visto a me!).
AMALIA: E addò è stato?
ADELINA: Uh! Amalia mia, si sapisse, ha secutato a cierti mariuole ch'erano trasuto pe la fenesta de lo giardino! Poveriello, si sapisse che ha passato!
LEONARDO *(ad Am.):* (Have ammentata la mbroglia!).
AMALIA: (E essa se l'ha creduto!). Uh, mamma mia e comme se n'è addunato?
ADELINA: Eh, mò nun te lo pò cuntà chillo non se fide de parlà, a n'atu poco lo saparraje. Feliciè, viene te piglie nu poco de cafè, viene a ristorarte nu poco, tiene la faccia janca janca!
FELICE: E se capisce, comme vuò ca la tengo, abbiamo avuta una grazia! *(Vede che Leonardo ride, non parla più e via con Adelina fondo a sinistra.)*
AMALIA: Povera figliola! Ma de chisto passo, veramente nun po cammenà la cosa!
LEONARDO: Commarè io me ne vaco, si m'avita dà cumanne, vuje sapite addò stongo.
AMALIA: Vi ringrazio cumpà, stateve bene.
LEONARDO: Nun ve pigliate collera, strillate, alluccate, sfucate, e nun ve n'incarricate! *(Via fondo.)*
AMALIA: Mannaggia l'arma lloro, vi che nce tenene ncuorpo!

SCENA QUINTA

Lorenzo, Dorotea e detta.

DOROTEA: No, D. Lorè, vuje nun me facite capace, vuje m'avita dicere che mbruoglio avite fatto cu maritemo. Quanno maje Attanasio nun s'è ritirato na notta sana, quanno maje, chesta è stata la primma vota doppo 20 anne de matrimonio.
LORENZO: Ma signora mia, io che ve pozzo dicere... io nce parlaje... che saccio ch'aveva j a Casoria per la compra de na massaria... anzi, si, mò me ricordo... me voleva purtà pure a me... ma chesto fuje paricchio tiempo fa... po' nun se ne parlaje cchiù, credo che là avetta j aiere.
DOROTEA: No, D. Lorè, io nun sò femmena che me faccio mbruglià tanto facilmente, maritemo non è ghiuto a Casoria!
LORENZO: E non è ghiuto a Casoria, vuje che vulite da me!
AMALIA: D. Dorotè, ccà songo na maniata de mbrugliune, accomincianno da Feliciello, e fenenno al Signor Lorenzo, qui presente!
LORENZO: Comme... io...
AMALIA: Sì, tu... Dimme na cosa: Stanotte la festa de ballo t'è piaciuta?
LORENZO: La festa de ballo?
AMALIA: Già, nce steva pure D. Feliciello!

LORENZO: Ah, te l'hanno ditto? *(Ridendo.)*
AMALIA: E che te credive che li cose nun s'appuravene? Sicuro che me l'hanno ditto... birbante, assassino! Ma vide chello ch'haje da fà, pecché io nnanz'a te nun nce voglio stà cchiù.
DOROTEA: E me pare che have ragione!
LORENZO: Ma piezza de stupita che sì... t'hanno ditto che sò ghiuto a la festa de ballo, ma pò nun t'hanno ditto pecché nce sò ghiuto?
AMALIA: Pecché nce sì ghiuto? Pe te j bommecà cu chelli quatte culumbrine!
LORENZO: Nonsignore, io aveva appurato che Feliciello aveva j là, e pe sorprenderlo nce sò ghiuto... e quanno l'aggio visto, l'aggio fatto na lezione che se la ricordarrà fino a che more, pecché io nun pozzo vedé che na sora mia è trattata 'e chella manera!
AMALIA: Possibile! E te pozzo credere?
LORENZO: Ma m'haje da credere pe forza, mugliera mia!
AMALIA *(cacciando il biglietto di visita)*: E stu biglietto ccà, chesta pecché te l'ha mannato?
LORENZO *(legge il biglietto)*: Ma chisto ccà nun l'aggio ricevuto io, tu addò l'haje trovato?
AMALIA: Ncoppa a na seggia.
LORENZO: Embè, chisto l'avette d'avè Feliciello, e po' se lo scurdaje ncoppa a la seggia.
AMALIA: E quanno aviste chillo biglietto, che te ne scappaste de pressa, de chi era?
LORENZO: Era la lettera che io me credeva che m'aveva mannata D. Dorotea, e po' va trove chi pazziaje!
AMALIA: Proprio accossì?
LORENZO: Proprio accossì!
AMALIA: Allora, marito mio, perdoneme!
LORENZO: Ma nun nce penzà, che io te voglio bene!
DOROTEA: Ma vuje a Casoria...
LORENZO: Mall'arma de Casoria!
DOROTEA: Scusate, vuje site curioso, io nun saccio maritemo addò ha passata la nottata, sò stata mpensiero, me vutava da ccà, me vutava da là dinto a lo lietto, e me trovava sempe sola.

SCENA SESTA

Attanasio, Carluccio e detti.

CARLUCCIO: Favorite, li vedite ccà. *(Via.)*
ATTANASIO: Signori miei, guè Dorotè, tu staje ccà?
DOROTEA: Ah, voi vi siete ritirato finalmente?
ATTANASIO: Io sò venuto la casa, nun t'aggio trovata, e sò venuto ccà.
DOROTEA: Me pare che me dicisteve che ghiveve a Casoria nzieme cu D. Lorenzo?
ATTANASIO: Sì, ma po' aiere a Lorenzo nun lo truvaje, e siccome lo vapore poc'ato e parteva, accossì me ne jette io sulo.
DOROTEA: E site stato proprio a Casoria?

ATTANASIO: Proprio a Casoria, embè addò aveva stà?
DOROTEA: Ma pare che site stato pure ncoppa a la Questura, pecché site stato ncoppa a la Questura?
ATTANASIO: Ma che Questura, non è vero, chella fuje na cosa ch'ammentaje Feliciello, e io pe commigliarlo dicette che veramente ero stato ncoppa a la Questura.
AMALIA: Ah, dunche nun è stato overo?
ATTANASIO: Niente affatto! Embè, nun me dicette che Lorenzo aveva dato 2 colpe de revolvere a nu giovinotto.
DOROTEA: E pecché ammentaje tanta buscie?
LORENZO: Pecché tanta mbruoglie?
ATTANASIO: E io che ne saccio!
LORENZO: No, Attanasio mio, io te dico francamente, sta cosa nun po' ghì nnanze cchiù accossì! Sti mbroglie li voleva fà primme, va bene, nisciuno le diceva niente, ma mò mò, mò ha da fà chello ch'ha da fà, pecché si no nce nquitammo! Sorema nun è figliola d'essere tratta da chesta manera!
AMALIA: Aggiate pacienza! Nuje, si ve ricordate! Adelina nun nce la vuleveme dà. Vuje dicisteve nonsignore, non dubitate, chillo s'acconcia, invece nun è stato accossì! Feliciello tene la stessa capa sciacqua che teneva! Stanotte, ha lassata la mugliera dinto a lo lietto, e se n'è ghiuto a na festa de ballo, po' stammatina è tornato e ha ditto a chella povera Adelina ch'aveva secutato cierti mariuole!
ATTANASIO: Mò va secutanno mariuole mò!
LORENZO: Io l'aggio ditto cierti parolelle, ma chillo a me nun me sente, tu che si lo padre falle n'ammonizione... e che diavolo, mò nun è cchiù nu piccerillo, vergogna per te che sei il padre.
ATTANASIO: Nun ve n'incarricate, nce penz'io... l'aggia mortificà talmente che l'aggia fà chiagnere!
DOROTEA: Zitto, zitto, sta venenno nzieme co la mugliera da chesta parte.
DOROTEA: Sta venenno? Annascunniteve, ve voglio fà sentì che le dico!
LORENZO: Sì, sì, dice buono! *(Si nascondono prima a destra.)*

SCENA SETTIMA

Felice, Adelina e detto.

FELICE: Uh! Papà, state ccà?
ADELINA: Papà, buongiorno.
ATTANASIO: Adelì, vattenne nu mumento, po' tuorne, quanto dico na cosa a Feliciello.
ADELINA: Sissignore, quanto tiempo vulite che trico?
ATTANASIO: Non più che 5 minuti.
ADELINA: Va bene. *(Via seconda a sin.: Att.: chiude le porte.)*
ATTANASIO: Felice, siamo arrivati ad un punto ch'è impossibile andare più avanti! Voi non siete più scapolo, voi avete una moglie, e non siete più padrone delle vostre azioni.
FELICE: Ma io...
ATTANASIO: Pss, non m'interrompete che c'è più roba! La vostra vita non è vita da

galantuomo... voi battete la via del disonore, e quindi diventerete l'uomo più abbietto, il più sciagurato del Mondo!
FELICE: Ma io...
ATTANASIO: Pss, non m'interrompete che c'è più roba! L'uomo quando si è ammogliato deve essere attaccato alla famiglia, fedele alla moglie, deve abbandonare la vita passata, e deve pensare ad essere onesto e affezionato. Voi stanotte avete lasciato vostra moglie nel letto, e siete andato ad una festa da ballo. Questo è troppo vergognoso, e deve farvi arrossire se avete un poco di amor proprio!
FELICE: Come io...
ATTANASIO: Non m'interrompete che c'è più roba! Lasciate, Felice, lasciate una volta questa vita, altrimenti v'imbarco sopra ad un vapore, e vi manderò lontano, ma assai bontano da Napoli. Avete capito?
FELICE: Posso dire una parola? Mi date il permesso di rispondere?
ATTANASIO: Non ammetto discolpe!
FELICE: Non è discolpa, è una semplice domanda!
ADELINA: Avanti!
FELICE: E siete voi che mi parlate così? Siete voi che mi parlate di agire cattivo, di vita disonorata, che batte la via della perdizione? Voi che mi parlate così? Voi che siete assai più scostumato di me?
ADELINA: Come io...
FELICE: Non m'interrompete che c'è più roba! Io ho lasciato mia moglie nel letto e sono andato ad una festa da ballo! E voi non avete fatto l'istesso?
ATTANASIO: Aspetta... un momento...
FELICE: Non m'interrompete che c'è più roba! Stanotte alla festa da ballo di D. Rafele, siete andato voi pure, e dopo bevuto, quando ve ne siete andato buono buono di capo, v'avite pigliata na ragazza, una certa Rosina, e ve l'avite portata fuori alla loggia, per farla prendere un poco d'aria.
ATTANASIO: Che staje dicenno...
FELICE: Non m'interrompete che c'è più roba! Io, giovene affezionato a mia madre, vi sono venuto appresso, mi sono messo dietro alla porta della cucina, ed ho tenuta na candela niente indifferente, e con me stava pure D. Pasquale Afflitto il maestro. Vi pare questo un agire onesto? A me si può perdonare, a voi no, perché io sono uscito da un mese nella leva del matrimonio, voi avete servito ed avete avuto pure il congedo assoluto! Se voi fate più chiacchiere, io mò vado da mammà e le conto tutte cose!
ATTANASIO: Nonsignore, statte zitto... io nun arapo cchiù la vocca.
FELICE: Mò va buono... se no ve mbarco ncoppa a nu vuzzariello!
ATTANASIO: Te staje zitto si o no!
FELICE: Allora alleanza, alleanza!
ATTANASIO: Alleanza! *(Alla seconda a d.)* Venite, venite. (Avite ntiso?)
LORENZO: (Sì, avimmo ntiso... ma isso doppo nu avimmo capito che diceva).
ATTANASIO: (No, d'isso nun ve n'incarricate!).
DOROTEA: Figlio mio, siente li cunsiglie de pateto, che te trovarraje buono!
FELICE: Non dubitate mammà, anze quello che fa papà, voglio fà io!

SCENA OTTAVA

Achille, Carluccio e detti, poi Adelina.

ACHILLE *(introdotto da Carlo):* Signori, scusate, stanotte a la festa da ballo di un certo D. Rafele, un tale Felice Sciosciammocca si ha preso il mio soprabito e il mio cappello, ed ha lasciato questo. *(Mostra il soprabito di Felice ed il cappello di Pasquale.)* Ho saputo la sua abitazione da un biglietto di visita che ho trovato nella saccoccia dell'abito, prego di restituirmi la mia roba.
FELICE: Ah, sissignore. *(Si leva il soprabito ed il cappello, esce subito Adelina.)*
ADELINA: Avite fenuto, pozzo venì?
FELICE: Sì, vieni, vieni, Adelina mia. Tenete, questa è roba vostra.
ACHILLE: Grazie tanto. Signori. *(Via.)*
ADELINA: Chi è chillo, neh Felì?
FELICE: È chillo tale amico mio che m'ha mprestato lo cappiello e lo soprabito.
ADELINA: E chesta roba chi te l'ha portata?
FELICE: Carluccio, Carluccio lo servitore. *(Si mette il soprabito.)*
ADELINA: E chisto ccà manco è lo cappiello tujo, de chi è?
FELICE: Ah, chisto ccà?

SCENA ULTIMA

Pasquale e detti, poi Carluccio.

PASQUALE: Neh, scusate, D. Felì, vedite, chisto fosse lo cappiello vuosto?
FELICE: Sissignore. *(Se lo prende.)*
PASQUALE: E questo qua è il mio. *(Si prende il cappello che tiene in mano Fel.)*
ADELINA: Uh! E comm'è succiesso stu scambio?
FELICE: Ah, perché ieri, quanno lo maestro venette, invece de se piglià lo cappiello sujo, se pigliaje lo mio.
PASQUALE: Sissignore, così fu.
LORENZO: (Quanta mbroglie!)
AMALIA: (Quanta pasticce!)
ATTANASIO: (Povera figliola, ha passato lo guaio! Chisto ccà è il capo degl'imbroglioni!)
PASQUALE *(a Dorotea):* Signora rispettabile.
DOROTEA: Caro maestro.
PASQUALE: Sapete che ho fatto pace con mia moglie?
DOROTEA: Bravissimo!
CARLUCCIO: La colezione è pronta.
ATTANASIO: Oh, bravissimo! Jammo a tavola. Maestro onorateci.
PASQUALE: Con piacere!
LORENZO: Lo maestro se trova sempe!
PASQUALE: Chi non accetta non menta.
ADELINA: Feliciè, a tavola assettete vicino a me.

FELICE: Ma sì, a tavola, primma de tavola, doppo de tavola, sempe voglio stà vicino a te, perché aggio capito che l'ommo nzurato, che saccio, scappa nu mumento de la mugliera, ma po' torna subeto da essa... comme facite vuje per esempio, scappate quacche sera, ma po' ccà turnate!

(Cala la tela.)

Fine dell'atto quarto

FINE DELLA COMMEDIA

'NA SOCIETÀ 'E MARITE
Da *La società dei cinque*, di Cutrinelli
Commedia in tre atti

Personaggi
D. Antonio, *marito di*
Virginia
D. Gaetano, *marito di*
Amelia
Michelina, *loro serva*
Felice
Giulietta, *serva di D. Antonio*
Salvatore Meuza
Errico, *socio*
Alessio, *socio*
Carlo, *socio*
Achille
1° Socio
2° Socio
3° Socio
4° Socio
5° Socio
Stampatore
Maschere

ATTO PRIMO

Camera con tre porte laterali, una in fondo, ed una finestra. Consolle, tavolino, sedie ecc. Occorrente, foglietti, envelopes, campanello.

SCENA PRIMA

Giulietta, poi Michelina.

GIULIETTA *(parlando alla porta a destra)*: Va bene, tutto sarà fatto, non dubitate... Uh! mamma mia, e che guaio cu sta societa, si triche n'atu poco, aggio appaurra ca lo patrone lo portano Averza.
MICHELINA *(di dentro)*: È permesso?
GIULIETTA: Uh! Michelina! trase Michelì.
MICHELINA: Giulié, comme staje?
GIULIETTA: Eh, non c'è male, e tu?
MICHELINA: Io sto nu poco arraggiata, la verità, e si nun me ne vaco da sti patrune che tengo, certo ne piglio na malatia.
GIULIETTA: E pecché, pecché?
MICHELINA: Pecché aggio che fà cu nu marito viecchio e na mugliera giovene, figurate, dinto a la casa nun se sta maje cujeto, lo marito nun esce mai pecché tene la mugliera gelosa, e te può immaginà che bello spassetto, simme prive d'arapì na fenesta, si tuzzuleano a la porta vò venì pur'isso a vedé chi è, si la patrona me dice quacche cosa zitto zitto, vò sapé che m'ha ditto, si scengo, vò sapé addò so' ghiuta, insomma è nu guaio, è nu vero guaio.
GIULIETTA: Povera Michelina, haje ragione, io pure tengo nu patrone viecchio cu na mugliera giovene, ma nun è tanto geluso quanto lo patrone tujo.
MICHELINA: Ma che isso la tene gelosa de chella manera, che ne caccia, avarria capì che è brutto, ed è viecchio, e la mugliera è giovene, e bella... chella sa che le combina... io me ne so' addunata, e faccio vedé che nun saccio niente... quanno è lo juorno, doppo mangiato, ca lo marito se corca, essa s'affaccia de lo barcone de la galleria, e fa la commedia cu cierte studiente dirimpetto.
GIULIETTA *(ridendo)*: Ah, ah!
MICHELINA: Pò quanno sape ca lo marito s'adda scetà, se va a mettere vicino a lo pianoforte e accumencia a sunà lo valzer Dolores.
GIULIETTA: Dolores?
MICHELINA: Già, è nu valzer che a lo marito le piace assaje, appena la mugliera lo sona, isso s'addorme, e tanto lo juorne doppo mangiato, quanto la sera, nun s'addorme si nun sente lo valzer.
GIULIETTA: Ah, ah! chesta sì ca è curiosa.
MICHELINA: T'assicuro che nun me ne fido cchiù... Giuliè, dimme la verità, la patrona toja tene pure qualche fiammetta?
GIULIETTA: No, no, la patrona mia lo vò bene lo marito ...sa ched'è, quanno vede quacche giovinotto s'allumma, le piace de pazzià, ma senza maje nisciuno penziero cattivo. Sà cu chi s'ammuina, cu chillo D. Feliciello...
MICHELINA: Sciosciammocca?
GIULIETTA: Eh, Sciosciammocca, Michelì, ma pe ccarità.
MICHELINA: Oh, te pare! Io lo saccio a stu D. Feliciello, quacche vota è venuto pure a

casa de lo patrone mio, ma che vuò che te dico, è simpatico.
GIULIETTA: Simpatico! Chillo è nu simpaticone... dì la verità quanto so' traseticce chill'uocchie?
MICHELINA: E la vocca?
GIULIETTA: E lo naso?
MICHELINA: A proposito Giulié, te voleva addimmannà na cosa, haje da sapé ca io faccio ammore cu nu canteniere, o sia canteniere, patrone de cantina, nu bello giovene, se chiamma Turillo, me vò tanto bene, l'autriere me dicette: guè, Micheli, statte attienta, bade a chello che faje, pecché io me so' fatto soggio della lega de lo patrone tuji, e nun me volette dicere ato, po aggio appurato ca lo patrone tujo è lo capo de sta lega, io so' venuta apposta pe t'addimmannà ched'è sta soggietà?
GIULIETTA: Ah, è na società de marite... zitto, vene la patrona, vattenne...
MICHELINA: Sì, me ne vaco, ma pò voglio essere spiegato tutto.
GIULIETTA: Va buono, viene dimane, statte bona. *(Michelina via.)*

SCENA SECONDA

Virginia e detta.

VIRGINIA *(dalla porta a sinistra)*: Giulié, maritemo che sta facenno?
GIULIETTA: Sta dinto a lo studio parlanno co lo stampatore, che l'ha purtate cierti librette, e cierte manifeste.
VIRGINIA: E chesto fa sempe, librette, manifeste, tutta la giornata non si occupa d'altro che della società, che cosa ridicola, se non la finisce cu sta società, nce pigliammo collera veramente.
GIULIETTA: Ma che bà facenno lo signore, nun have proprio a che penzà, se mette avé che fà cu tanta gente, mo stammatina dice che nce sta l'assemblea, sà quanta seccante venarranno.
VIRGINIA: Stasera le faccio io nu discorso comme se conviene. Dimme na cosa Giulié, fosse venuto D. Felice?
GIULIETTA: Nonsignore signurì, nun è venuto ancora.
VIRGINIA: Me fa meraviglia, ieri sera mio marito l'invitò a colezione con noi... sono le 11... me pare che sia na scortesia a venire proprio quanno nc'avimma mettere a tavola.
GIULIETTA: Chillo pò sapite ched'è, sape ca lo patrone lo vò bene, lo tratta comme fosse nu parente e perciò nun va attaccato a tanta cerimonie.
VIRGINIA: Sì, chesto è overo... Ma quanto è curiuso, dì la verità?
GIULIETTA: Ah, signurì, chillo è nu zucchero, dice chelli cose accussì azzeccose.
VIRGINIA Quanno vò fà i versi... i versi estemporanei. Ah, ah, ah! *(Ride.)* Domenica a tavola nce ne facette fà risate.
GIULIETTA: Ah! ah! Basta. Signurì quanno s'arrubbaje la purpetta da dinto a lo piatto de lo signore. *(Ride.)*
VIRGINIA: E comme se l'ammuccaje priesto, senza ridere, senza se movere.
GIULIETTA: Lo signore dicette: cheste so' cose de diavolo, io tenevo la purpetta dinto a lo piatto e tutt'assieme è sparita. *(Ride.)*

VIRGINIA: E co lo fatto de li fenucchie tu nun ce stive *(ride)* llà nce steva lo piatto cu li fenucchie, nce stevene li gruosse e li piccerille, isso dicette: D. Antò, pigliammo alla cieca... seh, seh, alla cieca... *(ride)* D. Antonio chiudette l'uocchie...
GIULIETTA *(senza ridere)*: E isso ve dette nu vaso.
VIRGINIA: Me dette nu vaso!
GIULIETTA: Accussì me pare, pecché io vedette da dinta a la senga de la porta.
VIRGINIA: Oh! T'ingannasti, me deva nu vaso, e io nun l'avarria azzeccato nu schiaffo, e poi, non se sarria azzardato.
GIULIETTA: No, me credeva pe scherzo.
VIRGINIA Che cherzo, lo scherzo fino un certo punto. Va buono, vattenne.
GIULIETTA: Io stongo dinta a la cammera mia, si me volite me chiammate. *(Via pel fondo.)* (Chillo nce lo dette lo vaso).
VIRGINIA: Chillu cancaro de D. Felice nun la vò fernì, va trova quà vota de chesta, ne fa addunà a D. Antonio. Ma quanto è simpatico, chillo D. Felice, chillo si che me sarria piaciuto a tené pe marito... lo poteva conoscere duje anne fa... pe causa de ziema m'avetta sposà a D. Antonio, pecché dicette che era ricco, che era nu buon'uomo, che me voleva bene, e infatti, non aggio de che me lagnà, la sola cosa ca è viecchio... non nc'è che fà, d'altronde pure Amalia s'ha sposato nu viecchio, e francamente pò, nun io cagnarria cu D. Antonio.

SCENA TERZA

Felice, Giulietta e detta.

GIULIETTA *(di d. dà un grido)*: Ah! No, vuje v'avita sta cujeto cu sti pizzecche, si no nce lo dico la signorina.
VIRGINIA: Chi è? *(Guarda.)* Ah! D. Felice che ha pizzicata a Giulietta. *(Apre la porticina a sinistra in fondo e vi si nasconde dentro.)*
GIULIETTA *(di d. altro grido)*: Ah! Mall'arma vosta, vuje me struppiate. *(Uscendo:)* Guè, chillo ha fatto l'uocchie de pazzo!
FELICE *(fuori)*: Donna, tu sei bona assai!
GIULIETTA: Stateve sode cu li pizzeche, si no nce lo dico a la signurina. *(Virginia si mostra.)* Ah! La signurina sta ccà.
FELICE: (Permettete!).
GIULIETTA: Signurì, D. Felice...
VIRGINIA: Basta!... Uscite. *(Giulietta via.)* Bravo il signor D. Felice, si diletta a dare dei pizzicotti alle serve, sarà forse un genere che vi piace assai, ma, non in casa altrui però, sono cose che si fanno in casa propria. *(Queste parole dette in tono scherzevole.)*
FELICE: Ecco signora...
VIRGINIA *(forte e seria)*: Basta, non voglio sentire più niente, siete uno scostumato, siete un ineducato, siete un porco!
FELICE: Oh, porco! Signora...
VIRGINIA: Sì, porco! In casa mia, non dovevate mai fare quello che avete fatto. Da oggi in poi, vi prego di non scherzare più con me, come avete fatto per lo passato!

FELICE: Io non credevo mai, signora, che per una cosa tanto da niente, per uno scherzo qualunque, dovevate in un istante perdere la vostra stima, la vostra protezione. Però, vi dico francamente che se invece delle parole che avete pronunziate, mi avreste data una pugnalata al cuore, sarebbe stato meglio... oh, meglio, ve lo giuro. Del resto una volta che debbo essere trattato da voi così freddamente, da voi che ho amato più della vita mia, vuol dire che non metterò mai più il piede in questa casa... e me ne vado in questo momento... Io me ne vaco. Non saprei veramente che cosa farci... venire in questa casa e vedermi trattare in questo modo, sarebbe l'istesso che morire ogni minuto secondo... Io me ne vaco... So' io quello che sto passando da un anno, dal giorno che ebbi al fortuna di conoscervi... la notte non posso più riposare, non posso chiudere occhio, a tavola non mangio più.
VIRGINIA: Questo non è vero pecché domenica mangiasteve comme a nu lupo.
FELICE: Perché ci eravate voi a tavola. *(Guardando.)* Voi non sapete signora che cosa significa amare una donna, e una donna maritata, si soffre sempre, sempre si patisce. Se non la puoi vedere si patisce, se la vedi, se ci parli si patisce, pensi che non è tua e patisci, non puoi abbracciarla e patisci... oh! Lei non tiene cuore se non capisce. *(Pausa.)*
VIRGINIA: (Ma comme chisto mò m'ha da fà ridere afforza); D. Felì, io capisco assai, capisco più di quello che vi potete immaginare, ma il vostro modo di agire non mi piace.
FELICE: Ma che cosa ho fatto?
VIRGINIA: Che avete fatto? Ma come credete che sia niente a dare nu pizzeco a na serva, e poi la serva mia, capite.
FELICE: Ebbene, se mi fate parlare vedrete che avete torto a pigliarvi tanta collera. Sì, è vero, ho dato il pizzeco alla serva, ma perché, per potermi presentare a voi col sangue già risvegliato.
VIRGINIA: Oh, chesta è bella.
FELICE: Figuratevi per esempio che io sono stato invitato ad un pranzo sontuoso, un gran pranzo, mi vesto, mi alliscio, mi profumo, ed esco dalla casa per trovarmi all'ora precisa, mentre cammino mi vengono alla mente tutti i piatti che hanno d'ascì, la fantasia si scalda e pare quase che sto mangianno. Che bella cosa, ci saranno salse, arrosti, fritture di pesce, vini forestieri, sciampagna... pensanno chesto veco na bottiglieria, traso, e me bevo nu bicchiere de vermout per stuzzicare l'appetito... che cos'è, ho disprezzato forse il pranzo! Niente affatto, ho bevuto il vermout per prepararmi la pancia a mangiare meglio. Il pranzo squisito siete voi, ed il bicchiere di vermout è la serva. *(Virginia ride.)* Ah, voi ridete, vuol dire che mi perdonate?
VIRGINIA: Nonsignore, io non rido. *(Si volta e ride.)*
FELICE: Eh, no, state ridenno.
VIRGINIA: Ma comme se pò fà a non ridere, dicite certe cose accussì curiose, uno cu vuje la resata non se la po tene.
FELICE: Oh, fammi il piacere, non te la tenere. Ridi, che quel tuo riso mi consola, fa contento il tuo misero... Nicola.
VIRGINIA: E chi è Nicola?
FELICE: So' io, pe fà la rima.
VIRGINIA: Ah, ah, vuje avita soffrì co la capa.
FELICE: Dunque Donna Viirgì, non ne parlammo cchiù. Io era venuto pe dirve na cosa...

doppo dimane nce sta l'ultimo veglione a lo Fondo, io aggio pigliato nu palco, nce jammo tutte tre, io, vuje e D. Antonio.
VIRGINIA: D. Felì, ma vuje fusseve pazzo?
FELICE: Pecché, che nce sta de male, io nce lo dicette pure a D. Antonio, e isso dicette che n'aveva piacere, che avesse pigliato lo palco.
VIRGINIA: Pecché chillo nun sape vuje quanto site scostumato.
FELICE: Noi ci divertiremo, vedimmo abballà tutte chelle maschere, pò all'ultimo scennimmo abballà nuje pure.
VIRGINIA: Ah, le signore ponno scennere abballà?
FELICE: Quanno scenneno le signore tanno è cchiù bello.
VIRGINIA: E che s'abballa, che s'abballa, la quadriglia?
FELICE: La quadriglia, lo valzer, la polka alla piemontese.
VIRGINIA: E ched'è la polka alla piemontese?
FELICE: Ve la faccio vedé sopra luogo, è bella assaje.
VIRGINIA: Eh, e si chillo D. Antonio s'addorme dinto a lo palco, comme scennimmo cchiù?
FELICE: Anze nuje tanno scennimmo quanno s'addorme, doppo abballato jammo a cenà, e pò lo scetammo.
VIRGINIA: Te a tà, frittata. Jatevenne D. Felì!

SCENA QUARTA

D. Antonio e lo stampatore.

ANTONIO *(di d.)*: Tu sei una bestia, e si nun me rispunne faje meglio. *(Virginia va alla finestra. Felice via pel fondo. Antonio esce con molte strisce di stampa in mano, lo stampatore lo segue.)* Cheste so' cose che non stanno, ho corretto queste strisce quattro volte e ancora ci stanno errori.
STAMPATORE: Ma signò, vedite buono.
ANTONIO: Ch'aggiavedé buono, che m'haje pigliato pe quacche stupido comme a te, sa che nc'è di nuovo, manname lo compositore, che tu non ne capisce niente.
FELICE *(uscendo)*: Caro D. Antonio.
ANTONIO: Guè Felicié, buongiorno.
FELICE: Io mò so' arrivato. Signora rispettabile.
VIRGINIA: Caro D. Felice. (Ma che faccia de cuorno!)
FELICE: Che cos'è D. Antò, vi ho inteso gridare?
ANTONIO: Aliucco perché è la quarta volta che ho corretto questi errori di stampa, e chillo non se n'è incaricato d'acconciarle, guarda ccà, qua doveva dire «La sede è in Napoli», chillo ha fatto «la sete è in Napoli» e nce l'aggio acconciato quatto vote. Qua poi, doveva dire «Nella casa dei Presidente», chillo ha fatto «Nella cosa del Presidente».
FELICE *(ridendo)*: Ah, ah, abbiate pazienza, sono errori madornali.
ANTONIO: E qua, e qua, sentite, doveva dire «Se qualche scapolo vuoi farsi socio, la società l'ammette», chillo ha fatto «la società l'annette».
FELICE: Invece de doje m, ha miso doje n.

ANTONIO: L'ultima pò è cchiù bella, sentite, qua doveva dire «L'età di ogni giovine che vuole appartenere a questa società, non può essere meno di 17 o 18 anni», chillo ha fatto «non può essere meno di 17,018 anni».
FELICE: E chisto era Matusalemme!
ANTONIO: Tiene, vattenne, e dincelle che vaco io llà (mò me tengo l'originale pecché s'ha da leggere stammatina). *(Stampatore prende le carte e via.)* Me so' attaccate li nierve.
FELICE: Giusto stammatina che debbo fare colezione con voi.
ANTONIO: Oh, non nce penzà pe chesto, a me pò subeto me passa, nun songo comme a Virginia, che quanno s'attacca li nierve è n'affare serio, nun la fernesce cchiù... stammatina per esempio...
VIRGINIA: Stammatina proprio è la giornata che sto nervosa, e volete sapere perché, per causa di questa società che avete fondata, e non vi accorgete che questa società vi rende ridicolo assai. *(Passa a destra vicino al tavolo.)*
ANTONIO: Ridicolo! Eh, ridicolo sì.
FELICE: D. Antò, ma scusate, che cos'è sta società?
ANTONIO: È una società di mutuo soccorso fra i mariti, società che impone loro l'obbligo di aiutarsi, di proteggersi l'uno coll'altro acciò le mogli non facciano le jacovelle, capisce.
FELICE: Ho capito... e sta società voi l'avete fondata?
ANTONIO: Io! Io sono stato il fondatore, ed io sono il Presidente!
FELICE: (Buon pro te faccia!).
ANTONIO: A li femmene sta società nun le sona tanto, capisce, pecché nun se ponno movere, sono ligate, e mò è niente, si la società piglia pede, povere femmene!... Mò hanno accumminciato a venì pure i giovanotti scapoli. L'altro ieri si fece socio un bel giovine... peccato ca è materiale, è padrone de cantina, ma che fa, in mezzo a noi si civilizzerà. Io ho incominciato a civilizzargli il nome e cognome, isso se chiamma Turillo Meuza, io invece ho messo nella lista, Salvatore Milza.
FELICE: Bravissimo.
ANTONIO: Ajere le dicette che stammatina fosse venuto vestuto buono, perché c'è assemblea generale. A proposito Felicié, tu quanno te faje socio?
FELICE: Io so' pronto, quanno volete.
ANTONIO: Va bene. Stammatina ti faccio nominare membro effettivo.
FELICE: Ed io vi ringrazio tanto tanto.
ANTONIO: Eh... tu haje da essere nu buono socio, pecché tiene talento, la felice memoria de papà tuo era n'ommo cu li ciappe, sapeva fà li piatti suoje, nuje nce voleveme bene comme a duje frate. Eh e mò se trovano duje negoziante oneste come ereme nuje, teneveme li puteche vicino rnmiezo a lo mercato, io de rrobbe vecchie, e isso deposito d'osse.
FELICE: (Vì comme avevano addurà chelli doje poteche!).
ANTONIO: A proposito Virgì, me pare che stammatina tenive l'appuntamento cu D. Amelia, la mugliera de Gaetano, pe ghi a fà na visita a zieta che sta malata.
VIRGINIA: Sì, e ancora hanna venì, mò che vene nce jammo.
ANTONIO: Chella sta de casa a lo vico appriesso, pare brutto che nisciuno la va a truvà,

specialmente mò che sta malata.
VIRGINIA: Vuje nun ve n'incaricate, cheste so' cose che me l'aggia vedé io.
ANTONIO (*a Felice*): Uh, come sta neh, sta società farrà cadé malata a tutte le femmene. Comme avameme fà pe farla mettere de buon'umore?
FELICE: (Io aggio pigliato chillo tale palco pe lo veglione a lo Fondo, nce lo vulimmo dicere?).
ANTONIO: (Seh, seh, bravo!). Virgì, e fatte passà sta paturnia, Felice ha pigliato lo palco pe lo veglione a lo Fondo.
FELICE: Passeremo una serata divertentissima... la vì, mò ride, mò ride. (*Virginia ride.*) Sta redenno, l'è passato.

SCENA QUINTA

Giulietta, poi Gaetano ed Amelia.

GIULIETTA: Signò, è venuto D. Gaetano co la mugliera. (*Via.*)
ANTONIO: Oh, bravissimo!
GAETANO: Caro Totonno.
ANTONIO: Gaetano bello!
AMELIA: Sono stata puntuale all'appuntamento?
VIRGINIA: Puntualissima.
GAETANO: Oh, D. Felì, voi state qua?
FELICE: Ai vostri pregiatissimi comandi.
GAETANO: Preghiere sempre.
FELICE: Ch'avite fatto D. Gaetà v'avite levate li barbette?
GAETANO: Sì, l'altro giorno, comme ve pare sto meglio, sulo co lo mustacciello?
FELICE: Oh, meglio assai, avete acquistata un'altra fisonomia.
GAETANO: Sì, chelli barbette me facevene paré cchiù gruosso.
FELICE: Mentre voi siete giovanissimo. Che età avete D. Gaetà?
GAETANO: Sono nato all'84.
FELICE: Ah, 36 anne, io ve faceva più giovene.
GAETANO: No, no, la verità è questa, io gli anni non me li ho nascosto mai.
FELICE: No, ma vi dico francamente che co lo mustacciello state proprio bene.
GAETANO: Sapete chi me l'ha fatto levà li barbette? Quella bricconcella. (*Mostra la moglie.*) Tanto ch'ha fatto, era ostinato a non levarme, essa nonsignore, voglio che te li lieve, finalmente ieri al giorno, jette pe me sveglià e la truvaje vicino a me co lo rasulo mmano, io me spaventaje, ched'è, ch'è stato, che buò fà, niente, te vuleva levà io stessa li barbette.
FELICE: (Quacche rasulata nganna lo voleva dà).
GAETANO: Là per là mannaje a chiammà lo parrucchiere e me li facette levà. (*Alla moglie:*) Mò me pare che puoi essere contenta Teterenella mia. (*Azione di Amelia che si vergogna.*) Nnanze a la gente se mette vergogna, capite.
AMELIA: Dunque Virgì, vulimm'j a truvà a zieta?
VIRGINIA: Sì, aspetta nu mumento, me vaco a mettere lo cappiello. (*Via a sinistra.*)

GAETANO: Dunque Totò, stammatina c'è assemblea generale?
ANTONIO: Sicuro, a mezzogiorno, mò vedarraje venì a tutte quante, I socii si stanno aumentando giorno per giorno.
GAETANO: Io pe me dico, che si se spanne cchiù la voce, questa sarà la prima società del Mondo, tu nce pazzie, tutti i mariti di accordo. Totò, ma comme te venette st'idea, fino a mò nisciuno nc'aveva penzato.
ANTONIO: Gaetà, ccà nce sta la gente che nun dorme la notte pe penzà che società hanna mettere mmiezo.
GAETANO: Oh, questo è certo.
ANTONIO: A me mi venne l'idea, ma poi l'ho studiata sei mesi, capisci, tutti gli articoli, tutti i regolamenti, c'è stato qualcheduno ch'ha ditto che sta società non poteva durare, che era na cosa stravagante, na cosa ridicola, ma che me ne mporta, pe mò la chiammane stravagante, lascia passà duje, tre anne, quanno simme assaje, quanno ha acquistata una certa forza, tanto pò chiacchiariammo. *(Lazzo. Mentre fanno questo discorso, Amelia si lascia cadere il fazzoletto, Felice lo prende e glielo dà gentilmente, Amelia lo ringrazia, poi fa come volesse posare il manicotto da qualche parte, Felice lo prende e lo mette sulla mensola.)* A proposito, jammo dinto a lo studio, te voglio fà vedé de diploma ch'aggio fatto fà pe tutte li socie.
GAETANO: Lo mio ha da essere cchiù bello come vice presidente.
ANTONIO: Se capisce, jammo. Felì, viene?
FELICE: Se permettete calo nu momento, vado ad impostare na lettera e torno subito.
ANTONIO: E fa ampressa, nuje t'aspettammo dinto.
FELICE: Con permesso? *(Via pel fondo e fà capolino.)*
GAETANO: Amè, tu mò vaje cu Donna Virginia, te raccomanno, viene priesto, nun me fà stà mpenziero.
AMELIA: Va bene.
GAETANO: Pe la strada nun guardà nfaccia a nisciuno, tu haje ntiso?
AMELIA: Va bene, va bene, una, quanta vote avita dicere na cosa.
GAETANO: E non t'infastidire, bella mia, io so' nu poco seccante pecché te voglio bene assaje.
ANTONIO: E va buono Gaetà, lassala j.
GAETANO: Che buò da me Totò, io vado pazzo per mia moglie. Haje da vedé quanto è bella quanno se mette a pianoforte, e comme sona... nnanze a te nun ha sonato maje?
ANTONIO: No.
GAETANO: Te l'aggia fà sentì na vota. Sape sunà nu valzer intitolato «Dolores» che bella cosa, basta dire che quanno io sona io m'addormo.
ANTONIO: E ghiammo a vedé de diplome. *(Via a destra, Gaetano lo segue, facendo il motivo del valzer Dolores.)*
AMELIA: Ah, che vita, che vita seccante, si avesse potuto immaginà ca lo matrimonio me faceva tanto infelice, non me sarria maritata... non saccio io stessa che vularria fà... stongo dinta a la casa e me secco, esco e me secco... và trova che sarrà... pò essere pure qualche malatia che me sta venenno. *(Siede, prende l'album, l'apre e guarda i ritratti.)* Se invece de me sposà a D. Gaetano, che è accussì seccante, accussì geluso, m'avesse sposato nu giovine simpatico, aggrazziato, forse forse mò nun starria accussì.

(Guardando i ritratti:) Chisto è D. Antonio e Virginia, vide ccà, me parene padre e figlia... *(Guarda un altro ritratto:)* Uh! D. Felice... eppure stu D. Felice è simpatico assai... svelto, allegro. Ah! me putarria essere marito... sì D. Felice me fosse marito, io so' sicura che me passarria stu mal'umore che tengo... le diciarria sempe: Felì, me vuò bene? *(Tutto questo discorso sottovoce.)*
FELICE *(che ha inteso tutto dietro di lei)*: Sì.
AMELIA: Uh! Vuje stiveve lloco?
FELICE: Stavo qua.
AMELIA: E avite ntiso?
FELICE: Ho inteso tutto, ma non temere. Questo mio core saprà tacere.
AMELIA *(dando in una forte risata)*: Ah, ah, ah,! E voi avete creduto... io me n'era accorta che stavate llà, e ho voluto fare uno scherzo per farmi una risata con voi... aggio ditto mò D. Felice sente chesto e risponne sì. Ah, ah, ah! Come ci siete caduto bene... con tutto il vostro spirito, mio caro D. Felice, ve l'avete fatta fare. Ah, ah, ah!
FELICE: (Mannaggia all'arma toja, vì comme ha votata frasca).

SCENA SESTA

Virginia con cappello e detti, poi Gaetano ed Antonio, indi Giulietta ed Errico, infine Giulietta.

VIRGINIA: Eccomi pronta, jammoncenne; D. Felì, permettete?
FELICE: Servitevi. *(Le donne viano pel fondo. Amelia guardando Felice.)* Mannaggia all'arma de la guardata. Come ha truvata subito la casa, sapeva che io steva là dereto a essa e perciò ha fatto lo scherzo... eh, scherzo sì... qua non nc'è tempo da perdere, subito una dichiarazione amorosa... Donna Virginia mettiamola nu poco ariposo... mò le scrivo nu bigliettino zucoso zucoso, *(Siede al tavolino e scrive:)* «Anima mia. Voi siete l'albero, io sono l'ellera che vuole circondarvi», che bello paragone! «se acconsentite ad ascoltarmi, troverete un cuore... un cuore che vi amerà per tutta la vita, ed anche al di là della vita». E come me firmo mò, lo nomme mio nun lo metto, pò essere che capita mmano lo marito e aggio nu cauciatone, firmerò un ramo d'ellera. *(Firma.)*
GAETANO *(di d.)*: Bello, bello!
FELICE: Lo marito! *(Piega il biglietto e lo conserva.)*
ANTONIO *(uscendo con Gaetano e portando tutte e due diploma in mano)*: Comme te parene?
GAETANO: Sono bellissimi.
ANTONIO: Felì, pecché nun sì venuto dinto?
FELICE: Mò stavo venendo da voi.
ANTONIO: Felì, chiste so' li diplome, te piacene?
FELICE *(guarda)*: Ah! bellissimi!
GIULIETTA: Signò, fore nce sta il signor Torre.
ANTONIO: Ah! Chisto è chillo socio che le manca l'era, fatelo passare. *(Giulietta fa passare Errico, e via.)*
ERRICO: Rispettabilissimo signor Presidente, ho l'onore di salutarvi, come ho ricevuto il

vostro invito, all'ora precisa, eccomi pronto. *(Salutando Gaetano e Felice:)* Signori. Questa giornata dovete permettermi, onorevole signor Presidente, che io parlassi un poco soverchio, per poter esporre alcuni fatti necessarii, riguardante la società. *(Tutta questa parte va detta senza l'erre.)*
FELICE: (Neh, quanto è bello chisto!).
ANTONIO: Voi siete padrone di dire quello che volete, intanto vi presento il Signor Felice Sciosciammocca, mio intimo amico.
FELICE *(stringendo la mano a Felice)*: Piacere tanto. Errico Torre, architetto.
FELICE: Fortunatissimo.
ANTONIO: Questa mattina lo presenterò a tutti come nuovo socio.
ERRICO: Ah! Sarà dei nostri. Bravo!
FELICE: Grazie!
GIULIETTA: Il signor D. Alessio.
ANTONIO: Bravo. Giulié, chiunque vene fà passà senza annunzià.
GIULIETTA: Va bene. Favorite. *(Via.)*

SCENA SETTIMA

Alessio e detti, poi Carlo, poi Giulietta, indi Salvatore.

ALESSIO *(colla fronte medicata da taffetà fatto a croce, e si vede la parte arrossita)*: Signori miei, buongiorno a tutti.
GAETANO: Caro D. Alessio.
ANTONIO: D. Alè, che cos'è, che avete in fronte?
ALESSIO: Eh, che tengo nfronte, io mò moro, ccà stammatina avimma parlà assaje... muglierema m'ha dato nu mazzatone nfronte, n'atu poco m'a accedeva, bisogna truvà nu mezzo comme non farla aizà cchiù li mmane.
ANTONIO: Ma pe quale ragione v'ha fatto chesto?
ALESSIO: Pecché io aissera le dicette che m'avesse praparato pe stammatina lo vestito niro, ch'aveva venì all'assemblea generale, nonsignore tu nun nce haje da j, io nce aggia j, tu nun nce jarraje, e io te dico che nce vaco, e io te faccio j co la capa rotta... e mò vedimmo... e mò vedimmo... stammatina ccà so' venuto...
ANTONIO: Ma co la capa rotta.
ALESSIO: Questo sì, perciò discutiamo nu poco stu fatto seriamente.
FELICE: Che tiene il signore in fronte?
ANTONIO: Niente, è caduto.
ALESSIO: Sì, so' caduto.
ERRICO: Accorto perché si è arrossito.
CARLO *(di d.)*: È permesso?
ANTONIO: Oh, D. Carlino. Favorite.
CARLO *(fuori. Figura gracilissima con un poco di tosse)*: Signori egregi. D. Antonio rispettabile.
ANTONIO: Carissimo D. Carlino, come state?
CARLO: Eh, non c'è male, la preghiera che vi dò, mio caro D. Antonio, è che all'una

avimma essere spicciate, perché a me all'una e mezza mi viene la febbre.
FELICE: (Comme avesse ditto all'una e mezza vaco a pranzo).
ANTONIO: Non dubitate, anzi ci spicceremo prima dell'una.
GIULIETTA: Sigriò, fore nce sta un materiale, dice che se chiamma Meuza, vò trasì afforza, ch'aggia fà?
ANTONIO: Meuza? Ah! Chisto è Salvatore Milza, va bene, quello è un socio, fallo passare.
GIULIETTA: A buje, trasite.
SALVATORE: Bongiorno ossignoria e salute.
FELICE: (Chisto è trasuto dinta a la taverna!).
SALVATORE: Aggiate pacienza, io voglio parlà co lo capo de società.
FELICE: (Simme arrivate mmiezo a li cammorriste).
ERRICO: (Chi è questo lazzarone!).
ANTONIO: Sto qua, che cos'è, parlate.
SALVATORE: Scusate princepà...
FELICE: (Mò è potecaro, mò).
SALVATORE: Si avimma accummincià che quanno vengo aggia dicere chi songo chi non songo, che boglio che nun boglio, a me non me conviene, me turnate e li binte lire che v'aggio dato pe trasì, e me ne vaco de la commetiva.
FELICE: (Mò simme brigante mò).
ANTONIO: Quella la serva non vi conosceva, un'altra volta non ve lo farà.
SALVATORE: No, pecché si lo fa n'ata vota, la chiavo nu vangale e felicenotte.
GIULIETTA: A chi chiave nu vangale, e sì, tu pò me truvave sola.
SALVATORE: Io chiavo lo vangale a te, e a chi te protegge.
GIULIETTA: Va llà, vattenne, mò veramente te piglio a schiaffe.
SALVATORE: Tu piglia a schiaffe a me!
GIULIETTA: A te sì, a te!
ANTONIO: Oh, basta sapete, siete in casa mia.
SALVATORE: Scusate princepà.
ANTONIO: Vattenne fore tu. *(Giulietta via.)* D. Salvatò vuje chesto nun l'avita fà in casa mia, e avanti a tanta signori.
SALVATORE: Aggiate pacienza, chella me n'ha fatta j de capa, io saccio l'obbricazione mia.
ANTONIO: Assettateve e non parlate cchiù.

SCENA OTTAVA

1°, 2°, 3°, 4° E 5° Socio, Giulietta e detti, poi esce Giulietta a tre sonate di campanello.

1° SOCIO *(di d.)*: E permesso?
ANTONIO: Avanti, avanti.
1° SOCIO: Signori. *(Gli altri soci salutano senza parlare. Giulietta mette il tavolino in mezzo con sopra campanello, carta e calamaio. Antonio siede in mezzo, ai due lati del tavolino vi saranno Errico e Gaetano, Salvatore sederà vicino a Gaetano. Carlino vicino a*

Felice, tutti gli altri seggono. Antonio suona il campanello.)
GIULIETTA *(che dopo aver messo il tavolino è andata via, esce in questo momento)*: Comandate.
ANTONIO: Nun chiammo a te, vattenne fore. *(Giulietta via.)* Dunque vi ho incomodati questa mattina, nobili signori, per presentarvi due nuovi socii, ai quali bisogna far ben comprendere lo scopo e i regolamenti di questa nostra società; tutti e due, abbenché scapoli, sono stati per ora dai noi accettati secondo il regolamento dello statuto. Il primo di chiama Salvatore Milza qui presente...
SALVATORE: Nonsignore, io me chiammo Turillo Meuza.
ANTONIO: Va buono, Meuza. Il secondo Felice Sciosciammocca qui presente, giovine istruito e di gran talento. *(Felice si alza e ringrazio.)* Nobili signori, fra tante e tante società che si sono fondate, mancava la più bella, la più nobile, la più necessaria, quella cioè dei mariti e dei giovanotti scapoli che hanno l'intenzione di ammogliarsi presto. Tutti stretti, tutti uniti come tanti fratelli, l'uno garantisce l'altro. Se c'è qualcheduno che cerca turbare la pace del socio ammogliato, l'altro socio deve studiare tutti i mezzi per fare allontanare il traditore e far comprendere alla povera cieca il precipizio nel quale stava per cadere.
SALVATORE *(a Gaetano)*: Vuje addò state de casa?
GAETANO: Pecché lo vulite sapé?
SALVATORE: Vuje lo vino addò lo pigliate?
GAETANO: A lo canteniere dirimpetto a me.
SALVATORE: Lassatelo, tengo cierto vino de Lecce che s'azzecca lo musso de coppa e lo musso de sotto.
GAETANO: Nun voglio azzeccà niente.
ANTONIO: Prego signori il silenzio. *(Suona il campanello.)*
GIULIETTA *(usendo)*: Comandate.
ANTONIO: Dalle dà, nun chiammo a te, vattenne fore. *(Giulietta via.)* Nobili signori.
FELICE: (Ma sta nobiltà addò stà).
ANTONIO: Se qualche socio gli venisse qualche sospetto se incominciasse a travedere qualche cosa, qualche piccolo indizio di tradimento della moglie, deve subito farlo sapere al suo compagno, per fare in modo che si trovasse immediatamente il mezzo per impedire una disgrazia. Se il compagno socio si negasse, sarà messo subito fuori dalla società.
SALVATORE: Tengo nu bicchiere de vino paesano, ma scicco.
GAETANO: Va bene, vi terrò pregato.
ANTONIO: Quei socii scapoli che volessero prender moglie la società è nell'obbligo di visitare, di osservare la sposa, e vedere se la sua morale, l'educazione, l'indole, è tale da formare la felicità di un marito.
CARLO *(a Felice)*: Scusate, abbiate pazienza, vedete se tengo la febbre.
FELICE *(tastando il polso)*: Mamma mia, vuje jate pe ll'aria, pecché non ve jate a curcà.
CARLO: Presidente, scusate, col permesso di questi signori, me vularria j a curcà.
ANTONIO: Nu momento, scusate.
GAETANO: Abbreviammo Totò, si no chillo mò more.
FELICE *(a Carlo)*: Scusate, voi siete ammogliato?

CARLO: Sissignore, da otto giorni.
FELICE: Ah, ho capito.
ANTONIO: Se c'è qualche socio che deve parlare, che parlasse.
ERRICO: Io avrei dovuto mettere in chiaro parecchie cose, ma siccome il collega D. Carlo sta poco bene, restringo il mio discorso in tre parole: energia, spirito, coraggio.
FELICE: (Chillo ch'ha ditto).
ALESSIO *(alzandosi)*: Presidente, una parola.
ANTONIO: Parlate.
ALESSIO: Nobili signori, qui stiamo nella stanza dell'amicizia, e si può parlare senza soggezione. Vedete voi questa sfrittola che tengo in fronte? Questa me l'ha fatta mia moglie. *(Tutti ridono.)* Eh, e si ccà esce a risate lo fatto, avimmo fenuto. Bisogna trovà nu mezzo come fare in modo che la moglie non aizasse li mmane ncuollo lo marito.
ANTONIO: Va bene, su questo ci penseremo. *(A Errico:)* Segretario leggete gli articoli più interessanti del nostro statuto, quelli cioè che si fanno sentire ai candidati. Poi daremo una copia dello statuto che costa 10 lire.
ERRICO: Pregherei un poco di silenzio. *(Antonio suona il campanello.)*
GIULIETTA: Comandate.
ANTONIO: Mannaggia l'arma de mammeta! Nun chiammo a te, quanno siente lo campaniello, nun venì.
GIULIETTA: Va bene. *(Via.)*
FELICE: (Guè, ma chella è seccante overo sà).
ERRICO *(leggendo)*: «Art. 1. Si è costituita fra alcuni mariti una società d'assicurazione contro la infedeltà delle mogli. La sede è in Napoli, strada Anticaglia n. 40. Articolo 14. La tassa d'entrata è fissata a lire 20. Ogni anno poi si pagheranno lire 10. Il tutto si verserà nella cassa sociale».
FELICE: Scusi, il cassiere chi è?
ANTONIO: Io per ora, perché il posto è vacante.
FELICE: Questo è un posto sempre difficile a trovarsi.
ERRICO: «Art. 15. L'assemblea generale si terrà una volta l'anno il giorno primo gennaio».
FELICE: Io dico che sarebbe meglio l'11 novembre.
ANTONIO: E perché?
FELICE: È un giorno più adatto per la circostanza.
ANTONIO: Nun pazzià.
ERRICO *(legge)*: «Art. 16. Nelle deliberazioni in caso di parità, il voto del Presidente è preponderante. Art. 17. L'assemblea conferisce ampii poteri agli onorevoli signori Antonio Gambino Presidente, Gaetano Cascetta Vice Presidente ed Errico Torre Segretario».
ANTONIO: Ora alla votazione per vedere se si accettano i candidati... comme vulimmo votà co li palle?
FELICE: E ch'avimma jucà a lo bigliardo?
GAETANO: Ma che palle e palle, chi accetta resta seduto. Questi signori accettano tutti, è vero? *(Tutti abbassano la testa, qualcheduno dice: accettiamo, e si alzano.)*
FELICE: Io ringrazio a tutti. *(Stringe la mano a tutti.)*

ANTONIO: Dunque signori, ricordatevi di fare quello che avete l'obbligo di fare, e cerchiamo di non scomparire con le altre società. *(I cinque socii si salutano e viano.)*
SALVATORE: Ve voglio fà vedé che saccio fà. Signori mieje. *(Via.)*
GAETANO *(a Carlo, Alessio ed Errico)*: Noi rimaniamo coll'appuntamento che domani essendo la mia nascita, venite a pranzo da me, viene pure l'amico Totonno e D. Felice.
FELICE: Oh, vi ringrazio tanto.
ERRICO: Io verrò senz'altro.
CARLO: Se mi sento meglio verrò.
ALESSIO: Io vengo, basta che nun me sose cchiù nturzato.
GAETANO: Questa è cosa da niente, noi vi aspettiamo.
ALESSIO: Va bene. A rivederci. *(Lazzo, bacio.)*
ERRICO: Signori. *(Alessio ed Errico si mettono in mezzo sotto al braccio a Carlo e viano pel fondo.)*
FELICE: Chillo nun arriva fino a casa e more.
ANTONIO: Oh, Felì, agge pacienza mò, l'amicizia è na cosa, e la società n'è n'ata, tu haje da caccià de vinte lire d'entrata.
GAETANO: E dovete darle a me.
FELICE: La quistione è che io mò nun me li trovo ncuollo, D. Antò, faciteme lo piacere, prestatemmelle vuje.
ANTONIO: A pecché no, tiene. *(Prende il portafoglio e gli dà le 20 lire.)*
FELICE *(dandole a Gaetano)*: Ecco le venti lire.
GAETANO *(dandole ad Antonio)*: Ecco l'entrata.
ANTONIO *(le prende e le mette nel portafoglio)*: In cassa.
FELICE: (Se l'ha pigliate n'ata vota). Oh, diciteme na cosa, io mò come socio ch'aggia fà?
ANTONIO: E nun haje ntiso, sorvegliare tutte le mogli dei socii, chi sa facessero qualche cosa.
GAETANO: E specialmente li mugliere noste, voi che state quasi sempre vicino a noi, appena trapelate qualche piccola cosa, nce lo facite sapé.
FELICE: Ah! io chesto aggia fà? E non dubitate, che vi servo a dovere. Una cosa però, quando voi me vedete vicino a li mugliere voste, vuje jatevenne... pecché... Mi spiego? Così è meglio, si hanna dicere quacche cosa, lo dicono senza paura, pecché stanno sole.
GAETANO: Bravo. Accussì avita fà.
FELICE: E va bene, non dubitate.

SCENA NONA

Virginia, Amelia e detti, poi Giulietta.

VIRGINIA: Eccoci di ritorno.
AMELIA: Nce simme spicciate prieste prieste.
VIRGINIA: La zia sta meglio e te saluta.
FELICE: (Che bella penzata, mò lo biglietto nce lo metto dinto a lo manicotto). *(Mette il biglietto nel manicotto di Amelia.)*
GAETANO: Dunque che vulimmo fà, nce ne vulimm'j.

AMELIA: Io pe me so' pronta, jammoncenne. *(Nel riprendere il manicotto cade il biglietto senza che nessuno se ne accorga.)*
ANTONIO: Ma nonsignore, mò ve trovate, restate a colazione con noi.
GAETANO: Totò, me pare troppo incomodo.
ANTONIO: Ma che incomodo, te pare, fra di noi.
VIRGINIA: Sì, sì, restate.
GIULIETTA: La colezione è pronta. *(Via.)*
ANTONIO: Bravissimo, a tempo a tempo.
VIRGINIA: Jammo Amè, viene. *(Viano pelfondo a sinistra.)*
ANTONIO: Jammo Gaetà... *(Vedendo la lettera a terra:)* Na lettera... *(La prende.)*
GAETANO: Na lettera?
FELICE: Na lettera!
ANTONIO: Non c'è indirizzo. *(Apre la lettera e legge:)* «Anima mia»...
FELICE: (Sangue de Bacco la lettera mia!).
GAETANO: Anima mia! Scuse! *(A Felice:)* Avite ntiso, anima mia?
FELICE: (L'anema de mammeta!).
ANTONIO *(legge)*: «Voi siete l'albero, io sono l'ellera che vuole circondarvi, se acconsentite ad ascoltarmi troverete un cuore.... un cuore che vi amerà per tutta la vita, ed anche al di là della vita. Firmato un ramo d'ellera».
GAETANO: Un ramo d'ellera!
FELICE: Un ramo d'ellera!
ANTONIO: E a chi era diretta sta lettera? Chesta mò è caduta poco primma non nce steva.
GAETANO: E a chi è caduta? *(Antonio va a guardare in fondo.)*
FELICE *(piano a Gaetano)*: Stateve zitto pe ccarità, sta lettera l'è caduta a la mugliera de D. Antonio, mò ch'ha cacciato lo fazzoletto da dinta a la sacca.
GAETANO: Nientemeno!
FELICE: Mò me lo chjammo, e come amico le consiglio de nun fà pubblicità, si no è peggio pe isso.
GAETANO: Bravissimo!
FELICE: D. Antò, stateve zitto pe carità, stu biglietto l'è caduto a la mugliera de D. Gaetano, mò ch'ha pigliato lo manicotto, l'aggio visto io stesso, come amico l'aggio ditto che non facesse pubblicità.
ANTONIO: Haje fatto buono.
FELICE: Dunque, non nce penzammo cchiù a stu biglietto, jammo a fà colezione, venite. *(E via. Pausa. Gaetano e Antonio si guardano, poi si fanno avanti e si stringono la mano.)*
ANTONIO *(sottovoce)*: Gaetano mio...
GAETANO *(c.s.)*: Totonno bello...
ANTONIO: Te pozzo dì na cosa?
GAETANO: E io pure.
ANTONIO: Stammece zitte.
GAETANO: Tienatella.
ANTONIO: E non facimmo...
GAETANO: Pubblicità! *(Si abbracciano e viano.)*

(Cala la tela.)

Fine dell'atto primo

ATTO SECONDO

Camera in casa di Gaetano. Due porte in fondo, porte laterali ed una finestra. Consolle, tavolino in mezzo. Sulla consolle a destra vi sarà una statuetta di gesso dipinta a bronzo. Sedie, ecc. occorrente: foglietti, envelopes. Album sulla consolle. Scatola con sigari neri. Una bottiglia di cognac sulla consolle.

SCENA PRIMA

Antonio, Gaetano, Virginia, Amelia, Errico, Alessio, Carlino e Michelina. Tutti prendono il caffè, poi Michelina prende le tazze.

GAETANO: Totò, francamente, come hai trovato stu ccafè.
ANTONIO: Magnifico, non poteva essere meglio.
ALESSIO: Non solo il caffè ma tutto il pranzo, quel fritto è stato veramente squisito.
CARLO: E quell'imbianco di pesce.
ERRICO: E quel ragù.
GAETANO: Faccio la scommessa ca lo cuoco che tengo io, nun lo tene nisciuno. *(Prende un cassettino con dei sigari.)* Totò nu sigaro. *(Offrendoli agli altri:)* Signori vi prego... sono sigari d'Avana.
ALESSIO: Grazie. *(Tutti fumano.)*
ANTONIO: Abbiamo passato proprio una bella giornata.
VIRGINIA: Neh, scusate, e stasera che nce ne facimmo?
AMELIA: Nun credo che vulimmo stà dinta a la casa.
GAETANO: Stasera pigliammo nu palco a S. Carlo, e ghiammo a vedé lo ballo nuovo, comme ve pare?
LE DUE DONNE: Benissimo.
GAETANO *(ad Errico)*: Voi ci onorerete?
ERRICO: Oh, vi pare, io non mancherò.
ALESSIO: Per me vi ringrazio, io non posso venire... Capite, aggio mancato stammatina da casa, manco pure stasera, e addò me vaco a mettere cu muglierema?
GAETANO: Avete ragione.
CARLO: Per parte mia se stasera non me vene lo friddo e la freva vengo senza meno.
AMELIA: Neh, a proposito. D. Felice addò l'avite mannato?
ANTONIO: L'abbiamo mandato ad una parte che vi fa piacere.
VIRGINIA: Ma nun se pò sapé addò è ghiuto?
GAETANO: Nce lo vulimmo dicere?
ANTONIO: Dicimmoncello.
GAETANO: Siccome Totonno aveva pigliato nu palco pe dimane a sera a lo veglione a lo

Fondo, accussì aggio pregato D. Felice, che nce ne fosse juto a piglià uno pure per noi, sei contenta?
AMELIA: Lo veglione, oh! Che piacere!
VIRGINIA: Perciò D. Felice ha lassato a tutte quante e subeto è curruto.
ANTONIO: Eh, chillo quanno se tratta de j a piglià palche, de j a combinà divertimente, subeto corre.
GAETANO: Ma è proprio n'arillo.
VIRGINIA: Avite visto quanto è curioso, quanta stroppole che dice quanno sta a tavola.
ANTONIO: All'ultimo ha fatto chillo brinnese. *(Tutti ridono.)*
CARLO: Sì, ma scusate, verso il finale del brindisi è stato nu poco imprudente, pecché pe fà rima co diletto, ha ditto che io sono cataletto.
ANTONIO: Non c'è da pigliarsi collera, quello scherza con tutti quanti. Me fà meraviglia comme non è venuto ancora.
AMELIA: Virgì, vien nu poco fore lo ciardino, te voglio fà vedé che belli piante che tengo.
GAETANO: Falle vedè pure lo fontanello coi pesci.
VIRGINIA: Jammo, jammo. *(Viano pel giardino.)*
GAETANO: Per noi altri uomini, propongo una partita al bigliardo.
ERRICO: Bravissimo, approvo.
ALESSIO: Seh, ci facciamo una pulla.

SCENA SECONDA

Felice e detti, poi Amelia.

FELICE: Signori miei, eccomi qua a voi. Ecco il palco seconda fila n. 5. D. Antonio tiene il n. 7, vedete che staremo quasi vicini.
GAETANO: Bravissimo, vi ringrazio.
FELICE: E le signore dove stanno?
GAETANO: Stanno in giardino vedenno la fontanella coi pesci. Dunque signori, nce vulimmo j a fà sta partita?
ERRICO: Andiamo pure.
CARLO: Scusate, dateme na mano.
ALESSIO *(aiutandolo ad alzarsi)*: Chisto invece de se ne j a lo spitale, se ne va cammenanno. *(Tutti viano a sinistra prima quinta.)*
GAETANO: D. Felì, venite.
FELICE: Voleva nu sigaro, nun nce ne stanno?
GAETANO: Sissignore, sta la scatola llà sopra. *(Via.)*
FELICE *(prende il sigaro)*: Sangue de Bacco, dimane a sera a lo veglione voglio fà cose de pazzo, vene pure D. Amelia... la combinazione, io metto la lettera dinto a lo manicotto, chella piglia e se la fà scappà nterra, nun saccio comme rimediaie co lo marito... ma quanto è bona, per quella donna sarei capace di fare qualunque cosa... sì, dimane a sera quanno lo marito s'è addormuto dinto a lo palco, putesse scennere abballà cu mmico, e pò a cenà, sarria nu bello colpo... ma io l'aggio ditto pure a D. Virginia ... e che fà, prima

abbalbo e ceno cu D. Virginia, e pò abbalbo e ceno cu D. Virginia, e pò abballo e ceno cu essa... ma comme avarria fà pe nce lo dicere.
AMELIA: Aggio rimasto lo fazzoletto ccà ncoppa... Oh, D. Felì, siete ritornato?
FELICE: Sì, sono ritornato, non nce aggio mise proprio niente, per la strada currevo comme a nu pazzo, capirete, se trattava de j a piglià nu palco per voi, ed io vi giuro signora, che per voi mi butterei anche nel fuoco. *(Amelia fà per andar via.)* Un momento signora, non mi lasciate così barbaramente. Voi credete che io veramente sono di carattere allegro, no, la mia allegria è tutta una finzione, il mio spirito non è spirito, sono lagrime. *(Amelia ride.)* Signora, vi prego di non ridere. Quanno penso che siete maritata, credetemi, vorrei morire.
AMELIA: In quale stagione?
FELICE: In qualunque stagione dell'anno. Vorrei diventare un essere potente, per esempio, un capobrigante per farvi rapire e farvi portare da me sopra ad una montagna.
AMELIA: Ah, ah, ma voi siete pazzo.
FELICE: Sì, avete detto bene, sono pazzo. Stanotte non ho potuto dormire, non ho fatto altro che pensare sempre a voi, facevo mille castelli in aria, mi sono ricordato de chillo cunto che me cuntava mammà, la Regina e lo pastoriello. E ched'è stu cunto? Il povero pastorello amava la Regina più di qualunque cosa, ma non osava di guardarla per la sua misera condizione. Un giorno la Regina calò a passeggiare nel Bosco, egli si fece trovare vicino ad un albero così, e la guardava, la Regina gli disse: Oh, chi sei fanciullo, e perché afflitto sei? Che cerchi, che brami? Quello che bramo non posso dire... Perché? Non posso, fammi morire. La Regina si accorse che il pastorello l'amava, e siccome era superba lo fece mettere in prigione! Oh, quale ingratitudine... piangeva, piangeva sempre, una notte gli comparve una fata e gli disse: non piangere più o pastorello mio, tieni, questo è un anello, con questo anello potrai fare quello che vuoi tu, il pastorello senza perdere tempo diventò Re, e alla Regina la fece diventare una pastorella, la quale s'innamorò pazzamente di questo giovine Re. Un giorno il Re passeggiava per quell'istesso Bosco, e la pastorella stava vicino a quell'istesso albero e lo guardava, il Re disse: Oh, chi sei fanciulla, e perché afflitta sei? Che cerchi, che brami? Quello che bramo non posso dire. Perché? Non posso, fammi morire. No, tu allora mi facesti male, io invece di porto con me al palazzo reale. *(Amelia ride.)* Se io potessi fare questo con voi, oh quanto sarei felice.
AMELIA: (Certi momente me fa compassione, poveriello).
FELICE: Adesso signora vorrei darvi una cosa, ma se l'accettate però.
AMELIA: Che cosa?
FELICE: Siccome ieri alla casa di D. Antonio, vedenno il mio ritratto nell'album dicisteve quanto è simpatico, quanto è aggraziato, così mi piglio l'ardire di darvene una copia, eccola qua.
AMELIA: Oh, e che ci sta di male, l'accetto con piacere. *(La prende.)*
FELICE: Oh, grazie. Poi dovrei dirvi una cosa per domani sera, ma mi manca il coraggio, però, se permettete vi scriverò un bigliettino, e lo metterò sotto a quella statuetta.
AMELIA: D. Felì, jatevenne, vuje veramente site pazzo.
FELICE: Non mi dite niente piu. *(Le bacia la mano.)* Sono proprio commosso, vado a piangere un poco in giardino. *(Va in giardino.)*

AMELIA: Vuje vedite la combinazione, chillo justo mò aveva piglià tanta affezione pe me, nun se puteva rompere li gamme primma che me fosse mmantata, sempe accussì succede, quanno una è zitella, nisciuno la guarda nfaccia, appena pò s'è mmaritata, subito escene li spasimante. *(Guarda il ritratto.)*

SCENA TERZA

Antonio e detta, poi Errico, poi Alessio, poi Carlo, indi Gaetano.

ANTONIO *(con stecca in mano)*: Che fà Donna Amelia ccà essa sola... sta guardanno nu ritratto.
AMELIA: Però, bisogna dì la verità, è proprio aggraziato... quanto è simpatico!
ANTONIO: (Scuse!). Signora.
AMELIA: Ah! *(Conserva il ritratto.)*
ANTONIO: Vi dò fastidio?
AMELIA: Niente affatto anzi
ANTONIO: (Comme s'è fatta rossa). E mia moglie dove sta?
AMELIA: Sta in giardino.
ANTONIO: E voi perché l'avete lasciata?
AMELIA: Perché m'aveva dimenticato il fazzoletto sul tavolino... permettete. *(Via nel giardino.)*
ANTONIO: Servitevi. Questa donna sta sull'orlo del precipizio, aiere le scappaje na lettera da dinto a lo manicotto, ogge guardava nu ritratto, e diceva quanto è simpatico, domani chi sà che cosa farà... povero Gaetano!
ERRICO *(con stecca in mano)*: Signor Antonio, è finito il giro, tocca a voi.
ANTONIO: Pss, venite ccà e zitto.
ERRICO *(si avanza piano)*: Che cos'è?
ANTONIO: Pss, fatti brutti, fatti terribili, fatti che interessano la nostra associazione.
ERRICO: Veramente, e di che si tratta!
ANTONIO: Pe mò non saccio niente ancora, ma scoprirò.
ALESSIO *(con stecca in mano)*: Neh scusate...
ERRICO: Pss, zitto, venite qua.
ALESSIO *(si avanza piano)*: Ch'è stato?
ERRICO: Pss, fatti brutti, fatti terribili, che interessano la nostra associazione.
ALESSIO: E che fatti?
ERRICO: Per ora non sappiamo niente ancora, ma scopriremo.
CARLO *(con stecca in mano)*: Signori, che si fà?
I TRE: Pss, zitto, venite ccà.
CARLO *(si avanza c.s.)*: Ch'è stato, ch'è succieso?
ALESSIO: Fatti brutti, fatti terribili, che interessano la nostra associazione.
CARLO: Nientemeno!
ERRICO: Insomma, fateci sapere qualche cosa.
ANTONIO: Poco prima, ha sorpresa Donna Amelia, la moglie del nostro socio, cu nu ritratto mmano, e che diceva con molta espressione: quanto è aggraziato, quanto è

simpatico.
I TRE: *(con meraviglia)*: Oh!
ERRICO: E di era chillo ritratto?
ANTONIO: Non lo sò, non l'aggio potuto vedé, ma lo scoprirà.
ERRICO: Oh! Povero D. Gaetano!
ALESSIO: Povero socio!
CARLO: Povero amico!
GAETANO *(con stecca in mano)*: Neh, ma ch'aggia fà, aggia jucà io sulo?
ANTONIO: (Isso! Zitto, non dite niente, mò nce parlo io sulo, jatevenne).
ERRICO: Sì, dite bene. Signori venite. *(Dà la mano a Gaetano e sospira.)* Coraggio! *(Via.)*
ALESSIO *(fa lo stesso)*: Quello che vi posso dire, pensate alla salute. *(Via.)*
GAETANO: Totò, ma ch'è succieso?
ANTONIO: Disgraziato!
GAETANO: Ma ch'è stato, se pò appurà?
ANTONIO: Io ti dirò tutto, ma purché mi prometti di aver coraggio.
GAETANO: Totò, pe ccarità parla, mò me faje venì na cosa.

SCENA QUARTA

Amelia e detti.

ANTONIO: Gaetà... tua moglie... Donna Amelia (ma fà l'ommo sà, nun fà la criatura...) poco primma steve ccà essa sola e guardava nu ritratto, dicendo: quanto è aggraziato, quanto è simpatico.
GAETANO: Possibile!
AMELIA *(dal giardino in osservazione)*: (E bravo D. Antonio!).
ANTONIO: Quanno ha visto a me, s'ha nascosto lo ritratto mpietto e s'è fatta rossa rossa.
GAETANO: Totò... ma tu non scherzi?
ANTONIO: Eh, scherzo, chiste nun so' scherzi che se fanno, e pò per esserne certo de chello che t'aggio ditto, chiammala e fatte caccià lo ritratto che tene mpietto.
GAETANO: Sì, me la voglio mettere sotto ai piedi, la voglie uccidere con le mie proprie mani.
ANTONIO: No, Gaetà, questo no, mai alla donna, la donna è fragile, invece a isso, a chillo de lo ritratto s'ha da dà na lezione. *(Intanto Amelia ha preso un altro ritratto dall'album che stava sulla consolle e l'ha messo nella tasca, e quello di Felice l'ha messo nell'album, poi va via e finge di venire dal giardino.)*
GAETANO: Sì, dice buono, lo sfiderò, l'ammazzerò... mò vaco a truvà primme a essa. *(P.a.)*
AMELIA *(dal giardino)*: Guè Gaetà, nun saje niente, è muorto nu pesce, che peccato, lo cchiù gruosso.
GAETANO: Quanto me dispiace... guè Totò, è muorto nu pesce.
ANTONIO: Requie all'anima sua!
AMELIA: Stammattina steva tanto bello, mò so' ghiuta, e l'aggio truvato ncoppa ncoppa

e co la panza ncielo.
GAETANO *(ad Antonio)*: (Chella tene lo ritratto mpietto e fà vedé che penza a lo pesce).
ANTONIO *(a Gaetano)*: (Finge finge).
GAETANO: (Totò, nun te movere da ccà, mò te faccio vedé na bella scena).
ANTONIO: (Ma te raccomanno mò). *(Segno di zittire.)*
GAETANO: (Nun te n'incarricà). Signora, il pesce è morto e non ne parlammo cchiù... pensiamo invece ad una cosa più seria, più positiva, ad una cosa che fa vergogna a me, ed a voi.
AMELIA: Oh, Gaetà, e che songo sti parole?
GAETANO: Sono parole che le dico, e tremo!
ANTONIO: Bravo!
GAETANO: Signora, rispondete a me, e badate di non ingannarmi... voi in petto avete un ritratto.
AMELIA: Nu ritratto! *(Mettendo la mano nella tasca:)* Ah, sissignore.
GAETANO: Benissimo! Poco prima lo stavate guardando, e dicevate: quanto è aggraziato, quanto è simpatico!
AMELIA: Sissignore, e chi te l'ha ditto?
GAETANO: Chi me l'ha detto... *(segni di non dire niente ad Antonio)* non poteva dire bugie, cacciate subito quel ritratto! Datelo a me.
AMELIA: Sissignore. Lo vì ccà. *(Glielo dà.)*
ANTONIO: (Guè, ma nce vò nu coraggio sà).
GAETANO *(guardando il ritratto)*: (Uh! Lo ritratto mio!).
AMELIA: Avete visto chi è?
GAETANO: Totò, tu che arma de mammeta haje combinato, chisto è lo ritratto mio!
ANTONIO: Lo ritratto tujo?
GAETANO: Chisto me lo facette quanno faceva ammore cu essa.
AMELIA: Io lo steva guardanno, e ricordandomi di quell'epoca, diceva quanto è agggraziato, quanto è simpatico... ma perché, tu forse credive...
GAETANO: No, io non credeva niente, è stato Totonno che aveva sospettato.
ANTONIO: No, ecco ccà, io ho creduto...
AMELIA: Vi prego, caro D. Antonio di non credere e fare dei sospetti su di me, perché io amo troppo mio marito; un uomo serio, un vero amico, non fà quello che avete fatto voi, da oggi in poi voglio sperare che non vi occuperete più di queste cose, che fanno vergogna più a chi le immagina, che a chi sono dirette.
GAETANO: Totò, agge pacienza l'haje voluto tu. Amè, nun te piglià cchiù collera, sciasciuncella mia, jammoncenne dinto. Caro Totonno abbi pazienza, hai fatto una cattiva figura. *(Via con la moglie a sinistra.)*
ANTONIO: Seh, ncapo a te mò te cride che me so' fatto capace, te sì fatto capace tu che sì nu chiochiero qualunque... era mai possibile che chillo che essa guardava era lo ritratto de lo marito, manco si l'avisse visto cu l'uocchie... e la lettera che le scappaje ajere, ched'è pure era rrobba de lo marito? Isso stesso me dicette non facimmo pubblicità... povero ciuccio, se fa fà proprio cu passe e pignuole! *(Via a sinistra.)*

SCENA QUINTA

Felice, poi Antonio, indi Virginia.

FELICE: Donna Amelia addò cancaro è ghiuta, non è venuta cchiù. Mò sarria lo mumento de le scrivere chillo tale biglietino pe le dicere lo fatto de dimane a sera. *(Scrive:)* «Bella mia. Domani sera al veglione quando vostro marito s'è addormentato nel palco, io vi aspetto nel corridoio della prima fila, andremo al buffè e ceneremo insieme. Verrete da me con un domino rosa. Se accetate, mettete subito una rosa in petto a vostro marito. Felice». Ecco fatto. *(Piega il foglietto:)* E mò mettimmelo sotto a la statuetta. *(Esegue.)*
ANTONIO: (Che fà Felice?).
FELICE: Sperammo che se lo pigliasse ampressa, stongo cu nu penziero, ccà si s'appurene sti mbroglie, io so' rovinato. *(Via seconda a destra.)*
ANTONIO: Mbroglie! Felice sta facenno mbroglie? E che sarranno sti mbroglie... ha mise na cosa sott'a statuetta, vedimmo ched'è. *(Prende il biglietto da sotto alla statuetta.)* Na lettera... na lettera senza indirizzo. *(Legge la lettera:)* «Quando vostro marito si è addormentato nel palco...», e qua non nce dubbio... chisto è Gaetano, la lettera è diretta a Donna Amelia... Ah, socio traditore, socio porco!... Aspetta, mi viene un'idea... questa lettera fosse diretta a mia moglie? Pecché nuje pure jammo a lo veglione dimane a sera... e io pure m'addormo dinto a lo palco... come avarria fà per scovrire.
VIRGINIA *(dal giardino con mazzettino di rose)*: D. Antò, ched'è, che facite lloco vuje sulo?
ANTONIO: Niente, e tu che cosa facevi in giardino?
VIRGINIA: So' stata a vedé tutte chelli belle piante che tene Amelia, pò so' stata vicino la fontana dei pesci, e pò m'aggio colte sti rose, guarda quanto so' belle.
ANTONIO: Sì, sono bellissime.
VIRGINIA: Aspetta, te ne voglio mettere una mpietto.
ANTONIO: No!... Se mi mettete una rosa in petto, vuol dire che mi coprite di disonore e di obbrobrio!...
VIRGINIA: Ma che significa stu parlà, spiegame almeno qualche cosa.
ANTONIO: Volete essere spiegata qualche cosa, ebbene leggete questa lettera che ho trovata sotto la statuetta. *(La dà.)*
VIRGINIA *(legge poi dice)*: (Mannaggia l'arma la de mamma, io lo dicette che na vota de chesta ne faceva addunà a maritemo). Ma scusate, che vò dicere sta lettera? Certamente non è diretta a me, né D. Felice se pigliava l'ardire de scrivere a me chesti parole.
ANTONIO *(gridando)*: E perché mi volevate mettere la rosa in petto?
VIRGINIA: Oh, bella, pe ve mettere na rosa mpietto, certamente non c'è niente di male che na mugliera mette na rosa mpietto a lo marito... Me fa meraviglia come voi avete sospettato di me, di me che vi voglio tanto bene.
ANTONIO: (Nun è essa, questo è affare di Donna Amelia). E dimme na cosa, tu a chi credi che sia diretta questa lettera?
VIRGINIA: A chi è diretta? Lo volete sapere? ma zitto, per carità... (Che bella penzata!) era diretta ad Amelia, la mugliera de D. Gaetano, io me ne so' accorta pecché D. Felice

nce fa l'anema de la commedia.
ANTONIO: Sì, e sta mbruglianno lo marito a meglio a meglio, e chillo ciuccione che se crede tutte cose.
VIRGINIA: E vuje pò avite sospettato che io avesse fatto chello che fà Amelia, eh, io ve voglio bene veramente, e n'ata vota che me facite na parte de chesta, ve giuro che nun ve guardo cchiù nfaccia.
ANTONIO: La troppa affezione m'ha fatto vedé na cosa pe n'ata... anze, pe te fà vedé quanto te voglio bene, mietteme tu stesso mpietto chella rosa che me vulive mettere.
VIRGINIA: Ma che ghiate penzanno.
ANTONIO: Voglio la rosa. *(Batte i piedi a terra.)*
VIRGINIA: (Ha pigliato la nziria la criatura! Aggio arreparato e nun saccio comma). *(Mette la rosa in petto ad Antonio.)* Site contento?
ANTONIO: Sì, contentissimo, sciasciona mia! *(L'abbraccia.)*
VIRGINIA: Dunque, restiamo intesi? Sospetti su di me, mai più.
ANTONIO: Mai più!
VIRGINIA: Va bene. *(Via a sinistra prima quinta.)*
ANTONIO: (Non poteva essere possibile, Virginia non è donna capace di una cosa simile). Questo biglietto è per Donna Amelia... ma mò che nce penzo, io si me lo tengo guasto l'appuntamento, e non appuro niente cchiù. Mo lo metto n'ata vota llà sotto e veco come va a fernì lo fatto. *(Mette il biglietto sotto la statua, la quale resta di un'altra positura.)* (Sangue de Bacco), vene Gaetano co la mugliera da chesta parte. *(Via pel giardino, e fà capolino.)*

SCENA SESTA

Gaetano ed Amelia.

GAETANO: Ma mò me pare che te può mettere di buon umore, ti giuro che da oggi in poi non ti dirò niente più, e poi devi capire che la gelosia è figlia dell'amore. Viene ccà, bevimmece nu bicchiere de cognac, e facimmo scennere la collera abbascio. *(Mette il cognac nei bicchierini e ne dà uno ad Amelia.)*
AMELIA: Non ne voglio. *(Esce Antonio.)*
GAETANO: Famme stu piacere, fa contento a Tataniello tujo. *(Antonio in fondo ride.)* si no me faje credere che non me vuò bene.
AMELIA: Ecco ccà. *(Beve.)*
GAETANO: Brava, mò so' contento. *(Nel mettere la bottiglia sulla consola dice:)* Chi ha guastata sta statuetta, chesta ha da stà accussì. *(Fa per accomodarla.)* Che veco! Ccà sotto nce sta na lettera!
AMELIA: (La lettera che m'ha scritto D. Felice!).
GAETANO *(dopo letto)*: Sangue de Bacco! n'appuntamento lo veglione... e nun nce sta nisciuno nomme, non è diretta a nisciuno.
AMELIA: (Meno male!).
GAETANO: «Se accettate, mettete subito una rosa in petto a vostro marito».
ANTONIO *(avanzandosi)* Gaetano bello!

GAETANO: (La vì llà la rosa, la vì; allora la lettera è di Donna Virginia... Oh, povero Totonno!). *(Nasconde la lettera dietro le spalle ed Amelia ne approfitta e si mette a leggere.)*
ANTONIO: Ched'è neh Gaetà, pecché me guarde?
GAETANO: Niente... che saccio, te veco allegro allegro.
ANTONIO: Sta giornata l'ho passata proprio bene.
GAETANO: E io pure. (Tentiamo di salvare il Presidente). Totò, regalami quella rosa che tieni in petto.
ANTONIO: Mio caro Gaetano, non posso servirti, questa me l'ha regalata mia moglie.
GAETANO: (Eh, e staje frisco!).
ANTONIO: (Vide chella vì... sta leggenno lo biglietto mmano a lo marito...).
AMELIA: (No, io dimane a sera nc'aggia j, me voglio fà quatte rise... ma comme faccio).
GAETANO: Totò, siente a me, dammella sta rosa.
ANTONIO: Gaetà, nun e la pozzo dà.
AMELIA: D. Antò, scusate, e se ve la cerco io, pure me la negate?
ANTONIO: No, a voi non posso negarla. Eccola qua. *(La dà.)*
AMELIA: Ed io ve ne ringrazio. Gaetà, tiene, chesta è la rosa. *(La mette in petto a Gaetano.)*
GAETANO: Grazie, sciasciuncella mia!
ANTONIO: (Che ciuccio, la ringrazia pure).
GAETANO: (Il Presidente è stato salvato dalla mano dell'innocenza!).

SCENA SETTIMA

Virginia e detti, poi Felice.

VIRGINIA: Neh, scusate, voi avete lasciato soli a quei signori. Uh! E la rosa che v'aggio data che n'avite fatta?
ANTONIO: Me l'ha chiesta la tua amica e non mi son potuto negare.
AMELIA: Egli l'ha regalata a me, ed io l'ho regalata a mio marito.
VIRGINIA: Benissimo, ed io a mio marito gli dà questa più bella. *(Gli mette un'altra rosa in petto.)*
ANTONIO: Grazie, grazie, bella mia.
GAETANO: (La ringrazia pure, che ciuccio!).
ANTONIO: Eh, caro Gaetano, questa è più bella.
GAETANO: (Non si lotta contro il destino!).
ANTONIO: (Povero socio, ma domani sera io sorveglierò tua moglie).
GAETANO: (Povero Totonno, ma domani sera, come socio onesto, farò il mio dovere).
FELICE: Neh, signori miei che se fa, pecché non giocammo nu poco tutte quante.
GAETANO: Sì, volimmo fà nu bello gioco.
FELICE: (Uh! Tene la rosa, accetta).
ANTONIO: Vulimmo fà quatte gioche de penitenza!
FELICE: (Pure chisto tene la rosa, e comme va).
AMELIA: Sì, sì, jammo dinto, jammo a fà li gioche de penitenza.

VIRGINIA: Nce spassammo nu poco.
GAETANO: D. Felì, date il braccio a mia moglie.
FELICE: Subito. *(Esegue.)*
ANTONIO: (Che animale!). A te Virgì, miettete da chell'ata parte. *(Virginia esegue.)*
GAETANO: (Che ciuccio!). *(Ride.)*
LE DONNE: Andiamo, andiamo.
ANTONIO: Dimane a sera lo veglione nce vulimmo spassà. Socio bello! *(Viano in giardino. Grande meraviglia di Felice, mentre Antonio e Gaetano ridono fra loro, cala la tela.)*
GAETANO: Nce vulimmo addecrià. Socio caro.
AMELIA: D. Felì, ma vuje pure site socio?
FELICE: «Io no, non sono socio...
Ma che... che società!
Questo per me è un harem...
Io sono il gran Pascià!» *(Via con le donne.)*

(Cala la tela.)

Fine dell'atto secondo

ATTO TERZO

Gran sala di un ristorante. In fondo grande apertura da dove si vede il buffet preparato di tutto punto, a sinistra della scena vi sarà un tavolino con mensale, e sopra molte bottiglie di sciampagna. Nel mezzo della scena vi saranno due tavolini apparecchiati per due persone. Al centro lampiere acceso. In fondo sul buffet candelabri accesi. All'alzarsi del sipario si troveranno sedute al tavolino a destra due maschere da diavoli. Sono alla fine della cena e bevono. Di dentro l'orchestra suona un valzer.

SCENA PRIMA

Achille, poi Salvatore e Michelina.

ACHILLE *(dal fondo)*: Sangue de Bacco, nun me so' visto maje tanto mbrugliato quanto me veco stanotte. Comme se pò abbattere stu locale cu duje cammariere, io, e Vicienzo. Lo senzale aveva prommiso lo patrone che stanotte avarria marinate duje cammariere de rinforzo, lo fatto sta fino a mò nun se so' viste ancora. *(Le due maschere da diavoli viano pel fondo, escono Salvatore e Michelina. Salvatore da pagliaccio e Michelina in domino rosa col mascherino in mano.)*
SALVATORE: Giovinò, bonasera, tiene na tavolella pulita pe nce magnà nu muorzo cuiete cuiete?
ACHILLE: (Chisto è venuto abbascio Puorto). Ho capito, volete una camera separata.
SALVATORE *(a Michelina)*: Ch'ha ditto? Na carta senapata?

ACHILLE: Una camera separata, voi forse non ci sentite bene.
SALVATORE: No, io nce sento buono, giovinò, e parle comme haje da parlà, si no te chiavo nu cuppino de pasta!
ACHILLE: (Vuje vedite che me succede, è meglio che me stongo zitto, cheste nun sogno nottate de fà chiacchiere). Dunque la camera sarebbe quella là. *(Indica seconda porta a destra.)*
SALVATORE: Bravo! E dimme na cosa, che nce potimmo magnà?
ACHILLE: Tutto quello che volete voi, qui c'è tutto.
SALVATORE: Michelì, che t'aggradesce?
MICHELINA: Chello che buò tu Salvatò, ma non tanta rrobba, pecché tengo poco appetito. *(Di d. si sente un campanello.)*
ACHILLE: Eccomi... permettete nu momento, mentre penzate, io mò vengo. *(Via nella prima porta a destra.)*
SALVATORE: Mò nce facimmo purtà quatte vruoccole a la nzalata, quatte fecatielle de puorco, nu bicchiere de vino, e tiratève la porta!
MICHELINA: Sì, dice buono Salvatò, una cosa, spicciammoce priesto, pecché la patrona co lo marito pure lo veglione so' venute, e nun me vularria fà vedé, capisce.
SALVATORE: Quanno staje cu mmico, nisciuno te pò dicere niente.
ACHILLE *(uscendo con piatti in mano e bottiglia vuota)*: Eccomi qua. Avete pensato?
SALVATORE: Sissignore. Vulimmo quatte vruoccole e la nzalata, e quatte fecatielle de puorco.
ACHILLE: (Io l'aggio ditto che chisto l'ha pigliata pe taverna). Scusate signò, fecatielle non ne abbiamo.
SALVATORE: Avite ditto che teniveve tutte cose.
ACHILLE: Tutto, tranne questi cibi ordinarii, vuje me potiveve cercà pure na zuppa de zoffritto, e a me chi me la deva.
SALVATORE: Giovinò, nun fà lo curiuso. Allora che nce può dà?
ACHILLE: Volete due cervellatine?
SALVATORE: Che cervellatine, so' troppo leggiere, portace li saciccie.
ACHILLE: Va bene, li saciccie, favorite, che mò ve servo.
SALVATORE: Chello che te prego fà ampressa. *(Viano nel n. 3.)*
ACHILLE: Da dò è asciuto stu lazzarone. *(Campanello di dentro.)* Eccomi, eccomi. Cielo mio fà venì li cammariere. *(Via pel fondo.)*

SCENA SECONDA

Errico, poi Alessio, poi Carlo.

ERRICO *(uscendo dal n. 4 in abito nero)*: Ah, ah, ah! Io non ne posso più, tante delle risate, mi fa male la pancia. D. Carlo non s'è accorto ancora che quello è D. Alessio, l'ha preso veramente per donna, l'ha dato pure nu pizzico. Ah, ah, ah.
ALESSIO *(dal n. 4 vestito da donna in domino nero. Esce e si toglie il maschermo)*: Neh, D. Erri, ma ch'avimma fà? la pazzia fino a un certo punto, chillo cadavere ambulante se n'è ghiuto de capa veramente, me sta danno nu sacco de pizzeche.

ERRICO *(ridendo)*: Stateve zitto, noi dobbiamo ancora ridere. Ah! Eccolo qua, mettetevi il mascherino. *(Alessio si maschera.)*
CARLO: Insomma ve ne siete andata, mi avete lasciato a me solo, non sò perché, se vi dà fastidio me ne vado.
ERRICO: Ma no, che fastidio, la signorina dice che in quella stanza ci fa caldo, non è vero?
ALESSIO *(con voce finta)*: Si, io soffro di occupazione.
CARLO: D. Errì, scusate, ma pecché non s'ha voluto levà la maschera?
ERRICO: Per non farsi conoscere, quella è una signora, capite. Poi si è lagnata con me, dice che voi l'avete pizzicata.
CARLO: E che male nce sta, queste sono nottate che non si bada a niente. Andiamo a bere un'altra bottiglia di sciampagna.
ALESSIO *(con voce finta)*: Andiamo, ma non fate tanto lo scostumato, si no ve sciacco. *(Viano nel n. 4 Errico ridendo, l'orchestra di d. suona.)*

SCENA TERZA

Antonio, poi Achille, poi Gaetano, indi Virginia.

ANTONIO *(con grossa ghelia nera e parrucca simile, lungo scemis scuro col bavero alzato, cappello a tubo; esce, guarda intorno e poi dice)*: Mannaggia all'arma de li mamme voste! Chisto lo fatto era serio, ccà se trattava proprio de muglierema. Io steva dinto a lo palco, m'è scappato nu poco a suonno, so' ghiuto pe me scetà e me so' truvato io sulo, dunque l'appuntamento era pe muglierema, li voglio acconcià io, m'aggio affittata sta parrucca, sta ghelia, stu scemis e so' sciso mmiezo a la sala non è stato possibile de li poté ncuccià, llà nce sta chella folla... ma ccà hanna venì a cenà però, se io potesse...
ACHILLE: Mamma mia, che folla, ch'ammuina! (Chi è chisto, comme è curiuso.) Chi siete voi, che volete? Cercate qualcheduno?
ANTONIO: Voleva parlare col padrone del restorant.
ACHILLE: Co lo patrone... (Qh, caspita, chisto ha da essere uno de li cammaniere ch'ha mannato lo senzale.) Scusate, vuje forse site nu cammaniere, v'ha mannato lo senzale?
ANTONIO: (Oh, che bella combinazione). Perfettamente, a me m'ha mannato lo senzale, io so' nu cammariere, perciò voleva parlà co lo patrone.
ACHILLE: Lo patrone mò sta occupato, non fa niente, è l'istesso, dateme lo cappiello e lo scemis, e accomminciate a ve movere, pecché ccà stanotte non nce stanno gente ch'abbastano, n'avevano venì duje, site venuto vuje sulo, nun mporta. *(Dicendo queste parole si è preso lo scemis e il cappello.)* Jammo, venite cu mmico, mò ve faccio vedé addò avita servì.
ANTONIO: Eccomi pronto. (Cielo mio, fammilli ncuccià.) *(Viano pel fondo a sinistra.)*
VIRGINIA *(in domino rosa col mascherino, esce, guarda intorno, poi se lo toglie)*: Mamma mia, chi se poteva immaginà che ccà stanotte nce steva tutta st'ammuina. Chillo caricano de D. Felice se n'è ghiuto da dinto a lo palco e m'ha ditto, io v'aspietto mmiezo a li grade, venite, lo fatto sta che io so' ghiuta e nun l'aggio potuto arrivà a

truva... mò me veco proprio mbrugliata... si sapeva nun nce jeva... Ah, venene gente... *(Entra nel n. 2.)*
GAETANO *(con grossa ghelia e parrucca bionda, scemis scuro con bavero alzato, entra, guarda, poi dice)*: Mannaggia chi v'ha allattate, ccà chesto nce steva sotto. Guè, io me so' addormuto nu poco dinto a lo palco, quanno me so' scetato nun aggio truvata cchiù a muglierema... dunque, l'appuntamento non era pe Donna Virginia... M'aggio affittata sta parrucca e sta ghelia e sta barba è stu scemis... loro ccà hanna venì a cenà... stanotte voglio fà succedere lo trentuno. Va trova si nun stanno dinto a quacche gabinetto de chiste... *(Di d. dal fondo si sente un rumore di roba rotta.)*

SCENA QUARTA

Achille e detto.

ACHILLE: Lo cammariere nuovo s'ha abbuscata la nuttata, s'ha fatto scappà la guantiera da mano, e ha rutto seie bicchiere de cristallo. Chillo invece de m'aiuta, me sgarrupa. Sperammo ca lo senzale mannasse priesto l'ato cammariere. *(Achille è uscito con pane e vino entra nel n. 3.)*
GAETANO: Sangue de Bacco, che bella penzata ch'aggio fatta, chillo ha ditto ch'aspetta nu cammariere ch'ha dà mannà lo senzale? Mò dico che io songo lo cammariere... accussì pozzo ascì e trasì da dinto a li gabinette, e posso scoprire tutto.
ACHILLE *(uscendo dal n. 3)*: Sissignore, sarete servito subito, non dubitate. Io vularria servì a ciente perzune e non a stu lazzarone.
GAETANO: Scusate...
ACHILLE: (Uh! E chist'ato chi è, quanto è bello). Chi siete voi.
GAETANO: Io sono il cameriere che aspettate, mi ha mandato il senzale.
ACHILLE: Ah, bravo, e ve ne venite a chest'ora, sperammo che site nu poco più svelto de chillo ch'è venuto pnimma.
GAETANO: No, pe sveltezza intanto non nce penzate, non nce sta chi m'appassa.
ACHILLE: Oh! Ma vuje facite lo cameriere cu questa barba?
GAETANO: Ah! Sicuro... questo è nu voto.
ACHILLE: Vì che ato vuto va facenno, chisto! Va bene, mò vedimmo. Dateme lo scemis e lo cappiello, e accomminiciate a ve movere, penzate, che si ve purtate buono, lo patrone nun ve ne manna cchiù.
GAETANO: Non dubitate, ve voglio fà vedé che cammariere songh'io. *(Dal n. 3 si bussa.)*
ACHILLE: Vì comme è seccante chillo cocchiere affitto. Jate a vedé che vonno sti duje ccà dinto, po' venite dinta a la sala grande, e ve faccio vedé che avita fà.
GAETANO: Va bene. *(Entra nel n. 3.)*
ACHILLE: Chisto me pare nu poco meglio de chill'ato, ma già, a chest'ora che cammariere potevano venì.
GAETANO *(uscendo dal n. 3)*: Mamma mia, ccà nce sta D. Salvatore Meuza co la serva mia... dimane la voglio fa fà marenna pure a essa. Io pe non me fà conoscere, me ne so' fujuto e nun l'aggio risposto manco.
ACHILLE: Dunque, pecché ha tuzzuliato?

GAETANO: Niente, voleva sapé che ora songo.
ACHILLE: Ched'è nun tene manco orologio, nun lo date audienza, venite cu mmico.
GAETANO: Voleva j a vedé dinto a chilli gabinette. *(Indica il n. I e 2.)*
ACHILLE: E che nce jate a fà, llà non nce sta nisciuno.
GAETANO: Ah, non nc'è nessuno, allora va bene. *(Via con Achille pel fondo a sinistra.)*

SCENA QUINTA

Errico, poi Salvatore, poi Felice e Amelia, poi Achille.

ERRICO: Voi vedete la combinazione, è venuto nu svenimento a D. Carlo, e non si trova mezzo come farlo rinvenire, se si potesse avere un medico. *(Via pel fondo a sinistra.)*
SALVATORE: Guè, io tuzzuleo, vene uno che me pareva nu guardaporta, le dico portatece li saciccie, chillo senza parlà piglia, e se ne fuje... e ma pecché se n'è fujuto? Guè, ccà overo m'hanno pigliato pe scemo! *(Alla porta.)* Michelì, agge pacienza, aspetta nu momento ca mò vengo. Si trovo a chill'ato cammariere lo ntorzo de mazzate! *(Via pel fondo a sinistra.)*
FELICE *(dal fondo a destra con Amelia)*: Venite Donna Amè... ma io non capisco che paura avete.
AMELIA *(in domino nero e mascherino)*: Jatevenne D. Felì, si sapeva che nce steva chesta folla, nun nce sana venuta.
FELICE: Che nce ne importa de la folla.
AMELIA: Eh, che nce ne importa, va trova quanta gente nce hanno viste.
FELICE: Nonsignore, vi posso assicurare che nc'ha visto nisciuno... facìteme lo piacere, levateve nu poco la maschenina, lasciatemi vedere quella bella faccia.
AMELIA: No, scusate, nuje avimmo fatto lo patto ca lo maschenino non me l'avarria maje levato.
FELICE: È giusto, io mi sto ai patti, ma nu poco poco...
AMELIA: D. Felì, nun accomminciate, si no ve lasso e me ne vaco.
FELICE: No, voi che dite!
ACHILLE: E chist'ato cammariere è pure n'ato arrunzone! I signori comandano qualche cosa?
FELICE: Si, una stanzetta separata, e una cenetta stuzzicarte.
ACHILLE: Ho capito. La stanza è questa... *(Mostra il n. 1)* vedete se vi piace.
FELICE *(guardando)*: Sissignore, è bellissima. *(Ad Amelia:)* Trasite e aspettateme che io mò vengo, quanto ordino la cena. Nun ve muvite da lloco dinto. *(Amelia entra nel n. 1.)*
ACHILLE: Dunque che comandate?
FELICE: Cammariè, due buone bistecche con salza piccante, nu buono fritto de pesce, nu spezzato de pollo, e qualche altra cosarella a piacere tuo, quello che ti raccomando le ostriche e lo sciampagna.
ACHILLE: Va bene, saccio io comme v'aggia servì. *(Via pel fondo a destra.)*
FELICE: Sangue de Bacco, finalmente aggio fatto lo colpo, so' nu grand'ommo. Va trova de Donna Virginia che ne sarà succieso. Io l'aggio ditto v'aspetto mmiezo a li grade... eh, steva fresca, io so' ghiuto a truvà Donna Amelia che me premeva cchiù assaje.

SCENA SESTA

Virginia, poi Antonio, poi Gaetano.

VIRGINIA *(dal n. 2 col mascherino)* Neh, D. Felì, che cancaro avite fatto, addò site juto. *(Togliendosi il mascherino.)*
FELICE: (Donna Virginia! Aggio fatto la frittata!) Io v'aggio aspettata mmiezo a li grade de la 1ª fila, vuje nun site venuta.
VIRGINIA: Io nun so' venuta? Io so' tre quante d'ora che ve vaco trovanno.
FELICE: E io pure ve jeva trovanno.
VIRGINIA: Che vulimmo fà, vulimmo cenà?
FELICE: Aspettateme dinta a sta cammera, che io vaco a ordinà la cena e vengo.
VIRGINIA: Facite priesto. *(Entra nel n. 2.)*
FELICE: Io mò comme la combino. Una m'aspetta ccà, e n'ata llà. Quà ci vuole coraggio e sveltezza, mà vaco a dì a lo cammariere che tutto chello che portato nummero uno, lo portasse pure a lo nummero doje, po' vengo e stongo nu poco llà, e nu poco llà. Benissimo. Questa è la vita! *(Via pel fondo a destra.)*
ANTONIO: Aggio rutto seje bicchiere de cristallo, chesto se capiva ch'aveva succedere, pecché la capa nun sta ncapa. Moglie infame! Socio porco e traditore! Ma l'aggia truvà però, me ne voglio vevere lo sango!
GAETANO *(con piatto d'ostriche e due bottiglie di sciampagna)*: M'hanno dato l'ostriche e lo sciampagne, e io non me ricordo addò l'aggia purtà. Statte, ccà sta nu cammariere, potesse addimmannà a isso si ha visto nu domino rosa co nu giovine.
ANTONIO: Nu cammariere? Mò l'addimmanno si avesse visto nu giovine cu na signora in domino rosa.
GAETANO: Po' essere ca lo ssape.
ANTONIO: Po' essere che l'ha visto. *(Tutti e due si accostano e si guardano — pausa.)* Scusate... me sapisseve a dicere...
GAETANO: (Sangue de Bacco, chesta me pare la voce de Totonno). *(Si scosta e lo guarda da capo a piedi.)*
ANTONIO: (Vuò vedé che chisto è pazzo). Scusate, io voleva sapere...
GAETANO: Totò... tu pecché te si combinato accussì. *(A due Mannaggia ll'arma de mammeta!)*
ANTONIO: Che sento! Gaetano!
GAETANO: Io proprio! *(Si leva la parrucca e la ghelia e la mette sul tavolino.)*
ANTONIO *(fa lo stesso)*: Gaetano mio, devi sapere che io mi son finto cameriere pe ncuccià a mugliereme cu chill'assassino de Felice, i quali m'hanno lassato dinto a lo palco durmenno e se ne so' ghiute.
GAETANO: E cu me, hanno fatto l'istesso, e io pure me so' finto cammariere pe li ncuccià.
ANTONIO: Benissimo, allora amico mio, facciamo alleanza.
GAETANO: Alleanza. *(Gli dà la mano.)*
ANTONIO: Tanto ch'avimma fà, che l'avimma ncuccia.

GAETANO: E quanno l'avimmo ncucciato... Totò, te voglio dì na cosa.
ANTONIO: Che cosa?
GAETANO: Scioglimmola sta società.
ANTONIO: E pecché?
GAETANO: Siente a me, nuje da che avimmo fondata sta società nce stanno succedenno sti cose.
ANTONIO: E pure dice buono. *(Dal n. 4 si sente suonare il campanello.)* Uh! Gaetà, mò vene quaccheduno, tiene, miettete la parrucca.
GAETANO: E tu miettete la ghelia. *(Nella fretta scambiano le parrucche. Viano pel fondo a sinistra.)*

SCENA SETTIMA

Michelina, poi Amelia, poi Salvatore, poi Alessio, poi Virginia, poi Errico.

MICHELINA *(dal 3)*: Mamma mia, stongo cu nu penziero, Salvatore nun vene, s'avessa ncuità, chillo subito spara. *(Via pel fondo a destra.)*
AMELIA *(dal n. 1)* D. Felice non è venuto cchiù, io ccà dinto sola me metto paura... chillo avesse fatto chesto pe me fà ncuità... mò me ne vaco dinto a lo palco n'ata vota. *(Passa a destra.)*
SALVATORE *(dal fondo a sinistra)*: Accussì po' essere che se mpara de crianza. *(Vedendo Amelia la scambia per Michel.)* E tu che faje lloco fore, trase dinto. Mò pagammo e nce ne jammo ca ccà nun è cosa.
AMELIA *(da sé)*: (Mamma mia), e chi è stu lazzarone!
SALVATORE: Trase, trase! *(La spinge e viano nel n. 3.)*
ALESSIO *(dal 4)*: Io mò moro de la paura, chillo D. Carlo ha fatta la faccia de lo muorto. D. Enico m'ha lassato a me sulo. Si chillo more, io passo lo guaio. Lo putesse truvà. *(Via pel fondo a destra.)*
VIRGINIA *(dal 2)*: D. Felice nun vene. Chillo mbruglione me stesse combinanno qualche pasticcio... vuo sapé la verità, mò me ne vaco dinto a lo palco n'ata vota.
ERRICO *(dal fondo a sinistra)*: Non ho potuto trovare nessun medico.
VIRGINIA: (Che veco, D. Enrico!). *(Si leva il mascherino.)* D. Erri, scusate...
ERRICO: Oh, D. Virginia... e vostro marito?
VIRGINIA: L'aggio rimasto dinto a lo palco durmenno, poi vi dirò perché.
ERRICO: Ma che dormendo, io poco prima sono stato nel vostro palco e non c'era nessuno.
VIRGINIA: Allora vuol dire che s'è scetato e me starà jenno truvanno, uh! Mamma mia, comme faccio?
ERRICO: Non avete paura, noi abbiamo fatto uno scherzo con D. Alessio, l'ho fatto vestire da donna, e D. Carlo se l'ha creduto, a vostro marito diremo che io vi son venuto a prendere nel palco, e ve l'ho portato a vedere, per farvi fare una risata.
VIRGINIA: Grazie, grazie, D. Errì.
ERRICO: Viene qualcuno, per ora entrate qui. *(La fà entrare con lui nel n. 4.)*

SCENA OTTAVA

Michelina, poi Felice ed Antonio, indi Alessio, poi Antonio e Gaetano, poi Errico e Virginia, poi Salvatore ed Amelia, indi Carlo, infine Maschere.

MICHELINA *(dal fondo a destra)*: Va trova Salvatore addò è ghiuto, non è stato possibile de puterlo truvà, io me metto na paura che nun se po' credere, nun voglia maje lo cielo, e me vedessene li patrune mieje.
FELICE *(dal fondo a destra)*: Tutto è pronto, mò vene la cena. *(Appresso a Felice viene Antonio e fa la spia.)* E voi che fate ccà fore D. Amè, aggio tricato nu poco, avite ragione, ma è stato pecché nce sta na folla. Trasite, trasite, mò vene la cena. *(La spinge nel n. 1 ed entra appresso.)*
ANTONIO: Ah! Lloco staje... aspetta, mò vaco a chiammà a Gaetano. *(Via pel fondo a sinistra.)*
ALESSIO *(dal fondo a destra)*: Vuje vedite io che aggio passato stanotte, chiste overo m'hanno pigliato pe femmena, chi me pizzeca da cca, chi me pizzeca da llà. Chillo caricaro de D. Enrico, va trova addò è ghiuto. Pe D. Carlo nun ne parlammo, chillo a chest'ora sarrà pure muorto.
FELICE: Aspetta, nun te movere, io mò vengo.
ALESSIO: Uh! D. Felice! *(Si maschera.)*
FELICE: Guè, D. Virgì, e pecché site asciuta ccà fore. *(Dal fondo comparisce Ant. e Gaet.)* Trasite llà dinto, io vaco a sollecità la cena, (stanotte nce vulimmo spassà) *(Spinge Ales. nel n. 2.)* Mò che vene la cena, siente la risa, nu muorzo ccà, e n'ato llà. Io credo che nisciuno ommo stanotte se po' truvà alla posizione che me trovo io.
ANTONIO *(avanzandosi a sinistra e levandosi parrucca e barba)*: Avete detto bene.
FELICE: (D. Antonio!).
GAETANO *(facendo l'istesso a destra)*: Anzi benissimo. È venuto l'ora finalmente signor D. Felice Sciosciammocca, che dovete darci stretto conto di quello che avete fatto.
FELICE: (Pure D. Gaetano!).
ANTONIO: Siete rimasto di gelo?
GAETANO: Siete rimasto di sasso?
FELICE: Nonsignore, questo è stato uno scherzo.
ANTONIO: Uno scherzo? Seh!
GAETANO: Me lo chiama scherzo?
ANTONIO: Questa non è l'ora, né il sito da fare un chiasso, domani, domani parleremo. Pe mò, mettetevi qua, e non vi movete. *(Andando al n. 2.)* Signora, uscite qua fuori, e subito, sono io che ve lo comando! *(Alessio esce, Antonio lo prende pel braccio.)* Mettetevi là. *(A sinistra.)*
GAETANO *(al n. 1)*: Signora, uscite quà fuori, e subito, sono io che ve lo comando! *(Michelina esce e Gaetano la prende pel braccio.)* Mettetevi qua. *(A destra.)*
ANTONIO *(ad Alessio)*: Non poteva mai credere, o signora, che aveste fatto tanto disonore a vostro marito.
GAETANO *(a Michelina)*: Non mi poteva mai immaginare, che eravate capace di tradirmi così barbaramente.

ANTONIO: È questo dunque il vostro amante? *(Mostra Felice.)*
GAETANO: È questo il vostro spasimante?
ANTONIO: Non rispondete?
GAETANO: Non dite una parola? Ebbene signora, voi non appartenete più a me, perciò scopritevi, ed arrossite avanti alla gente. *(La scopre.)*
MICHELINA: Uh! Signò pe ccanità, nun me dicite niente, io nun nce è vengo cchiù!
GAETANO: Che! la serva!
FELICE: (La serva!).
ANTONIO: E che vuol dire questo! Ah, dunque siete venuta sola voi, o signora, con la serva? Ma scopritevi una volta. *(Scopre Alessio.)* Che! D. Alessio!
ALESSIO: Io mò moro de la risa!
ANTONIO: E comme va stu fatto?
ALESSIO: È stato nu scherzo ch'ha voluto fà D. Enrico, m'ha fatto vestere da femmena.
FELICE: (Cielo mio, te ringrazio!). Io ve l'aggio ditto ch'era stato nu scherzo. *(Esce Errico e Virginia.)*
ANTONIO: Ma mia moglie dove sta?
ERRICO *(avanzandosi con Virginia)*: Sta qua, sono andato a prenderla io stesso nel palco per farle vedere D. Alessio vestito da donna, e farle fare una risata.
VIRGINIA: Sissignore D. Antò.
ANTONIO: Possibile! *(Esce Salvatore ed Amelia.)*
GAETANO: E mia moglie addò sta?
SALVATORE: Eccola ccà, ve la consegno io, pecché se steva sperdenno.
GAETANO: E pecché te stive sperdenno?
AMELIA: So' asciuta nu momento de lo palco pe ghì a truvà a Virginia, quanno è stato a lo turnà, nun aggio ngarrata cchiù la via.
SALVATORE: Io l'aggio ncuntrata, e l'aggio portata cca.
GAETANO: Vi ringrazio tanto tanto.
ANTONIO: E tu pecché a D. Alessio l'haje chiammato Virginia, e alla serva Donna Amelia?
FELICE: Ma comme, non l'avite capito ancora? E stato nu scherzo ch'avimmo voluto fà.
ANTONIO: E bravo! (Tatà, m'è trasuta l'anema ncuorpo).
GAETANO: (Totò mò aggio pigliato fiato).
SALVATORE *(a Michelina)*: Tu addò cancaro sì ghiuta?
MICHELINA: So' venuta pe truvà a te.
GAETANO: A proposito, e tu comme t'azzarde a venì sola a nu veglione?
SALVATORE: Nonsignore signò, nun è venuta sola, è venuta cu me, pecché io nce faccio ammore, e me la voglio spusà, non credo ca la società nce truvasse difficoltà.
ANTONIO: Che società, io nun voglio fà niente cchiù, voglio sta sempe vicino a muglierema.
GAETANO: E io pure, vicino a sta palummella mia!
CARLO *(uscendo)*: Signori, buonanotte.
ALESSIO: Lo muorto, è risuscitato.
ERRICO: E così, come vi sentite?
CARLO: Meglio, grazie tanto. *(L'orchestra di dentro suona il valzer Dolores, diverse*

maschere traversano il fondo.)
ERRICO: Signori miei, io direi andiamo tutti in sala a ballare.
TUTTI: Bravo, bravo!
FELICE: D. Alè, voi ballarete con me, sarete la mia dama.
ALESSIO: Con tutto il cuore. *(Tutti ridono.)*
FELICE: (Aggio sparagnata na mazziata e non saccio comme).
ALESSIO: Ma n'ata vota sti scherzi nun li facite cchiù.
FELICE: Io sti scherzi, sapite pecché li faccio?
ALESSIO: Pecché?
FELICE: Pe fà ridere la gente!

(Cala la tela.)

Fine dell'atto terzo

FINE DELLA COMMEDIA

Printed by Amazon Italia Logistica S.r.l.
Torrazza Piemonte (TO), Italy